POWERPOINT
실무에 딱맞는
파워포인트
2010

최원범 · 김홍규 공저

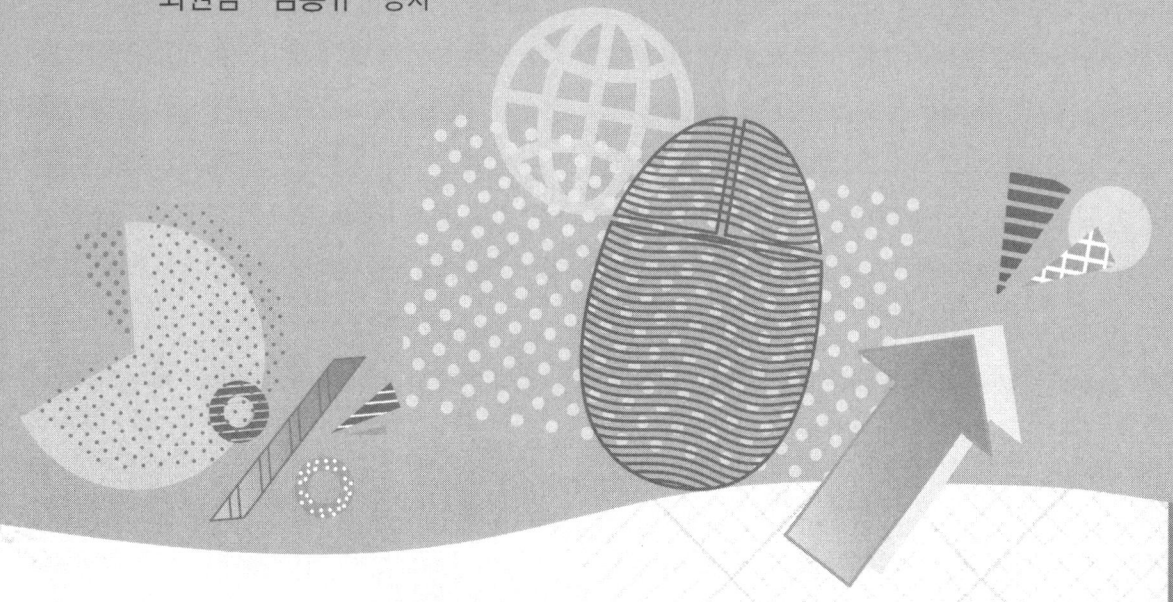

HAKJIN BOOKS

머리말

요즈음의 시대는 과학기술의 총아가 모든 분야에서 눈부신 활약을 하고 있다.
정보화시대란 단어는 왠지 옛날의 단어가 된 것 같은 느낌이다.
정말 하루 하루가 자고 나면 바뀌는 초스피드 세상이란 것을 다 잘 알고 있다.
초스피드 세상, 경쟁사회이지만 인간이 의사소통을 위해 어떤 언어나 도구를 사용하여야 하고 여기에 좋은 품성을 소유한 바른 사람이라면 인정을 받게 될 것이다. 보편타당한 인간미를 항상 간직해야 하는 것이 인간사회이다.
이런 인간사회에서 나의 능력을 표현하고, 나의 능력을 인정받는 방법은 다양하겠지만 파워포인트라는 프로그램을 이용하는 방법도 여러방법 중 하나 일 것이다.

어떤 업무를 수행함에 있어 수많은 데이터를 종합정리하여 표현할 때 상대방이 보기 쉽게 이해하기 쉽게 표현하면 매우 효율적인 방법일 것이다.
그 중 하나로 등장한 것이 파워포인트이다.

이에 본서는 요즘 많이 사용하는 버전 2010프로그램을 사용하는 방법을 기술하였다.
기본적인 사용법부터 예제를 통하여 고급기능을 숙지하도록 하였으며 특히 실무에 능숙하게 활용할 수 있게 하는데 목적을 두었다.

본서의 구성은 다음과 같다.

1. 파워포인트의 개요　　　　2. 슬라이드 기본 익히기
3. 텍스트와 단락 다루기　　　4. 도형 다루기
5. 표와 차트 만들기　　　　　6. 스마트 아트
7. 애니메이션 효과　　　　　 8. 슬라이드 마스터
9. 파워포인트 실무　　　　　 부록: 파워포인트 예제

본서는 초보자의 입장에서 쉽게 이해 할 수 있게 집필하려고 노력했다.
그러나 막상 책으로 출판되고 보면 아쉬움과 미련, 부족함을 느낀다.
추후 보완할 기회가 되면 더 충실한 저서가 되도록 하겠다.

본서가 출판되기까지 협조하여 주신 관계자 여러분, 사랑하는 가족 그리고 출판을 맡아주신 학진북스 임직원 여러분께 진심으로 감사드린다.

2013. 6.

저자 드림

목 차

Part 1 파워포인트의 개요

1. 프리젠테이션의 개요 ··· 2
　1.1 프리젠테이션 이란? ·· 2
　1.2 프리젠테이션의 목적 ·· 3
　1.3 프리젠테이션 준비 ··· 4

2. 파워포인트 2010 시작 ·· 10
　2.1 파워포인트 개요 ·· 10
　2.2 향상된 파워포인트 2010 기능 ··· 10
　2.3 백스테이지 보기에서 파일 관리 ··· 14

3. 파워포인트 2010 기초 ·· 19
　3.1 파워포인트 2010 실행과 종료 ·· 19
　3.2 파워포인트 2010 화면구성 ·· 22
　3.3 리본메뉴 살펴보기 ·· 26
　3.4 그리기 도구 살펴보기 ·· 29

Part 2 슬라이드 기본 익히기

1. 레이아웃(layout) ·· 34
　1.1 레이아웃 살펴보기 ··· 34
　1.2 레이아웃의 종류 ·· 34
　1.3 레이아웃 개체 틀 ·· 37

2. 텍스트 입력 ··· 47
　2.1 텍스트 입력하기 ·· 47
　2.2 새 슬라이드 삽입 ·· 49
　2.3 문자열 수준 조절하기 ·· 51
　2.4 자동맞춤 옵션 ··· 53

3. 텍스트 상자 다루기 ·· 54
　3.1 개체 선택 ·· 54
　3.2 개체 이동 ·· 56

    3.3 개체 크기 조절 ··· 57
    3.4 개체 회전 ··· 58
    3.5 개체 삭제 ··· 58

4. 슬라이드 다루기 ·· 59
    4.1 슬라이드 선택 ··· 59
    4.2 슬라이드 이동 ··· 62
    4.3 슬라이드 삽입 ··· 63
    4.4 복사와 붙여넣기 ·· 64
    4.5 잘라내기와 붙여넣기 ··· 66

5. 슬라이드 배경 넣기 ·· 68
    5.1 테마 적용하기 ··· 68
    5.2 배경서식 ·· 71

6. 슬라이드 인쇄 ··· 75

Part 3 텍스트와 단락 다루기

1. 한글/한자 변환 ·· 80
    1.1 한글을 한자로 변환 ··· 80
    1.2 한자를 한글로 변환 ··· 82

2. 기호와 특수문자 ··· 83
    2.1 기호 삽입 ·· 83
    2.2 특수문자 삽입 ··· 84

3. 번호 매기기와 글머리 기호 ··· 86
    3.1 번호 매기기 ··· 86
    3.2 글머리 기호 ··· 88

4. 단락 맞추기 ·· 93
    4.1 줄 간격 조절하기 ·· 93
    4.2 텍스트 가로 맞춤 ··· 96
    4.3 텍스트 세로 맞춤 ··· 99
    4.4 텍스트 방향 바꾸기 ·· 100
    4.5 단 나누기 ·· 101
    4.6 줄 바꾸기 ·· 102

5. 글꼴 꾸미기 ·· 103

5.1 전체 텍스트 꾸미기 ·· 103
5.2 일부 텍스트 꾸미기 ·· 105

Part 4　도형 다루기

1. 도형 기본 다루기 ··· 110
   1.1 도형 삽입/스타일 ·· 110
   1.2 도형 모양 바꾸기 ·· 113
   1.3 도형 효과 주기 ·· 116
2. 도형에 텍스트 넣기 ··· 119
3. 도형 복사하기 ··· 123
4. 도형서식 대화상자 ··· 130
5. 도형의 그룹화 ··· 137

Part 5　표와 차트 만들기

1. 표 만들기 ··· 148
   1.1 기본 표 만들기 ·· 148
   1.2 표 꾸미기 ·· 159
2. 차트 만들기 ·· 167
   2.1 기본 차트 만들기 ·· 167
   2.2 차트 변경하기 ·· 170
   2.3 차트 꾸미기 ··· 175

Part 6　스마트 아트

1. SmartArt ··· 188
   1.1 목록형 ··· 188
   1.2 프로세스형 ·· 188
   1.3 주기형 ··· 189
   1.4 계층 구조형 ·· 189
   1.5 관계형 ··· 190
   1.6 행렬형 ··· 190
   1.7 피라미드형 ·· 191

    1.8 그림 ·· 191

  2. 피라미드형 SmartArt ·· 192
    2.1 기본 SmartArt 다루기 ·· 192
    2.2 SmartArt 꾸미기 ·· 196

  3. 프로세스형 SmartArt ·· 203
  4. 방사 주기형 SmartArt ·· 211
  5. 계층 구조형 SmartArt ·· 217

Part 7 애니메이션 효과

  1. 전환 애니메이션 ·· 222
    1.1 작업창 살펴보기 ·· 222
    1.2 애니메이션 적용 ·· 223
    1.3 애니메이션 삭제 ·· 228

  2. 애니메이션 작업창 ·· 229
  3. 나타내기 애니메이션 ·· 234
  4. 끝내기 애니메이션 ·· 240
  5. 이동경로 애니메이션 ·· 243
  6. 애니메이션 순서 변경 ·· 244

Part 8 슬라이드 마스터

  1. 테마 편집 ·· 248
    1.1 배경 스타일 디자인 ·· 248
    1.2 테마 색 디자인 ·· 249

  2. 배경 그래픽 디자인 ·· 251
  3. 본문 슬라이드 마스터 ·· 260
    3.1 요소 마스터 ·· 260
    3.2 날짜, 바닥글, 페이지 번호 ·· 266

  4. 제목 슬라이드 마스터 ·· 267
  5. 구역 머리글 슬라이드 마스터 ·· 272
  6. 서식파일 저장하고 적용하기 ·· 276

Part 9 파워포인트 실무

1. 와인 소비율 차트 만들기 ······················ 280
- 1.1 제목 만들기 ······················ 281
- 1.2 차트 영역 만들기 ······················ 288
- 1.3 와인잔 만들기 ······················ 295
- 1.4 데이터 계열과 레이블 만들기 ······················ 302
- 1.5 애니메이션 효과 적용 ······················ 304

2. 학과별 학생 현황 차트 만들기 ······················ 312
- 2.1 제목 만들기 ······················ 312
- 2.2 차트영역 만들기 ······················ 316
- 2.3 데이터 계열 만들기 ······················ 319
- 2.4 도넛형 만들기 ······················ 327
- 2.5 화살표 호 만들기 ······················ 330
- 2.6 지시선과 데이터 계열 만들기 ······················ 333
- 2.7 애니메이션 효과 적용 ······················ 338

부록 파워포인트 예제

- 부록 1 – 실무예제 1 ······················ 344
- 부록 2 – 실무예제 2 ······················ 361
- 부록 3 – 실무예제 3 ······················ 377
- 부록 4 – 실무예제 4 ······················ 389
- 부록 5 – 실무예제 5 ······················ 396
- 부록 6 – 실무예제 6 ······················ 403

PowerPoint 2010

Part **1**

파워포인트의 개요

1. 프리젠테이션의 개요
2. 파워포인트 2010 시작
3. 파워포인트 2010 기초

1. 프리젠테이션의 개요

1.1 프리젠테이션 이란?

프리젠테이션은 "소개, 발표, 표현, 제출"이라는 사전적 의미를 가지고 있으며, 다른 사람에게 한정된 시간 내에 관련 정보를 정확하게 전달, 설득하여 자신이 의도한 대로 판단과 의사결정이 되도록 하는 커뮤니케이션의 한 방법이다. 여기서 관련된 정보는 제품, 정보, 자료, 제안, 동기부여, 협상, 엔터테인먼트 등을 가리키며, 판단과 의사결정의 요소로 전달, 설명, 설득, 제안, 자극, 격려, 강의, 연설 등을 의미한다. 즉, 무엇인가가 바로 프리젠테이션의 목적이 되고, 목적에 따라 보여주는 방법이 달라진다.

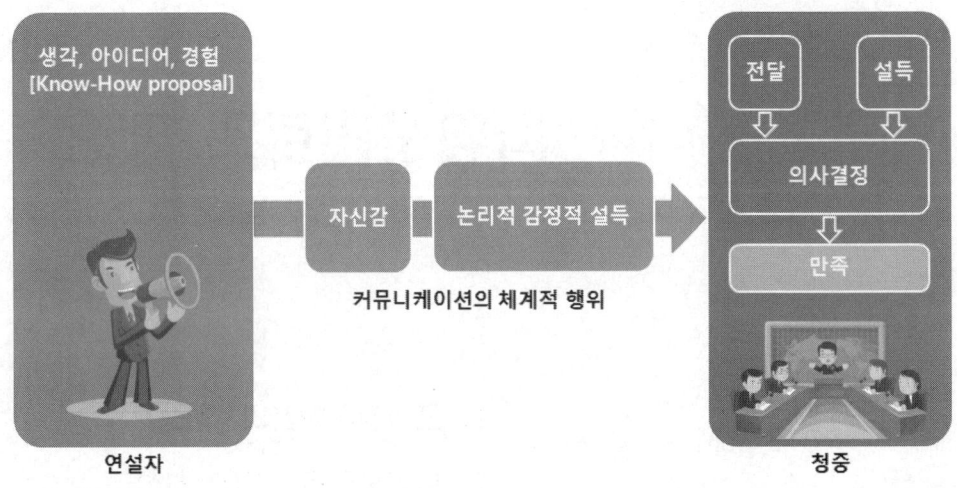

【 그림 1 _ 프리젠테이션의 개요 】

예를 들어 우리가 하는 모든 대화와 이야기 또한 일종의 프리젠테이션의 한 종류이다. 생활에서 새로운 IT기기를 사달라고 조르는 과정에서도 그것이 필요한 이유나 근거를 들어 설득할 때 프리젠테이션의 요소가 들어 있다. 이렇게 일종의 정보를 전달하거나 말하는 사람이 요구하는 것을 청중이 이해하기 까지의 과정이 사람과 사람 사이에 설득 또는 정보의 전달을 위한 모든 커뮤니케이션을 프리젠테이션이라고 할 수 있다.

따라서 프리젠테이션은 첫째, 참석자의 부류와 특성(People)으로 청중의 문화적 배경과 유형(호의적, 중립적, 적대적), 그리고 청중의 특성(인원, 연령, 직급)들 고려해야 한다. 둘째, 프리젠테이션의 목적(Purpose)으로 프리젠테이션을 왜 하는가, 청중은 무엇을 기대하고 있는가, 청중으로부터 무엇을 얻고 싶은가를 명확하게 선정해야 한다. 셋째, 프리젠테이션을 하는 장소(Place)로 소재지 분석, 환경 분석 설비 분석에 따라 자료의 내용과 전달 방법등이 달라져야 하는데 이것을 프리젠테이션의 고려요소(3P)라고 한다.

1.2 프리젠테이션의 목적

프리젠테이션은 기본적으로 커뮤니케이션의 한 방식으로 그만큼 다양한 목적과 유형이 있다. 단순히 회사 내부에서 진행되는 수많은 제안서, 사업경과 보고가 있다. 제안서의 경우 프리젠테이션의 목적으로 설득이고, 사업경과보고의 경우 정보 제공용 프리젠테이션이라 할 수 있고, 모두 동일한 집단에서 사용하는 용도이지만 이름도 다르고 목적도 다르다. 이렇듯 세상에는 수많은 이름의 프리젠테이션 유형이 있을 수 있다. 하지만, 그 목적에 따라 가장 중요한 기획 방향과 전달 방식이 구분될 수 있어 그 목적의 분류로 기준 해볼 때 크게 다음의 세 가지로 정리될 수 있다.

(1) 설득형 프리젠테이션

설득형 프리젠테이션은 비즈니스 목적을 위해 실행되고 대부분의 비즈니스적 프리젠테이션의 목적은 설득이다. 즉, 새로운 사업이나 신상품에 대한 정보를 논리적 이거나 매력적으로 설명하고 궁극적으로 상대 회사, 상사, 또는 실 수요자 등을 설득하여 판매나 사업권을 획득하기 위한 결과를 추구하기 위한 프리젠테이션이다. 애플의 故 스티브잡는 설득을 하기 위한 상대에게 논리적으로 제품의 시장성과 타당성을 납득시키기 위해 다양한 종류의 정보와 근거를 제공하고, 여기에 감정적으로 상대를 움직이기 위해 스토리텔링 기법이나 추상적인 가치와 명분에 대한 감성적 피력 등과 같은 다소 심리적인 접근법에 근거한 감성적 설득 요소들을 함께 구성하여 청중을 설득시킨다.

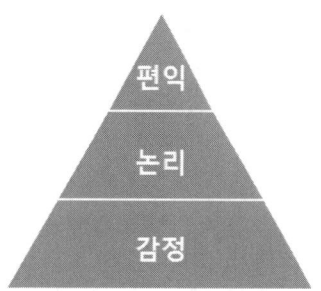

【그림 2 _ 설득의 삼각형】

따라서 설득형 프리젠테이션은 청중의 가치관을 바꾸고 의도한 행동양식을 받아들이게 하거나, 청중의 가치관을 강화하고 보강하여 새로운 가치관을 창출할 수 있도록 한다. 또한 감정에 호소하거나, 논리로 설득하여 편익을 유도하는 것이 그 목표이다.

(2) 정보 제공형 프리젠테이션

정보 제공형 프리젠테이션은 설득과 감성의 요소가 빠진 프리젠테이션으로 단순한 정보 제공으로 이미 결정된 사안에 대한 설명이나 설득형 프리젠테이션을 준비하는 과정에서 투입 될 자료를 분석하는 작업에서 사용된다. 예를 들어 여행사에서 자사의 여행 패키지를 구입한 고객들을 대상으로 앞으로의 일정을 소개하거나, 방송을 통해 기상캐스터가 오늘의 날씨에 대해 소개를 하고, 날씨에 따른 행동유형에 대한 정보를 제공해주는 것 또한 정보 제공형 프리젠테이션이라 할 수 있다. 정보 제공형 프리젠테이션에서 가장 중요한 부분은 해당 주제의 정보를 정확하고 자세히 전달하는 것으로 이를 위해서는 상대방의 눈높이에 맞춘 언어 선택과 설명이 보다 효과적으로 전달되기 위한 적절한 시각적 자료의 활용이 중요하다.

이러한 정보 제공형 프리젠테이션은 다음의 사항을 확인하여 프리젠테이션하는 것이

유리하다.
- 청중이 알고 싶어 하는 것이 무엇인가를 파악
- 청중이 이미 알고 있는 정보와 관련성을 갖게 할 것
- 정리된 정보는 이해가 용이할 것
- 시각자료를 많이 사용할 것
- 정보가 지나치게 많지 않을 것
- 정보는 반복하여 청중의 기억에 남길 것
- 단순히 정보의 나열이 되지 않도록 할 것

(3) 교육형 프리젠테이션

교육형 프리젠테이션은 주로 학교에서 사용하는 방법으로 컴퓨터 공학이나 자동차 공학 등을 가르치는 것이 바로 교육형 프리젠테이션이라고 할 수 있다. 따라서 상당부분 정보 제공형과 유사한 부분이 있지만, 하나의 목적에 국한되지 않고 교육 목적에 따른 다른 내용을 이해할 수 있도록 또 다른 동기를 부여하는 역할을 수행한다. 현재 대부분의 교육형 프리젠테이션은 스피치 역시 적절한 사례나 정보를 제공함으로써 어떤 감정이나 깨달음을 일으켜 동기를 부여하고 긍정적인 행동을 유도하려는 목적이 있다. 이런 이유에서 교육형 프리젠테이션은 정보 제공형 프리젠테이션과 설득형 프리젠테이션의 목적과 방식을 어느 정도 공유할 수 있는 형태이다.

이러한 교육형 프리젠테이션은 청중의 의욕을 환기하고, 기대하는 행동을 발휘하도록 자극해야 한다. 이를 위해 우선 청중이 하고자 하는 기분이 되어 있어야 하며, 발표자에게 호의적일 것이 전제조건이다. 또한 논리적인 것보다 감정에 호소하는 것 또한 성공적인 교육형 프리젠테이션을 수행하는 방법이다.

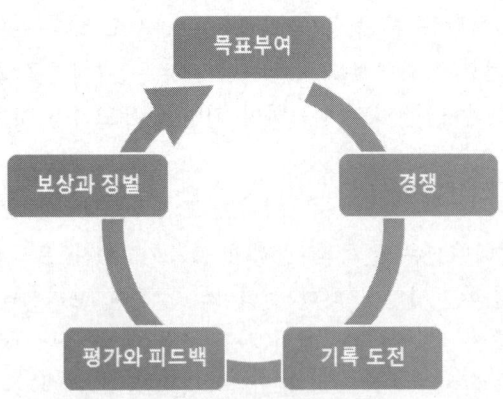

【 그림 3 __ 교육형 프리젠테이션의 동기부여 】

1.3 프리젠테이션 준비

프리젠테이션은 주어진 시간내에 전달하고자 하는 내용을 효과적으로 설명하는 것이 중요하다. 따라서 인상적인 프리젠테이션을 하기 위해 미리 세세한 부분까지 준비하고

연습한다. 즉, 프리젠테이션은 청중이 필요로 하는 정보만을 전달해야 하고, 너무 많은 정보는 오히려 청중에게 산만할 수가 있고, 청중은 프리젠테이션에 흥미를 읽게 될 수 있다. 또한 프리젠테이션이 시작된 후 처음 5분 동안 주제와 직접 연관된 유머나 경험에서 나온 이야기 등으로 흥미를 유발시켜 앞으로 전달하고자 하는 정보를 집중 할 수 있도록 해야 한다.

원활한 프리젠테이션은 완벽한 준비를 바탕으로 수행할 수 있다. 프리젠테이션의 준비는

1. 내용에 대한 사전기획 및 준비로 어떠한 주제에 대한 목적과 목표를 설정하고, 그에 따른 3P를 분석하여 기본 구성 및 형태(layout)를 구성한다.
2. 프리젠테이션의 내용을 어떤 방법으로 전달할 것인지를 주제에 따라 구분하여 컬러화, 시각화, 그래프화 하여 간단 명료하도록 하기 위해 파워포인트를 이용한 시각적 효과와 발표자가 청중의 형태에 따라 적절한 화법을 구현한다.
3. 프리젠테이션의 수정 과 보완을 하고, 최종 프리젠테이션에 앞서 테스트를 하여 청중의 반응이나, 변화유도, 동기를 재확인 하여 프리젠테이션을 평가 받는다.
4. 발표자는 다수의 청중앞에서 자신이 준비한 정보를 수월하게 전달할 수 있도록 프리젠테이션에 앞서 복장 등을 확인하여 신뢰감을 얻어야 한다.

목적에 따른 프리젠테이션을 청중에게 원활하고 완벽하게 설명하기 위해 가장 중요한 단계로 프리젠테이션을 준비 하는 단계이다. 프리젠테이션 준비 단계는 프리젠테이션을 하기 위한 목적과 목표를 명확하게 선정하고 이러한 주제를 청중에게 전달하기 위해 청중의 수준 등을 파악해야 한다. 만약 목적과 목표가 명확하더라도 청중의 입장에서 프리젠테이션을 하지 않으면, 어렵거나 필요 없는 내용 전달이 될 수 있으므로 주의해야 한다. 예를 들어 논문 발표의 경우 발표자가 그동안 연구한 내용을 경청하러 온 청중은 대부분 해당 연구 분야의 종사자일 경우가 많다. 따라서 청중의 눈높이에 맞춘 기초적인 이론을 제외한 해당 논문의 주요 사항을 보다 상세하게 기술해줄 필요가 있다. 청중 분석 후 프리젠테이션 발표 자료의 내용 구성을 계획한다. 구성한 내용을 바탕으로 발표시 어떤 도구를 이용할 것인가를 고려하여 자료를 만들고, 최종 발표를 수행한다. 최종 발표시에도 발표자가 주의해야 할 사항을 숙지하여 발표한다.

【그림 4 _ 프리젠테이션 준비 단계】

(1) 프리젠테이션의 목표, 목적

주어진 주제에 대한 프리젠테이션의 목표와 목적을 명확하게 설정하는 단계로, 앞절에서 설명한 프리젠테이션의 목적과 같은 사항이다. 대학교 수업시간의 강의를 예를 들어 프리젠테이션을 할 경우 목적은 "교육형 프리젠테이션"에 대당한다. 교육형 프리젠

테이션은 발표자가 아는 내용을 청중에게 설명하는 것으로 주로 지식을 바탕으로 전달하는 것이 목표이다. 즉, 발표자는 청중에게 새로운 지식을 경험과 기타 여러 자료를 분석하여 설명하고, 청중은 발표자가 이야기 하는 내용을 이해하여 새로운 지식을 쌓는 것이 목적이다. 따라서 발표자는 주어진 시간에 정해진 주제의 한도를 정해야 한다. 주제가 너무 많거나 적을 경우 청중은 이해하지 못하거나 혼란을 야기 할 수 있으므로 시간과 목표, 목적을 고려해야 한다.

이러한 목표, 목적의 명확한 구분은 지정된 프리젠테이션 시간내에 발표 하는데 큰 도움이 되고, 내용을 선택할 때 가이드 라인(outline)을 제시한다. 또한 발표자의 프리젠테이션에 대한 실제적인 기대치를 유지하여 청중에 대한 기대를 결정하는데 도움을 준다.

(2) 청중 분석

청중은 프리젠테이션의 내용을 바탕으로 발표자와 나와의 공통성을 찾고, 사실에 입각한 사항을 고민하거나, 문제 해결방안을 생각하여 프리젠테이션의 내용에 동의하거나, 향후 방향을 설정할 수 있어야 한다. 따라서 프리젠테이션 내용을 구성하기 전에 청중을 분석해야 한다. 즉, 1. 청중이 원하는 바를 분석하고, 2. 청중의 지식수준을 파악한 후, 3. 설득에 필요한 요소를 추출하는 것이 청중 분석의 3요소라 할 수 있다.

청중이 원하는 요구사항을 만족시키기 위해 발표자의 프리젠테이션을 수많은 청중이 얼마나 수용할 수 있는가를 생각하고, 이를 만족시키기 위해 청중의 지식수준을 파악한다. 청중의 지식수준이 전문적인 지식을 갖고 있는지, 전문적이지 않더라도 내용에 대해 어느 정도 알고 있는지를 보다 확실하게 파악해야 프리젠테이션 진행을 수원하게 할 수 있다. 마지막으로 청중을 설득하기 위해 청중의 요구 사항과, 지식수준을 고려하여 발표자가 경험했거나 주위로부터 들을 이야기들을 예를 들어 설명하고, 설득시 불필요한 용어의 사용을 자제해야 한다.

(3) 내용 구성

프리젠테이션 자료를 작성하기 전에 앞서 설명한 프리젠테이션의 목표와 목적의 가이드라인을 바탕으로 청중의 지식수준을 고려하여 내용을 구성해야 한다. 내용 구성은 일반적으로 서론, 본론, 결론의 형태로 구성하여 각각 내용에 대한 포인트를 설정한다.

【그림 5 __ 내용 구성의 방법】

발표자는 프리젠테이션이 시작되면 서론에서 청중에게 발표자 소개와 청중의 어수선한 분위기를 사로잡을 수 있는 주의환기 멘트 등으로 프리젠테이션이 시작됨을 알리고, 전체적인 프리젠테이션의 요약된 내용을 이야기 한 후, 질의응답 시간과 같은 발표자와 청중과의 상호 의견 수렴 등의 시간이 발표 후 있다는 것을 미리 알려주는 것도 원활한 프리젠테이션을 진행가기 위한 방법이다. 이때 서론은 너무 장황하게 설명하지 말고, 배정된 시간이 40분이라면 약 5분 정도 하는 것이 알맞다.

프리젠테이션의 본론은 배정된 시간의 절반을 할애하여 진행하며, 설득형 프리젠테이션과 정보제공형 프리젠테이션은 일반적으로 3가지의 항목 구성하여 전개하는 것이 효과적이라 할 수 있다. 이때 너무 많은 항목으로 분류 한다면, 내용의 질이 떨어지거나 산만해 질 수 있으므로 적절하게 구성하는 것이 올바르고, 각 항목은 주제에 대한 데이터와 실례 그리고 증거를 들어 명확한 설명을 준비한다.

마지막으로 결론에서 청중의 분위기를 환기시키고, 프리젠테이션 내용에 대한 내용을 다시 한 번 정리하여 강조시킨 후 질의응답 시간을 갖도록 한다. 질의응답이 끝나고, 프리젠테이션 마무리를 하여 종료한다. 특히 결론부에서는 본론부에서 분류된 항목을 중심으로 강조하고, 속담이나 명언 등을 인용하여 전체를 요약하여 청중에게 확실히 각인 시키는 것도 좋은 방법이다.

(4) 자료 작성

최종 프리젠테이션을 위한 준비 과정중에 가장 많은 시간을 투자하는 과정이 자료 작성과정이다. 본 교재는 파워포인트 교재이므로 파워포인트를 활용한 프리젠테이션을 한다고 가정 하였을 때, 실제 프리젠테이션용 자료를 작성하는 도구로 파워포인트 2010을 사용하는 시간이 전체 준비 시간중에 80%이상을 소요해야 한다. 이처럼 프리젠테이션 자료의 작성 시간을 많이 투입해야 하는 이유는 발표자의 발표 내용을 언어(청각)로 듣고, 눈(시각)으로 보고 이해 할 수 있어야 보다 빠른 전달이 가능하다. 또한, 프리젠테이션 자료는 시각적인 방법으로 전달하기 때문에 한 화면에 많은 정보를 삽입할 경우 어수선해지기 쉽고, 피로가 쉽게와 청중이 산만해지기 쉬우므로 압축, 요약하기 때문에 많은 시간을 필요로 한다. 따라서 프리젠테이션 자료의 작성은 청중이 이해하기 쉬운 표현과 단어를 선택하고, 청중이 원하는 목적에 따라 내용을 구성한다. 또한 앞서 설명한 대로 단순 명료하게 작성 하고 논리적 흐름을 유지하여 도형이나 그림, 동영상 등의 다양한 방법으로 내용을 전개한다.

파워포인트를 이용한 프리젠테이션 자료를 작성할 때 몇 가지 피해야 할 사항은 다음과 같다.

> **주의 1**
>
> 파워포인트의 배경색 또는 도형 등의 눈을 쉽게 피로하게 하는 원색계열, 사진을 사용하지 않는다. 특히 사진을 이용하여 배경을 꾸밀 경우 현란하지 않고, 사진에 글자가 없거나 투명한 것을 사용하도록 한다.

주의 2

청중의 입장을 고려해 가독성이 높은 서체를 선택하여 작성하도록 한다. 특히 영문을 사용할 경우 필기체를 기본 서체로 한다면, 가독성은 현저히 떨어져 청중이 알아 볼 수 없는 상황이 될 수 있다. 따라서 한글을 사용할 경우에는, 돋움체, 굴림체, 맑은 고딕체가 좋고 특히 맑은 고딕체의 경우 가독성이 가장 뛰어나다. 영문의 경우 필자는 주로 "Arial Unicode MS"를 주로 사용한다.

	올바르지 않은 서체	올바른 서체
국문	궁서체, 굵은안상체, 양재매화체 등	돋움체, 굴림체, 맑은 고딕 등
영문	Bernhard fashion BT, Freestyle script, Informal Roman 등	Arial Unicode MS, Tahoma, Verdana, Fanklin Gothic medium 등

【 그림 6 _ 글씨체 비교 】

주의 3

파워포인트를 이용한 자료를 작성할 때 발표자는 멋지게 꾸미려고 클립아트를 사용하거나 많은 색을 조합하는 경우가 많다. 이때 클립아트는 단순하고, 깔끔한 클립아트를 선택하여 사용하는 것이 좋고, 도형을 이용한 내용을 배치할 경우 많은 색을 혼용하지 말고, 가능하면 3가지 색을 넘지 않는 것이 효과적이다. 특히 자료를 작성하는 과정에서 일반적으로 많은 색을 조합하여 사용하는데 이러한 색은 오히려 청중에게 거부감을 들 수 있다. 현대적인 미적 감각은 다채로운 색의 배열보다 단순한 색을 배열하여 내용을 부각 시키는 방법을 많이 사용한다.

주의 4

파워포인트는 한정된 공간을 사용하여 빔 프로젝트와 같은 기기를 통해 화면에 영사한다. 이때 한 페이지에 너무 많은 내용을 삽입하면, 발표자와 청중간 의사소통이 잘 되지 않는다. 즉, 발표자는 화면에 있는 어떠한 주제로 이야기를 하고 있는데, 청중은 화면에 보이는 많은 내용 중에 무엇을 이야기 하는지 모를 경우가 발생하게 된다. 따라서 화면에는 발표하고자 하는 내용을 중요한 부분만을 함축적으로 요약하여 작성하거나, 숫자 및 통계는 그래프를 활용하여 단순하게 표현하는 것이 좋다. 즉, 발표자와 청중은 화면에 많은 내용이 나열되어 있으면, 발표자는 화면의 내용을 읽는 형태가 되고, 청중 또한 발표자의 내용을 귀담아 듣지 않고, 화면의 내용만을 읽어 서로 의사소통이 되지 않으므로, 파워포인트 페이지에 글자만 가지고 내용을 구성할 경우 단순 명료하게 기입하고, 중요한 부분만 강조하여 부각 시킨다.

(5) 발표 태도 숙지

발표자는 많은 청중들 앞에서 준비해온 자료를 프리젠테이션한다. 이때 발표자의 차림새와 태도에 청중은 평가를 한다. 현실에서도 발표자를 판단하는 기준으로 차림새와 태도를 보고 판단하는 경우가 많아 옷차림과 이미지에 신경을 쓰는 것도 중요하다. 발표자는 단정한 머리 모양과 남성의 경우 면도를 하여 깨끗한 인상을 심어 주고, 복장은 단정한 차림새로 주머니의 물건은 모두 빼 볼록하지 않게 한다. 프리젠테이션을 수행하는 자세는 특정 부위를 만지거나 긁지 말고, 팔꿈치를 연단에 기대지 않고, 호주머니에 손을 넣거나 팔장을 끼지 않는다. 발표자는 억양과 톤에 따라서 자심감을 갖고 발표하고, 긍정적인 마인드와 자신감으로 청중을 이끌어야 한다. 예를 들어 발표자의 차림새와 태도는 긍정적이나 작은 목소리로 프리젠테이션 할 경우 청중은 발표자의 전문성을 의심하게 되어 발표내용에 대한 긍정적인 판단을 흐리게 한다. 따라서 밝고 큰 음성으로 안정된 속도로 발표하고, 미소와 제스처를 사용하여 신뢰감을 쌓는 것이 중요하다.

발표자의 시선처리 또한 중요한 요소이다. 일반적으로 "사람의 눈은 진실을 이야기 한다."라고 한다. 즉, 눈을 자주 마주쳐 설득력의 향상과, 신뢰성 향상을 의도 할 수 있다. 이때 자주 창 밖을 보거나, 한 곳만 보지 말고 청중을 개별적으로 바라보는 것이 중요하다.

2. 파워포인트 2010 시작

2.1 파워포인트 개요

파워포인트는 프리젠테이션 그래픽 프로그램으로 각종 세미나, 학술회 그리고 회사에서는 중요한 업무 보고나, 상품 홍보 등 다양한 분야에서 사용되고 있다. 파워포인트를 이용하면 기존에 종이에 연필로 일일이 쓰고 그려 가면서 준비했던 자료들을 쉽게 만들 수 있을 뿐아니라 소리, 동영상, 멀티미디어, 애니메이션 등의 특수효과를 추가하여 보다 전문적인 프리젠테이션을 만들어 사용할 수 있다. 즉 파워포인트를 이용한 프리젠테이션은 "소개, 발표, 표현, 제출"이라는 사전적 의미를 가지고 있으며 청중에게 효과적으로 메시지를 전달하고자 할 때 사용하고 이러한 프리젠테이션을 효과적으로 작성, 발표하는데 도움을 주는 도구가 파워포인트이다.

프리젠테이션을 잘하려면 기획력, 표현력, 발표력을 고루 갖춰야 하는데 이 중 표현력은 프리젠테이션 디자인에 해당한다. 프리젠테이션 디자인을 하려면 디자인 감각도 필요하지만 디자인 툴을 제대로 사용할 줄 알아야하고 이러한 일련의 과정을 보다 손쉽게 할 수 있는 툴이 파워포인트이다.

본 교재에서는 기본예제부터 응용 예제를 통해 파워포인트 2010의 다양한 기능들을 익히도록 하였으며, 실무에서도 능숙하게 적용할 수 있도록 하는데 목적을 두었다.

2.2 향상된 파워포인트 2010 기능

Microsoft Office PowerPoint 2010은 작업과 결과 중심의 사용자 인터페이스를 이용하여 상황별 작업을 진행할 수 있도록 2007과 동일한 작업환경을 제공한다. 향상된 파워포인트 2010에서는 많은 비디오 및 그림 편집 기능이 새로 추가되고 향상되었으며 프리젠테이션에서 동료와 쉽게 공동 작업 할 수 있는 새로운 방법도 많이 있으며, 전환 및 애니메이션에 대한 별도의 탭이 리본 메뉴에 있어 이전보다 원활하고 다양하게 작업을 수행할 수 있다. 또한 사진 기반 레이아웃을 비롯하여 여러 가지 SmartArt 그래픽 레이아웃이 새로 추가되었으며, 다양한 방법으로 프리젠테이션을 간편하게 브로드캐스트하고 공유할 수 있다.

아래의 기능들은 Microsoft Office PowerPoint 2010의 도움말 기능에서 발췌한 내용들이다. 하나씩 살펴보도록 하자.

● 프리젠테이션 만들기, 관리 및 다른 사람과 공동작업

파워포인트 2010에서는 프리젠테이션을 효과적으로 만들고 관리하고, 다른 사람과 공동 작업하는데 사용할 수 있는 몇 가지 기능이 새로 추가 되었다.

- 새로운 Backstage 보기에서 파일 관리

새로운 Microsoft Office Backstage 보기에서는 문서 속성 보기, 사용 권한 설

정, 프리젠티이션 파일 열기, 저장, 인쇄 및 공유 등 파일 관리와 관련된 일반 작업에 신속하게 접근할 수 있다.

- 동료와 프리젠테이션 공동 작성

  여러 작성자가 동시에 단일 프리젠테이션을 개별적으로 편집할 수 있다. 팀을 구성하여 프로젝트를 수행하는 경우 파워포인트 2010의 공동작성 기능을 사용하여 긴밀하게 통합된 프리젠티이션을 만들 수 있다. 동료는 누가 프리젠테이션을 편집하고 있는지, 문서의 어느 부분을 작업하고 있는지 알 수 있다. 다른 동료가 변경한 사항을 문서에서 병합하고 해당 변경사항에 맞춰 편집할 수 있다.

- 여러 버전의 프리젠테이션 자동 저장

  Office 자동 버전 관리를 사용하면 향상된 여러 버전의 프리젠테이션을 자동으로 저장하여 이전 버전의 일부 또는 전부를 검색할 수 있다. 이 기능은 수동으로 저장하는 것을 잊거나, 다른 사람이 사용자의 내용을 덮어쓰거나, 실수로 변경 사항을 저장했거나, 이전 버전의 프리젠테이션으로 되돌리는 경우에 유용하다. 이 기능을 사용하려면 자동 복구 또는 자동 저장을 사용하도록 설정해야 한다.

- 슬라이드에 레이블을 정하고 여러 구역으로 그룹화하여 다른 사람과 공동으로 프리젠테이션을 만들 수 있다. 예를 들어 각 동료가 개별 구역에 대한 슬라이드를 준비할 수 있다. 또한 효과의 이름을 지정하고, 효과를 인쇄하고, 전체 구역에 효과를 적용할 수 있다.

- 프리젠테이션 병합 및 비교

  PowerPoint 2010의 병합 및 비교 기능을 사용하여 현재 프레젠테이션을 다른 프레젠테이션과 비교한 후 즉시 통합할 수 있다. 이 기능은 프레젠테이션에서 다른 사람과 함께 작업하고 전자 메일 및 네트워크 공유를 사용하여 다른 사람과 변경 내용을 주고받는 경우에 유용하다. 이 기능은 병합된 프레젠테이션을 저장하는 데 목적을 두지 않고 두 프레젠테이션을 단순히 비교하여 차이점을 확인하려는 경우에 유용하며 최종 프레젠테이션에 포함할 변경 내용이나 편집 내용을 관리하고 선택할 수 있습니다. 병합 및 비교 기능을 사용하면 같은 프레젠테이션의 여러 버전에서 적용된 편집 내용을 동기화하는 데 소요되는 시간을 최소화할 수 있다.

- 여러 창에서 개별 PowerPoint 프리젠테이션 파일 작업

  단일 모니터에서 여러 프레젠테이션을 나란히 실행할 수 있다. 이렇게 하면 프레젠테이션이 주 창 또는 상위 창에서 더 이상 바인딩되지 않으므로 한 프레젠테이션에서 작업하면서 다른 프레젠테이션을 쉽게 참조할 수 있다. 새 읽기용 보기를 사용하여 별도로 관리되는 창에서 전체 애니메이션 효과 및 전체 미디어 지원을 사용하여 프레젠테이션 두 개를 슬라이드 쇼 형식으로 동시에 볼 수도 있다.

- 어디에서나 작업

  PowerPoint를 사용 중이지 않은 경우에도 프레젠테이션에서 작업할 수 있다. Microsoft Office Web Apps를 호스팅하는 웹 서버에 프레젠테이션을 저장한다. 그런 다음 PowerPoint Web App 를 사용하여 브라우저에서 프레젠테이션을 열 수 있다. 프레젠테이션을 볼 수 있을 뿐만 아니라 변경할 수도 있습니다. Office Web Apps는 Windows Live에 로그인하거나 조직의 SharePoint Foundation 2010 사이트(Office Web Apps가 설치된 경우)에 액세스하여 사용할 수 있다.

● 향상된 비디오, 그림 및 애니메이션 기능으로 프레젠테이션 꾸미기

  PowerPoint 2010에서는 많은 비디오 및 그림 편집 기능이 새로 추가되고 향상되었다. 또한 전환 및 애니메이션에 대한 별도의 탭이 있어 이전보다 원활하고 다양하게 작업을 수행할 수 있으며, SmartArt 그래픽에 놀라운 사진 기반 기능도 새로 추가되었다.

  - 프리젠테이션에서 비디오 포함, 편집 및 재생

    PowerPoint 2010을 사용하면 프레젠테이션에 비디오를 삽입하여 프레젠테이션 파일의 일부로 사용할 수 있습니다. 이렇게 하면 다른 위치로 프레젠테이션을 이동하는 경우에도 더 이상 비디오 파일을 잃어버릴 염려가 없다. 비디오를 트리밍하고, 동기화된 이중 텍스트, 포스터 틀, 책갈피 및 밝기 변화를 비디오에 추가할 수 있다. 또한 그림으로 작업할 때처럼 테두리, 그림자, 반사, 네온, 부드러운 가장자리, 3차원 회전, 입체 효과 및 기타 디자이너 효과를 비디오에 적용할 수 있다. 비디오를 재생하면 모든 효과가 재생된다.

  - 비디오 또는 오디오 클립 트리밍

    비디오나 오디오 클립을 트리밍하여 클립의 메시지와 관련이 없는 부분을 제거하고 클립을 간결하게 만든다.

  - 오디오 및 비디오 클립에서 책갈피 사용

    비디오 또는 오디오 클립에 책갈피를 추가하여 원하는 시점을 표시할 수 있다. 책갈피는 애니메이션을 시작하거나 비디오의 특정 위치로 이동하는 데 사용할 수 있다. 프레젠테이션을 진행할 때 책갈피를 사용하면 비디오 또는 오디오 클립에서 특정 지점을 신속하게 찾을 수 있다.

  - 프리젠테이션을 비디오로 변환

    프레젠테이션을 배포 및 전달하는 새로운 방법 중 하나는 프레젠테이션을 비디오로 변환하는 것이다. 동료나 고객에게 전자 메일 첨부 파일, 웹 게시, CD 또는 DVD 등의 방법을 사용하여 고화질 버전의 프레젠테이션을 제공하려면 프레젠테이션을 비디오 파일로 저장한다.

  - 그림에 꾸밈 효과 및 질감 적용

    PowerPoint 2010을 사용하면 그림에 다양한 꾸밈 효과를 적용하여 스케치, 드

잉 또는 회화처럼 만들 수 있다. 새로운 효과로는 연필 스케치, 선 그리기, 분필 스케치, 수채화 스폰지, 모자이크 방울, 유리, 시멘트, 파스텔 부드럽게, 랩으로 감싼 효과, 네온 가장자리, 복사, 페인트 스트로크 등이 있다.

- 새로운 SmartArt 그래픽 그림 레이아웃
PowerPoint 2010에는 사진으로 이야기를 구성할 수 있는 새로운 유형의 SmartArt 그래픽 레이아웃이 추가되었을 뿐 아니라 다른 새 SmartArt 그래픽 레이아웃도 제공된다. 더 놀라운 기능은 슬라이드에 그림이 있는 경우 텍스트와 마찬가지로 그림을 SmartArt 그래픽으로 신속하게 변환할 수 있다는 것이다.

- 슬라이드에 스크린 샷 추가
PowerPoint를 끝내지 않고도 PowerPoint 2010 프레젠테이션에 스크린 샷을 신속하게 추가한다. 스크린 샷을 추가한 후 그림 도구 탭의 도구를 사용하여 이미지를 편집하거나 개선할 수 있다.

● 보다 효율적인 프리젠테이션 전달 및 공유
- 공유를 위해 쉽게 이동할 수 있는 프리젠테이션 만들기
오디오 및 비디오 파일을 프레젠테이션에 직접 포함하여 공유를 위해 쉽게 이동할 수 있는 프레젠테이션을 만들 수 있다. 파일을 포함하면 여러 파일을 보낼 필요가 없다. 이제 애니메이션이 적용되고 설명이 녹음된 멀티미디어 프레젠테이션을 오류 없이 실행할 수 있다.

- 슬라이드 쇼 브로드캐스트
Windows Live 계정 또는 조직에서 제공하는 브로드캐스트 서비스를 활용하여 원격 청중에게 직접 슬라이드 쇼를 브로드캐스트한다. 이제 청중에게 브라우저와 전화만 있으면 슬라이드 쇼를 브로드캐스트할 수 있다. 발표자는 PowerPoint가 있어야 한다. 슬라이드 진행을 완벽하게 제어할 수 있으므로 청중은 자신의 브라우저에서 진행되는 슬라이드를 보기만 하면 된다.

- 접근성 문제 식별 및 해결
접근성 검사를 사용하면 PowerPoint 파일의 접근성 문제를 식별 및 해결하여 장애가 있는 사용자가 내용에 액세스하지 못하게 하는 문제를 수정할 수 있다. PowerPoint 파일에 잠재적 접근성 문제가 있는 경우 해당 문서의 문제를 검토 및 복구할 수 있도록 Microsoft Office Backstage 보기에 알림이 표시된다. 알림을 보려면 파일 탭을 클릭하고 공유 준비에서 문제 확인을 클릭한 다음 접근성 검사를 클릭한다.

- 마우스를 레이저 포인터로 전환
슬라이드의 요소를 강조하려는 경우 마우스 포인터를 레이저 포인터로 변환할 수 있다. 슬라이드 쇼 보기에서 Ctrl 키를 누른 채 마우스 왼쪽 단추를 클릭하기만 하면 포인터 작동이 시작된다.

2.3 백스테이지 보기에서 파일 관리

파워포인트 2007에서는 Microsoft Office 단추 를 클릭하면 파일 열기, 저장, 인쇄 등 기본적인 명령을 사용할 수 있었다. 파워포인트 2010에서는 Office 단추가 사라지고 새롭게 등장한 리본메뉴가 [파일] 탭이다.

[파일]탭을 통한 백스테이지 보기에서는 문서 속성 보기, 사용 권한 설정, 프리젠테이션 파일 열기, 저장, 인쇄 및 공유 등 파일관리와 관련된 일반 작업에 신속하게 액세스 할 수 있다. 또한 이전에는 미리 보기, 인쇄, 페이지 레이아웃 등의 인쇄 관련 명령과 설정이 몇 개의 대화상자로 분산되어 있었으나 백스테이지 보기의 [인쇄] 영역으로 단일 위치로 통합되어 더욱 빠르게 인쇄할 수 있다.

① 정보

프리젠테이션 문서의 모든 속성을 표시한다. 프리젠테이션의 사용 권한을 변경할 수 있고 버전관리 명령을 통해 지정되지 않은 프리젠테이션을 복구 할 수 있다.

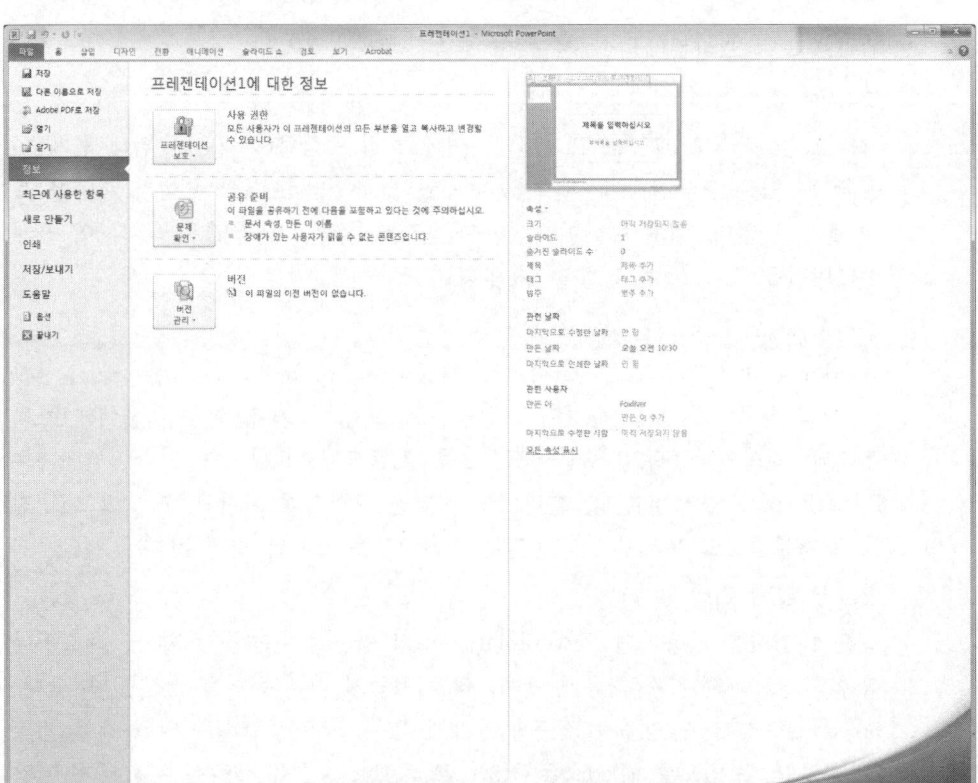

② 최근에 사용한 항목

최근에 사용했던 프리젠테이션 목록 20개를 표시해 준다. PowerPoint 옵션에서 표시할 최근 문서를 변경할 수 있으며 자주 사용하는 파일은 목록에 고정하여 사용할 수 있다.

③ 새로 만들기

[파일] 탭 메뉴에서 가장 활용도가 높을 것으로 예상되는 부분이며 새 프리젠테이션을 만들 수 있으며 Office.com 다양한 서식 파일들을 다운로드하여 사용할 수 있다. 또한 기존 문서의 슬라이드 마스터나 테마 등의 서식들을 재활용하는 명령을 제공하고 있다.

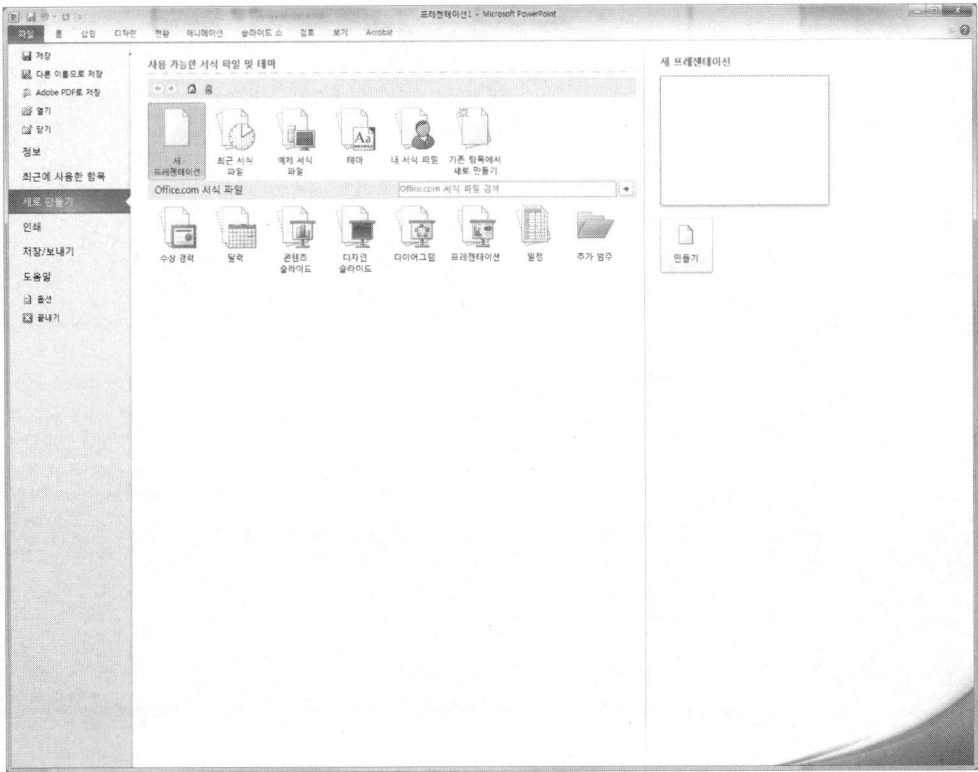

④ 인쇄

프리젠테이션 문서를 인쇄할 때 사용되는 모든 옵션을 대화상자 형태가 아닌 메뉴 보기 형태로 정리하였다.

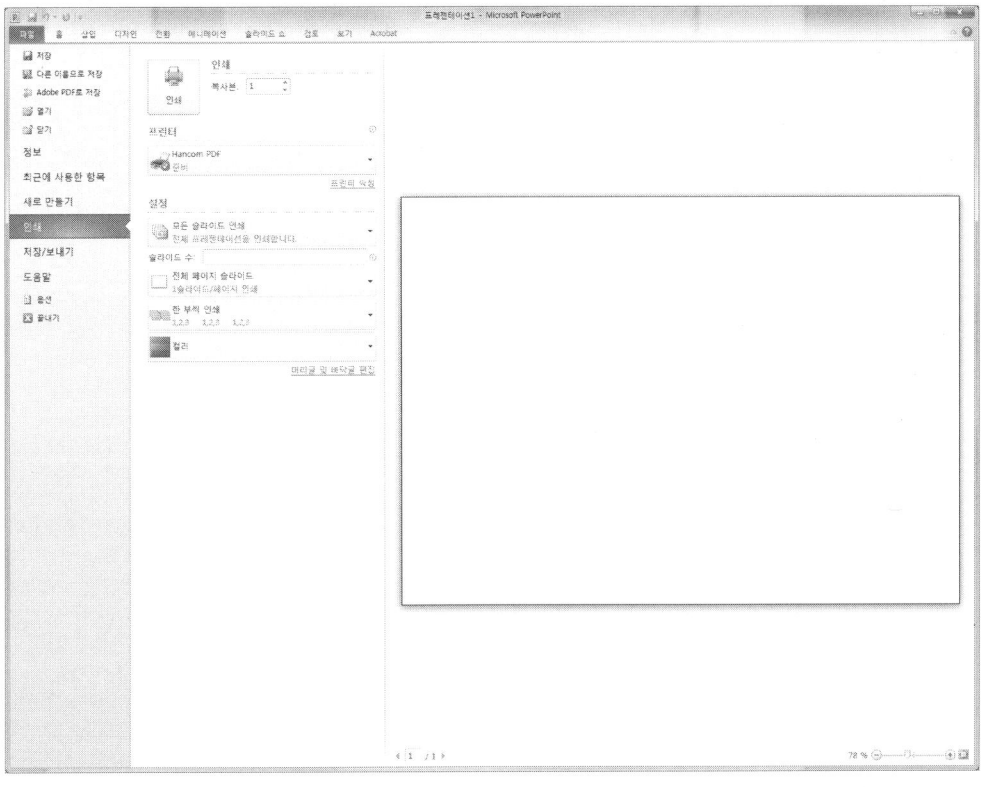

⑤ 저장/보내기

프리젠테이션 문서를 전자메일에 첨부하여 보내고, 파워포인트 2010의 최대 강점 중 하나인 슬라이드 쇼 브로드캐스트를 통해 원격으로 프리젠테이션을 공유할 수 있으며, 웹이나 SharePoint에 저장할 수 있다. 또한 파일 형식을 변경할 수 있는 명령 등을 제공한다.

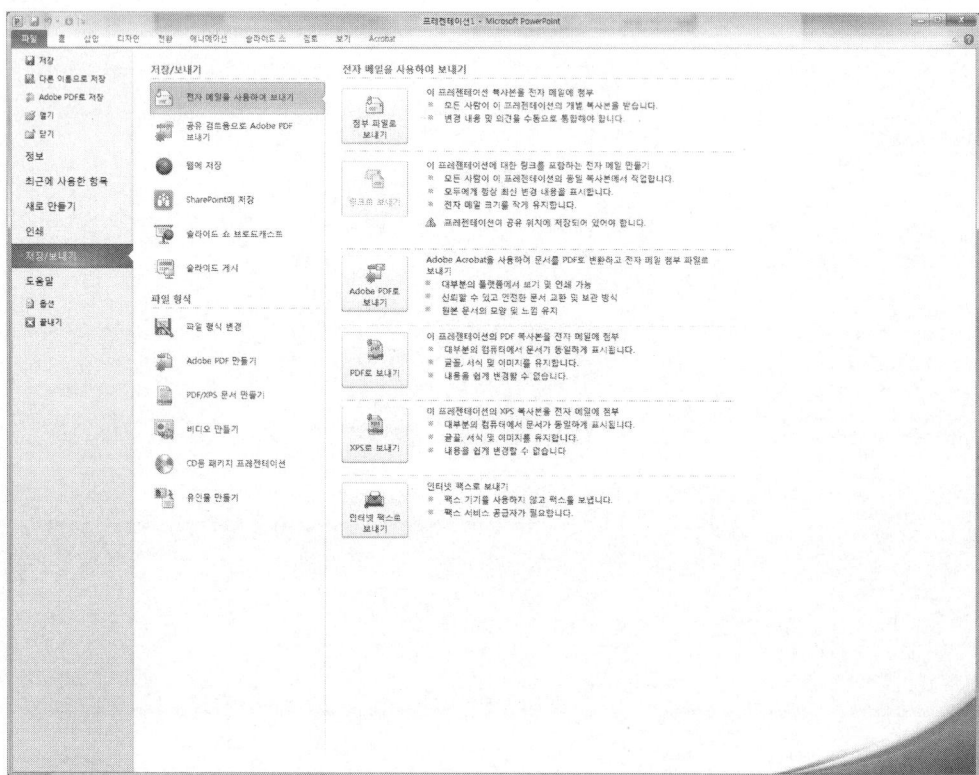

3. 파워포인트 2010 기초

3.1 파워포인트 2010 실행과 종료

  Microsoft Office 2010을 설치하고 나면 [시작] - [모든 프로그램] - [Microsoft Office] 그룹이 만들어진다. 파워포인트 2010 프로그램을 시작하는 방법에는 시작 메뉴를 이용하는 방법, 바탕화면에서 바로가기 아이콘을 이용하는 방법, 완성된 파워포인트 파일을 더블 클릭하는 방법 등이 있다. 다양한 방법을 활용해 파워포인트를 시작하고 종료해본다.

(1) 파워포인트 2010 시작하기

│따라하기 1│ 바로가기 아이콘으로 시작하기

바탕화면에 등록된 [Microsoft Office Power Point 2010] 바로가기 아이콘에 마우스 포인터를 놓고 마우스 왼쪽 버튼을 더블 클릭하면 파워포인트 2010이 실행된다.

│따라하기 2│ 시작메뉴에서 실행하기

윈도우 작업 표시줄에서 [시작] 단추를 클릭하고 시작 메뉴가 펼쳐지면 [모든 프로그램] - [Microsoft Office] - [Microsoft Power Point 2010]을 클릭하면 파워포인트 2010이 실행된다.

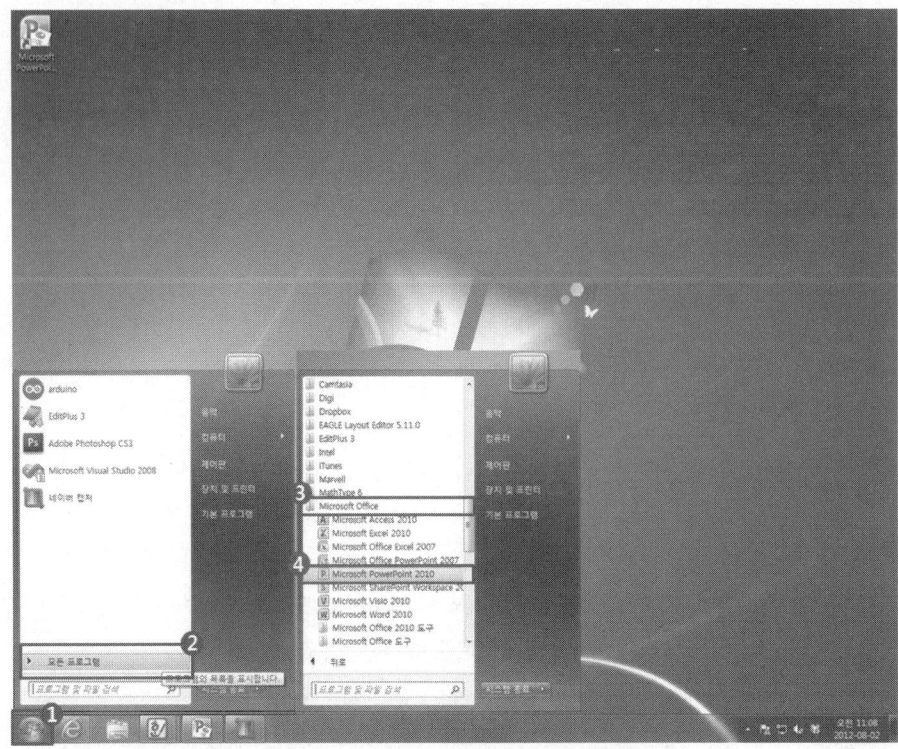

┃따라하기 3┃ 완성된 파워포인트 파일로 실행하기

이미 만들어져 있는 파워포인트 파일을 더블클릭한다.

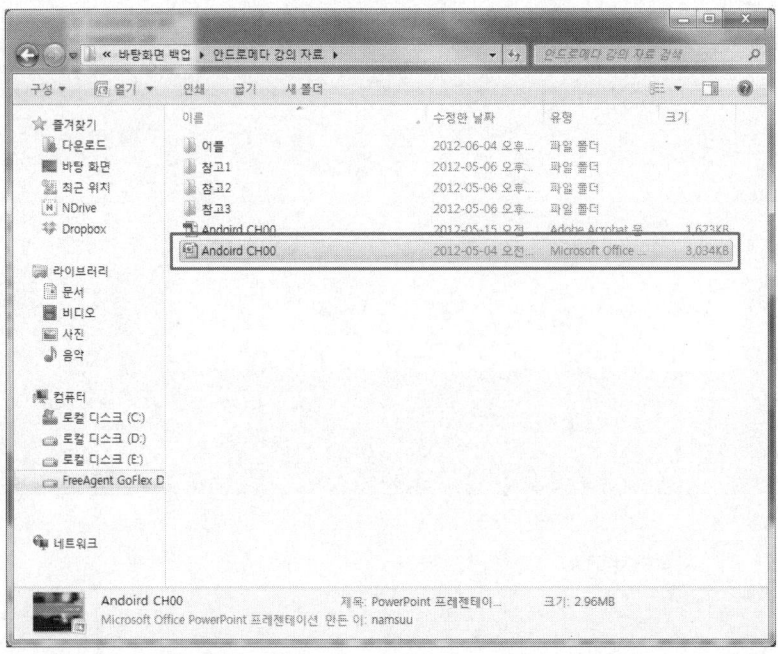

(2) 파워포인트 2010 종료하기

│따라하기 1│ [파일] 탭을 이용하여 종료하기 ─────────────────●

파워포인트 2010에서 백스테이지 화면인 [파일] 탭을 클릭한 후 [끝내기]를 클릭하여 종료한다.

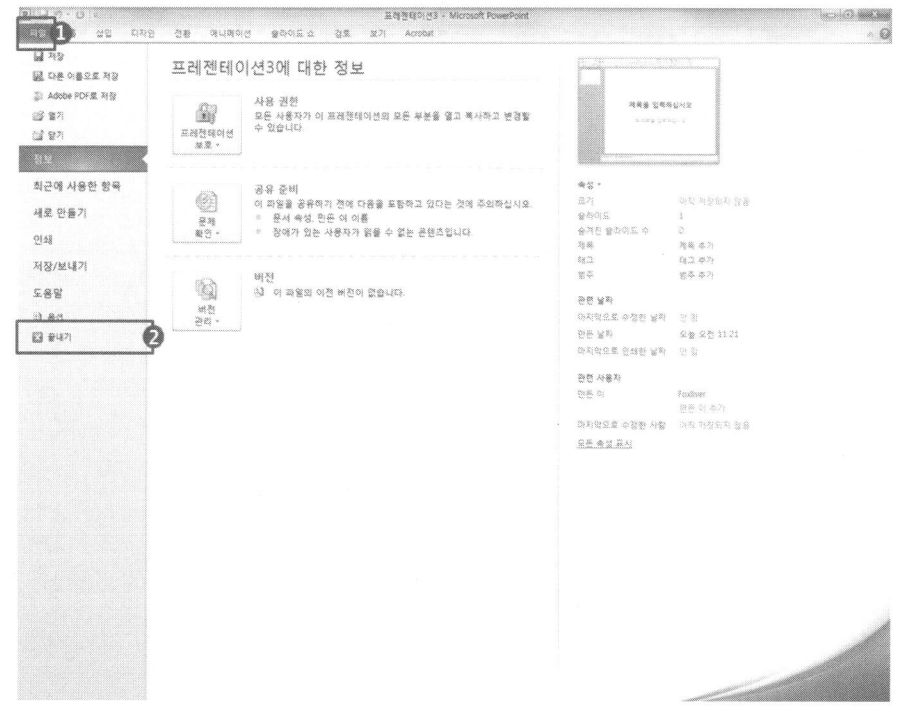

│따라하기 2│ 제목 표시줄을 이용하여 종료하기 ─────────────────●

파워포인트 2010창에서 제목 표시 줄 오른쪽 맨끝의 [종료] 버튼을 클릭한다.

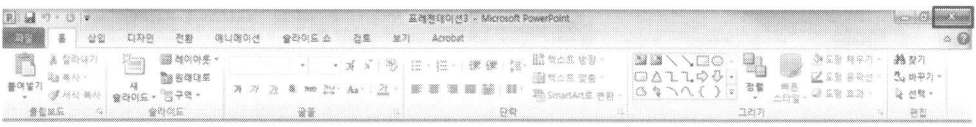

│따라하기 3│ 바로가기 키로 종료하기 ─────────────────●

키보드의 Alt + F4 키를 동시에 눌러 종료한다.

※ 문서를 저장하지 않고 종료 명령을 실행하면 대화상자가 열린다. 이때 저장하려면 [저장]을, 저장하지 않고 그냥 끝내려면 [저장 안 함]을 클릭한다.

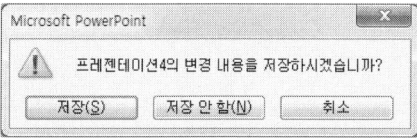

3.2 파워포인트 2010 화면구성

(1) 기본 화면 구성

파워포인트 화면은 크게 ❶명령 영역, ❷보기 영역, ❸작업 영역으로 나뉜다. 말 그대로 ❶명령 영역에는 작업하는데 필요한 도구가 모여 있는 곳이고, ❷보기 영역은 작업 과정을 좀 더 쉽게 이해할 수 있도록 다양한 보기 모드를 제공하는 것이며, ❸작업 영역은 파워포인트 슬라이드가 실제 만들어지는 곳이다.

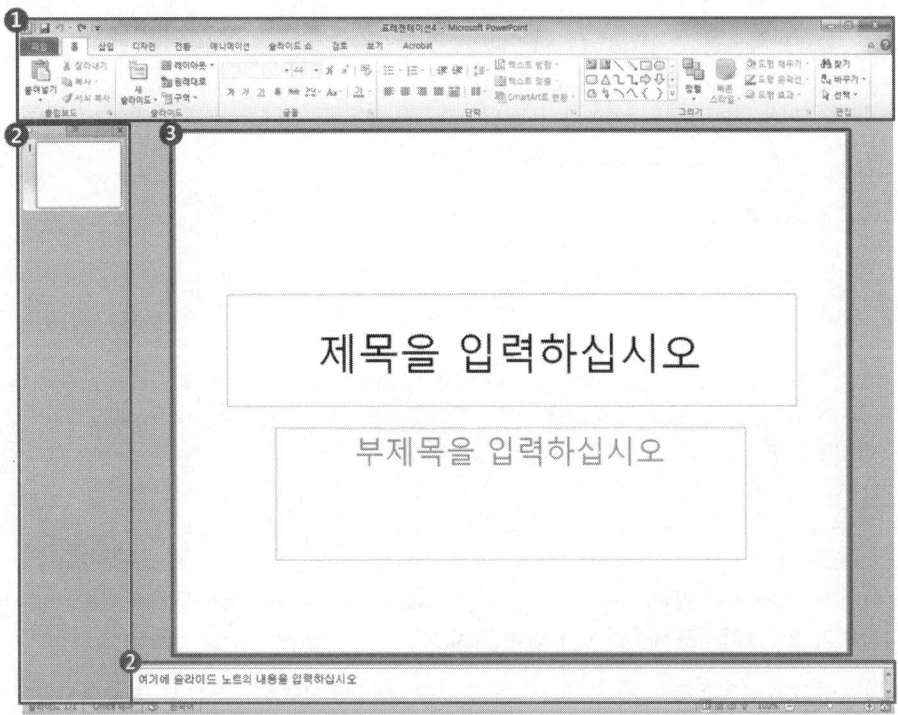

(2) 전체 화면 구성

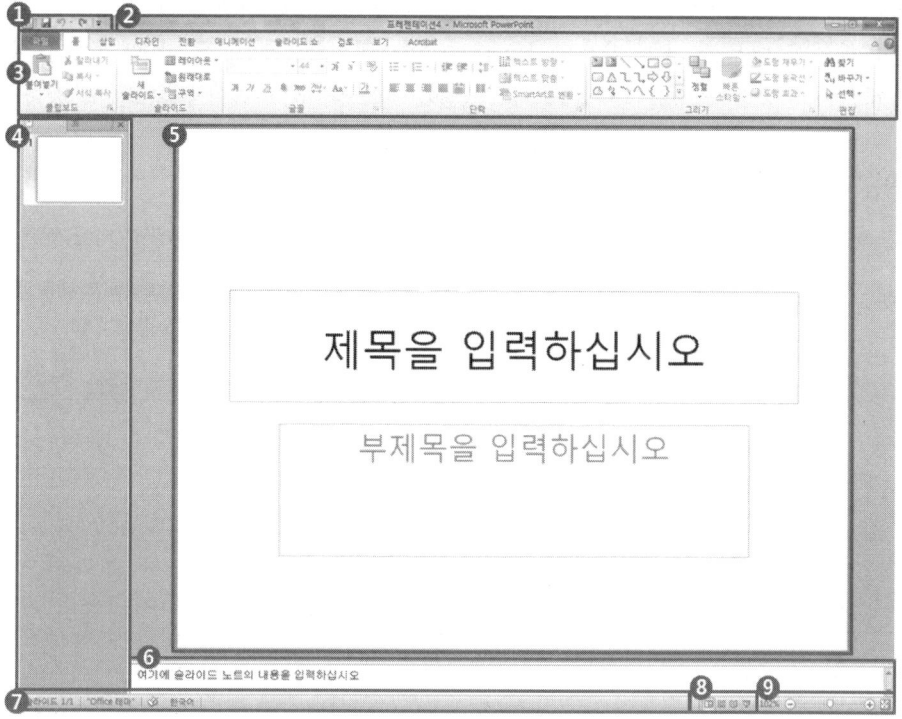

❶ 빠른 실행 도구 모음 : 새로 만들기, 열기, 저장, 전자메일, 되돌리기 등의 빠른 실행 아이콘이 보이도록 사용자가 지정할 수 있다.
❷ 제목표시 줄 : 현재 작업중인 파워포인트의 파일명이 나타나고 창 크기 및 창 닫기 버튼이 표시 된다.
❸ 리본메뉴 : 메뉴와 도구 모음을 대체하며 용이한 탐색을 위해 단추, 갤러리, 대화상자 내용 등을 포함한다.
❹ 슬라이드/개요 탭 : 슬라이드 탭은 슬라이드 화면을 축소하여 나타내고, 개요 탭은 슬라이드 개체틀에 입력된 텍스트만 표시한다.
❺ 슬라이드 : 프리젠테이션을 만드는 작업 공간으로 개체 틀, 텍스트, 그림, 클립아트, 동영상 등을 이용하여 실질적인 작업을 하는 곳이다.
❻ 슬라이드 노트 : 발표자가 프리젠테이션을 할 때 부연할 설명 등을 메모하는 곳으로 슬라이드 쇼 화면에는 나타나지 않는다. 발표자료로 인쇄할 때 슬라이드 노트를 선택하여 인쇄할 수 있다.
❼ 상태 표시 줄 : 현재 작업중인 슬라이드의 페이지 번호와 디자인 서식 등이 표시 된다.
❽ 화면 보기 : 화면 보기의 형식을 표시한 곳으로 기본, 여러 슬라이드, 슬라이드 쇼 보기 아이콘으로 구성되어 있다.
❾ 확대/축소 : 화면에 나타나는 슬라이드의 크기를 조절하는 곳이다.

(3) 파워포인트 바로가기 키 사용하기

바로가기 키를 사용하면 키보드로 간편하게 해당 기능을 실행할 수 있지만, 일일이 외우기 힘들기 때문에 자주 사용하지 않는다. 하지만 파워포인트 2010에서는 리본 메뉴에 바로가기 키를 표시할 수 있으므로 원하는 메뉴를 쉽게 찾아 작업할 수 있다.

┃따라하기┃ 바로가기 키를 이용하여 파일을 저장해본다.

1. 파워포인트 2010 화면에서 Alt키를 누르면 아래와 같이 리본 메뉴가 표시된다.

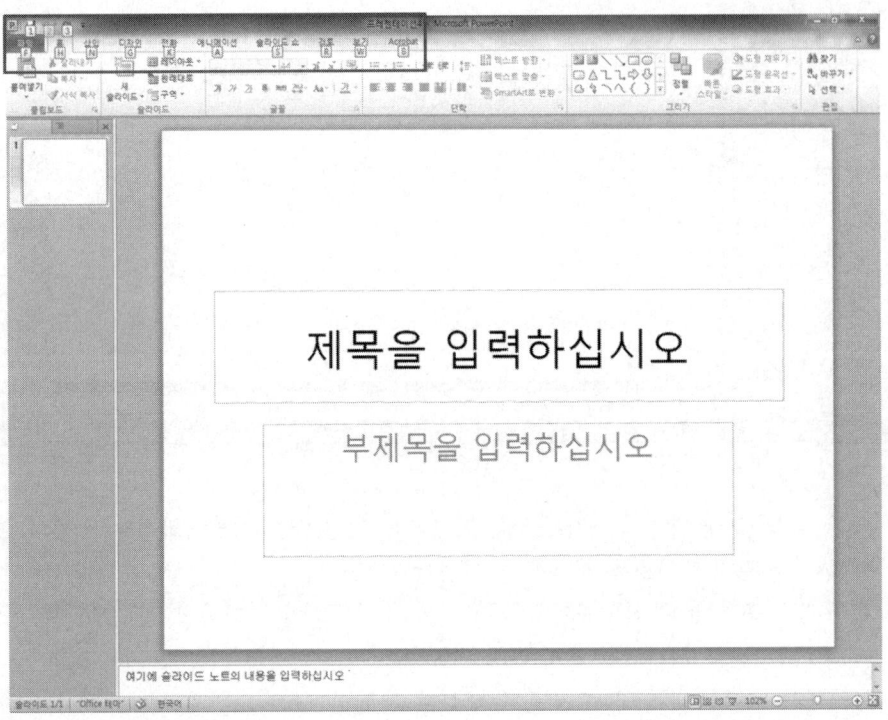

2. 문서 저장을 위해 [파일]탭을 가르키는 F키를 누른다.
3. [저장]을 가르키는 S키를 누른다.

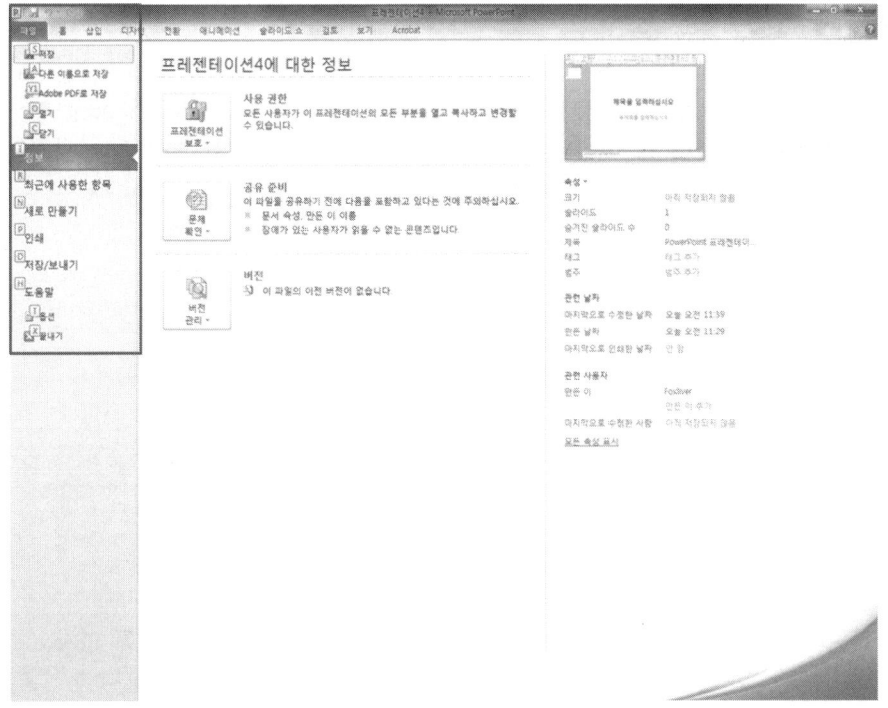

4. 저장할 폴더를 선택하고, 파일이름을 지정한 후 [저장] 버튼을 누른다.

3.3 리본메뉴 살펴보기

탭에는 항상 나타나는 기본 탭과 해당 객체를 선택했을 때만 나타나는 도구 탭이 있다. 이중 기본 탭은 기본적으로 프리젠테이션 작업 순서대로 배치되어 있고, 명령은 탭 아래에 논리적 그룹으로 구성되며, 각 탭은 쓰기 또는 페이지 레이아웃 지정과 같이 작업 유형과 관련된다.

(1) [홈] 탭

홈 탭은 총 6개의 그룹으로 이루어져 있다. 파워포인트 작업의 80%이상을 홈 탭을 이용하여 작성할 수 있다.

❶ [클립보드] 그룹 : 잘라내기, 복사, 서식복사, 붙여넣기 등 데이터를 임시로 저장하여 사용하는데 관련된 아이콘들로 구성되어 있다.
❷ [슬라이드] 그룹 : 새 슬라이드의 삽입과 레이아웃, 슬라이드 삭제와 관련된 아이콘으로 구성되어 있다.
❸ [글꼴] 그룹 : 글꼴, 글자크기, 속성, 글자색 등 글자모양을 설정하는데 사용하는 아이콘으로 구성되어 있다.
❹ [단락] 그룹 : 글머리 기호, 번호 매기기, 목록 수준, 줄 간격, 정렬, 텍스트 방향 등의 아이콘으로 구성되어 있다.
❺ [그리기] 그룹 : 텍스트 상자와 그리기 도구 모음, 도형의 정렬, 도형 꾸미기 스타일 등의 아이콘으로 이루어져 있다.
❻ [편집] 그룹 : 텍스트 찾기, 바꾸기, 그리고 개체 선택 아이콘으로 구성되어 있다.

(2) [삽입] 탭

삽입 탭은 8개의 그룹으로 주로 파워포인트 슬라이드에 표를 넣거나, 이미지, 일러스트, 텍스트, 도형 등을 넣기 위해 사용된다.

❶ [표] 그룹 : 표 아이콘이 있다.
❷ [이미지] 그룹 : 이미지 삽입, 클립아트, 스크린샷 찍어 넣기, 사진 앨범에서 선택 넣기와 같이 이미지와 관련된 아이콘으로 구성되어 있다.
❸ [일러스트레이션] 그룹 : 도형, SmartArt, 차트 아이콘으로 구성되어 있다.
❹ [링크] 그룹 : 하이퍼링크 아이콘으로 구성되어 있다.

❺ [텍스트] 그룹 : 텍스트 상자, 머리글/바닥글, WordArt, 날짜 및 시간, 슬라이드 번호, 개체 아이콘으로 구성되어 있다.
❻ [기호] 그룹 : 수식대화상자, 기호 선택상자를 열 수 있는 아이콘으로 구성되어 있다.
❼ [미디어] 그룹 : 동영상과 오디오 아이콘으로 구성되어 있다.
❽ [플래시] 그룹 : 플래쉬 미디어를 삽입할 수 있는 아이콘이 있다.

(3) [디자인] 탭

디자인 탭은 파워포인트 슬라이드 전체에 일관된 색과 효과를 통해 통일감 있는 디자인을 적용할 수 있다. 디자인 탭은 3가지의 그룹으로 구성된다.

❶ [페이지 설정] 그룹 : 페이지 설정과 슬라이드 방향 아이콘으로 구성되어 있다.
❷ [테마] 그룹 : 문서 전체의 디자인을 설정할 수 있는 테마, 색, 글꼴, 효과 아이콘으로 구성되어 있다.
❸ [배경] 그룹 : 배경 스타일 아이콘과 배경 그래픽 숨기기 선택 아이콘이 있다.

(4) [전환] 탭

전환 탭은 파워포인트 2007에서 슬라이드에서 다른 슬라이드로 넘어갈 때 효과를 줄 수 있는 그룹과 슬라이드에 삽입된 개체의 효과를 주는 그룹으로 묶인 것을 파워포인트 2010에서는 슬라이드 애니메이션과 개체 애니메이션 탭으로 구분하였다. 전환 탭은 슬라이드를 넘길 때 효과는 주는 탭으로 3가지 그룹으로 구성된다.

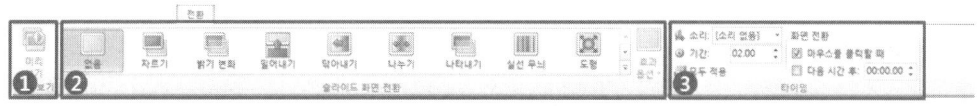

❶ [미리보기] 그룹 : 슬라이드 쇼를 미리 볼 수 있는 아이콘이 있다.
❷ [슬라이드 화면 전환] 그룹 : 슬라이드가 바뀔 때 화면전환 애니메이션을 선택할 수 있는 아이콘으로 구성되어 있다.
❸ [타이밍] 그룹 : 화면전환 할 때 함께 동작하는 소리와 관련된 아이콘과, 화면전환 방법과 화면전환 시간을 설정할 수 있게 구성되어 있다.

(5) [애니메이션] 탭

애니메이션 탭은 슬라이드에 삽입된 개체들에 효과를 주는 탭으로 4가지 그룹으로 이루어져 있다.

❶ [미리보기] 그룹 : 작성된 애니메이션을 미리 볼 수 있는 아이콘이 있다.
❷ [애니메이션] 그룹 : 각각의 개체에 애니메이션을 적용할 수 있는 사용자 애니메이션 아이콘이 있다.
❸ [고급 애니메이션] 그룹 : 새로운 애니메이션을 추가 하거나 애니메이션 창을 보이게 하거나, 트리거, 애니메이션 복사할 수 있는 아이콘이 있다.
❹ [타이밍] 그룹 : 애니메이션 순서를 바꾸거나 시작시간, 지연시간, 재생 시간 등을 설정할 수 있는 아이콘이 있다.

(6) [슬라이드 쇼] 탭

슬라이드 쇼 탭은 완성된 슬라이드를 재생할 때 사용하는 탭으로 슬라이드 쇼의 시작 시점과 구성 등을 설정할 수 있도록 3가지 그룹으로 이루어져 있다.

❶ [슬라이드 쇼 시작] 그룹 : 슬라이드 쇼를 어디서부터 할 것인지, 슬라이드 쇼를 어떻게 구성할 것인지 설정할 수 있다.
❷ [설정] 그룹 : 슬라이드 쇼 설정에 관련된 아이콘과 예행연습, 슬라이드 쇼 녹화와 관련된 아이콘으로 구성되어 있다.
❸ [모니터] 그룹 : 슬라이드 쇼의 해상도, 표시 위치 등의 아이콘으로 구성되어 있다.

(7) [검토] 탭

검토 탭은 슬라이드의 언어 교정, 메모, 다른 슬라이드와 비교 할 수 있는 4개의 그룹으로 구성되어 있다.

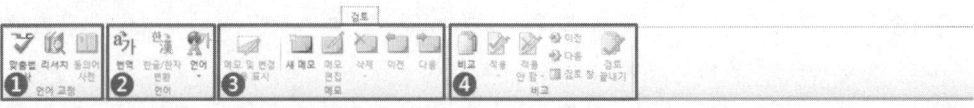

❶ [언어 교정] 그룹 : 맞춤법 검사, 리서치, 동의어 사진 아이콘으로 구성되어 있다.
❷ [언어] 그룹 : 번역, 한글/한자 변환, 언어 아이콘으로 구성되어 있다.
❸ [메모] 그룹 : 새 메모, 삭제, 이전, 다음 등 메모를 삽입, 삭제 편집하는데 사용하는 아이콘으로 구성되어 있다.
❹ [비교] 그룹 : 다른 프리젠테이션 그룹과 비교 하거나, 내용 적용, 내용 적용 안

함, 검토창 등의 아이콘으로 구성되어 있다.

(8) [보기] 탭

보기 탭은 슬라이드 노트 또는 마스터 등을 편집하거나 구성할 수 있도록 7개의 그룹으로 이루어져 있다.

❶ [프레젠테이션 보기] 그룹 : 파워포인트 화면에 보여지는 화면양식에 해당하는 기본, 여러슬라이드 등의 아이콘으로 구성되어 있다.
❷ [마스터 보기] 그룹 : 슬라이드 마스터, 유인물 마스터, 슬라이드 노트 마스터 아이콘으로 구성되어 있다.
❸ [표시] 그룹 : 눈금자, 눈금선, 안내선 등을 표시하거나 표시 해지 할 수 있는 선택 그룹으로 되어 있다.
❹ [확대/축소] 그룹 : 슬라이드의 확대/축소, 창 맞춤 등의 아이콘으로 구성되어 있다.
❺ [컬러/회색조] 그룹 : 프리젠테이션을 컬러, 회색조, 흑백으로 표시여부를 선택한다.
❻ [창] 그룹 : 작업 창과 관련된 새 창, 정렬, 전환 등의 아이콘으로 구성되어 있다.
❼ [매크로] 그룹 : 매크로 기록 및 액세스와 관련된 매크로 아이콘이 있다.

3.4 그리기 도구 살펴보기

텍스트 상자나 도형에 대해 서식을 적용할 수 있는 방법은 여러 가지가 있다. 서식을 적용하고자 하는 개체에서 마우스 오른쪽 클릭을 사용해서 편집할 수 있지만, 이러한 과정을 보다 빠르고 쉽게 할 수 있는 것이 그리기 도구이다. 그리기 도구는 파워포인트 2007 버전부터 적용된 빠른 실행 도구로 슬라이드에 삽입된 텍스트 상자나 도형을 선택하면 리본 메뉴에 [그리기 도구] - [서식] 탭이 나타난다. 그리기 도구는 단순한 텍스트를 입체감 있는 텍스트로 변환하거나, 평면 도형의 색을 파워포인트에서 제공된 형태로 변환할 수 있으며, 여러 도형효과를 이용하여 입체감 있는 형태로 변환할 수 있다. 또한 그리기 도구에서 선택된 개체를 슬라이드에 정렬하거나 회전, 크기 등을 변경할 수 있다.

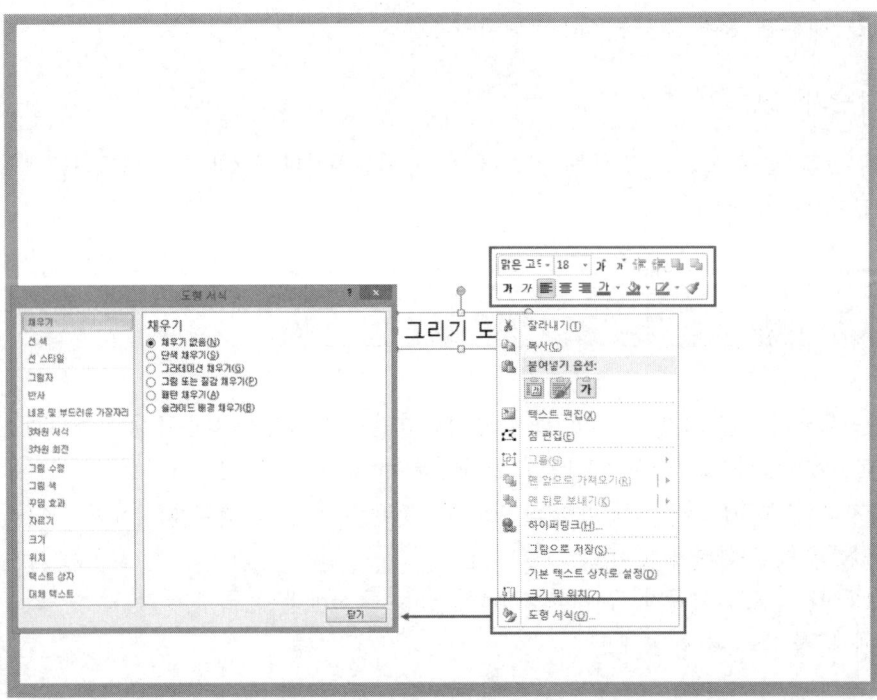

【 그림 1 _ 텍스트 상자의 도형 서식 】

【 그림 2 _ 텍스트 상자의 [그리기 도구] - [서식] 】

"그리기 도구"는 5개의 그룹으로 이루어져 있다.

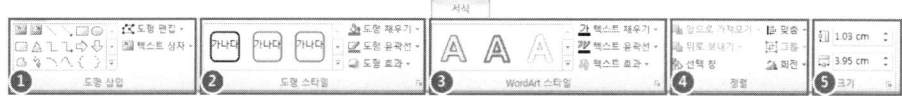

❶ "도형 삽입" 그룹은 새로운 도형이나 텍스트 상자 등을 삽입하거나 삽입된 도형을 자유 편집할 수 있는 툴로 구성되어 있다.

❷ "도형 스타일" 그룹은 도형의 윤곽선이나 도형 채우기 색을 직접 편집하거나 빠른 편집창을 이용하여 Office에서 제공된 기본 색을 적용할 수 있다.

❸ "WordArt 스타일" 그룹은 텍스트의 텍스트 박스에 입력된 내용을 보다 그래픽적으로 꾸밀 때 사용하거나 텍스트의 윤곽선, 채우기 색 등을 변경할 수 있다.

❹ "정렬" 그룹은 도형과, 도형 또는 도형과 텍스트 박스 등과 같은 슬라이드에 삽입된 개체와 개체의 정렬 우선순위를 변경할 때 사용하거나, 개체의 그룹화, 회전 등에 주로 사용된다.

❺ "크기" 그룹은 슬라이드에 삽입된 개체의 가로, 세로 크기를 조절할 때 사용한다.

PowerPoint 2010

Part 2

슬라이드 기본 익히기

1. 레이아웃(layout)
2. 텍스트 입력
3. 텍스트 상자 다루기
4. 슬라이드 다루기
5. 슬라이드 배경 넣기
6. 슬라이드 인쇄

1 레이아웃(layout)

1.1 레이아웃 살펴보기

파워포인트를 실행하면 제목 슬라이드가 첫 화면으로 나타난다. 슬라이드 레이아웃에는 슬라이드에 표시되는 모든 내용의 서식, 위치 및 개체틀이 있다. 개체 틀은 레이아웃에서 텍스트(본문 텍스트, 글머리 기호 목록 및 제목 포함), 표, 차트, SmartArt 그래픽, 동영상, 소리, 그림 및 클립아트와 같은 내용이 포함되어 있다. 그 밖에 슬라이드의 테마(테마 색, 테마 글꼴, 테마 효과 및 배경)도 레이아웃에 포함되어 있다. 텍스트를 입력하기 전에 먼저 슬라이드 레이아웃의 종류를 살펴보고 원하는 형태의 레이아웃을 선택하여 프리젠테이션 자료를 작성하면 된다.

슬라이드 레이아웃은 [홈] – [슬라이드] – [레이아웃]을 클릭하면 "Office 테마"로 제공되는 레이아웃의 종류가 나타난다.

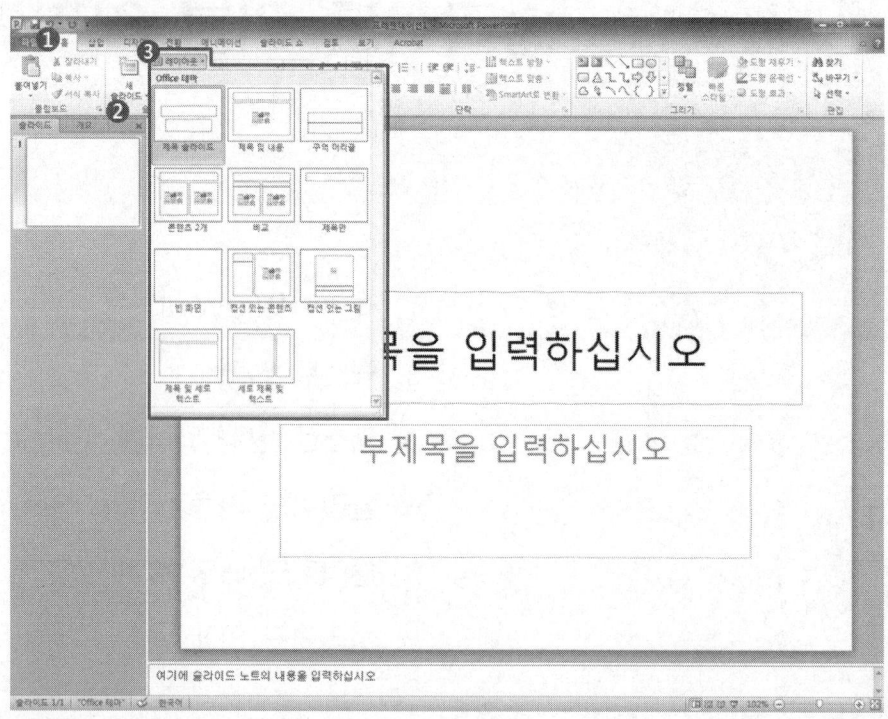

1.2 레이아웃의 종류

파워포인트 2010은 11개의 레이아웃을 기본 제공한다. 레이아웃은 슬라이드에 삽입하고자 하는 내용과 도형 등의 배치를 적절하게 분배하여 제목과 슬라이드 내용을 조화롭게 꾸밀 수 있도록 도와준다.

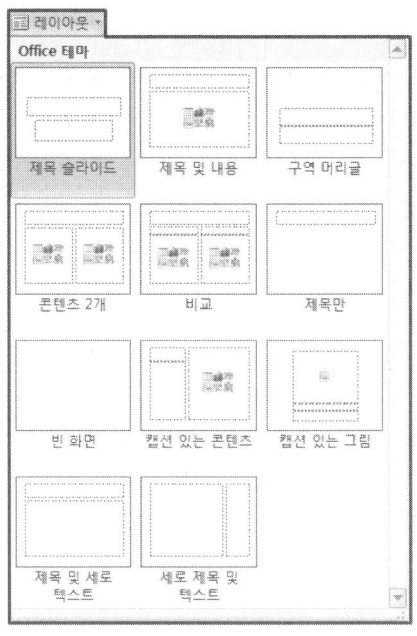

(1) 제목 슬라이드

"제목 슬라이드"는 파워포인트를 실행하여 "새 문서"를 만들 때 기본적으로 생성되는 슬라이드로, 프리젠테이션의 주제에 대한 제목을 표기하거나, 부 제목 등을 표기 할 때 사용한다.

(2) 제목 및 내용

파워포인트 2007이전 버전에서는 "제목 및 내용" 대신 각각 슬라이드를 따로 구성하던 것을 파워포인트 2007부터 "제목 및 내용"으로 통합하여 슬라이드 상단에 현재 페이지의 제목을 입력하고, 내용 창에는 글씨를 삽입하거나, 개체틀을 이용하여 표, 차트, 워드아트, 사진, 클립아트, 동영상 등을 삽입 할 수 있다.

(3) 구역 머리글

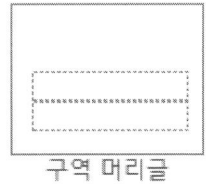

"구역 머리글"은 제목 슬라이드와는 달리 목차에 대한 소주제를 입력 할 수 있는 슬라이드 디자인으로, 만약 슬라이드 구성이 많을 경우 각각의 주제를 나누어 구역 머리글에 구역에 대한 제목 등과 같이 구분 할 수 있다. "구역 머리글"은 마치 책에서 간지와 같은 역할을 한다.

(4) 콘텐츠 2개

콘텐츠 2개

"콘텐츠 2개"는 제목 및 내용과 같으나 내용을 2개로 구분하여 표현할 때 적당하다. 예를 들어 한쪽에는 설명을 다른 한쪽에는 그림을 삽입하여 발표자가 그림과 설명을 참고해가며 청중을 이해시킬 때 사용된다.

(5) 비교

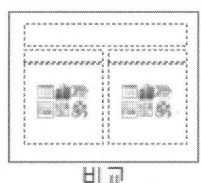
비교

"비교"는 "콘텐츠 2개"와 동일 한 구조이지만, 내용 삽입부분 위에 텍스트를 입력 할 수 있는 것이 특징이다. 두 개의 내용을 서로 비교하여 표현하고자 할 때 주로 사용된다.

(6) 제목만

제목만

"제목만"은 내용은 제목을 제외한 나머지 부분을 비워둔 것으로 주로 도형을 삽입하거나, 특정한 형태의 양식을 배치 할 때 사용한다. "제목만"의 경우 나중에 디자인 탭에서 오피스 테마를 적용하더라도, 내용 부분의 콘텐츠에는 적용되지 않는 것이 특징이다.

(7) 빈 화면

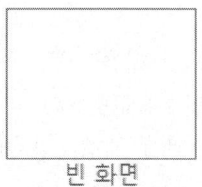
빈 화면

"빈 화면"은 "제목만" 레이아웃에서 제목을 제외한 완전히 빈 슬라이드를 제공한다. 빈 화면에는 사용자가 어떠한 형태로든지 화면을 구성할 수 있으며, "제목만" 레이아웃과 같이 디자인 탭에서 오피스 테마를 적용하더라도, 내용 부분의 콘텐츠에는 적용되지 않는다.

(8) 캡션 있는 콘텐츠

캡션 있는 콘텐츠

"캡션 있는 콘텐츠"는 삽입된 콘텐츠의 설명을 기술 할 수 있는 형태의 레이아웃으로 인터넷 블로그 형태의 화면 구성을 필요로 할 때 사용된다.

(9) 캡션 있는 그림

캡션 있는 그림

"캡션 있는 그림"은 "캡션 있는 콘텐츠"와 비슷하지만, 삽입할 수 있는 콘텐츠를 그림만으로 한정되어 있다. "캡션 있는 그림" 레이아웃의 경우 주로 사진에 대한 설명을 기입할 때 사용하며, 우리가 "앨범의 하단부에 언제 어디서 무엇을 했다." 형태의 화면을 구성할 때 유용하다.

(10) 제목 및 세로 텍스트

제목 및 세로 텍스트

"제목 및 세로 텍스트"는 제목과 텍스트를 삽입할 때 사용하나, 콘텐츠 주요 내용을 텍스트를 입력할 수 있고, 입력된 텍스트가 가로로 출력되는 것이 아닌 세로로 출력 하고자 할 때 사용한다.

(11) 세로 제목 및 텍스트

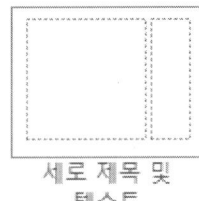
세로 제목 및 텍스트

"세로 제목 및 텍스트"는 "제목 및 텍스트"와 같지만, 제목 입력도 세로로 입력하고자 할 때 사용하는 레이아웃이다.

1.3 레이아웃 개체 틀

개체 틀은 텍스트 이외의 표, 차트, SmartArt, 그림, 클립아트, 동영상 등을 빠르게 삽입 할 수 있도록 하며 자신이 원하는 위치에 배치할 수 있도록 도와주는 도구이다. 개체 틀은 "제목 및 내용", "콘텐츠 2개", "비교", "캡션 있는 콘텐츠" 레이아웃에만 나타난다.

┃따라하기 1┃ "제목 및 내용" 레이아웃에서 "개체 틀"을 이용하여 표를 삽입해 본다.

 레이아웃의 개체 틀에서 표를 쉽고 빠르게 삽입할 수 있도록 지원하는 도구이다.

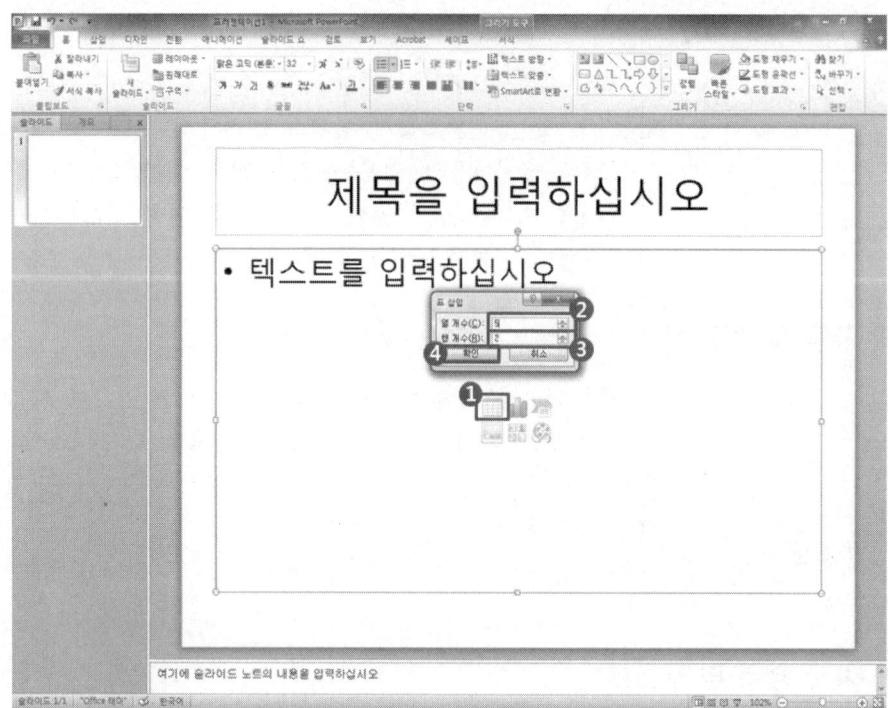

1. "개체 틀"에서 [표 삽입]을 선택한다.
2, 3. [표 삽입] 팝업 창에서 "열 개수", "행 개수"를 입력한다.
4. [확인]을 클릭하면, 생성된 표를 확인 할 수 있다.

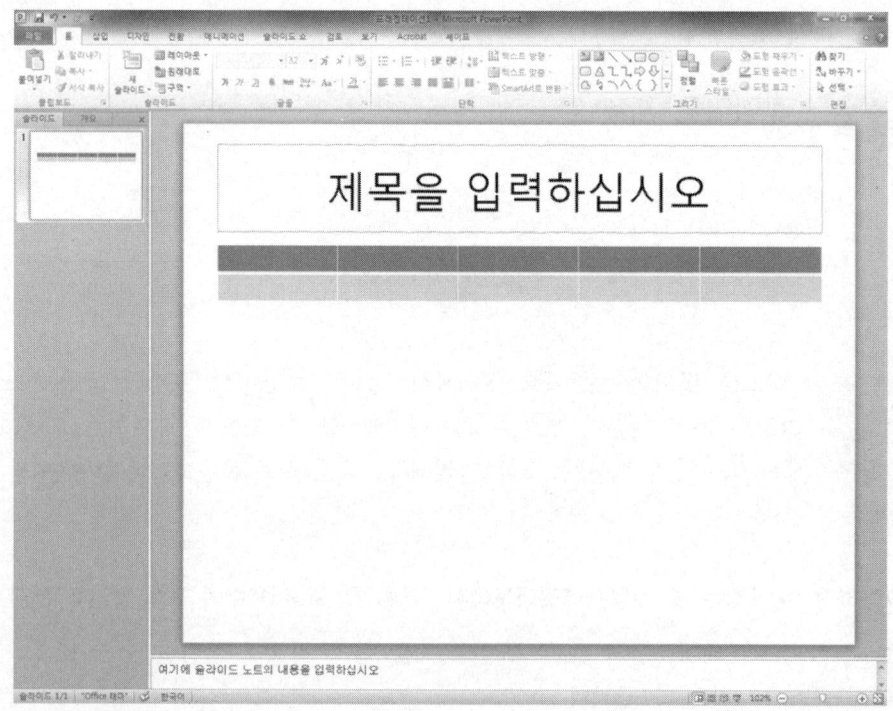

┃따라하기 2┃ "제목 및 내용" 레이아웃에서 "개체 틀"을 이용하여 차트 삽입해 본다.

레이아웃의 개체 틀에서 차트를 쉽고 빠르게 삽입할 수 있도록 지원하는 도구이다. 차트 삽입은 엑셀의 데이터 입력과 서로 연동되어 간단한 데이터 입력만으로도 복잡한 차트의 표현이 가능하다.

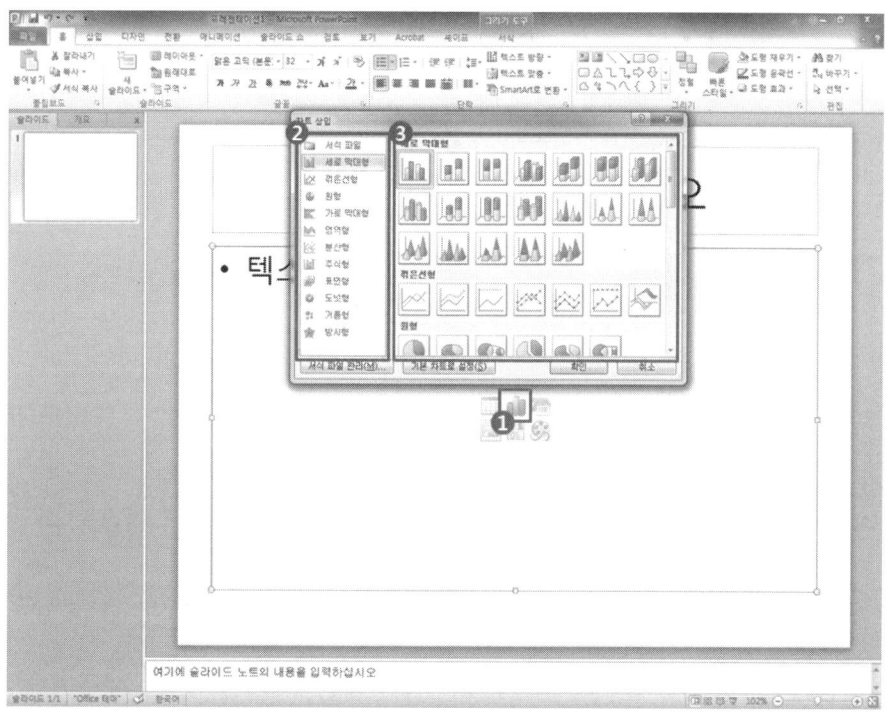

1. "개체 틀"에서 "차트 삽입"을 클릭하면 차트 삽입 창이 팝업된다.
2. "차트 삽입" 창에서 차트의 형태를 선택한다.
3. 선택된 차트 형태에서 차트 모양을 선택한다.
4. 생성된 엑셀 창에 항목과 계열 그리고 데이터를 입력 후 창을 닫으면 파워포인트에 차트가 생성된 것을 확인 할 수 있다.

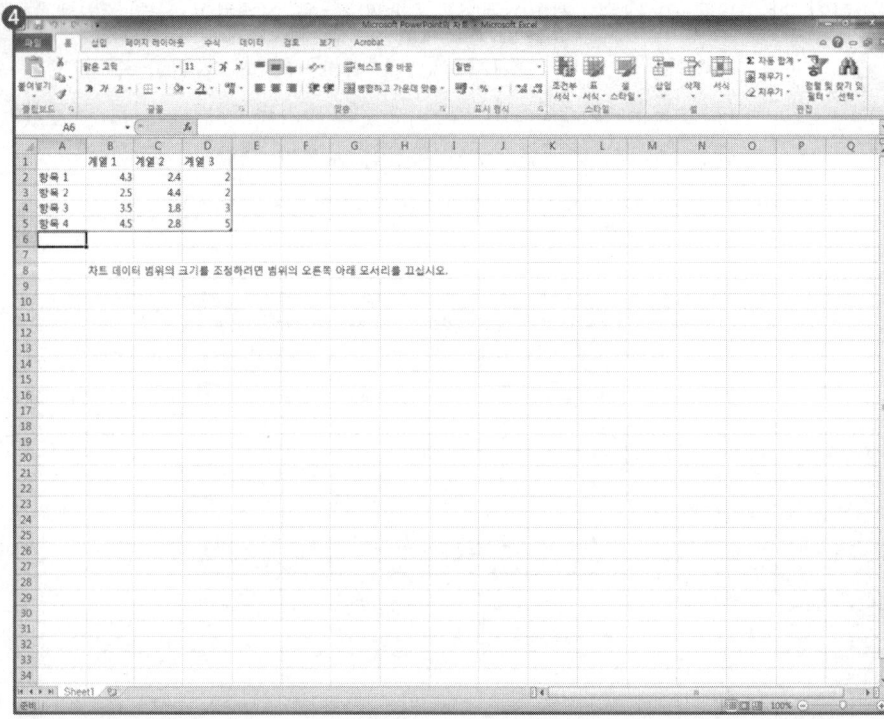

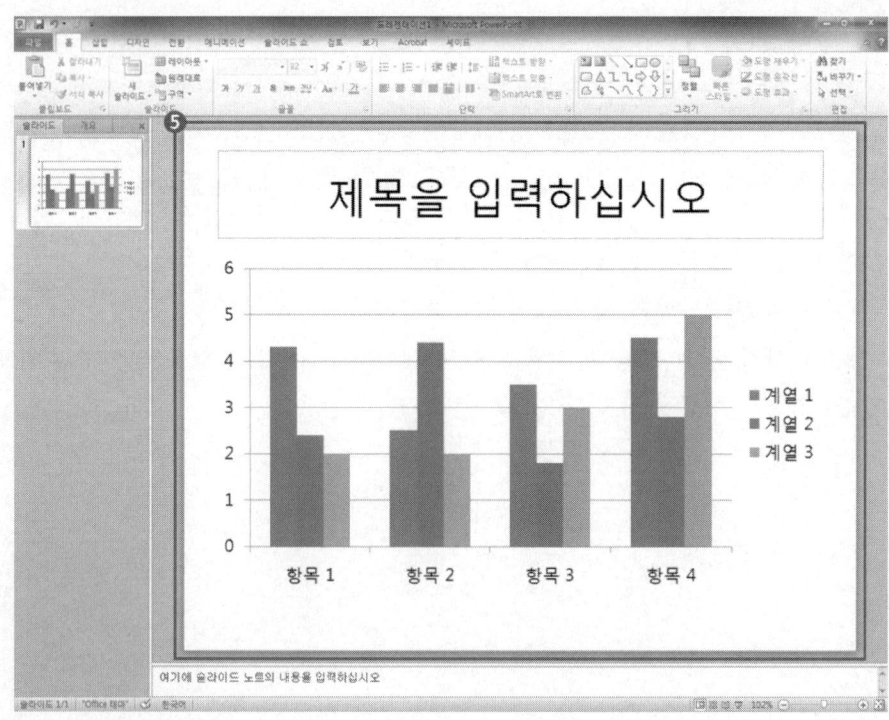

┃따라하기 3┃ "제목 및 내용" 레이아웃에서 "개체 틀"을 이용하여 "SmartArt"를 삽입해 본다.

 레이아웃의 개체 틀에서 미리 정의된 다이어그램을 보다 쉽고 빠르게 삽입할 수 있는 SmartArt를 지원한다. SmartArt의 상세한 설명은 다음 장에 기술 하였다.

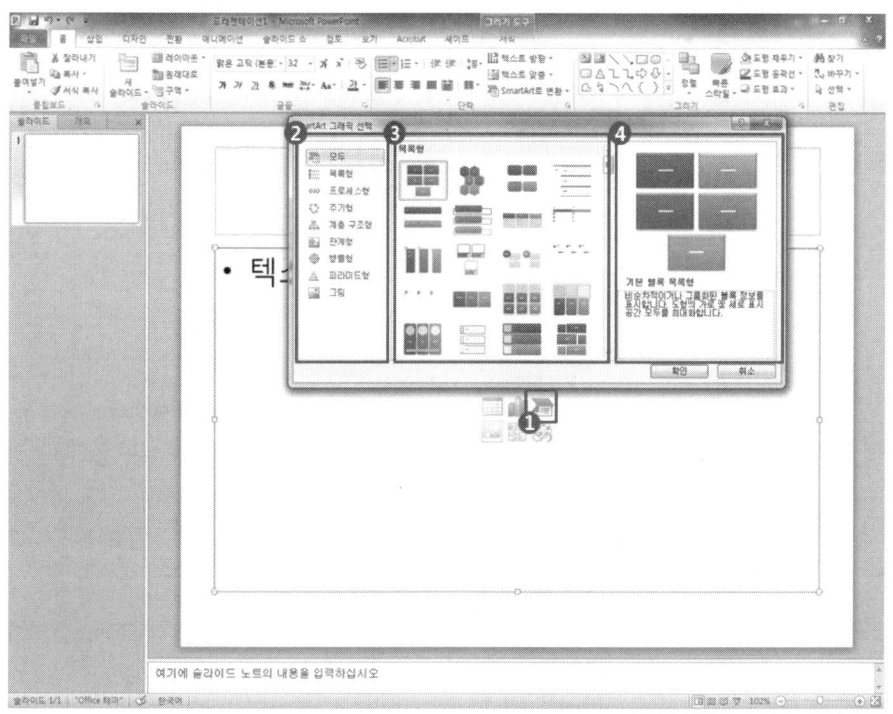

1. "개체 틀"에서 "SmartArt" 그래픽을 선택하면 "SmartArt 그래픽 선택"창이 팝업된다.
2. 삽입하고자 하는 "SmartArt 그래픽 스타일을 선택 한다.
3. 세부 모양을 선택한다.
4. 최종 선택된 "SmartArt 그래픽"은 ❹에서 미리 확인 할 수 있다.
5. [확인]을 클릭하면 파워포인트에 슬라이드에서 확인할 수 있다.

┃따라하기 4┃ "제목 및 내용" 레이아웃에서 "개체 틀"을 이용하여 "파일에서 그림"을 삽입해 본다.

 레이아웃의 개체 틀에서 그림이나 사진을 쉽고 빠르게 삽입할 수 있도록 지원하는 도구이다.

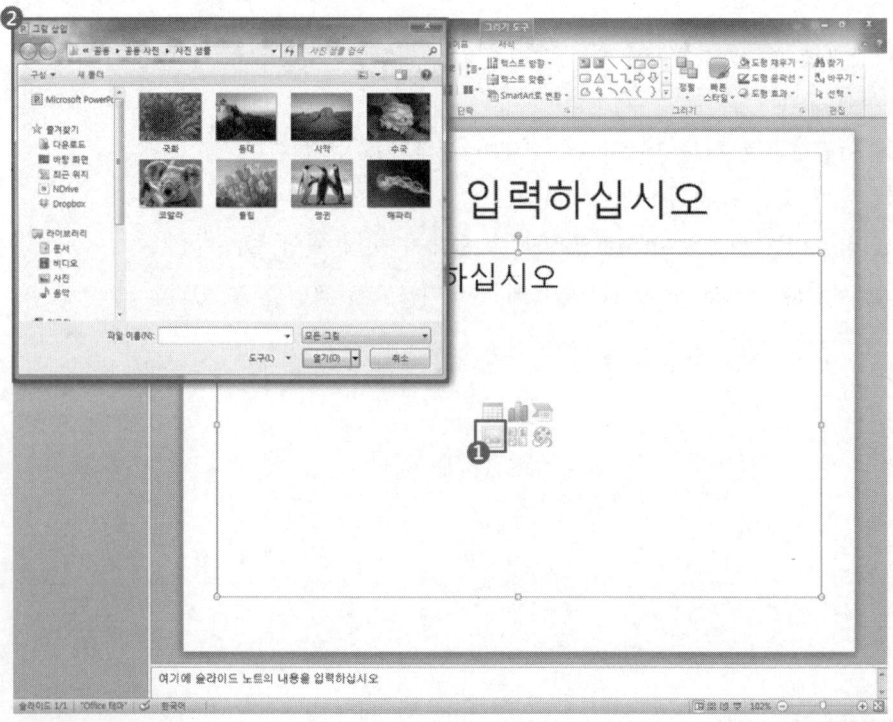

1. "개체 틀"에서 "파일에서 그림 삽입"을 선택한다.
2. "그림 삽입"창이 팝업되면 삽입 할 그림을 찾아서 [열기] 버튼을 클릭한다.
3. 그림이 슬라이드에 삽입된 것을 확인 할 수 있다.

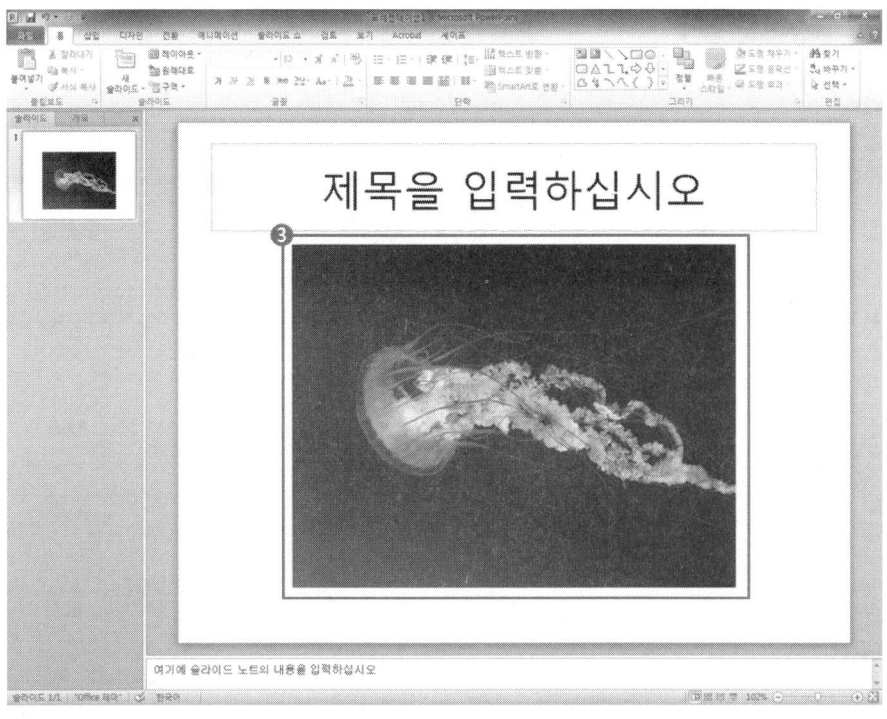

| **따라하기 5** | "제목 및 내용" 레이아웃에서 "개체 틀"을 이용하여 "클립아트"를 삽입해 본다.

 레이아웃의 개체 틀에서 클립아트를 쉽고 빠르게 삽입할 수 있도록 지원하는 도구이다.

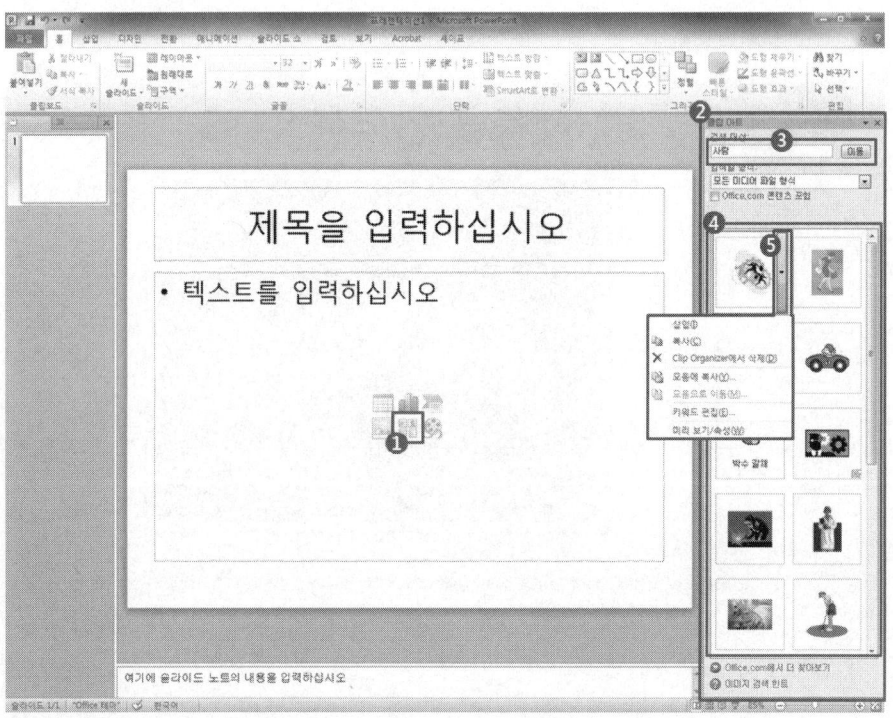

1. "개체 틀"에서 클립아트를 선택하면 오른쪽에 "클립아트" 대화상자가 생성된다.
2. "클립아트" 대화상자에서 삽입하고자 하는 클립아트 이름을 ❸에 입력한 후 [이동]을 클릭한다.
3. 검색된 클립아트는 ❹에 표시 되고, 삽입하고자 하는 클립아트를 선택한다.
4. 선택한 클립아트에서 ❺버튼을 클릭하면 드롭다운 메뉴가 나타나고, [삽입]을 클릭하면 파워포인트에 클립아트가 삽입된 화면을 확인할 수 있다.

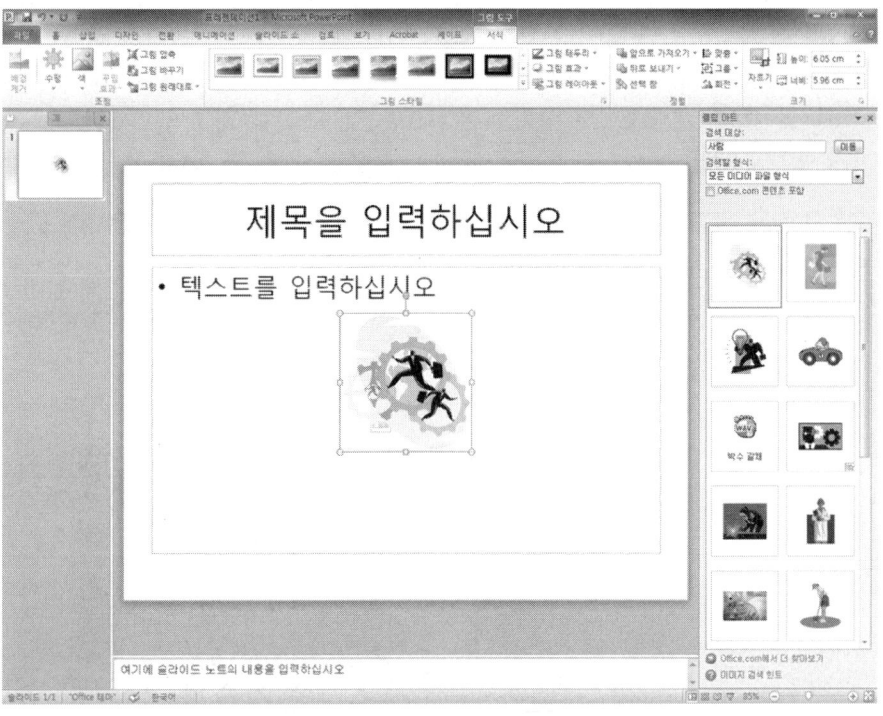

┃따라하기 6┃ "제목 및 내용" 레이아웃에서 "개체 틀"을 이용하여 "미디어"를 삽입해 본다.

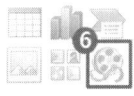 레이아웃의 개체 틀에서 미디어 클립을 쉽고 빠르게 삽입할 수 있도록 지원하는 도구이다.

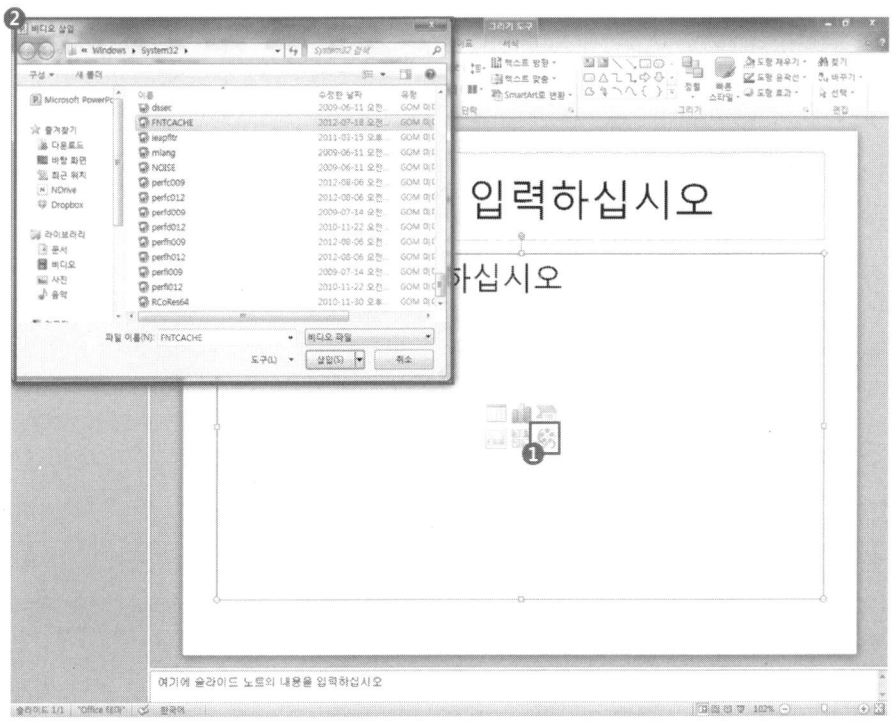

1. "개체 틀"에서 "파일에서 미디어 클립 삽입"을 선택하면 "비디오 삽입"창이 팝업된다.
2. "비디오 삽입" 선택창에서 삽입할 비디오를 찾아서 [삽입]을 클릭한다.
3. 파워포인트 슬라이드에 비디오가 삽입된 것을 확인 할 수 있다.

2. 텍스트 입력

2.1 텍스트 입력하기

1. 파워포인트를 실행하면 초기 화면으로 "제목 슬라이드" 하나가 나타난다. 제목과 부제목을 입력할 수 있는 두 개의 텍스트 상자가 있는 레이아웃이다. 텍스트상자 안에 보이는 "제목을 입력하십시오."와 "부제목을 입력하십시오."는 안내문으로 텍스트를 입력하기 위해 마우스를 클릭하면 사라진다.

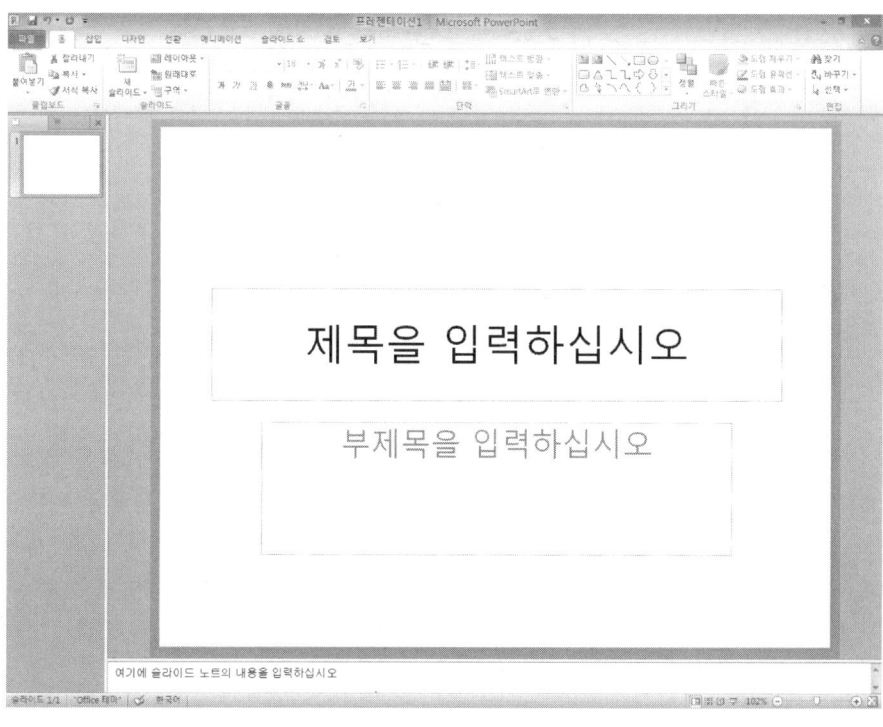

2. 첫 번째 텍스트 상자의 "제목을 입력하십시오" 안내문 부분을 클릭하여 "2013년 경영방침 & 전략"이라고 입력한다.

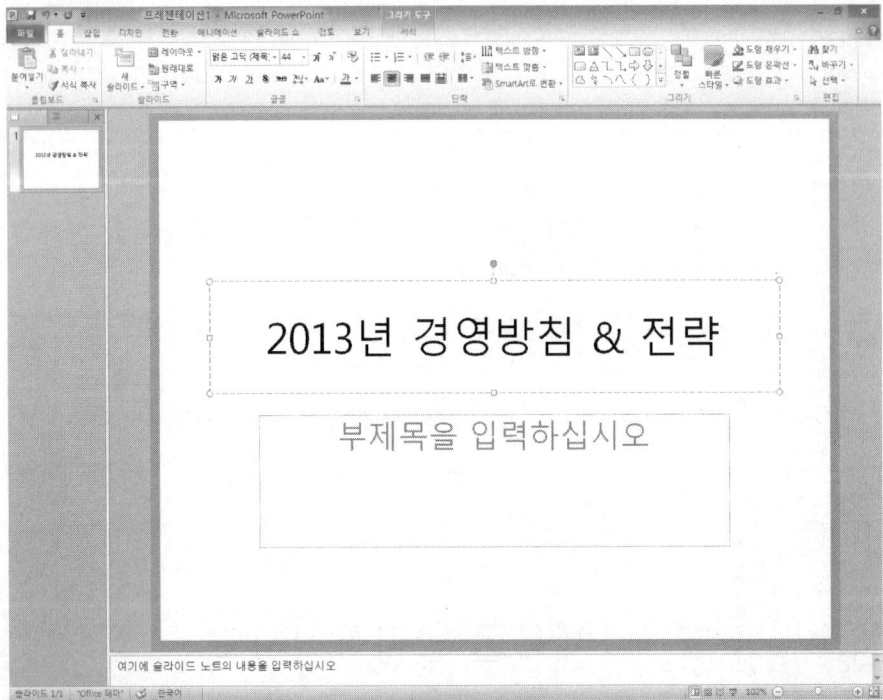

3. 커서를 다음 텍스트 상자로 이동하는 방법은 두 가지가 있다. Ctrl + Enter↵ 키를 누르거나 마우스로 다음 텍스트 상자의 안내문을 클릭하는 것이다. 두 번째 텍스트 상자에 "Beautiful Korea"라고 입력한다.

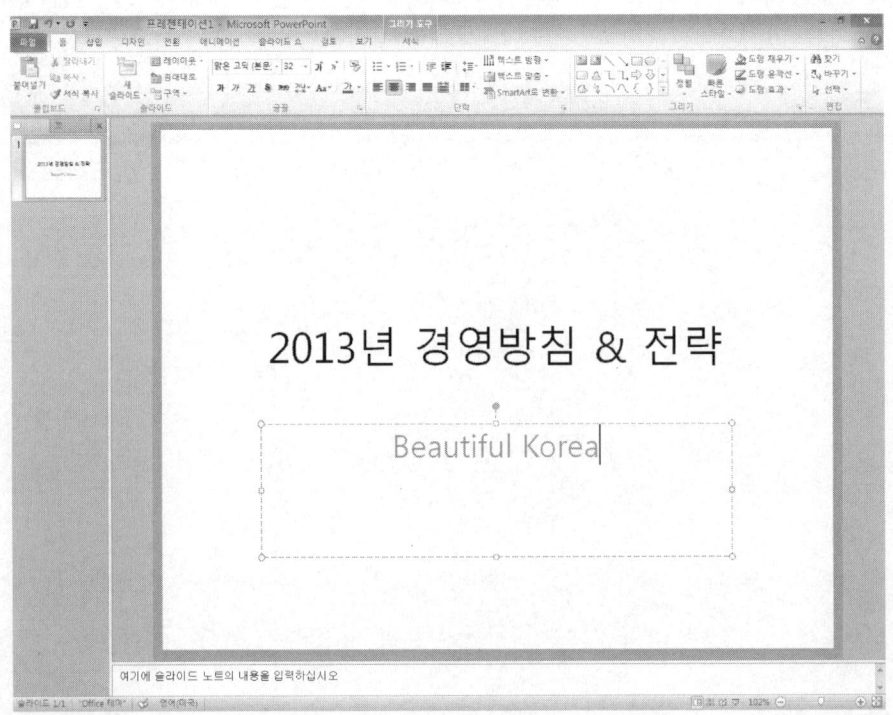

2.2 새 슬라이드 삽입

새 슬라이드를 삽입하는 방법은 다음과 같이 두 가지 방법이 있다.

1. 주어진 레이아웃에 있는 텍스트 상자를 모두 입력한 후 Ctrl + Enter 키를 누르면 "제목 및 내용" 레이아웃을 가진 새 슬라이드가 삽입된다.

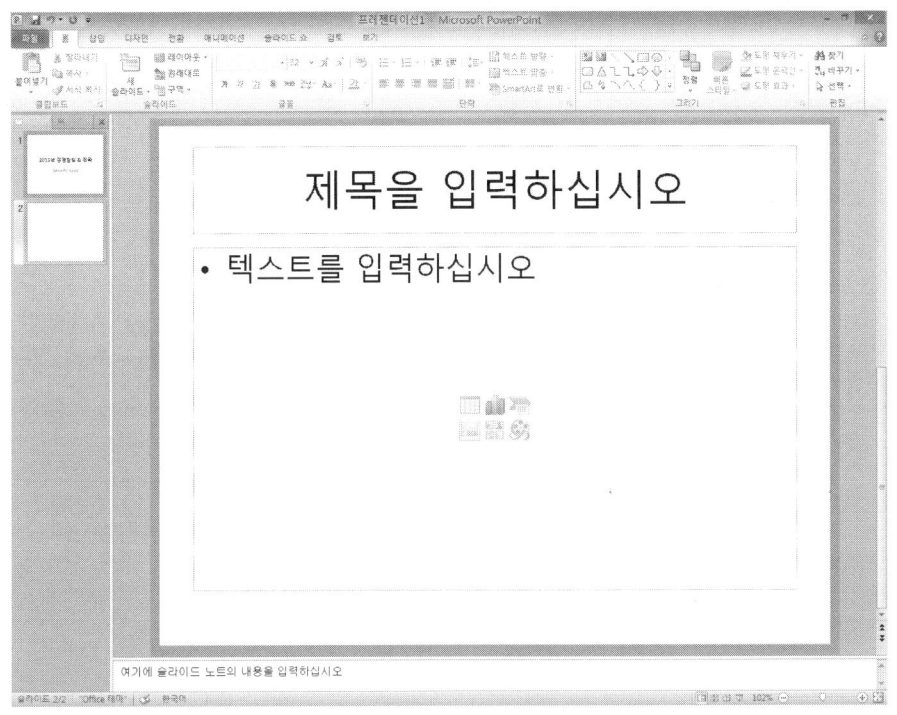

2. [홈]탭 [슬라이드]그룹의 [새 슬라이드]아이콘의 윗부분을 클릭하면 "제목 및 내용" 레이아웃을 가진 새 슬라이드가 삽입되고 아랫부분을 클릭하면 슬라이드 레이아웃이 펼쳐지고 여기서 레이아웃을 선택하면 해당 레이아웃을 가진 새 슬라이드가 삽입된다.

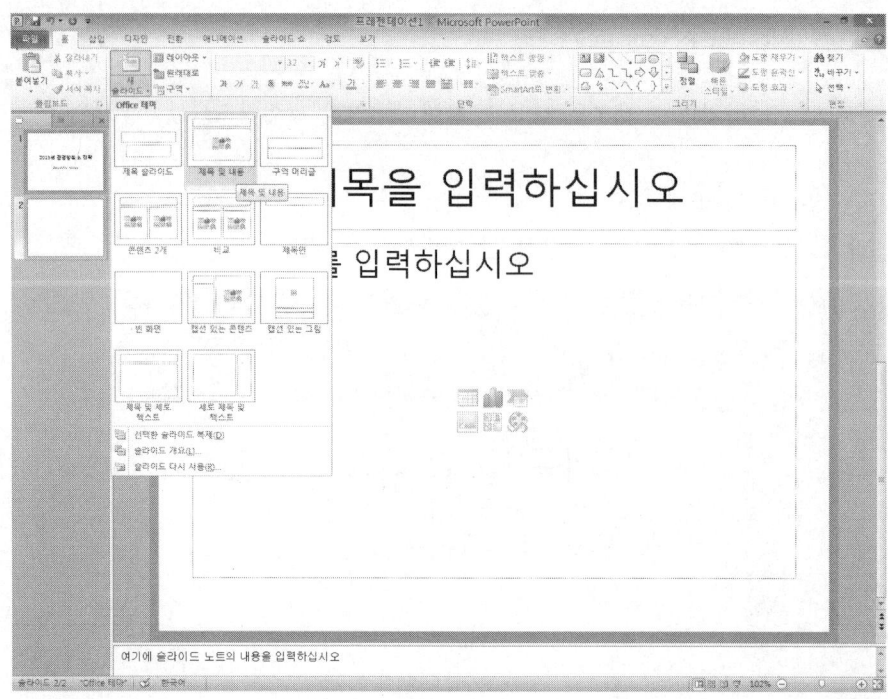

2.3 문자열 수준 조절하기

1. 제목에 "웰코스"를 입력한 후 텍스트 상자를 클릭하면 글머리표가 나타난다. 여기에 "경영방침"을 입력하고 Enter↵ 키를 누르면 같은 수준의 글머리표가 나타난다.

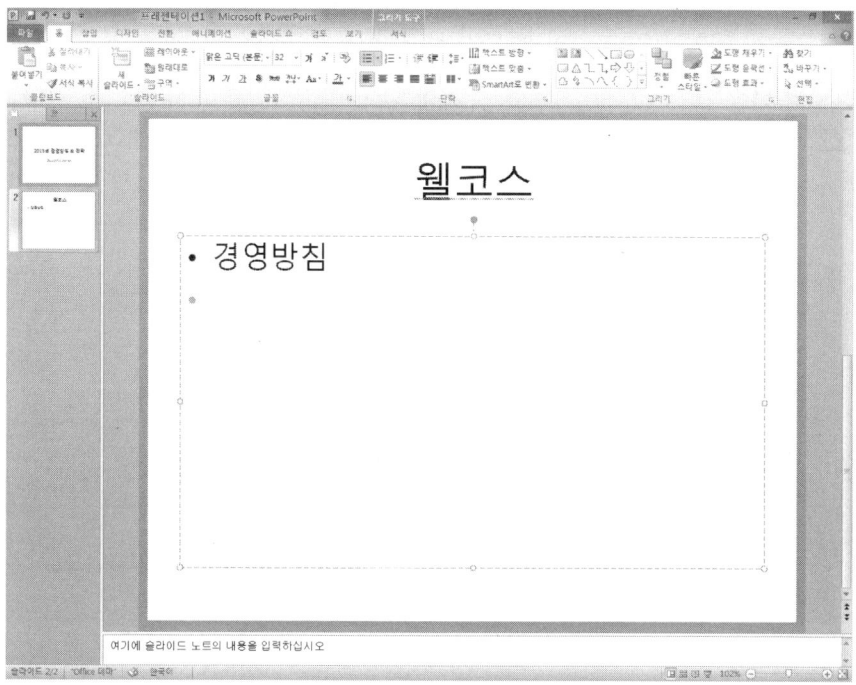

2. ⇥(Tab) 키를 누르면 문자열 수준이 한 단계 낮추어지고 해당하는 글머리표가 나타난다.

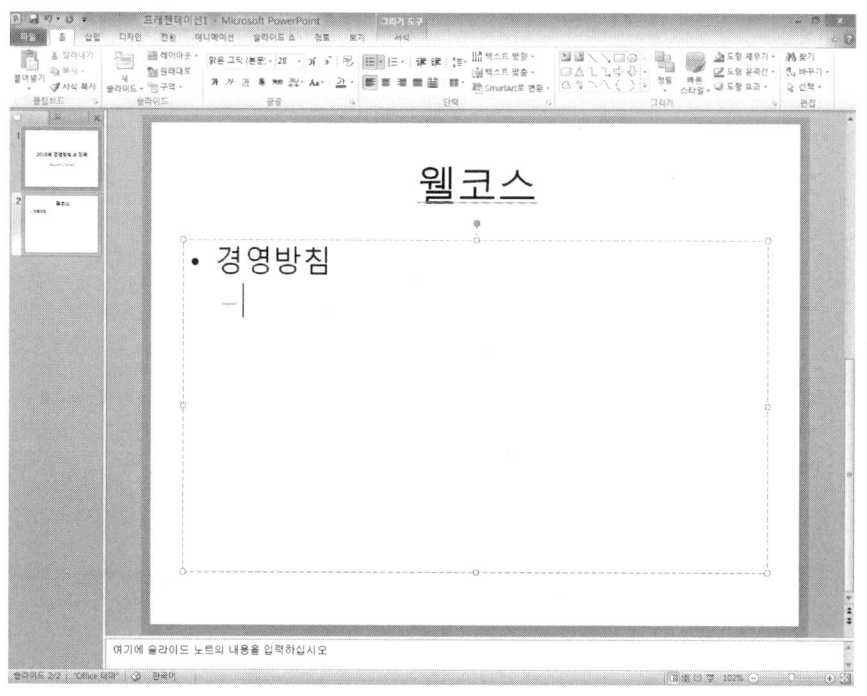

3. 내용을 입력하고 Enter 키를 누르면 상위단계의 수준과 같은 상태로 입력할 수 있다.

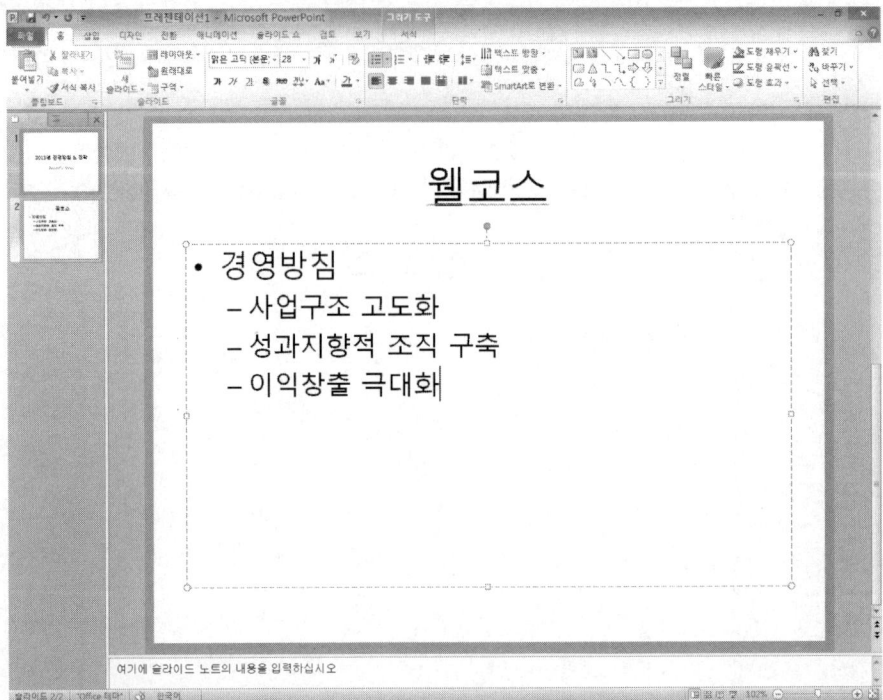

4. 문자열 수준을 다시 높이려면 Shift + Tab 키를 누른다.

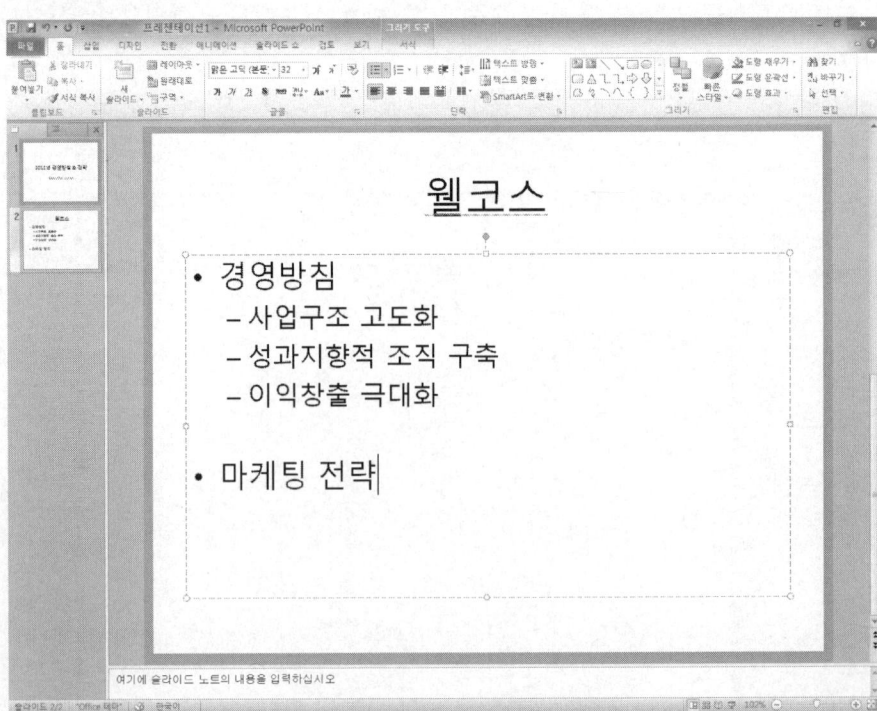

2.4 자동맞춤 옵션

1. 같은 방법으로 문자열을 입력하다가 문자열이 텍스트상자를 넘치게 되는 경우라도 개체 틀에 텍스트가 자동으로 맞추어진다.

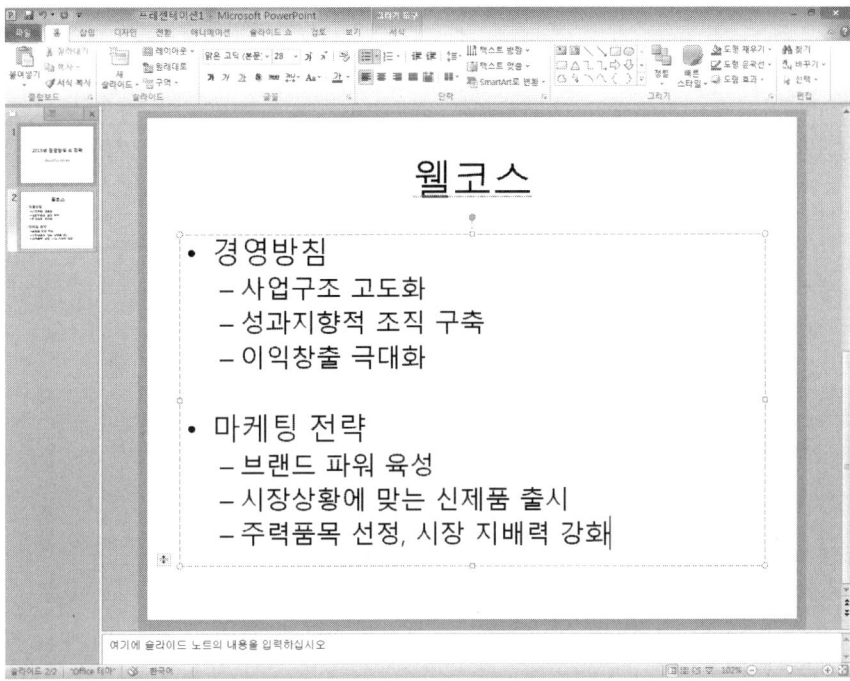

2. 이 때 텍스트 상자 왼쪽 하단에 나타난 [자동 맞춤 옵션] 단추를 클릭하여 넘치는 텍스트를 어떻게 다룰지에 대해 선택할 수 있다.

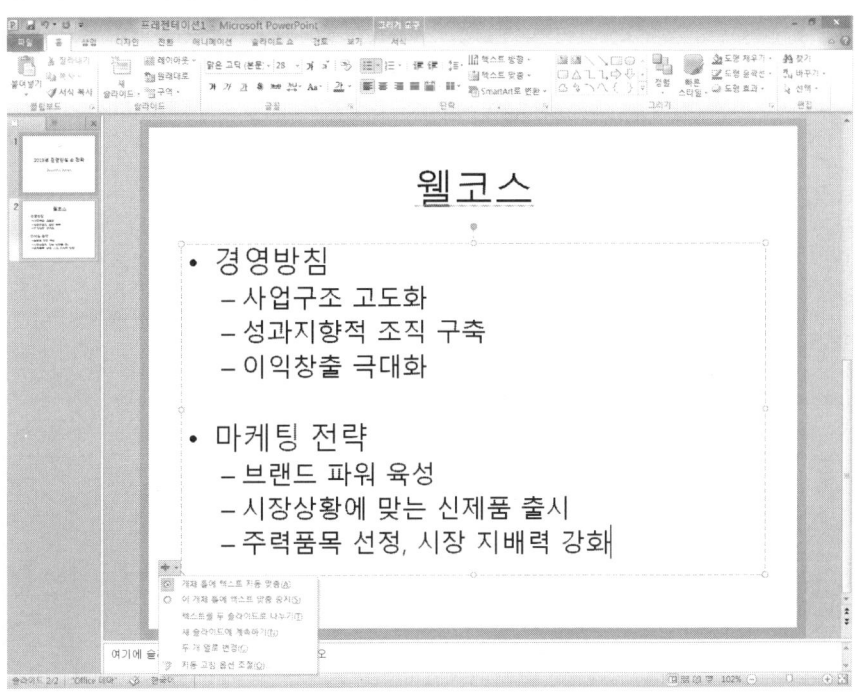

3 텍스트 상자 다루기

3.1 개체 선택

1. 하나의 텍스트 상자를 선택하려면 마우스 포인터를 텍스트 상자 가까이 가져가서 클릭한다.

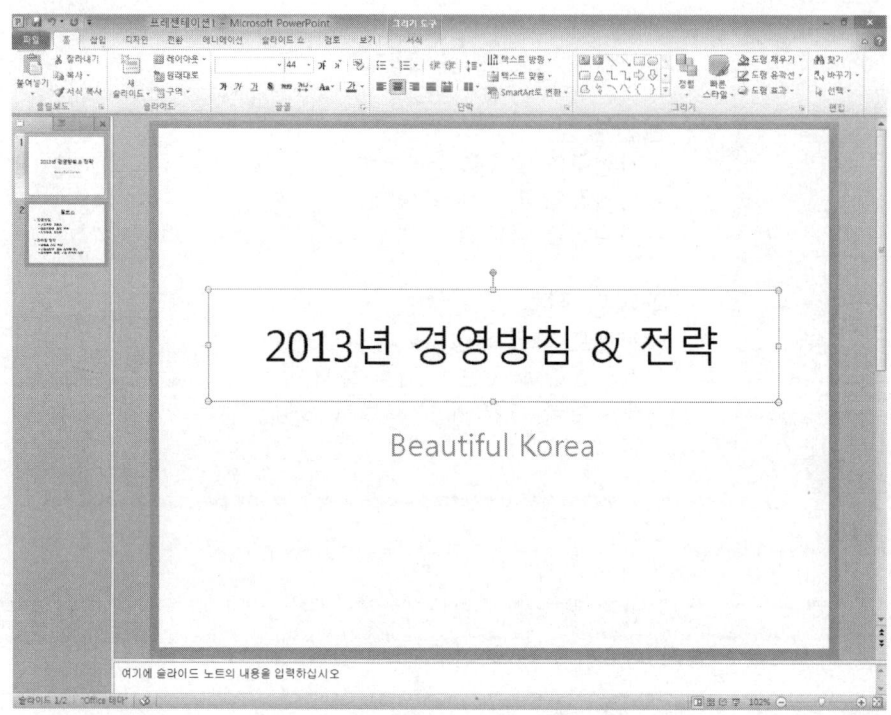

2. 여러 개의 텍스트 상자를 선택하려면 [Shift]키를 누른 상태로 선택하고자 하는 텍스트 상자들을 클릭한다.

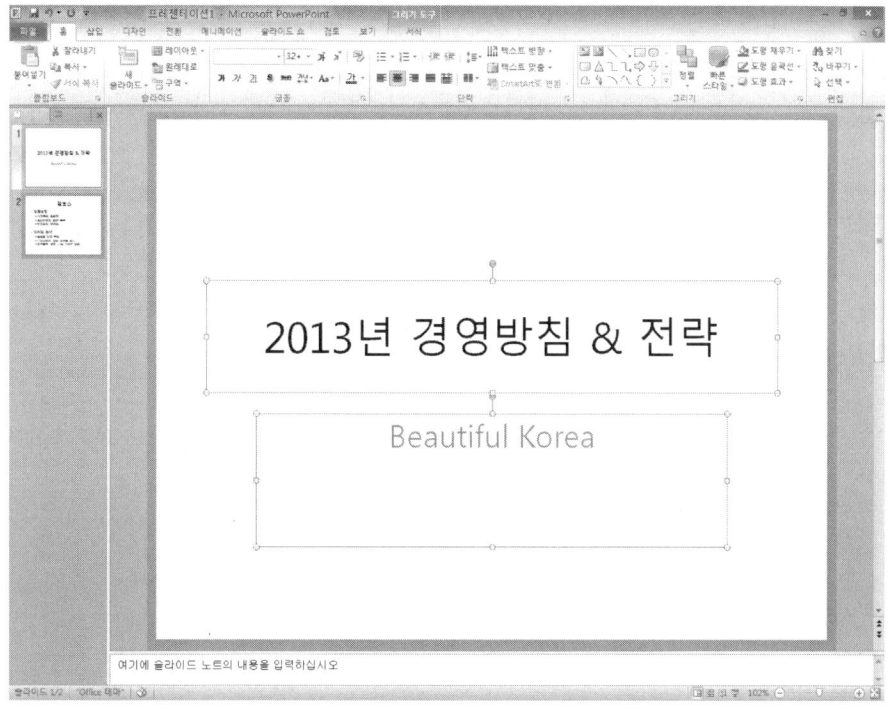

3. [홈] 탭 [편집] 그룹의 [선택] 아이콘을 클릭하여 '모두 선택'하거나 '개체 선택'을 선택한 후 선택 범위를 사각형을 그리듯 설정하면 범위 내에 포함되는 개체는 모두 선택된다.

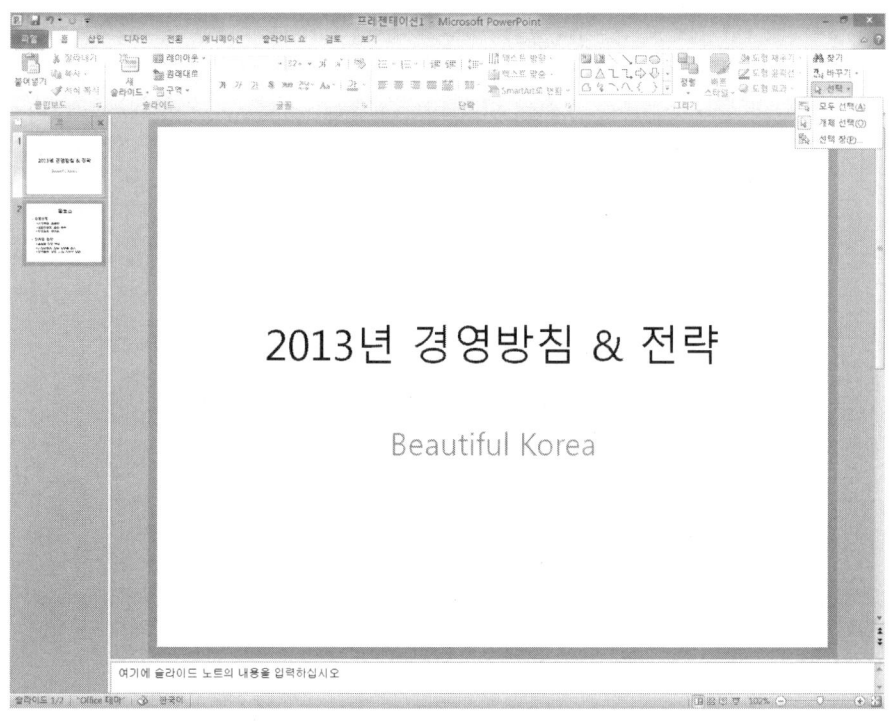

3.2 개체 이동

1. 텍스트 상자를 클릭하여 조절점이 나타나면 마우스를 가져가서 마우스 포인터의 모양이 이동(✥)으로 바뀔 때 마우스로 끌어 이동할 수 있다.

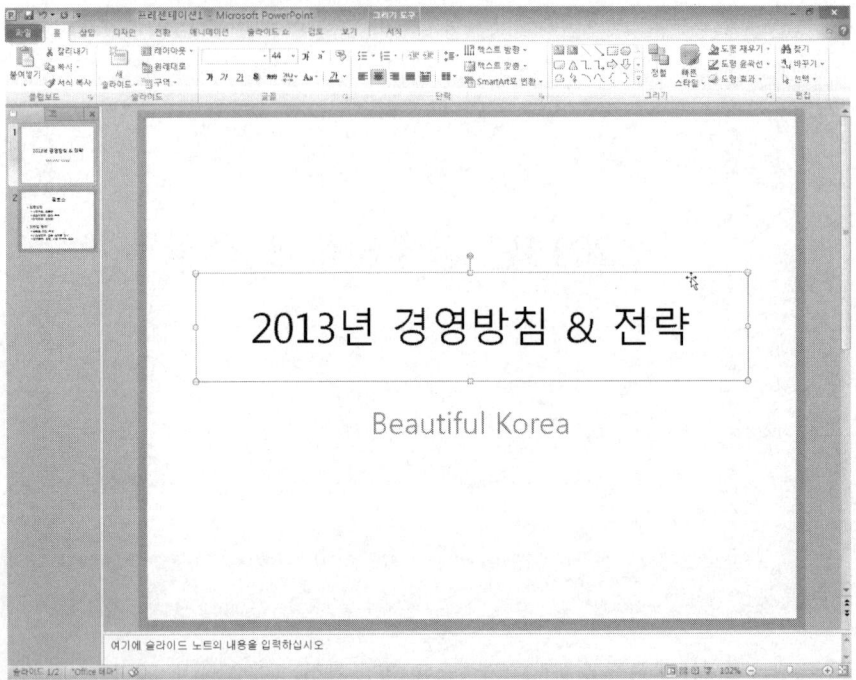

2. 이 때 Shift 키를 함께 사용하면 가로 세로 같은 선상으로 위치 이동이 되고 Alt 키를 함께 사용하면 미세한 단위로 이동이 가능하다.

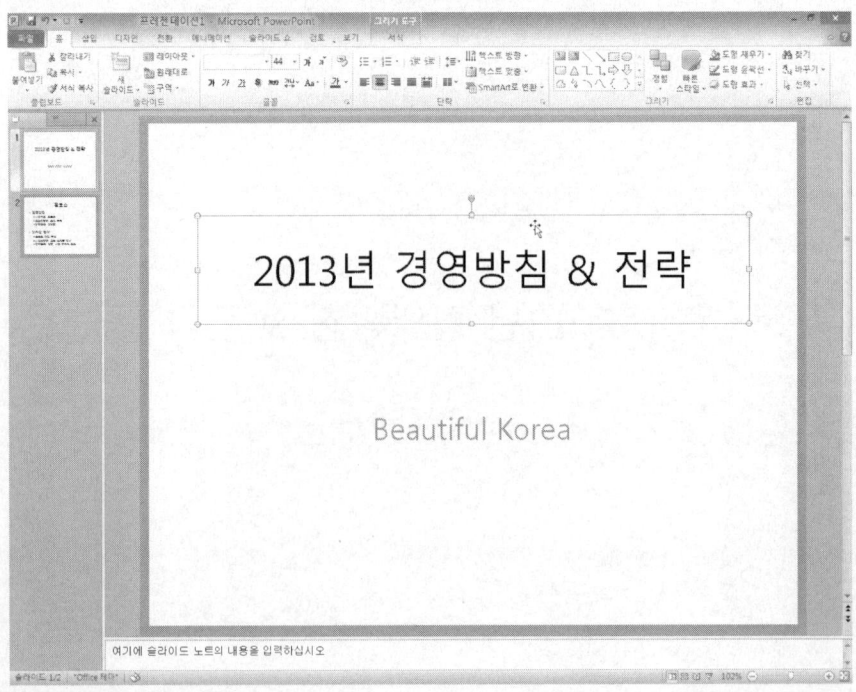

3.3 개체 크기 조절

1. 텍스트 상자를 클릭하면 8개의 조절점과 1개의 회전점이 나타나는데 조절점을 드래그 하면 텍스트 상자의 크기를 조절 할 수 있다. 조절점의 위치에 따라 가로, 세로 또는 가로와 세로 크기를 함께 조절 할 수 있다.

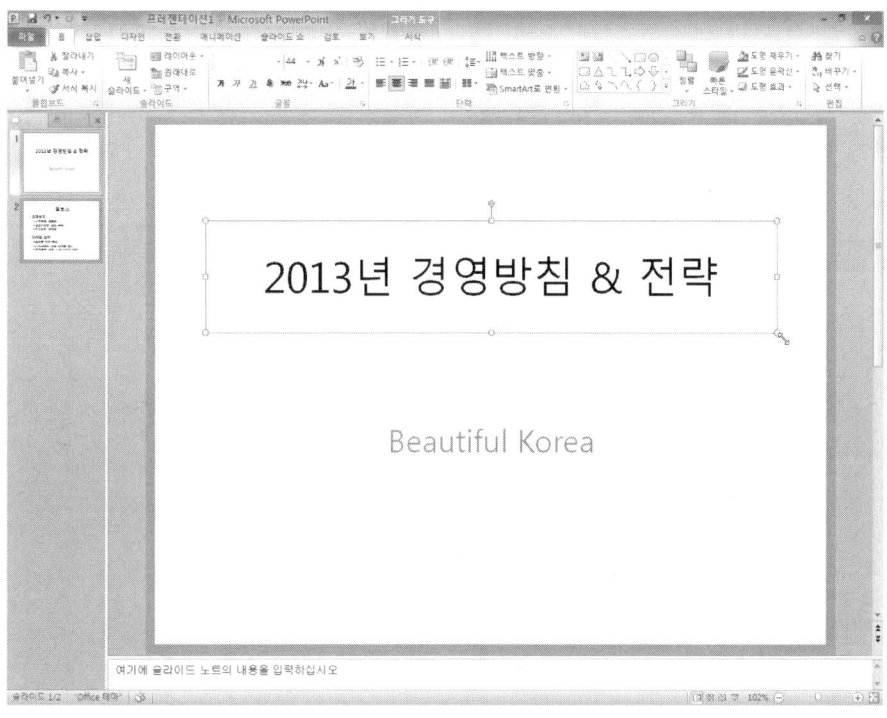

2. 이 때 Ctrl 키를 함께 사용하면 중심부터 사방으로 크기가 조절되고, Shift 키를 함께 사용하면 일정 비율로 조절되며, Alt 키를 함께 사용하면 미세한 비율로 크기 조절이 가능하다. 이러한 키들은 조합하여 사용이 가능하며 프리젠테이션을 작성하는데 유용하게 활용된다.

【 그림 1 _ Ctrl 키를 이용한 크기 조절 】

【 그림 2 _ Shift 키를 이용한 크기 조절 】

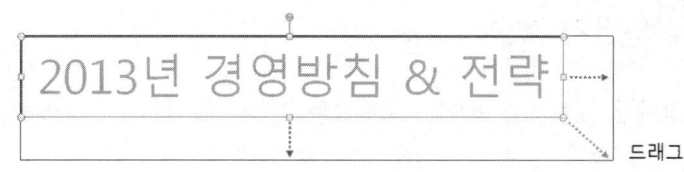

【그림 3 __ Alt 키를 이용한 크기 조절】

3.4 개체 회전

텍스트 상자를 클릭하면 8개의 조절점과 1개의 회전점(연초록색)이 나타나는데 회전점을 클릭한 상태로 회전하려는 방향으로 마우스를 끌면 텍스트 상자가 회전한다.

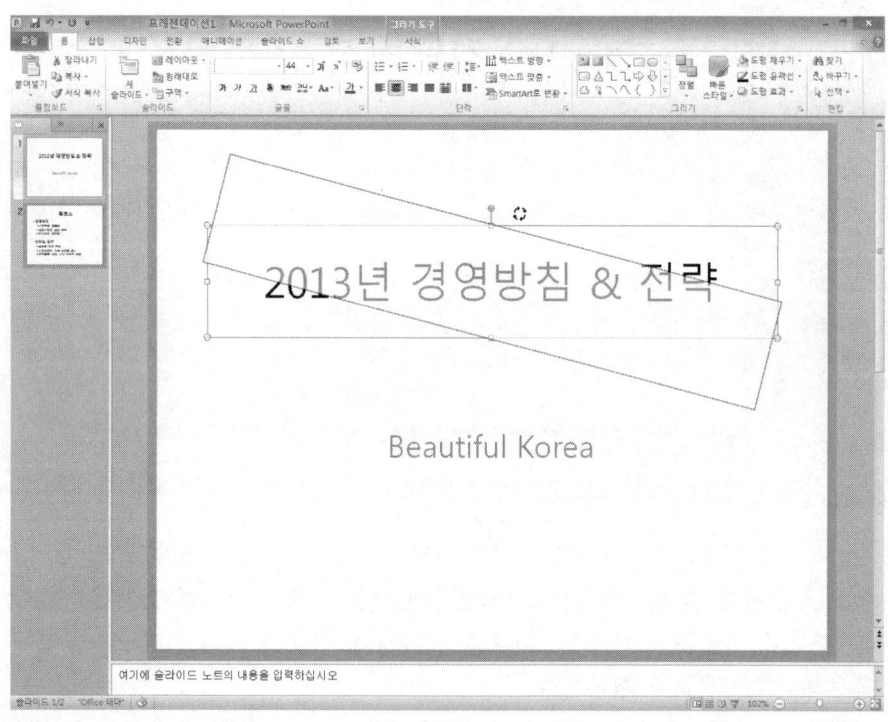

3.5 개체 삭제

텍스트 상자를 클릭하여 선택한 후 Delete 키를 누르면 선택된 텍스트 상자가 삭제된다.

4 슬라이드 다루기

슬라이드의 삽입, 이동, 선택, 삭제, 순서 변경 등의 작업은 [슬라이드/개요] 탭에서 할 수 있다.

4.1 슬라이드 선택

1. 하나의 슬라이드를 선택하려면 [슬라이드/개요] 탭에서 클릭하면 선택된다.

2. 여러 개의 슬라이드를 연속으로 선택하려면 Shift 키를 누른 상태에서 원하는 슬라이드를 클릭한다.

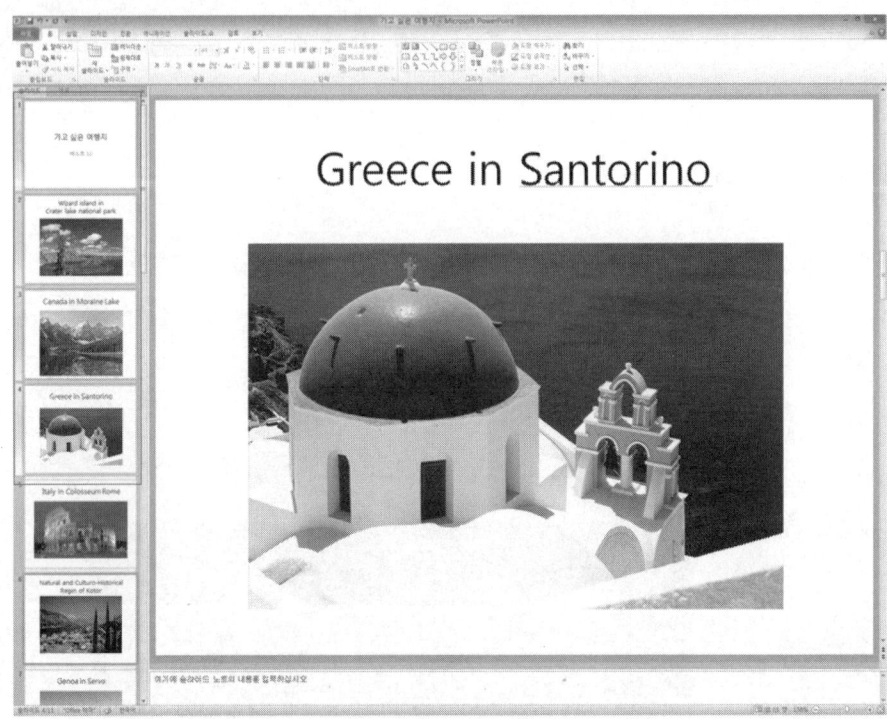

3. 다른 방법은 Shift 키를 누른 상태에서 떨어져 있는 두 개의 슬라이드를 차례로 클릭하면 두 슬라이드 사이에 있는 모든 슬라이드가 선택된다.

4. 연속되지 않은 여러 개의 슬라이드를 선택하려면 Ctrl 키를 누른 상태에서 원하는 슬라이드를 클릭한다.

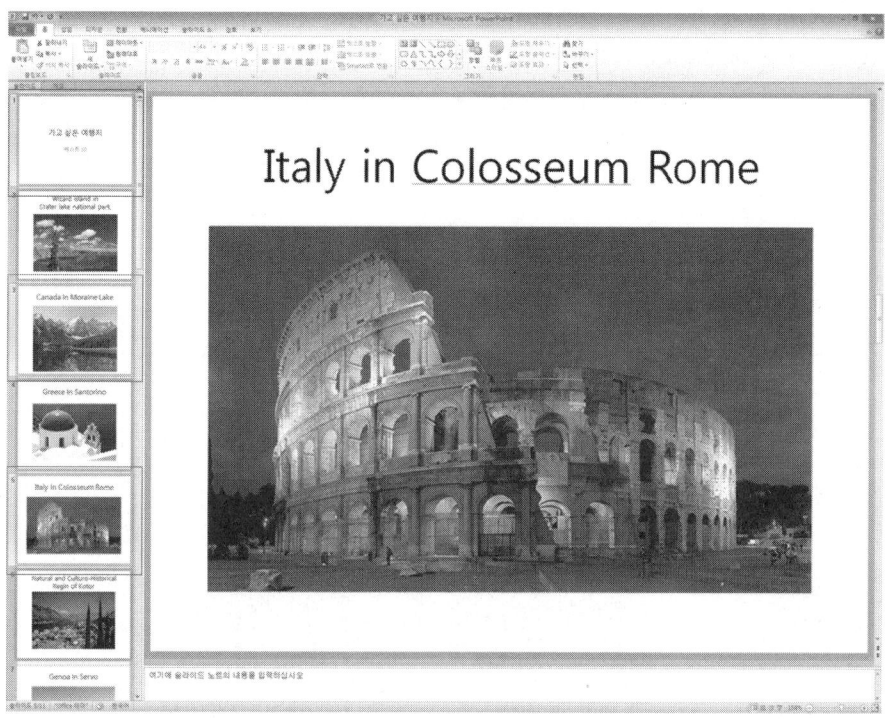

5. 슬라이드 전체를 한꺼번에 선택하려면 Ctrl + A 를 클릭한다.

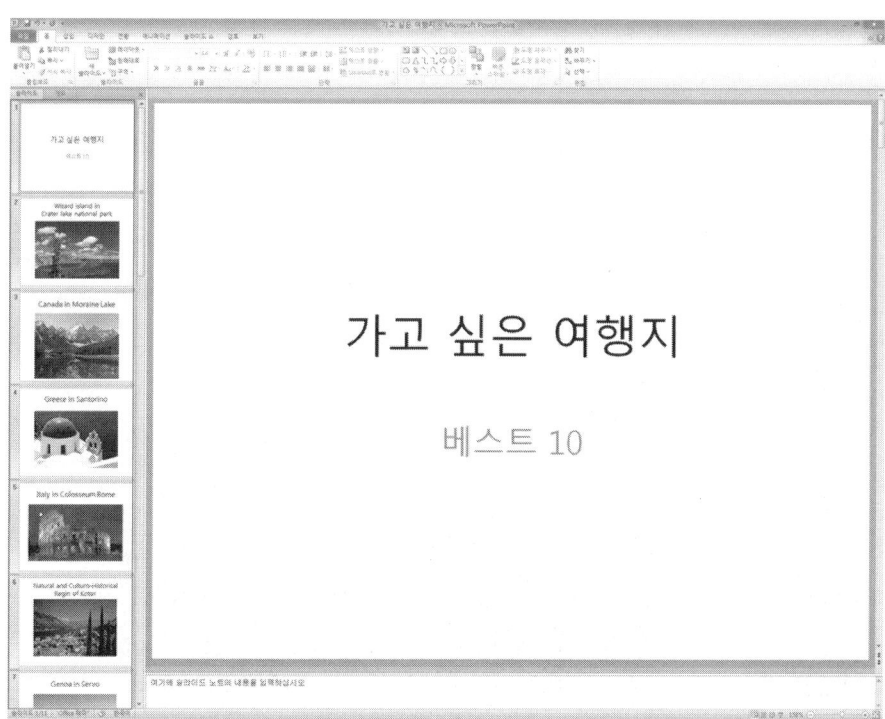

4.2 슬라이드 이동

1. 이동하려는 슬라이드를 선택한 후 원하는 위치로 끌어다 놓는다. 아래의 세 번째 슬라이드를 선택하여 4번과 5번 슬라이드 사이에 끌어다 놓는다.

2. 3번 슬라이드가 4번 슬라이드 위치로 이동된다.

4.3 슬라이드 삽입

1. 기존의 슬라이드 사이에 새 슬라이드를 삽입하려면 삽입하려는 위치의 앞쪽 슬라이드를 선택한다. 아래의 2번 슬라이드를 선택한다.

2. [홈] 탭 [슬라이드] 그룹의 [새 슬라이드] 아이콘을 클릭하면 1번 슬라이드 다음에 새 슬라이드가 삽입된다.

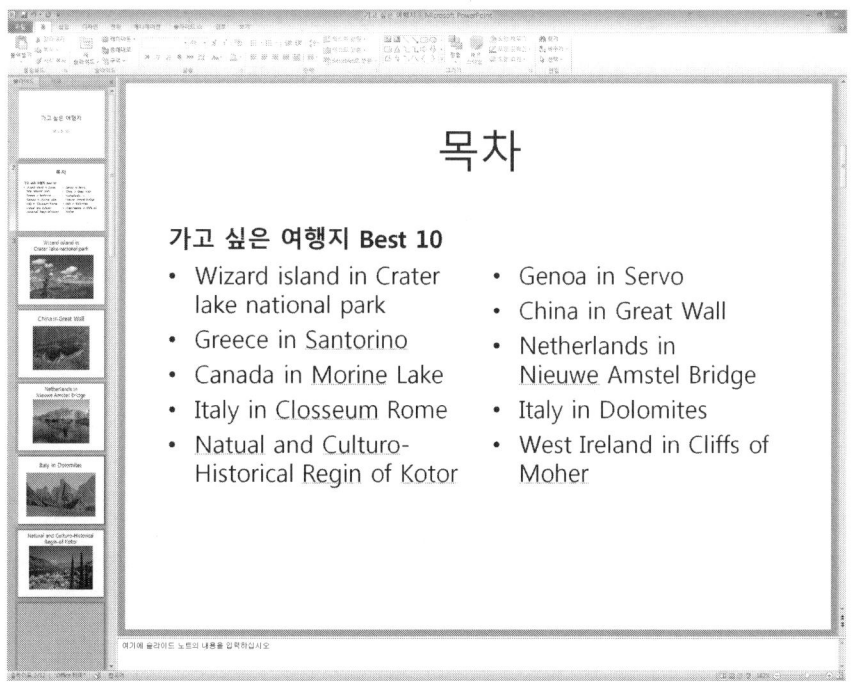

4.4 복사와 붙여넣기

1. 복사하려는 슬라이드를 선택한다. 아래의 2번 슬라이드를 선택한 후 [홈] 탭 [클립보드] 그룹의 [복사] 아이콘을 클릭하거나, 오른쪽 마우스 버튼을 클릭하여 [빠른 실행] 중 [복사] 메뉴를 선택하거나 또는 단축키 Ctrl+C 키를 누른다.

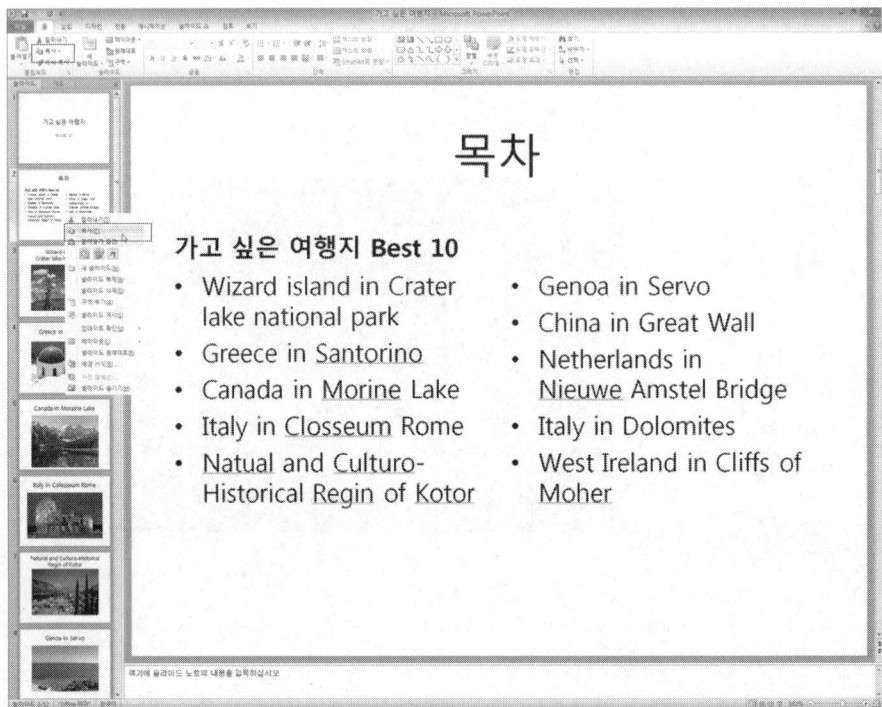

2. 붙여넣기 하려는 위치를 클릭하거나 바로 앞 슬라이드를 선택한다. 아래 3번 슬라이드를 선택한 후 [홈] 탭 [클립보드] 그룹의 [붙여넣기] 아이콘을 클릭하거나 오른쪽 마우스 버튼을 클릭하여 [빠른 실행] 중 [붙여넣기] 메뉴를 선택하거나 또는 단축키 Ctrl+V 키를 누른다.

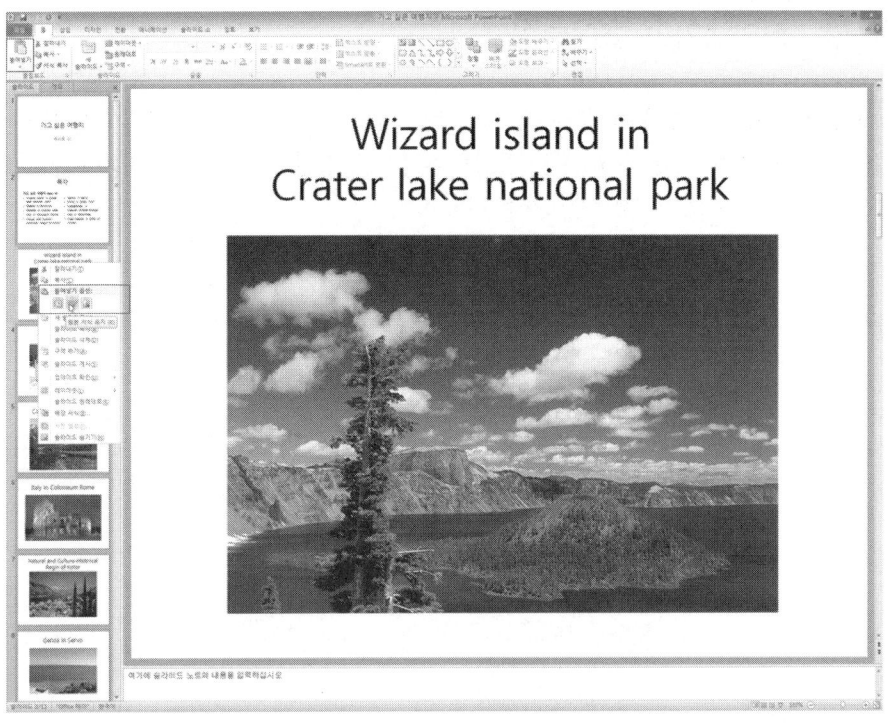

3. 4번 슬라이드 위치에 복사된다.

4.5 잘라내기와 붙여넣기

1. 3번 슬라이드를 선택한 후 [홈] 탭 [클립보드] 그룹의 [잘라내기] 아이콘을 클릭하거나, 오른쪽 마우스 버튼을 클릭하여 [빠른 실행] 중 [잘라내기] 메뉴를 선택하거나 또는 단축키 Ctrl+X를 누른다.

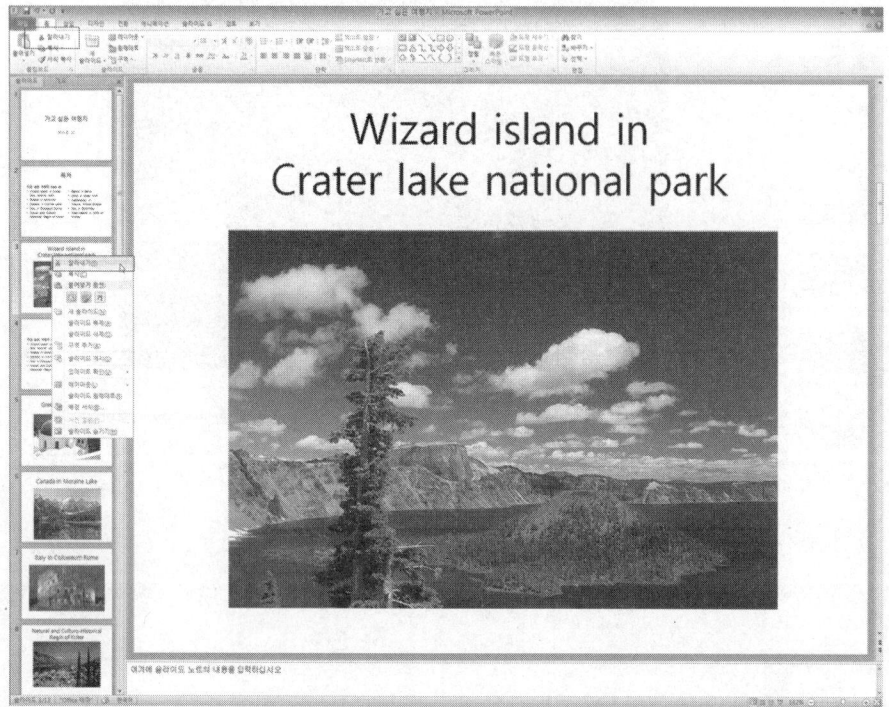

2. 3번과 4번 슬라이드 사이를 선택한 후 [홈] 탭 [클립보드] 그룹의 [붙여넣기] 아이콘을 클릭하거나 오른쪽 마우스 버튼을 클릭하여 [빠른 실행] 중 [붙여넣기] 메뉴를 선택하거나 또는 단축키 Ctrl+V를 누른다.

3. 4번 슬라이드 위치에 붙여넣기 된다.

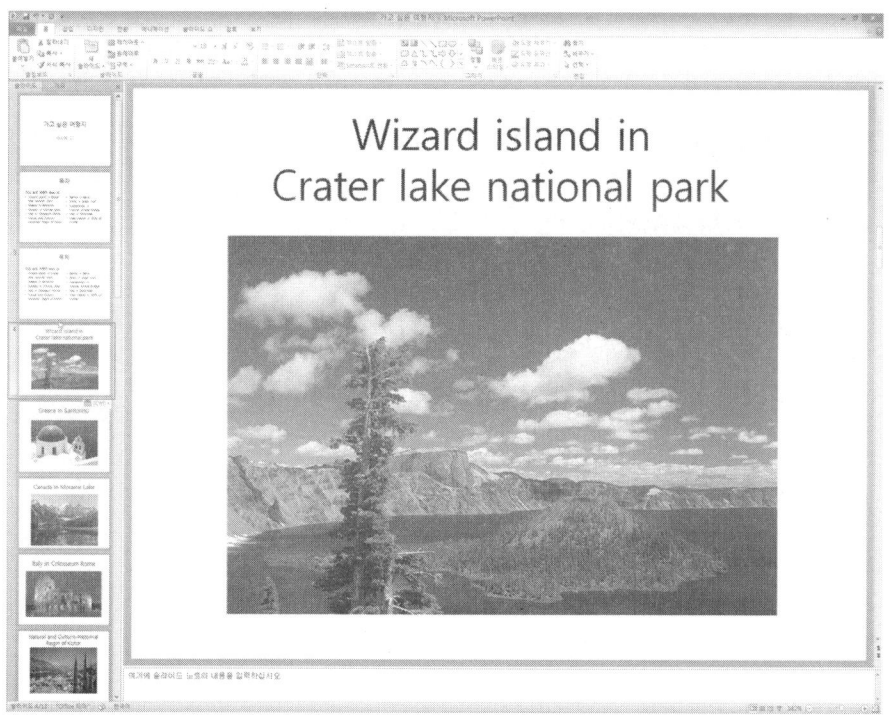

5 슬라이드 배경 넣기

슬라이드를 더욱 돋보이게 하는 것 중 하나는 시각적인 효과를 강화할 수 있는 슬라이드 배경을 선택하여 적용하는 것이다. PowerPoint 2010에서는 PowerPoint 2007과 같이 디자인 서식으로 "테마"를 제공한다. 테마에는 "테마 색"과 "테마 글꼴" 등이 포함되어 있으며, 기존 테마를 적용하고 수정할 수 있다.

PowerPoint 2010을 이용하여 테마를 삽입할 때 주의해야 할 점은, 기존에 모든 글꼴, 글씨 색, 도형 등의 디자인을 적용하여 작성된 슬라이드에 테마를 삽입하면, 테마에 맞춰서 모든 디자인이 바뀌게 되므로, 슬라이드의 내용을 작성하기 전에 테마를 선택하여 작성하는 것이 유리하다.

5.1 테마 적용하기

1. [디자인] 탭 [테마] 그룹에 나타난 테마 중 하나를 선택하여 마우스 포인터를 가져가면 화면의 슬라이드에 테마가 적용된 모습이 나타난다.

2. 적용된 테마 색을 변경해 보자. [디자인] 탭 [테마] 그룹의 [색] 아이콘을 클릭하면 [기본 제공] 테마 색들이 나타난다. '중앙'을 선택한다.

3. 테마 글꼴을 변경하기 위해 [디자인] 탭 [테마] 그룹의 [글꼴] 아이콘을 클릭하여 원하는 글꼴을 선택한다.

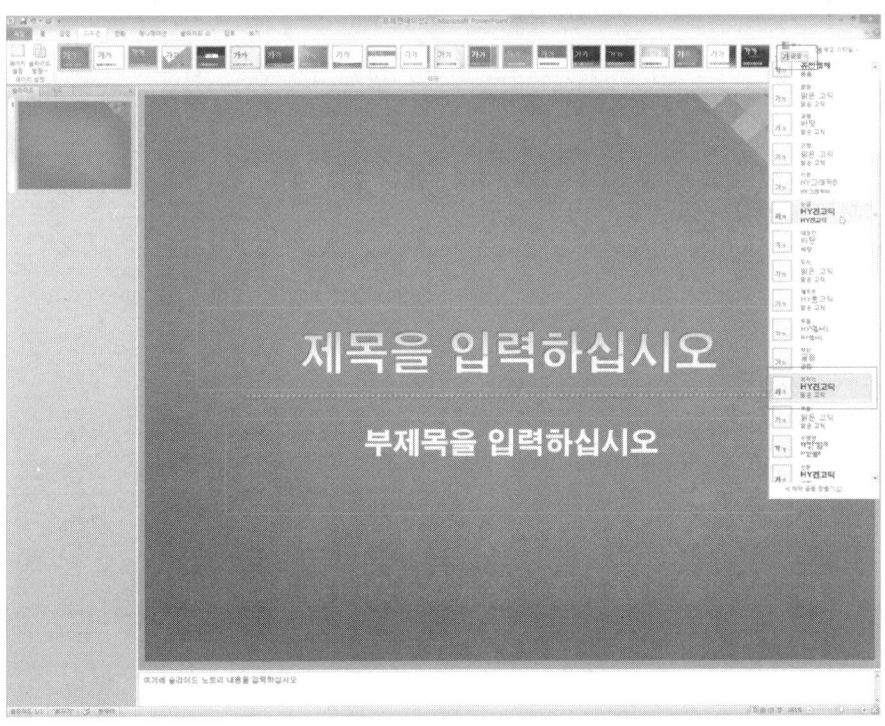

4. [배경 스타일]을 이용하여 슬라이드 배경을 바꿀 수도 있다. [디자인] 탭 [테마] 그룹의 [배경 스타일]아이콘을 클릭하여 '스타일 12'를 선택한다.

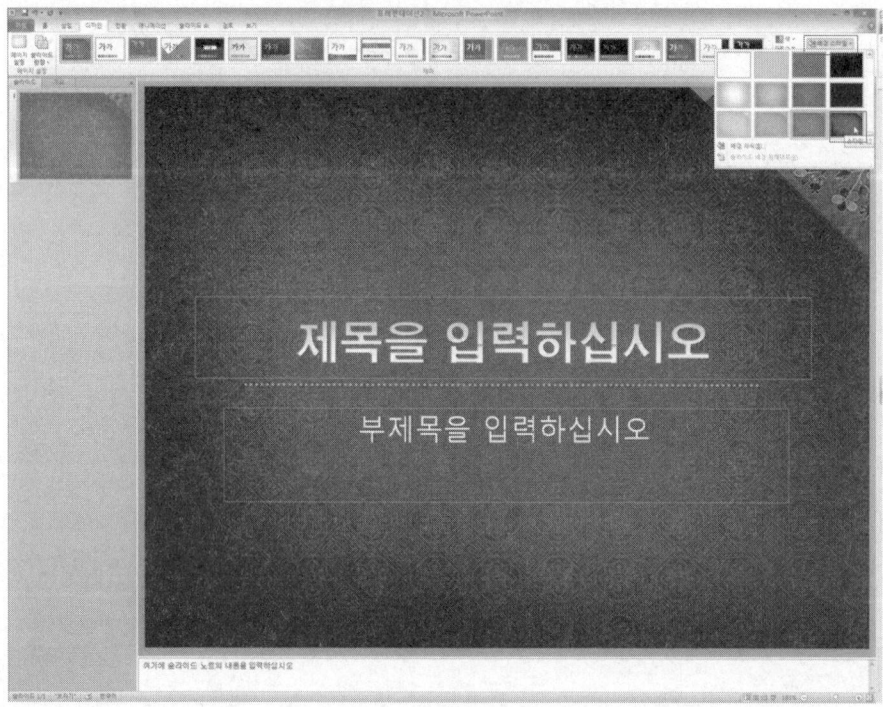

5. 수정된 테마가 적용되어 슬라이드가 완성되었다.

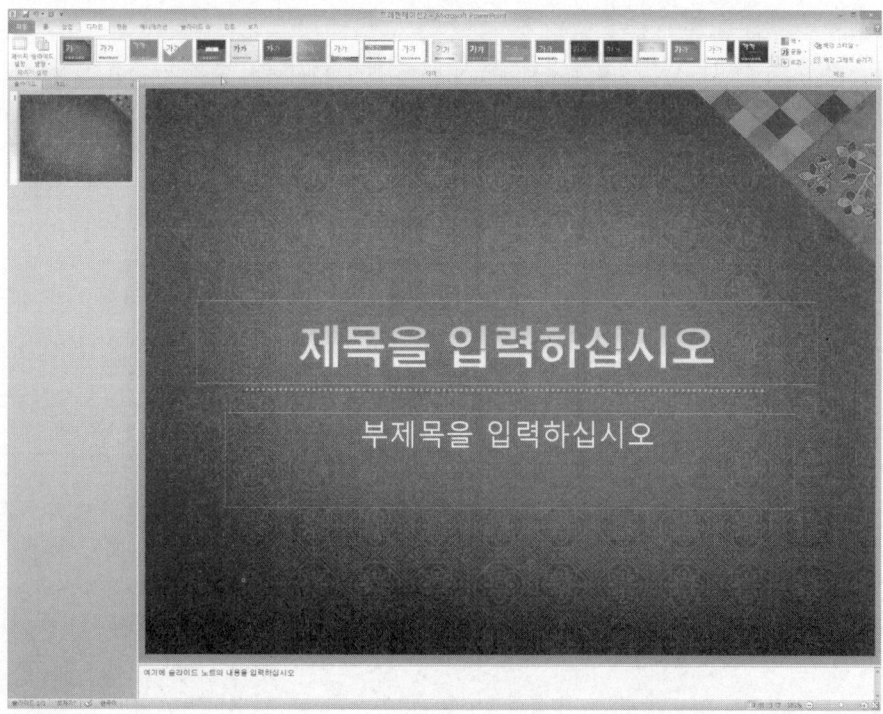

5.2 배경서식

1. [테마]는 모든 슬라이드에 적용되는 디자인이다. 각각의 슬라이드에 디자인을 다르게 설정하려면 [배경서식]을 이용한다. 1번 슬라이드를 선택한 후 [디자인]탭 [테마]그룹의 [배경 스타일] 아이콘을 클릭하여 [배경서식]을 선택한다.

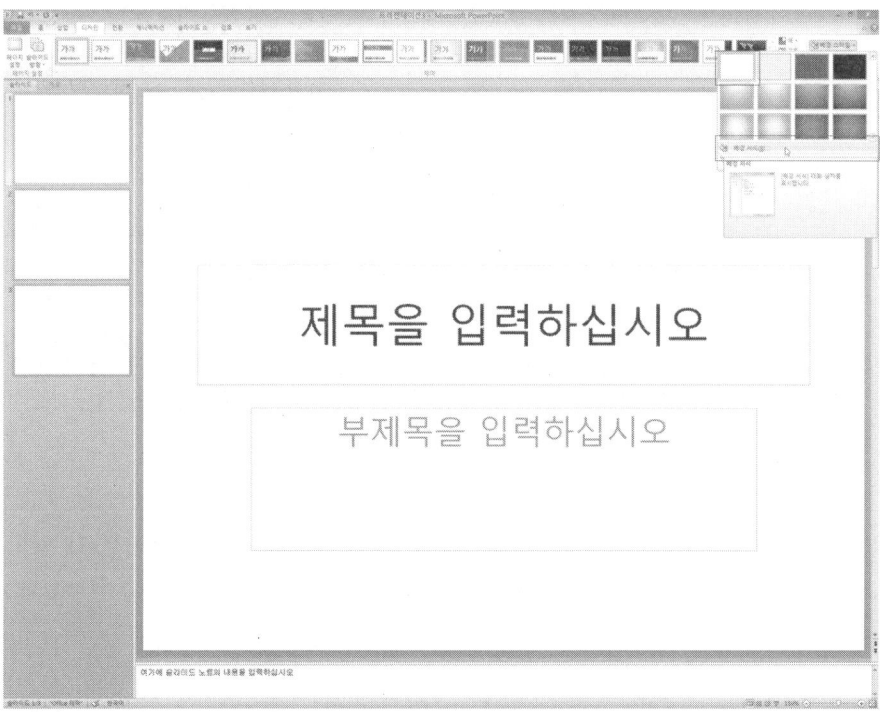

2. [배경 서식] 아이콘이 나타나면 [채우기]메뉴에서 [그라데이션 채우기]를 선택한다. 1번 슬라이드의 배경이 그라데이션로 채워진다. [기본 설정 색], [종류], [방향], [색], [투명도] 등을 설정할 수 있다. [모두 적용] 버튼을 누르면 모든 슬라이드가 그라데이션으로 채워진다.

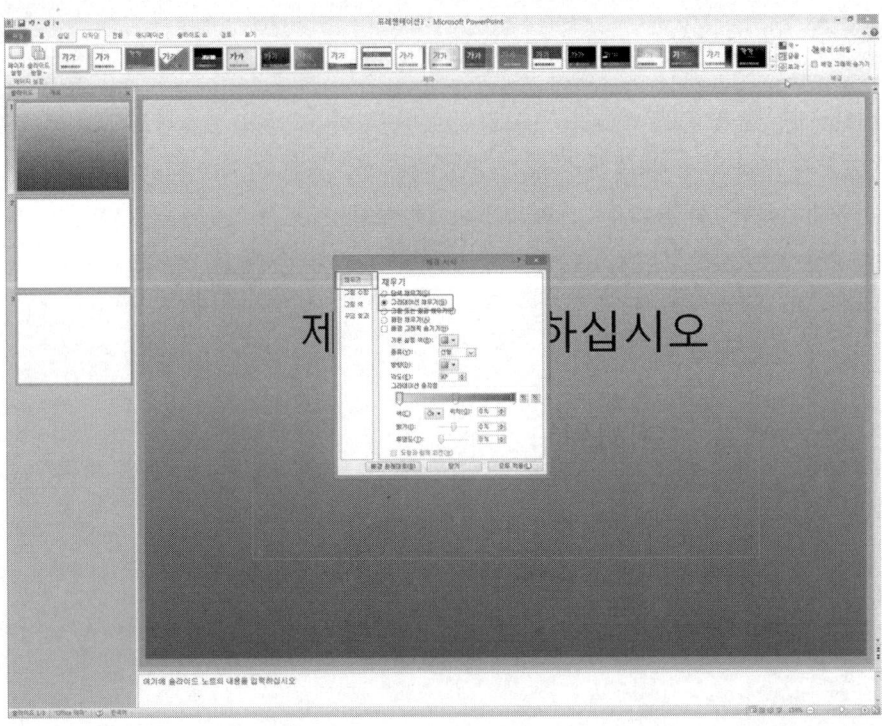

3. 2번 슬라이드를 선택한 후 [그림 또는 질감 채우기]를 클릭한다. [질감] 아이콘을 클릭하여 '꽃다발'을 선택하면 2번 슬라이드 배경에 꽃다발 질감이 적용된다.

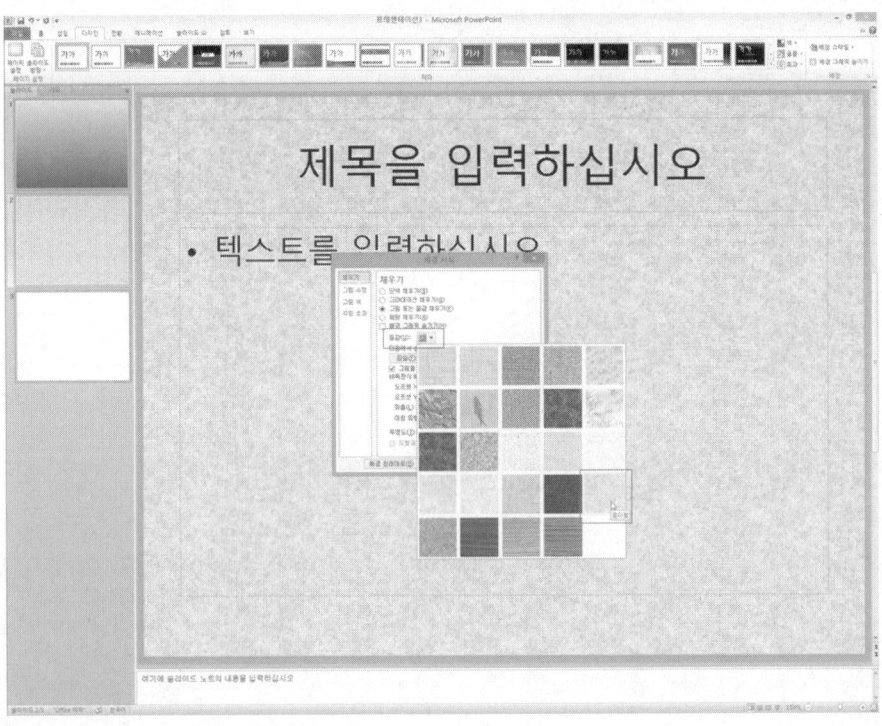

4. 3번 슬라이드에는 사진파일을 배경으로 넣기 위해 [배경 서식] 대화상자의 [파일] 아이콘을 클릭한다. 배경으로 사용할 파일의 경로를 찾아 선택한 후 [삽입] 버튼을 클릭한다.

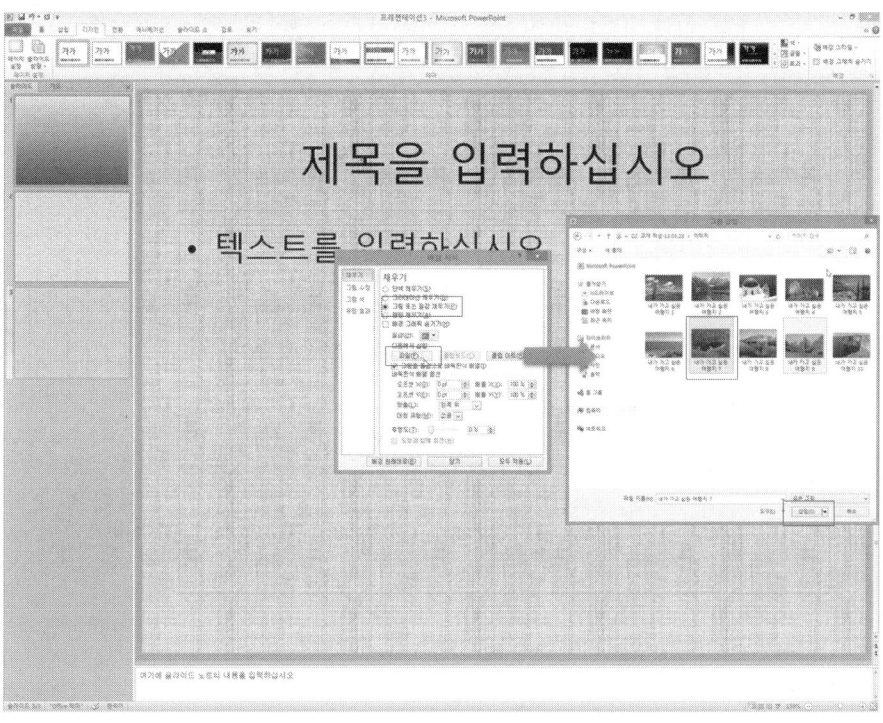

5. [닫기] 버튼을 눌러 대화상자를 닫는다.

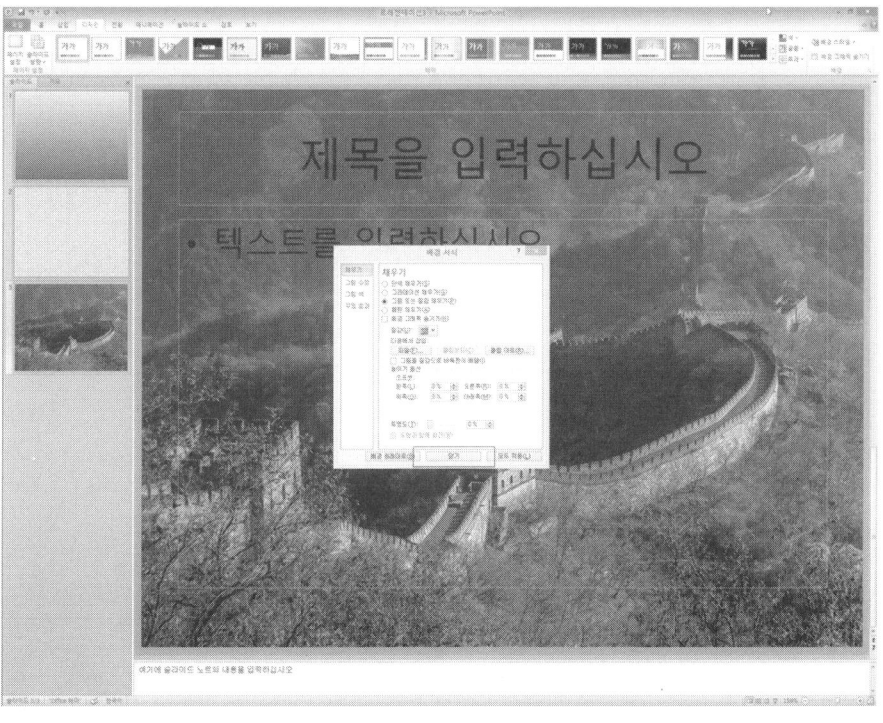

6. [홈] 탭 [글꼴] 그룹의 [글꼴 색]을 '흰색, 배경1'로 선택한다.

6 슬라이드 인쇄

프리젠테이션 자료를 인쇄하는 방법에는 여러 가지가 있다. 슬라이드만 인쇄하거나 슬라이드 노트나 유인물 등으로 인쇄하는 방법에 대해 알아보자.

1. [파일 - 파일]을 클릭하여 백스테이지 화면으로 전환한다. 전환된 백스테이지 화면에서 인쇄 하려는 자료가 맞는지 "정보" 메뉴에서 확인하고, 맞으면 [인쇄]를 클릭한다.

2. 인쇄 백스테이지의 창은 다음과 같은 구조이다.

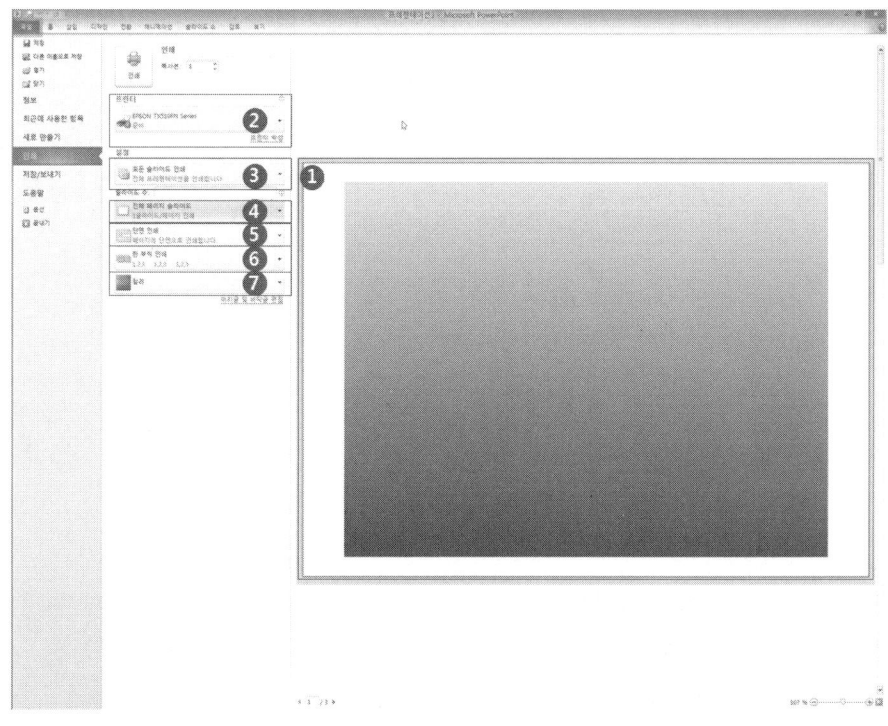

(1) 미리보기 창

인쇄될 내용을 창에서 확인할 수 있다.

(2) 프린터의 경로와 이름

컴퓨터에 설치된 프린터의 이름과 경로를 확인하여 선택 인쇄할 수 있다.

(3) 인쇄할 슬라이드를 선택하여 인쇄 할 수 있다.

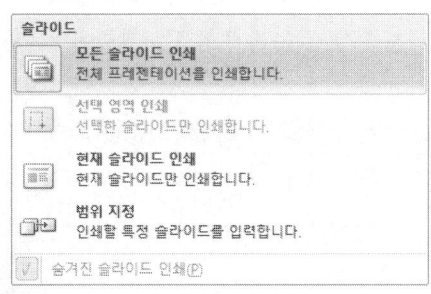

- [모든 슬라이드 인쇄]

  전체 프리젠테이션을 인쇄한다.
- [선택 영역 인쇄]

  선택된 슬라이드만 인쇄한다.
- [현재 슬라이드 인쇄]

  화면의 슬라이드만 인쇄한다.
- [범위 지정]

  슬라이드 번호를 이용하여 특정 슬라이드만 인쇄한다.

(4) 인쇄할 슬라이드에 포함된 내용을 선택하여 인쇄 할 수 있다.

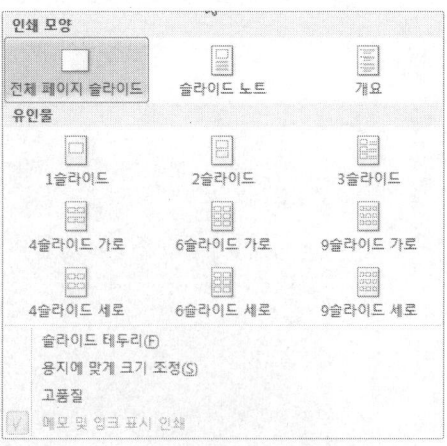

- [인쇄모양]
  - 전체 페이지 슬라이드 : 슬라이드만 인쇄한다.
  - 슬라이드 노트 : 슬라이드와 슬라이드 노트의 내용을 함께 인쇄한다.
  - 개요 : 슬라이드의 개요만 인쇄한다.

- [유인물]

    유인물은 용지 한 페이지에 인쇄될 슬라이드의 수를 한꺼번에 인쇄할 때 사용한다.

(5) 페이지에 인쇄될 형태를 정의한다.

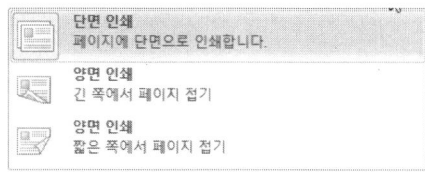

(6) 인쇄 복사본이 1부 이상일 때 사용한다.

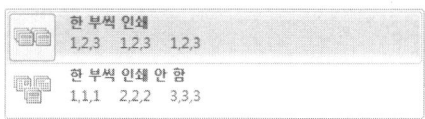

(7) 인쇄될 슬라이드에 포함된 색상을 정의하여 인쇄한다.

PowerPoint 2010

Part 3

텍스트와 단락 다루기

1. 한글/한자 변환
2. 기호와 특수문자
3. 번호 매기기와 글머리 기호
4. 단락 맞추기
5. 글꼴 꾸미기

1 한글/한자 변환

1.1 한글을 한자로 변환

파워포인트를 이용하여 슬라이드 내용을 작성하기 전에 "테마"를 적용할 예정이면 미리 테마를 설정한 후 내용을 작성하는 것이 좋다. 앞서 배운 테마를 이용하여 다음을 진행해 보자.

1. '태극기'를 한자로 바꾸려면 '태극기' 앞에 커서를 옮기고 [검토] 탭 [언어] 그룹의 [한글/한자 변환] 아이콘 또는 키보드의 [한자] 키를 누른다.

2. [한글/한자 변환] 대화상자가 나타나고 '태극기'에 해당하는 한자 단어가 표시된다. 한자를 선택하고 [변환] 버튼을 클릭한다.

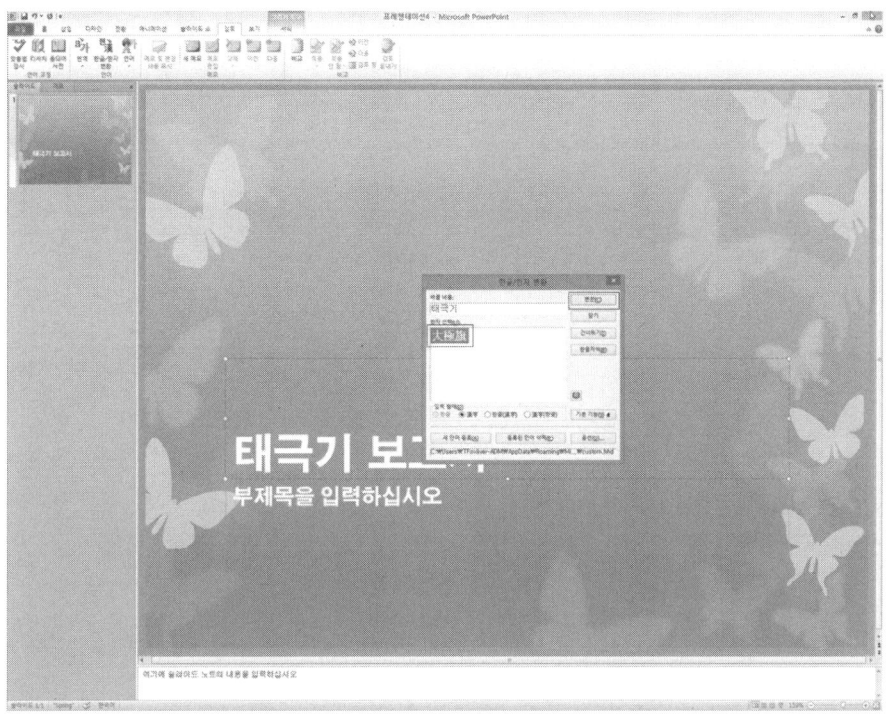

3. 한글이 해당 한자로 변환되었다.

1.2 한자를 한글로 변환

한자를 다시 한글로 변환하려면 한자의 앞에 마우스 포인터를 옮기고 [검토] 탭 [언어교정] 그룹의 [한글/한자 변환] 아이콘을 클릭한다. [한글/한자 변환] 대화상자가 나타나면 해당되는 한글을 선택하고 [변환] 버튼을 클릭한다.

2. 기호와 특수문자

2.1 기호 삽입

1. 전화번호 앞에 '전화기 모양'을 삽입해 보자. 마우스포인터를 전화번호 앞으로 옮기고 [삽입] 탭 [기호] 그룹의 [기호] 아이콘을 클릭한다.

2. [기호] 대화상자가 나타나면 '전화기'를 선택하여 더블클릭하거나 [삽입] 버튼을 클릭하여 기호를 삽입한다. [기호] 대화상자를 닫으려면 [닫기] 버튼을 클릭한다.

2.2 특수문자 삽입

1. '나라사랑 동아리'앞에 한글 자음 'ㅁ'을 입력한 후 키보드에 있는 <한자>키를 누르면 특수문자가 나타난다. [보기변경] 버튼을 클릭한다.

2. 특수문자가 한꺼번에 펼쳐지면 원하는 문자를 선택한다.

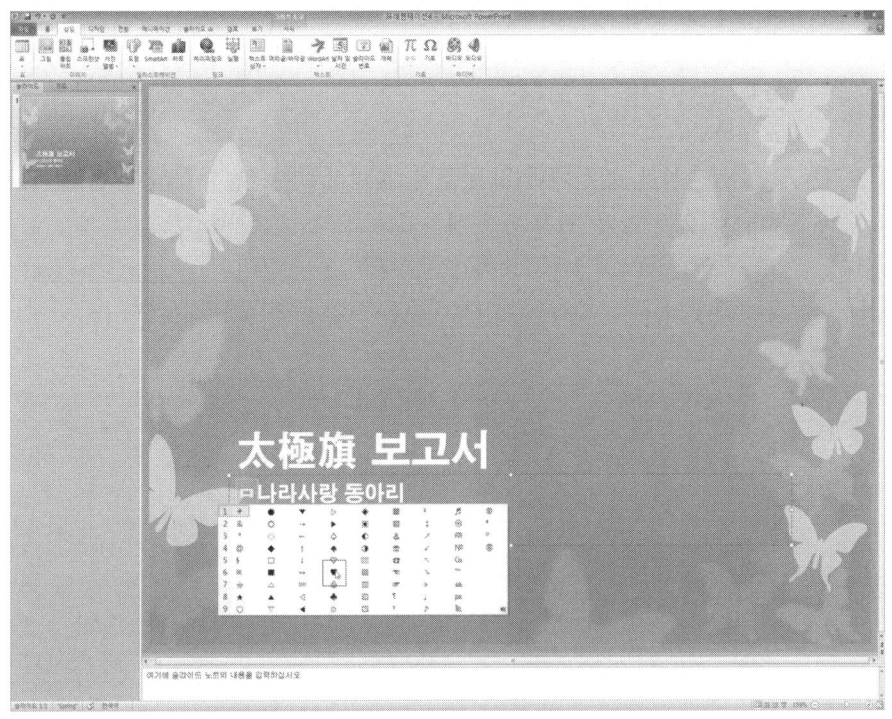

3. 한글 자음 대신 선택한 특수문자가 삽입되었다.

3 번호 매기기와 글머리 기호

3.1 번호 매기기

1. 슬라이드를 작성하면 기본테마에 설정된 글머리 기호가 나타난다. 이것을 번호로 바꾸려면 텍스트 상자 전체를 선택하거나 상자 내의 텍스트를 블록으로 선택한다.

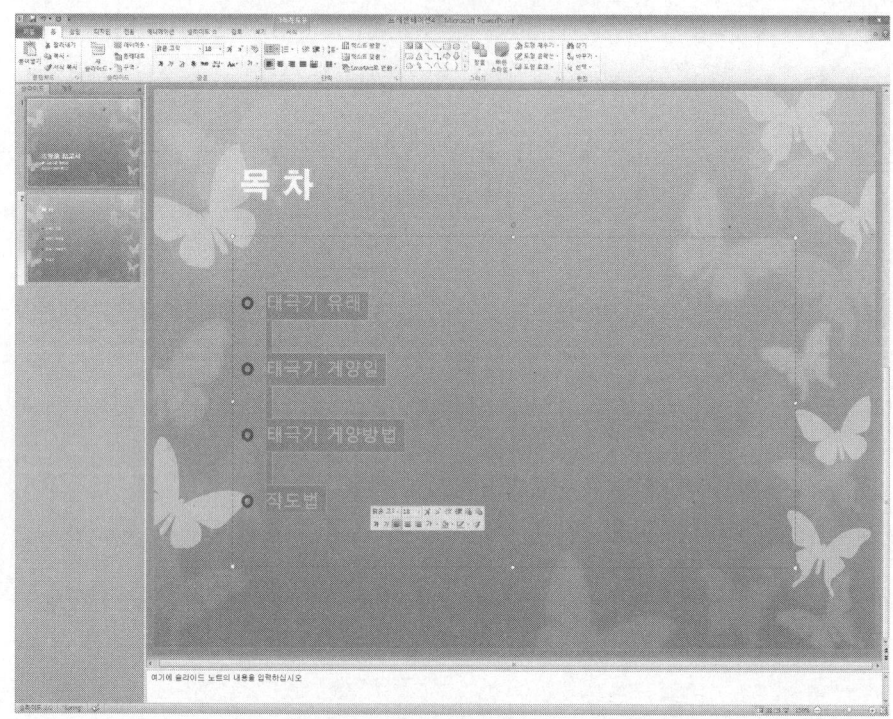

2. [홈] 탭 [단락] 그룹의 [번호 매기기] 버튼을 클릭하면 '글머리 기호' 대신 번호가 매겨진다.

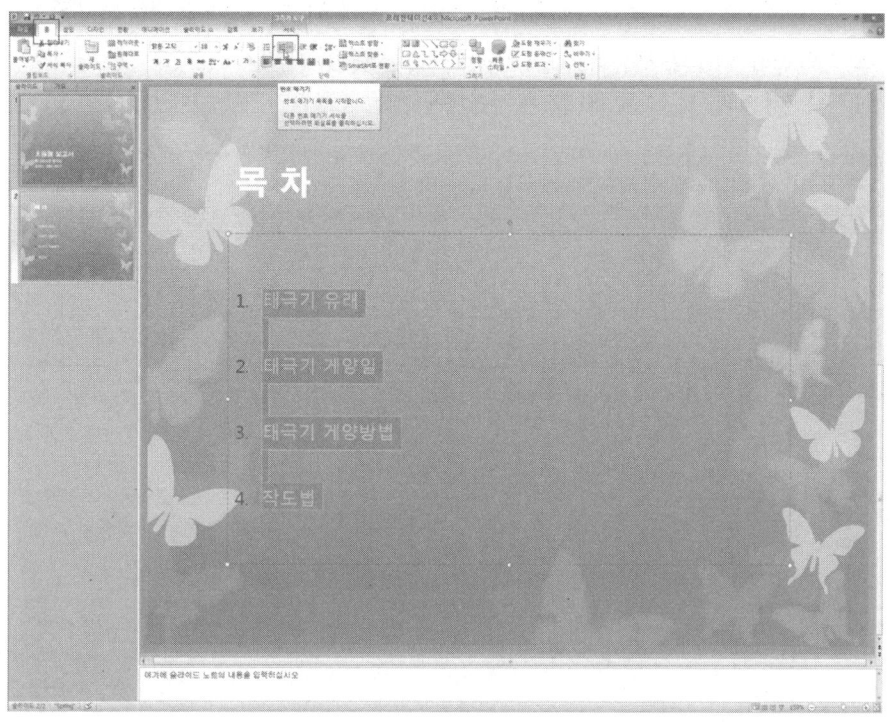

3. [번호 매기기] 버튼 오른쪽 [콤보] 버튼을 클릭하여 '번호 유형'을 선택할 수도 있다.

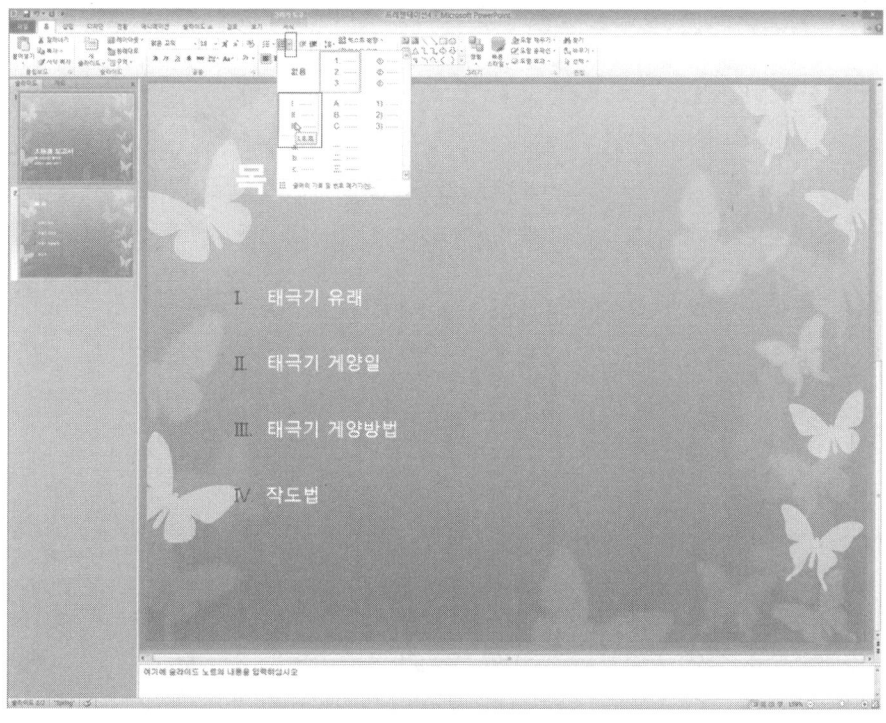

3.2 글머리 기호

1. 글머리 기호를 바꾸려면 텍스트를 선택한 후 [홈] 탭 [단락] 그룹의 [글머리 기호]아이콘의 [콤보] 버튼을 클릭한다. 기본 보기로 주어지는 기호 중 하나를 선택하거나 [글머리 기호 및 번호 매기기] 메뉴를 선택한다.

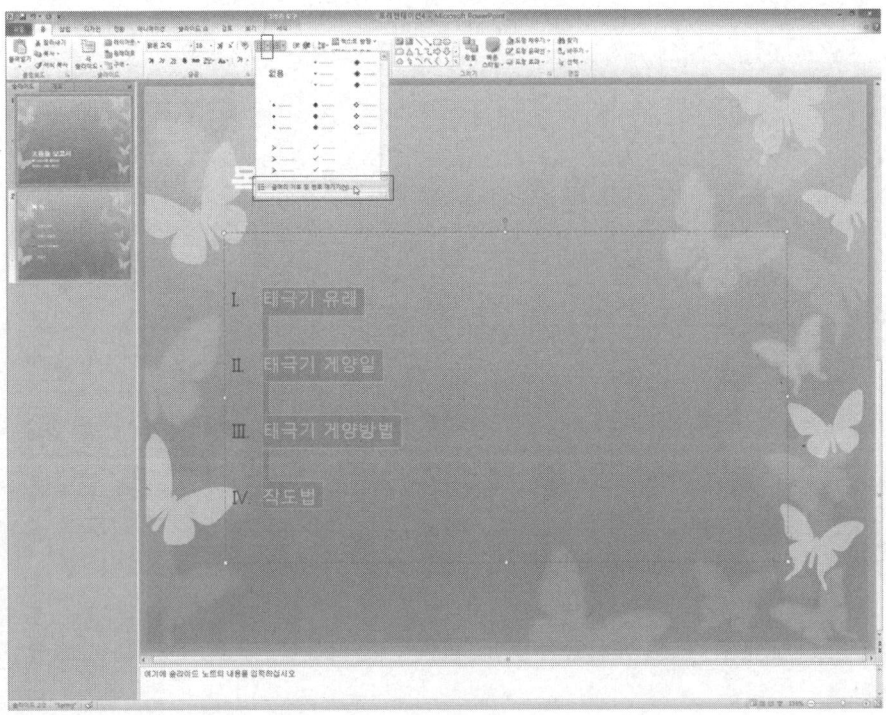

2. [글머리 기호 및 번호 매기기] 대화상자가 나타나면 원하는 글머리표와 색을 선택하고 [확인]버튼을 클릭한다.

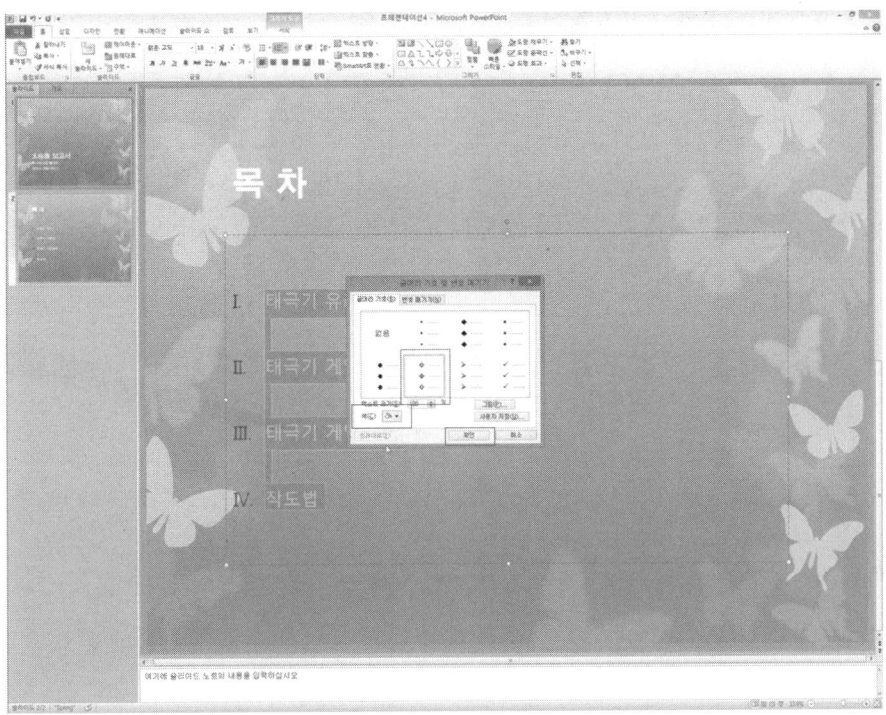

3. 선택한 글머리 기호로 바뀌었다.

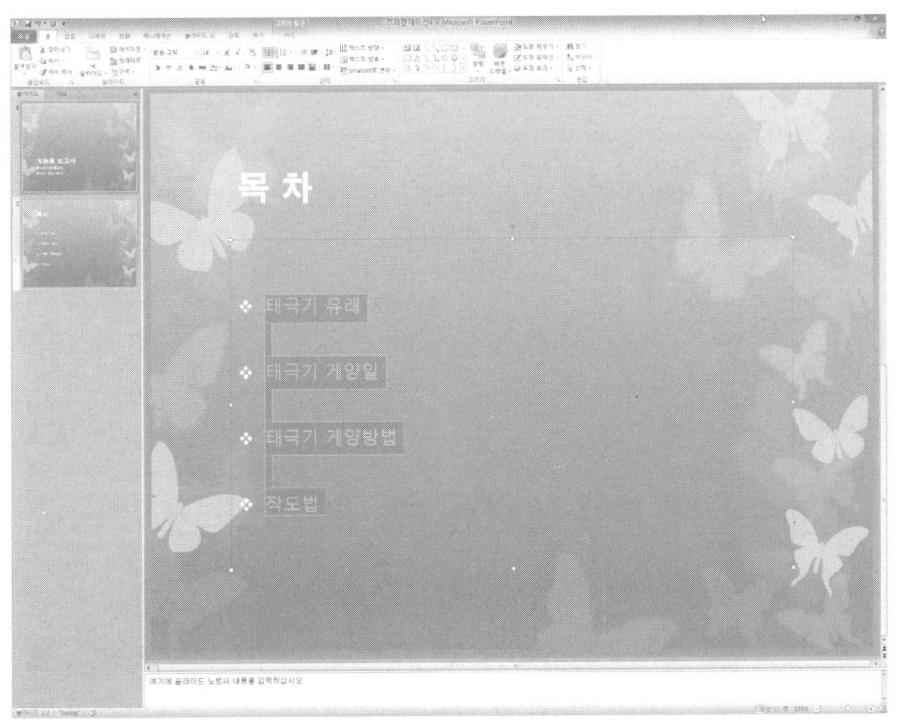

4. 이번에는 글머리 기호에 '기호'를 넣어보도록 하자. [글머리 기호 및 번호 매기기] 대화상자에서 [사용자 지정] 버튼을 클릭하면 [기호] 대화상자가 나타난다. '클로버'를 선택하여 더블클릭한다.

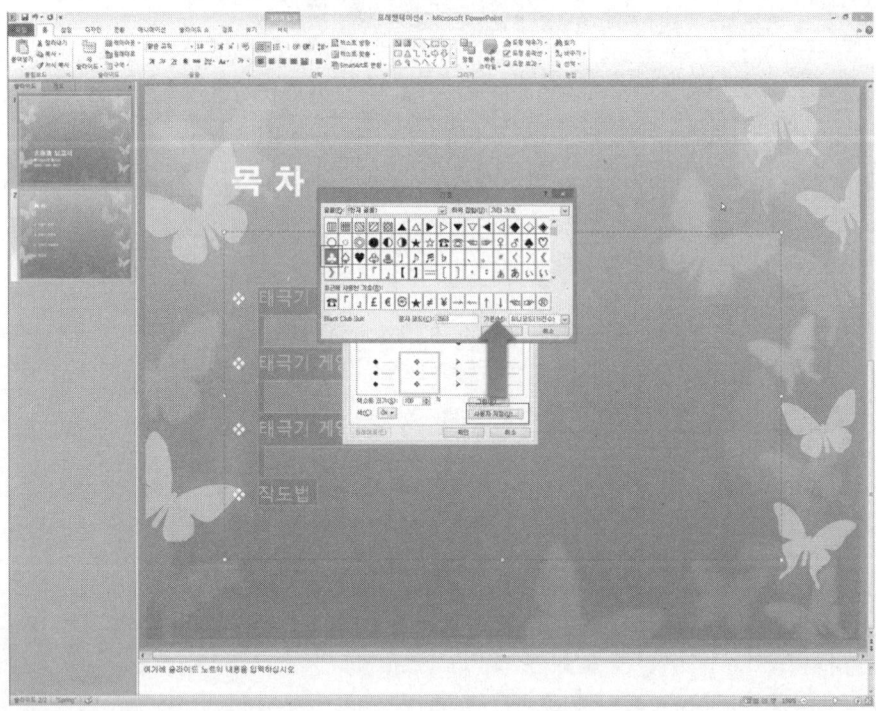

5. [글머리 기호 및 번호 매기기] 대화상자의 기본 보기에 해당 기호로 만들어진 글머리 기호가 추가된다.

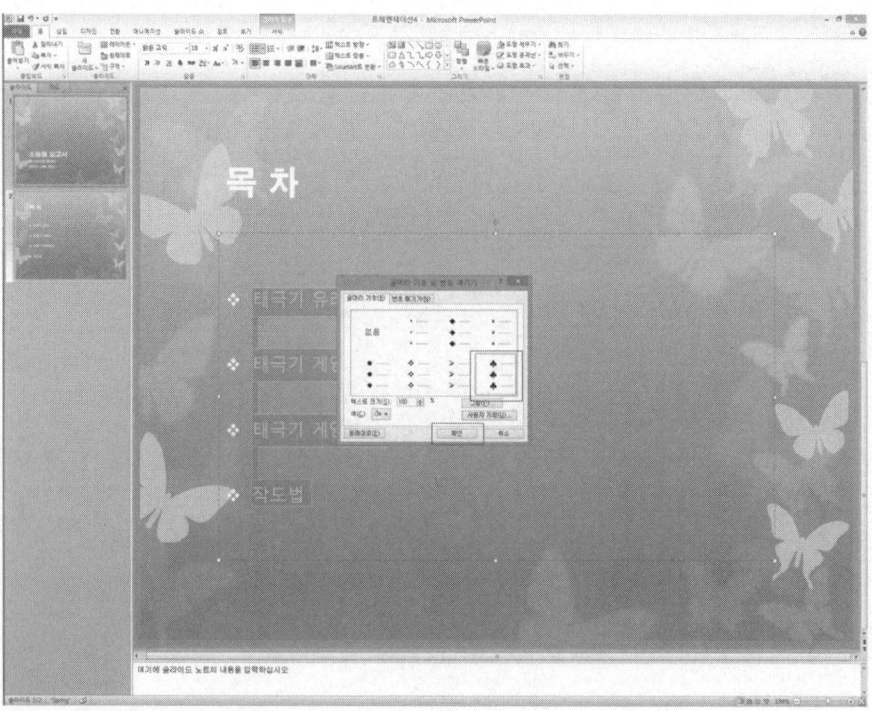

6. 글머리 기호를 선택하고 확인을 클릭하면 글머리 기호가 바뀐다.

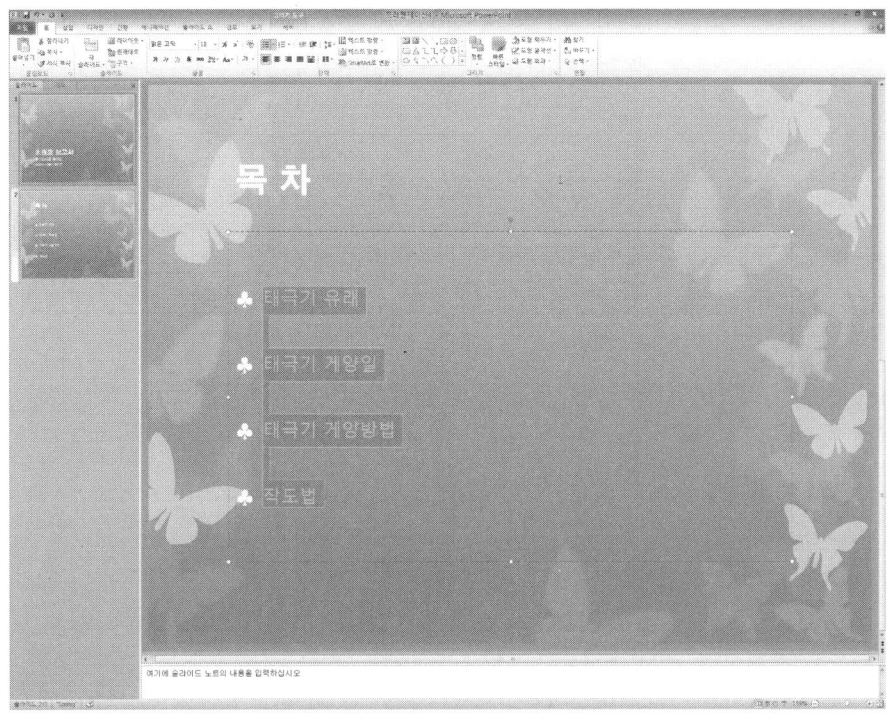

7. 글머리 기호에 그림을 한 번 넣어보자. [글머리 기호 및 번호 매기기] 대화상자에서 [그림]버튼을 클릭하면 [그림 글머리 기호] 대화 상자가 나타난다.

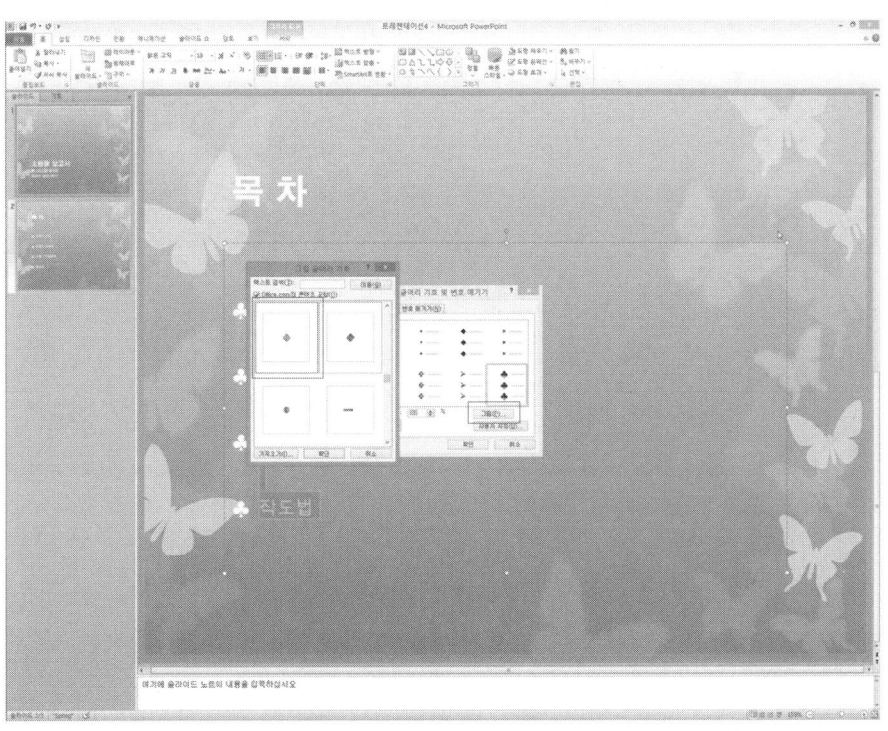

8. 원하는 그림을 선택하고 [확인] 버튼을 클릭한다.

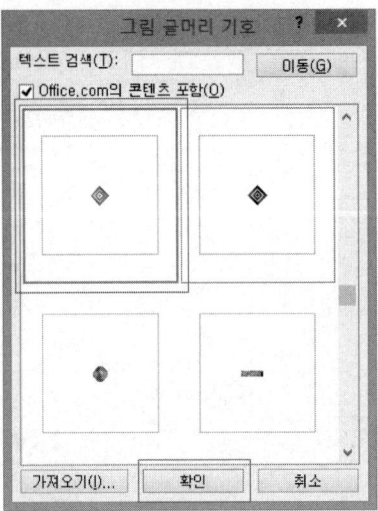

9. 선택한 그림으로 글머리 기호가 바뀌었다.

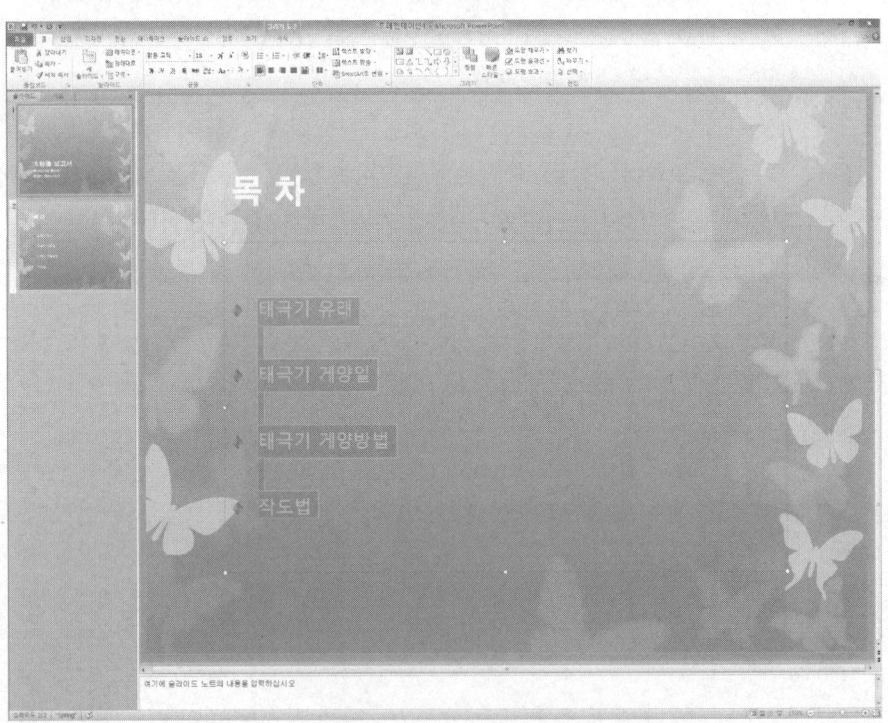

4 단락 맞추기

4.1 줄 간격 조절하기

1. 내용이 들어있는 텍스트 상자를 선택한다.

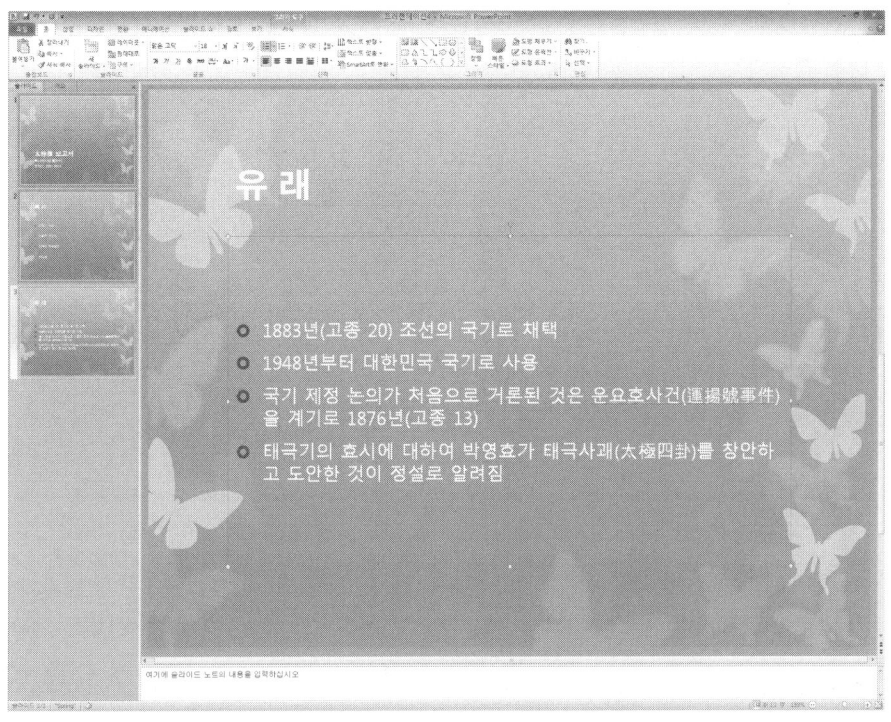

2. [홈] 탭 [단락] 그룹의 [줄 간격] 아이콘을 클릭하여 줄 간격 '2.0'을 선택한다.

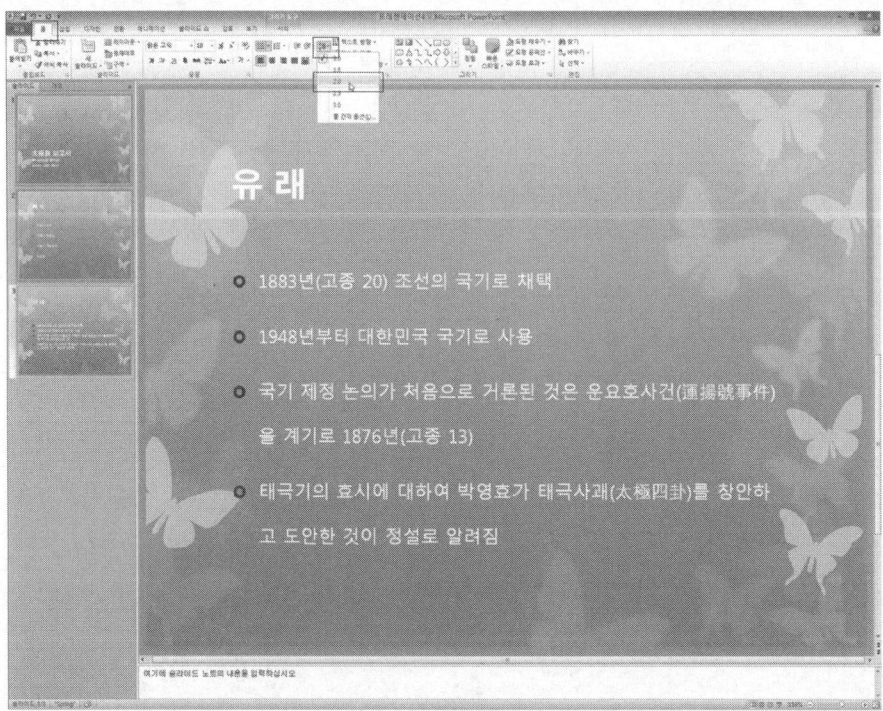

3. 모든 줄 간격이 1.0에서 2.0으로 동일하게 늘어난다.

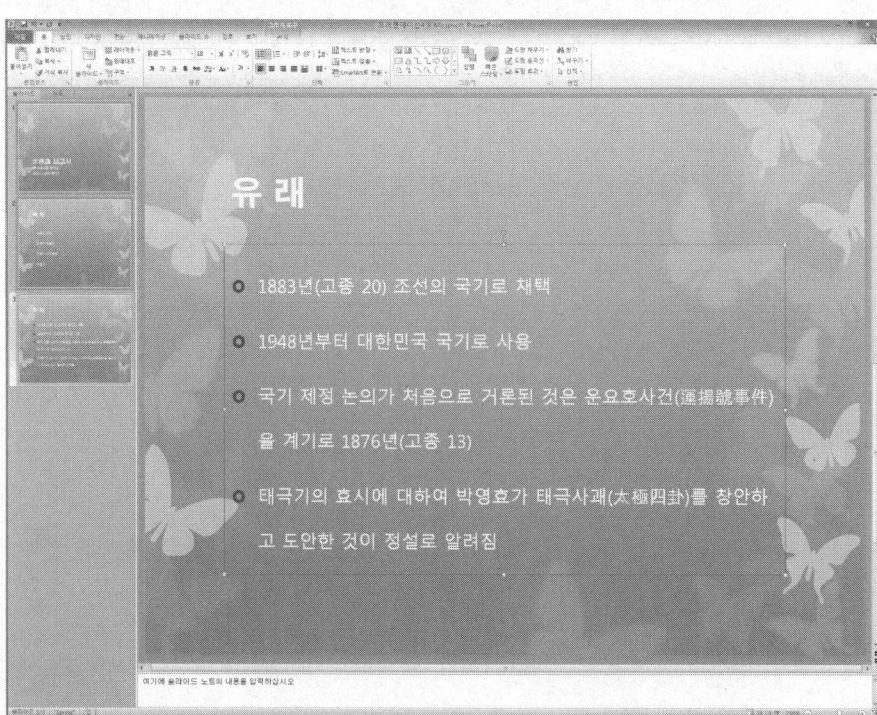

4. 이번에는 [홈] 탭 [단락] 그룹의 [줄 간격] 아이콘을 클릭하여 '줄 간격 옵션' 메뉴를 선택한다.

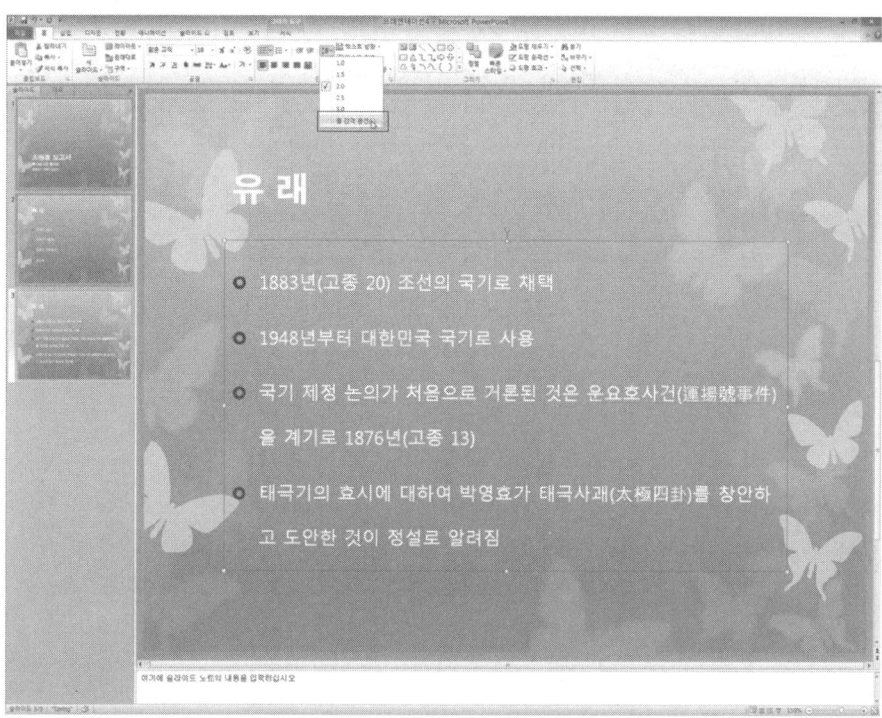

5. [단락] 대화상자가 나타나면 '간격'의 '단락 뒤'를 '12pt'로 늘려주고 [확인] 버튼을 클릭한다.

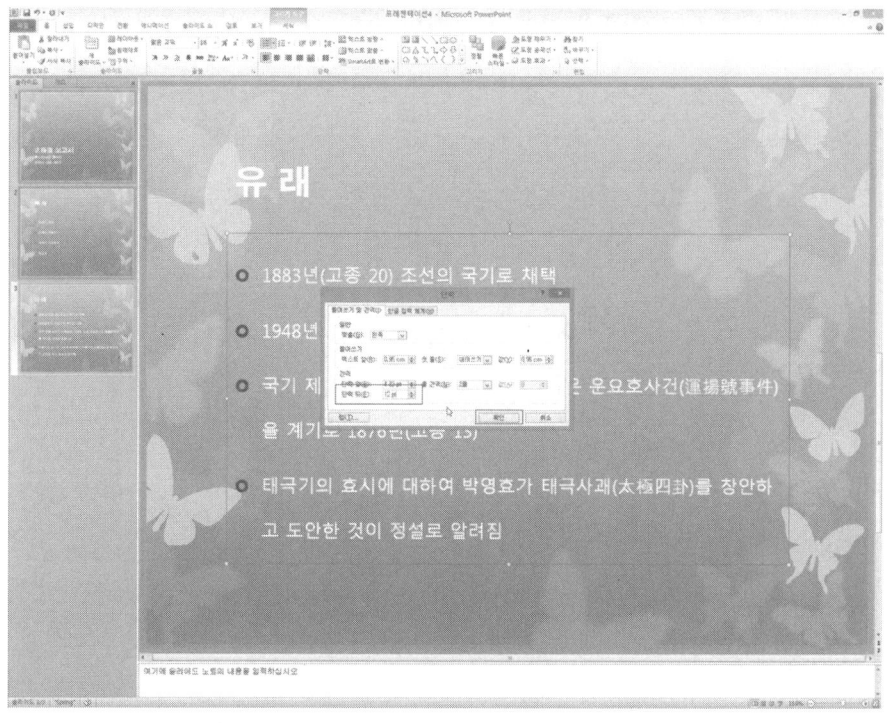

6. 단락 사이가 넓어져서 단락별로 내용이 구분되어 보인다.

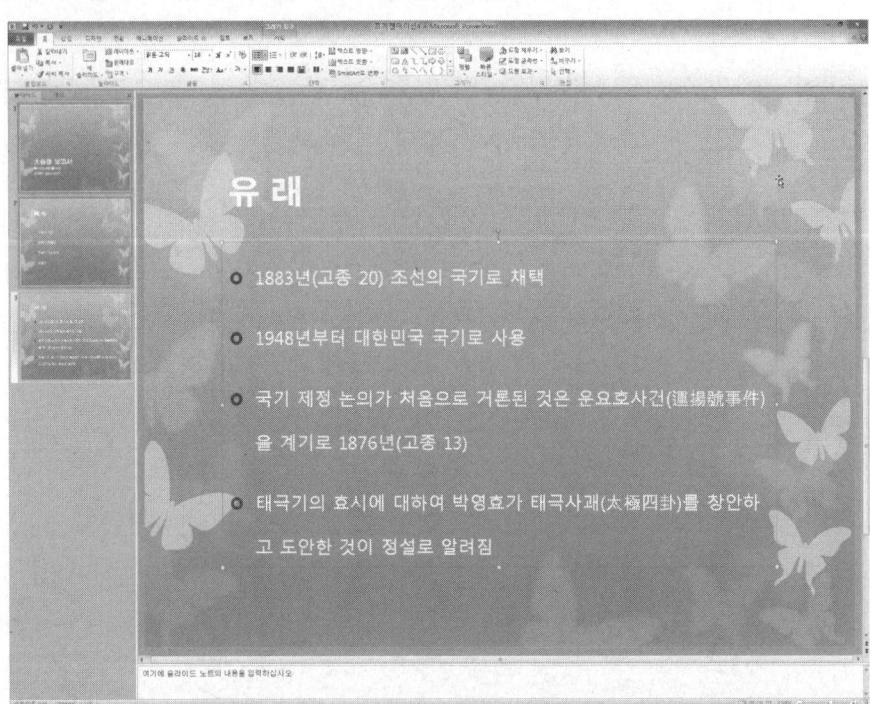

4.2 텍스트 가로 맞춤

1. 텍스트 상자는 왼쪽맞춤이 기본으로 설정되어 있다. 맞춤을 변경하려면 텍스트 상자를 선택한 후 [홈] 탭 [단락] 그룹에서 해당 맞춤 아이콘을 클릭하면 된다.

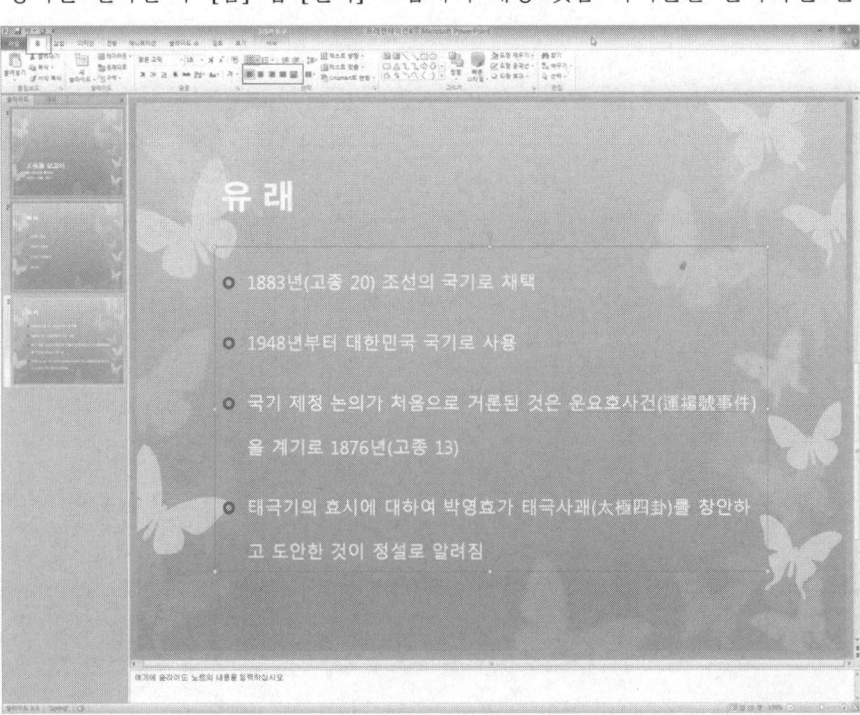

2. 텍스트 상자를 선택한 후 [홈] 탭 [단락] 그룹의 [가운데 맞춤]아이콘을 클릭한 결과이다.

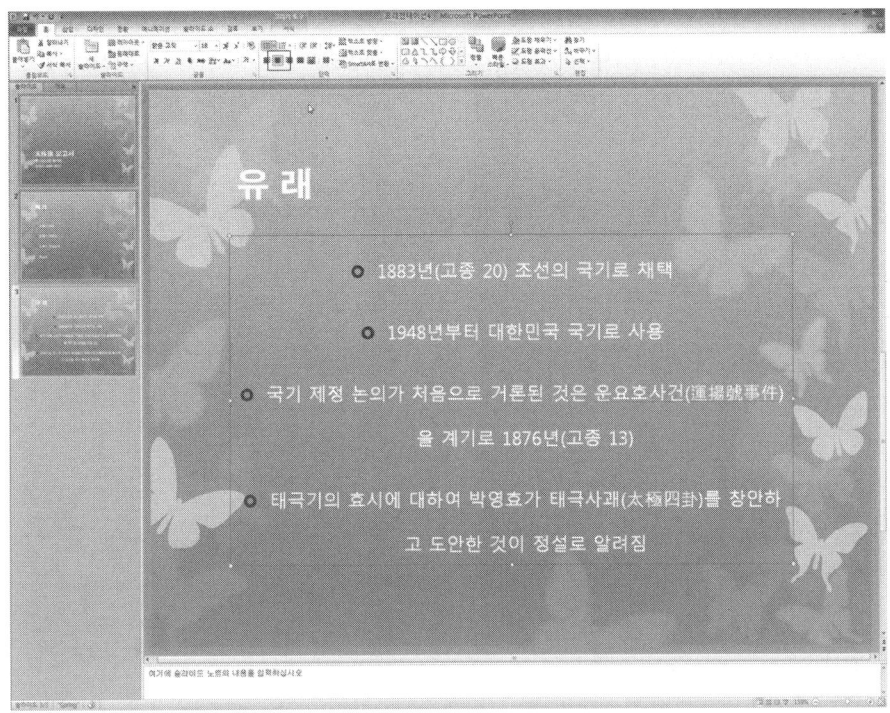

3. 텍스트 상자를 선택한 후 [홈] 탭 [단락] 그룹의 [오른쪽 맞춤]아이콘을 클릭한 결과이다.

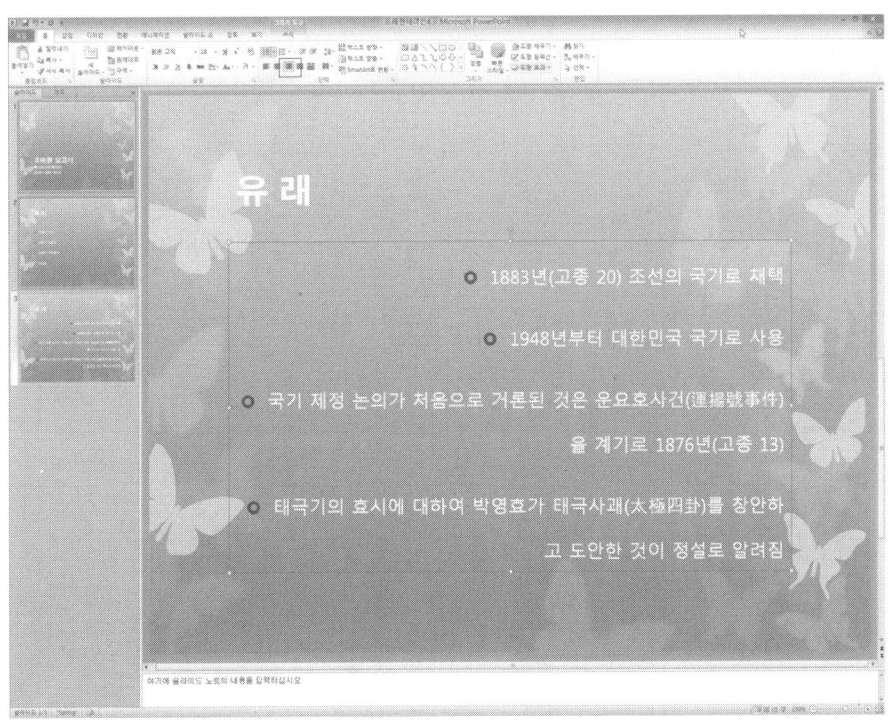

4. 텍스트 상자를 선택한 후 [홈] 탭 [단락] 그룹의 [양쪽 맞춤]아이콘을 클릭한 결과이다. 단어사이에 공백을 삽입하여 맞춤하는 방법이다.

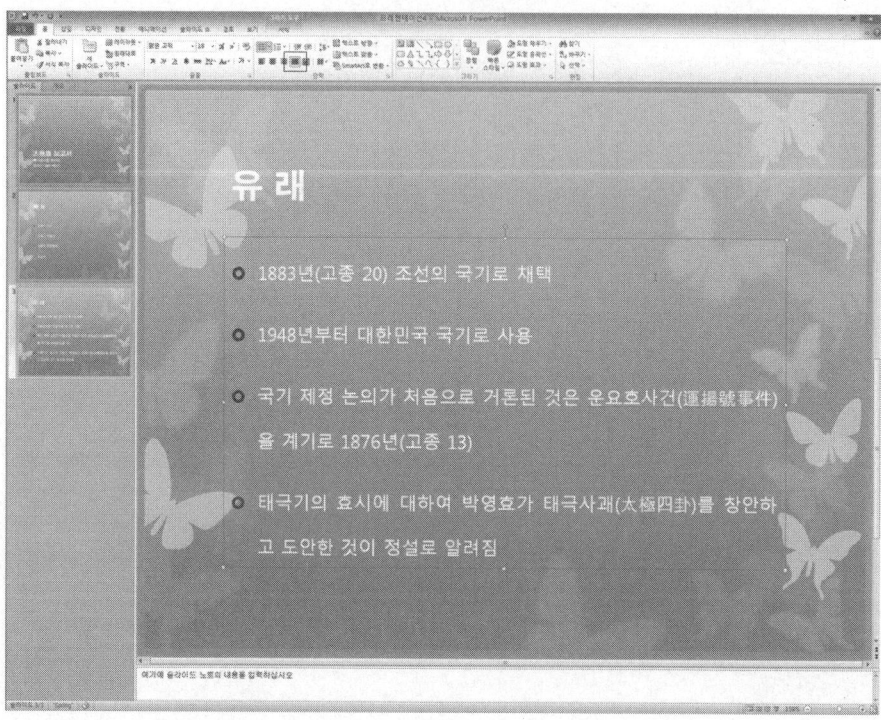

5. 텍스트 상자를 선택한 후 [홈] 탭 [단락] 그룹의 [균등 분할]아이콘을 클릭한 결과이다. 문자 사이에 공백을 삽입하여 맞춤하는 방법이다.

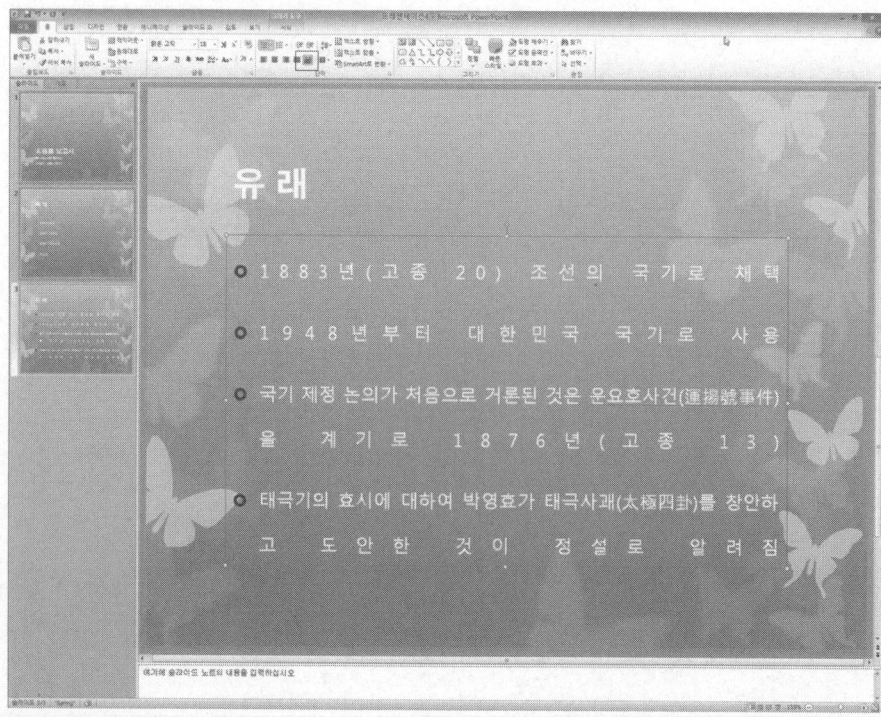

4.3 텍스트 세로 맞춤

1. 텍스트 상자 내에서 텍스트의 세로 위치를 조절한다. 텍스트 상자를 선택한 후 [홈] 탭 [단락] 그룹의 [텍스트 맞춤] 아이콘을 클릭한 후 '중간'을 선택한다.

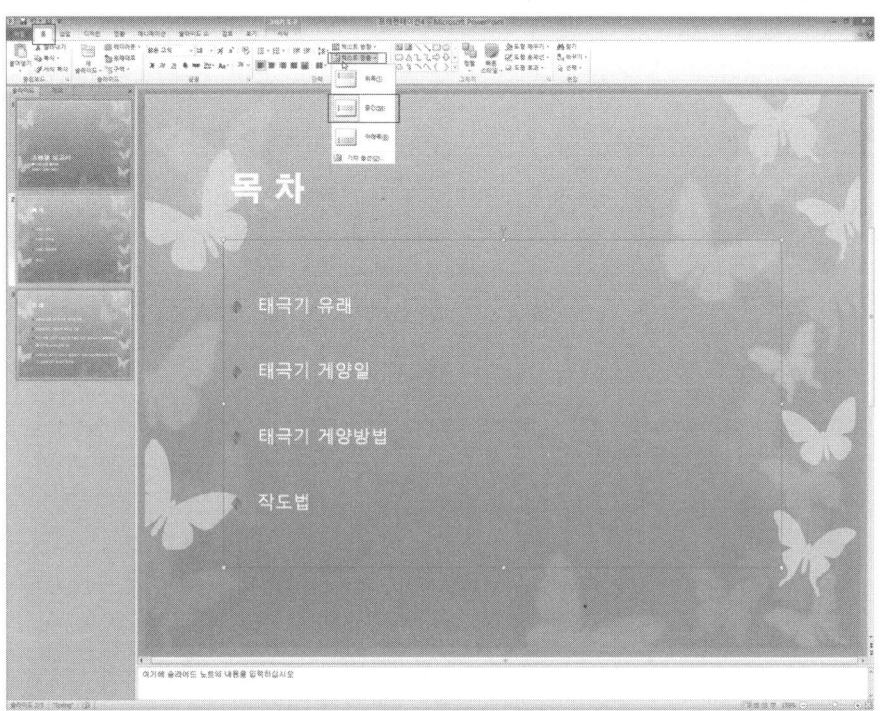

2. 텍스트가 텍스트 상자의 가운데로 맞춤 되었다.

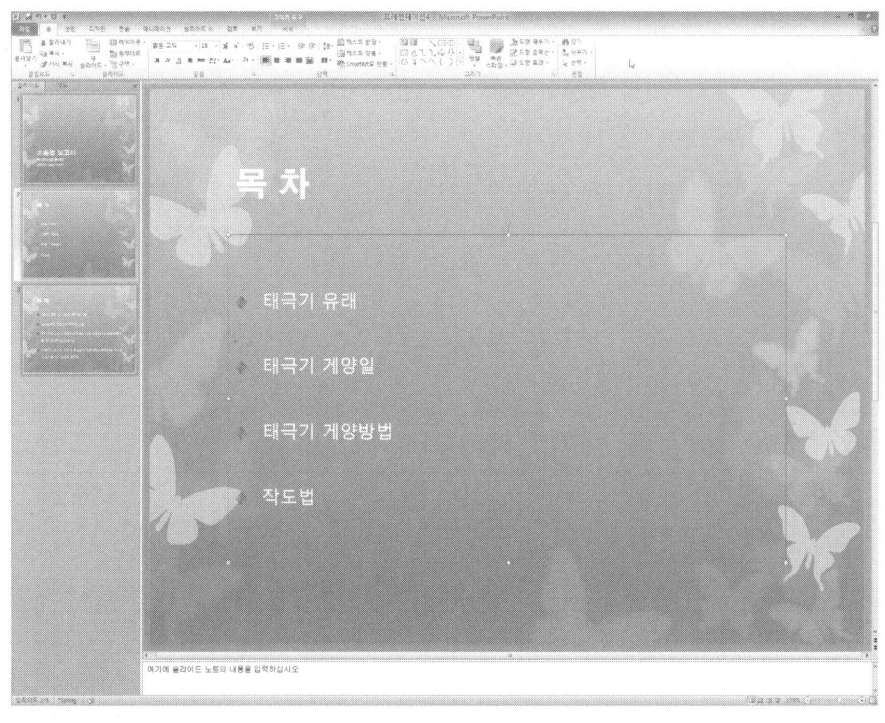

4.4 텍스트 방향 바꾸기

1. 텍스트를 입력하다 보면 세로로 입력해야 할 때가 있다. 이럴 경우 텍스트 상자를 선택한 후 [홈] 탭 [단락] 그룹의 [텍스트 방향] 아이콘을 클릭하여 '세로'를 선택한다.

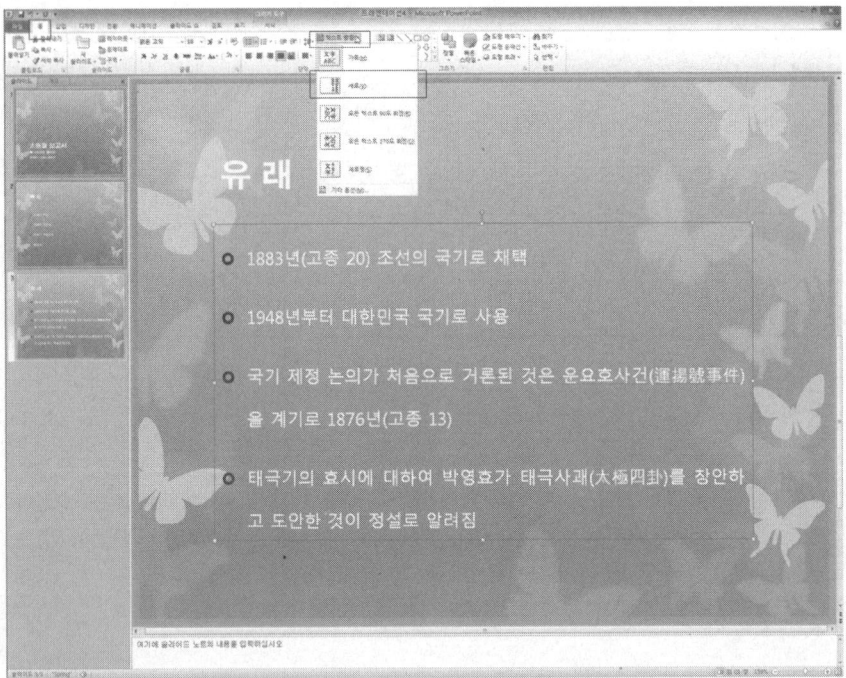

2. 텍스트의 방향이 세로로 바뀐다.

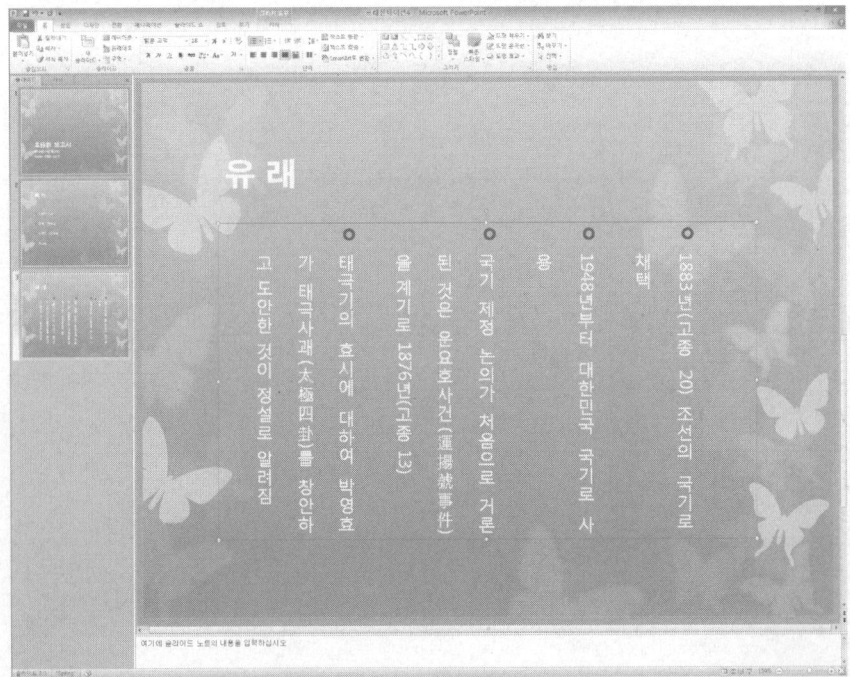

4.5 단 나누기

1. 하나의 텍스트 상자 내에서 단을 나누려면 [홈] 탭 [단락] 그룹의 [단 나누기] 아이콘을 클릭하여 단 수를 선택한다.

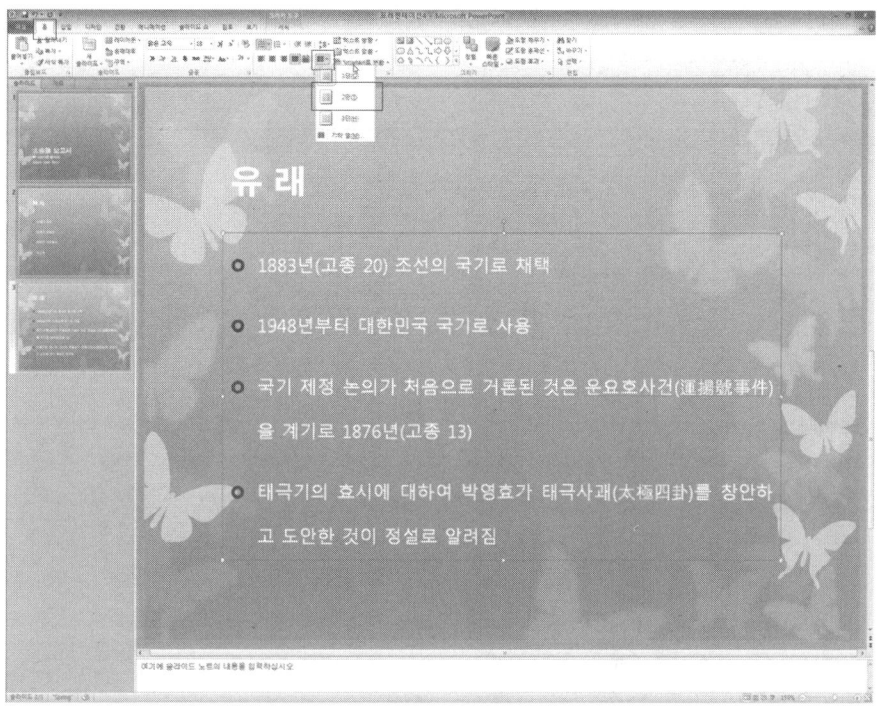

2. 텍스트가 선택한 단 수로 나뉘었다.

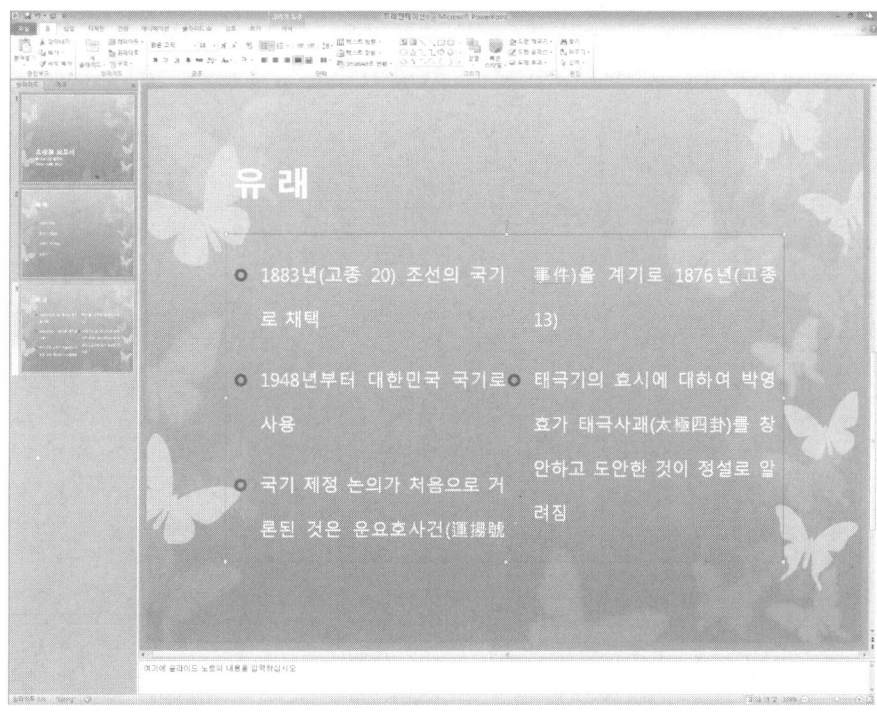

4.6 줄 바꾸기

1. 텍스트 단락의 끝 부분을 일정하게 맞추고 싶을 때 단락은 바뀌지 않고 줄만 바뀌도록 해보자. 아래 텍스트의 '운요호사건'의 '사'앞에 마우스 커서를 옮기고 Shift + Enter↵ 키를 누른다.

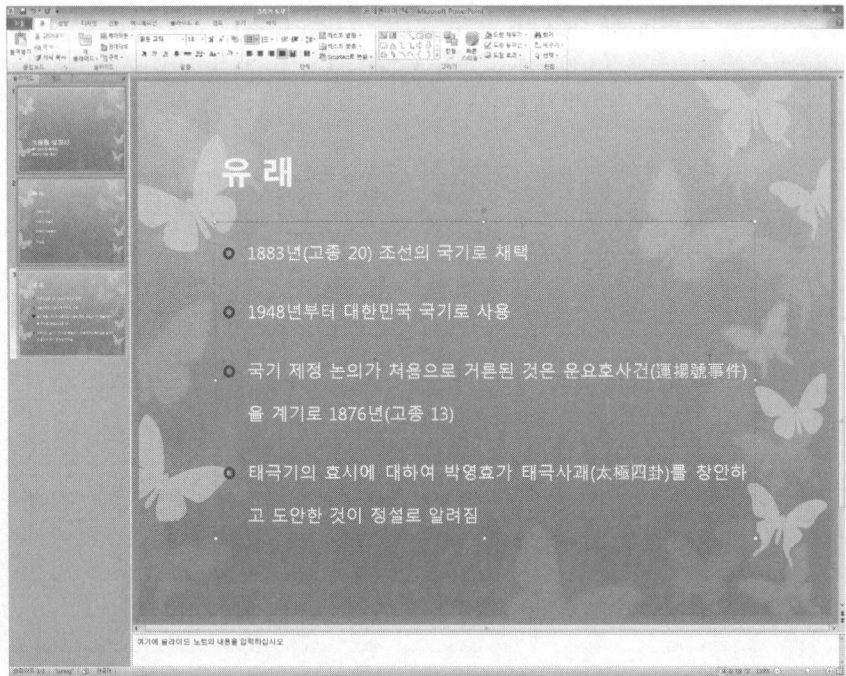

2. 단락은 바뀌지 않고 줄만 바뀌었다.

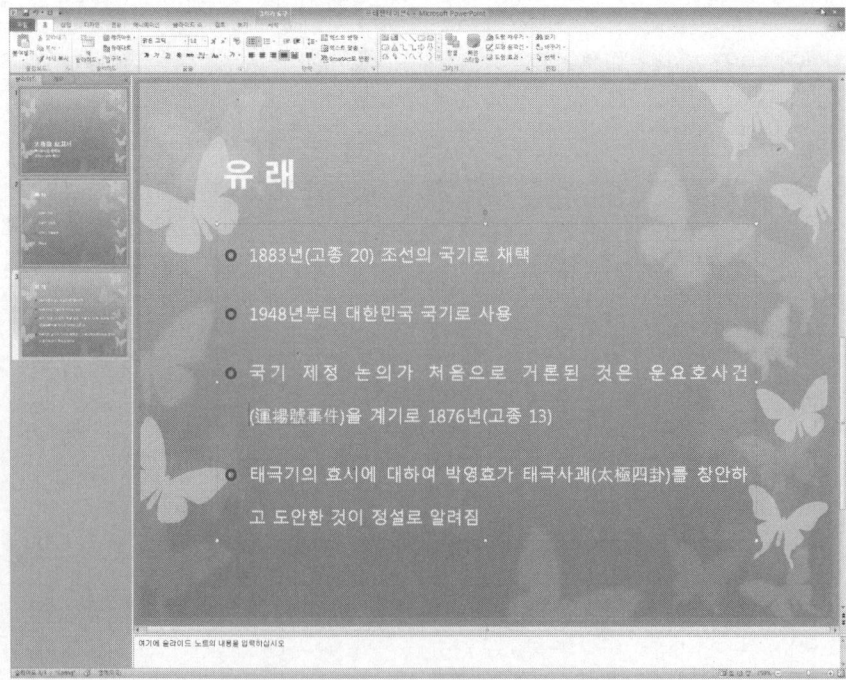

5 글꼴 꾸미기

5.1 전체 텍스트 꾸미기

1. 텍스트 상자 내에 있는 텍스트 전체에 글꼴을 적용하려면 텍스트 상자를 선택한 후 [홈] 탭 [글꼴] 그룹에서 원하는 속성들을 적용한다. 제목 텍스트 상자를 선택한 후 [글꼴]의 'HY궁서B'를 선택한다.

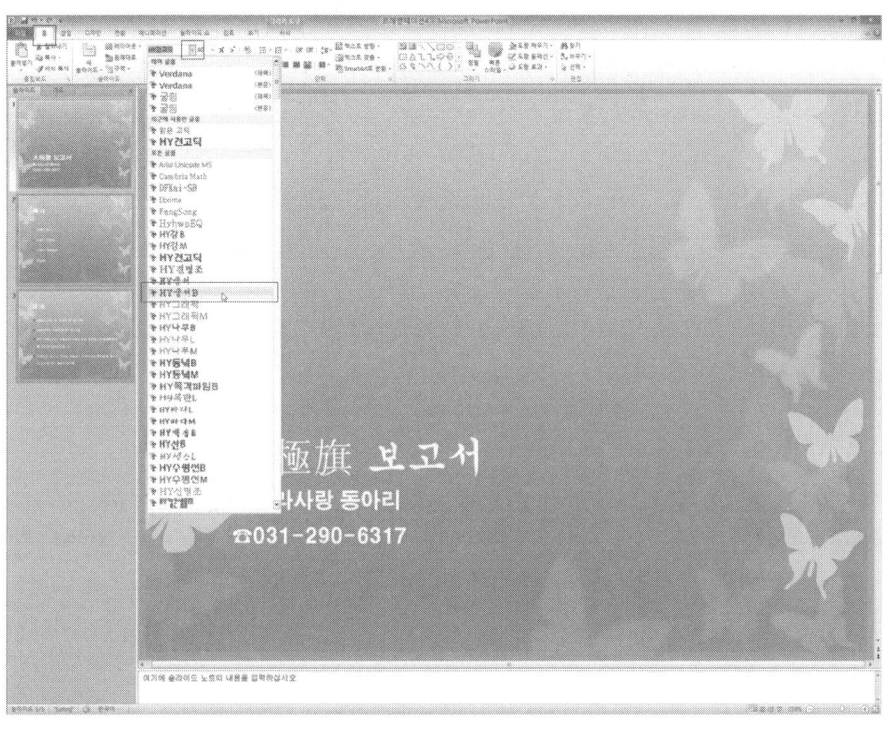

2. [글꼴 크기] 아이콘을 클릭하여 '60'으로 설정한다.

3. [글꼴 색] 아이콘을 클릭하여 '연한 녹색, 강조 1'을 선택한다.

4. [텍스트 그림자] 아이콘을 클릭하여 그림자를 적용한다.

5.2 일부 텍스트 꾸미기

1. 텍스트 상자 내의 일부 텍스트만 꾸미려면 해당 텍스트만 드래그하여 블록으로 설정한다. 부제목 텍스트 상자에서 '나라사랑'만 블록으로 설정한 후 [글꼴]의 '굵은안상수체'를 선택한다.

2. [글꼴 색]은 '분홍, 강조-5'를 선택한다.

3. [글꼴 크기 크게] 아이콘을 클릭하여 글꼴을 키운다.

4. [문자 간격] 아이콘을 클릭하여 '넓게'를 선택한다.

5. 제목은 전체 텍스트를 부제목은 일부 텍스트만 꾸미기 한 결과이다.

[실습] 지금까지 학습한 내용으로 아래와 같이 슬라이드 내용을 작성해보자.

태극기 보고서
나라사랑 동아리

목 차
1. 태극기 유래
2. 태극기 게양일
3. 태극기 게양 방법
4. 태극기 작도법

유 래
- 1883년(고종 20) 조선의 국기로 채택
- 1948년부터 대한민국 국기로 사용
- 국기 제정 논의가 처음으로 거론된 것은 운요호 사건(雲揚號事件)을 계기로 1876년(고종 13)
- 태극기의 효시에 대하여 박영효가 태극사괘(太極四卦)를 창안하고 도안한 것이 정설로 알려짐

게 양 일
- 국경일, 한글날, 국군의 날, 현충일, 국장기간, 국민장일, 기타 정부가 지정하는 날
- 지방자치단체·공공단체·각급학교 등은 연중 국기를 게양

게양방법
- 경축할 때: 깃봉과 기폭 사이를 떼지 않고 단다.
- 조의를 표할 때: 깃봉에서 기폭만큼 내려서 반기(半旗)를 단다.
- 외국기와 같이 달 때: 태극기를 최우선의 위치에 단다.
- 기폭만 달 때: 바로 달 때는 건을 왼쪽 위로, 감을 오른쪽 위로 오게 한다. 뉘여서 달 때는 건을 오른쪽 위로, 이를 왼쪽 위로 오게 한다.

작 도 법
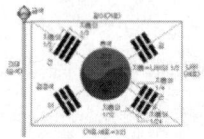

PowerPoint 2010

Part 4

도형 다루기

1. 도형 기본 다루기
2. 도형에 텍스트 넣기
3. 도형 복사하기
4. 도형서식 대화상자
5. 도형의 그룹화

1. 도형 기본 다루기

1.1 도형 삽입/스타일

도형을 삽입하는 방법은 [홈] 탭의 [그리기] 그룹에 있는 [도형]이나, [삽입] 탭의 [일러스트레이션] 그룹에 있는 [도형] 메뉴로 도형을 선택하고 드래그해서 도형을 그릴 수 있다.

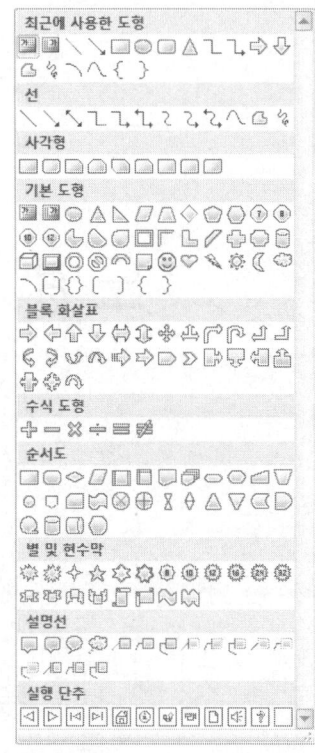

1. [홈] 탭의 [그리기] 그룹의 도형 [자세히 보기] 버튼을 클릭한다. [사각형] 범주에서 '양쪽 모서리가 둥근 사각형'을 선택하고 슬라이드에서 마우스를 대각선으로 드래그 한다.

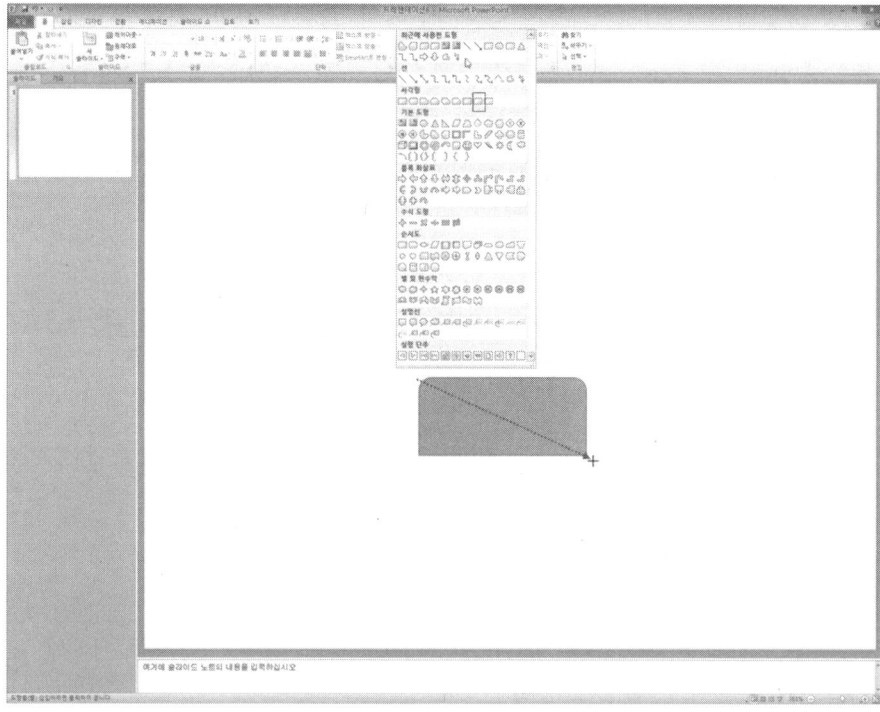

2. [홈] 탭의 [그리기] 그룹의 도형 [자세히 보기] 버튼을 클릭한다. [사각형] 범주에서 '대각선 방향의 모서리가 둥근 사각형'을 삽입하고, [기본 도형] 범주에서 '눈물 방울'과 '현'을 삽입한다.

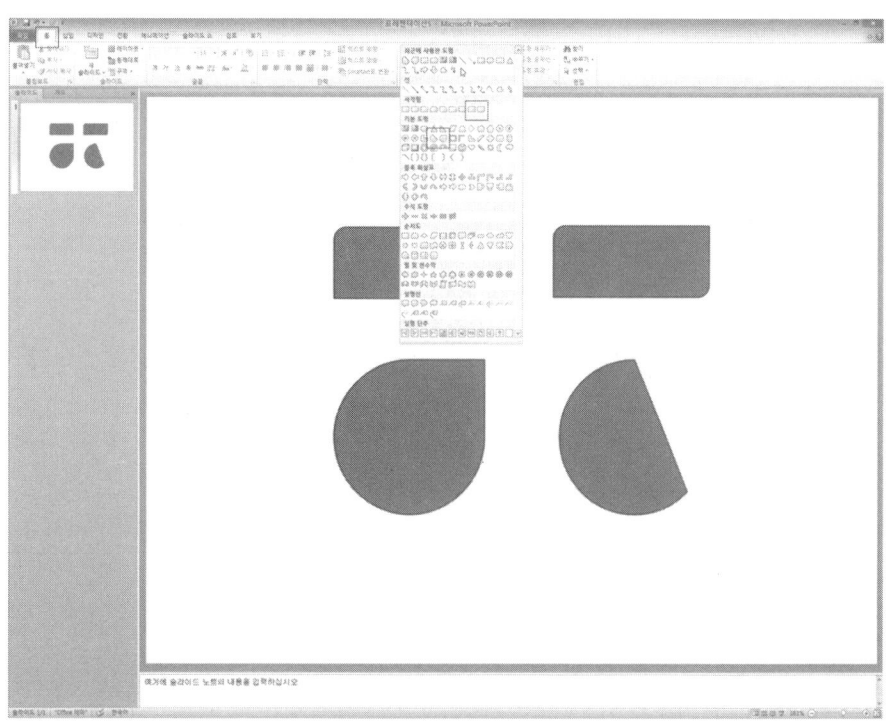

3. 도형을 선택하고 [그리기 도구] – [서식] 탭의 도형 스타일 [자세히 보기] 버튼을 클릭한다.

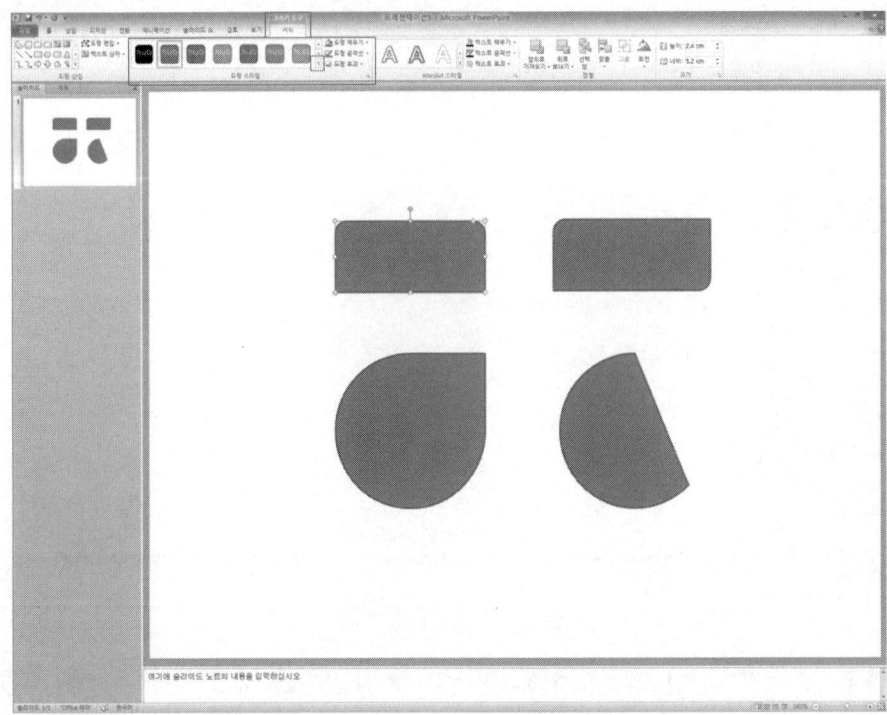

4. 자세히 보기 창에서 '보통 효과 – 황록색, 강조3'을 선택한다.

5. 나머지 도형을 아래와 같이 바꿔본다.

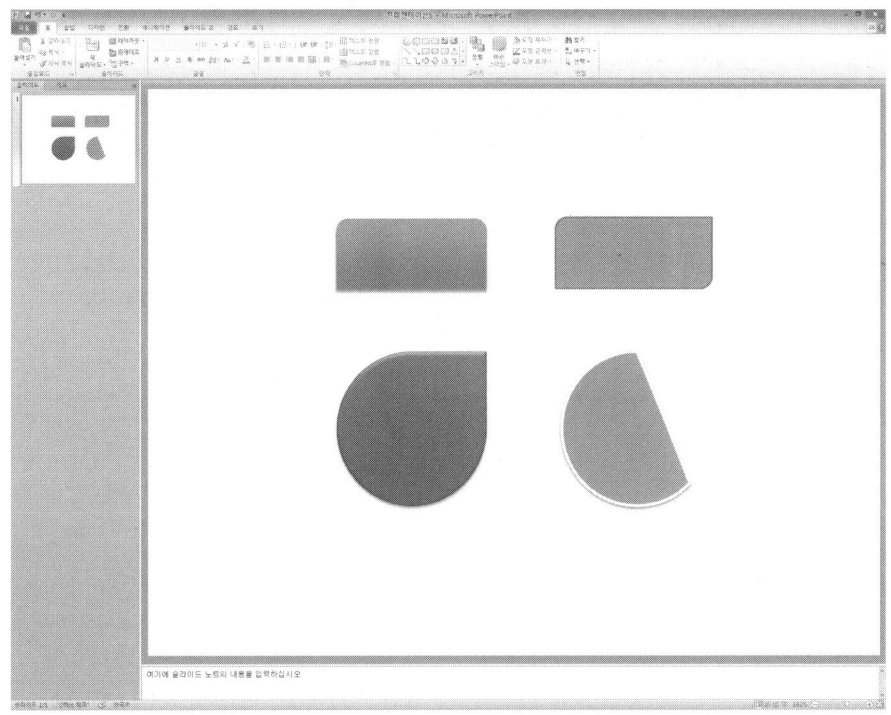

1.2 도형 모양 바꾸기

 이미 삽입된 도형을 다른 도형으로 바꿀 때 바꾸고자 하는 도형을 지운 후 바꾸는 방법도 있지만, 보다 간단한 방법으로 바꾸려는 도형을 바로 선택하여 바꿀 수 있다. 또는 삽입하고자 하는 도형이 그리기 도구의 도형에 없다면, 자유형으로 바꾸기를 이용하여 마음대로 도형을 변형할 수 있다.

1. 도형 종류에서 바꾸려면, 바꾸고자 하는 도형을 선택한 후 [그리기 도구] - [서식] 탭의 [도형삽입] 그룹에서 [도형편집] - [도형 모양 변경]을 클릭한다.

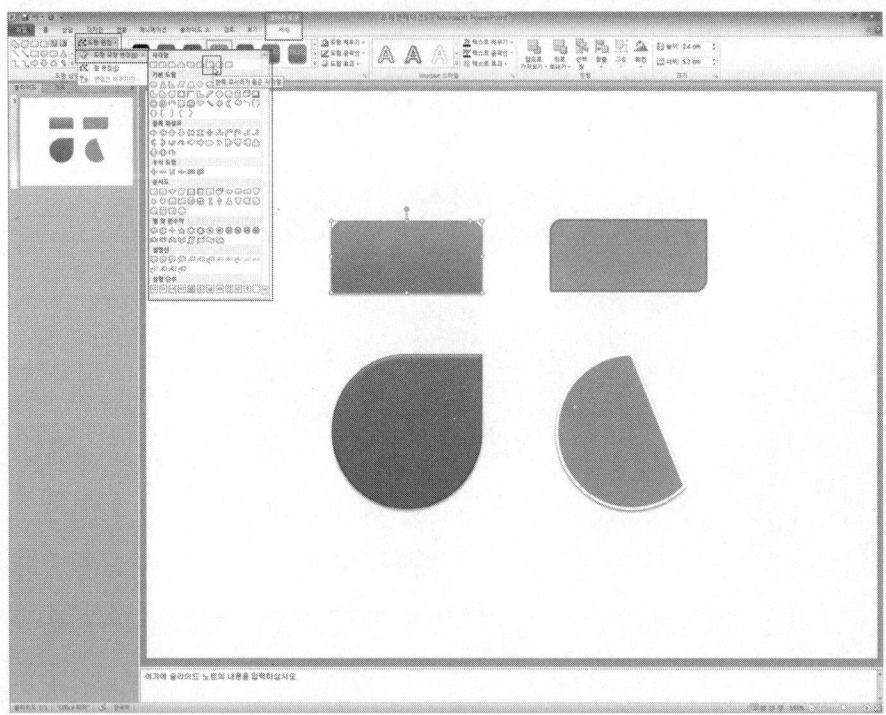

2. 바뀐 도형을 확인 할 수 있다.

3. '크기 조절점'과 '회전 조절점'을 이용하여 도형을 원하는 모양으로 바꿀 수 있다.

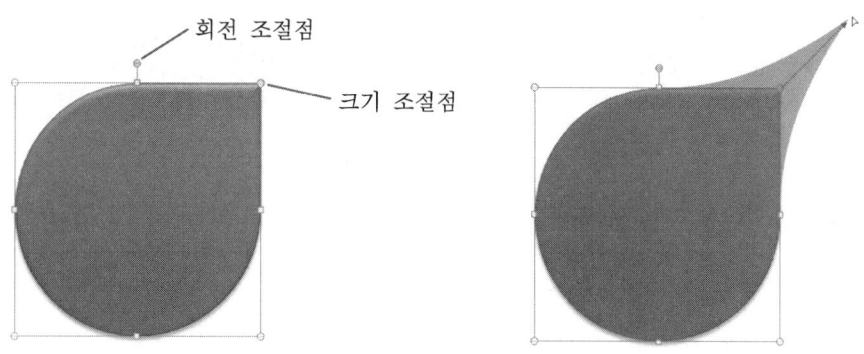

4. 자유형으로 내 마음대로 바꾸는 방법은 원하는 도형을 선택하고, 마우스 오른쪽 버튼을 클릭한 후 [점 편집]을 선택한다.

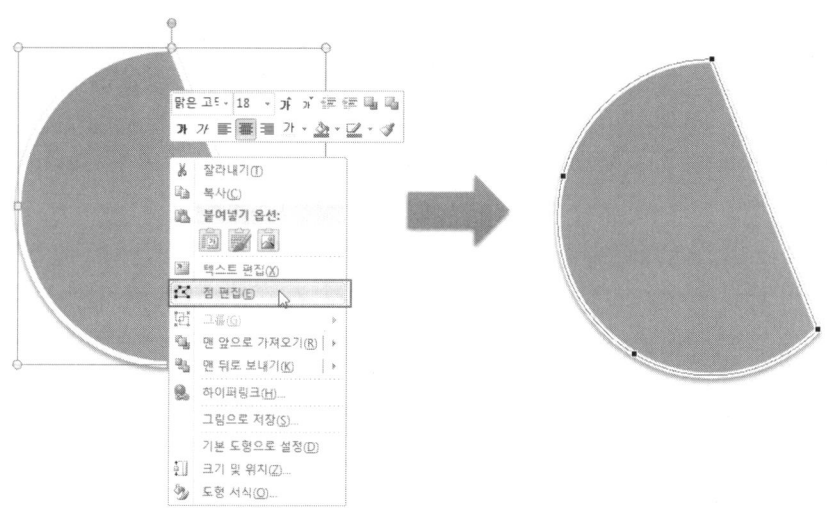

5. 점 편집의 '조절자'를 이용하여 도형을 편집 할 수 있다.

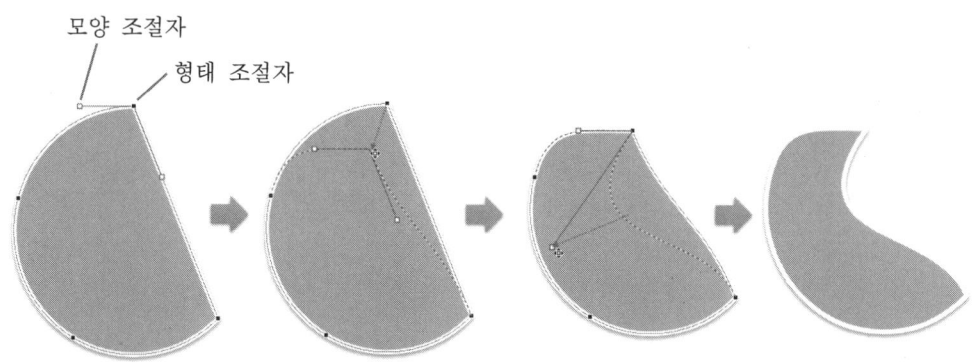

1.3 도형 효과 주기

도형 효과는 효과를 주고자 하는 도형을 선택한 후 [그리기 도구] - [서식] 탭의 [도형 스타일] 그룹에서 [도형 효과]를 이용하여 적용 할 수 있다.

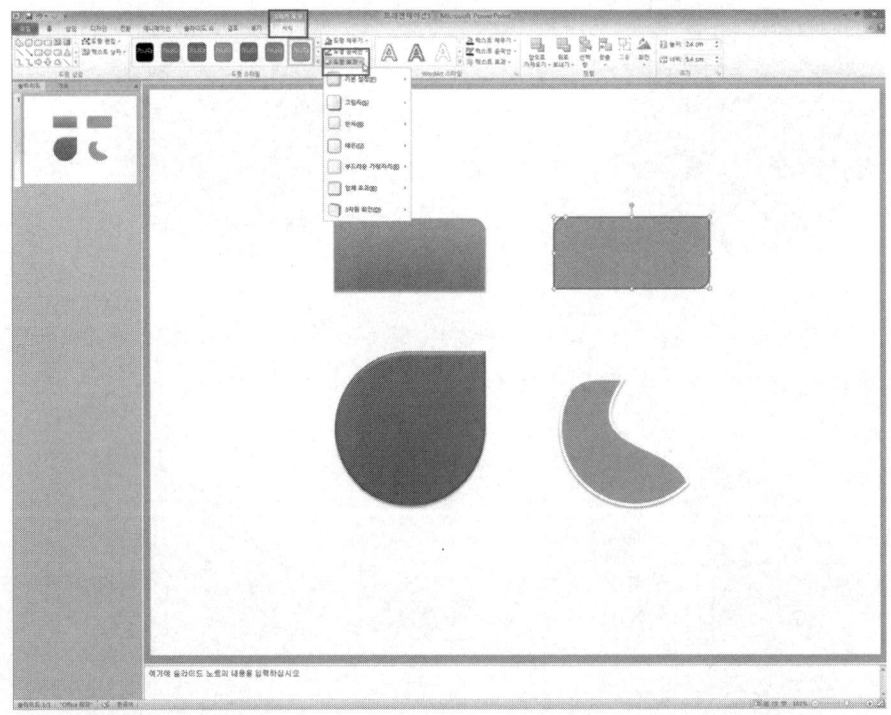

① 그림자 효과

그림자는 바깥쪽, 안쪽, 원근감 중 선택하고, 각 그림자는 방향에 따라 나눠진다. 그림자 색, 투명도, 크기, 흐리게, 각도, 거리 등을 조절하고 싶다면 [그림자 옵션] 메뉴를 이용하면 된다.

② 반사 효과

반사는 반사 위치와 크기에 따라 9가지로 나눠진다. 그림자와 달리 반사, 네온, 부드러운 가장자리 효과는 도형 서식 창에서도 작업할 수 없는 특별한 효과이다.

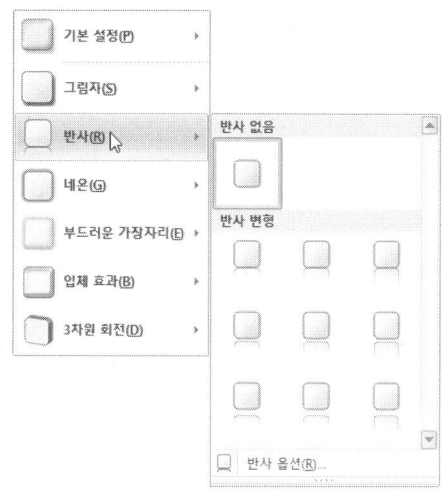

③ 네온과 부드러운 가장자리 효과

네온과 부드러운 가장자리 효과는 서로 반대 방향 효과이므로 둘 중 하나만 적용할 수 있다. 네온 효과는 과하게 사용하면 뿌옇게 보일 수 있으므로 적절히 사용한다. 부드러운 가장자리 효과는 도형의 안쪽을 파고드는 효과로 기존 효과가 지워지지 않도록 수치를 적게 주거나, 단독으로 사용하는 것이 좋다.

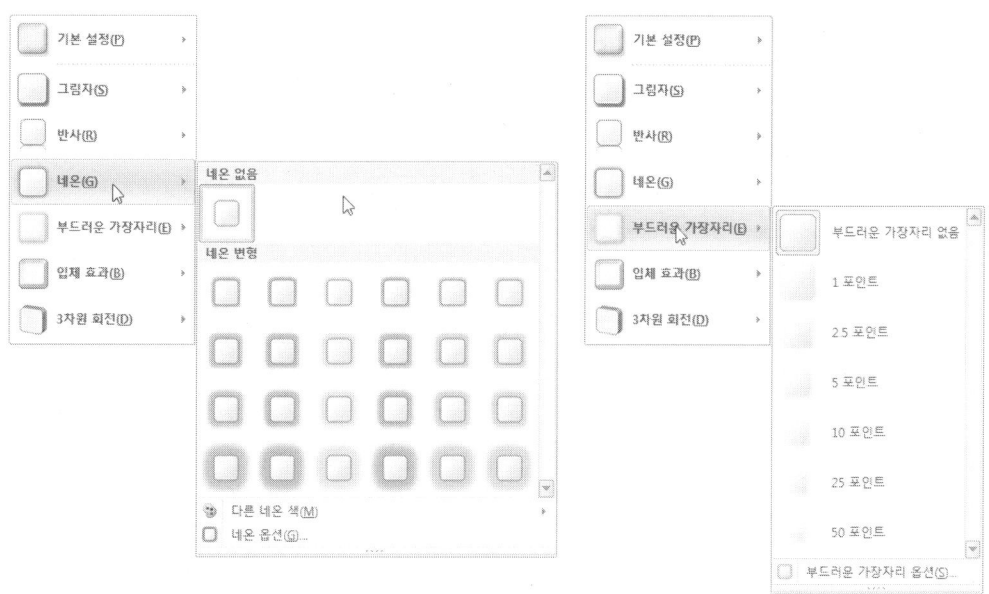

④ 3차원 입체 효과

도형에 간단하게 입체 효과를 줄 수 있다. 그림자, 반사, 네온 효과 등과 동시에 적용할 수 있지만, 부드러운 가장자리와는 동시에 적용되지 않는다.

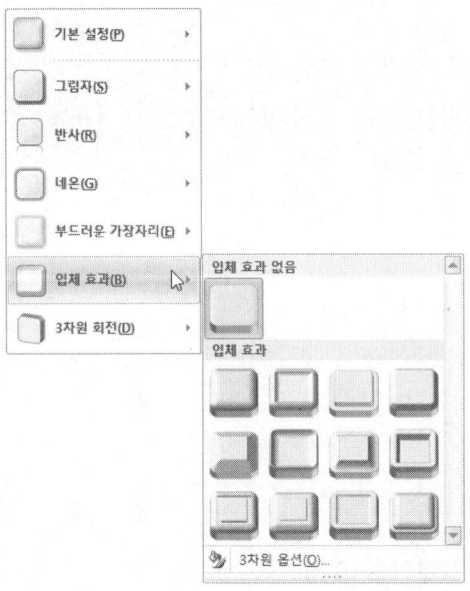

⑤ 3차원 회전 효과

평행, 원근감, 오블리크 중 선택할 수 있다. 평행은 1점 투시법으로 원근감이 없어 도형 안에 있는 텍스트가 왜곡되지 않아 프리젠테이션에서 유용하다. 원근감은 깊이를 주면 입체감과 거리감 조절이 가능하며, 입체감이 커지면 도형과 텍스트에 왜곡이 생기므로 프리젠테이션에 적합하지 않다.

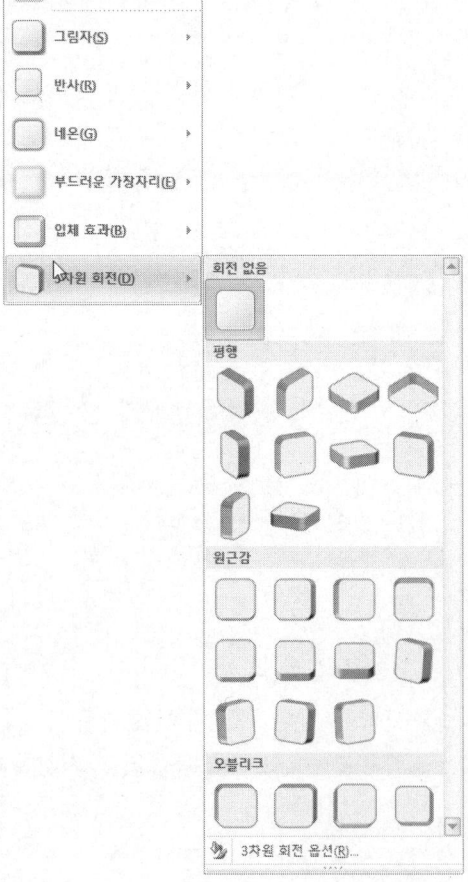

2 도형에 텍스트 넣기

1. [홈] 탭 [그리기] 그룹의 도형 [자세히 보기] 버튼을 클릭한다. [별 및 현수막] 범주에서 '가로로 말린 두루마리 모양'을 선택한다.

2. 제목을 입력할 위치에 사각형을 그리듯 드래그하여 그린다.

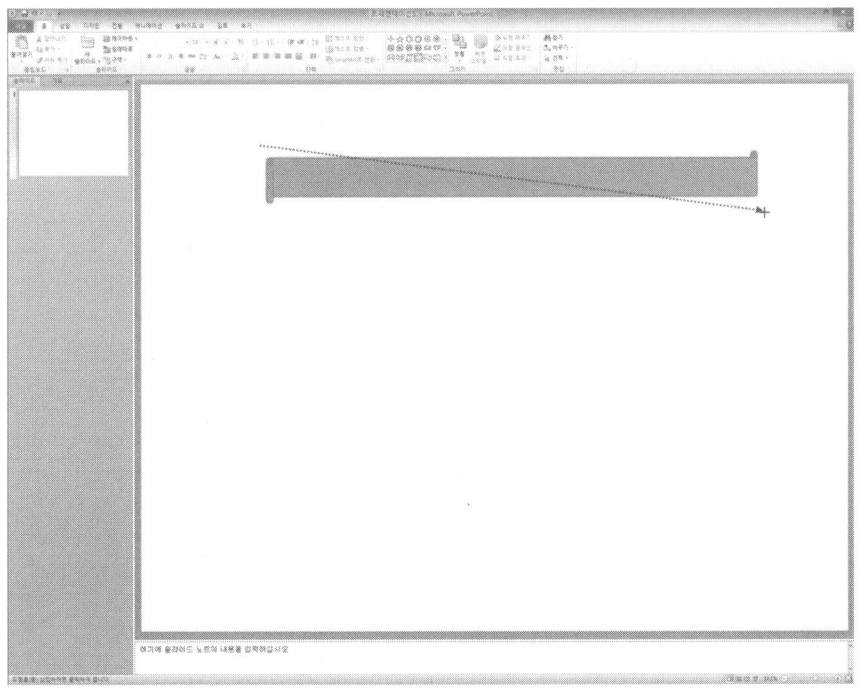

3. 제목을 입력하기 위해 도형을 마우스 오른쪽 버튼으로 클릭하여 빠른 실행 메뉴가 나타나면 [텍스트 편집]을 선택한다.

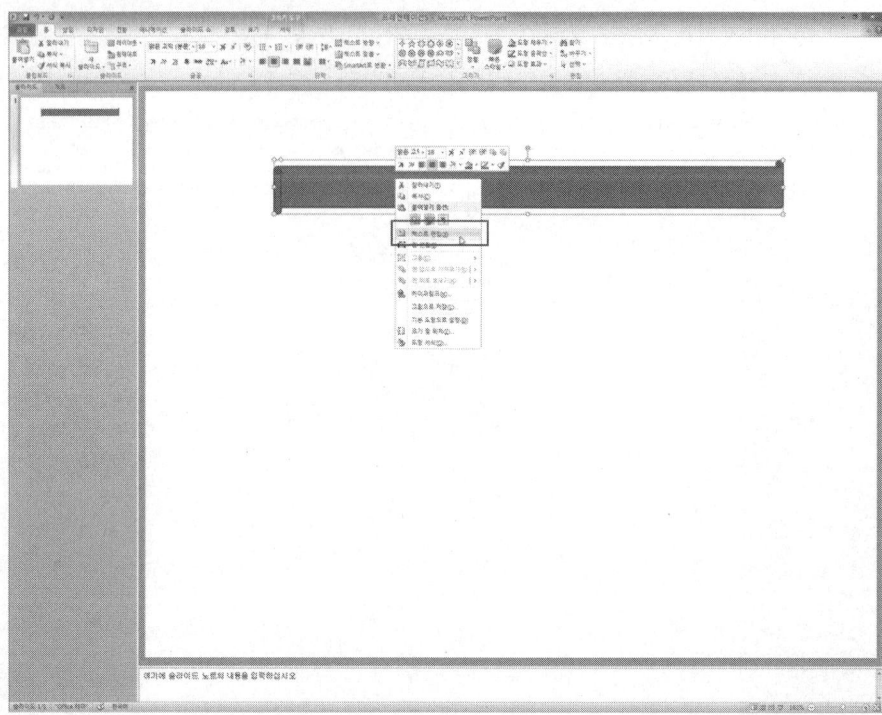

4. 텍스트를 입력할 수 있는 커서가 나타나면 '디자인 요소' 라고 입력한다.

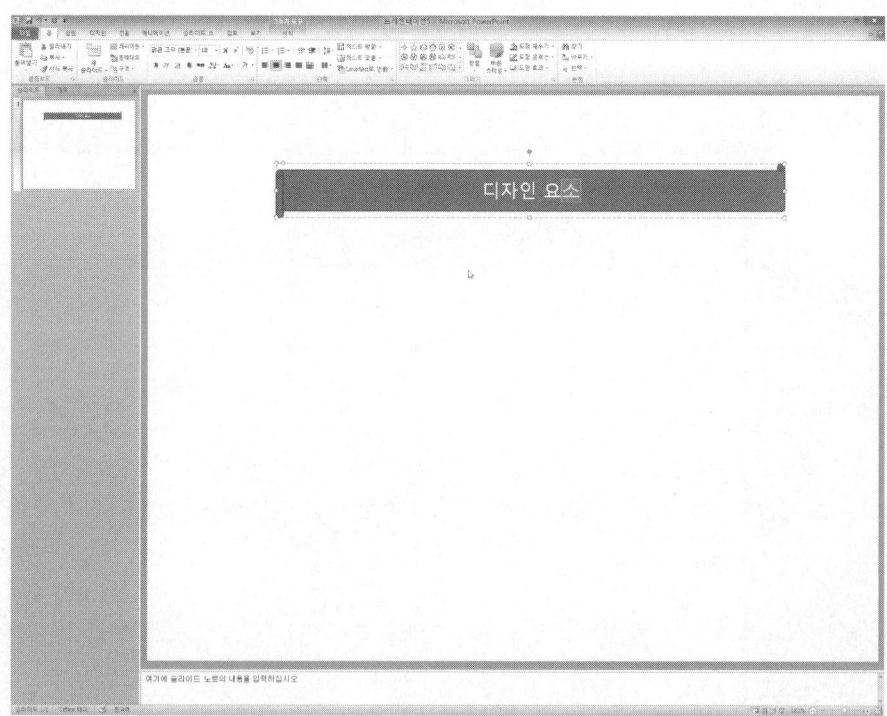

5. [홈] 탭 [글꼴] 그룹에서 '글꼴 : HY견고딕', '글꼴크기 : 24', '텍스트 그림자'를 설정한다.

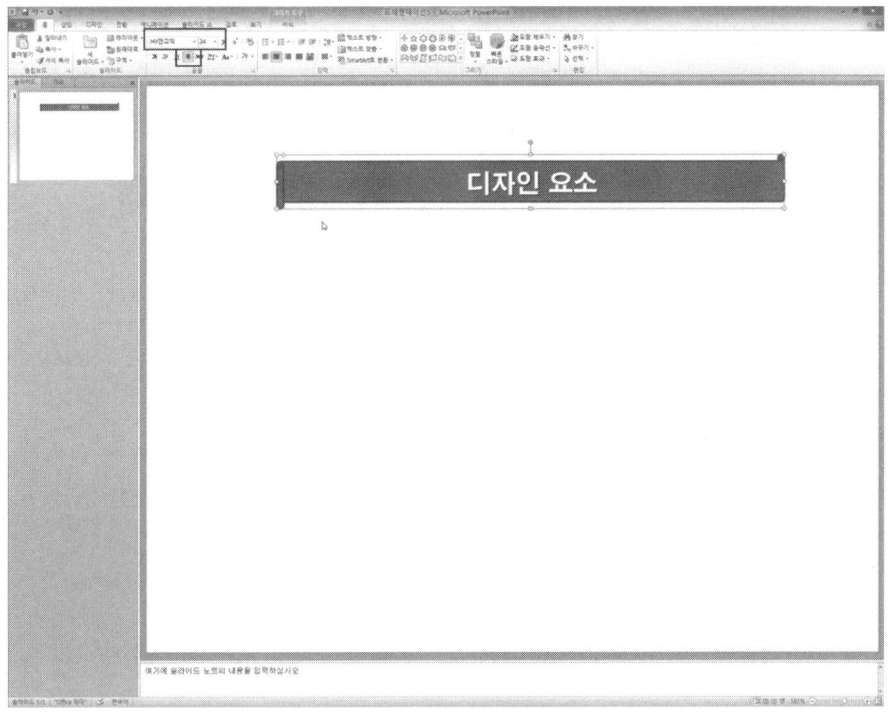

6. 도형의 배경색을 바꾸기 위해 [그리기 도구] - [서식] 탭에서 [도형 스타일] 그룹의 [자세히] 버튼을 클릭하여 '보통효과, 황록색 - 강조3'을 선택한다.

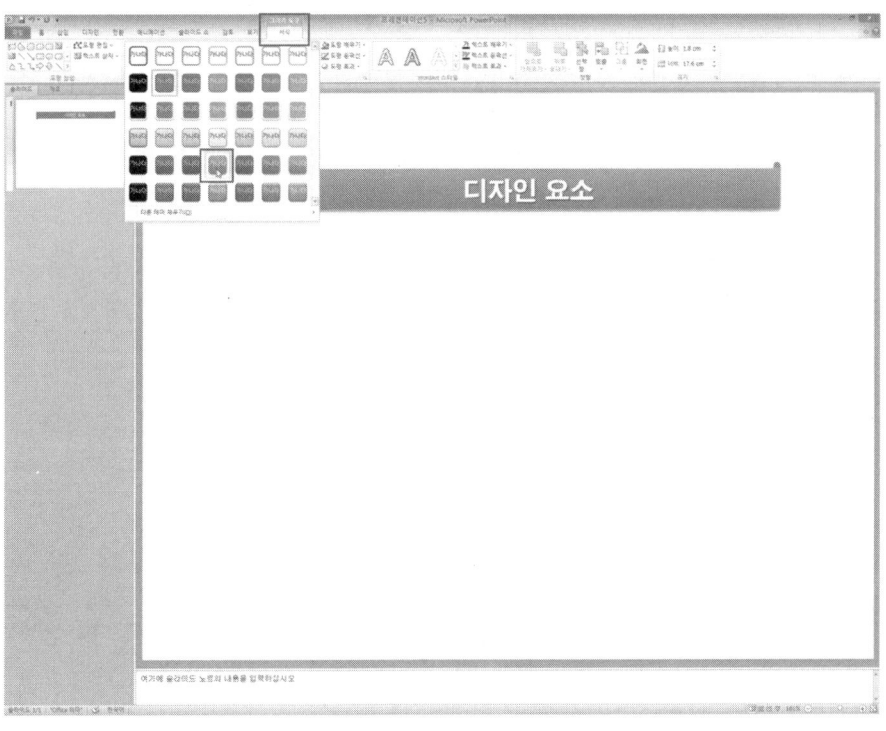

7. [그리기 도구] - [서식] 탭에서 [도형 스타일] 그룹의 [도형 효과]를 클릭하여 도형에 그림자 효과를 적용한다.

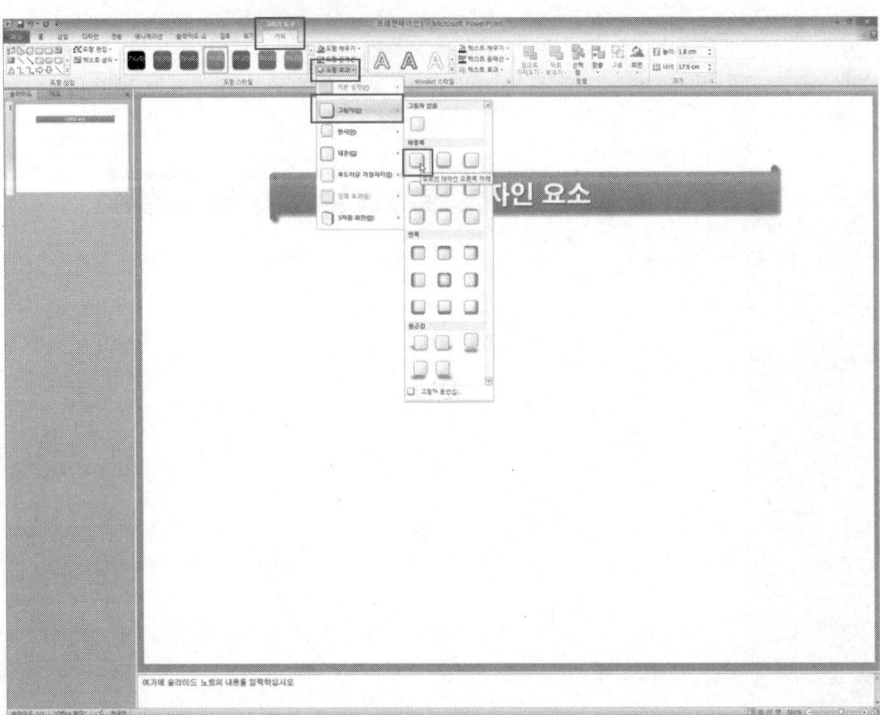

8. 그라데이션과 그림자 효과가 적용되었다.

3 도형 복사하기

1. [홈] 탭 [그리기] 그룹의 도형 [자세히 보기] 버튼을 클릭하여 [사각형] 범주에서 '모서리가 둥근 직사각형'을 선택한다.

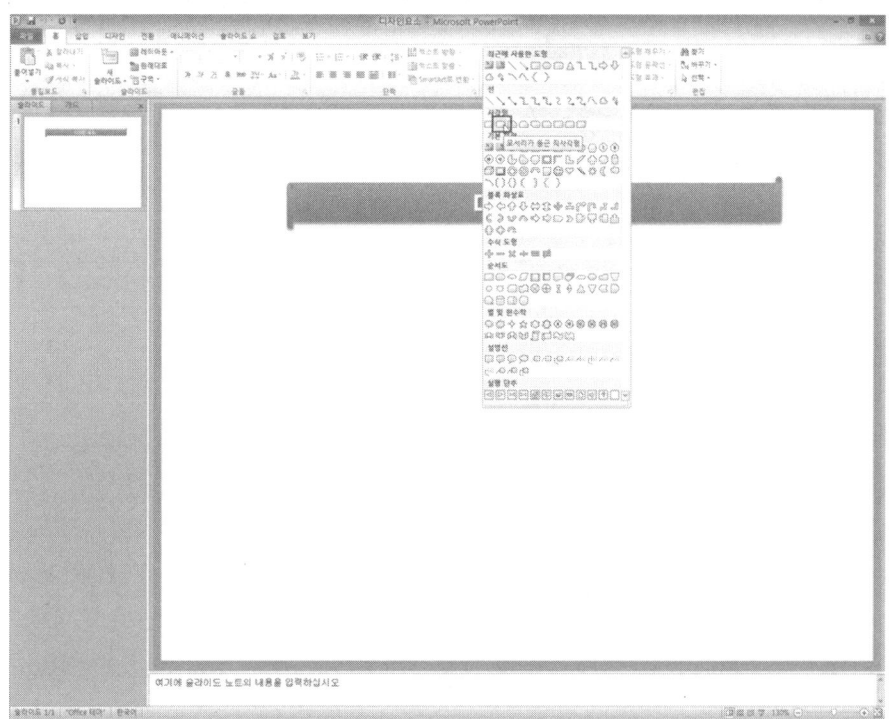

2. 사각형을 하나 그린 후 Ctrl 키를 누른 상태에서 도형을 드래그하면 같은 도형이 복사된다. 이때 Shift 키를 함께 누르면 같은 선상으로 이동이 되므로 도형의 위치를 지정하기 편리하다.

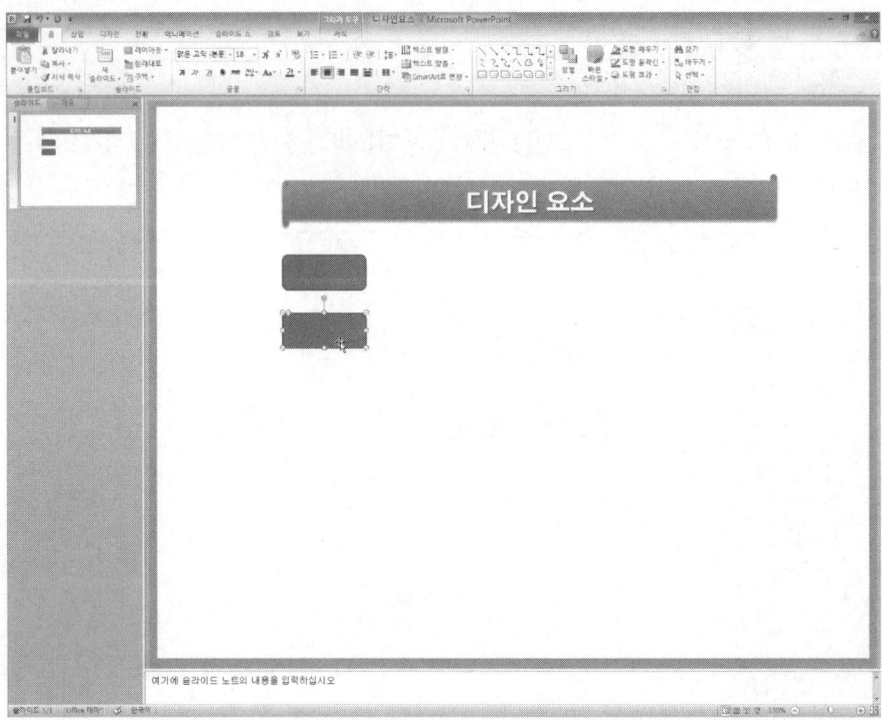

3. 도형을 복사하여 4개가 만들어지면 이번에는 Shift 키를 이용하거나 [선택] 아이콘을 이용하여 4개의 도형을 모두 선택하여 한꺼번에 복사한다.

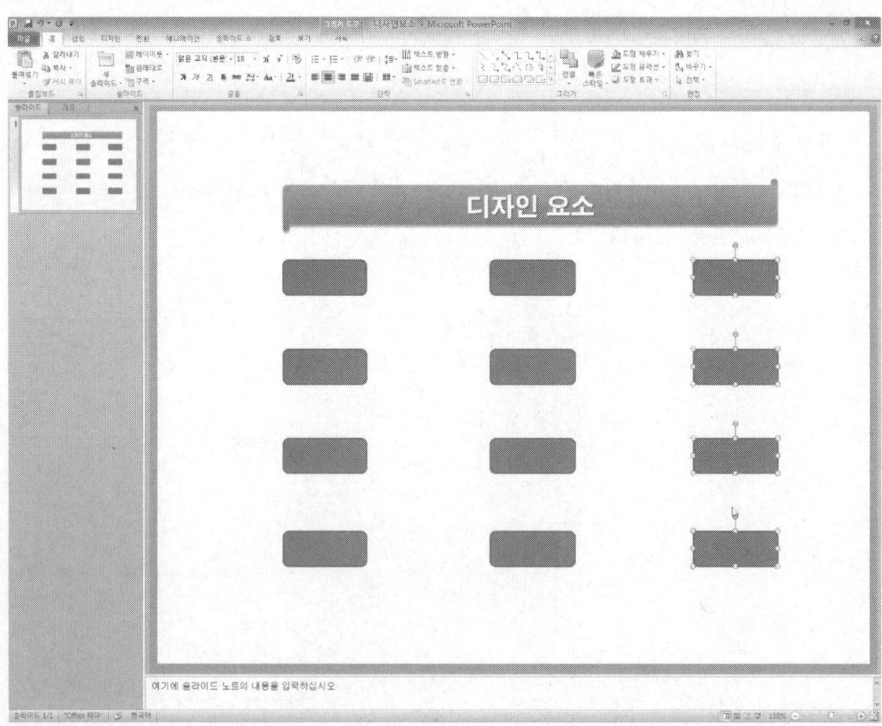

4. 각 도형에 효과를 적용해 보자. 첫 번째 도형을 선택한 후 [홈] 탭 [그리기] 그룹의 [빠른 스타일] 버튼을 클릭한다. 도형효과 테마메뉴가 펼쳐지면 원하는 효과를 선택하여 적용한다.

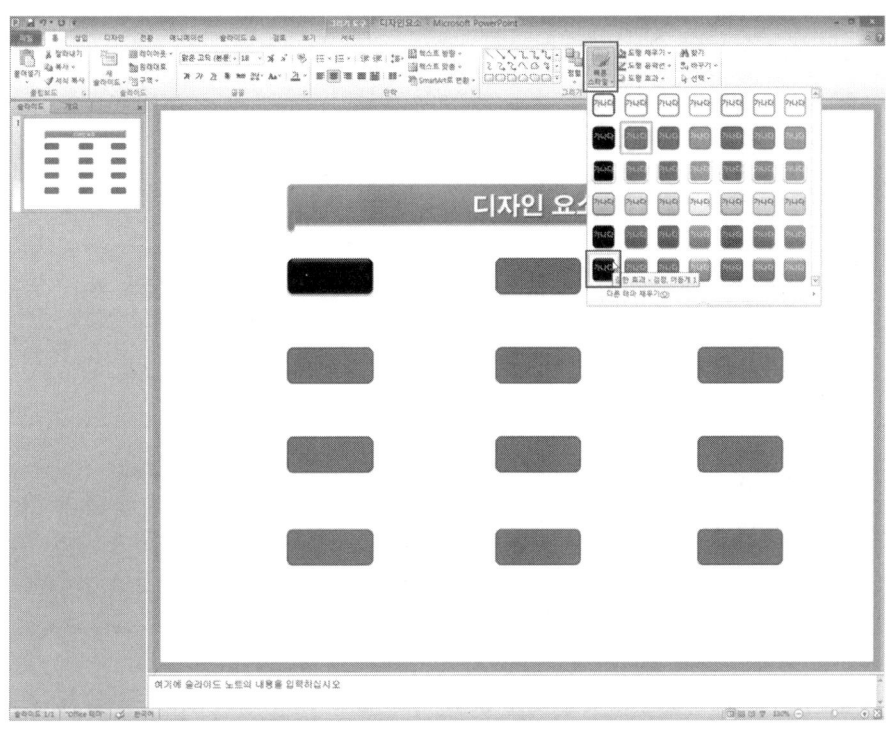

5. 다른 도형에도 같은 테마로 도형효과를 적용한다.

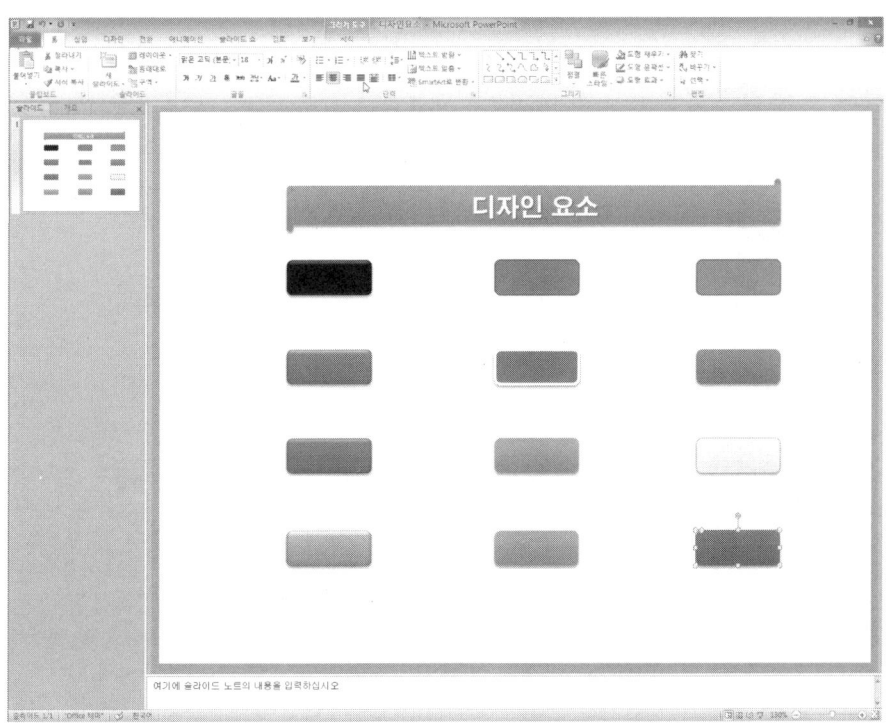

6. 각 도형에 텍스트를 삽입한다.

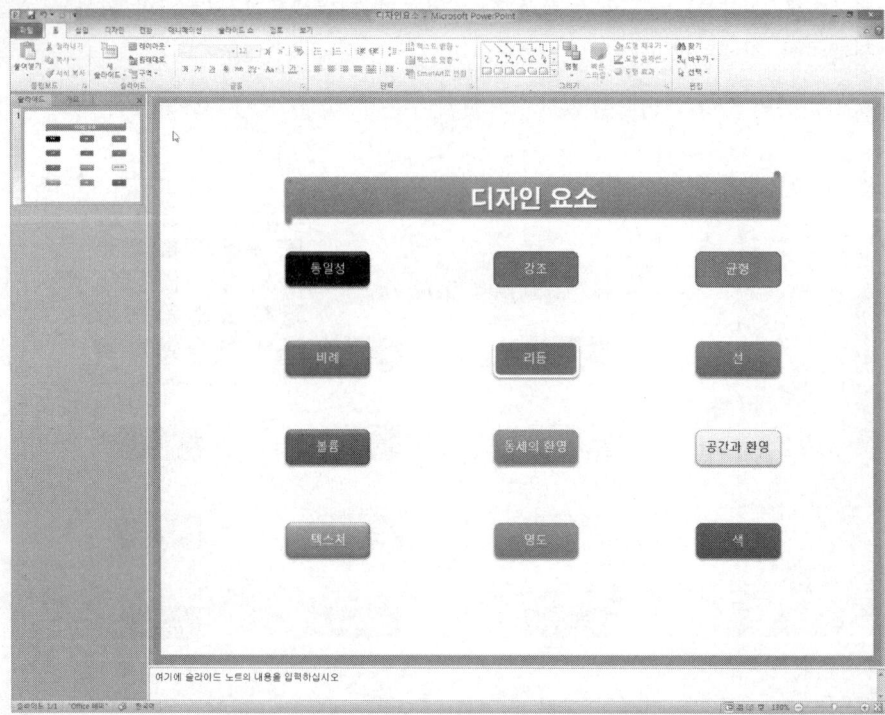

7. [홈] 탭 [편집] 그룹의 [선택] 아이콘을 클릭하여 아래 그림처럼 도형을 선택한다.

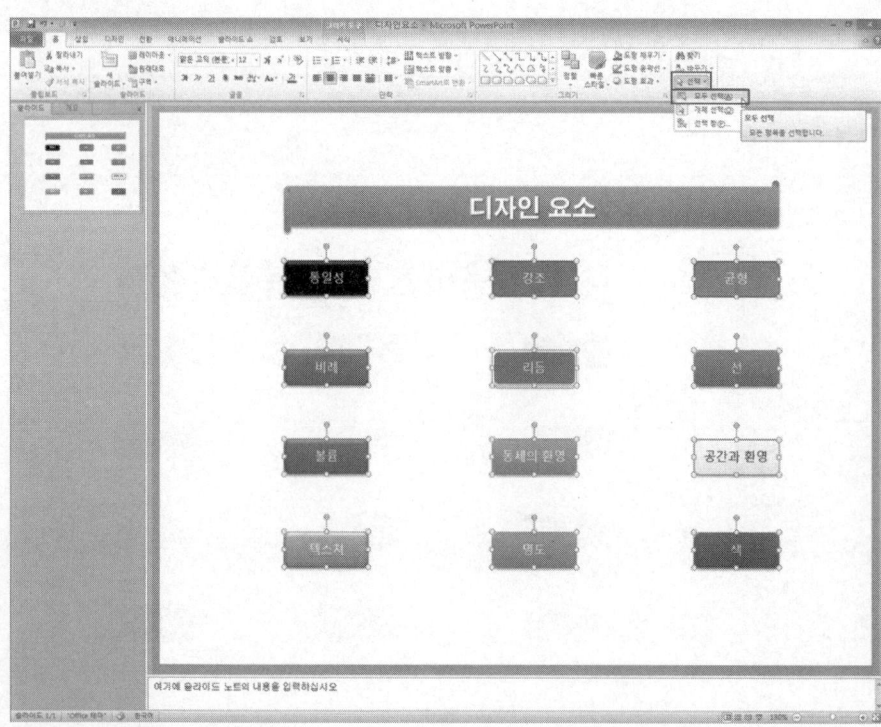

8. [도형효과]의 [네온]을 클릭하여 '강조색 2, 8pt 네온'을 선택한다.

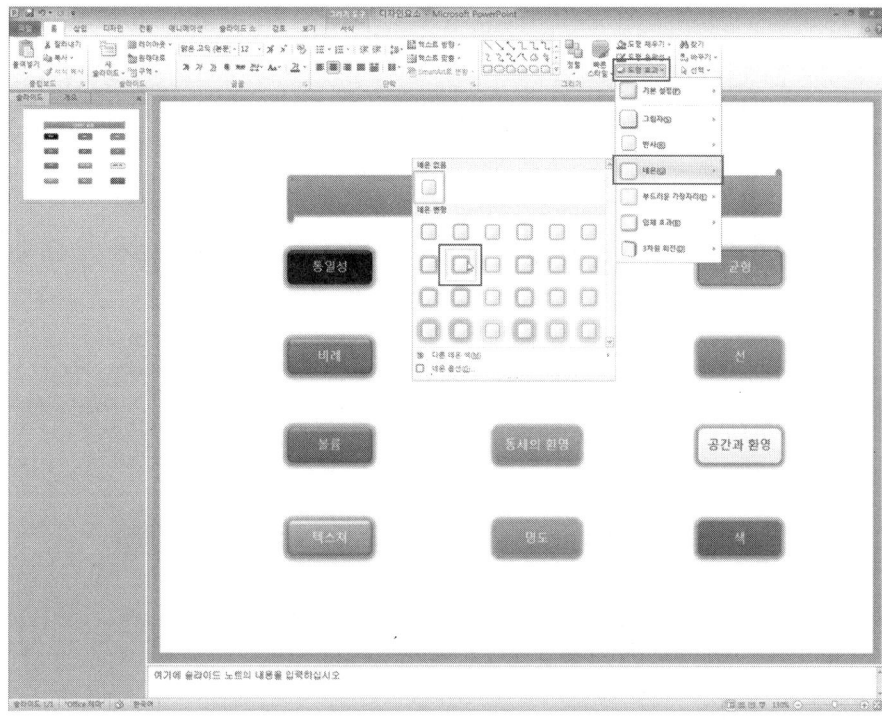

9. [도형효과]의 [반사]를 클릭하여 '근접반사, 터치'를 선택한다.

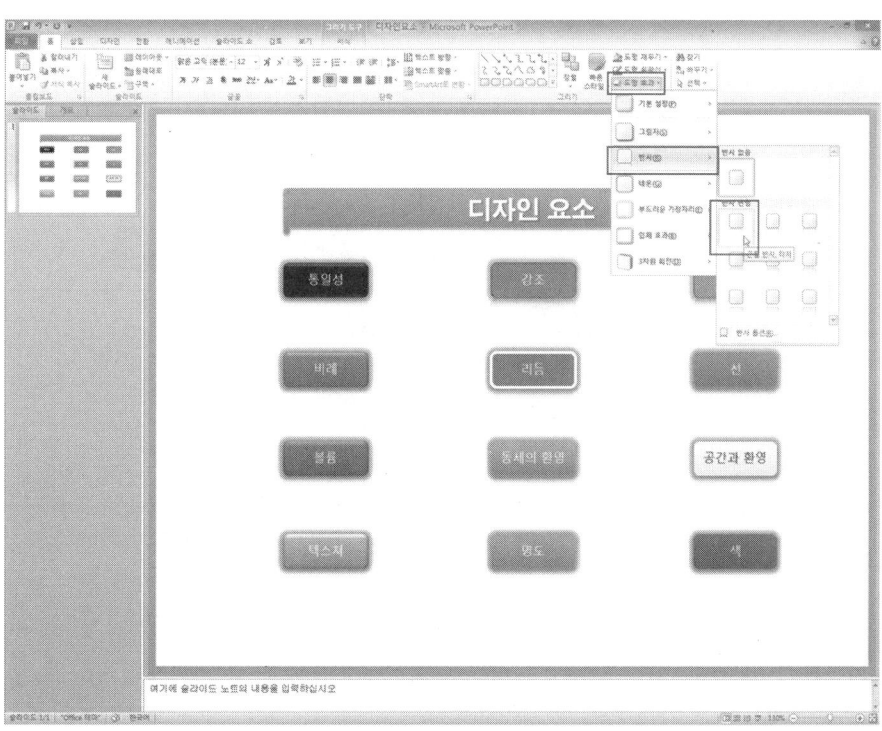

10. 반사와 네온 효과를 적용하여 완성한 슬라이드이다.

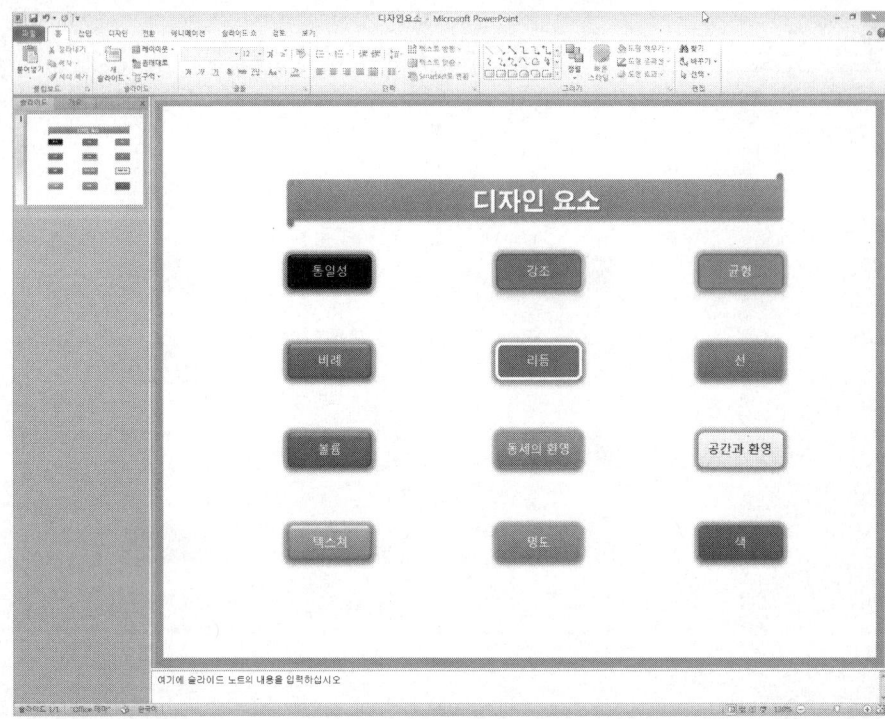

11. 이번에는 3차원 효과를 적용시켜 보자. [도형효과]의 [3차원 회전] 아이콘을 클릭하여 '등각 위쪽을 위로'를 선택한다.

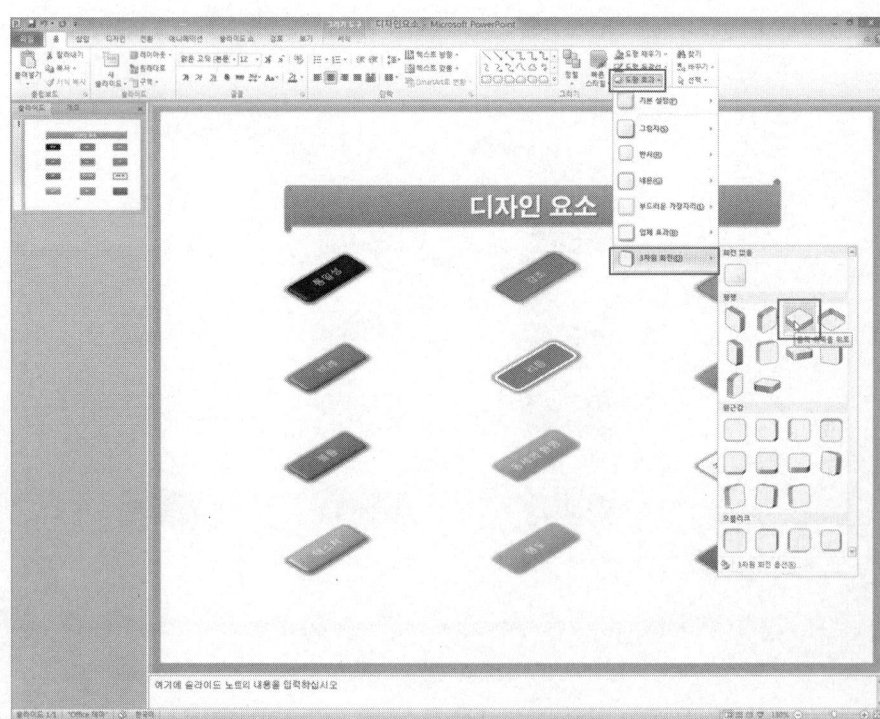

12. 3차원 효과를 적용하여 멋진 슬라이드가 완성되었다.

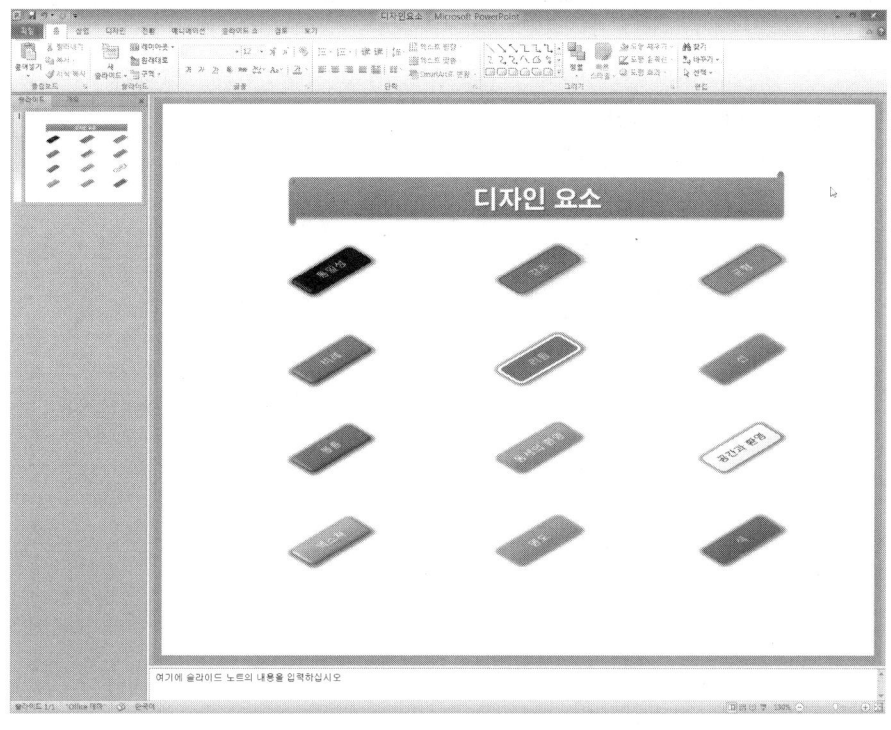

4 도형서식 대화상자

1. 제목만 있는 레이아웃에 'OSI 7 Layer'를 입력한 후 [빠른 스타일]의 '보통효과 - 파랑, 강조1'을 선택한다.

2. [기본도형] 범주에서 '정육면체'를 선택한다.

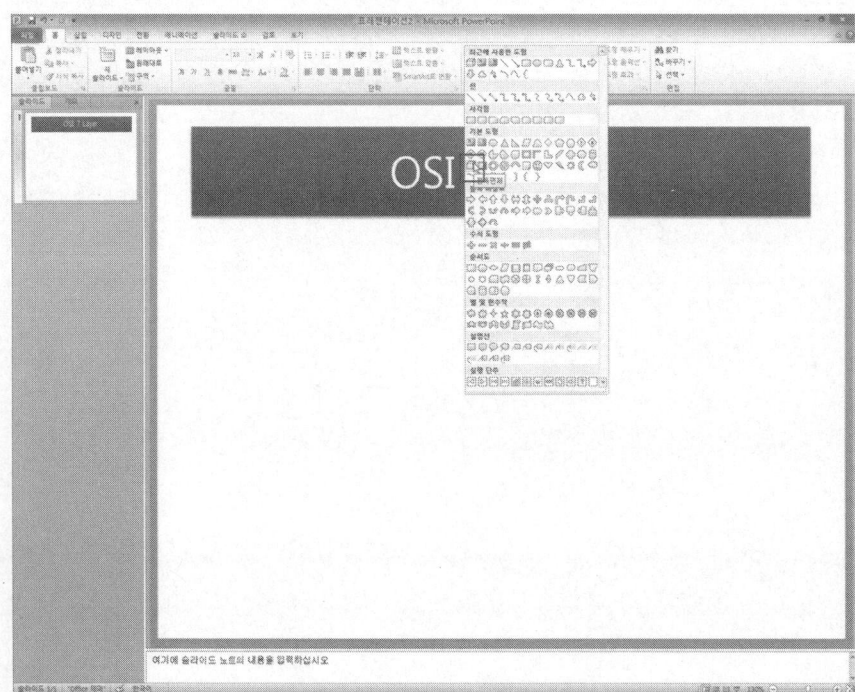

3. 슬라이드에 드래그하여 도형을 그린다.

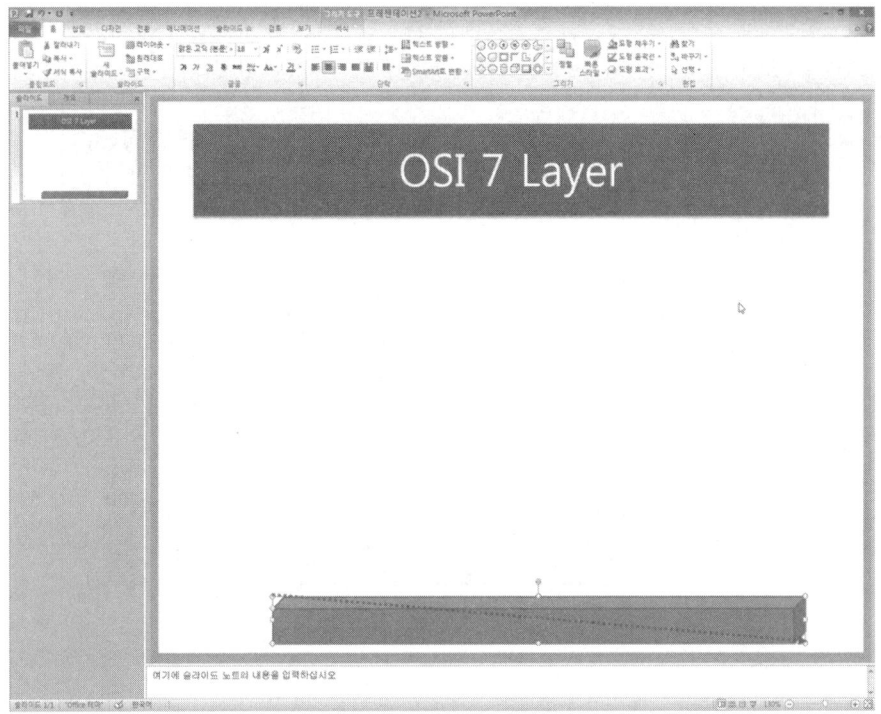

4. Ctrl 키와 Shift 키를 누른 상태로 도형을 드래그하여 복사한다.

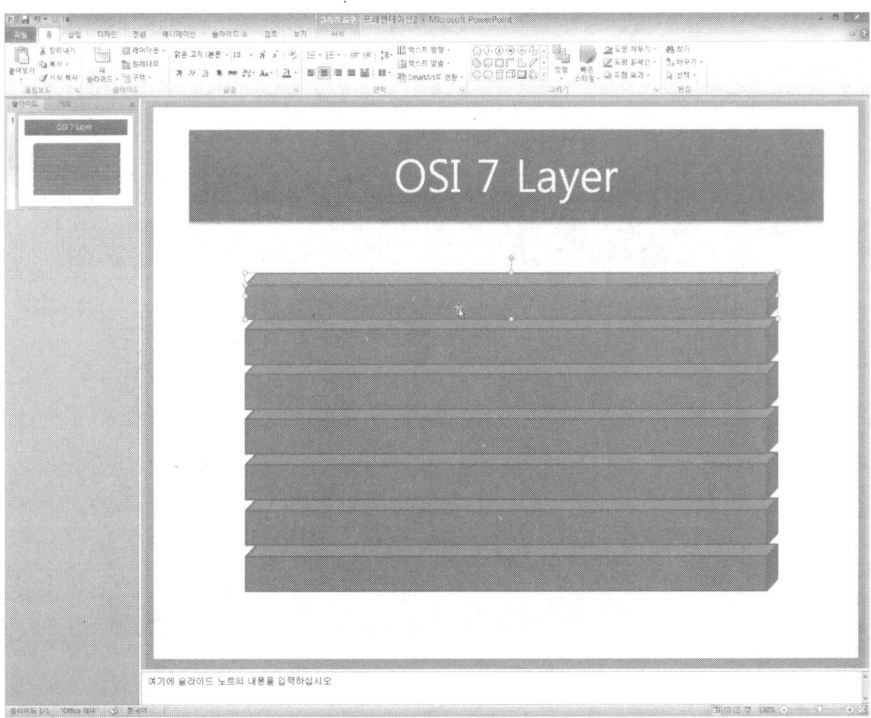

5. Shift 키를 누른 상태로 도형을 하나씩 클릭하여 모든 도형을 선택한다.

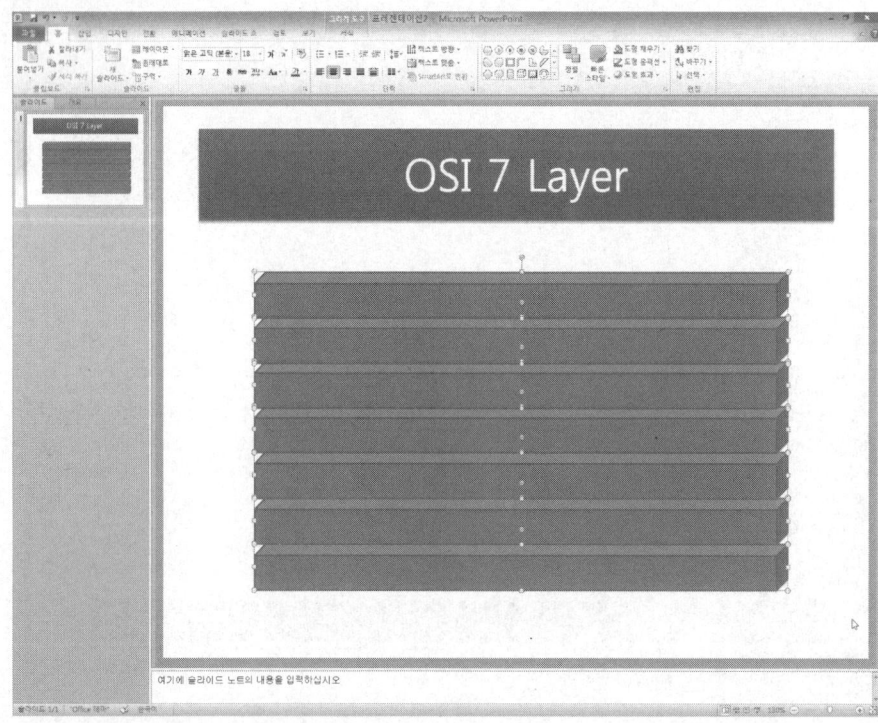

6. 마우스 오른쪽 버튼을 클릭하여 빠른 실행 메뉴가 나타나면 [개체서식] 메뉴를 클릭한다.

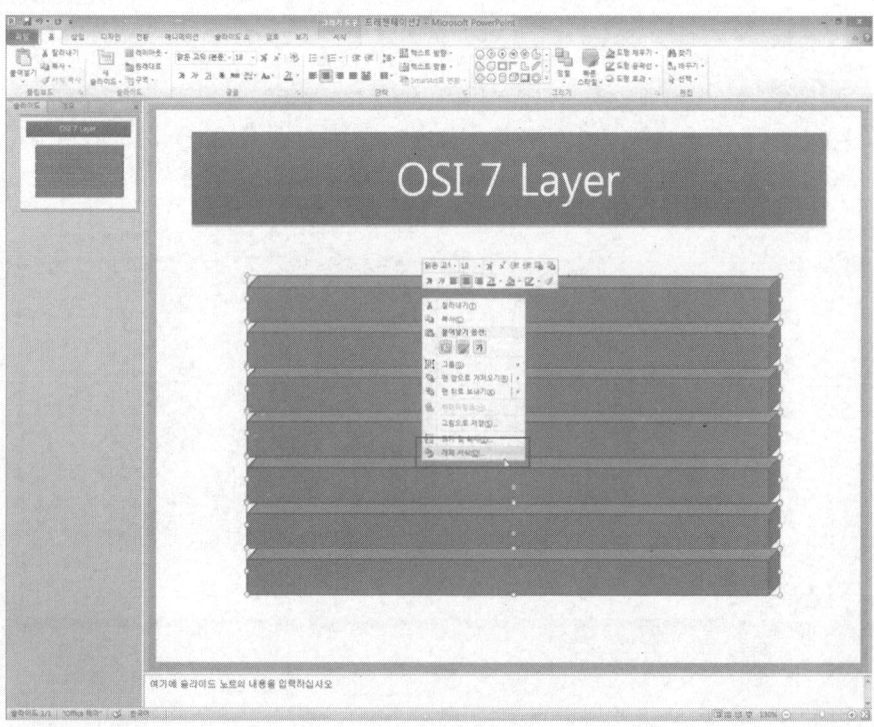

7. [도형 서식] 대화상자가 나타나면 [채우기] 메뉴의 [그라데이션 채우기]를 체크하고 '종류 : 선형'을 선택한다.

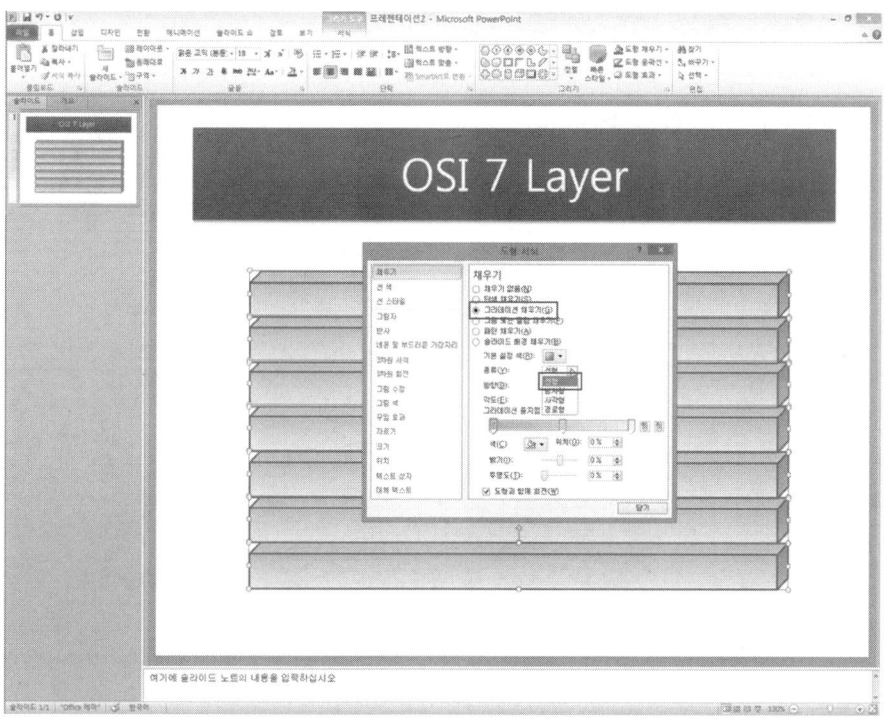

8. '방향 : 선형 위쪽'을 선택한다.

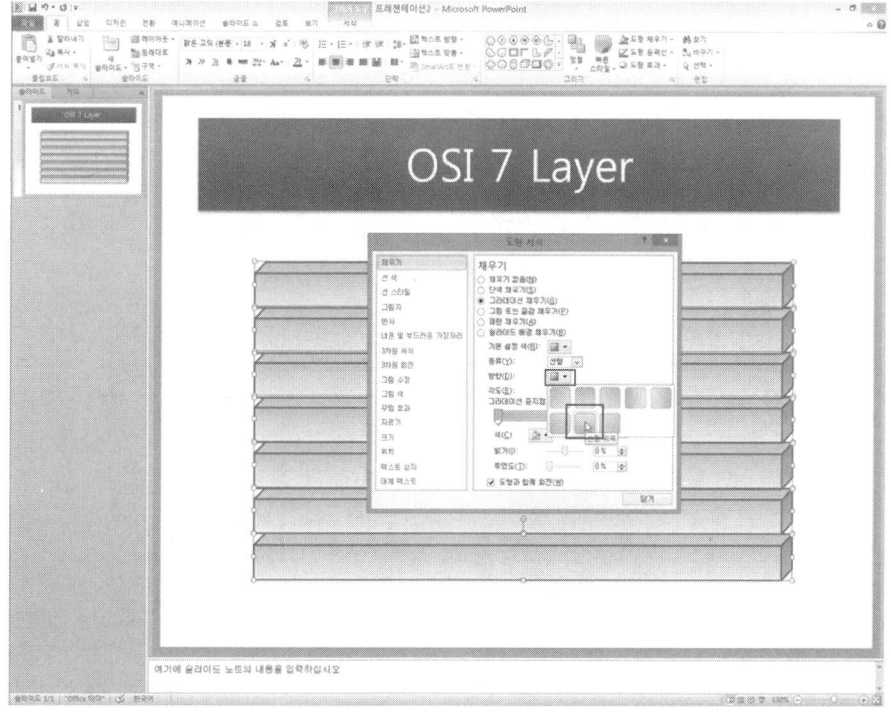

9. '그라데이션 중지점'을 선택하고, '색 : 황록색, 강조 3, 50% 더 어둡게'를 선택한다.

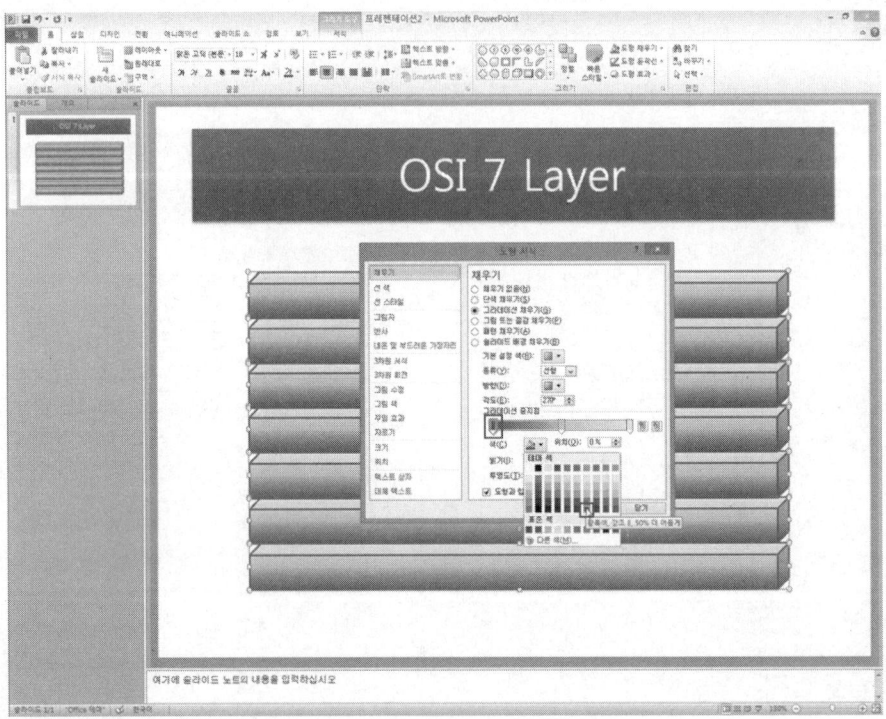

10. '그라데이션 중지점 2'를 선택하고, '색 : 황록색, 강조 3, 40% 더 밝게'를 선택한다.

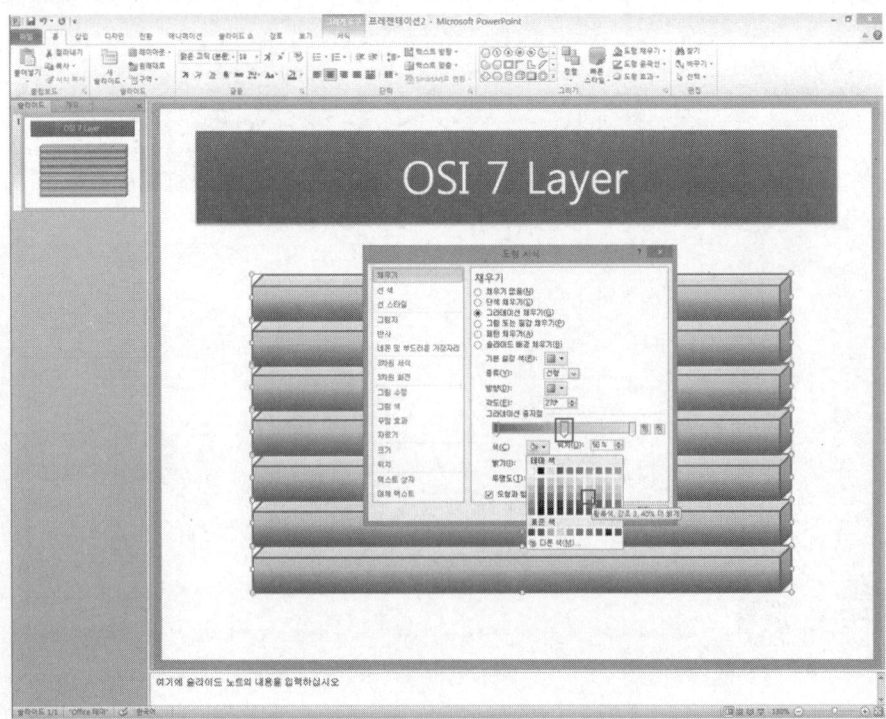

11. '그라데이션 중지점 3'을 선택하고, '색 : 황록색, 강조 3, 80% 더 밝게'를 선택한다.

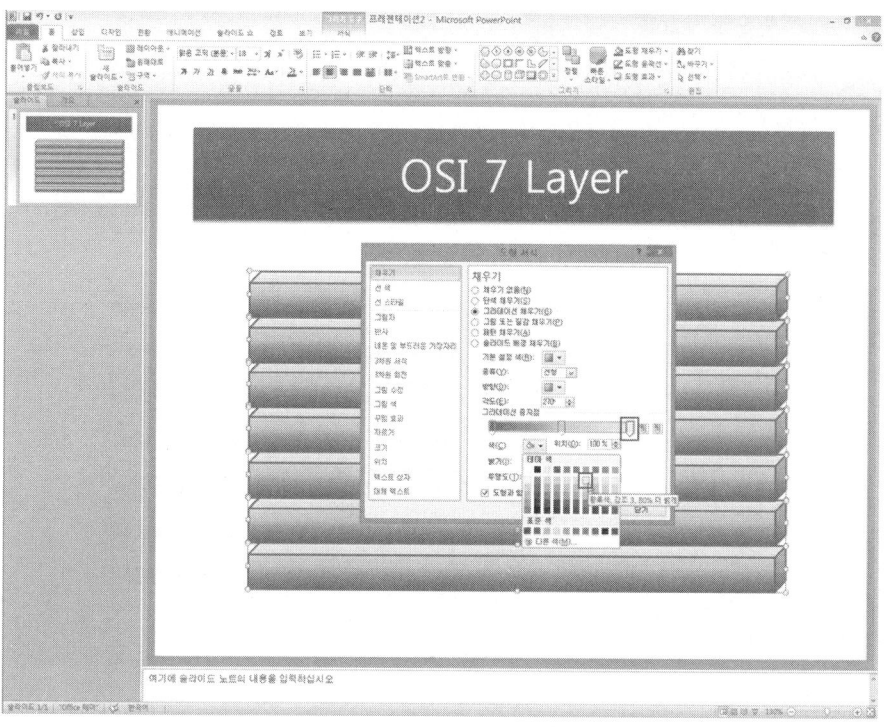

12. [도형 윤곽선] 아이콘을 클릭하여 [윤곽선 없음]을 선택한다.

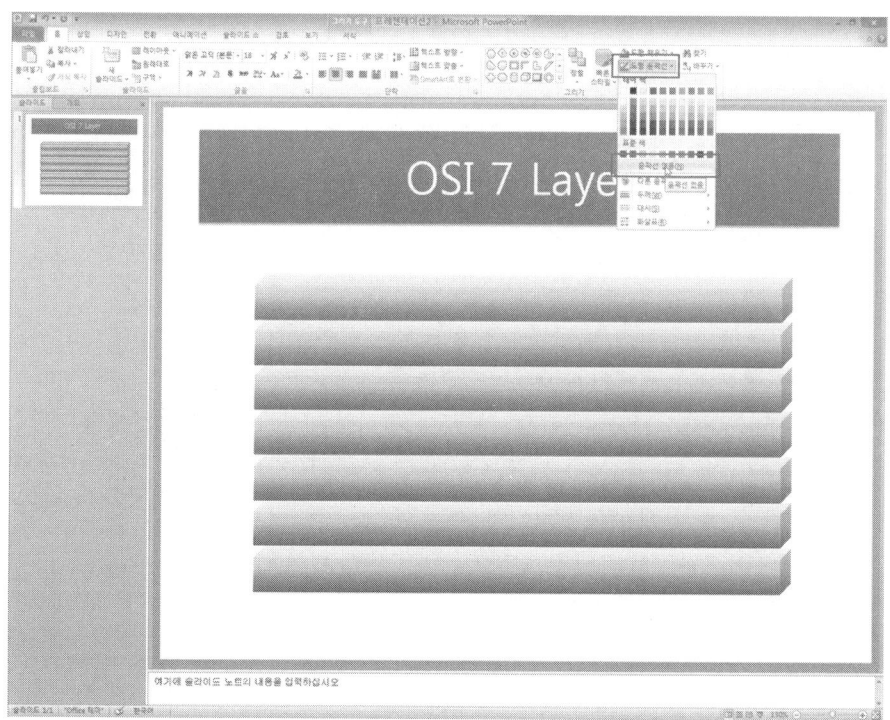

13. 도형에 텍스트를 삽입한 후 '글꼴 크기 : 20', '굵게', '글꼴 색 : 흰색, 배경 1' 을 선택한다.

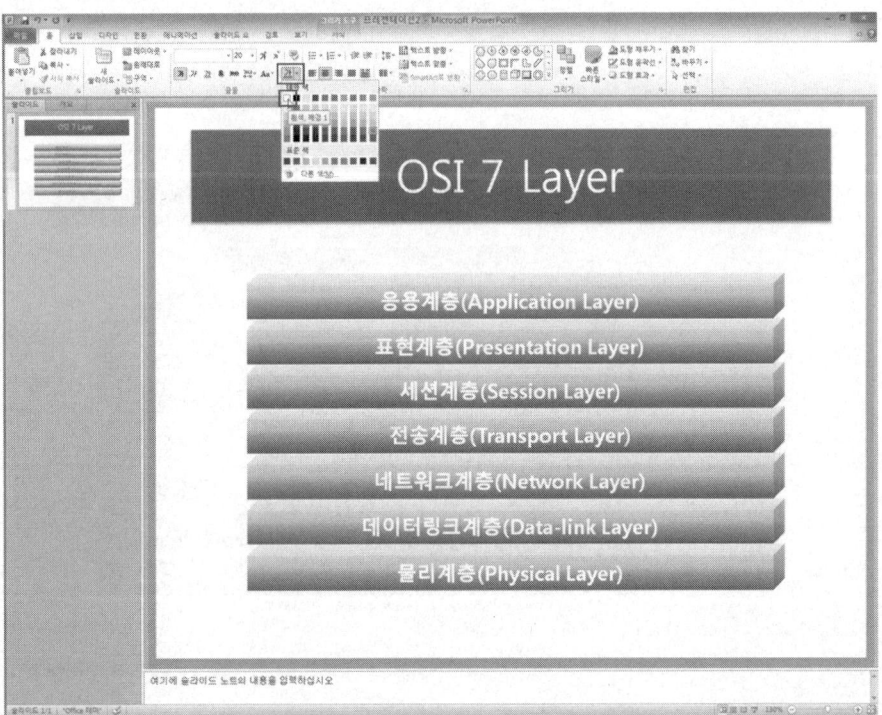

14. 완성된 슬라이드 모양이다.

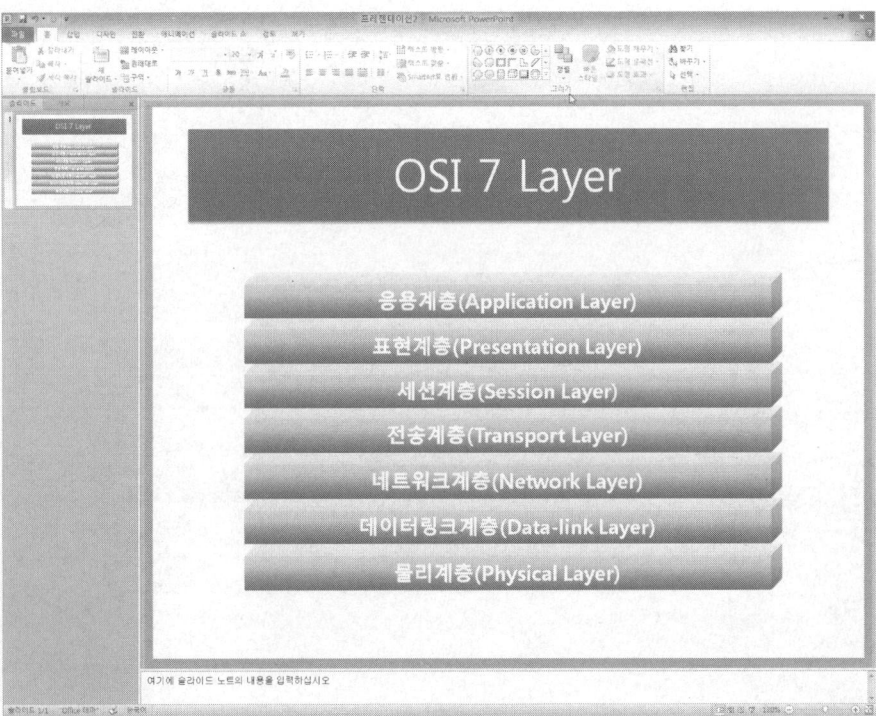

5 도형의 그룹화

1. 제목만 있는 슬라이드에 '교육과정'을 입력한 후 도형 서식으로 꾸미기 한 후 [별 및 현수막] 범주에서 '포인트가 12개인 별'을 선택하여 그린다.

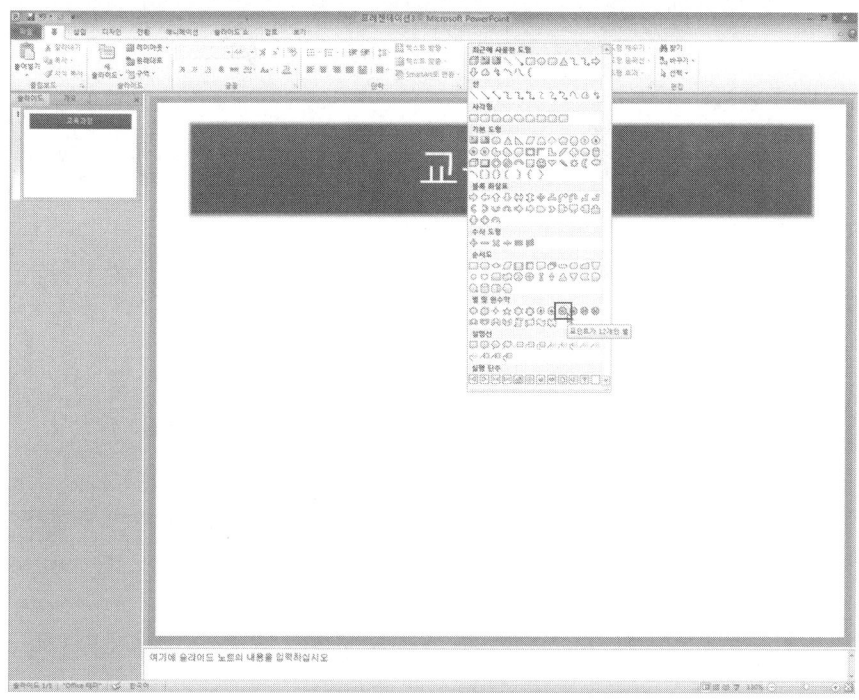

2. [블록 화살표] 범주에서 '오각형'을 선택한다.

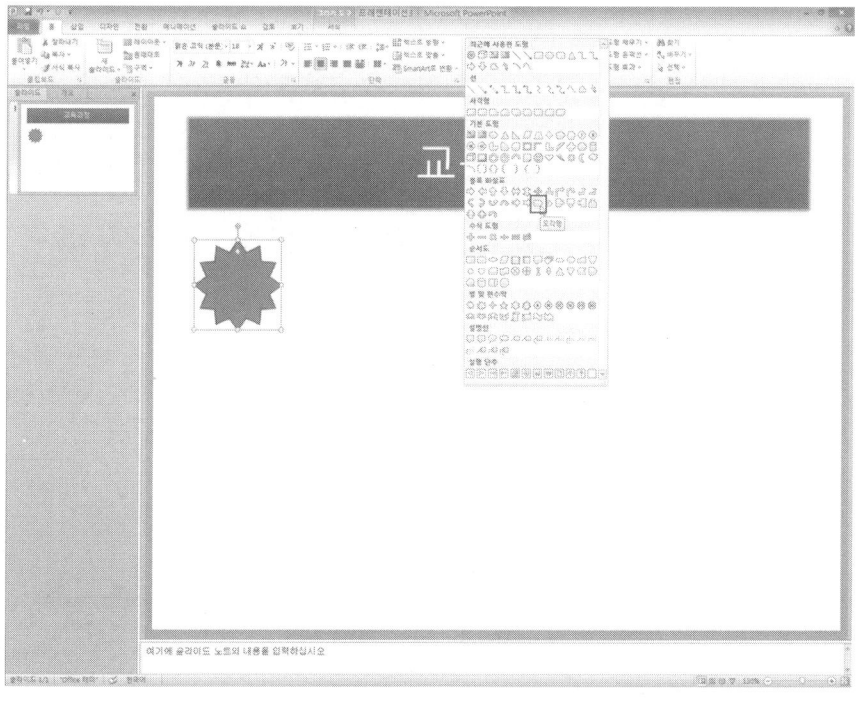

3. 이미 그려진 도형에 겹쳐지도록 오각형을 그린다.

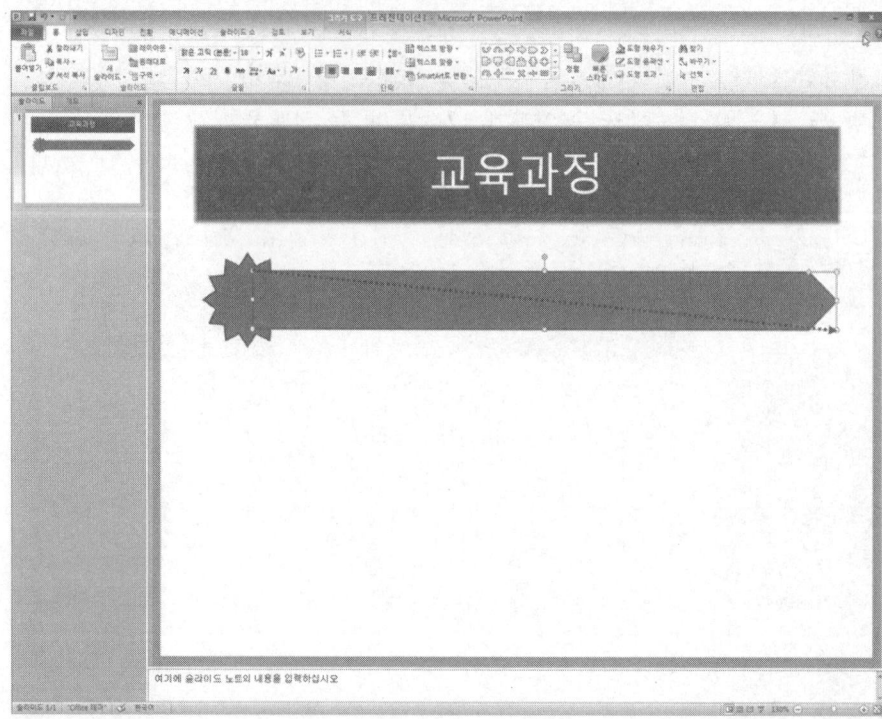

4. 뒤쪽에 있는 '별 모양'을 선택한 후 오른쪽 마우스 버튼을 클릭하여 [맨 앞으로 가져오기]의 [앞으로 가져오기] 메뉴를 선택한다.

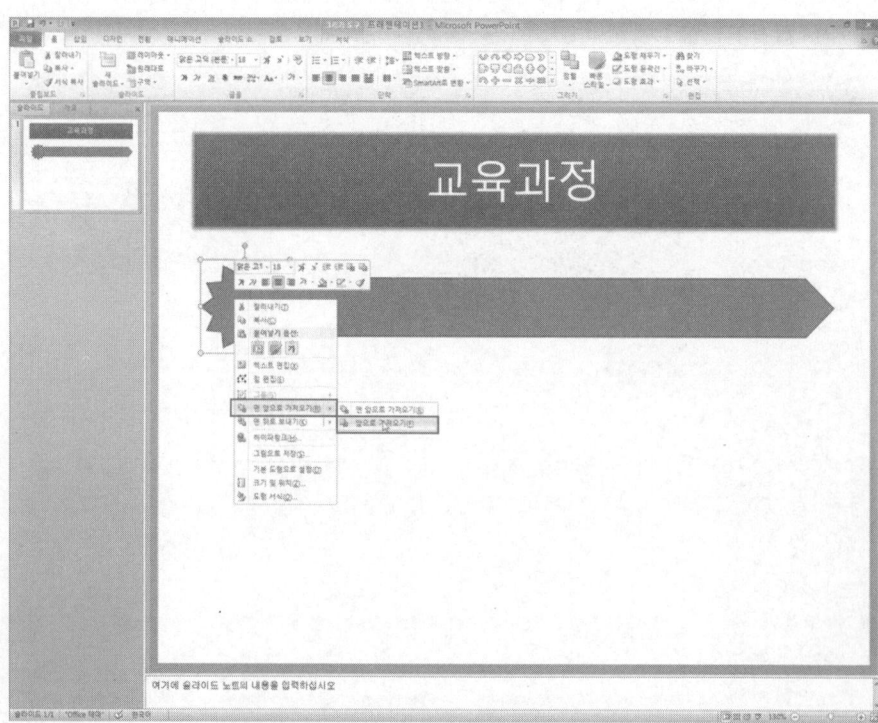

5. 두 개의 도형을 선택한 후 [서식] 탭 [정렬] 그룹의 [그룹] 아이콘을 클릭하여 [그룹]을 선택하면 두 개의 도형이 하나의 도형처럼 그룹화된다.

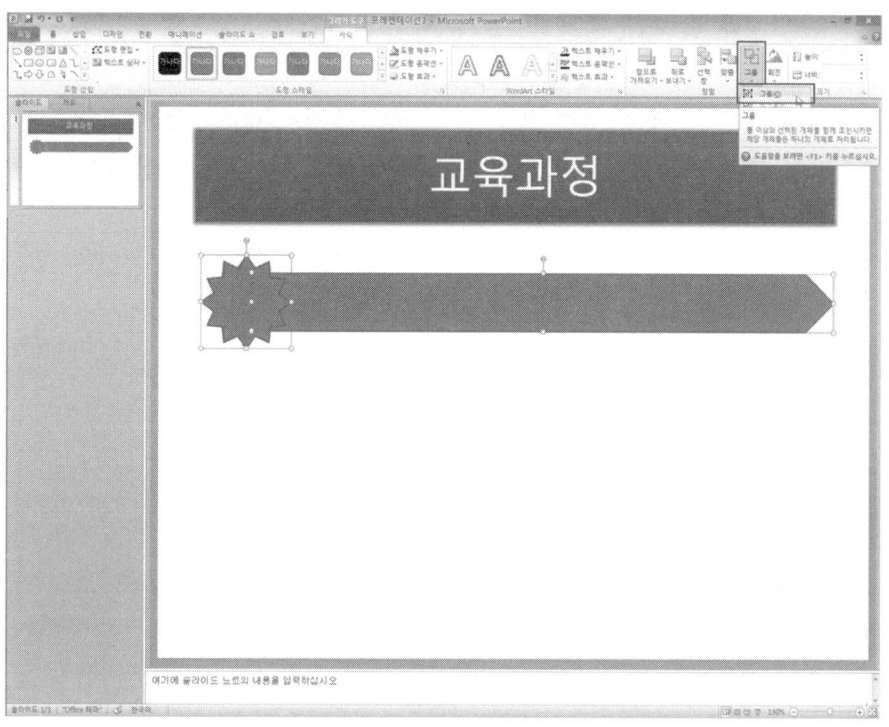

6. [서식] 탭 [도형 스타일] 그룹의 [도형 채우기] 아이콘을 클릭하여 [질감]을 선택한다.

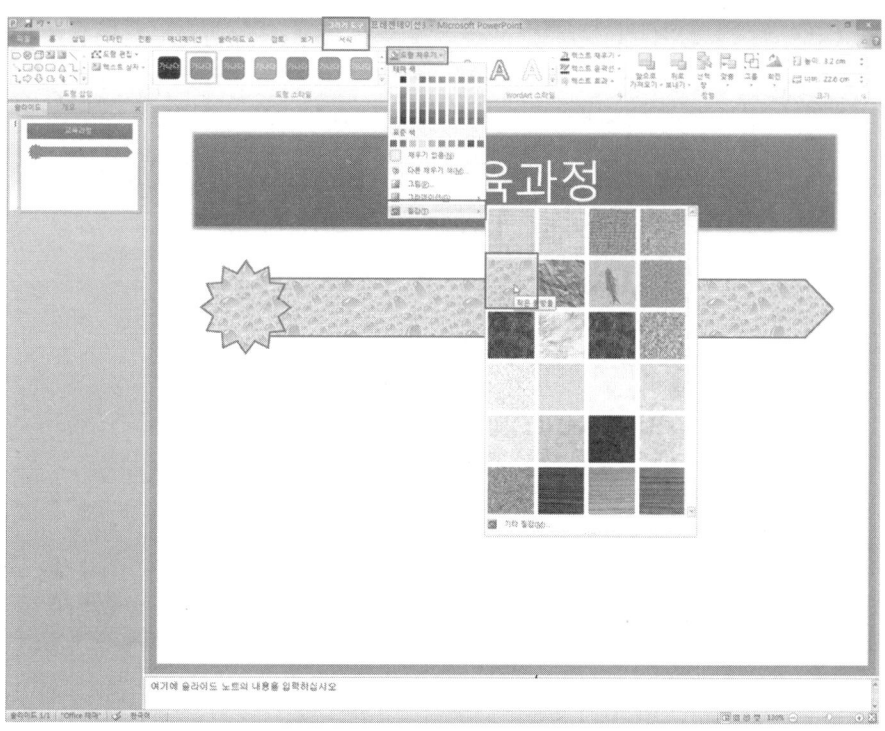

7. [도형 윤곽선] 아이콘을 클릭하여 '주황 강조 6, 80% 더 밝게'를 선택한다.

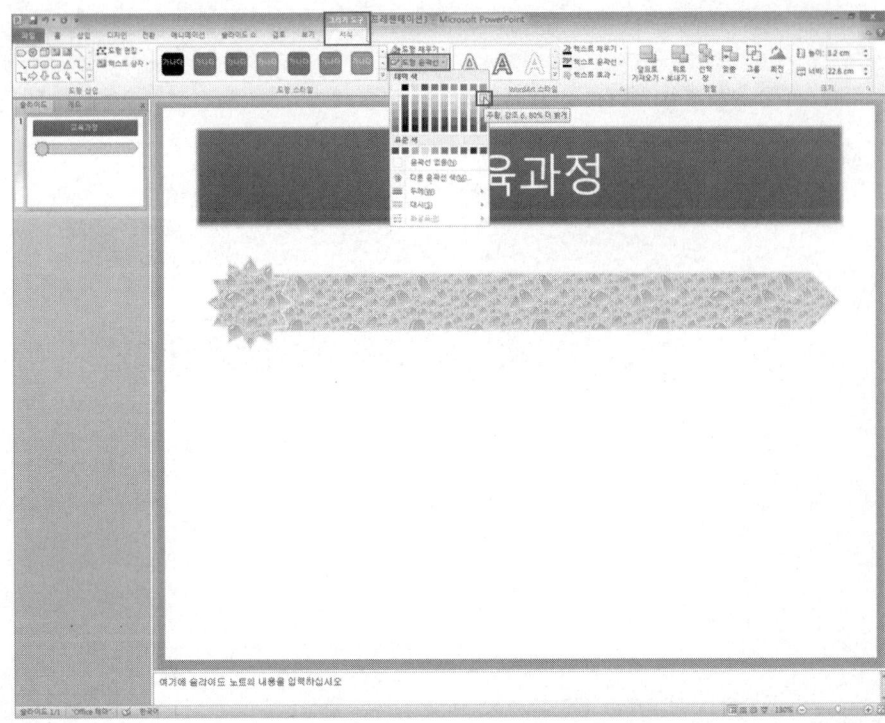

8. 그룹화 된 도형이 선택된 상태에서 각 도형을 다시 클릭하면 해당도형만 선택할 수 있다.

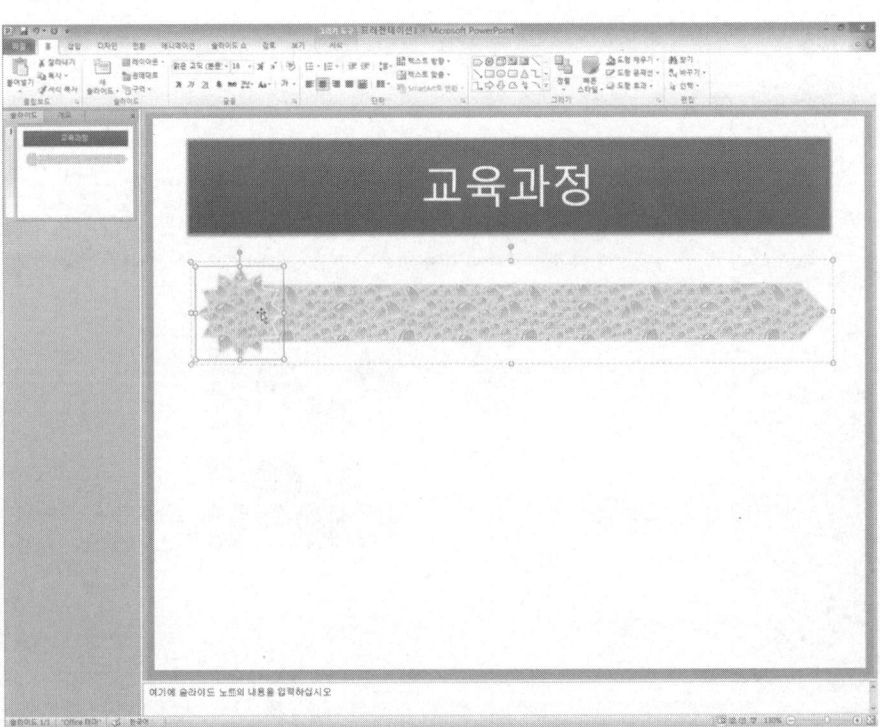

9. '별모양' 도형을 선택하여 '하나'라고 입력하고, '오각형' 도형을 선택하여 '무엇을 가르칠 것인가?'라고 입력한 후 텍스트에 워드아트 스타일을 적용해 보자. '별모양' 도형을 선택한 후 [홈] 탭 [글꼴] 그룹에서 '글꼴 크기 : 18'을 설정하고, [서식] 탭 [WordArt 스타일] 그룹의 [텍스트 스타일 자세히 보기] 버튼을 클릭하여 '채우기 - 빨강, 강조 2, 무광택 입체'를 선택한다.

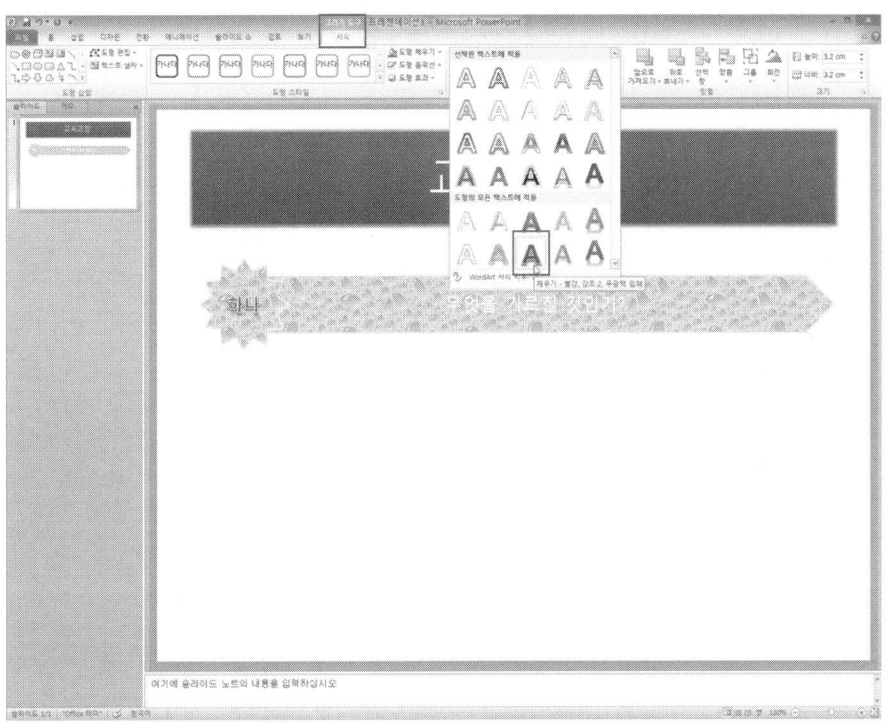

10. '오각형' 도형을 선택한 후 [홈] 탭 [글꼴] 그룹에서 '글꼴 크기 : 28'를 설정하고, [서식] 탭 [WordArt 스타일] 그룹의 [텍스트 스타일 자세히] 버튼을 클릭하여 '채우기 - 빨강, 강조 2, 부드러운 무광택 입체'를 선택한다.

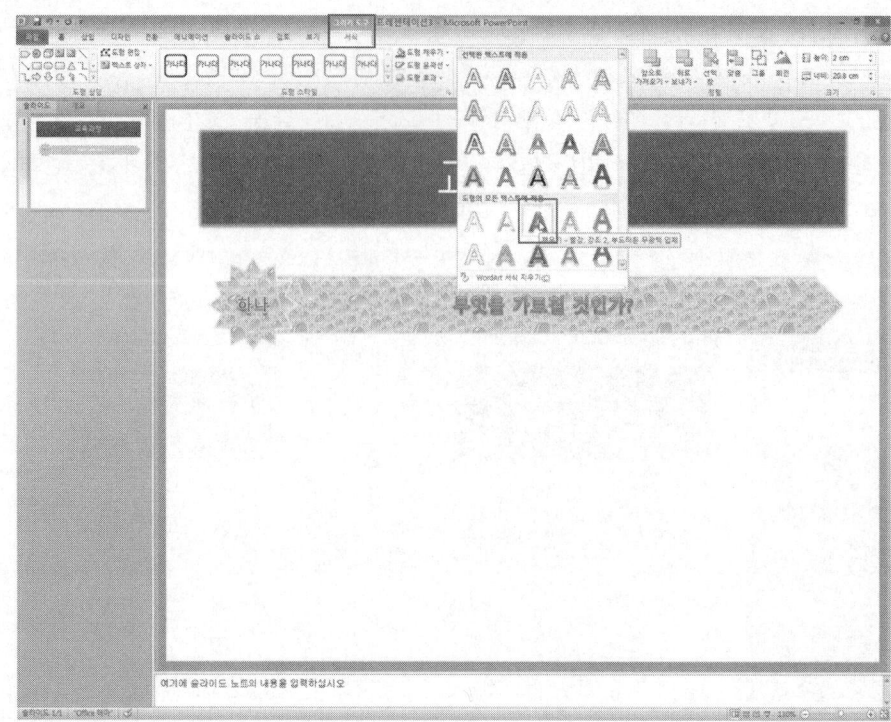

11. '오각형'을 선택한 후 [홈] 탭 [단락] 그룹에서 [왼쪽정렬] 버튼을 클릭한 후 <Space Bar>를 눌러 글씨를 적당한 위치에 맞춘다.

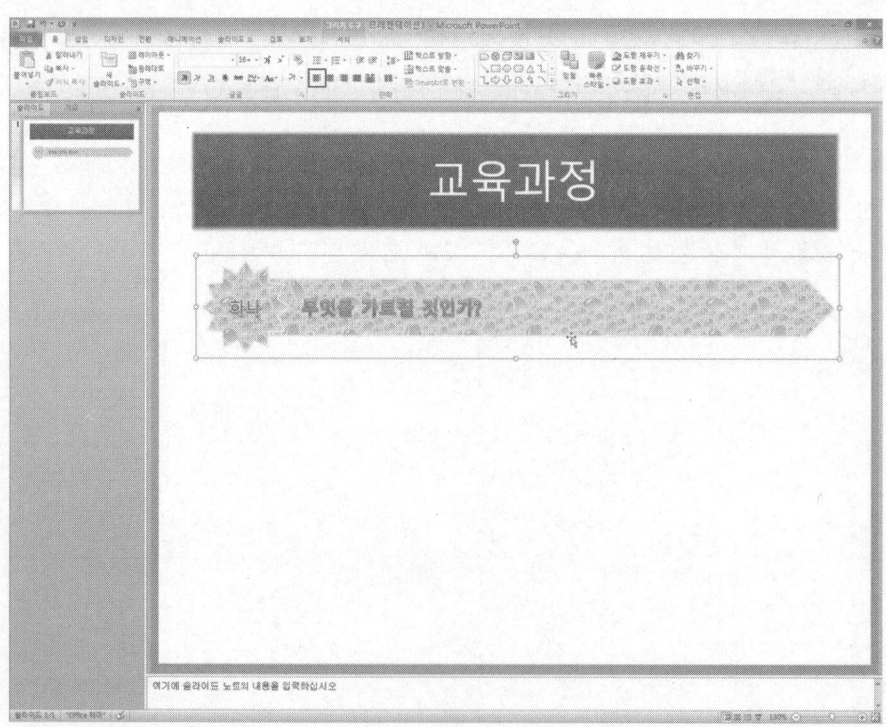

12. 완성된 도형을 복사하여 3개를 만든다.

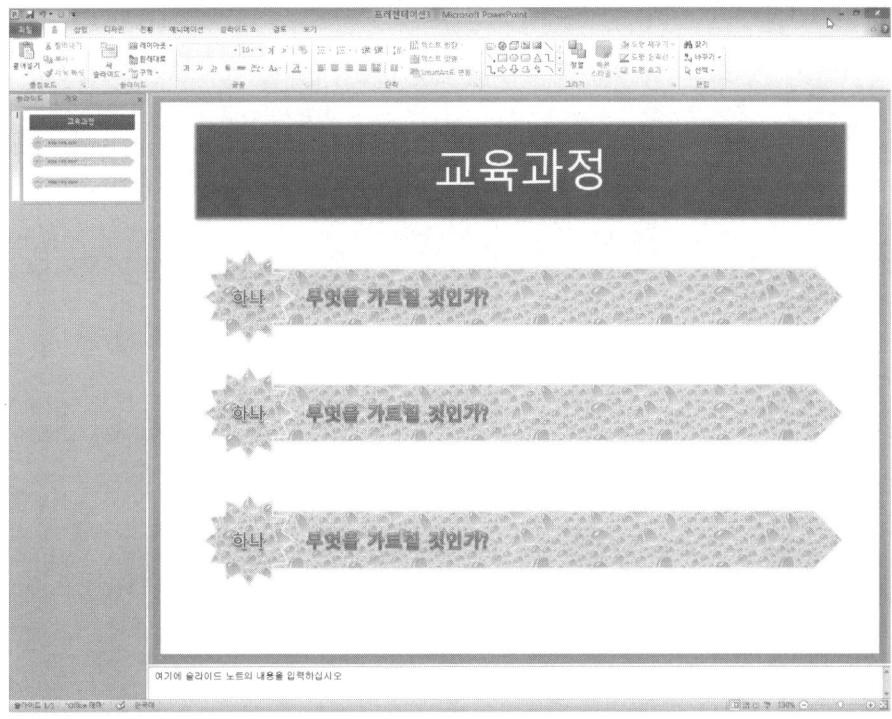

13. 두 번째와 세 번째 도형의 텍스트를 아래와 같이 수정한다.

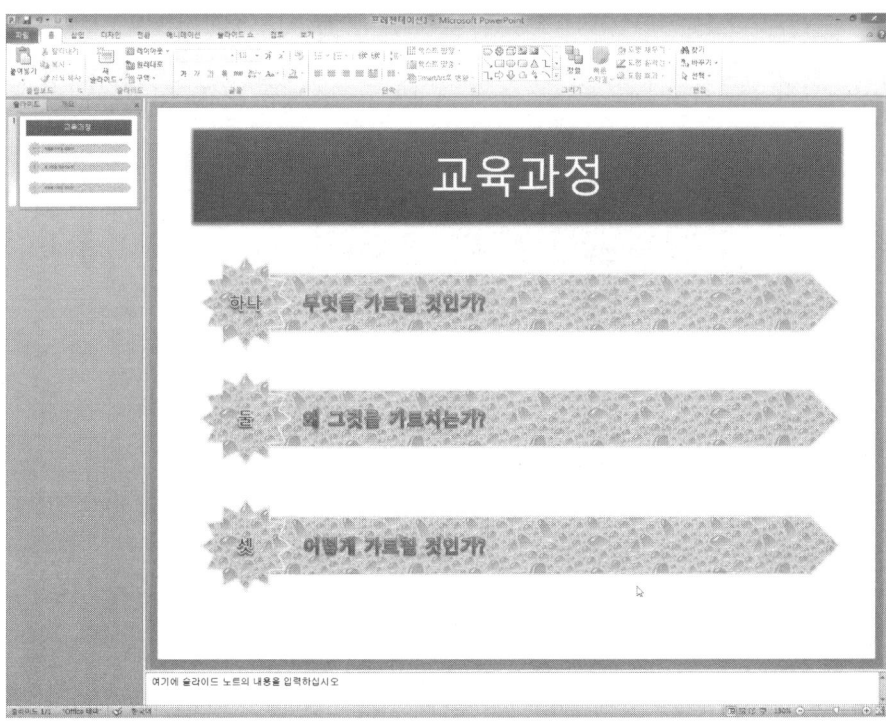

14. 세 개의 도형을 모두 선택한 후 [홈] 탭 [그리기] 그룹의 [도형 효과] 버튼을 클릭하여 [기본 설정]에서 '기본 설정 7'을 선택한다.

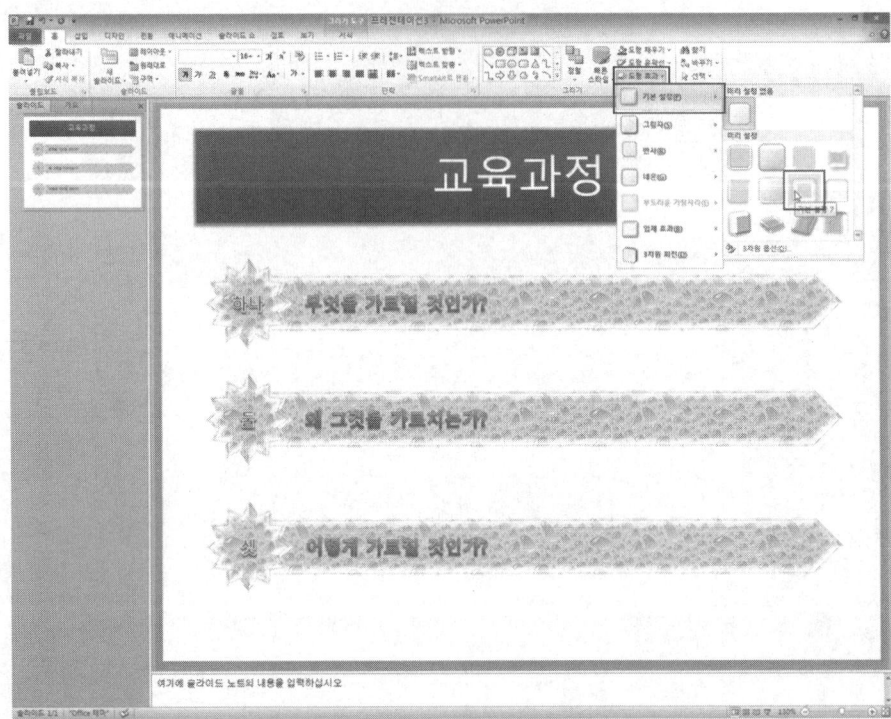

15. [도형 효과]의 [그림자]에서 '오프셋 대각선 왼쪽 위'를 선택한다.

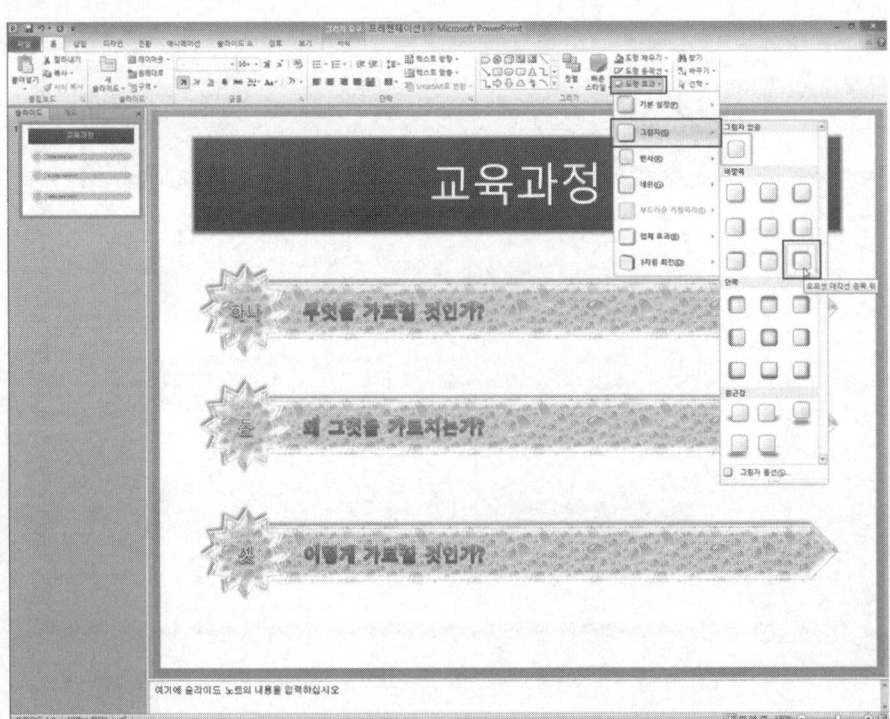

16. 완성된 슬라이드이다.

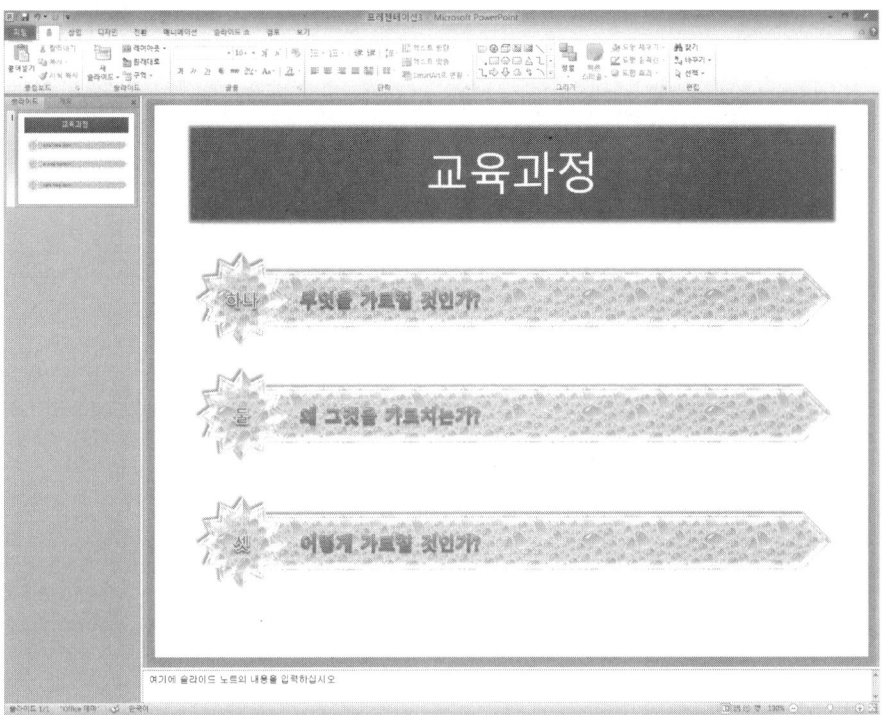

PowerPoint 2010

Part 5

표와 차트 만들기

1. 표 만들기
2. 차트 만들기

1 표 만들기

1.1 기본 표 만들기

파워포인트 2010에는 표를 삽입하고 디자인할 수 있는 기능을 제공한다. 표 기능을 이용하여 아래와 같이 슬라이드를 완성해보자.

단계별 추진내용 및 일정

일련번호	개발내용	추진일정											기간(주)
		7	8	9	10	11	12	1	2	3	4	5	6	
1	대상체 정밀 위치추정 기법													24
2	감지 능력 향상													16
3	분산저장 시스템													16
4	이종 센서 데이터 관리													16
5	고 분할 Matrix PIR 시스템													20
6	핸드오버 기법													16
7	대상체 추적 모니터링													20
8	클라우드 게이트웨이 설계													12

1. [삽입] 탭 [표] 그룹의 [표] 아이콘을 클릭하여 <열×행>수에 맞추어 드래그한 후 클릭하면 슬라이드에 표가 삽입된다. 여기서는 <5열×5행>의 표를 드래그하여 만든다.

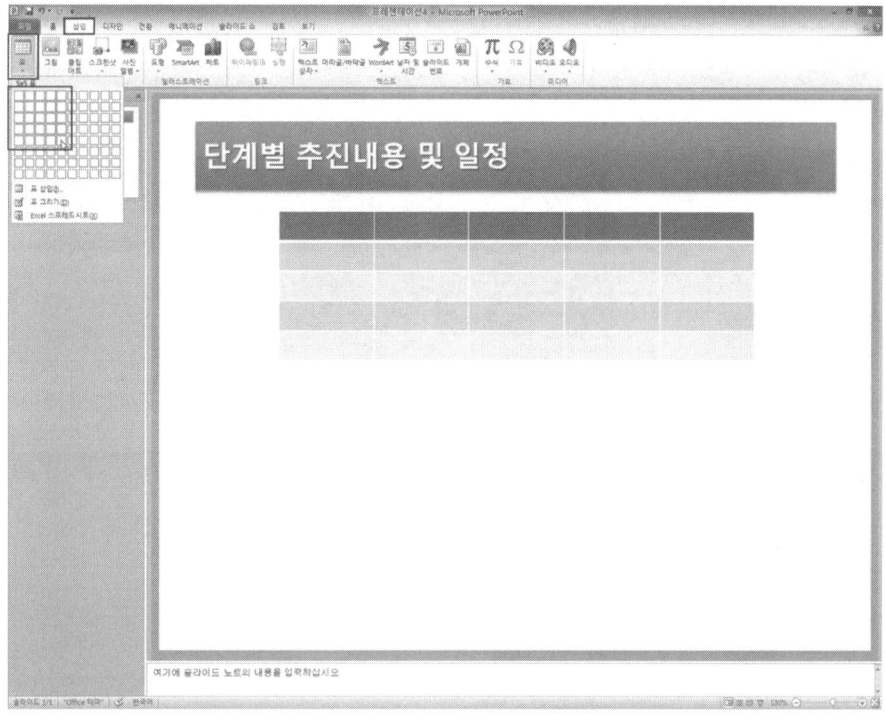

2. 필요 없는 열을 삭제하기 위해 삭제할 열을 선택한 후 [표 도구] [레이아웃] 탭 [행 및 열] 그룹의 [삭제] 아이콘을 클릭하여 [열 삭제] 메뉴를 선택한다. 삭제할 열이 하나일 경우 해당 열의 아무 셀에 마우스 커서를 두고, 하나 이상일 경우 드래그하여 블록으로 선택한다.

3. 네 번째 열이 삭제되었다.

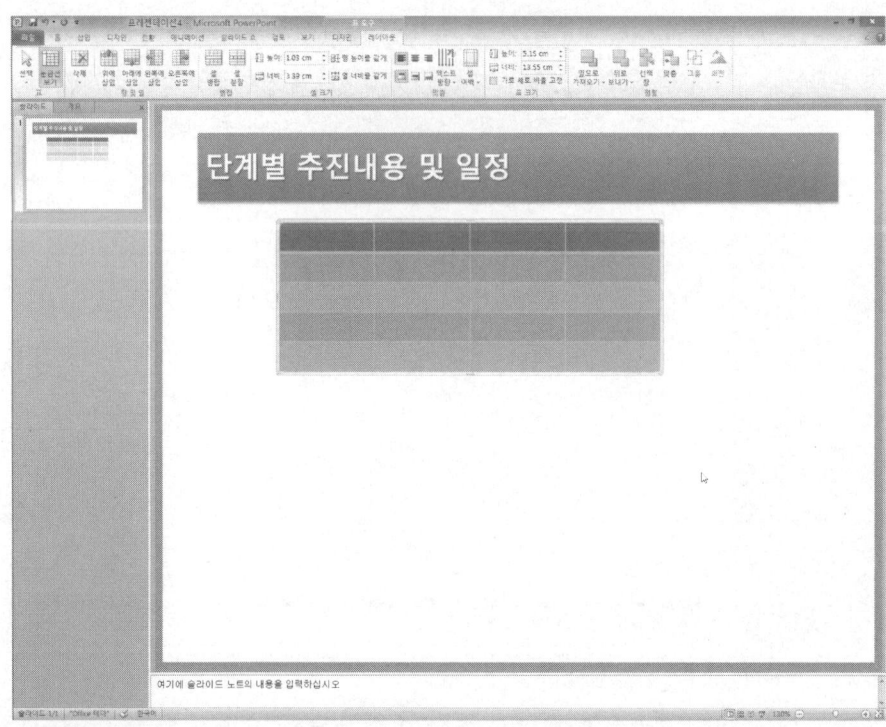

4. 행을 삽입하기 위해 [표 도구] [레이아웃] 탭 [행 및 열] 그룹의 [아래에 삽입] 아이콘을 클릭한다.

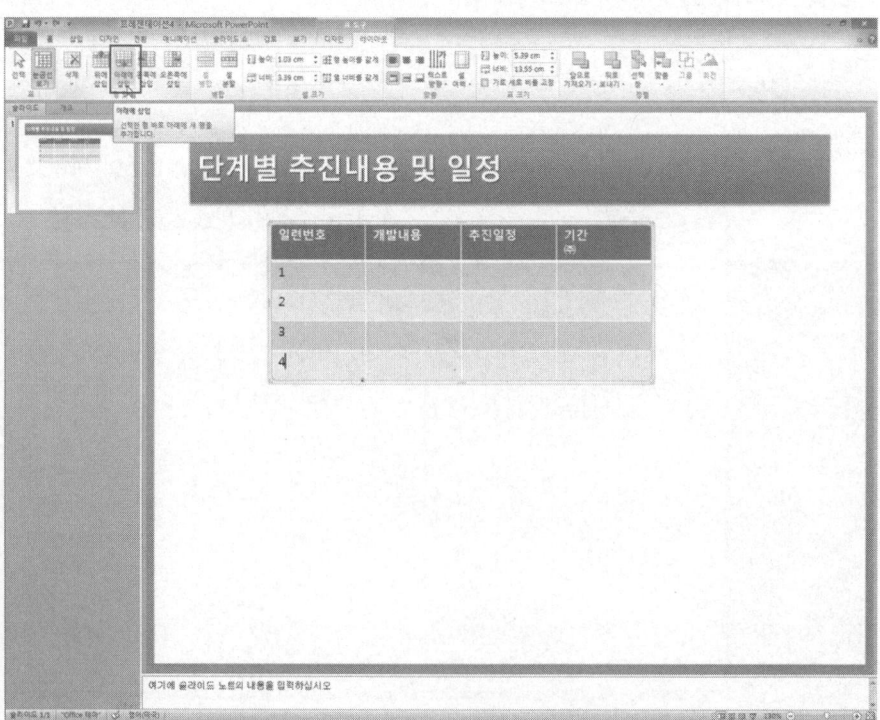

5. 표 아래쪽에 행이 삽입되었다.

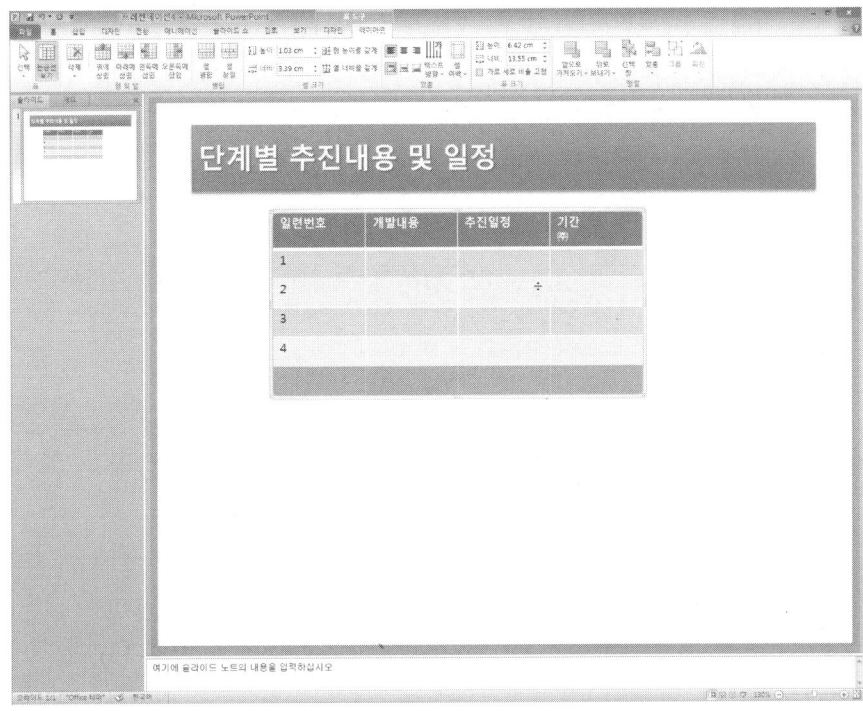

6. 셀을 분할하려면 [표 도구] [레이아웃] 탭 [병합] 그룹의 [셀 분할] 아이콘을 클릭한다. '추진일정'을 입력할 첫 번째 셀을 선택한 후 [셀 분할] 아이콘을 클릭하여 [셀 분할] 대화 상자가 나타나면 '열 개수 : 12', '행 개수 : 2'을 입력한 후 [확인] 버튼을 클릭한다.

7. 셀을 병합하려면 '추진일정'을 드래그 하여 [표 도구] [레이아웃] 탭 [병합] 그룹의 [셀 병합]을 클릭한다.

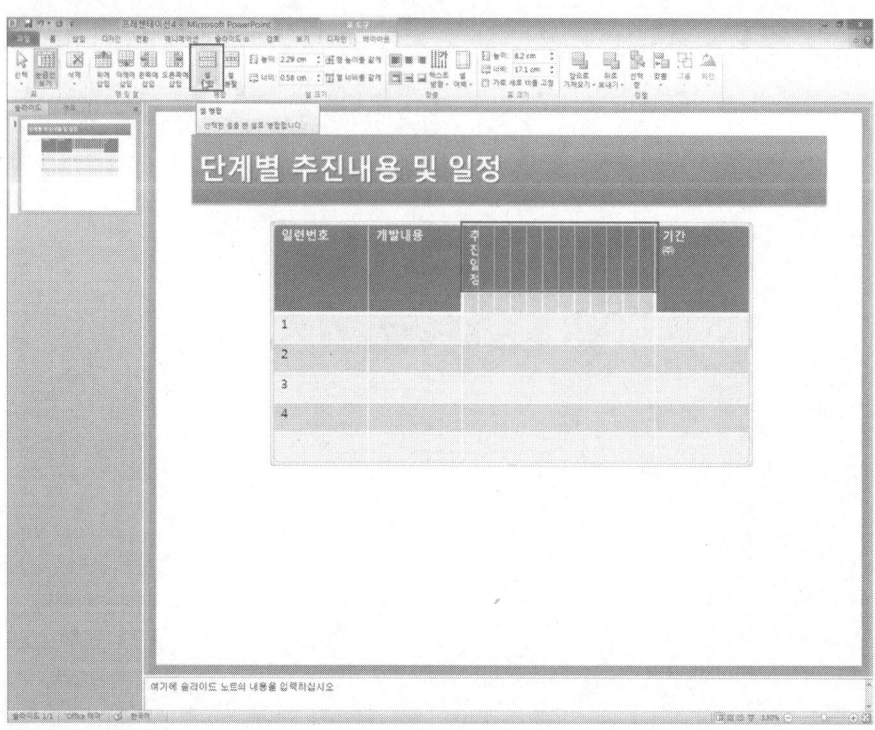

8. 다섯 번째 셀을 드래그 하여 선택하고, 마우스 오른쪽 클릭 [삽입] - [아래에 행 삽입]을 클릭한다. 총 3개를 삽입해본다.

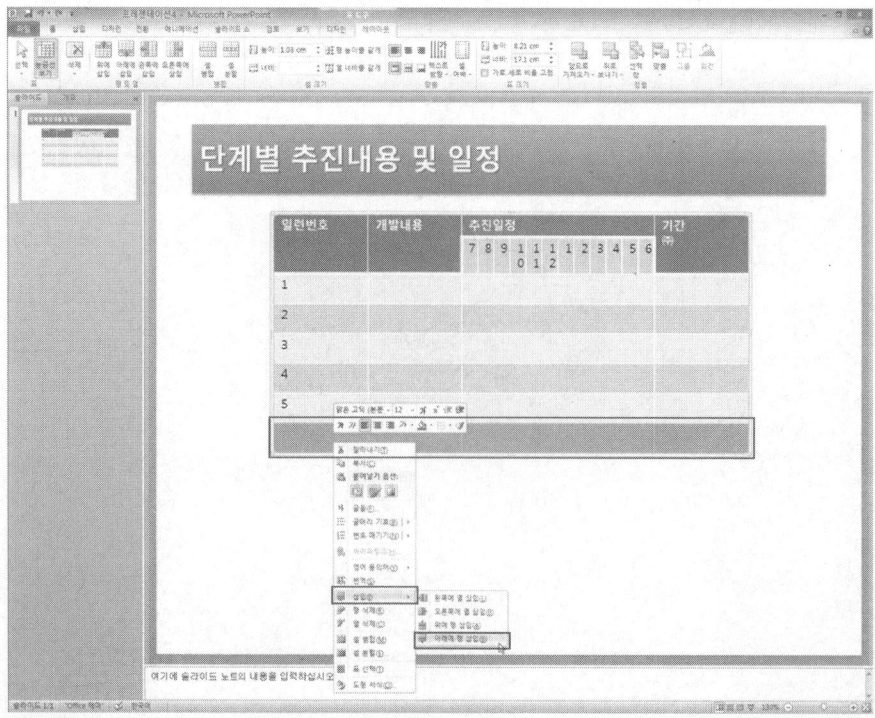

9. 삽입된 셀에 다음과 같이 내용을 입력한다.

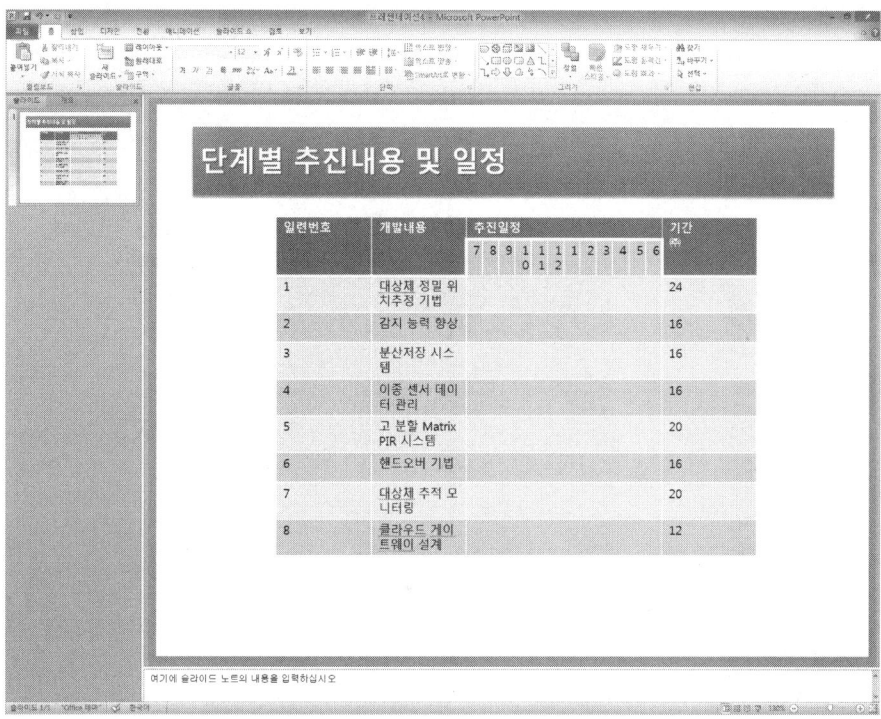

10. 내용을 모두 입력한 후 표를 선택하여 [홈] 탭 [글꼴] 그룹에서 '글꼴 크기'를 줄이고 '타이틀'과 '일련번호', '기간(주)' 부분을 드래그하여 선택한 후 [단락] 그룹에서 '가운데 정렬' 시킨다.

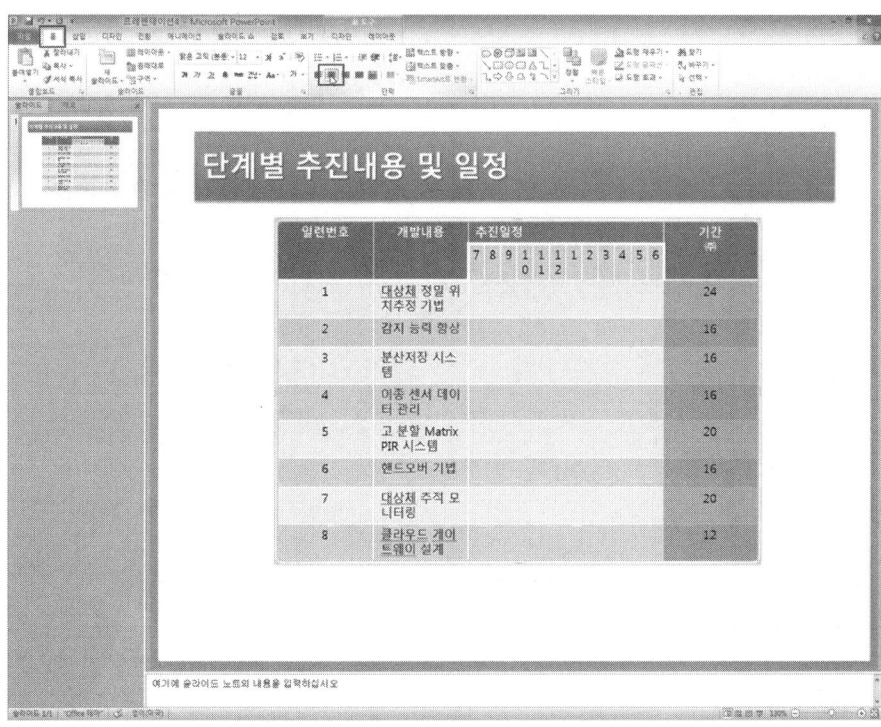

11. 전체 셀 크기는 셀을 선택한후 '상', '하', '좌', '우', '모서리' 부분을 선택하여 드래그 한다.

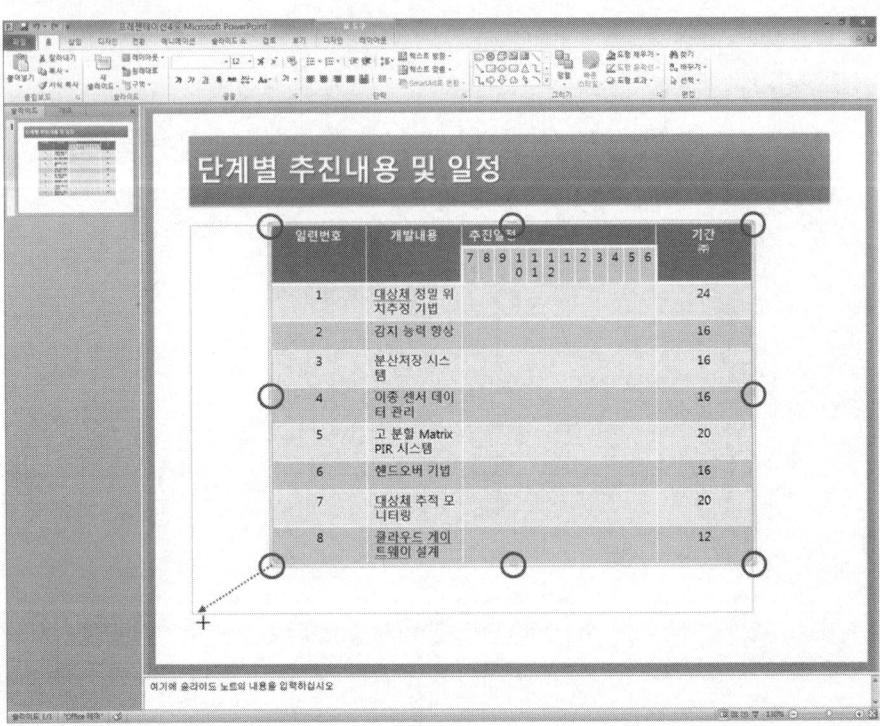

12. 셀 크기를 조절하기 위해 셀과 셀사이에 마우스를 놓아 ' ![] ' 표시일 때 마우스를 좌우로 드래그 하여 셀 크기를 조절한다.

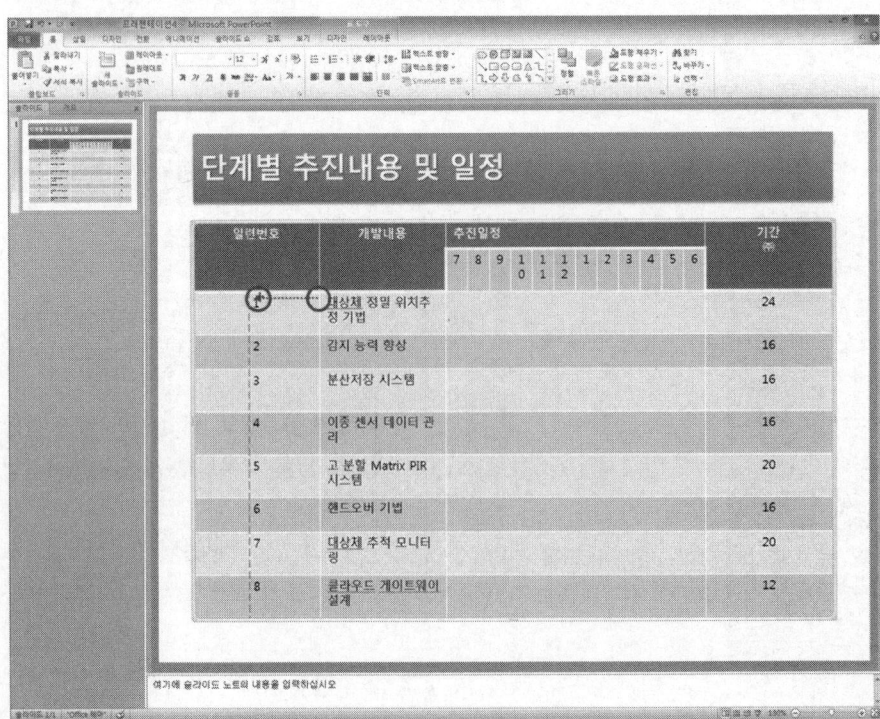

13. '추진일정'의 벌어진 열 너비를 동일하게 맞추기 위해 맞추고자 하는 열을 선택한 후 [표 도구] [레이아웃] 탭 [셀 크기] 그룹의 '열 너비를 같게'를 클릭한다.

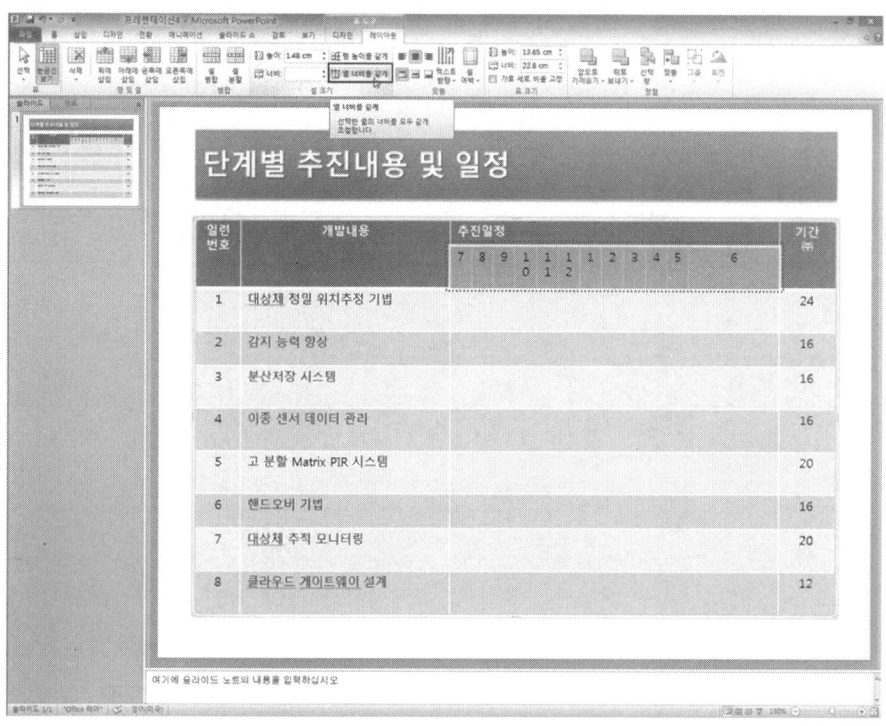

14. '추진일정'의 행 높이를 동일하게 맞추기 위해 '추진일정'과 '숫자'를 선택하고 [표 도구] [레이아웃] 탭 [셀 크기] 그룹에서 '행 높이를 같게'를 클릭한다.

15. 표 전체를 선택하여 [홈] 탭 [단락] 그룹의 [텍스트 맞춤] 아이콘을 클릭하여 '중간'을 선택하면 데이터가 셀의 세로 가운데 맞춤된다.

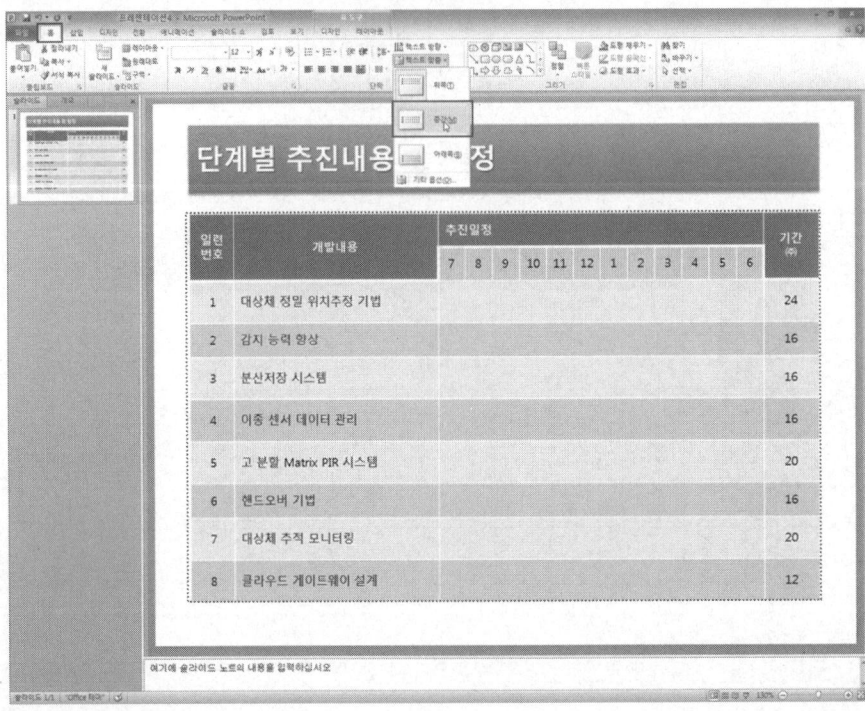

16. [표 도구] [디자인] 탭 [표 스타일] 그룹의 [자세히] 버튼을 클릭하면 표 스타일이 펼쳐진다. 원하는 스타일을 클릭만으로 표에 적용할 수 있다. 여기서는 '보통' 범주의 '보통 스타일 2 - 강조 3'을 선택한다.

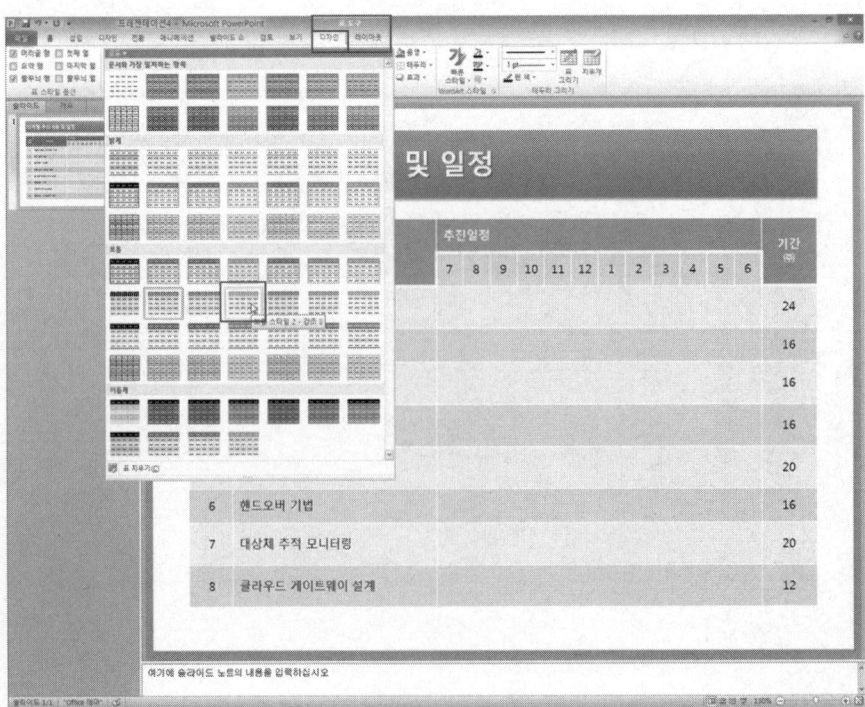

17. 나머지 추진일정을 모두 선택한 후 [표 도구] [레이아웃] 탭 [병합] 그룹의 '셀 분할'을 클릭하고, '열 개수'는 12, '행 개수'는 1을 입력한 후 [확인]을 클릭한다.

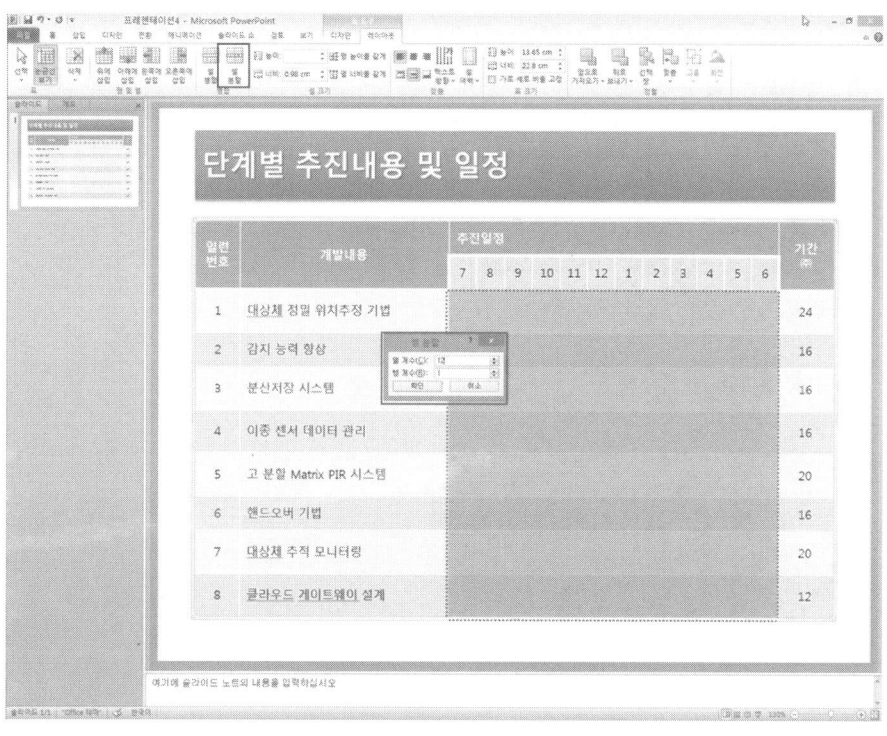

18. 이번에는 표 테두리를 적용하기 위해 [표 도구] [디자인] 탭 [테두리] 그룹의 [펜 색] 아이콘을 클릭하여 '황록색, 강조 3'을 선택한다.

19. [표 도구] [디자인] 탭 [표 스타일] 그룹의 [테두리] 아이콘을 클릭하여 '모든 테두리'를 선택한다.

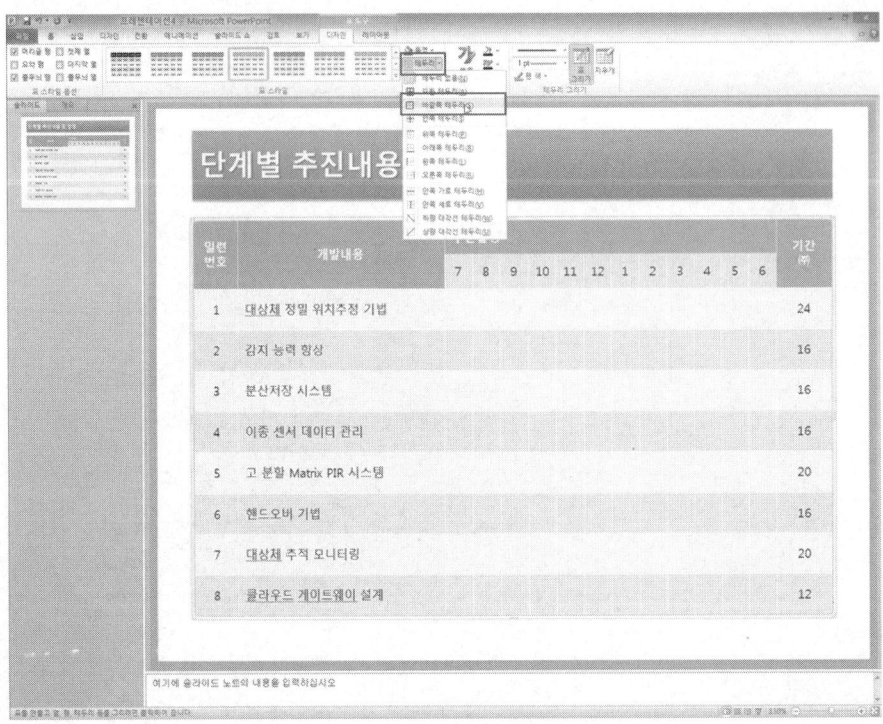

20. 표의 안쪽 테두리는 '흰색'으로 같은 방법으로 적용한다.

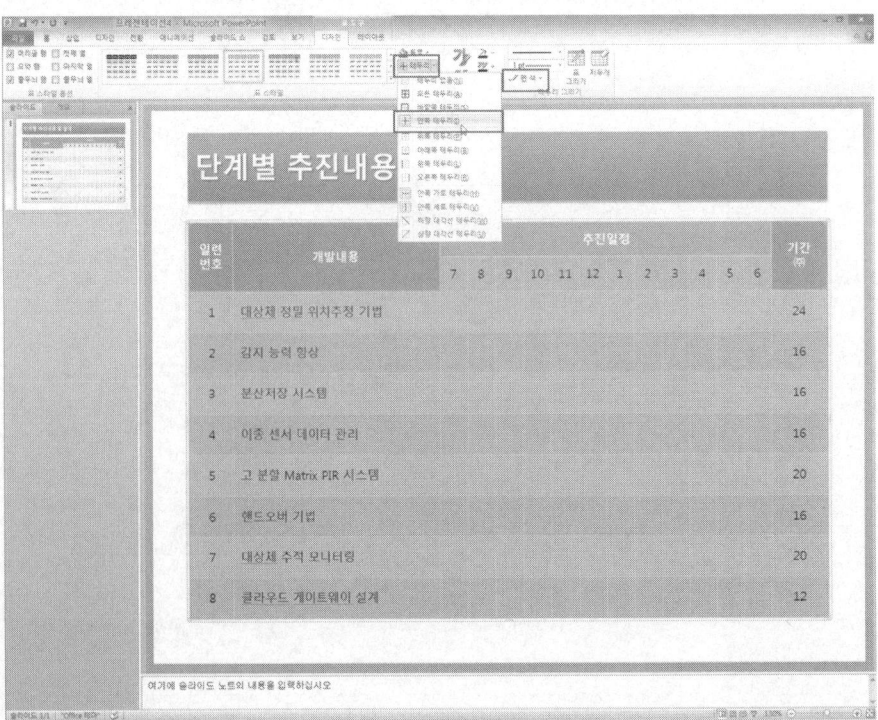

1.2 표 꾸미기

파워포인트 2010을 이용하여 앞서 작성한 표에 그리기 도구를 이용하여 여러 모양을 다음과 같이 꾸며보자.

1. [홈] 탭 [그리기] 그룹에서 '자세히'를 클릭하여 '블록 화살표' 그룹의 '오른쪽 화살표'를 선택하고, '추진일정'의 '7~12'까지 드래그 하여 그린다.

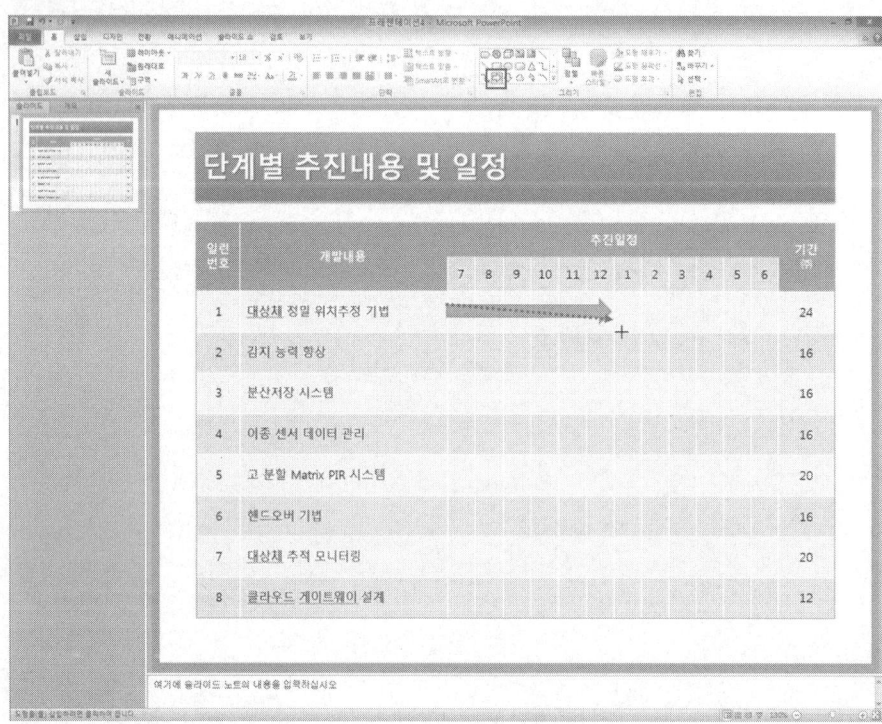

2. 블록화살표를 선택하고 [홈] 탭 [그리기] 그룹의 [빠른 스타일]에서 '보통 효과 - 파랑, 강조1'을 클릭한다.

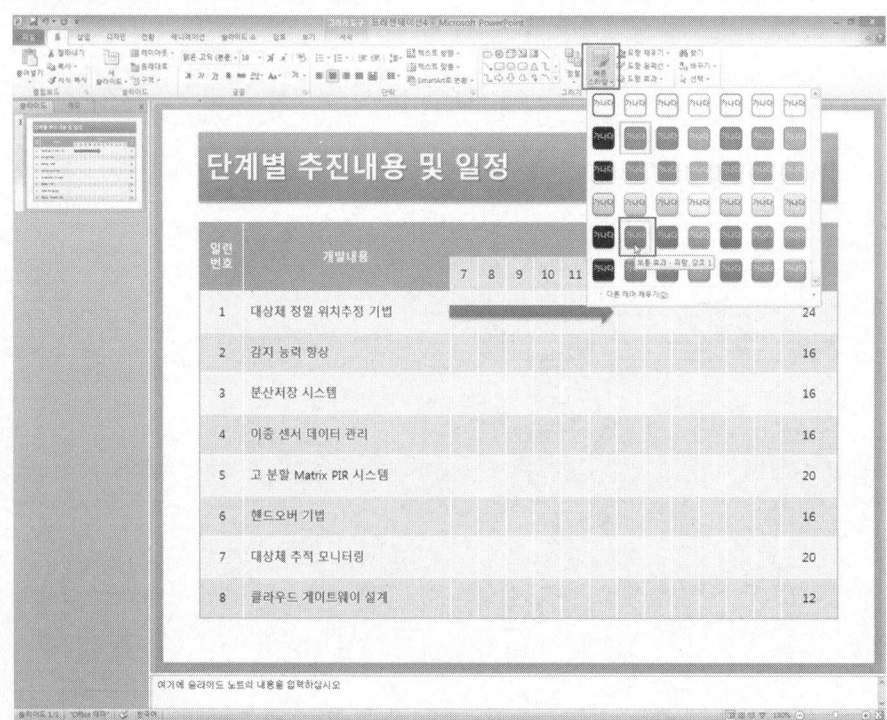

3. 블록 화살표에서 마우스 오른쪽 클릭 후 팝업 메뉴에서 '도형 서식'을 선택한다.

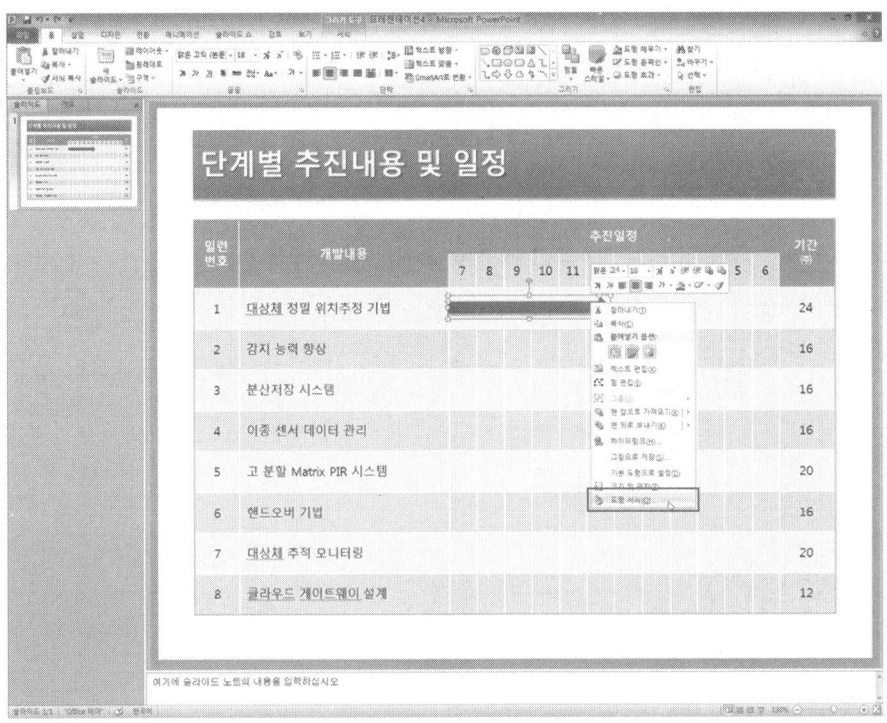

4. '도형 서식' 창의 [채우기] [방향]을 클릭한 후 '선형 왼쪽'을 선택한다.

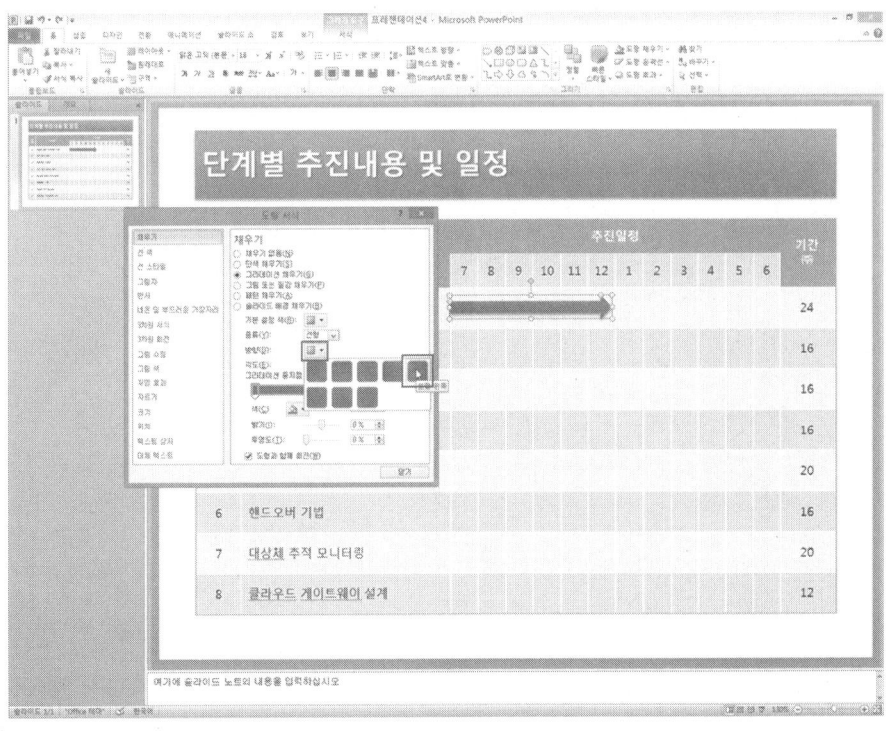

5. '그라데이션 중지점'에서 '중지점 3/3'을 선택하고, '색'은 '진한 파랑, 텍스트 2, 80% 더 밝게'를 선택한다.

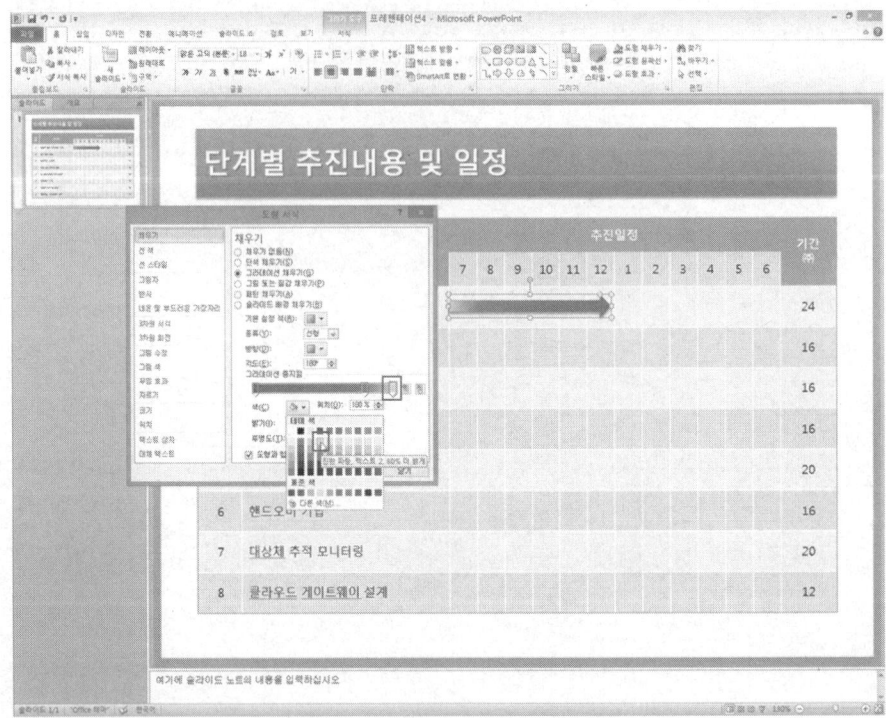

6. '그라데이션 중지점'에서 '중지점 2/3'을 선택하고 마우스 좌/우로 드래그하여 적당한 위치에 위치시킨다.

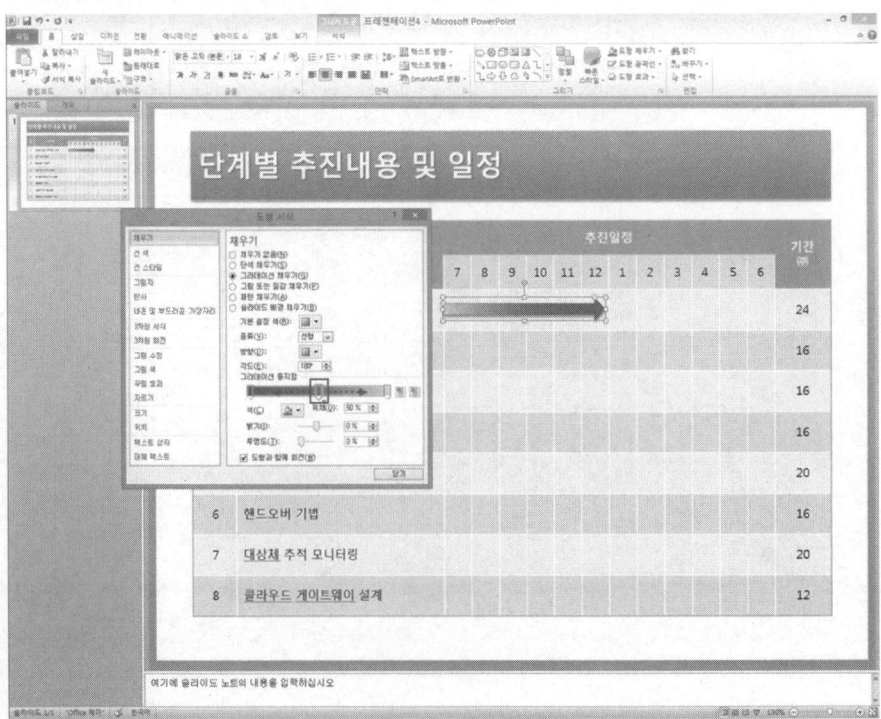

7. 블록 화살표를 선택하고, [홈] 탭 [그리기] 그룹의 '도형 윤곽선'을 '흰색, 배경 1'로 선택한다.

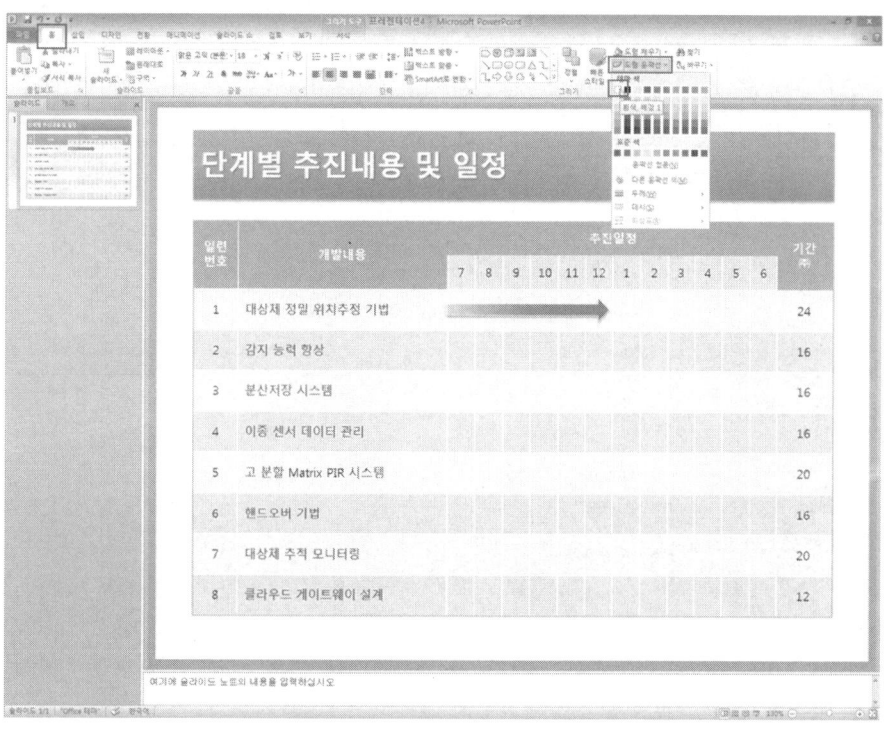

8. [홈] 탭 [그리기] 그룹에서 '자세히'를 클릭하여 '사각형' 그룹의 '직사각형'을 선택하고, '블록 화살표' 바로 아래에 그린다.

9. [홈] 탭 [그리기] 그룹의 '도형 채우기'에서 '흰색, 배경 1'을 선택하고, '도형 윤곽선'은 '진한 파랑, 텍스트 2, 80% 더 밝게', '두께는 1/4pt'를 선택하여 적용한다.

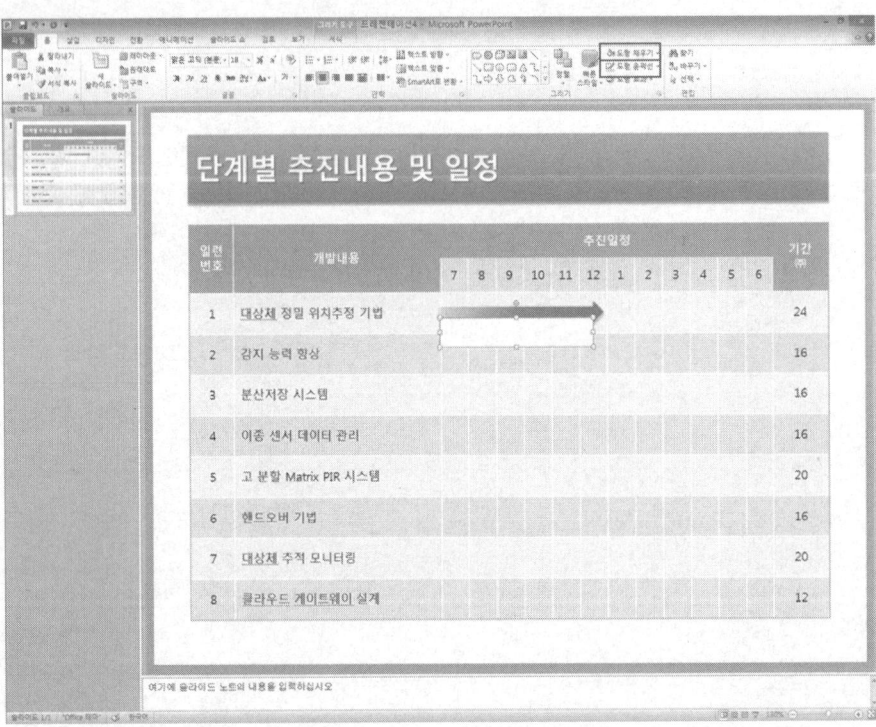

10. 직사각형을 선택하고, 마우스 오른쪽 클릭 '도형 서식'을 선택한다.

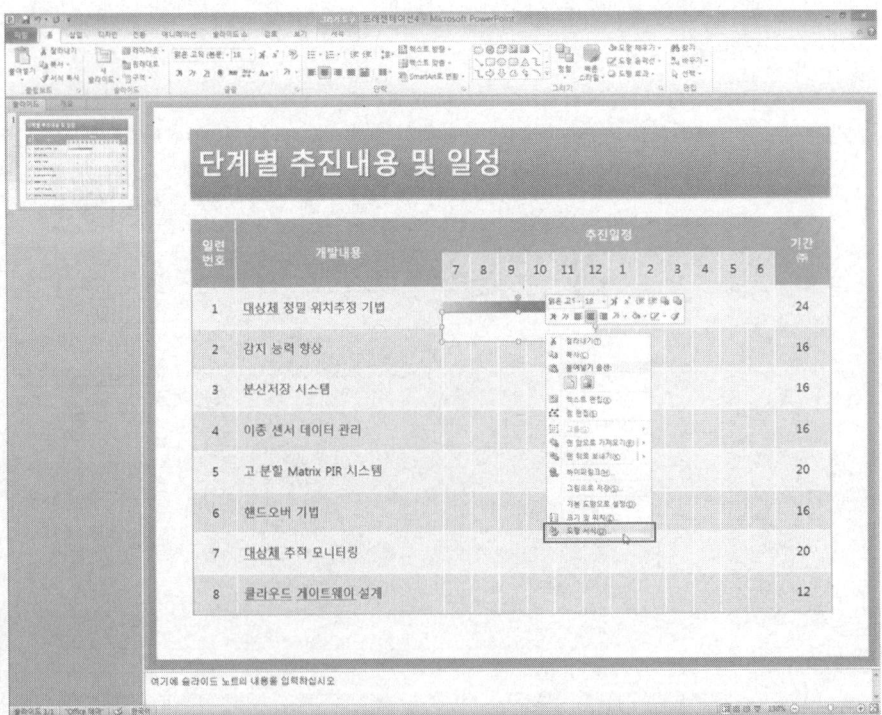

11. '도형 서식' 창에서 '채우기 색'의 '투명도'를 '40%'로 설정한 후 [닫기]를 클릭한다.

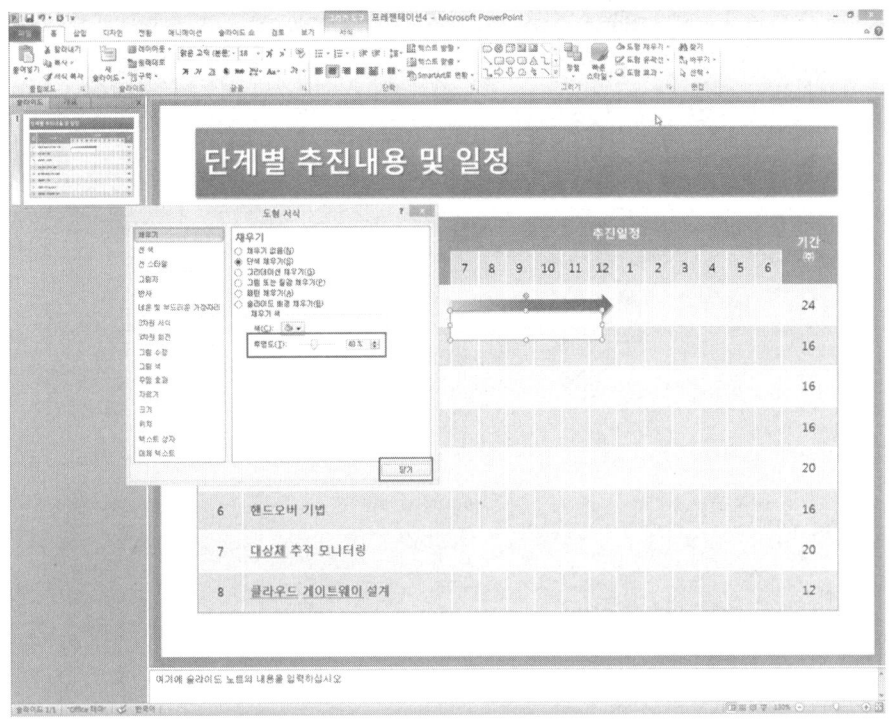

12. 나머지 내용을 다음과 같이 꾸며 본다.

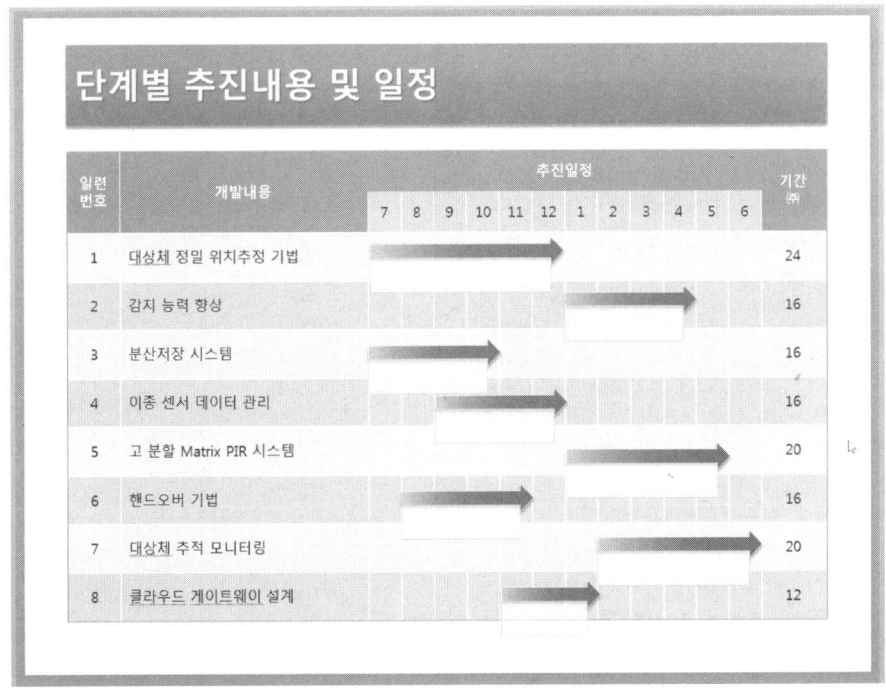

13. 텍스트 삽입을 위해 직사각형을 모두 선택하고, [홈] 탭 [글꼴] 그룹에서 '크기' 와, '색'을 설정한 후 아래와 같이 내용을 삽입해 본다.

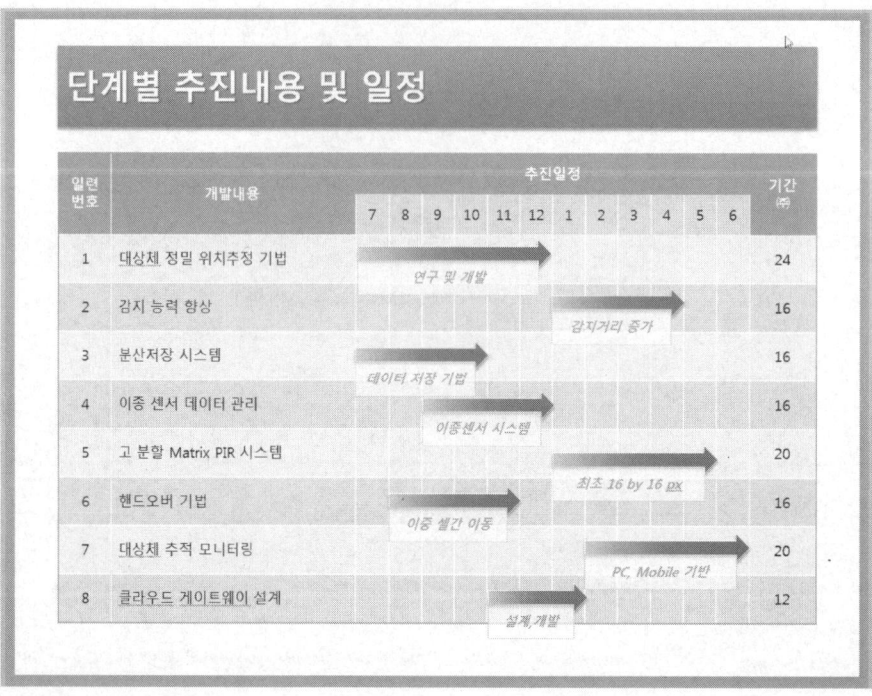

2 차트 만들기

2.1 기본 차트 만들기

파워포인트 2010에는 차트를 삽입하고 디자인할 수 있는 기능을 제공한다. 차트 기능을 이용하여 아래와 같이 슬라이드를 완성해보자.

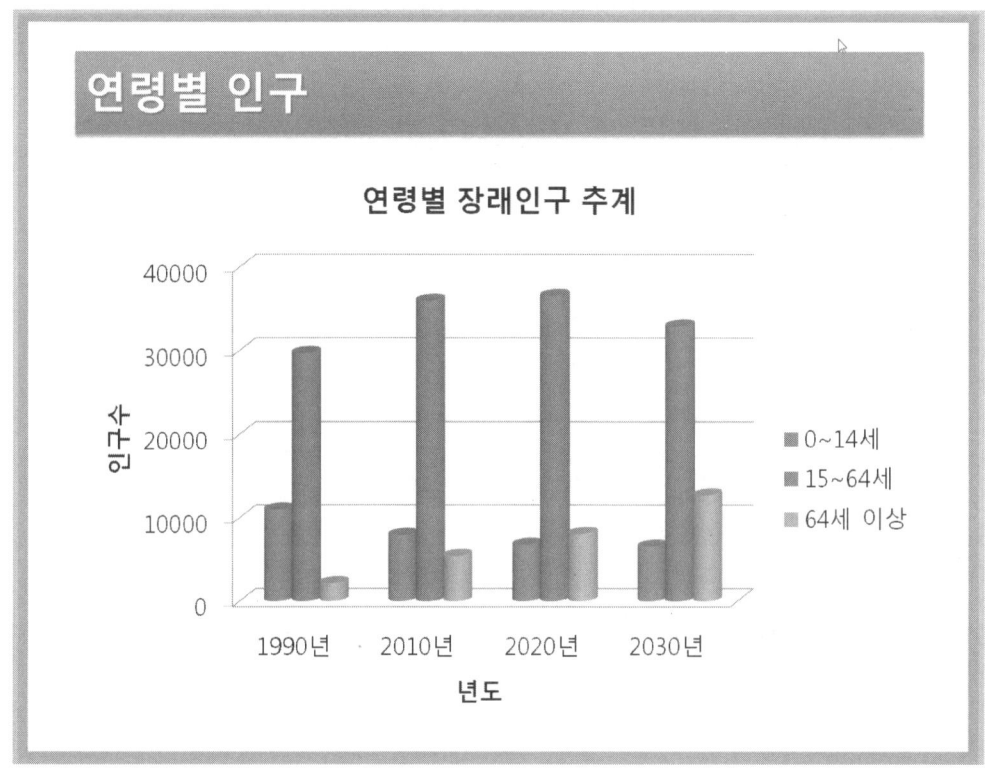

1. [삽입] 탭 [일러스트레이션] 그룹의 [차트] 아이콘을 클릭하면 [차트 삽입] 대화상자가 나타난다. [세로 막대형] 범주에서 '묶은 원통형'을 선택하고 [확인] 버튼을 클릭한다.

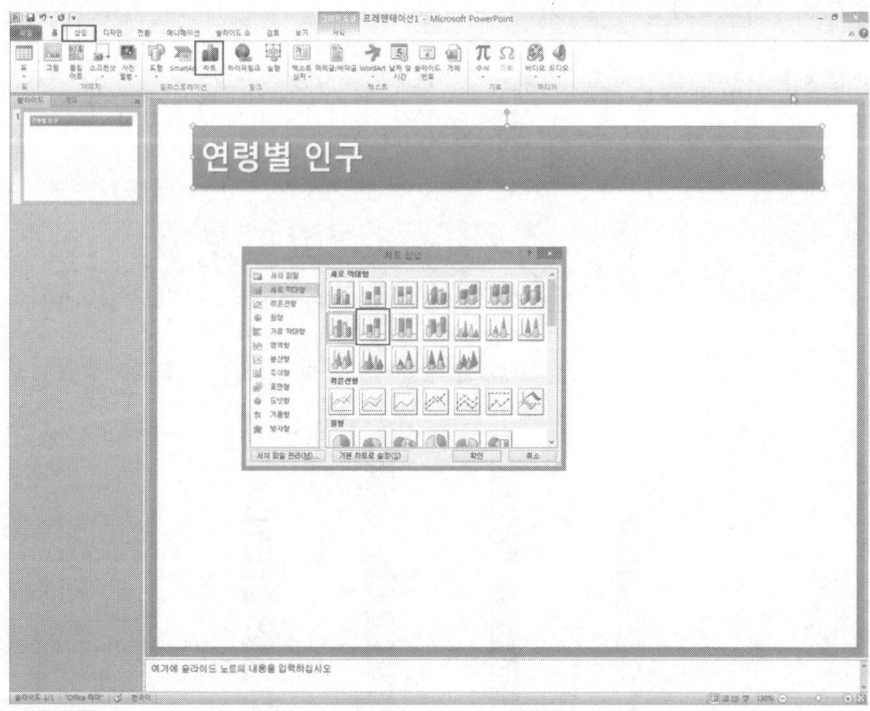

2. 엑셀로 된 [데이터 창]이 창이 열리고 슬라이드에 차트가 삽입된다. 차트로 만들 데이터를 입력한다.

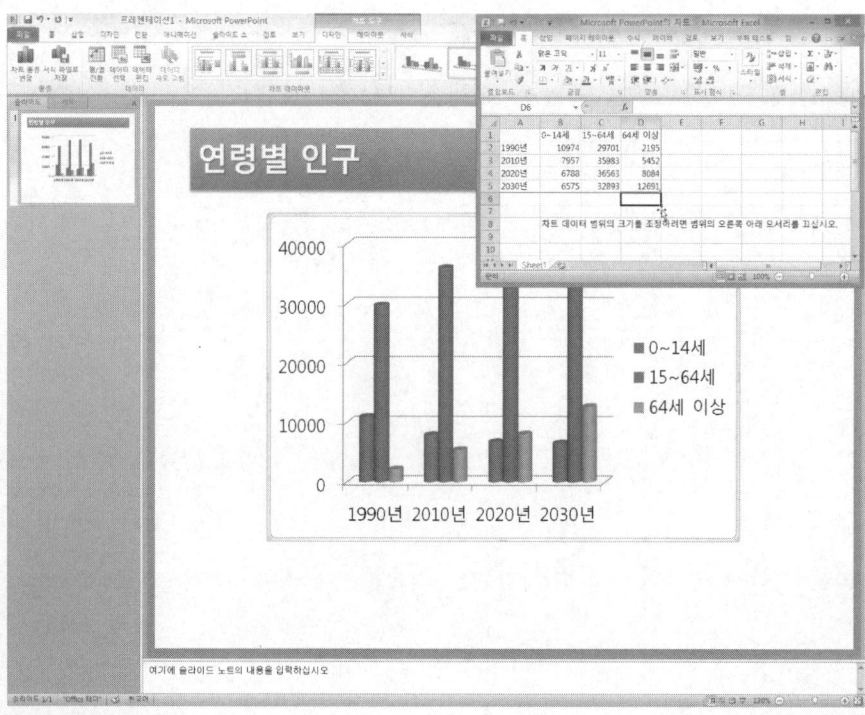

3. 데이터 입력이 끝나면 [데이터 창]은 닫기 버튼을 클릭하여 닫는다. 차트에 제목을 넣기 위해 [디자인] 탭 [차트 레이아웃] 그룹의 [레이아웃] 아이콘을 클릭하여 '레이아웃 9'를 선택한다.

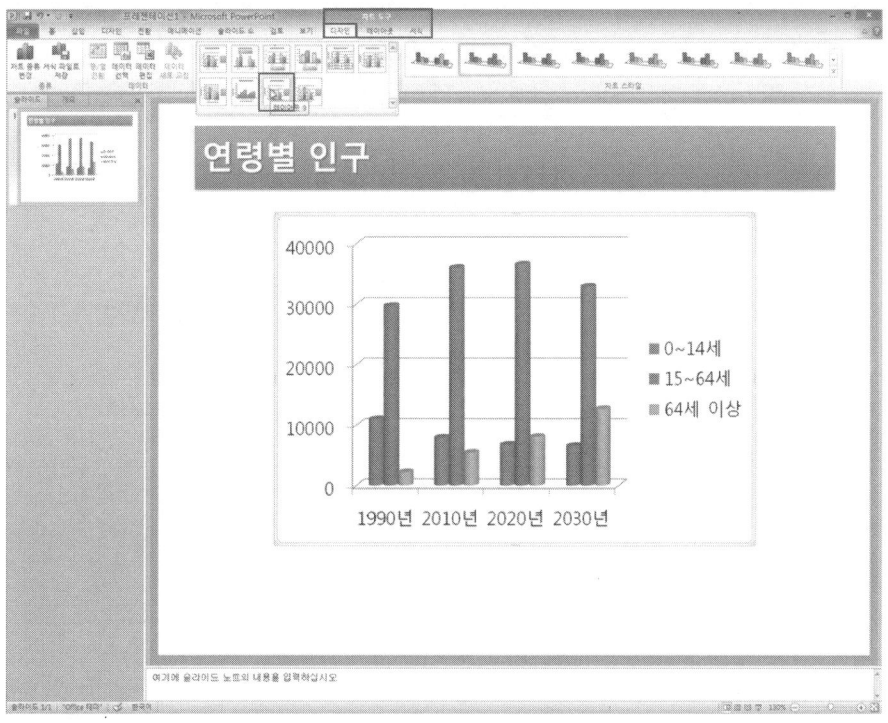

4. '차트제목'과 '축 제목'을 더블 클릭하여 입력한다.

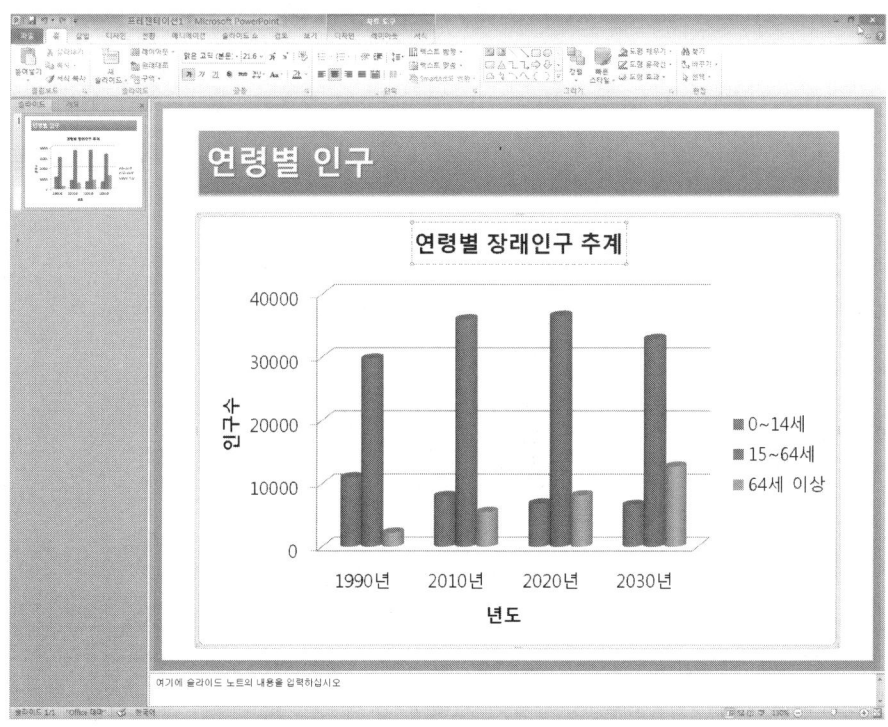

2.2 차트 변경하기

이미 삽입된 차트를 변경하여 보다 가독성 있는 차트를 다음과 같이 완성해 본다.

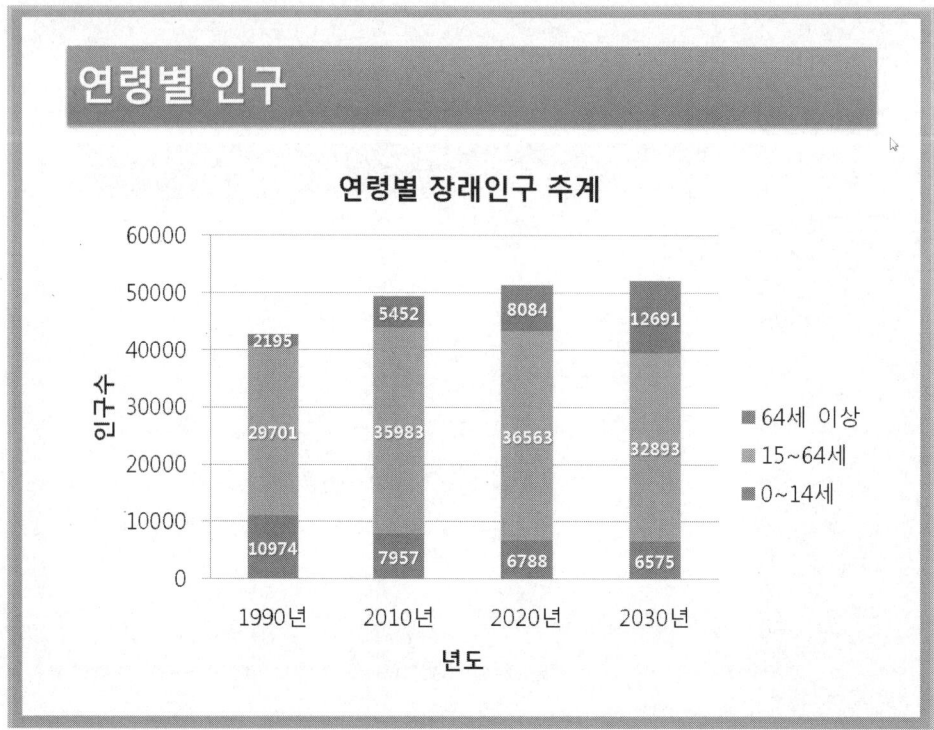

1. 삽입된 차트를 선택한 후 마우스 오른쪽 클릭하여 '차트 종류 변경'을 클릭한다.

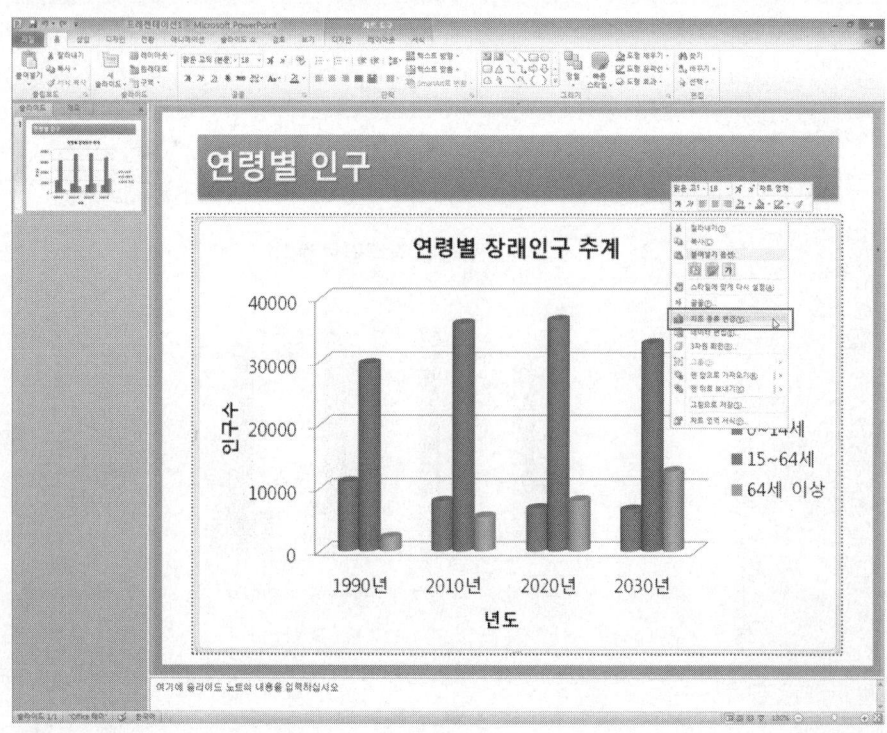

2. 팝업된 '차트 종류 변경' 창에서 '누적 세로 막대형'을 선택한 후 확인을 클릭한다.

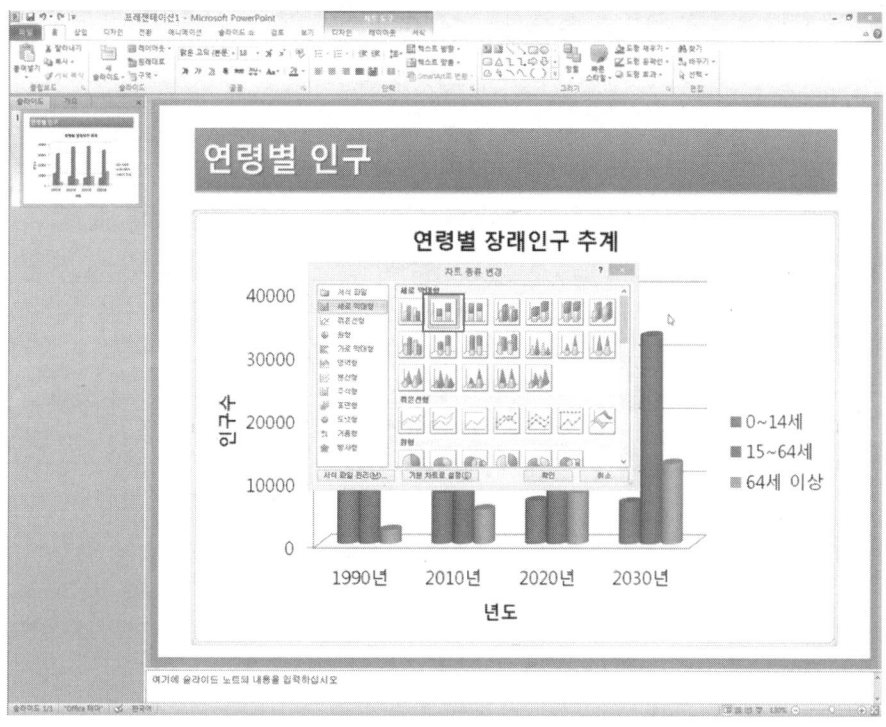

3. 데이터 계열 색을 변경해보자. '0~14세' 데이터 계열을 선택한 후 마우스 오른쪽 버튼을 클릭한 후 '데이터 계열 서식'을 선택한다.

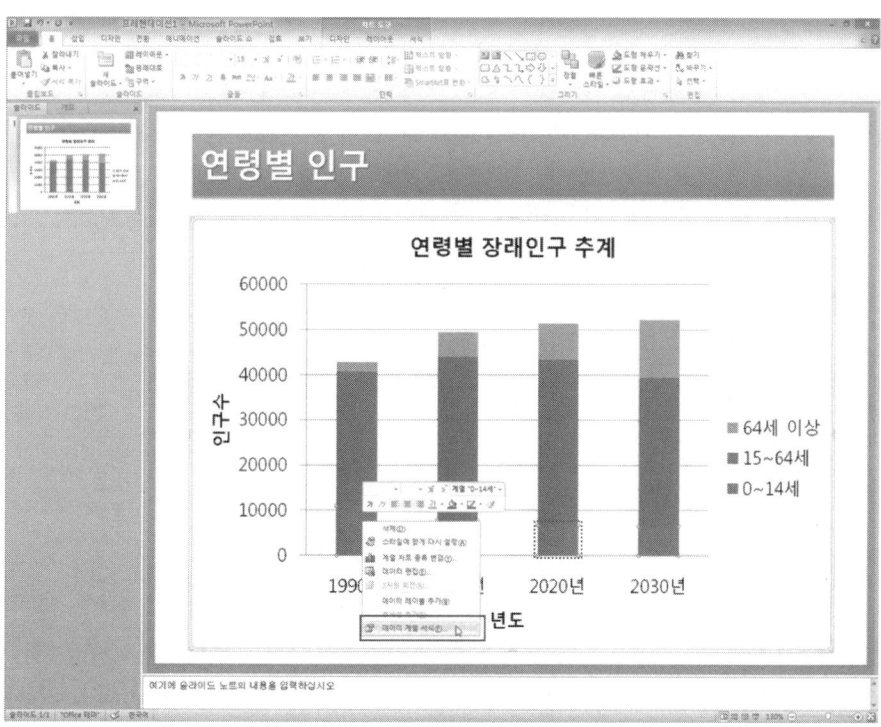

4. '데이터 계열 서식' 창에서 '채우기'을 선택하고, '단색 채우기'의 '채우기 색'의 '색'에서 '황록색, 강조 3, 25% 더 어둡게'를 선택한다.

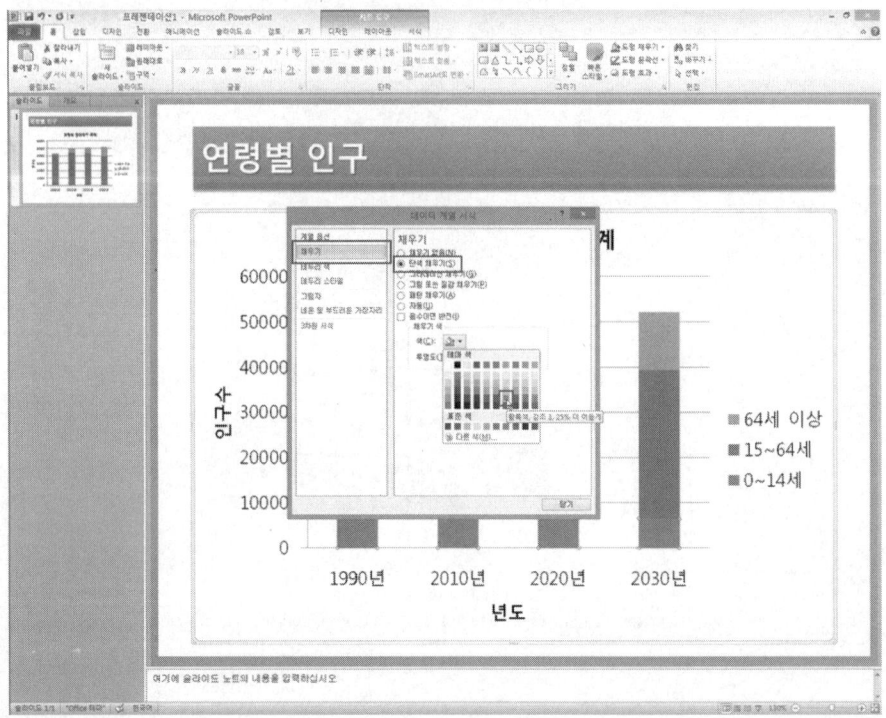

5. 같은 방법으로 '15~64세', '64세 이상'을 각각 '주황, 강조 6'과 '파랑, 강조 1'을 선택하여 다음과 같이 완성한다.

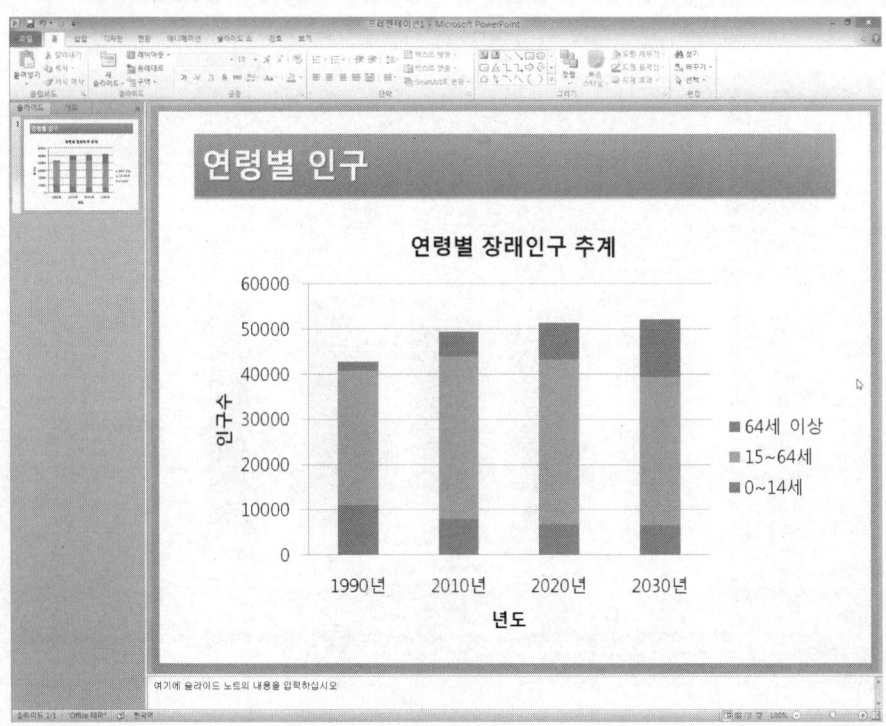

6. 각각의 그래프에 데이터 레이블을 추가해 보자. '0~14세' 데이터를 선택하고, 마우스 오른쪽 클릭하여 '데이터 레이블 추가'를 선택한다.

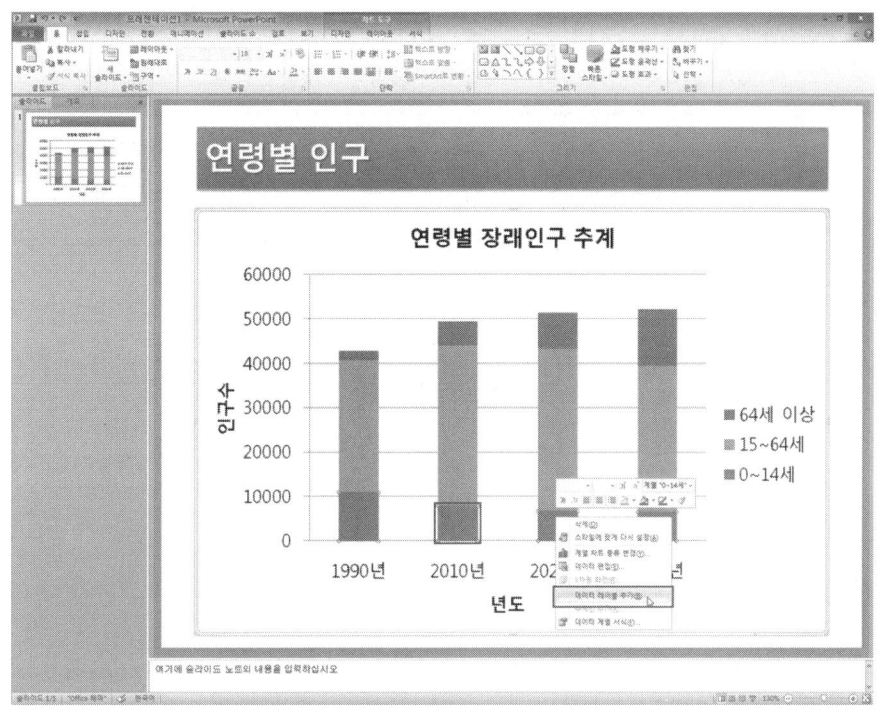

7. 데이터 레이블이 추가된 것을 확인할 수 있다. 데이터 레이블의 색상을 변경하기 위해, '0~14세' 데이터 레이블을 선택하고, 마우스 오른쪽 클릭하여 '글꼴 색'을 '흰색'으로 선택한다.

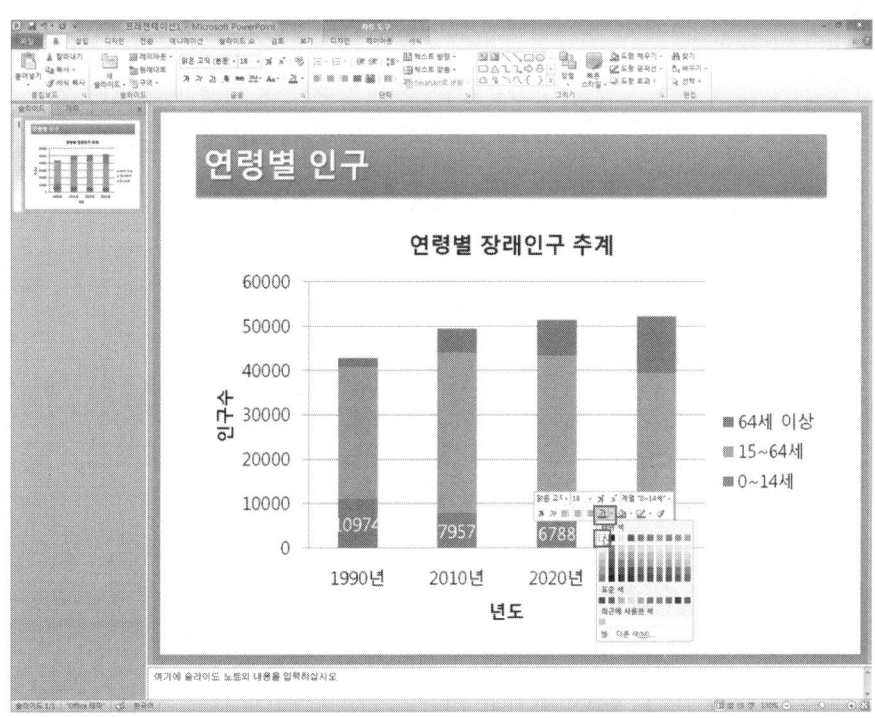

8. 데이터 레이블이 데이터 막대영역을 벗어나 잘 보이지 않는다. 글씨 크기를 줄이기 위해, 마우스 오른쪽 클릭, 따른 도구 모음에서 글씨 크기를 적당히 줄인다.

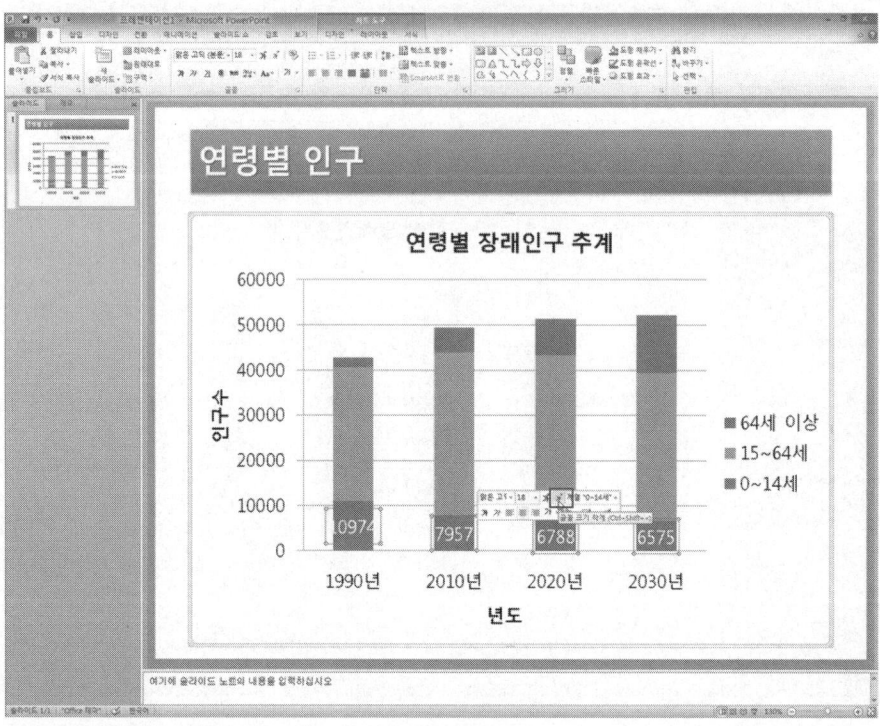

9. 나머지 데이터 레이블도 다음과 같이 적용해 본다.

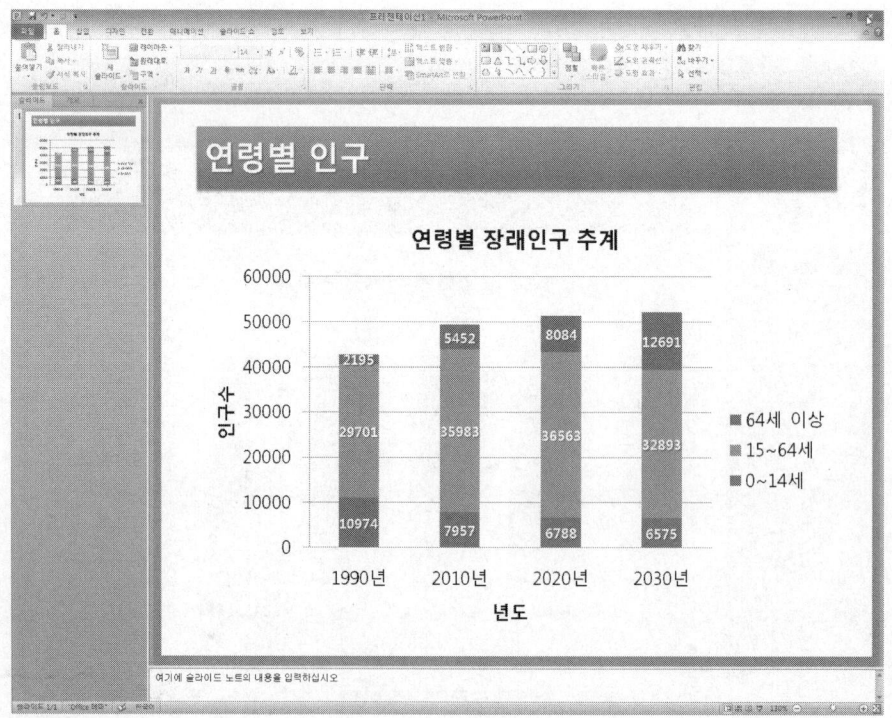

2.3 차트 꾸미기

파워포인트 2010의 차트 만들기를 이용하여 차트를 만들어 보았다. 보다 가독성 있고, 더욱더 멋진 차트를 만들기 위해 그리기 도구를 이용하여 다음과 같이 완성해 보자.

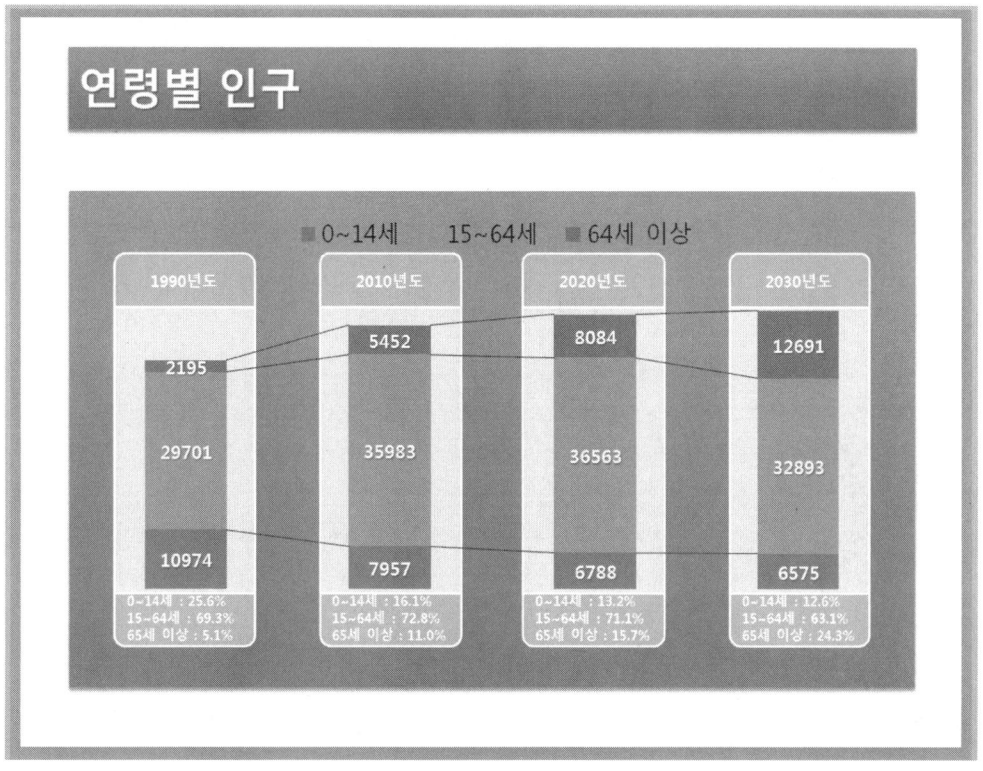

1. 앞서 만들어진 차트를 꾸미기 위해 '차트 제목'을 선택하고 Delete 키 또는 마우스 오른쪽 버튼을 클릭하고, '삭제'를 선택한다.

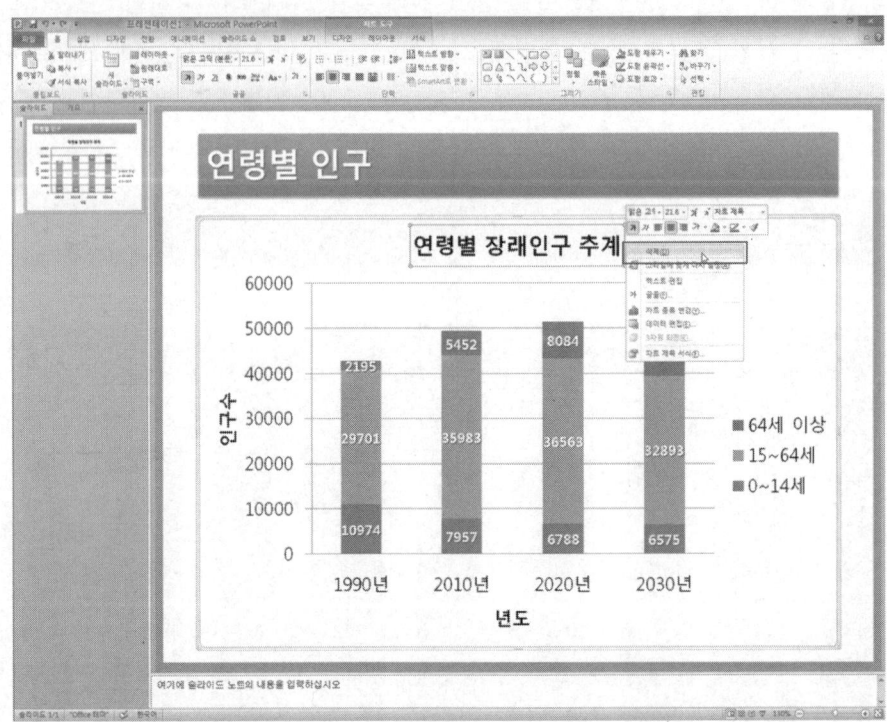

2. 같은 방법으로 '인구수', '년도'를 함께 삭제하고, 'X, Y축'을 삭제한다.

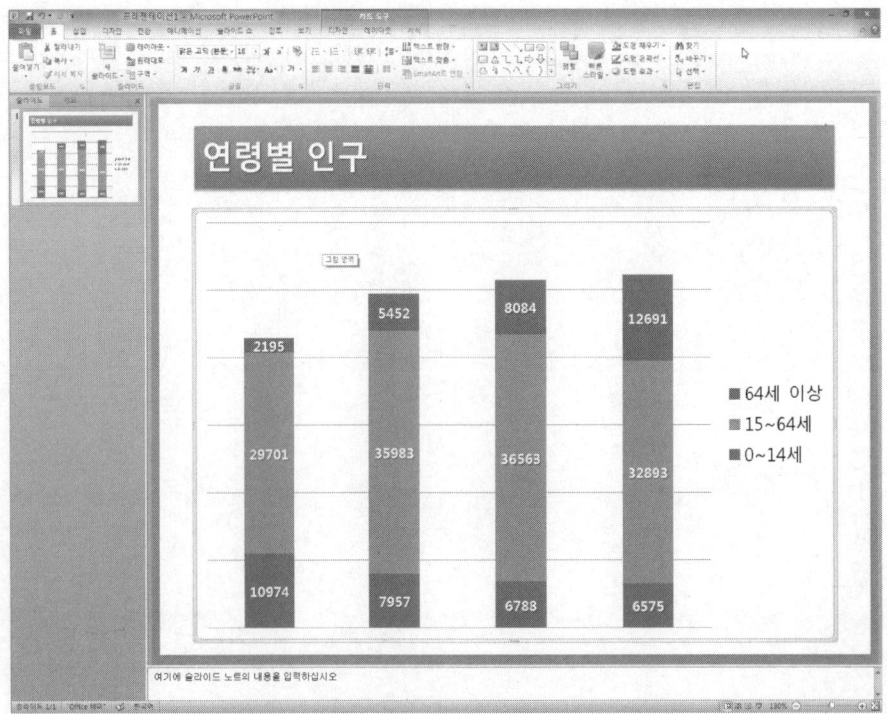

3. [차트 도구] [레이아웃] 탭의 [축] 그룹에서 [눈금선]을 선택하고, '기본 가로 눈금선'의 '없음'을 선택하여 눈금선을 삭제한다.

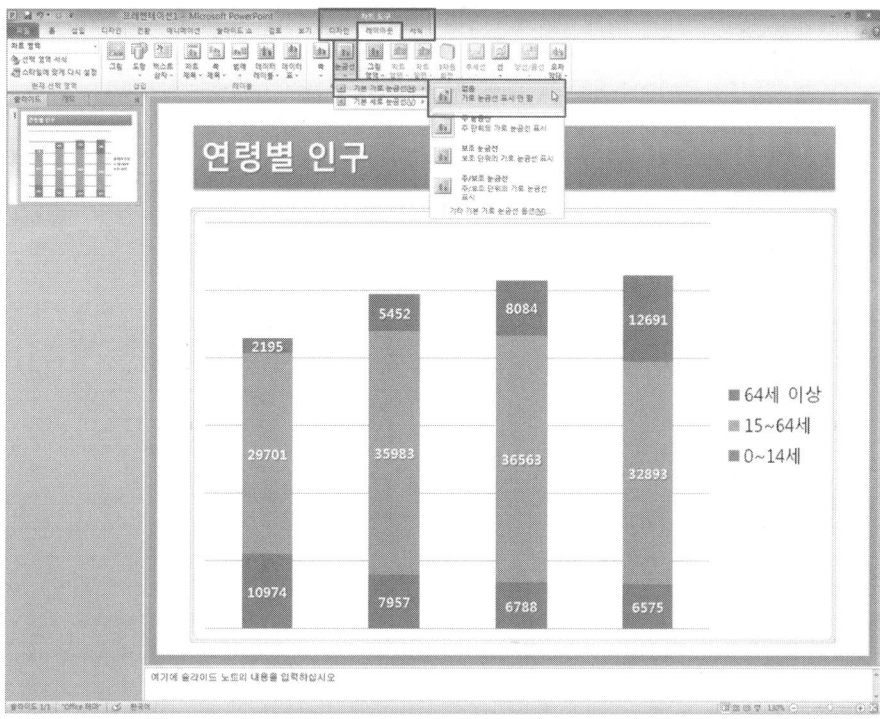

4. [차트 도구] [레이아웃] 탭의 [분석] 그룹에서 [선] - '계열선'을 클릭한다.

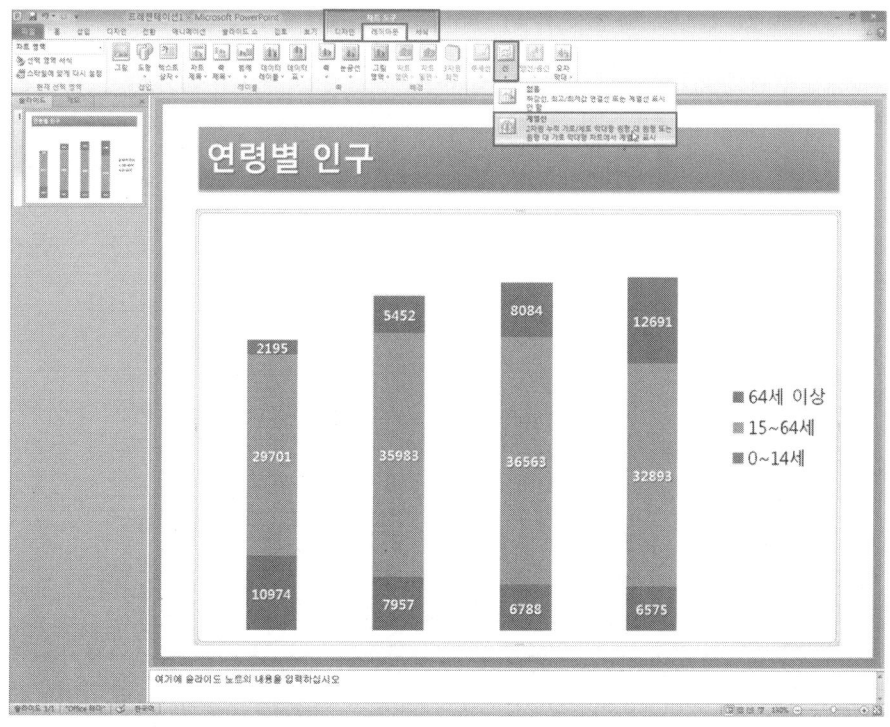

5. [차트 도구] [레이아웃] 탭의 [레이블] 그룹에서 [범례] - '위쪽에 범례 표시'를 클릭한다.

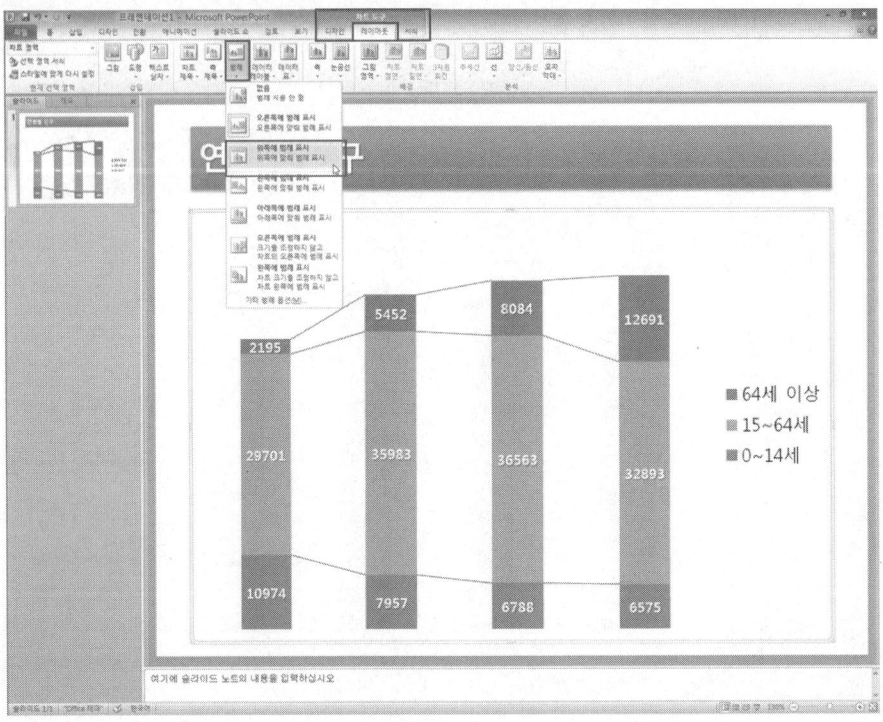

6. 차트 크기를 적당히 조절한다.

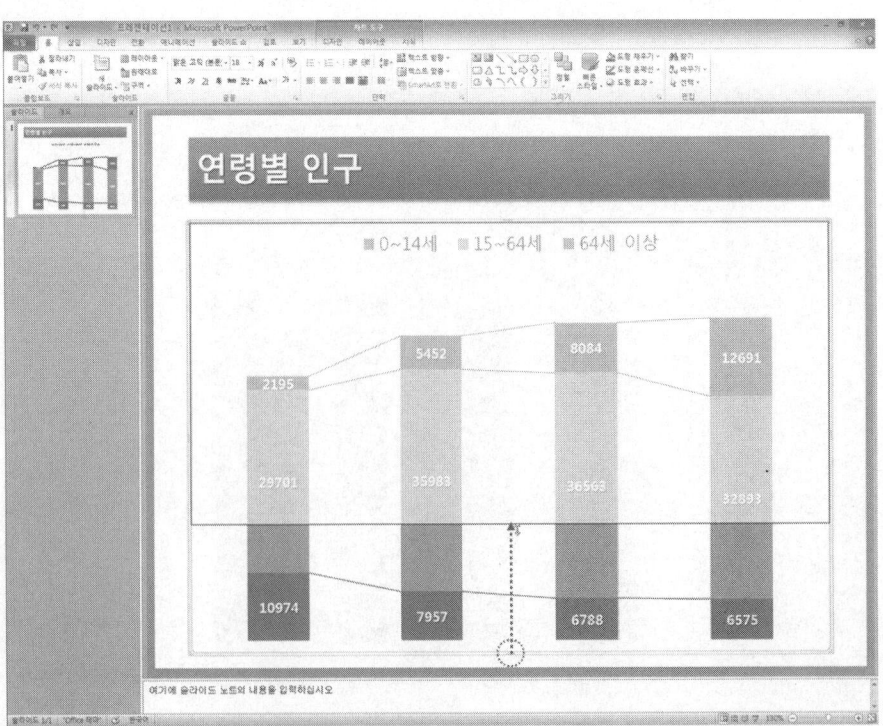

7. [홈] 탭 [그리기] 그룹에서 '사각형' – '양쪽 모서리가 둥근 사각형'을 선택하여 다음과 같이 삽입해 본다.

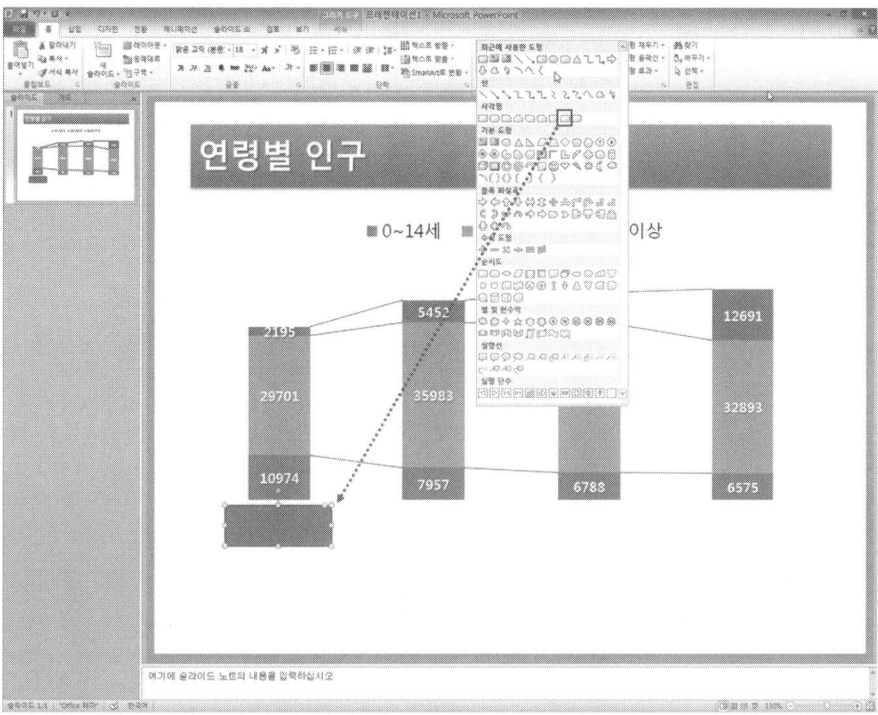

8. 삽입된 도형을 '개체회전 툴'을 이용하여 다음 그림과 같이 회전한다.

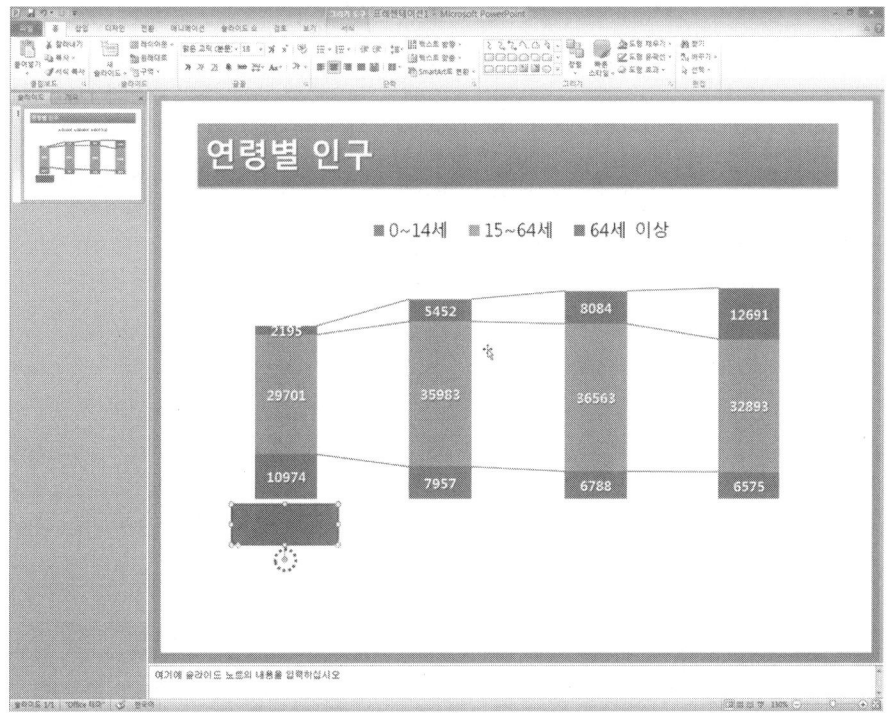

9. 회전된 도형을 선택하고, [홈] 탭 [그리기] 그룹에서 [도형 윤곽선]을 '흰색, 배경 1'로 선택한다.

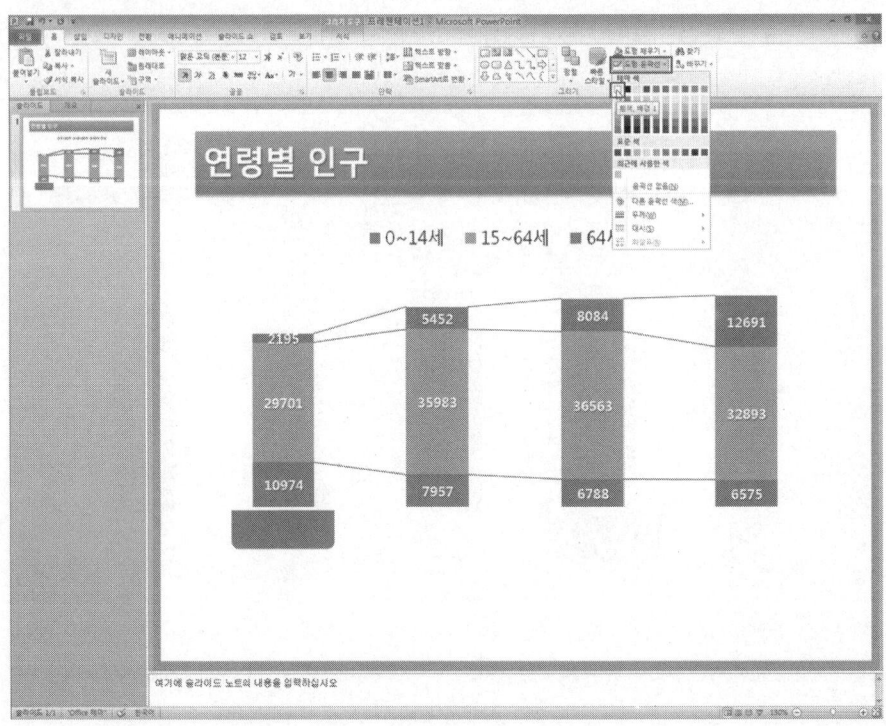

10. 회전된 도형을 선택하고, [홈] 탭 [그리기] 그룹에서 [도형 채우기]를 '황록색, 강조 3, 40% 더 밝게'로 선택한다.

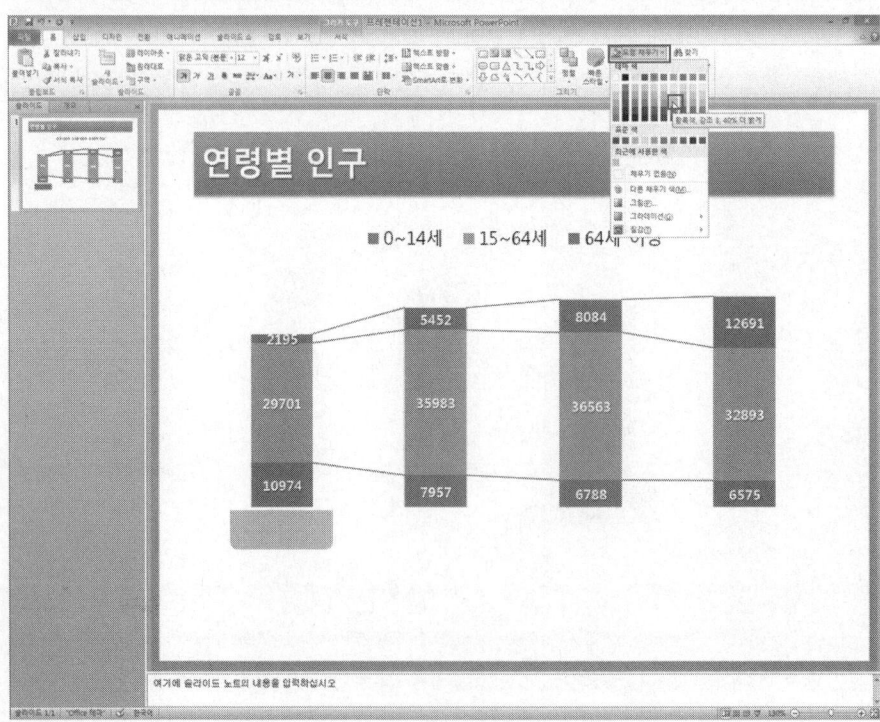

11. 도형에 삽입할 글꼴 크기는 12포인트, 굵게를 적용하여 다음과 같이 복사한다.

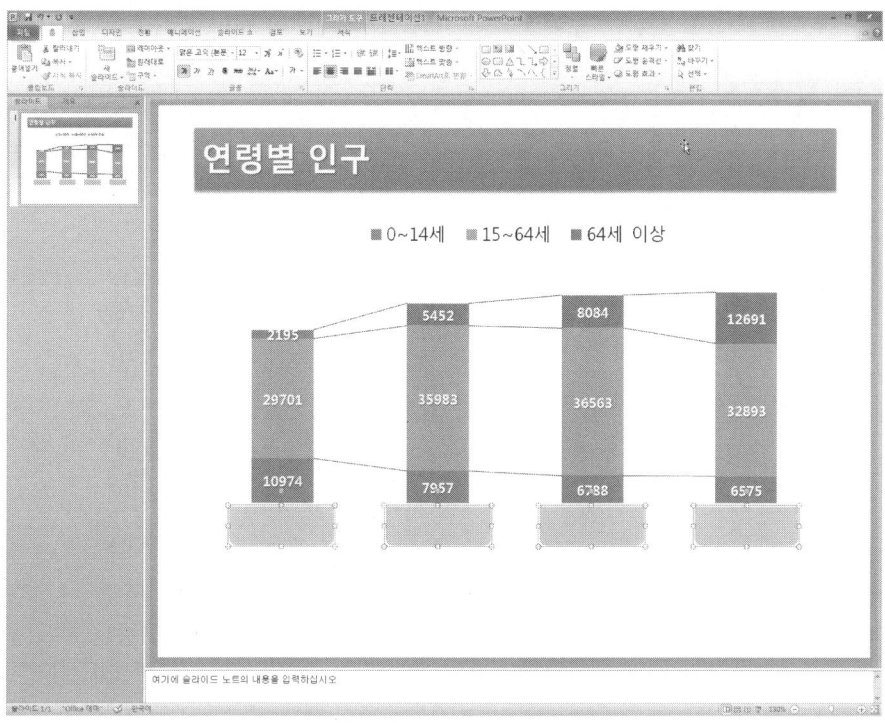

12. 복사한 도형을 모두 선택한 후 다음과 같이 그래프 위쪽으로 복사한다.

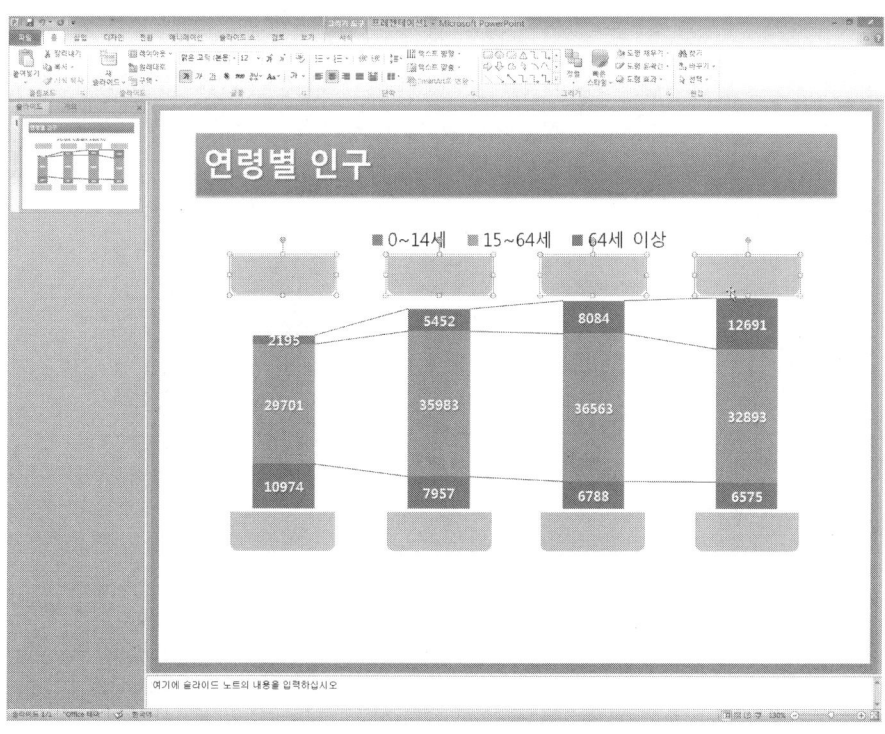

13. 복사한 도형 하나를 선택하고, 모양 조절자를 이용하여 다음과 같이 조절한다.

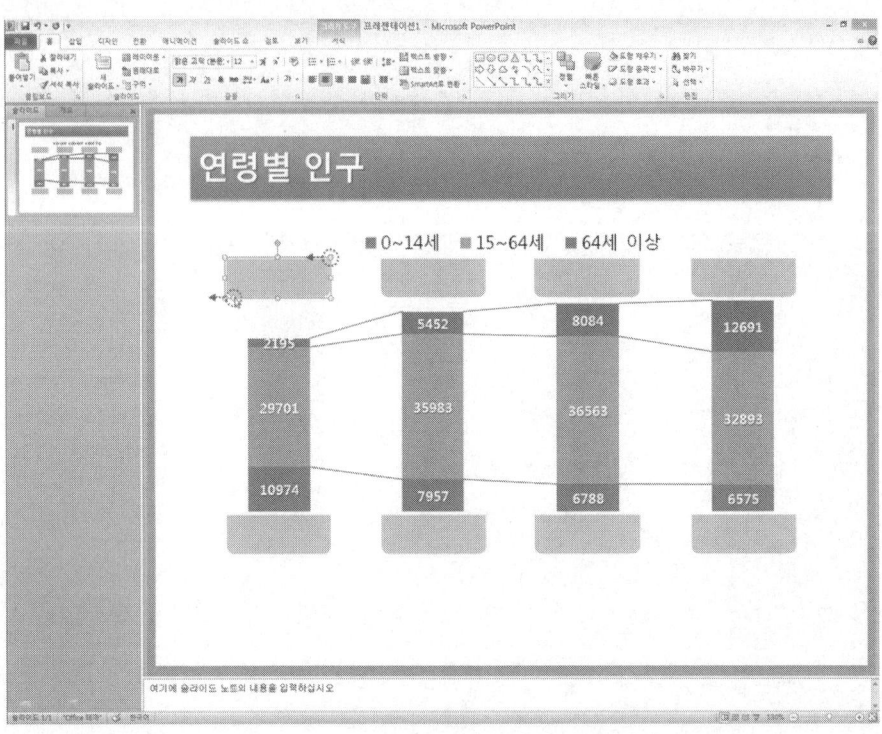

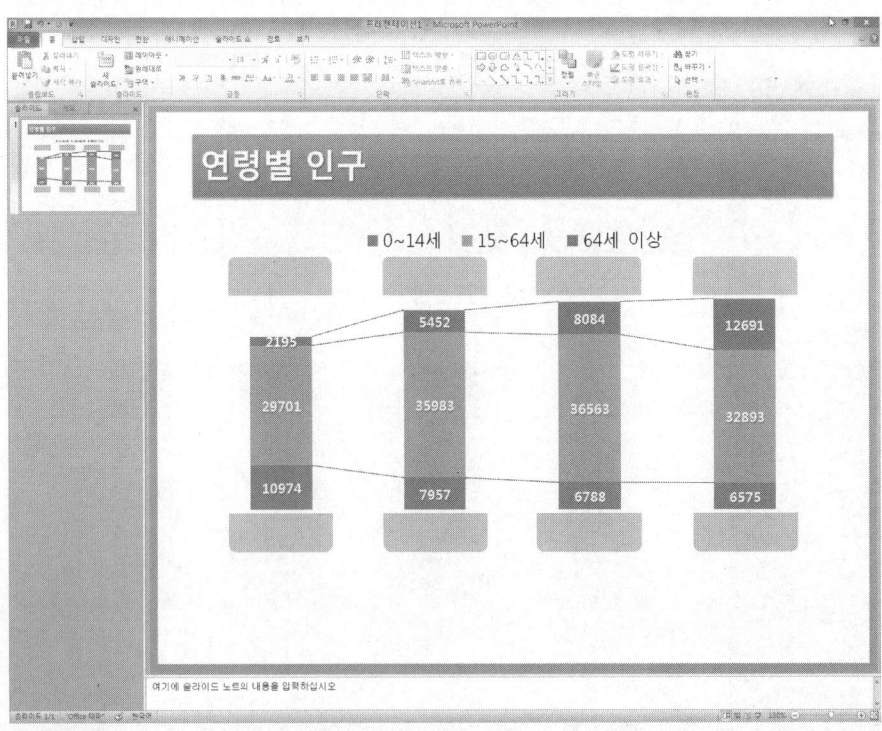

14. 그리기 도구에서 '직사각형'을 선택하여 복사한 도형 사이에 그려 넣는다.

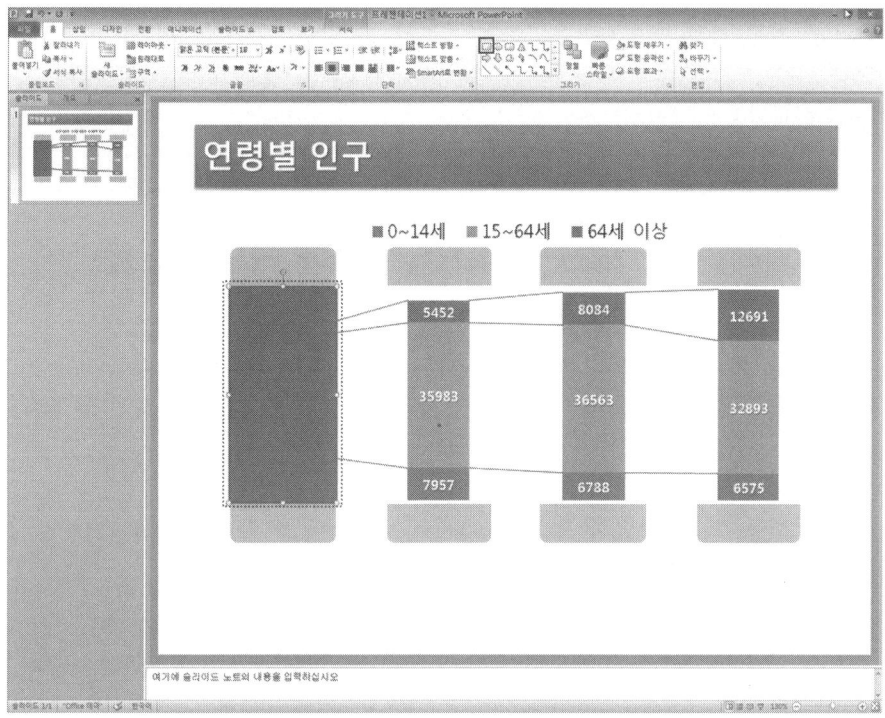

15. 삽입된 '직사각형'의 채우기 색과, 윤곽선을 각각 '황록색, 강조 3, 80% 더 밝게', '흰색, 배경 1'로 설정하고, 다음과 같이 복사한다.

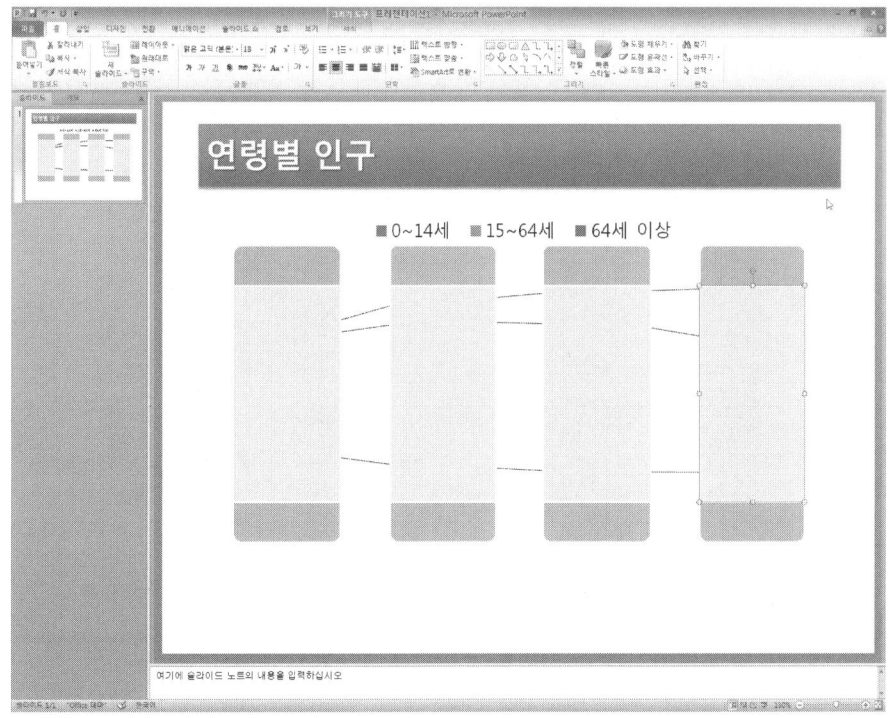

16. 직사각형을 모두 선택하여 마우스 오른쪽 클릭 '맨 뒤로 보내기'를 선택한다.

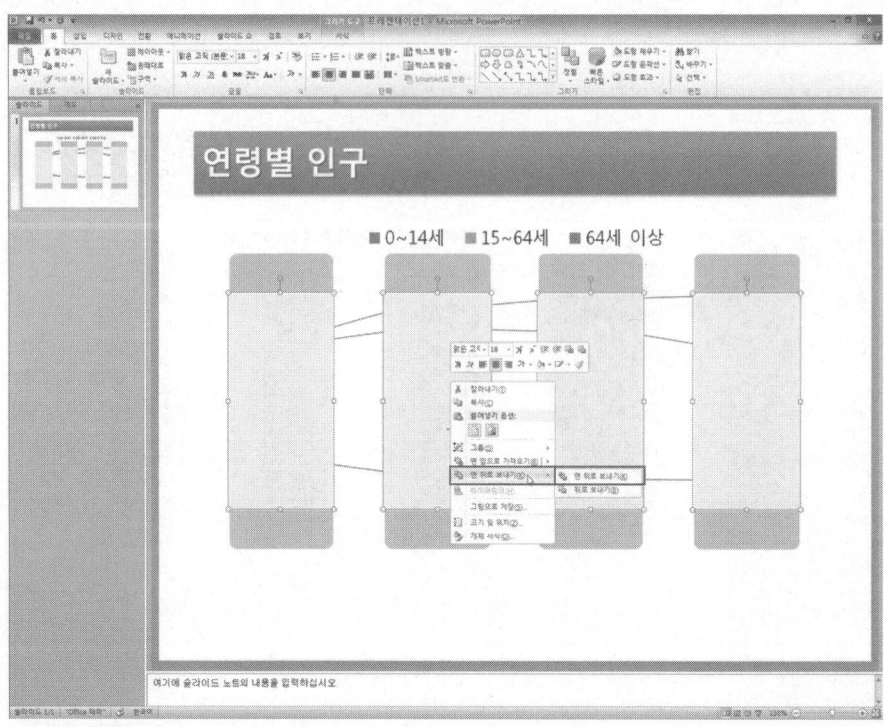

17. 다음과 같이 내용을 삽입한다.

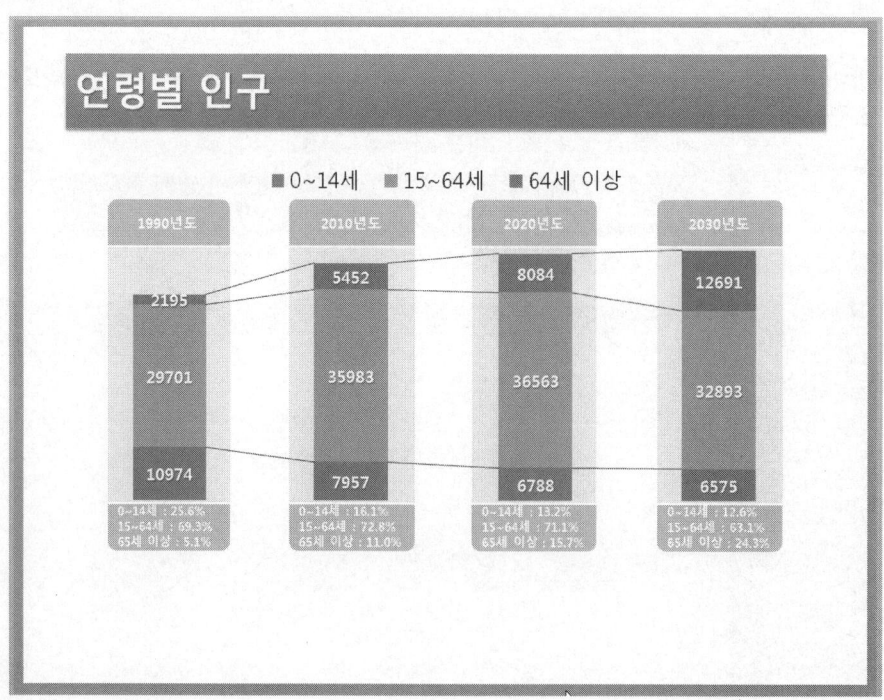

18. [홈] 탭 [그리기] 그룹에서 '직사각형'을 선택하고, 그래프위에 적당한 크기로 그린다.

19. '직사각형'을 선택한 후 마우스 오른쪽 클릭 '맨 뒤로 보내기'를 선택한다.

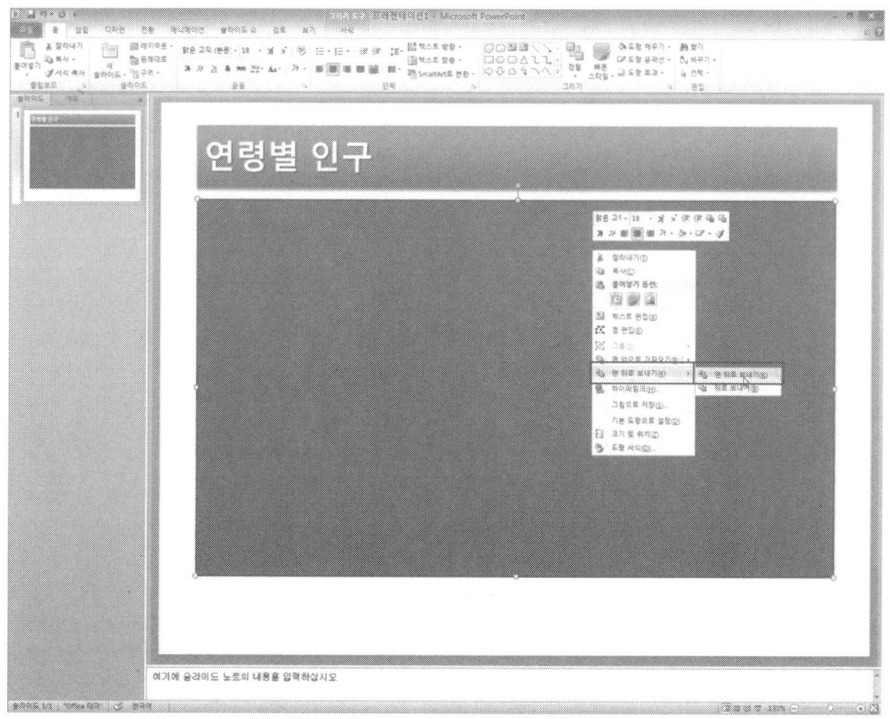

20. [그리기도구] [서식] 탭의 [도형 스타일]에서 적당한 스타일을 적용하여 완성한다.

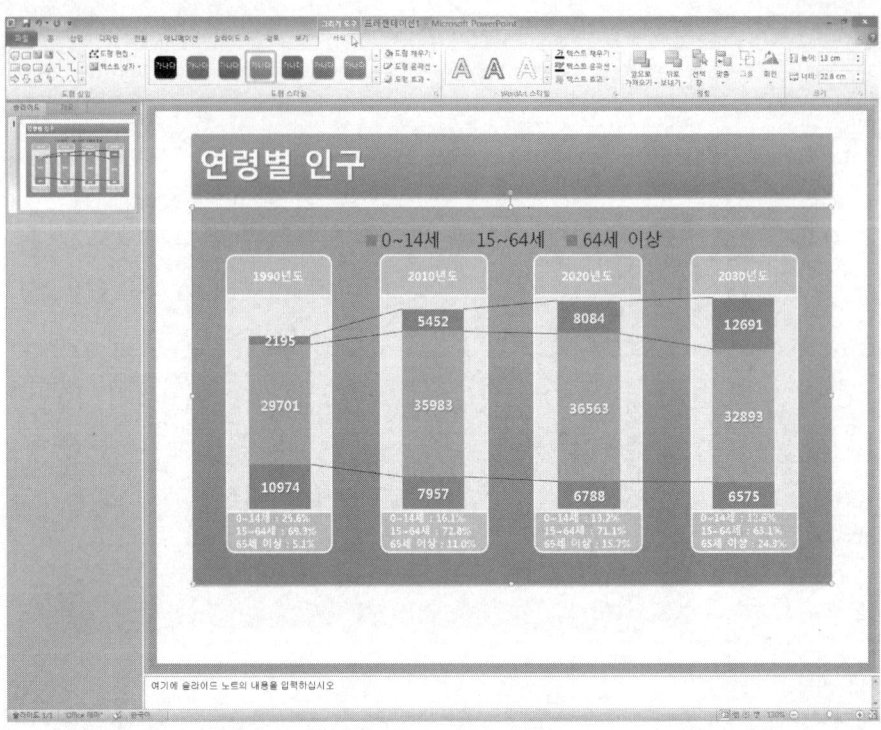

PowerPoint 2010

Part 6

스마트 아트

1. SmartArt
2. 피라미드형 SmartArt
3. 프로세스형 SmartArt
4. 방사 주기형 SmartArt
5. 계층 구조형 SmartArt

1 SmartArt

스마트 아트는 종류별로 정리된 탭에서 적절한 것을 선택하여 사용할 수 있다. 기본 도형을 이용하여 많은 시간을 투자하여 작성하였던 불편함을 미리 정의된 형태의 도형을 가지고, 쉽고 빠르게 원하는 형태를 작성할 수 있다. 스마트 아트는 총 8개의 탭으로 구성되어 있다.

1.1 목록형

목록형 스마트 아트는 순차적이지 않거나 그룹화된 정보를 나열한 그래픽들이 모여 36가지가 있다. 일반적인 정보의 나열을 표현해야 할 경우에 주로 사용된다.

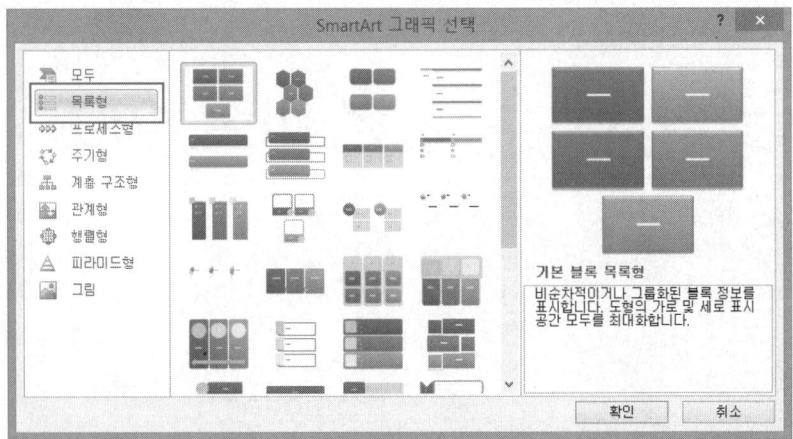

1.2 프로세스형

프로세스형 스마트 아트는 작업이나 프로세스, 워크 플로우의 진행 방향이나 순차적인 정보를 표현할 경우, 효과적으로 사용할 수 있으며, 44가지가 있다. 목록형과 함께 가장 많이 쓰인다.

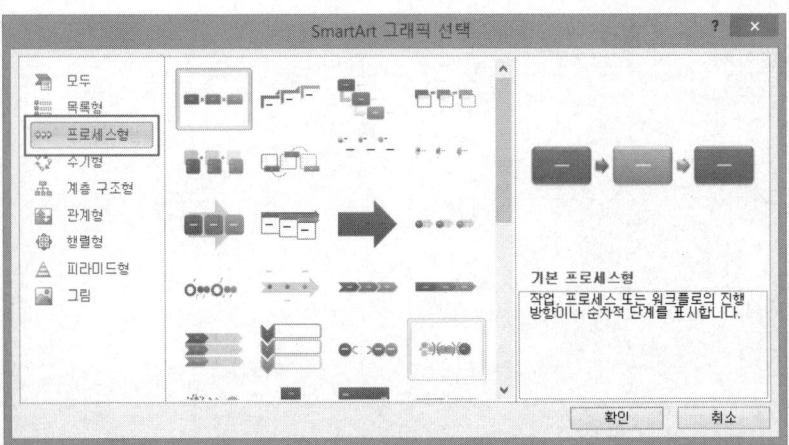

1.3 주기형

주기형 스마트 아트는 단계, 작업 또는 이벤트의 이어지는 순서를 원형 순서도에 표시하며, 프로세스형 스마트 아트와 비슷하지만 원형 순서도가 많기 때문에 조금은 용도가 다르다. 일반적으로 반복 되는 상황을 표현할 경우 많이 사용한다. 총 16개의 하위 스마트 아트 그래픽이 있다.

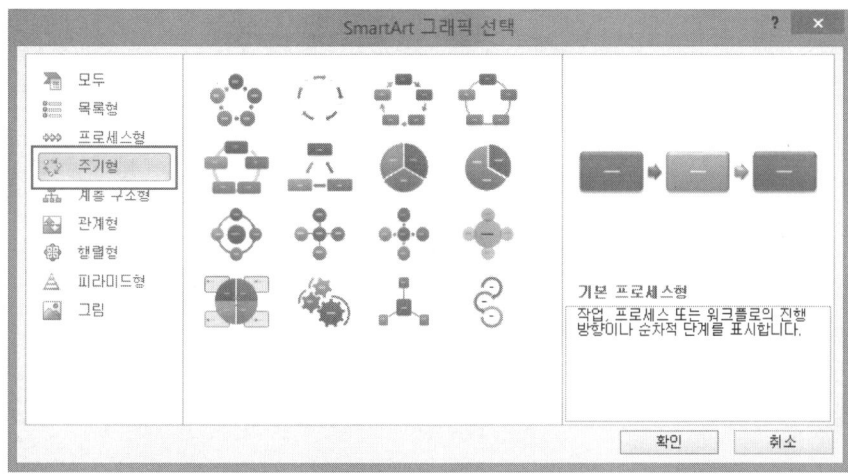

1.4 계층 구조형

계층 구조형 스마트 아트는 조직이나 정보의 계층 관계를 나타내는 스마트 아트로 조직 구성이나 계층적 정보를 나타낼 경우 많이 사용하며, 총 13개의 하위 스마트 아트 그래픽이 있다.

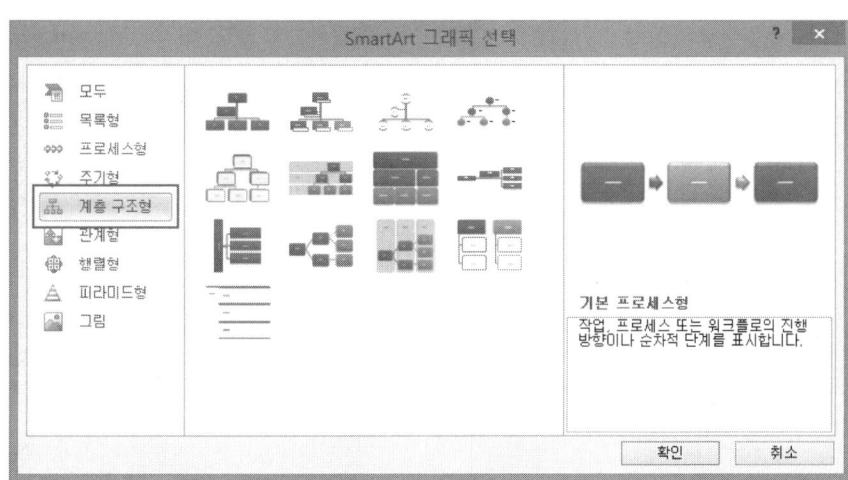

1.5 관계형

관계형 스마트 아트는 두 가지 이상의 내용의 관계를 비교할 수 있는 형태로 구성되어 있다. 관계의 종류나 관계의 개수에 따라 다른 형태의 스마트 아트를 사용해야 하기 때문에 다양한 종류의 스마트 아트로 총 37개의 스마트 아트 그래픽이 있다.

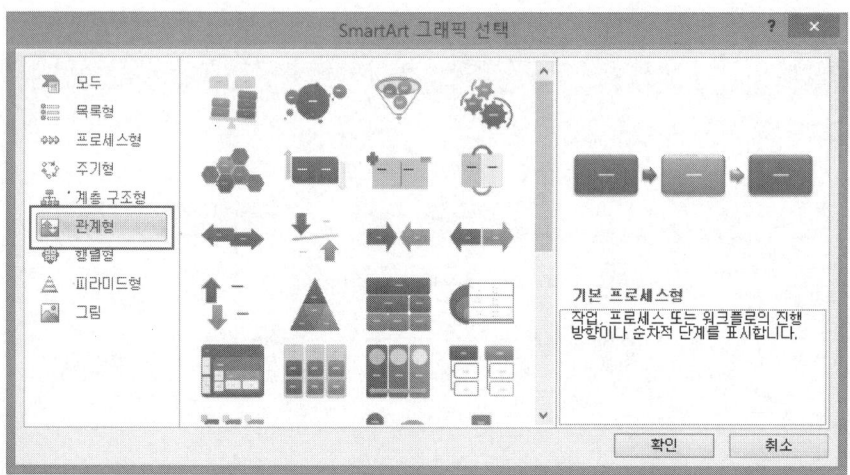

1.6 행렬형

행렬형 스마트 아트는 주로 사분면으로 나뉘는 형태의 스마트 아트로 구성되어 정보의 분류를 효과적으로 나타낼 수 있다. 총 4개의 스마트 아트 그래픽이 있다.

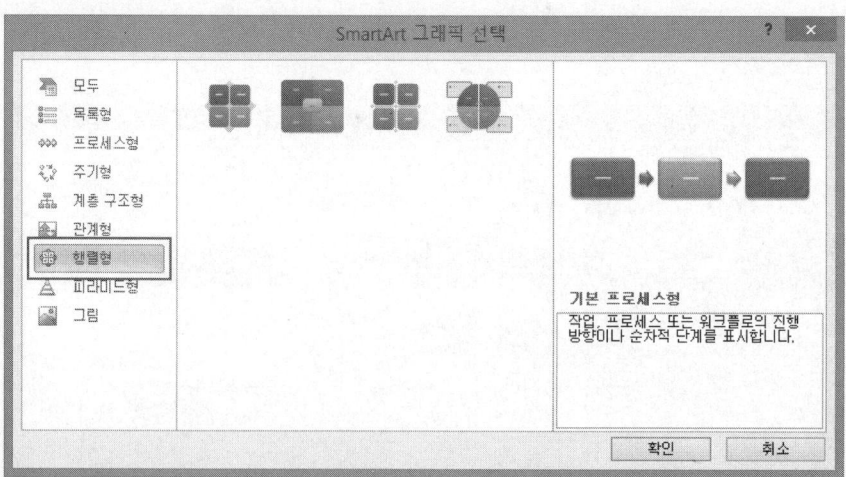

1.7 피라미드형

피라미드형 스마트 아트는 비례 관계, 상호 연결 관계 또는 계층 관계를 나타낼 수 있다. 단순한 형태이지만 기본적으로 많이 쓰일 수 있는 형태의 스마트 아트로 총 4개의 스마트 아트 그래픽이 있다.

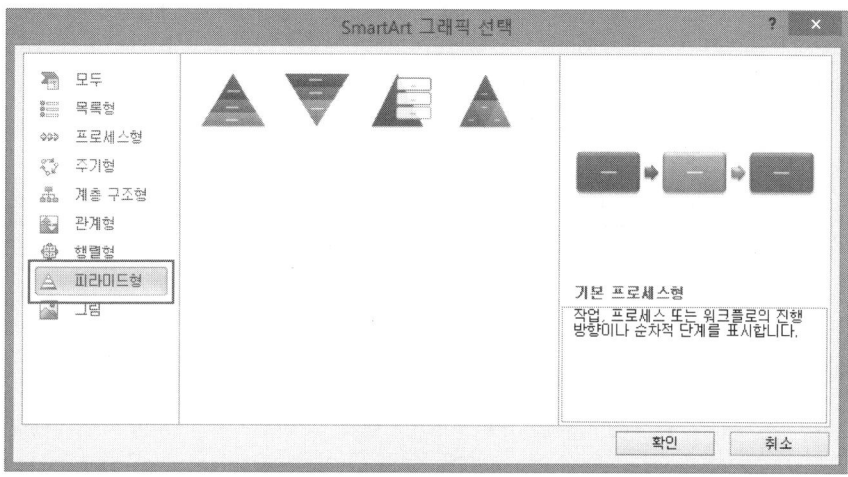

1.8 그림

그림형 스마트 아트는 스마트 아트에 그림을 삽입할 수 있는 형태의 스마트 아트로 다른 분류의 스마트 아트에 그림을 추가로 삽입할 수 있게 만들어져 있어 다른 분류의 스마트 아트와 비슷한 형태가 많이 있다.

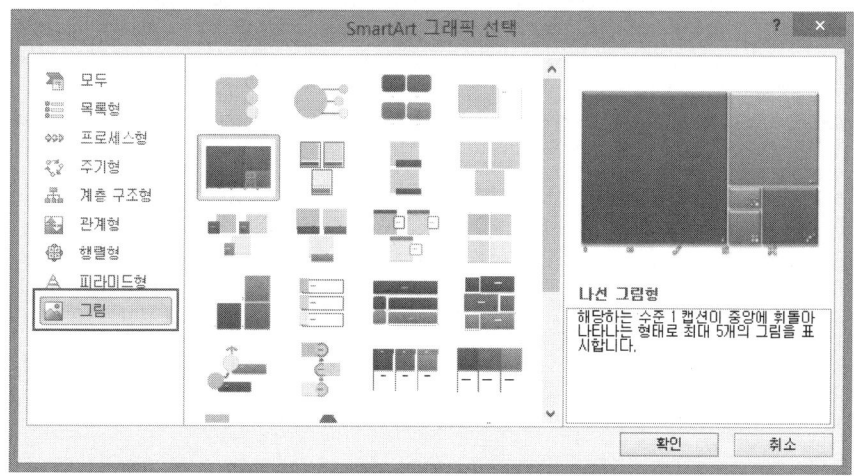

2 피라미드형 SmartArt

2.1 기본 SmartArt 다루기

파워포인트 2010에는 기본 도형을 이용한 다양한 형태의 미리 정의된 SmartArt 기능을 제공한다. SmartArt는 가장 많이 쓰는 도구 형태로 여러 가지 디자인을 제공하며, 이러한 기능을 이용하여 아래와 같이 슬라이드를 완성해보자.

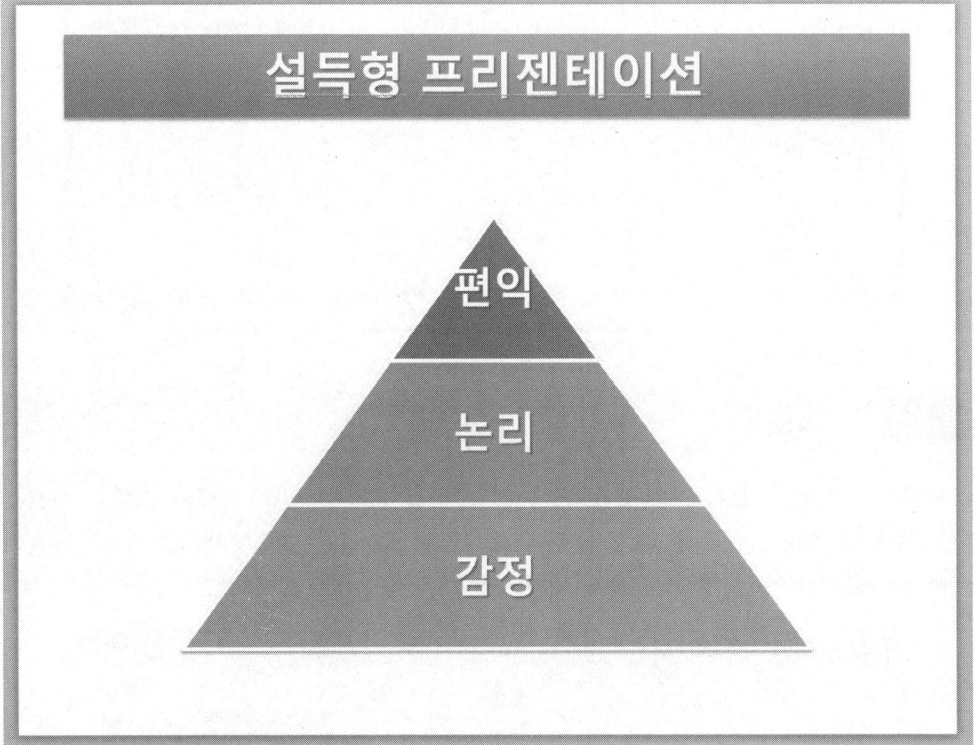

1. [삽입] 탭 [일러스트레이션] 그룹의 [SmartArt] 아이콘을 클릭한다. [피라미드형] 범주를 클릭한 후 '기본 피라미드형'을 선택하고 [확인] 버튼을 클릭한다.

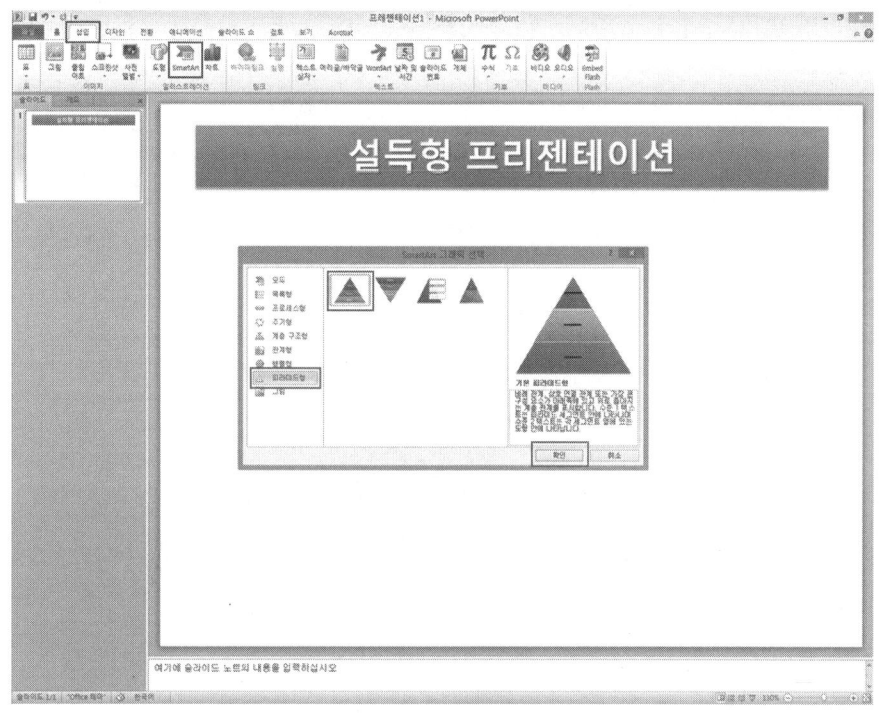

2. 삽입된 SmartArt의 텍스트상자에 '편익', '논리', '감정'을 입력한 후 [디자인] 탭 [그래픽 만들기] 그룹의 [도형 추가] 아이콘을 클릭하여 [뒤에 도형 추가]를 선택하면 도형이 추가 된다.

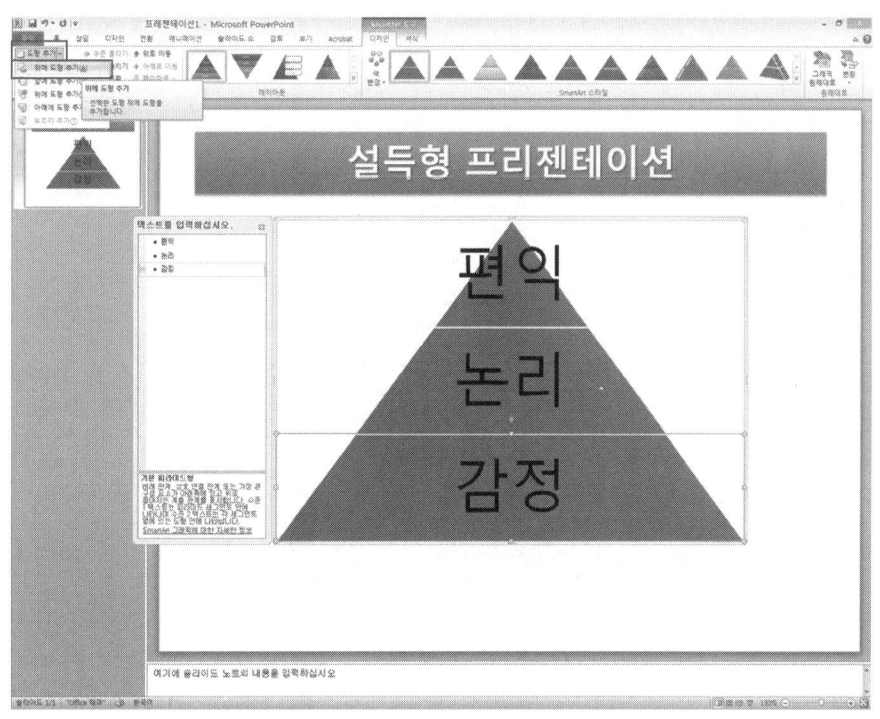

3. 삽입된 SmartArt의 글꼴, 글씨색 등을 도형에 맞게 적절히 수정하여 다음과 같이 완성한다.

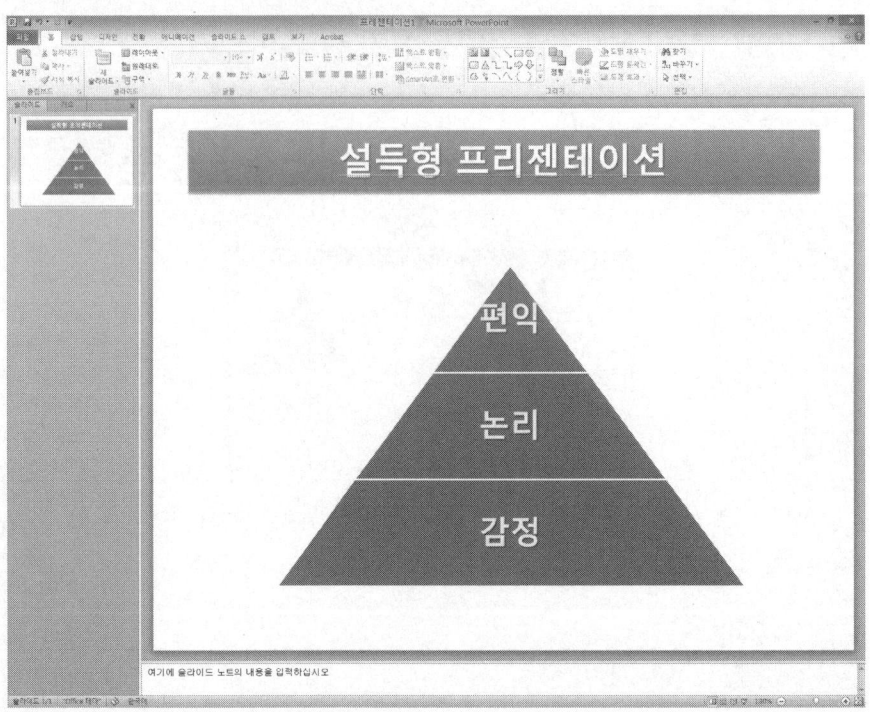

4. 삽입된 SmartArt를 클릭하면 [SmartArt 도구] 메뉴가 생성되는데 [디자인] 탭의 [SmartArt] 스타일에서 [색 변경]을 클릭하여 [색상형] 범주의 '색상형 범위 - 강조색 2 또는 3'을 클릭한다. 이때, 앞서 적용하였던 글씨 색은 자동으로 변경된다.

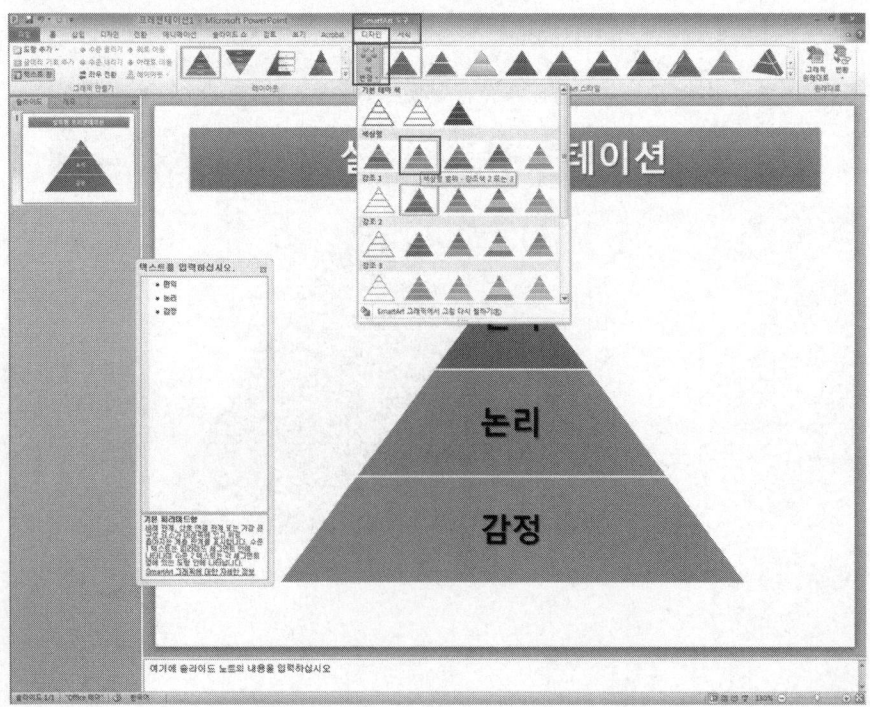

5. 변경된 SmartArt의 [SmartArt 스타일] 그룹에서 '흰색 윤곽선'을 선택한다.

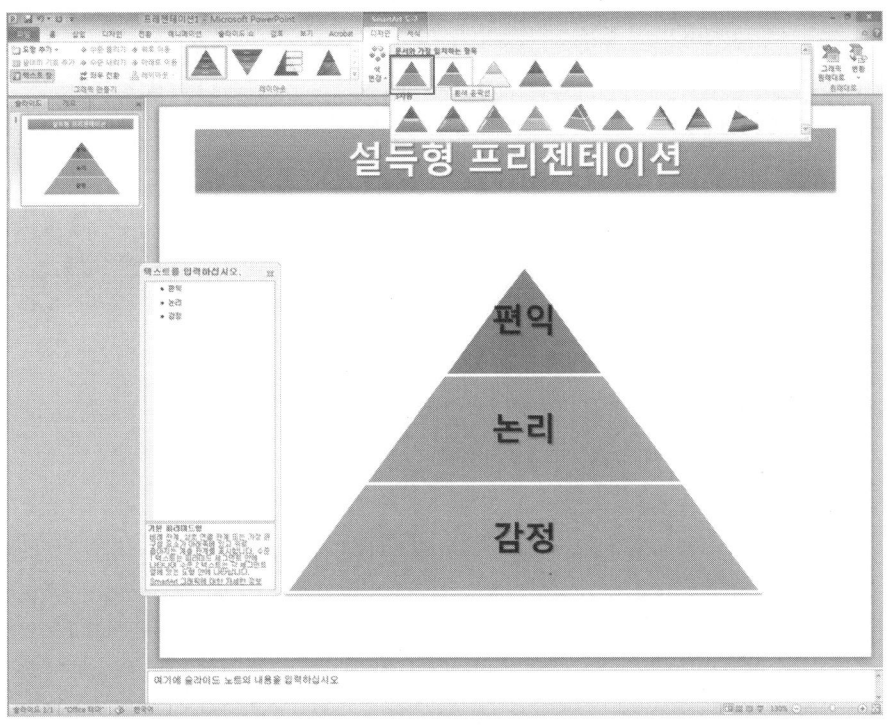

6. 앞서 변경한 글씨 색을 다시 적용하여 완성한다.

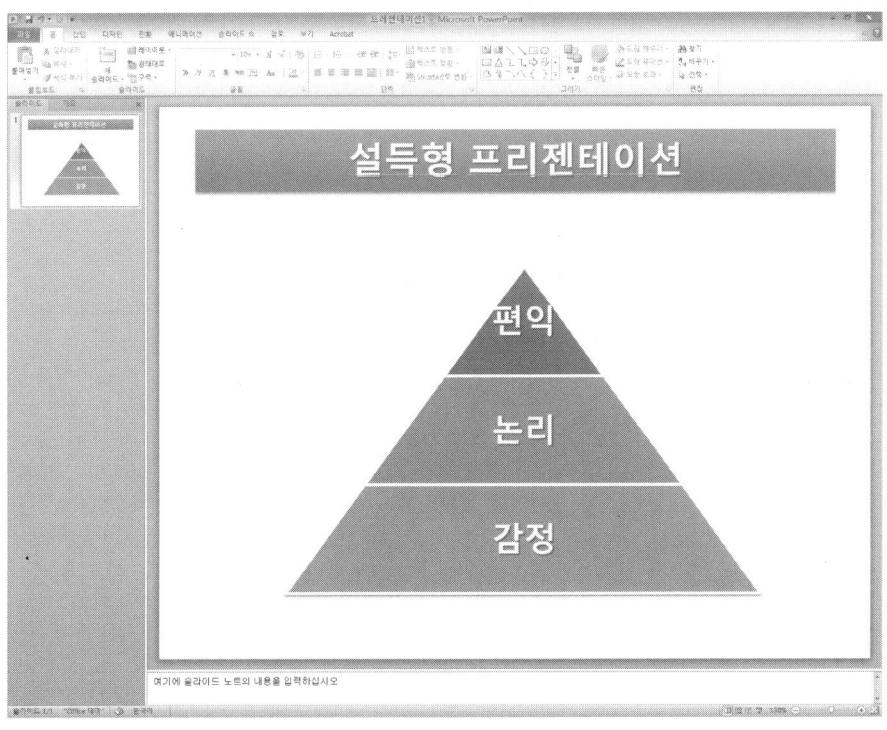

2.2 SmartArt 꾸미기

삽입된 SmartArt에 보충 내용을 삽입하고자 할 때, 도형을 이용하여 보다 가독성 있는 프리젠테이션을 완성할 수 있다. 이미 삽입된 SmartArt에 도형 등을 추가 하여 다음과 같이 완성해 보자.

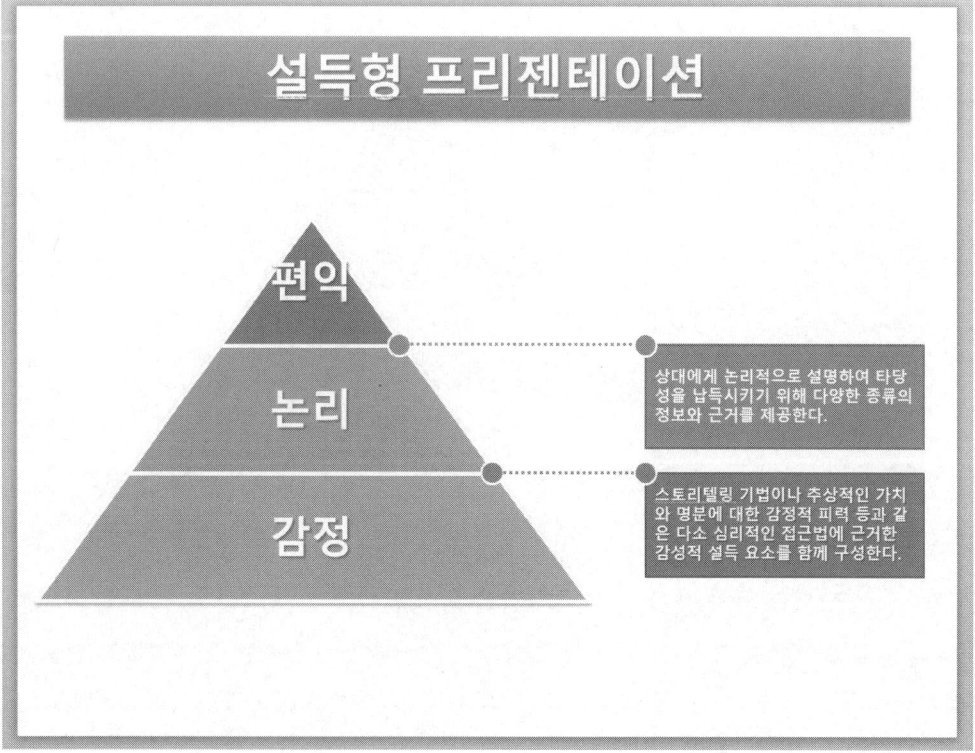

1. 도형을 추가할 공간을 설정하고, SmartArt의 크기를 줄여 다음과 같이 완성한다.

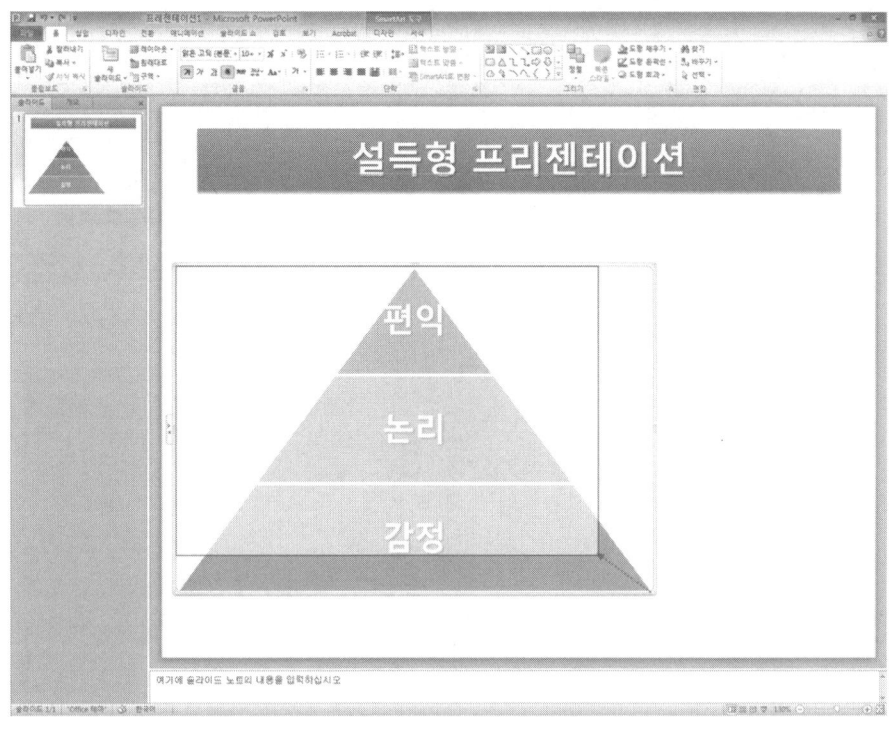

2. 그리기 도구에서 원을 선택하여 '편익'과 '논리' 사이에 그린 후, 직선을 연결한다.

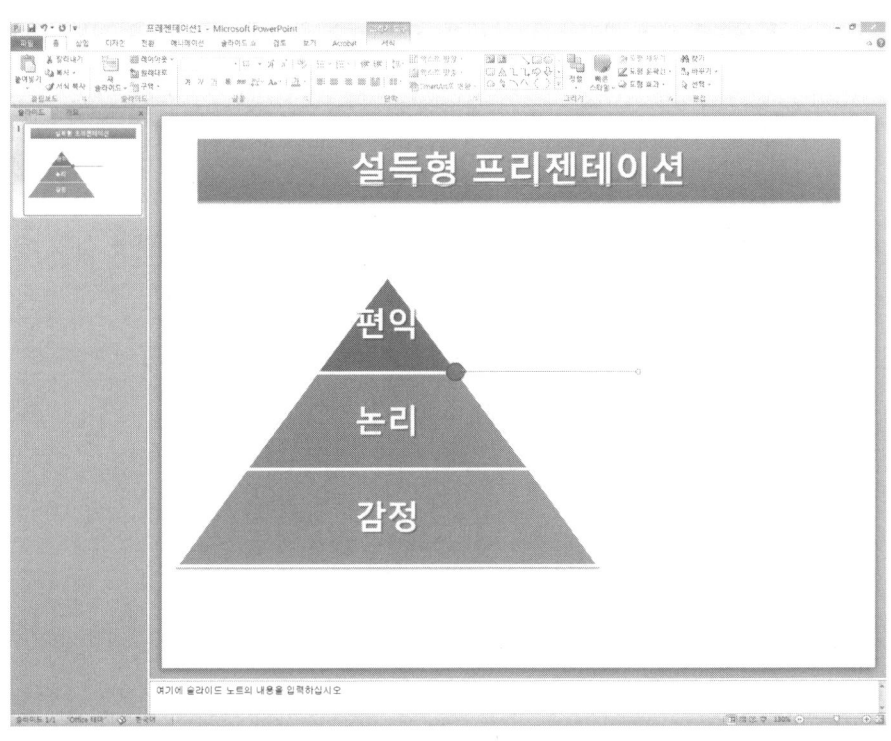

3. 원과 직선을 SmartArt의 디자인에 맞춰 원은 도형 윤곽선 '흰색', 채우기 색은 '주황, 강조 6, 25% 더 어둡게'를 선택한다.

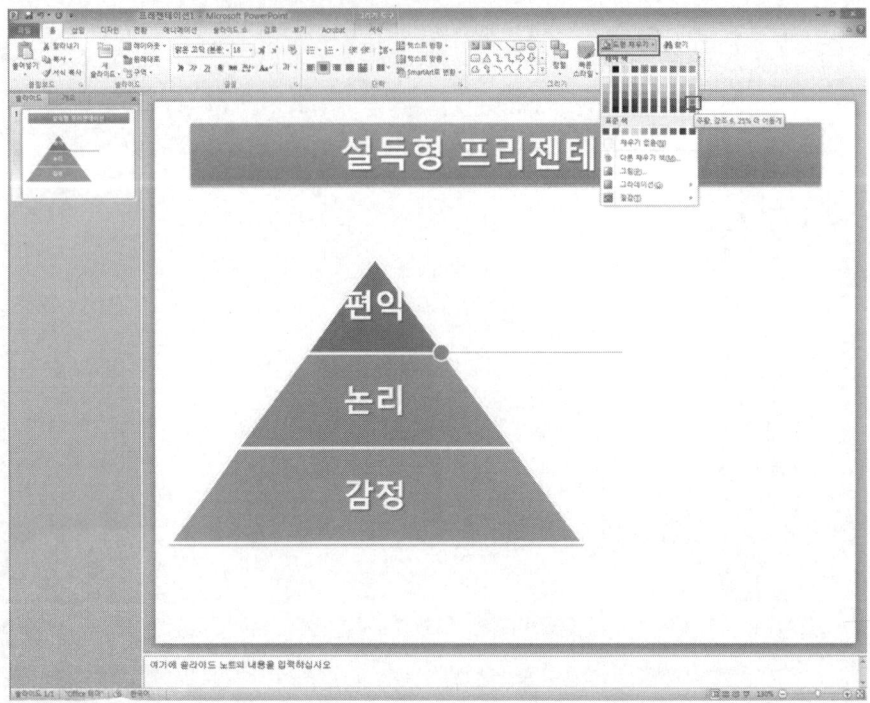

4. 직선을 선택하고, [그리기] 그룹의 [도형 윤곽선] - [두께]를 '2 1/4pt'를 선택한 후, 색상은 '주황, 강조 6, 25% 더 어둡게'를 선택한다. [대시] 모양은 '둥근 점선'을 선택한다.

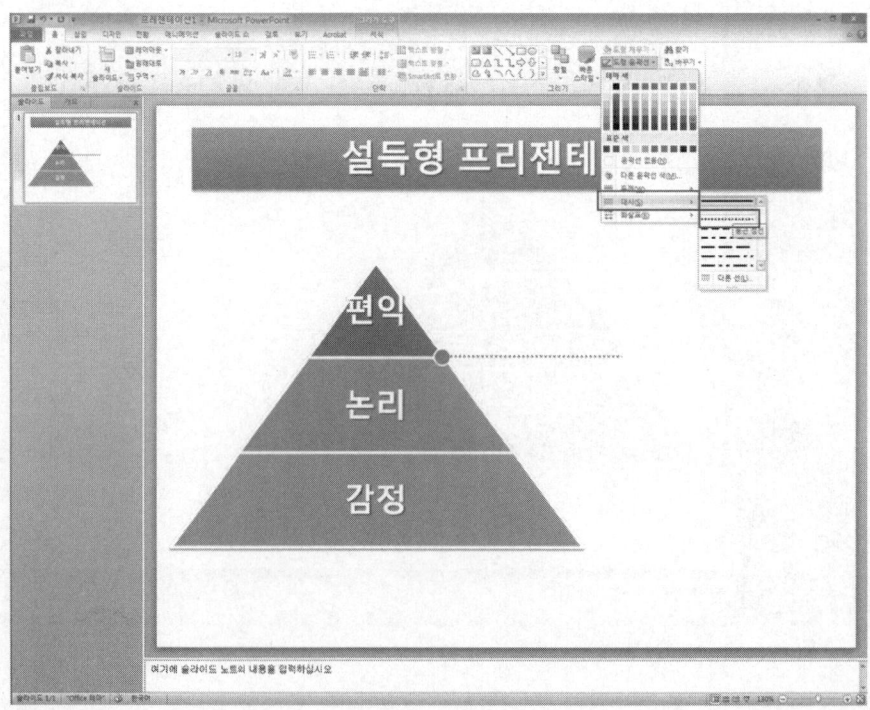

5. 앞서 삽입한 원을 복사하여 직선 끝에 위치시키고, '논리'와 '감정'사이에 동일한 원과 직선을 복사한다.

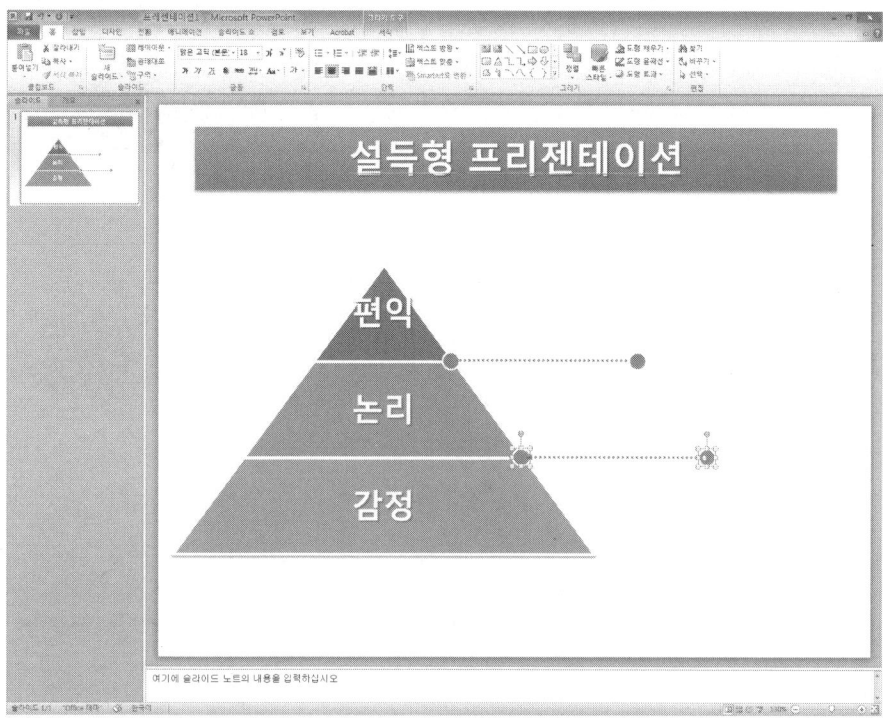

6. 복사된 원과 직선이 '편익'과 '논리' 사이보다 크므로, 동일한 위치에 오도록 조절한다.

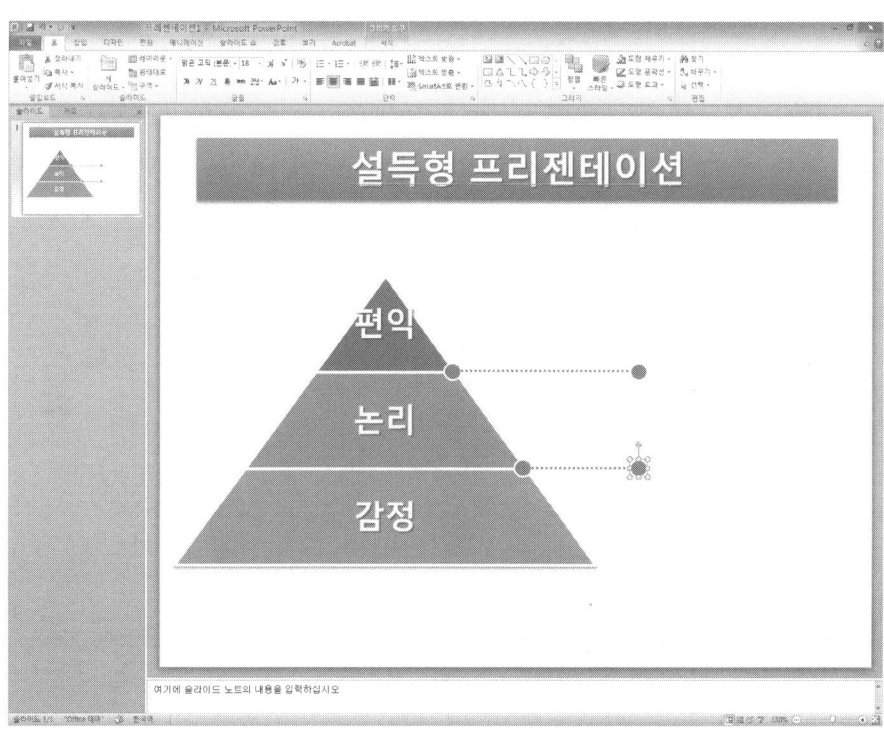

7. 내용을 넣기 위한 직 사각형을 끝 원에 그려 넣는다.

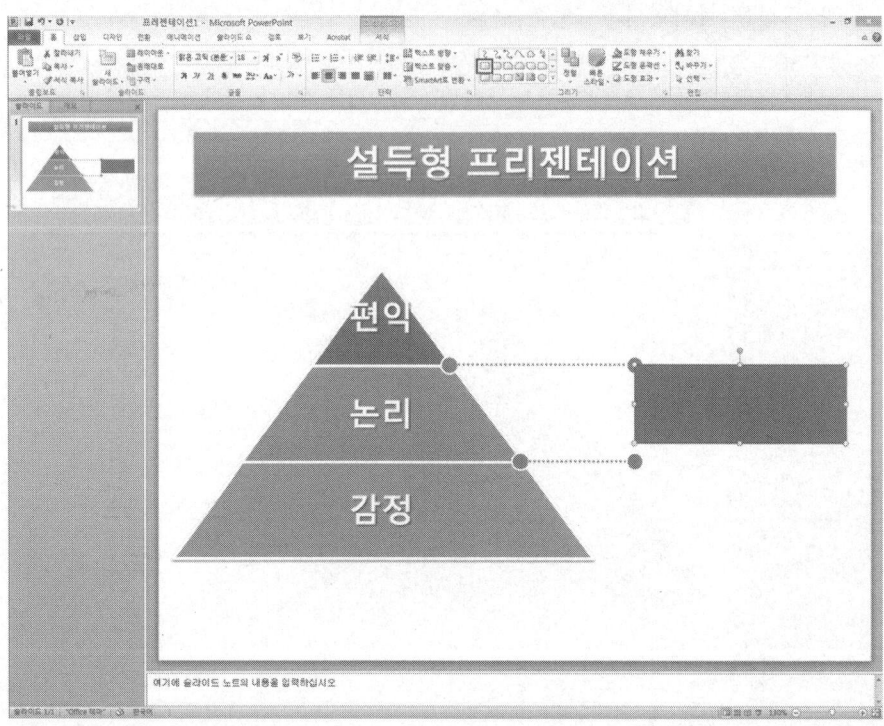

8. 삽입된 직사각형을 선택한 후 마우스 오른쪽 클릭하여 '맨 뒤로 보내기'를 선택한다.

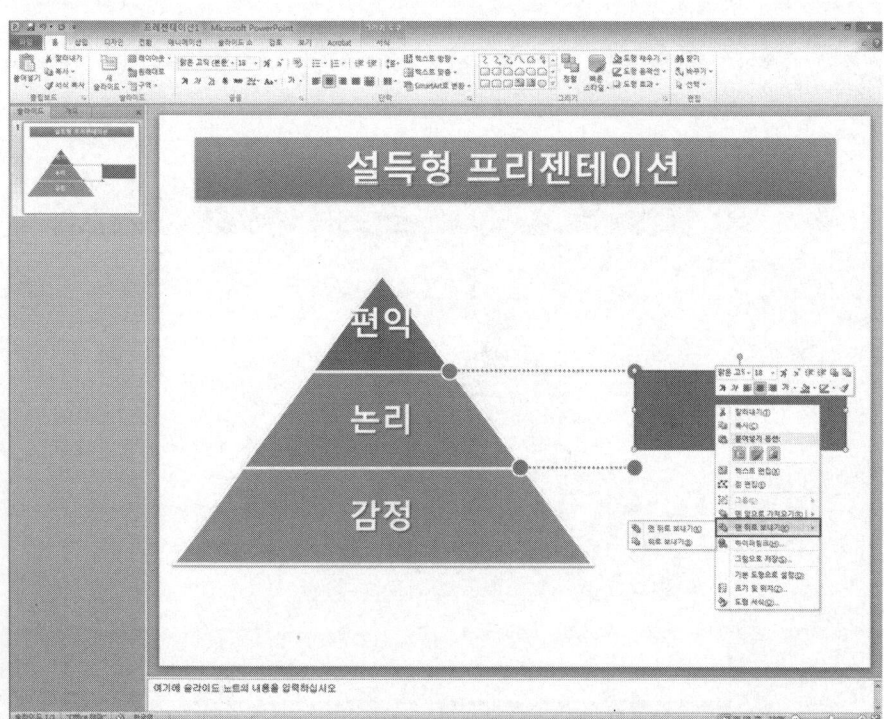

9. 직사각형의 채우기 색은 '주황, 강조 6, 25% 더 어둡게', 윤곽선은 '주황, 강조 6, 50% 더 어둡게'를 선택한다.

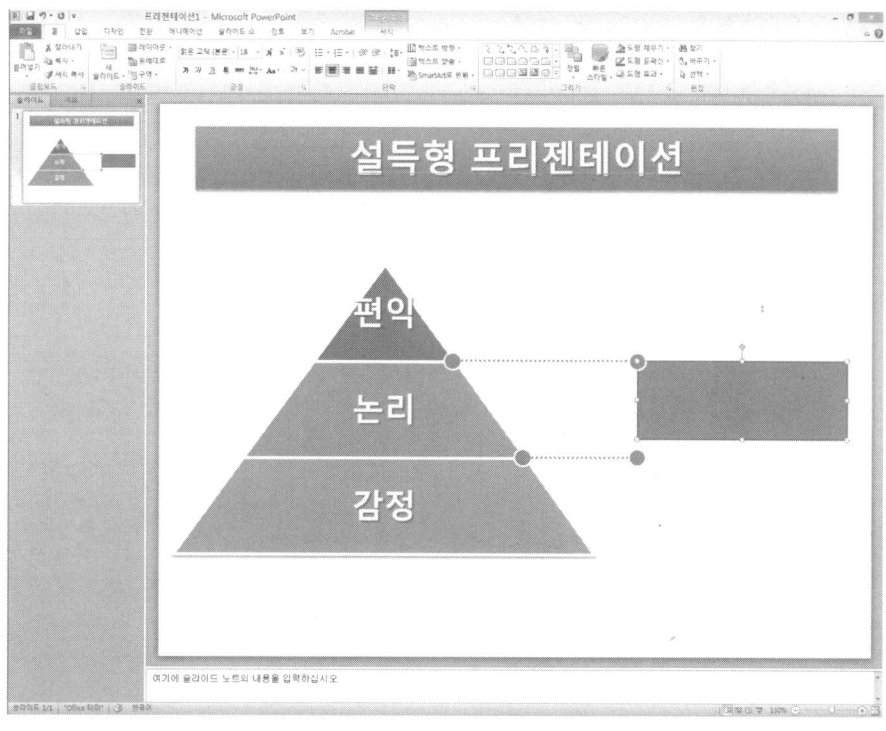

10. 완성된 직사각형을 '논리'와 '감정' 사이에 동일하게 복사한다.

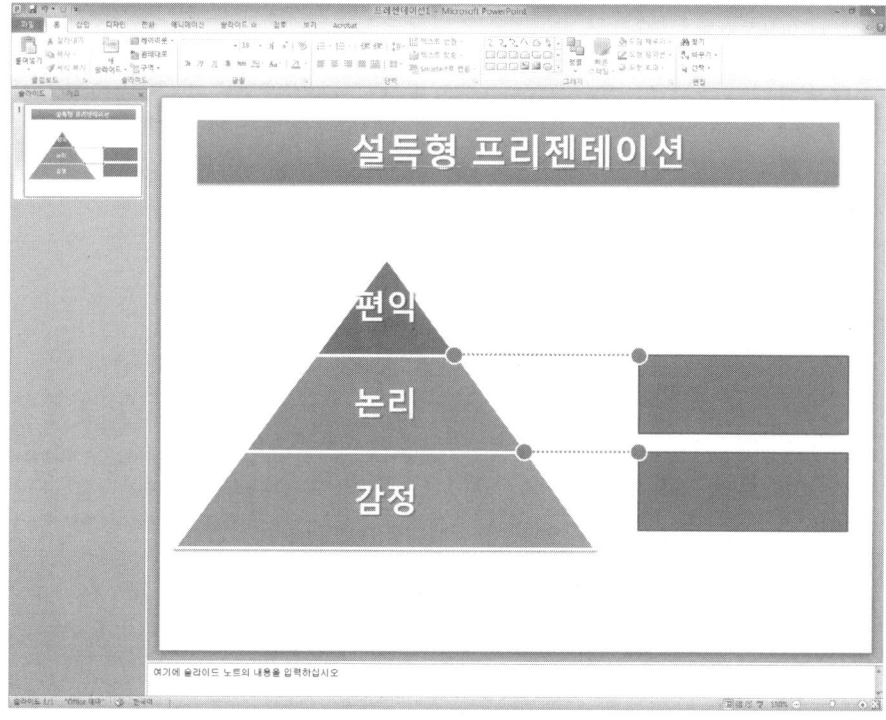

11. 아래의 직사각형과, 원, 직선의 색상을 '바다색, 강조 5 25%더 어둡게'를 적용하고 직사각형의 윤곽선은 '바다색, 강조 5 50%더 어둡게'를 선택한다.

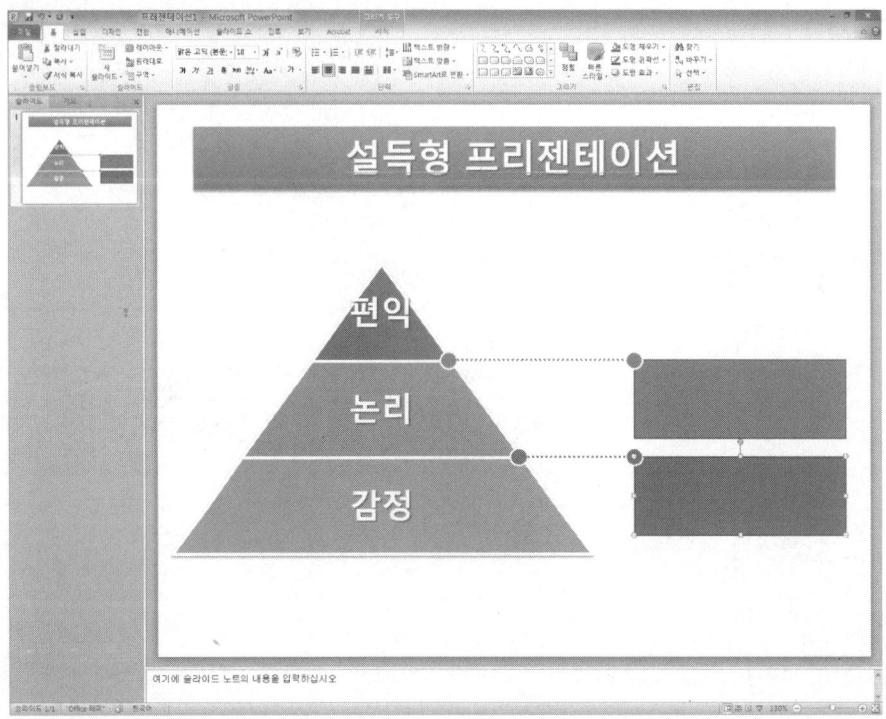

12. 완성된 직사각형에 내용을 넣어 다음과 같이 완성한다.

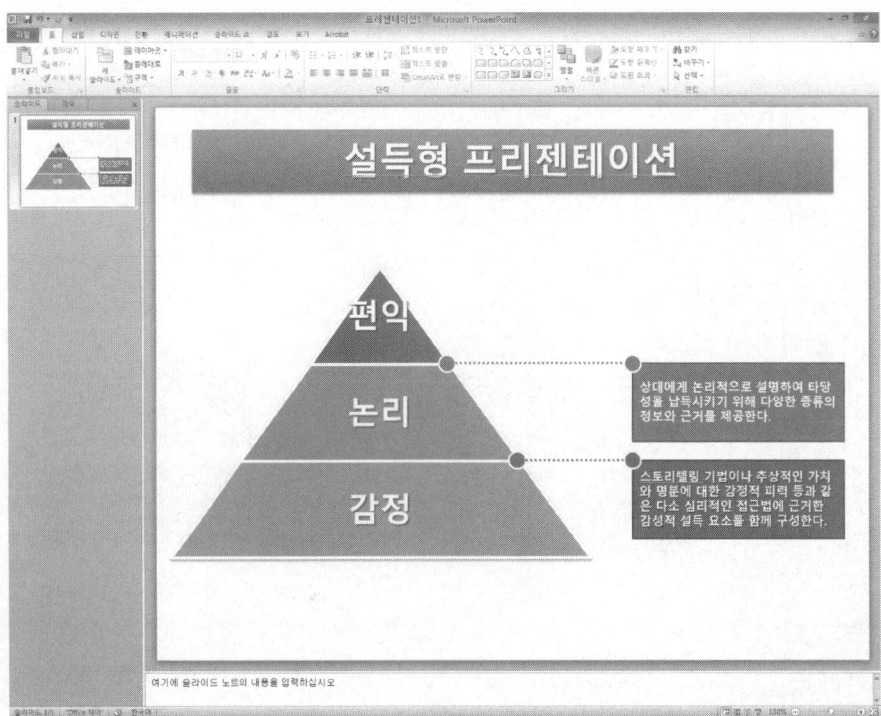

3. 프로세스형 SmartArt

프로세스형 SmartArt는 일련의 작업의 순서 등과 같이 어떤 흐름의 변화에 주로 사용한다. 다음은 프레젠테이션 준비 단계와 같은 흐름을 설명하기 위한 프로세스형 SmartArt를 이용하여 만들어 본다.

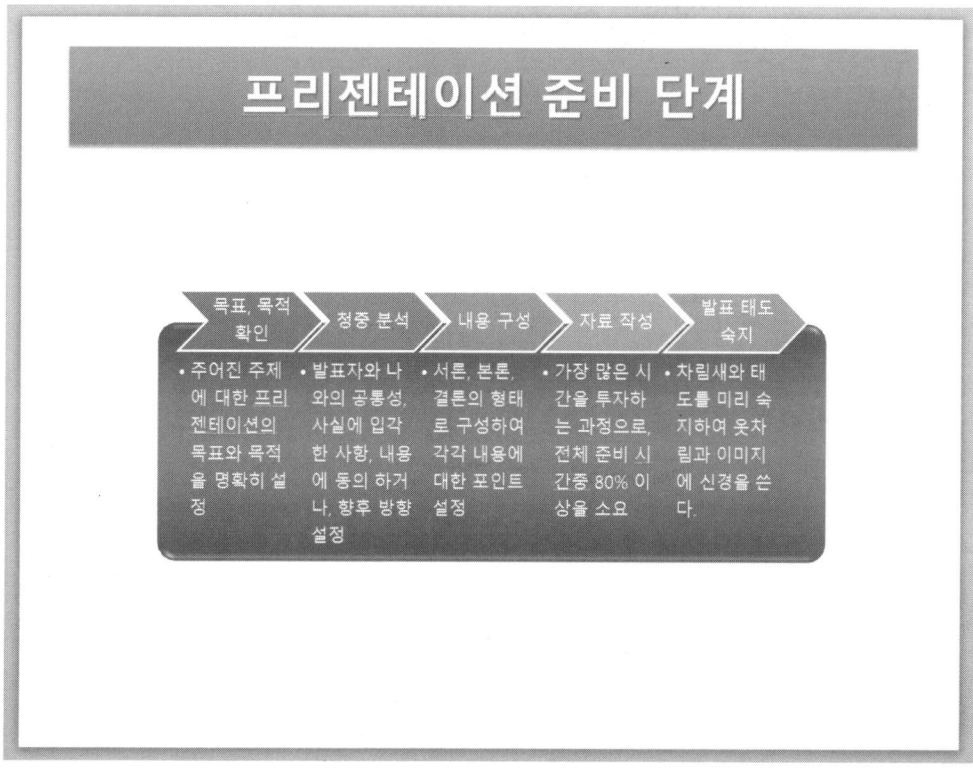

1. [삽입] 탭 [일러스트레이션] 그룹에서 [SmartArt]를 클릭하여 [프로세스형] 범주에서 '기본 갈매기형 수장 프로세스형'을 선택한다.

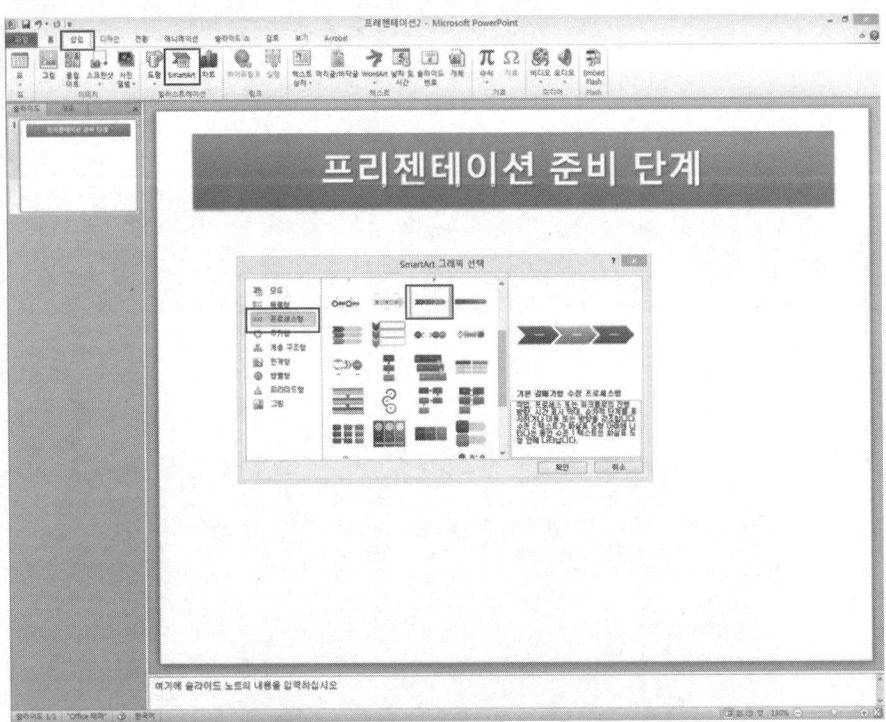

2. 삽입된 SmartArt에 '목표, 목적 확인', '청중 분석', '내용 구성', '자료 작성', '발표 태도 숙지'를 삽입한다.

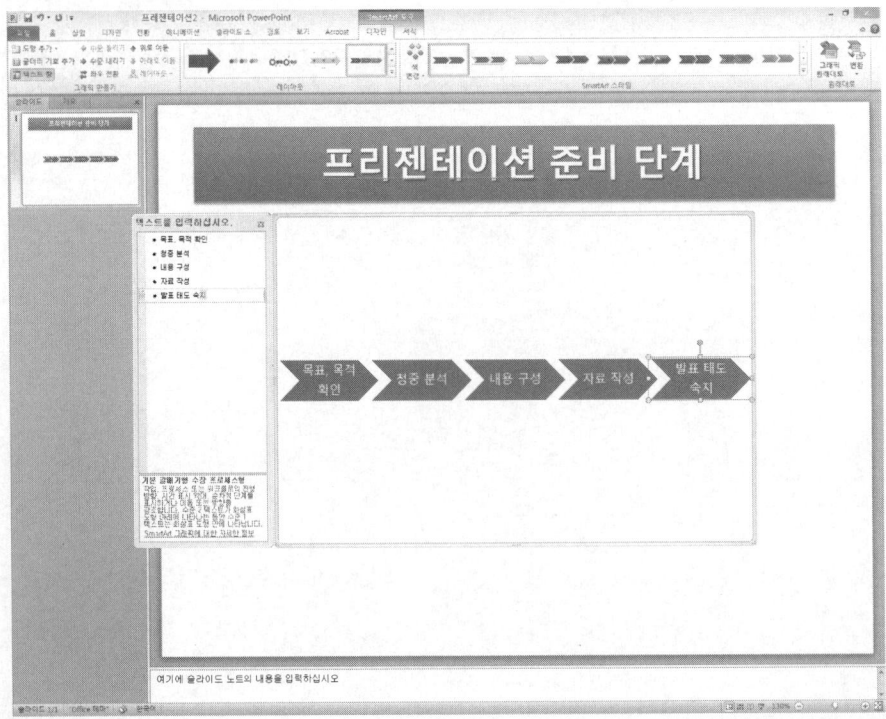

3. 삽입된 SmartArt를 선택하고 [SmartArt 도구] [디자인] 탭의 [색 변경]의 '색상형 범위 - 강조색 2 또는 3'을 선택하여 적용한다.

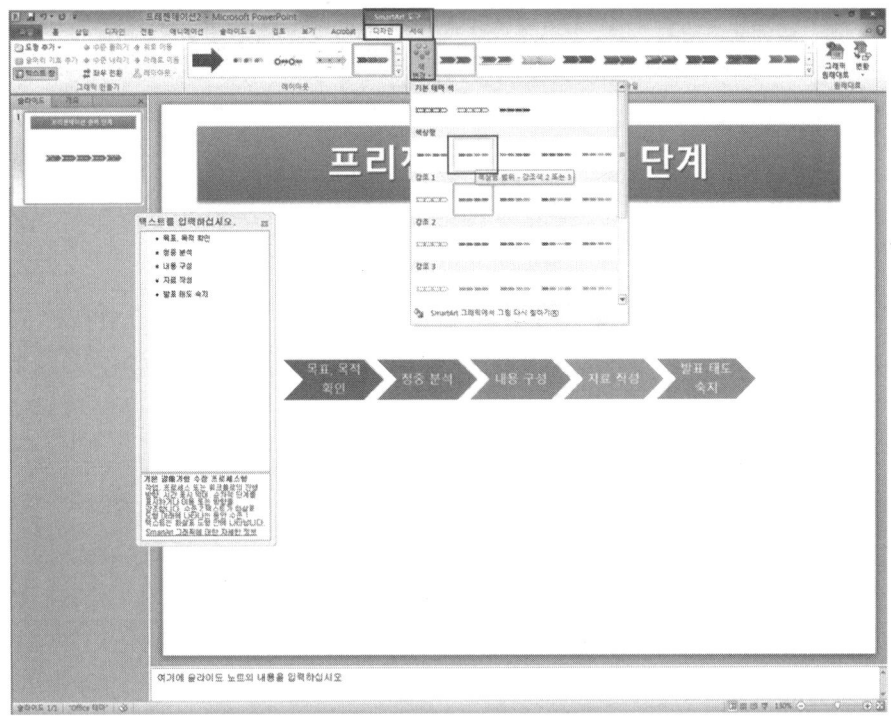

4. 하위 내용을 입력하기 위해 텍스트 입력 창에서 탭을 누른 후 각 단계마다 다음과 같이 입력한다. "주어진 주제에 대한 프리젠테이션의 목표와 목적을 명확하게 설정", "발표자와 나와의 공통성, 사실에 입각한 사항, 내용에 동의 하거나, 향후 방향 설정", "서론, 본론, 결론의 형태로 구성하여 각각 내용에 대한 포인트 설정", "가장 많은 시간을 투자하는 과정으로, 전체 준비 시간중 80% 이상을 소요", "차림새와 태도를 미리 숙지하여 옷차림과 이미지에 신경을 쓴다."

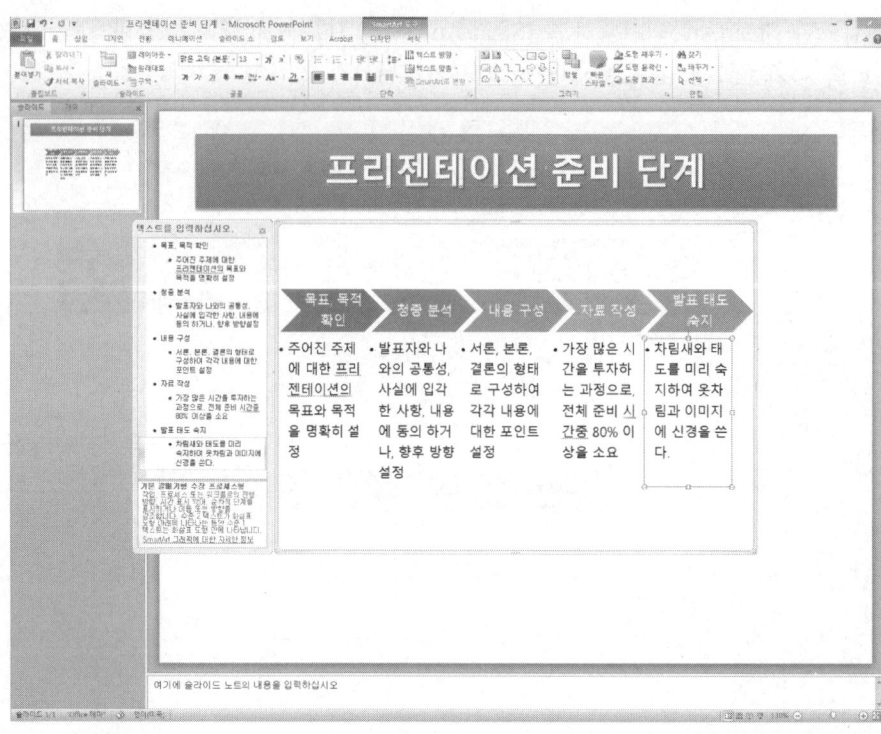

5. 스마트아트의 배경을 만들기 위해 [삽입]탭 [도형] - [사각형]에서 '모서리가 둥근 직사각형'을 선택한 후 드래그 하여 도형을 추가한다.

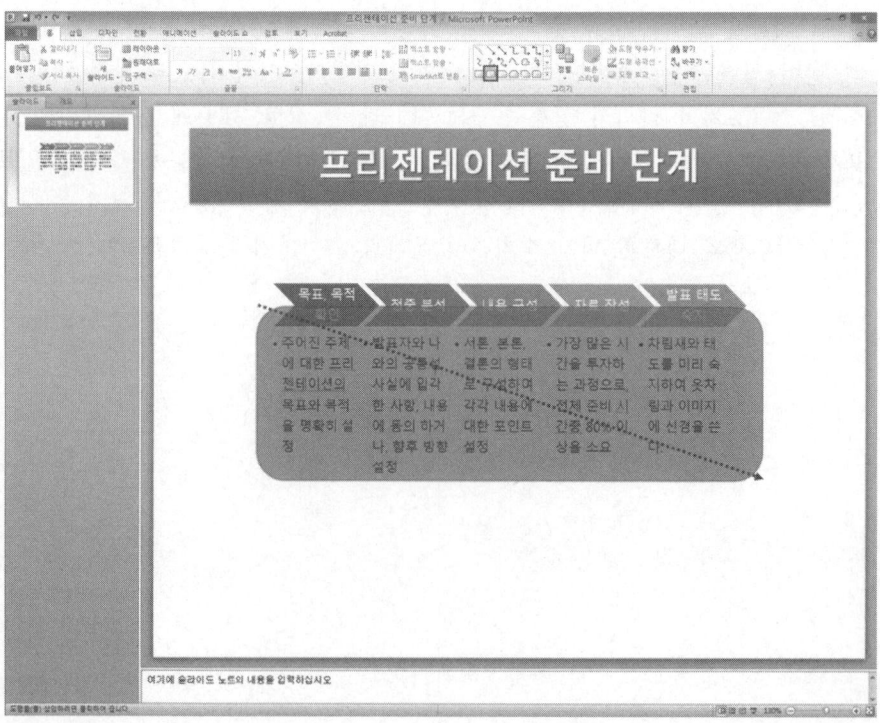

6. 삽입된 사각형의 마름모 모양의 곡선 모양 설정 조절자를 이용하여 적당히 조절한다.

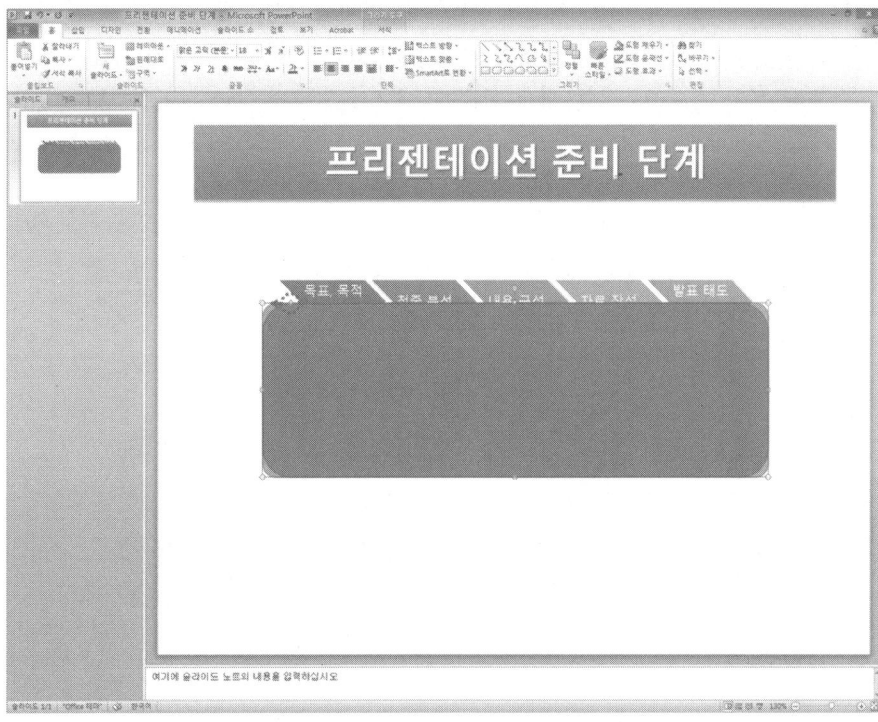

7. 도형의 윤곽선은 '없음'으로 설정하고, 채우기 색은 '진한 파랑, 텍스트 2 40% 더 밝게'를 선택한다.

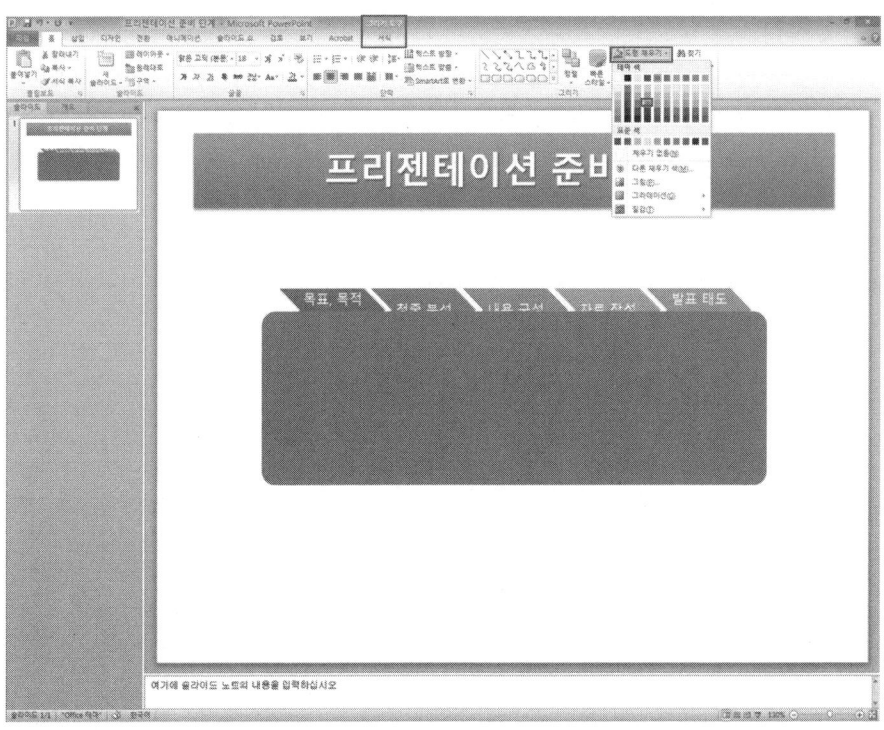

8. [그리기 도구] - [서식] 탭에서 [도형 스타일] - [도형 채우기] - [그라데이션]에서 [기타 그라데이션]을 선택하여 종류를 '선형', 방향을 '선형 아래쪽', 각도를 '90'로 설정한다. "중지점 색상과 위치"를 중지점 1은 '진한 파랑, 텍스트 2', 중지점 위치 0%, 중지점 2는 '진한 파랑, 텍스트 2, 40% 더 밝게', 중지점 위치는 '50%'로 중지점 3은 '진한 파랑, 텍스트 2', 중지점 위치는 '100%'로 설정한다.

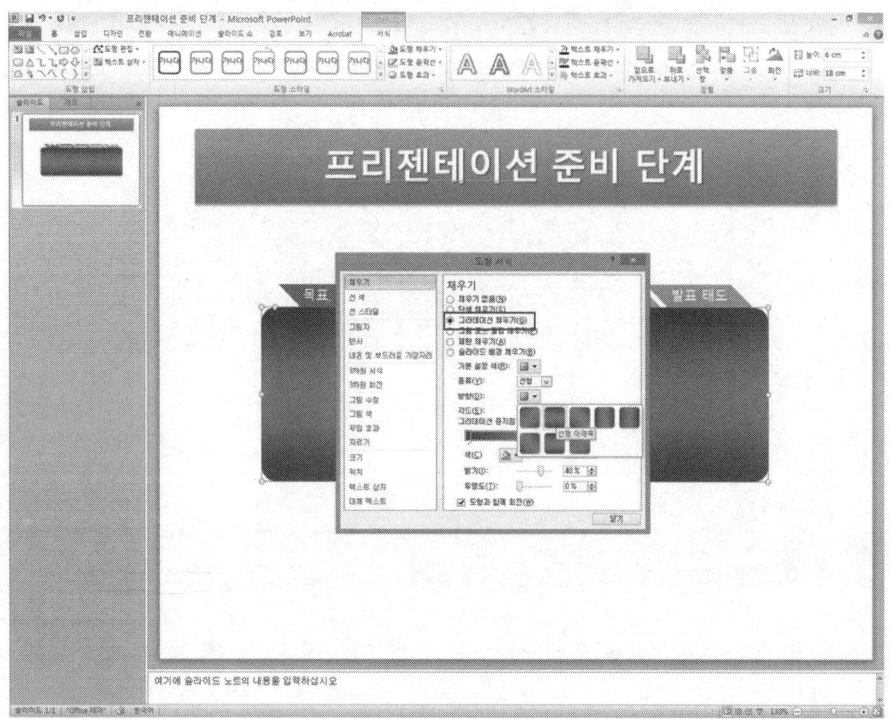

9. 입체 효과를 주기 위해 [3차원 서식]에서 입체 효과를 위쪽은 '둥글게', 너비는 '9pt', 높이는 '9pt', 아래쪽은 '비스듬하게', 너비는 '13pt', 높이는 '0pt'로 설정한다. 표면재질은 '플라스틱', 조명은 '대조적으로', 각도는 '113'을 입력한다.

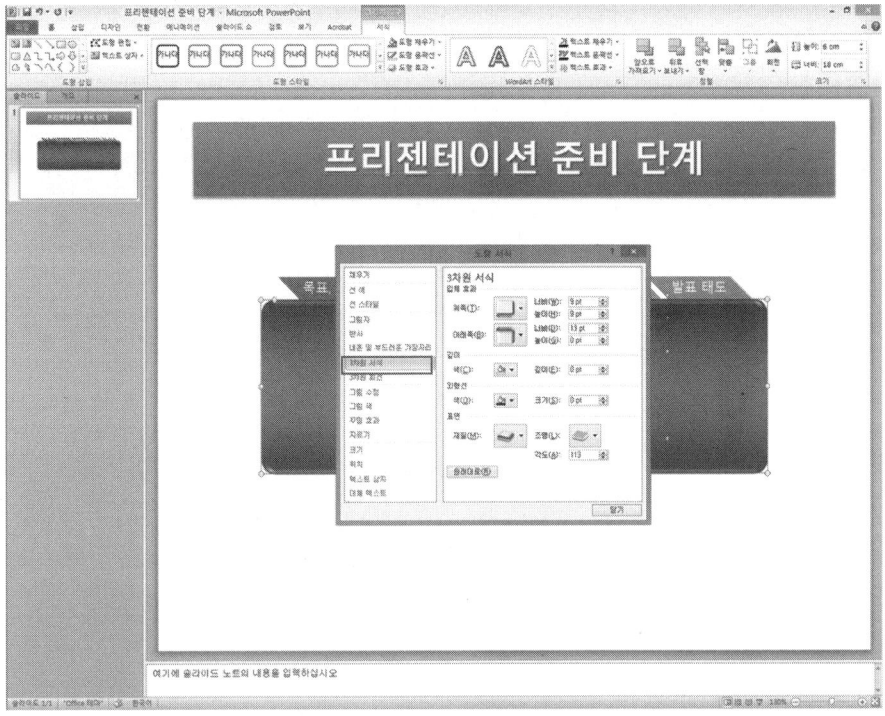

10. 편집된 도형을 마우스 오른쪽 버튼을 클릭하여 '맨 뒤로 보내기'를 선택하여 도형을 텍스트 뒤로 보낸다.

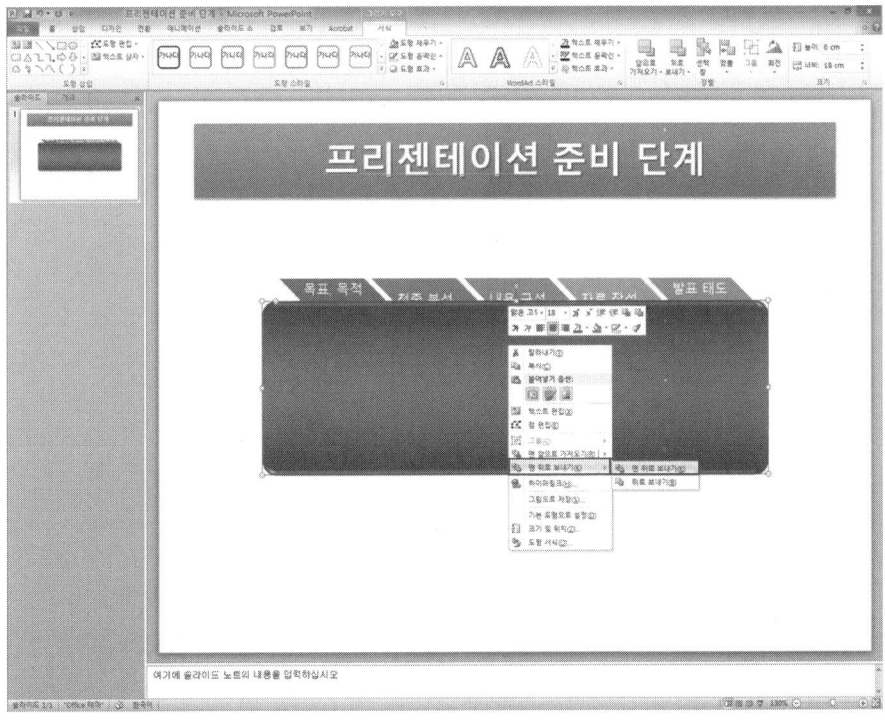

11. 크기와 글씨 색을 변경하여 보기 변하게 적용한다.

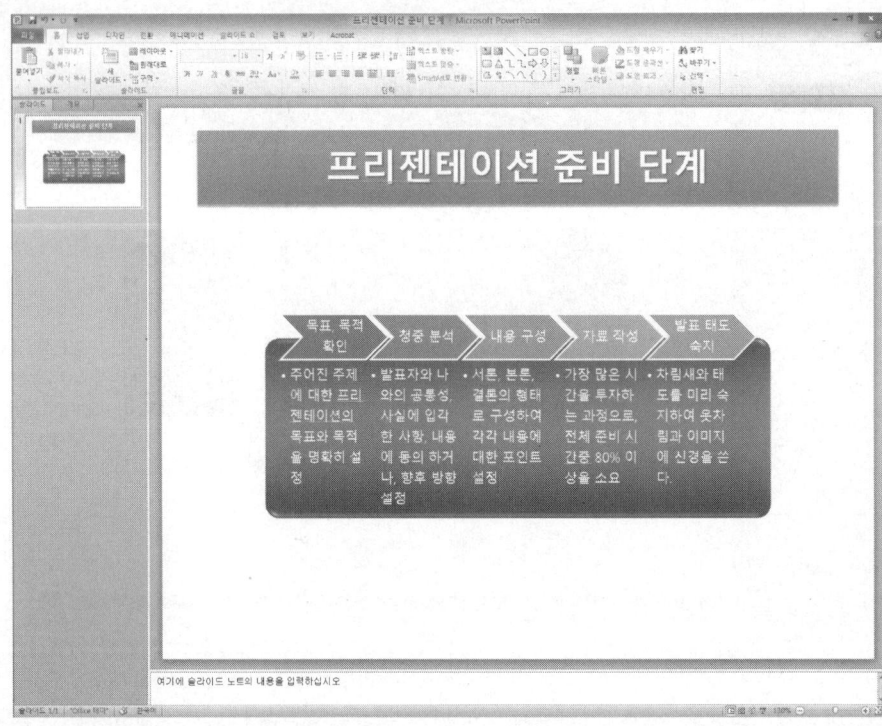

4 방사 주기형 SmartArt

정보간의 상호 관계를 표현할 때 주로 사용한다. 상호 관계 종류에는 포함, 중복, 인과 관계가 있고, 상관관계는 대비, 순서, 순환 상반으로 나눌 수 있다. 방사 주기형 스마트 아트를 사용하여 구성요소를 시각적으로 강조하여 다음과 같이 완성한다.

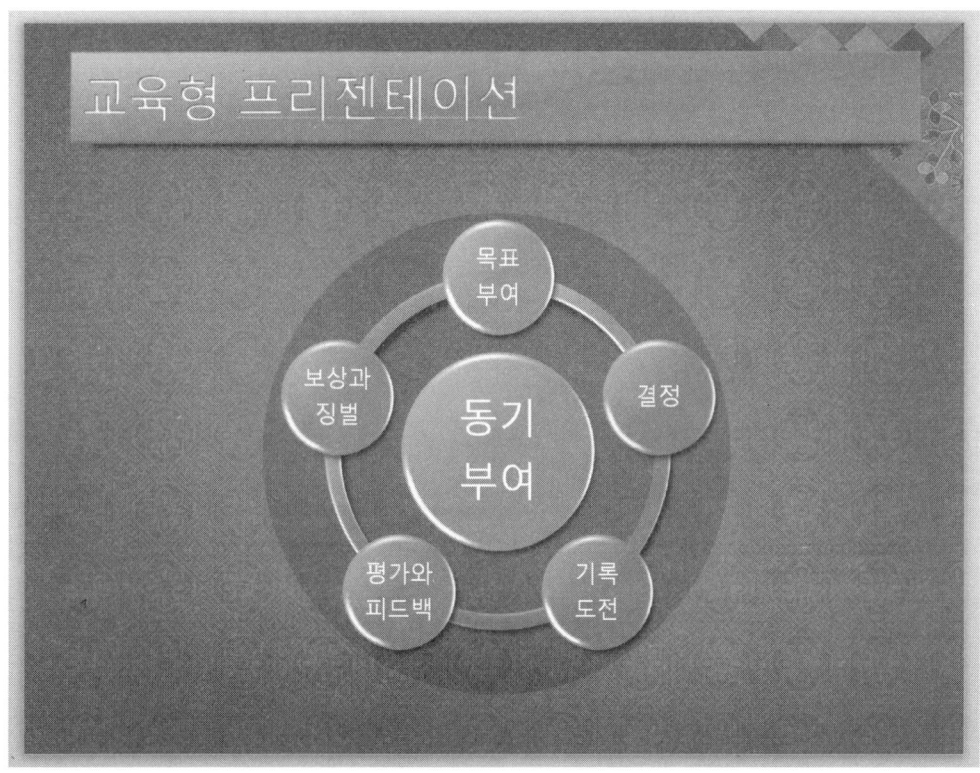

1. [삽입]탭 [일러스트레이션] 그룹에서 [SmartArt]를 선택하여 목록에서 [주기형] - [방사주기형]을 선택한다.

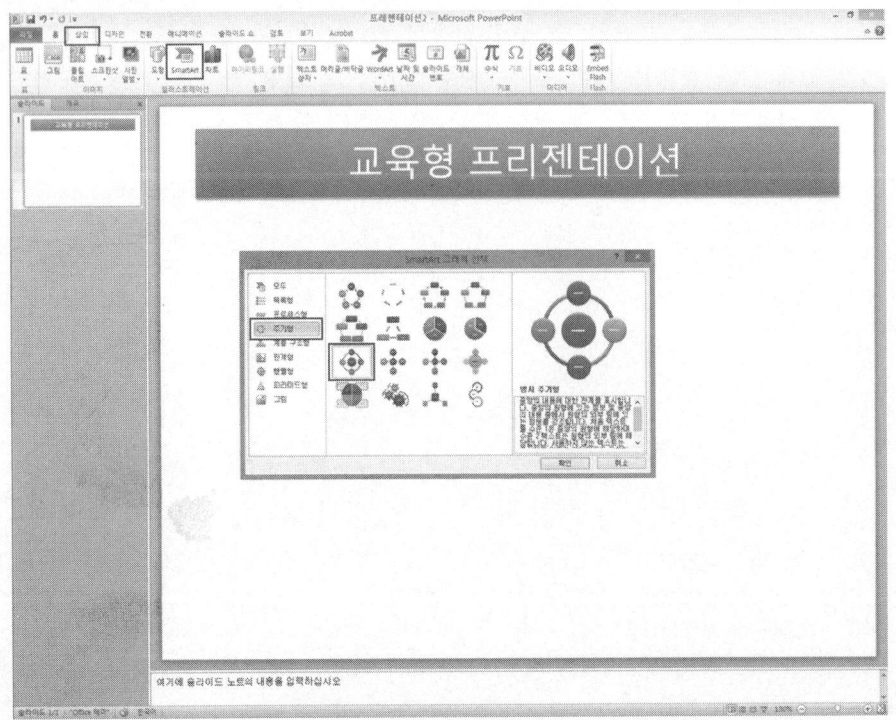

2. 텍스트 입력창에 다음과 같이 입력한다. 1수준은 "동기부여", 2수준은 "목표부여", "결정", "기록도전", "평가와 피드백", "보상과 징벌"을 입력한다.

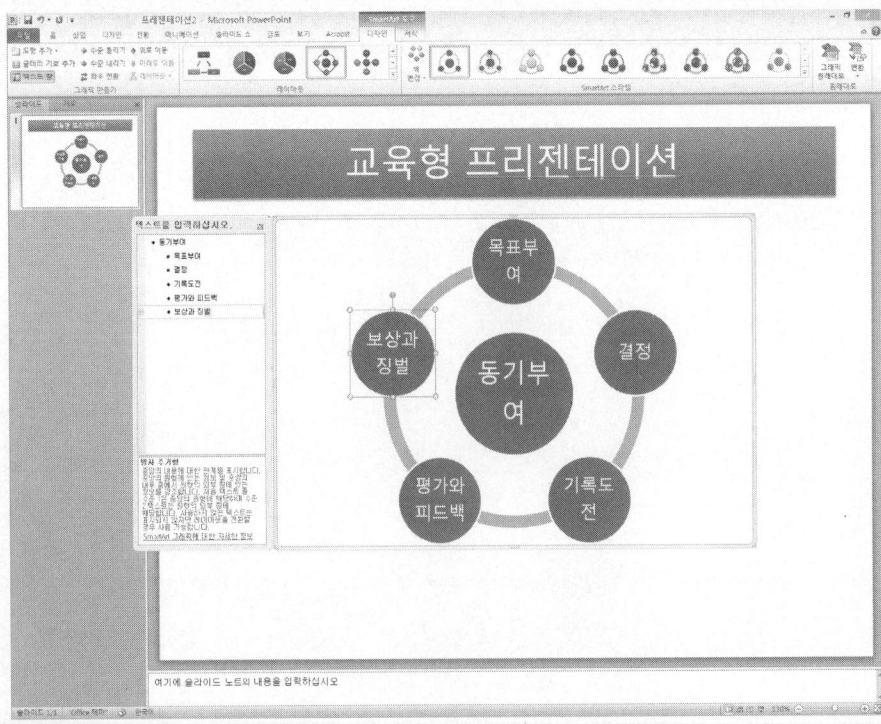

3. [SmartArt 도구] - [디자인] 탭의 'SmartArt 스타일' 그룹에서 '색 변경'의 색은 '색상형, 강조색'을 '3차원, 광택처리'를 선택한다.

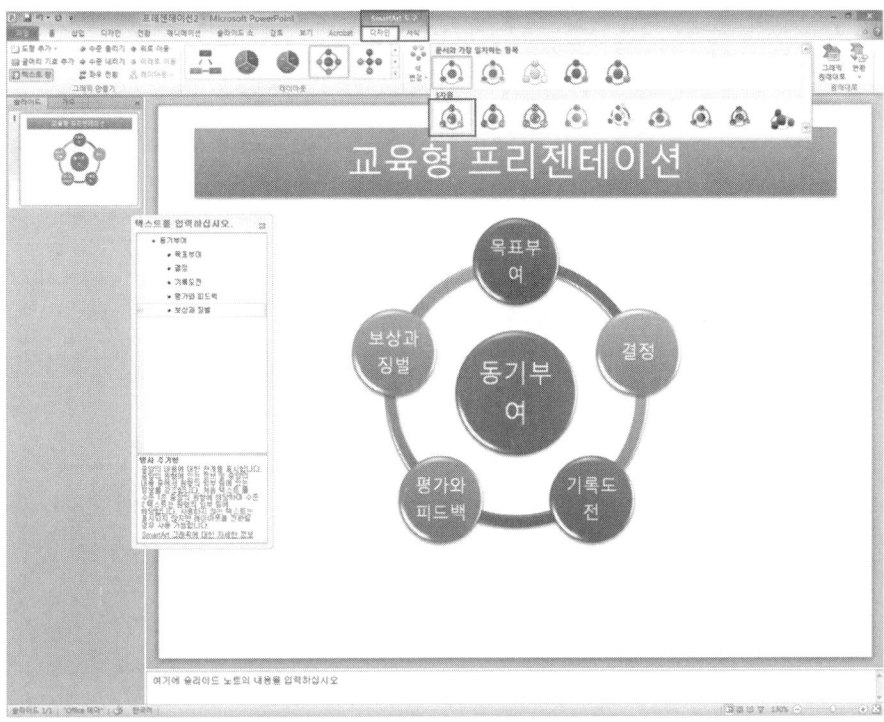

4. 1수준 도형을 강조하기 위해, 1수준 도형을 선택하고, [SmartArt 도구] - [서식] 탭에서 [도형] 그룹의 '크게'를 눌러 적당한 크기로 조절한다.

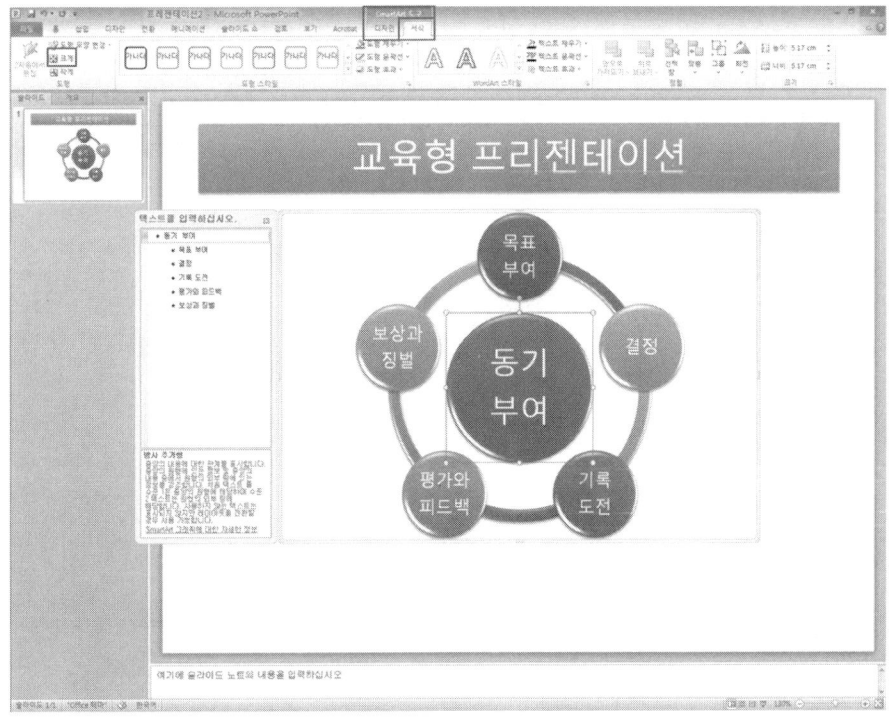

5. 일체감을 주기 위해, 타원을 이용하여 삽입된 SmartArt가 가리도록 그린다.

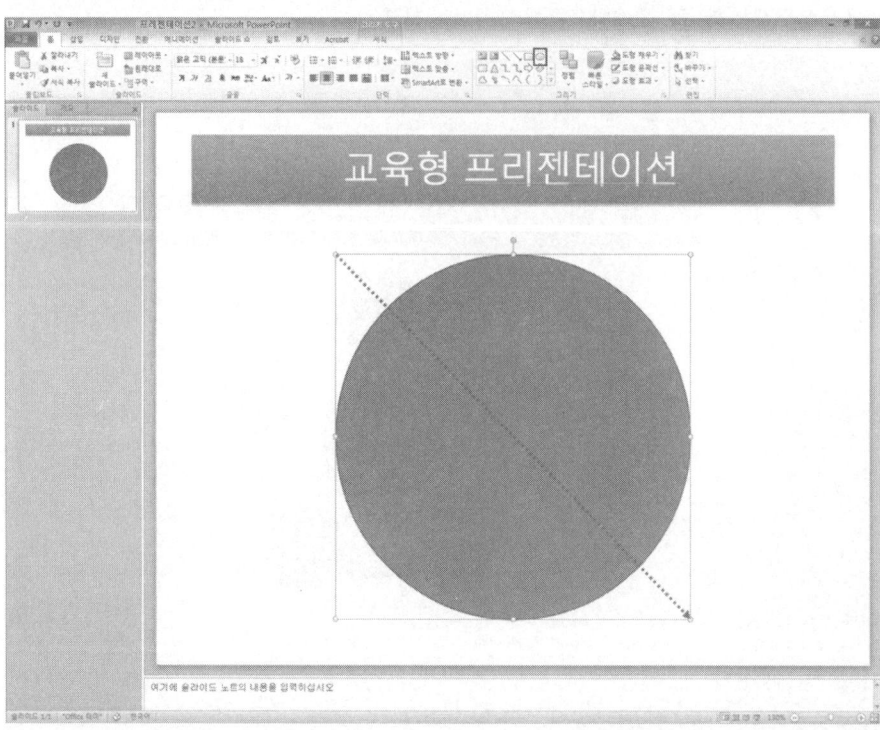

6. 도형을 선택한 후 [홈]탭 [그리기] 그룹에서 [도형 윤곽선]은 '없음', [도형 채우기]는 '흰색, 배경 1'을 선택한다.

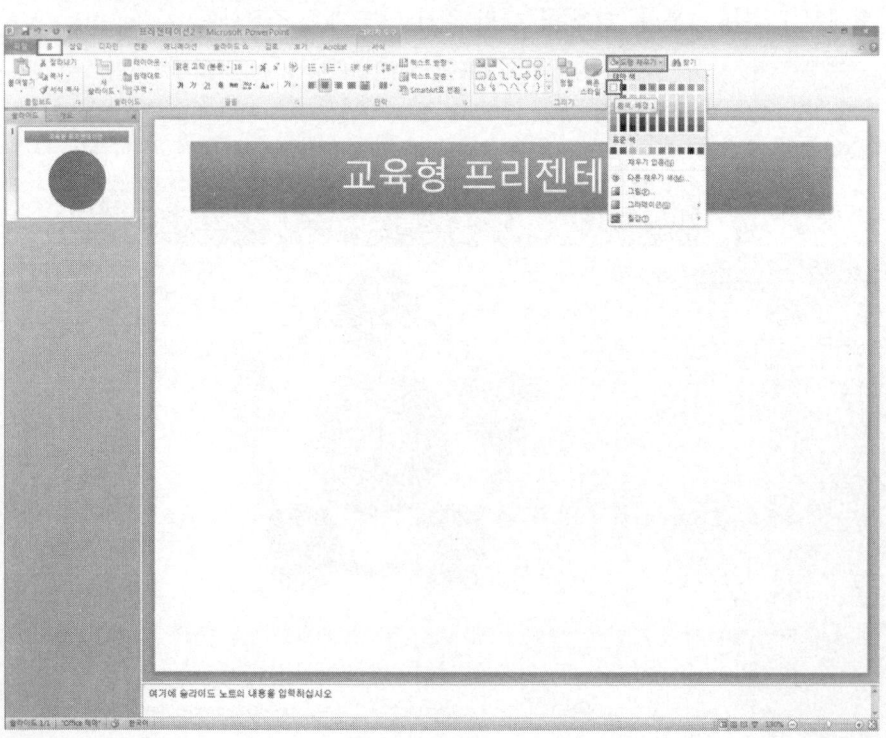

7. 화면에 아무것도 보이지 않는다. 도형을 선택한 후 마우스 오른쪽 클릭, [도형 서식]을 선택한다.

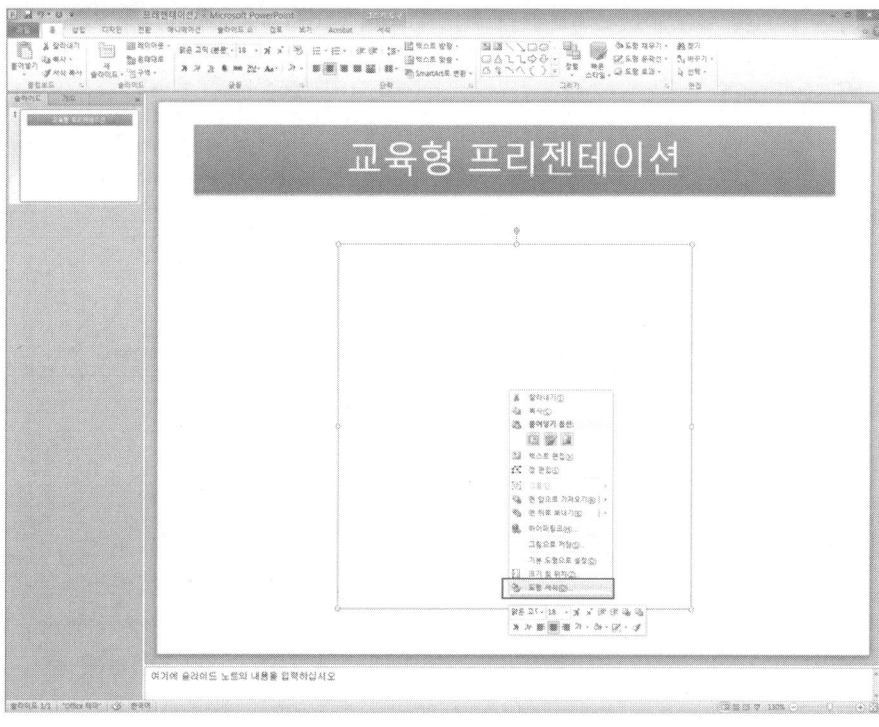

8. 도형 서식 대화상자에서 채우기 색의 '투명도'를 '70%'로 설정한다.

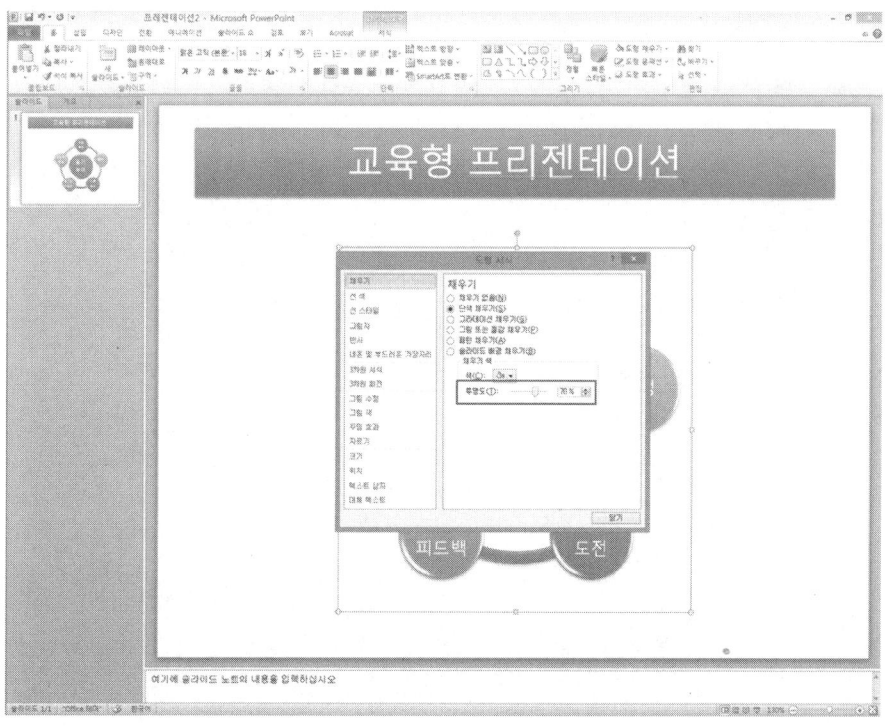

9. 흐릿하게 SmartArt가 보이는 것을 확인 할 수 있다. 도형에서 다시, 오른쪽 클릭하여 '맨 뒤로 보내기'를 선택한다.

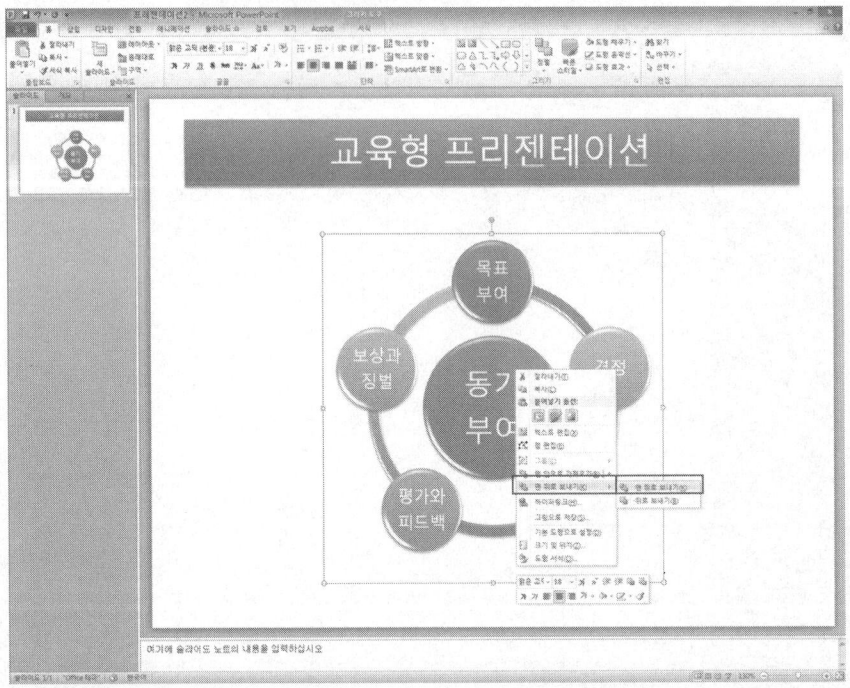

10. 완성된 화면은 타원을 삽입했을 때와 어떤 차이가 있는지 알 수 없다. 이때, [디자인] 탭에서 디자인을 선택해 보면, 확실히 알 수 있다. 단, 앞서 설명한 바와 같이, 파워포인트를 이용하여 내용을 작성하기에 앞서 먼저 디자인을 선택한 후에 해야 한다. 다음은 [디지인] 탭의 [보자기]를 적용한 예이다.

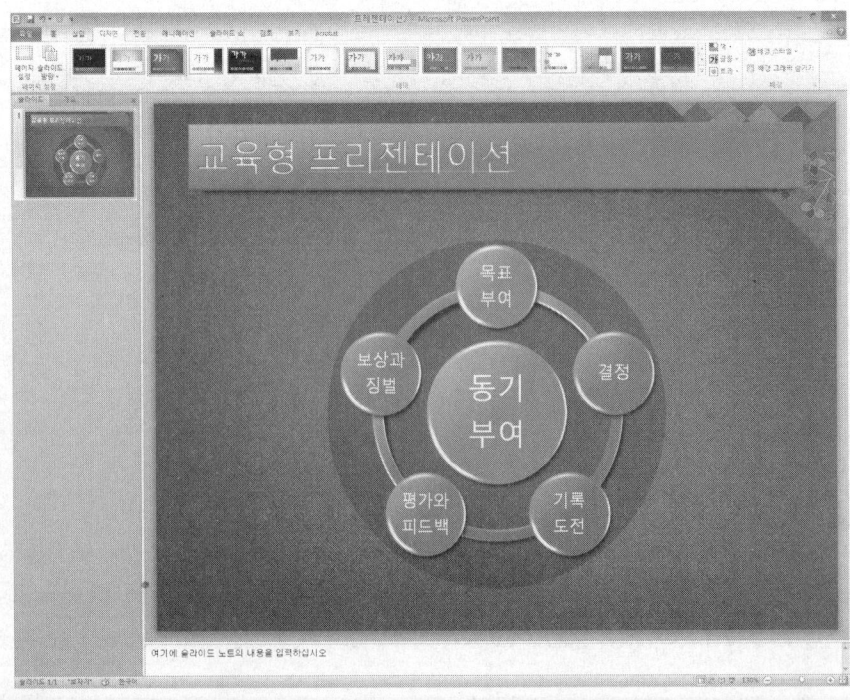

5 계층 구조형 SmartArt

계층 구조형 스마트 아트는 조직이나 정보의 계층 관계를 나타내는 스마트아트로 조직 구성이나 계층적 정보를 나타낼 경우 효과적으로 전달 할 수 있다. 계층 구조형 스마트 아트를 이용하여 다음과 같이 작성해 본다.

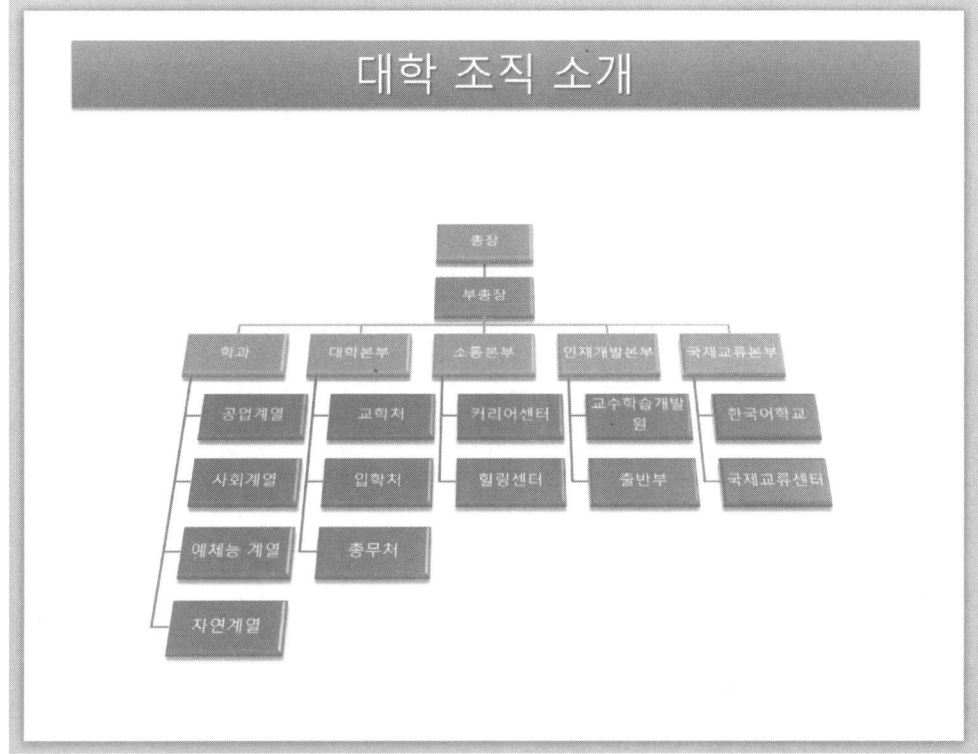

1. 대학 조직 소개를 SmartArt로 변환할 내용을 다음과 같이 수준별로 입력한다.

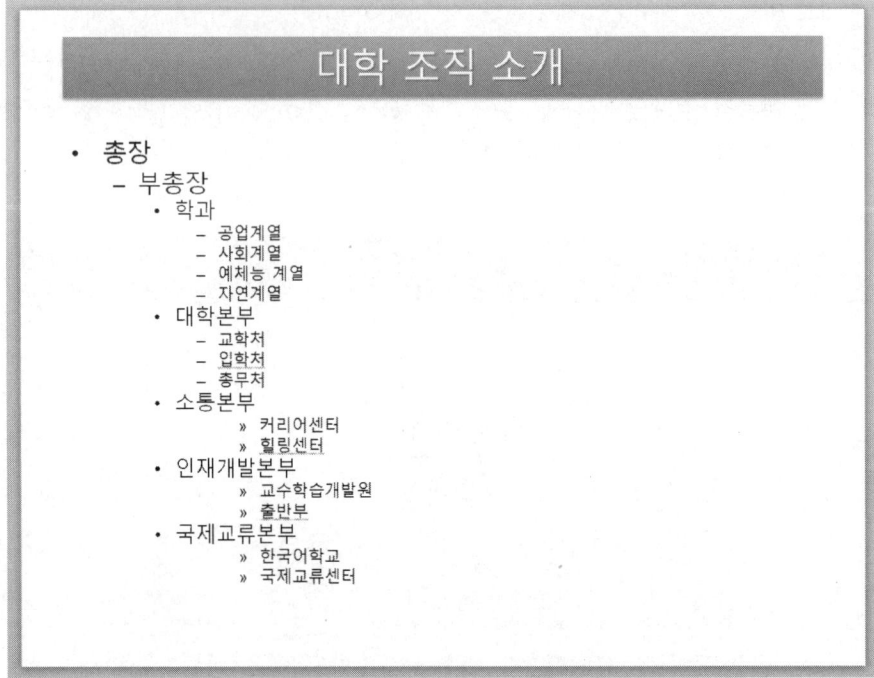

2. 텍스트 상자 내부를 선택한 후 마우스 오른쪽 클릭하여 [SmartArt로 변환] - [기타 SmartArt]를 선택한다.

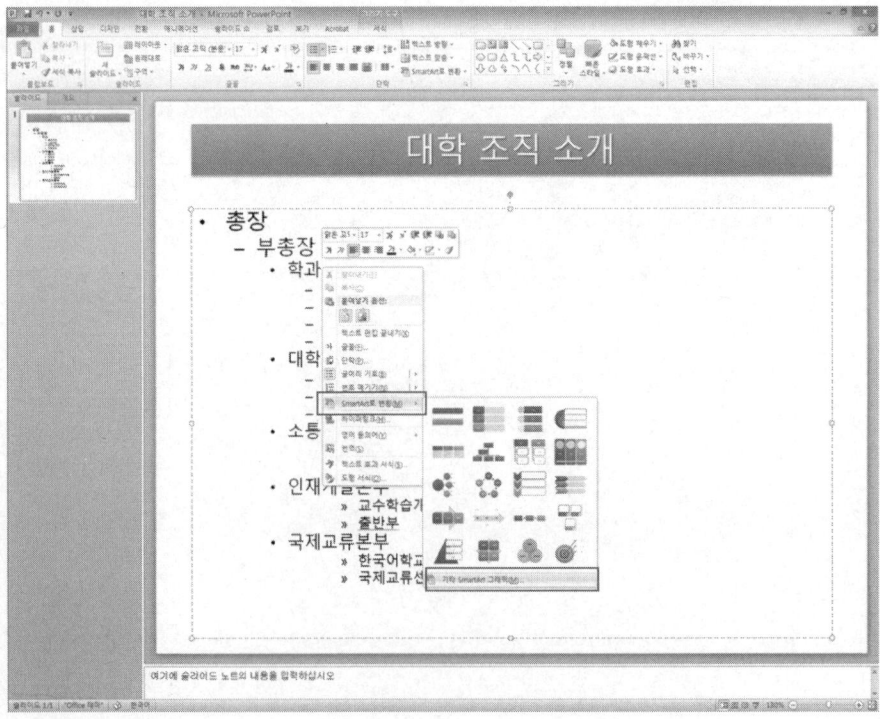

3. "SmartArt 그래픽 선택" 대화상자에서 [계층 구조형] 목록에서 "조직도 형"을 선택한다.

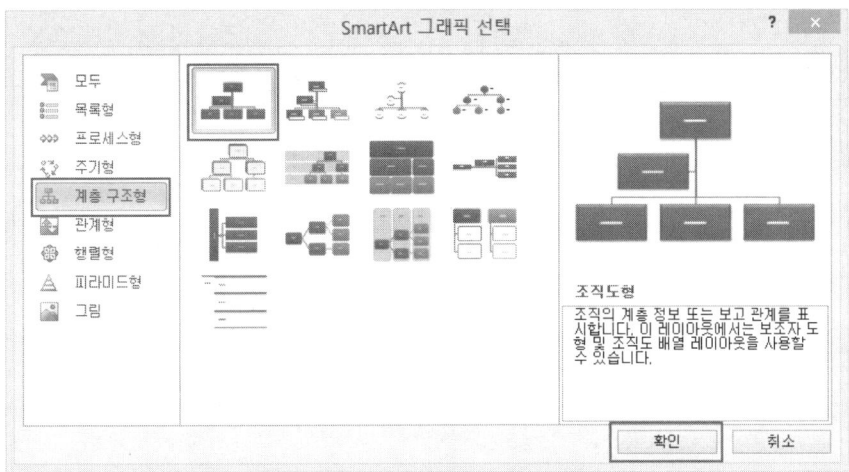

4. 삽입된 SmartArt를 확인할 수 있다.

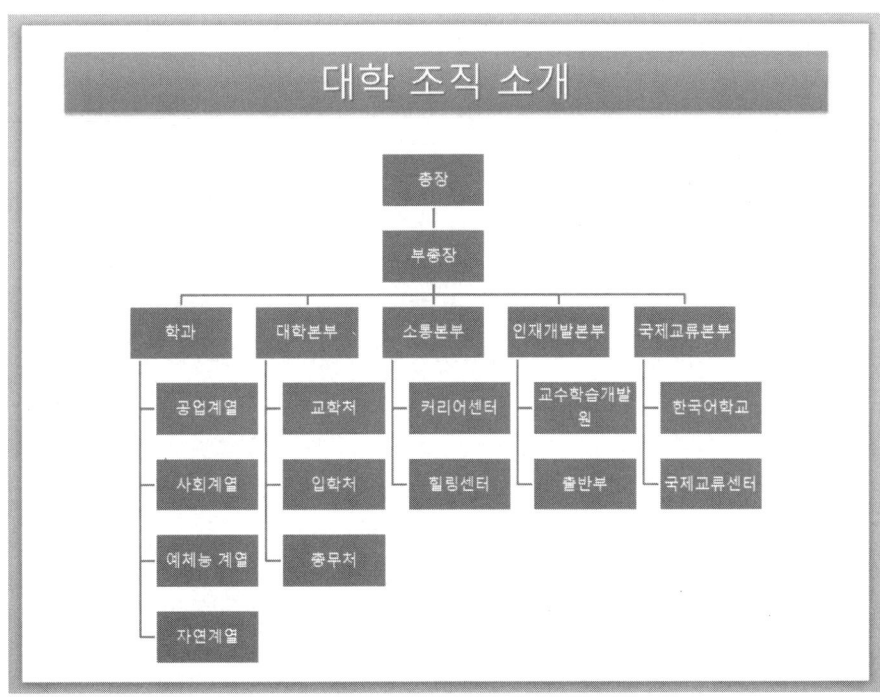

5. SmartArt를 선택하고 [SmartArt 도구] - [디자인]의 [SmartArt 스타일] 그룹에서 [색 변경]을 클릭한다. 드롭다운 메뉴에서 "색상형"에서 "색상형 범위 - 강조색 3 또는 4"를 선택하여 적용한다.

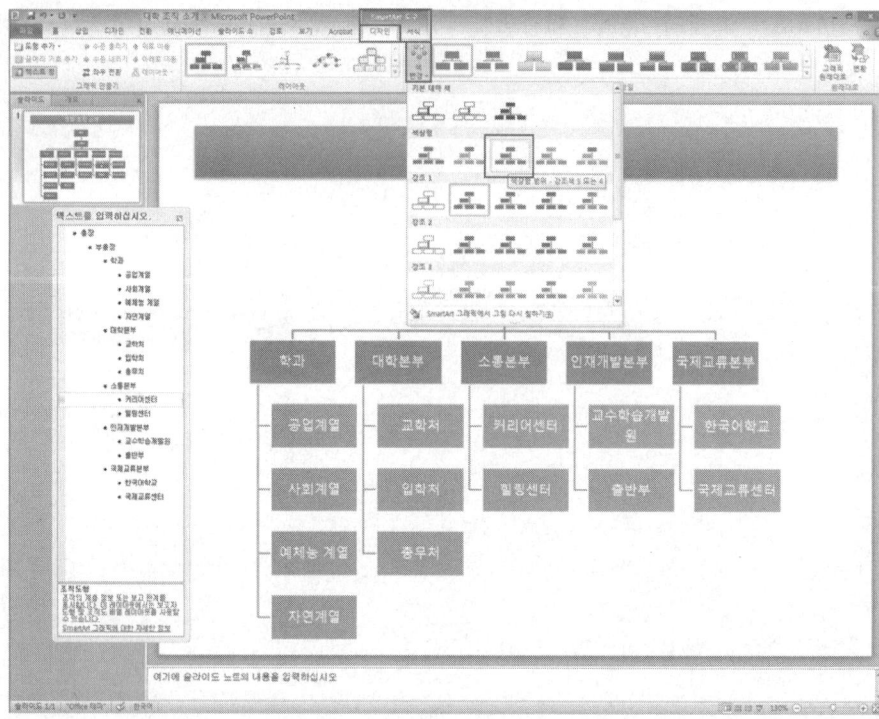

6. [SmartArt 스타일] 그룹에서 [3차원] 범주의 "평면"을 선택하여 보다 입체감 있는 조직도를 구성할 수 있다.

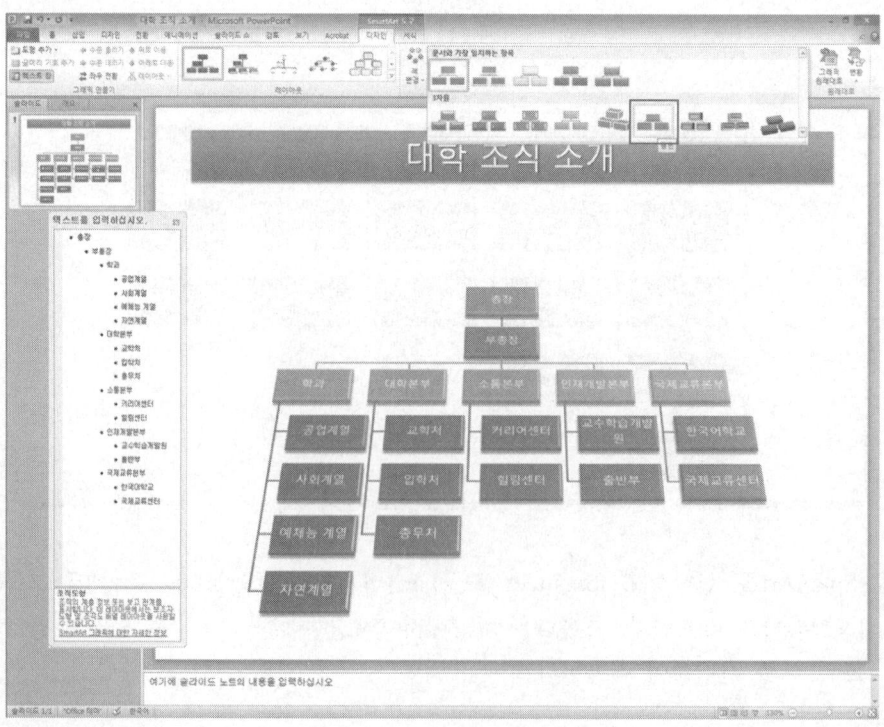

PowerPoint 2010

Part 7

애니메이션 효과

1. 전환 애니메이션
2. 애니메이션 작업창
3. 나타내기 애니메이션
4. 끝내기 애니메이션
5. 이동경로 애니메이션
6. 애니메이션 순서 변경

프리젠테이션 자료를 만든 후 청중에게 발표할 때 슬라이드 쇼를 더욱 돋보이게 하는 기능으로 애니메이션 효과를 적용하는 방법이 있다. 특히 사용자 지정 애니메이션의 다양한 기능을 이용하면 화려한 슬라이드 쇼를 연출할 수 있다. 애니메이션을 적용하려면 슬라이드의 각 구성 요소를 먼저 선택한 후 효과 적용을 하도록 한다.

파워포인트 2007과 달리 파워포인트 2010에서는 화면 전환 애니메이션을 전환 탭으로 따로 변경되어 있고, 슬라이드 내의 객체들에 대한 애니메이션은 애니메이션 탭으로 분류하였다. 따라서 슬라이드와 슬라이드 사이의 변환 효과를 적용하려면, [전환] 탭에서 애니메이션을 작성해야 하고, 슬라이드의 객체들의 애니메이션은 [애니메이션] 탭에서 작성해야 한다.

1 전환 애니메이션

1.1 작업창 살펴보기

전환 애니메이션은 슬라이드와 슬라이드가 바뀔 때 적용되는 애니메이션이다. 전환 애니메이션은 [전환]탭으로 파워포인트 2007과는 달리 따로 슬라이드 객체 애니메이션과 따로 구분되어 있다.

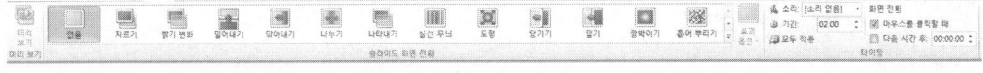

[미리보기] 그룹의 미리보기는 적용된 슬라이드 전환 애니메이션을 미리 보는 기능으로, 적절하게 적용되었는지를 확인 할 수 있다.

[슬라이드 화면 전환] 그룹은 슬라이드의 화면전환 효과를 선택하여 적용할 수 있고, "은은한 효과", "화려한 효과", "동적 콘텐츠"로 3개의 탭으로 구성되어 있다.

[효과 옵션] 슬라이드 화면 전환 그룹에서 적용된 애니메이션의 동작을 추가로 변경할 수 있는 메뉴로, 적용된 화면전환 애니메니션에 따라 효과 옵션의 내용이 달라진다.

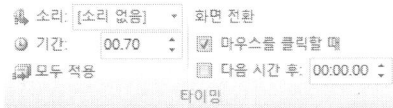

[타이밍] 그룹은 슬라이드 쇼를 진행할 때, 화면의 전환이 이루어지는 시점을 적용할 수 있으며, "마우스를 클릭할 때"는 슬라이드에서 다음 슬라이드로 넘어 갈 때, 어떻게 동작하는지를 설정한다. 즉, 마우스를 클릭할 때를 체크한 후 슬라이드 쇼를 진행하면 다음 슬라이드로 넘길 때 마우스를 클릭해야 한다. **다음 시간 후 옵션**은, 마우스를 클릭할 때가 체크되어 있고, 다음 시간 후가 설정되어 있다면, 마우스를 클릭한 후 설정된 시간 후에 화면전환이 이뤄진다.

소리 옵션은 화면전환 시 소리에 대한 출력을 지정할 수 있으며, 기간의 경우 소리옵션에서 소리를 선택한 다음 지정된 시간동안 만큼 소리가 나타난다.

모두 적용은 앞서 슬라이드 화면 전환을 설정하여 모두 같은 화면전환을 적용하고자 할 때 클릭한다.

1.2 애니메이션 적용

전환 탭의 애니메이션을 이용하여 앞서 실습한 태극기 보고서의 화면 전환효과를 적용해 본다. 슬라이드에 화면전환 애니메이션이 적용되어 있지 않을 경우와 적용되어 있을 경우는 슬라이드 미리보기에서 확인 할 수 있다.

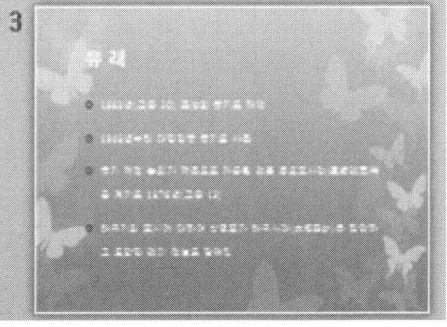

그림에서 슬라이드 2번의 아래에 별표 표시가 나타난 경우에는 슬라이드 애니메이션이 적용된 상태이고, 3번 슬라이드와 같이 아무런 표시가 없는 상태는 애니메이션이 적용되지 않은 상태이다.

1. 애니메이션을 적용할 1번 슬라이드를 선택한 후 [전환] 탭의 [슬라이드 전환] 그룹에서 [화려한 효과] - [갤러리]를 선택한다.

2. 다음 애니메이션을 적용할 2번 슬라이드를 선택한 후 앞서 적용한 방법과 같이 [화려한 효과] - [큐브]를 선택한다.

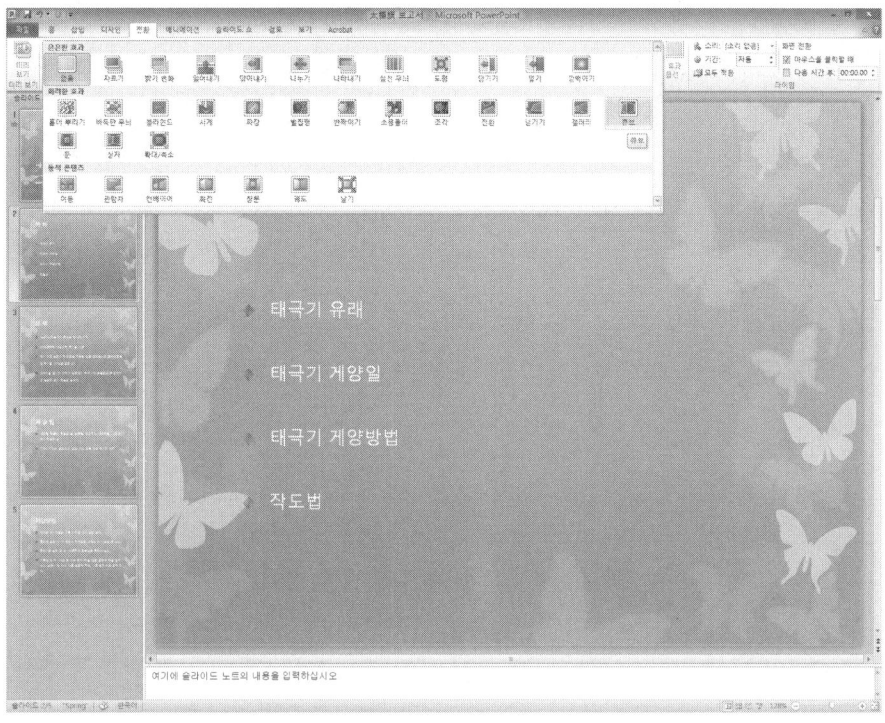

3. 3번 슬라이드의 화면 전환 효과는 '닦아내기', 소리는 '바람 가르는 소리'를 선택한다.

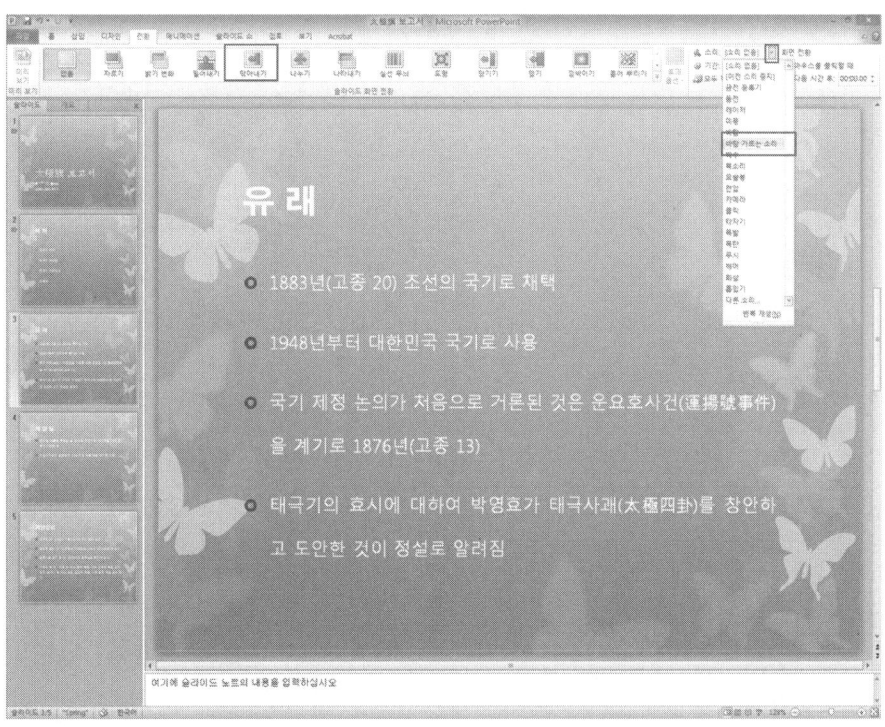

4. 소리가 적용된 3번 슬라이드에서 기간을 0.5초로 설정한다.

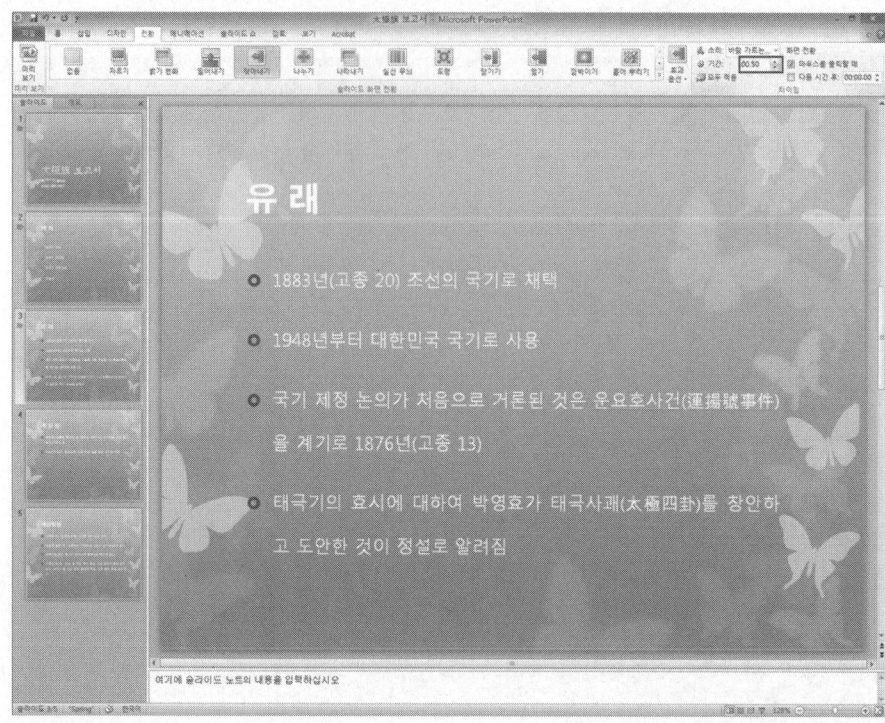

5. 4번 슬라이드를 선택하고, 슬라이드 화면 전환은 '나누기', [타이밍] 그룹의 화면 전환은 '마우스를 클릭할 때' 체크를 해지하고, '다음 시간 후'를 00:10:00로 설정한다.

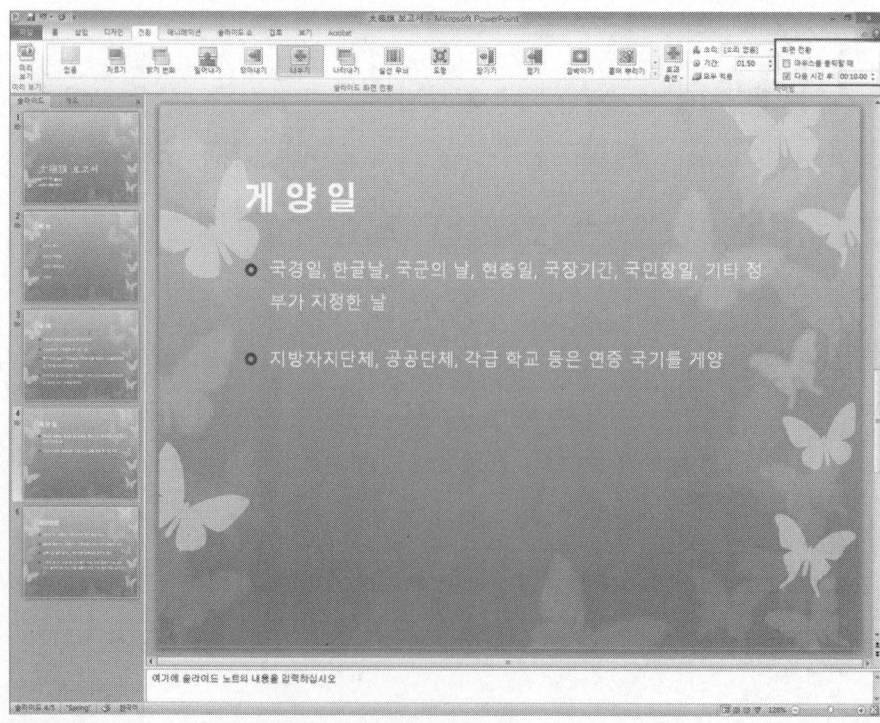

6. 미리보기를 클릭하여 효과를 확인해본다.

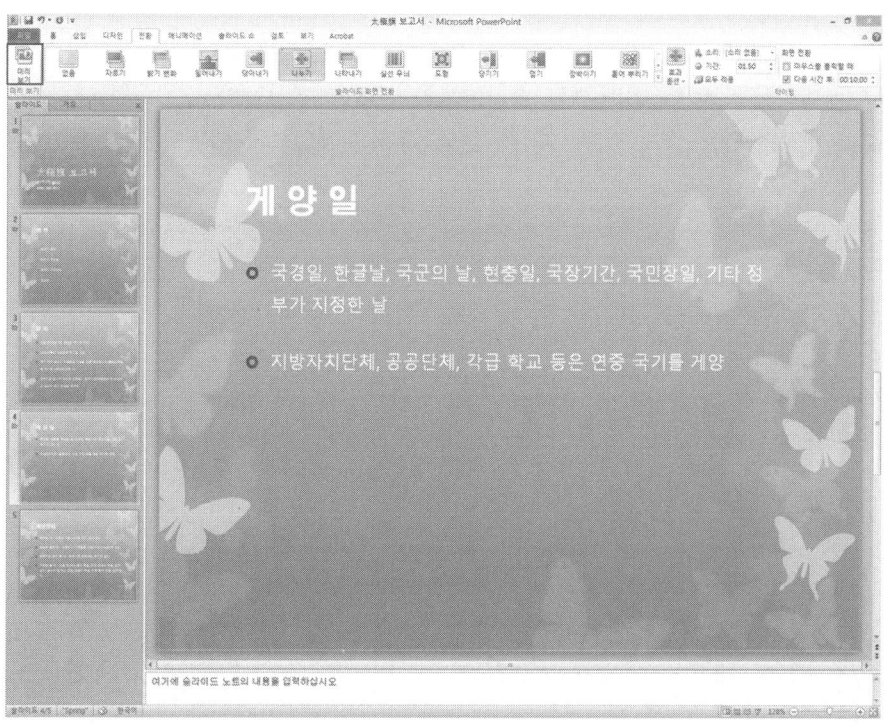

1.3 애니메이션 삭제

전환 애니메이션이 적용된 슬라이드 또는 모든 슬라이드를 삭제 하는 방법은 슬라이드 애니메이션을 삭제 하고자 하는 슬라이드를 선택한 후, [슬라이드 화면 전환] 그룹에서 '없음'을 선택한다. 모든 슬라이드의 전환 효과 삭제는 '없음'을 선택한 후, '모두 적용'을 클릭한다.

2 애니메이션 작업창

애니메이션 탭의 애니메이션은 슬라이드의 개체들에 대한 애니메이션을 지정할 수 있다. 각각의 개체에 애니메이션을 지정하고, 각종 효과와 타이밍 등을 알아보자.

[미리 보기] 미리보기 그룹의 미리보기는 슬라이드에 포함된 개체에 애니메이션을 적용한 상태를 미리 확인 할 수 있다.

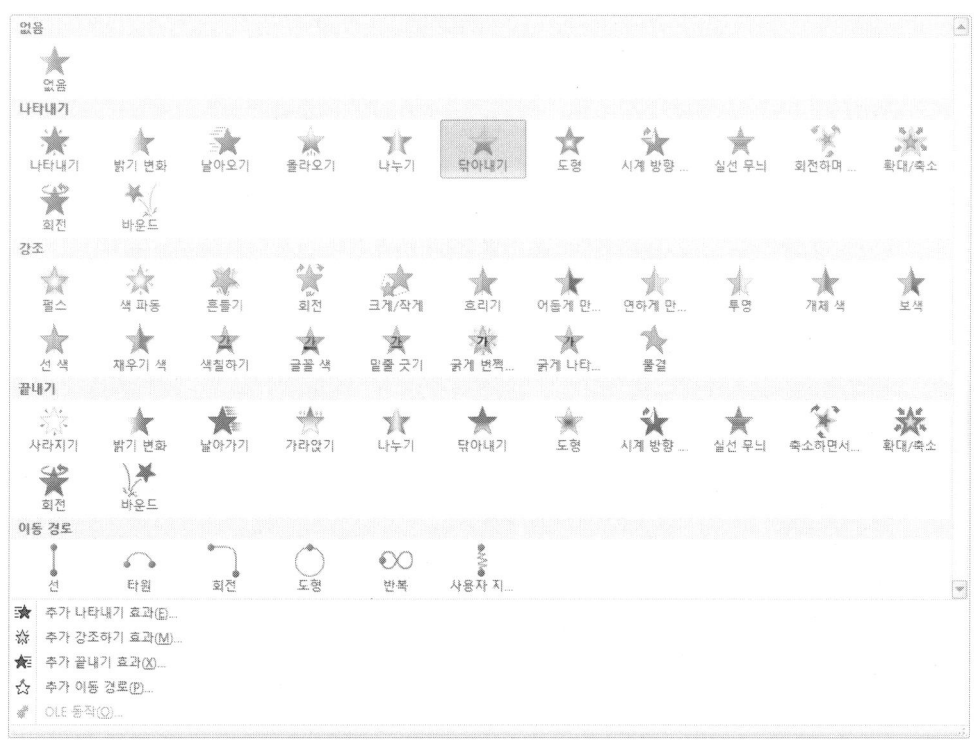

[애니메이션] 애니메이션 그룹은 크게, 나타내기, 강조, 끝내기, 이동 경로, 추가 효과들로 구성되어 있다. 나타내기 범주는 개체가 특정 조건에서 슬라이드에 표시되는 형태를 지정할 수 있다.

강조 범주에는 개체나 텍스트 박스 등과 같이 특정 요소를 강조하고자 할 때 사용된다.

끝내기 범주는 개체를 슬라이드에서 사라지게 하는 효과를 지정할 때 사용한다.

이동 경로 범주는 개체를 지정된 형태 또는 방향으로 이동시킬 때 사용한다.

이밖에 추가 효과 메뉴는 애니메이션 그룹에서 나타나지 않은 메뉴를 보다 상세하게 효과를 지정하여 사용할 수 있도록 구성되어 있다.

[효과옵션] 효과옵션은 개체에 적용된 애니메이션에 따라서 바뀐다. 그림은 "닦아내기" 효과를 적용한 개체의 "효과옵션"을 클릭했을 때 나타나는 메뉴이다. 효과옵션에서는 애니메이션의 적용시점, 시퀀스, 방향 등을 따로 설정하여 적용할 수 있다.

[고급 애니메이션] 파워포인트 2010은 기본적으로 애니메이션 창이 표시 되지 않아 슬라이드에 있는 개체에 어떤 애니메이션이 적용되었는지 판별하기가 힘들다. 이때, 현재 슬라이드의 개체에 적용된 애니메이션 상태를 확인 할 경우에 애니메이션 창을 클릭하면, 적용된 애니메이션 목록을 확인할 수 있다. 다음은 애니메이션 창을 클릭한 상태의 슬라이드 화면이다.

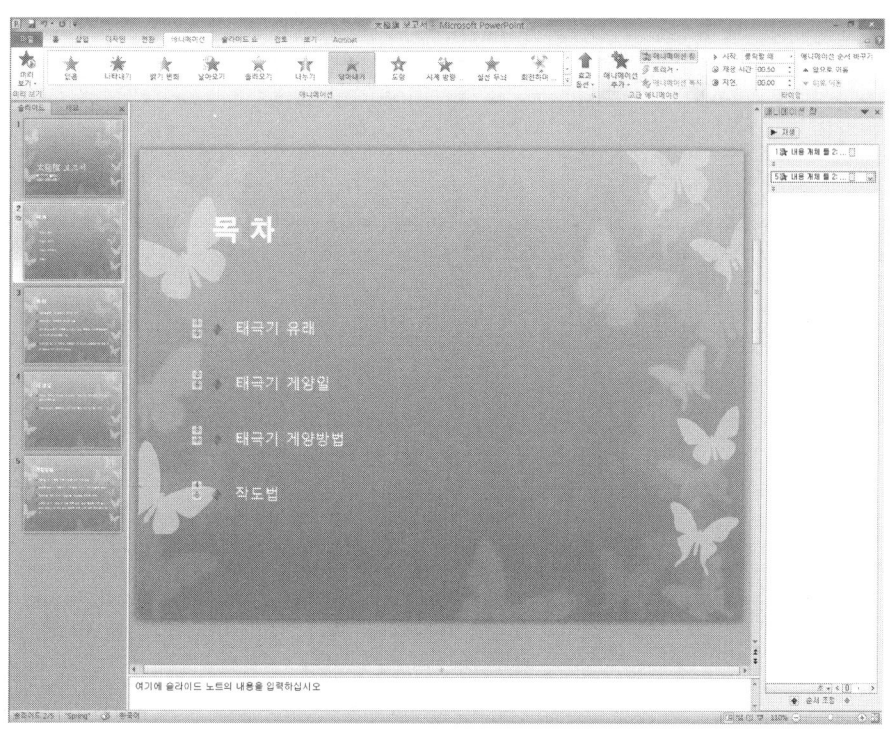

애니메이션 창을 살펴보면, ❶은 현재 선택된 애니메이션을 실행하여 적용상태를 확인할 수 있고, ❷를 클릭하면 ❸번의 메뉴에서 타이밍, 효과 옵션, 진행막대, 애니메이션 삭제 등을 할 수 있다. ❹는 애니메이션의 타임라인을 확인할 수 있고, ❺에서 애니메이션 순서를 조절할 수 있다. 또한 애니메이션을 선택한 후 드래그하면, 애니메이션 순서를 바꿀 수 있다.

❸번의 [효과 옵션]을 클릭하면, 적용된 애니메이션을 보다 상세하게 설정할 수 있다. 다음은 닦아내기 효과가 적용된 개체에서 [효과옵션]을 클릭한 창이다. 효과옵션은 "효과", "타이밍", "텍스트 애니메이션" 탭으로 구성되어 있다.

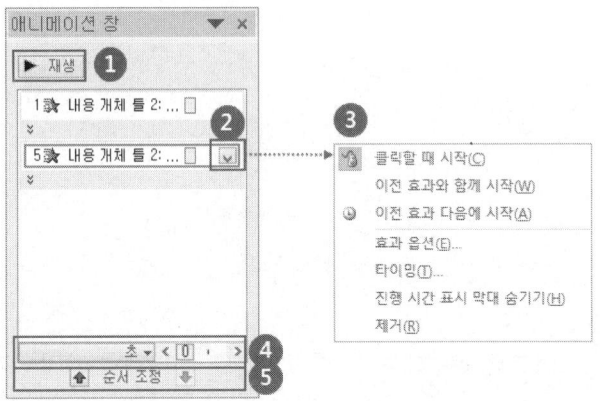

[타이밍] 그룹은 적용된 애니메이션이 실행되는 시점을 적용하는 그룹으로, 시작, 재생시간, 지연, 애니메이션 순서 바꾸기로 구성되어 있다.

※ 슬라이드에 애니메이션이 적용되어 있다면, 슬라이드 미리보기 소 메뉴에 다음과 같이 별표(☆)가 표시된다.

※ 슬라이드에 포함된 여러 개체에 애니메이션이 적용된 상태는 개체 앞에 숫자로 표시되며, 숫자는 애니메이션 실행 순서를 뜻한다.

3 나타내기 애니메이션

마우스를 클릭하여 목록에 해당하는 개체를 나타나도록 적용해 보자. 다음과 같이 슬라이드를 작성한다.

1. 슬라이드 제목을 선택하고, [애니메이션]탭의 [애니메이션 그룹]에서 "추가 나타내기 효과"를 클릭한다.

2. "나타내기 효과 변경" 창에서 "내밀기"를 선택한다.

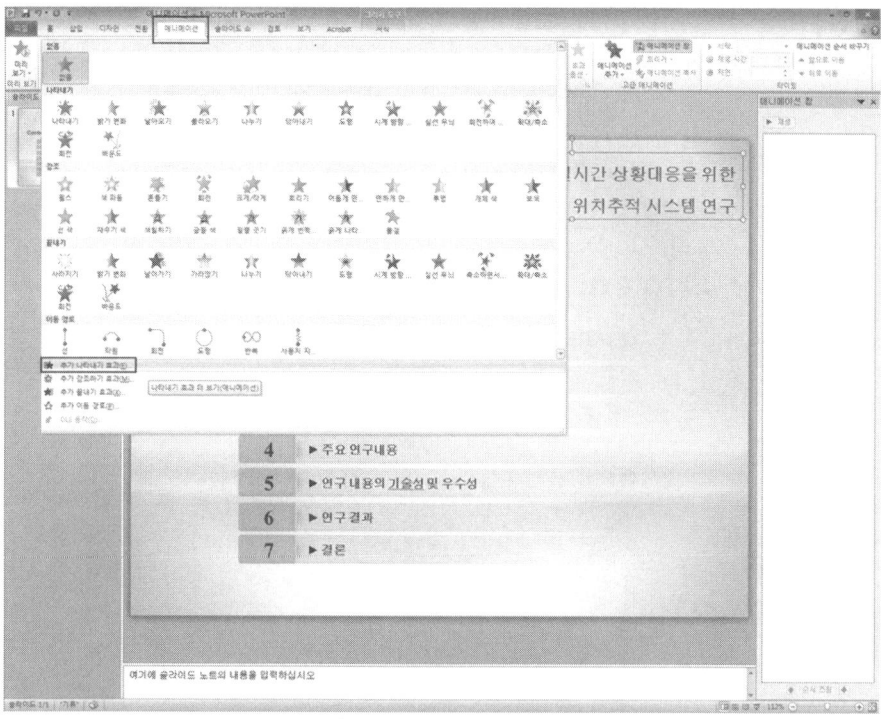

3. [애니메이션] 그룹에서 [효과옵션]을 클릭하고, "오른쪽에서"를 선택하면, 슬라이드 화면에서 개체가 오른쪽에서 나타나는 효과가 적용된 것을 확인할 수 있다.

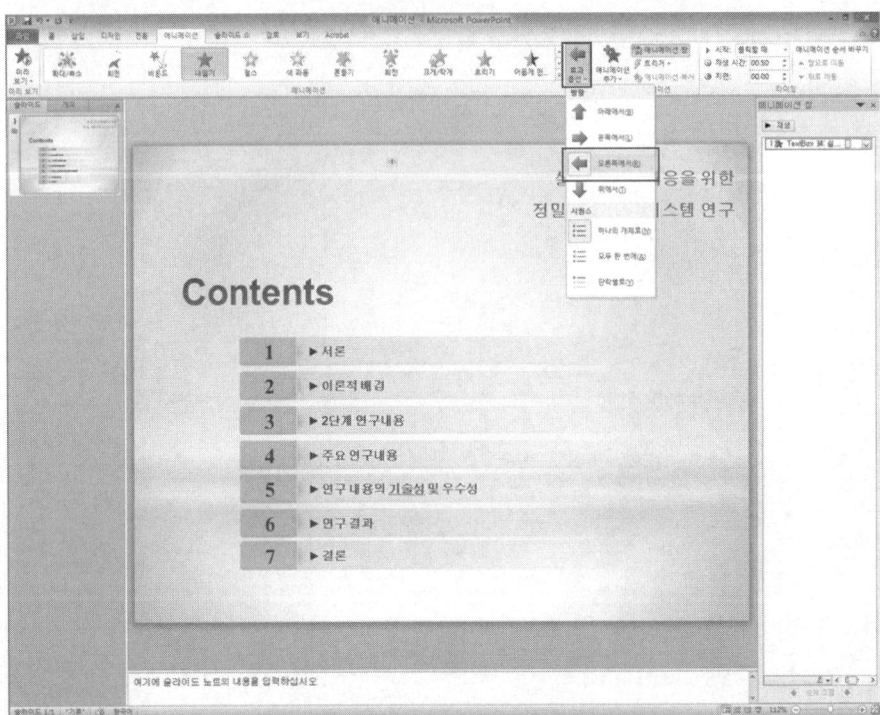

4. "Contents" 개체를 선택하고, [애니메이션] 그룹에서 나타내기의 "올라오기"를 선택한다.

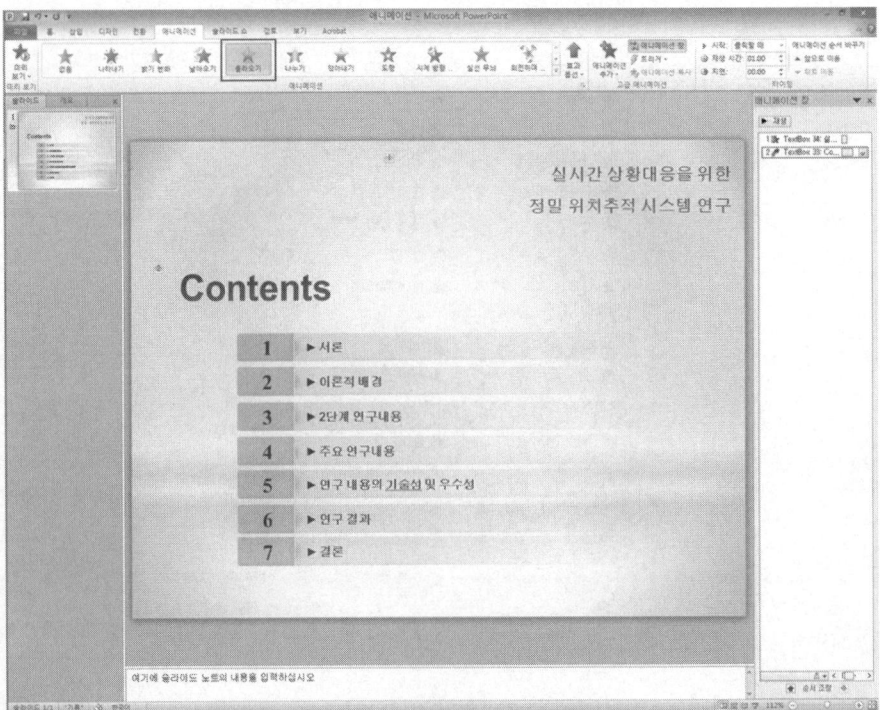

5. "올라오기"가 적용된 "Contents" 개체의 타이밍을 "이전 효과 다음에"를 선택하여 적용한다.

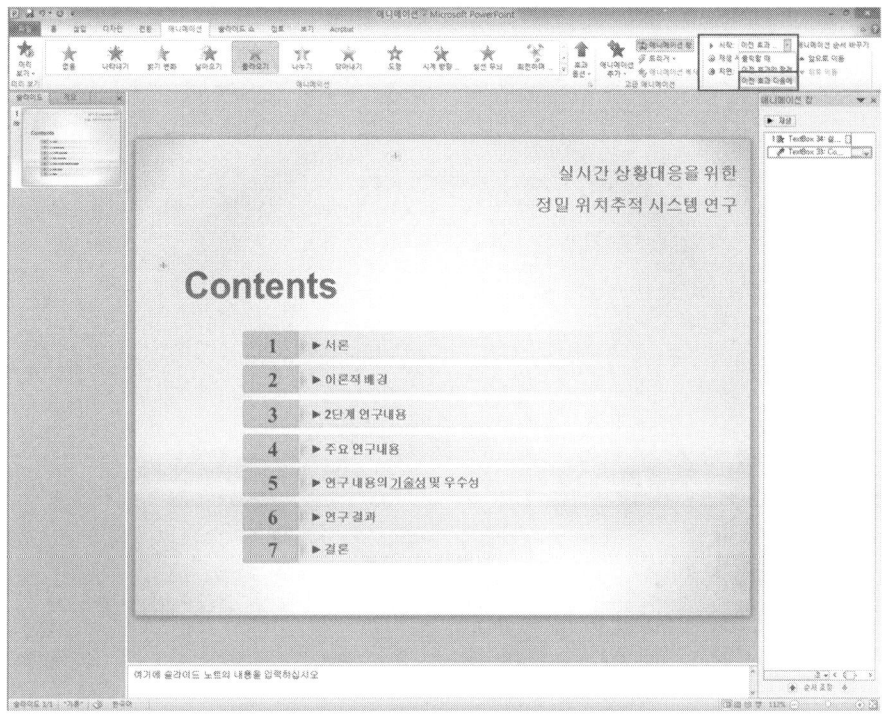

6. Contents 내용의 1번~7번과 이에 해당하는 내용을 차례대로 선택한다.

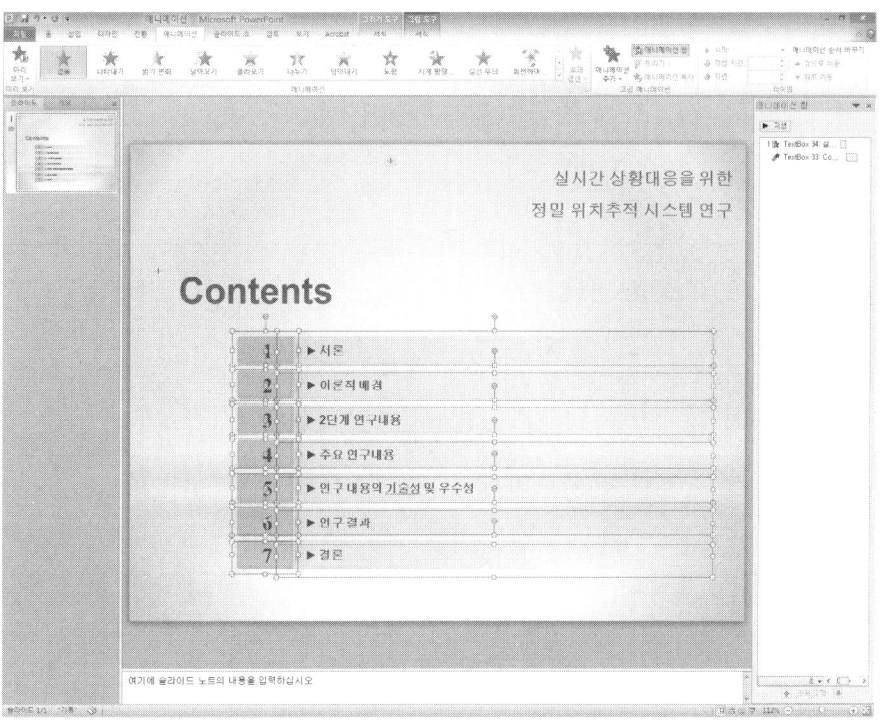

7. "추가 나타내기 효과"에서 "내밀기"를 선택한 후 확인 버튼을 클릭한다.

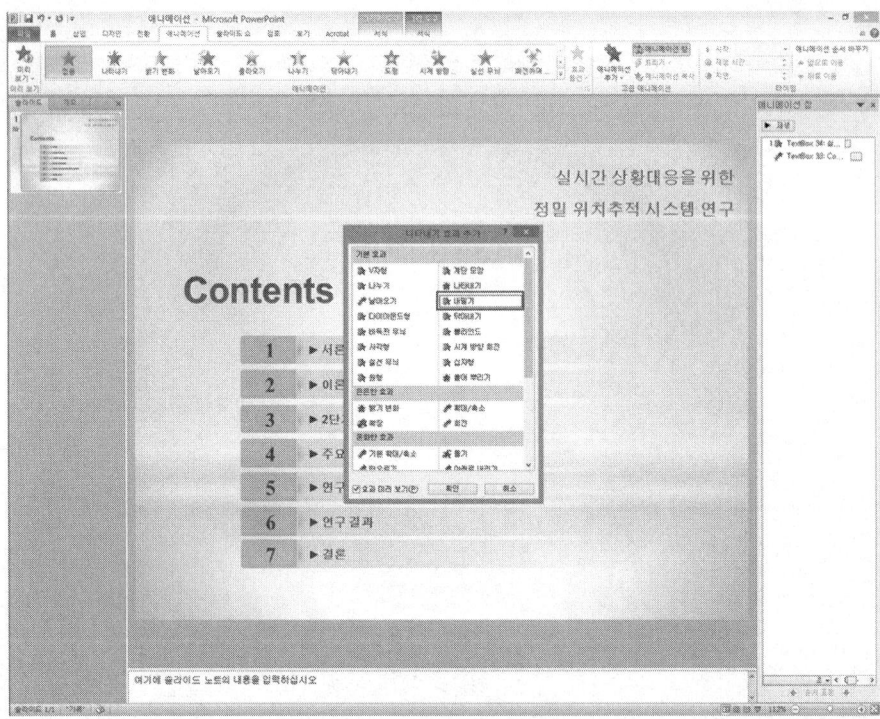

8. "애니메이션 창"에서 새로 추가된 애니메이션을 모두 선택하고, 타이밍을 "이전 효과 다음에"를 클릭하여 적용한다.

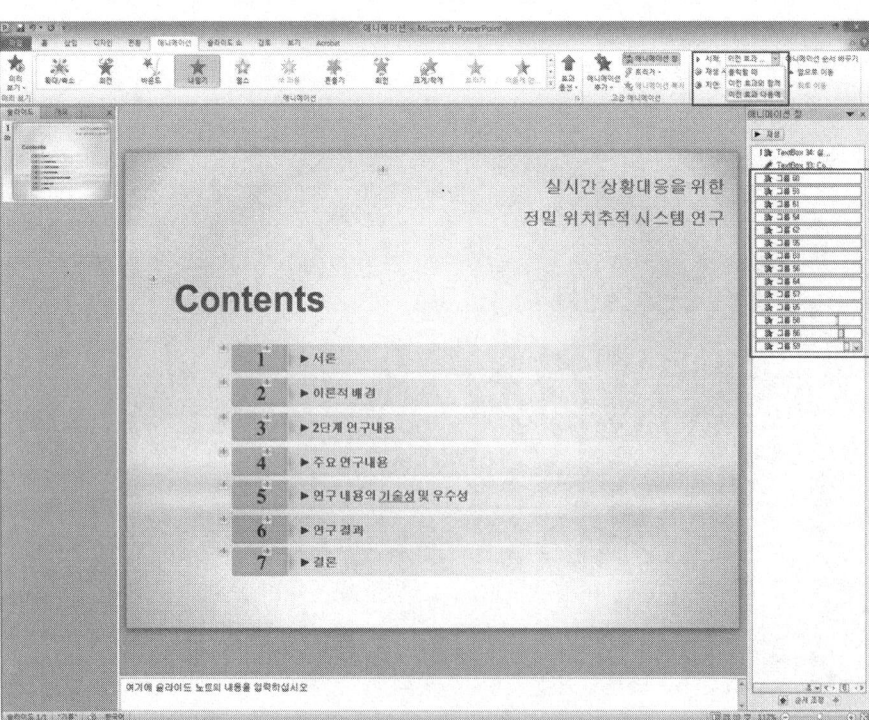

9. 항목에 해당하는 내용만 선택한 후 [효과옵션]에서 "왼쪽에서"를 선택한다.

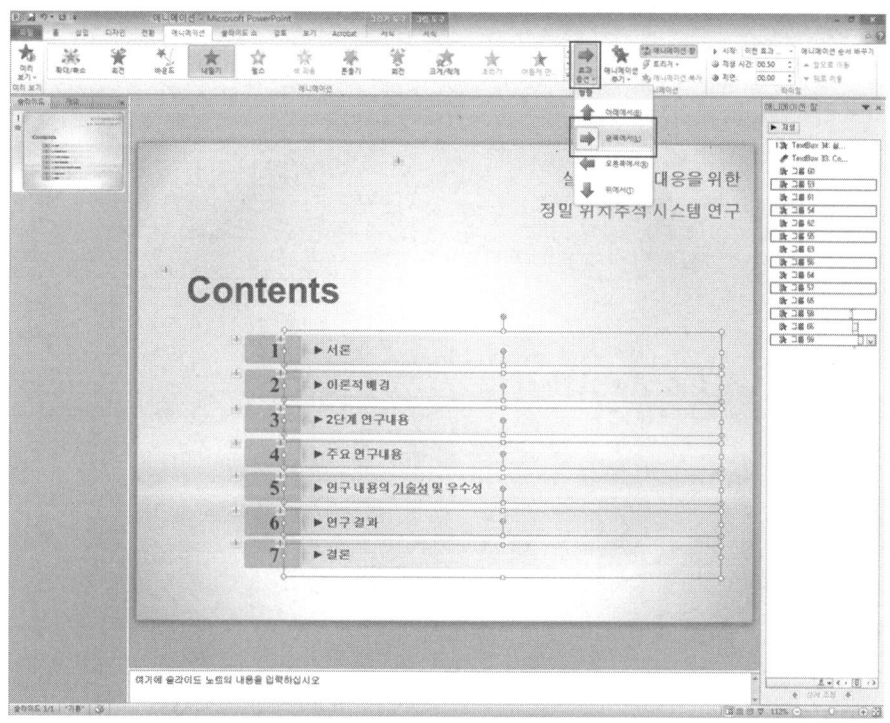

10. 적용된 애니메이션을 슬라이드 쇼로 확인하면, "제목" → "Contents" → "1" → "서론" → "2" → "이론적 배경"의 순으로 애니메이션이 진행되는 것을 확인할 수 있다.

4 끝내기 애니메이션

1. Contents의 내용을 7번부터 1번까지 역순으로 모두 선택한다.

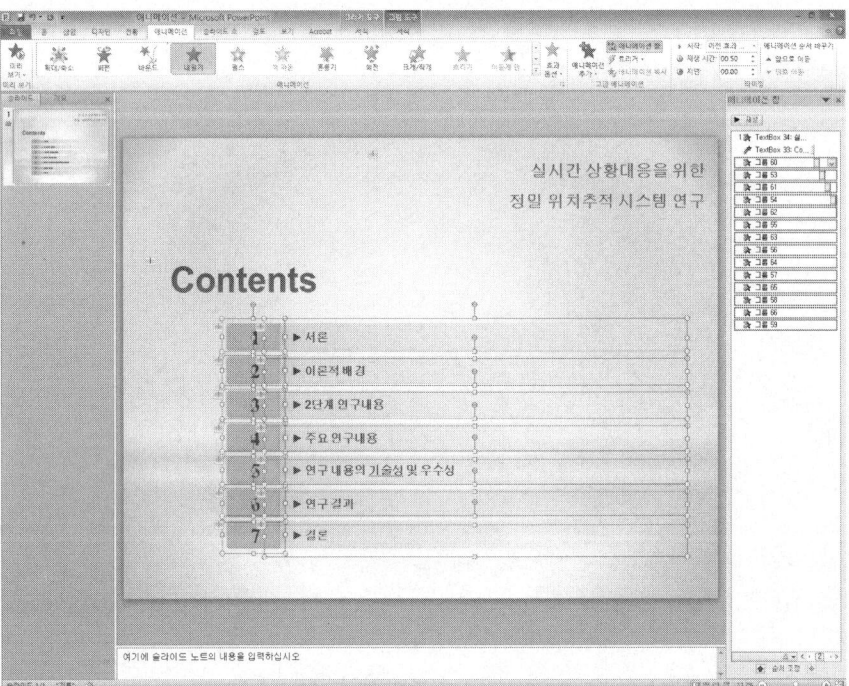

2. [고급 애니메이션] 그룹의 [애니메이션 추가]를 클릭하고 "추가 끝내기 효과"를 선택한다.

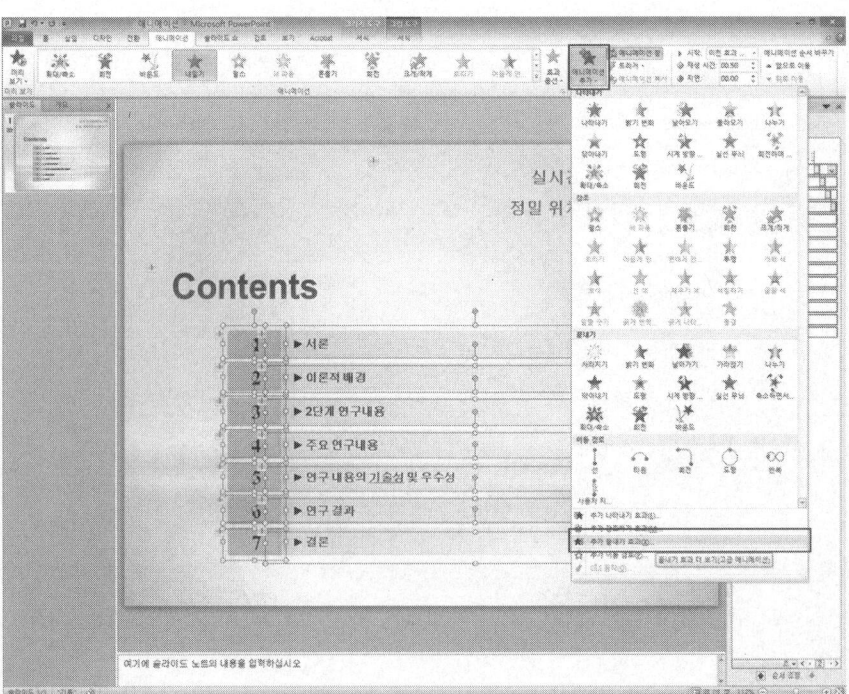

3. "끝내기 효과 추가"에서 "내밀기"를 선택한 후 확인을 클릭한다.

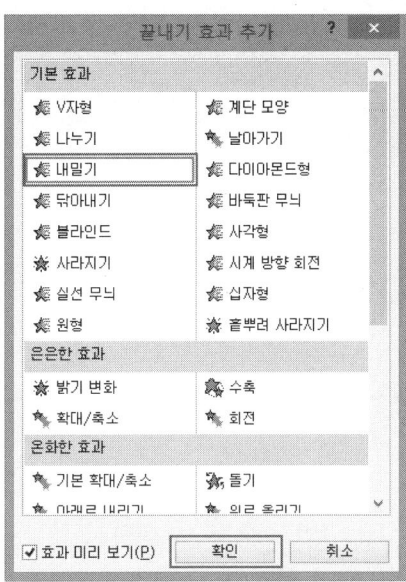

4. 사라지기 효과가 적용된 "애니메이션 창"에서 모두 선택한 후 "타이밍"을 "이전 효과 다음에"를 선택한다.

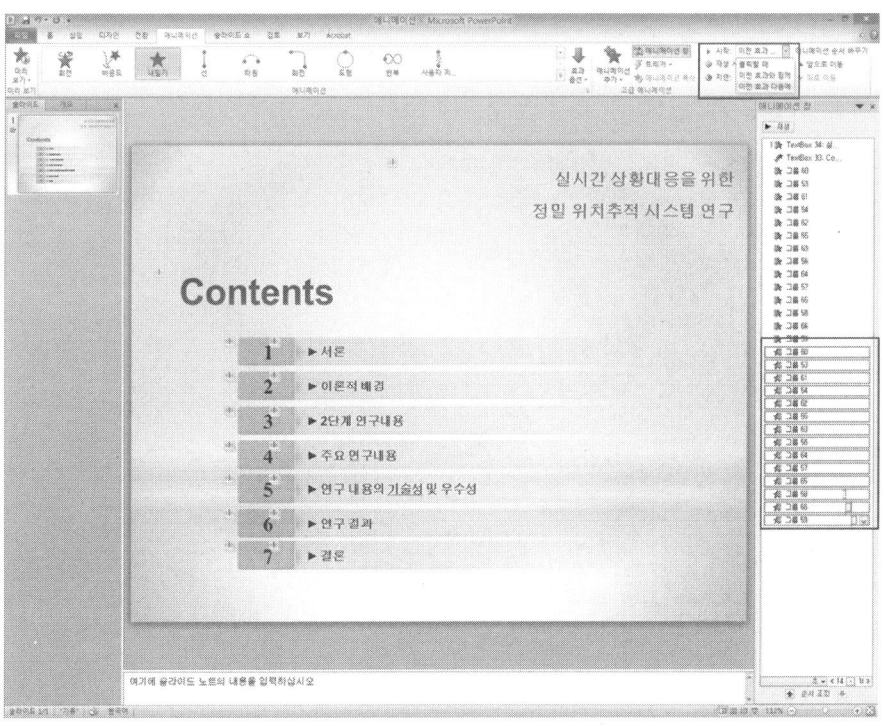

5. "애니메이션 창"에서 "그룹 60"을 선택한 후 "타이밍"을 "클릭할 때"로 선택한다.

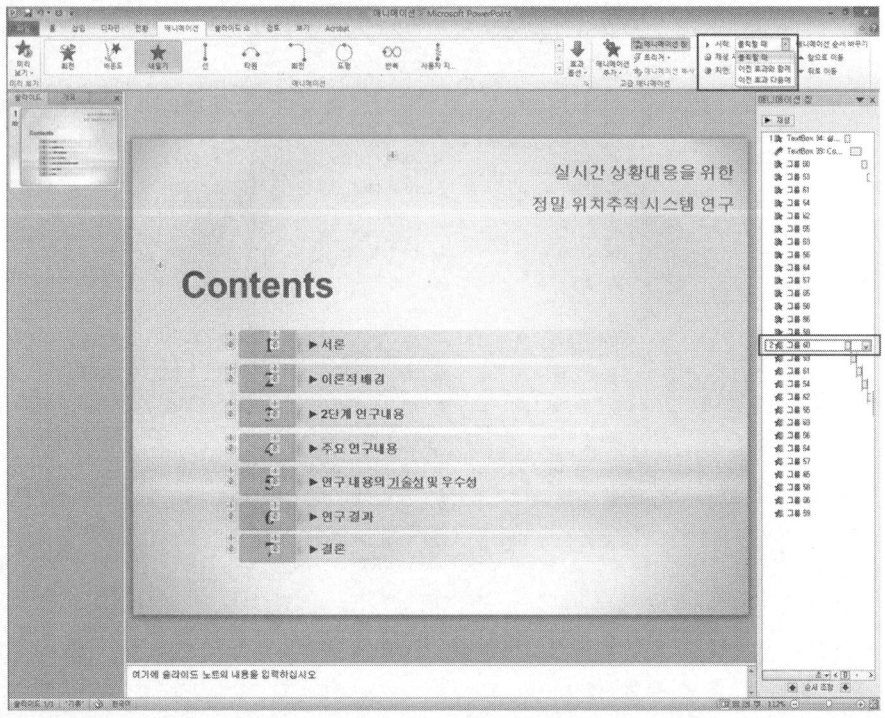

6. 적용된 사라지기 효과 애니메이션을 슬라이드 쇼로 확인하면, 차례대로 사라지는 것을 확인할 수 있다.

5. 이동경로 애니메이션

1. 슬라이드에 삽입된 "Contents" 개체를 선택한 후, [고급 애니메이션] 그룹의 "애니메이션 추가"를 클릭하고, "이동 경로" 범주의 "타원"을 선택한다.

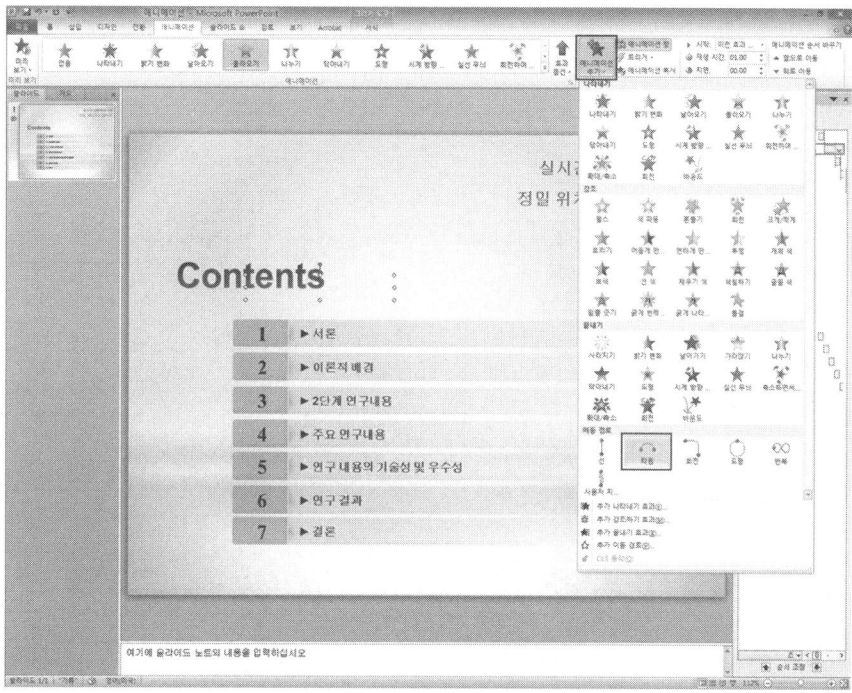

2. 삽입된 이동 경로 애니메이션의 이동경로가 슬라이드에 표시된다.

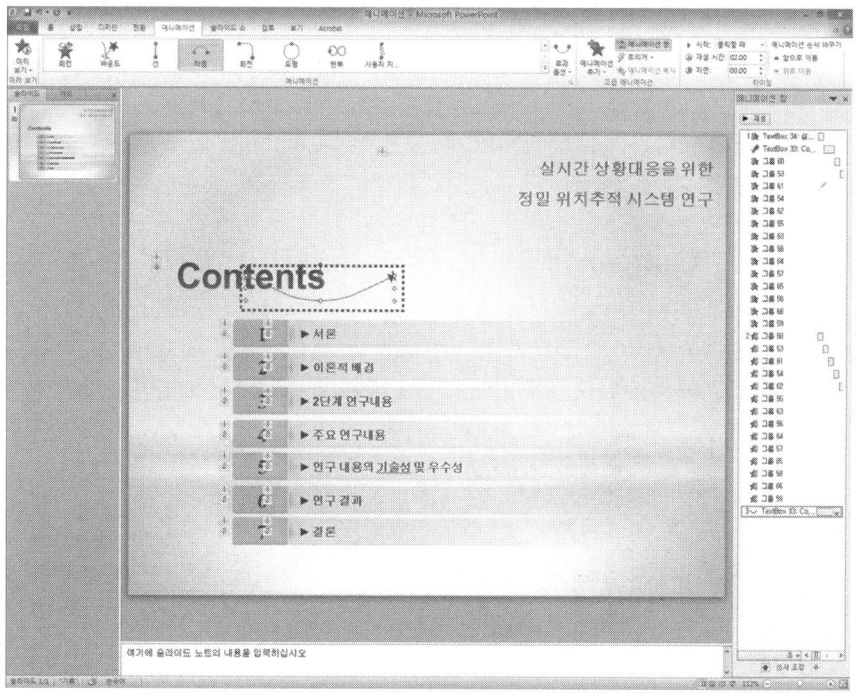

6 애니메이션 순서 변경

1. "애니메이션 창"에서 3번 애니메이션을 선택한다.

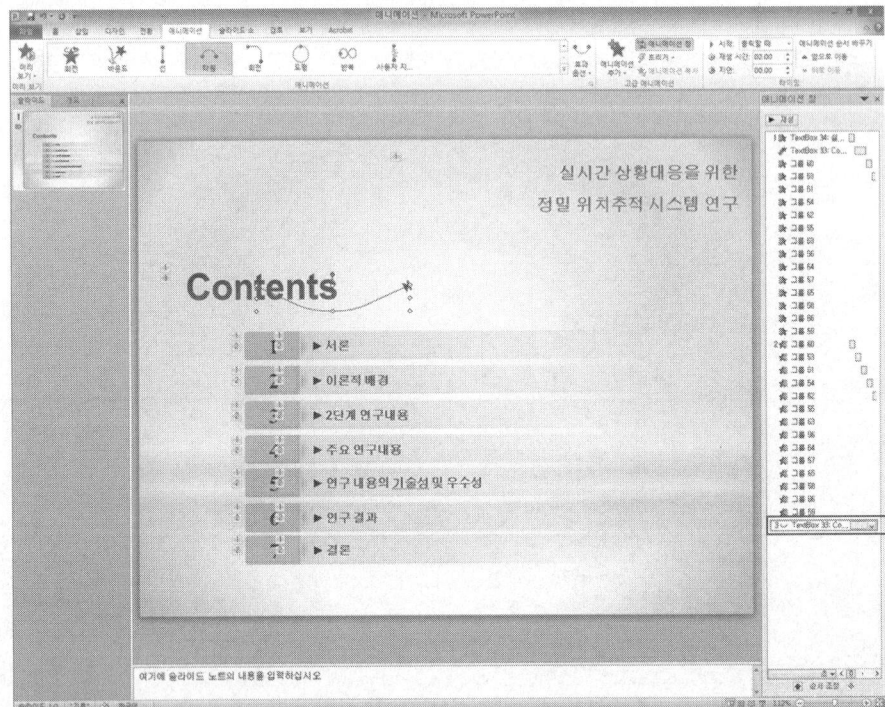

2. 선택된 애니메이션을 드래그 하여 1번의 2번째(TextBox 33:)으로 드래그 한다.

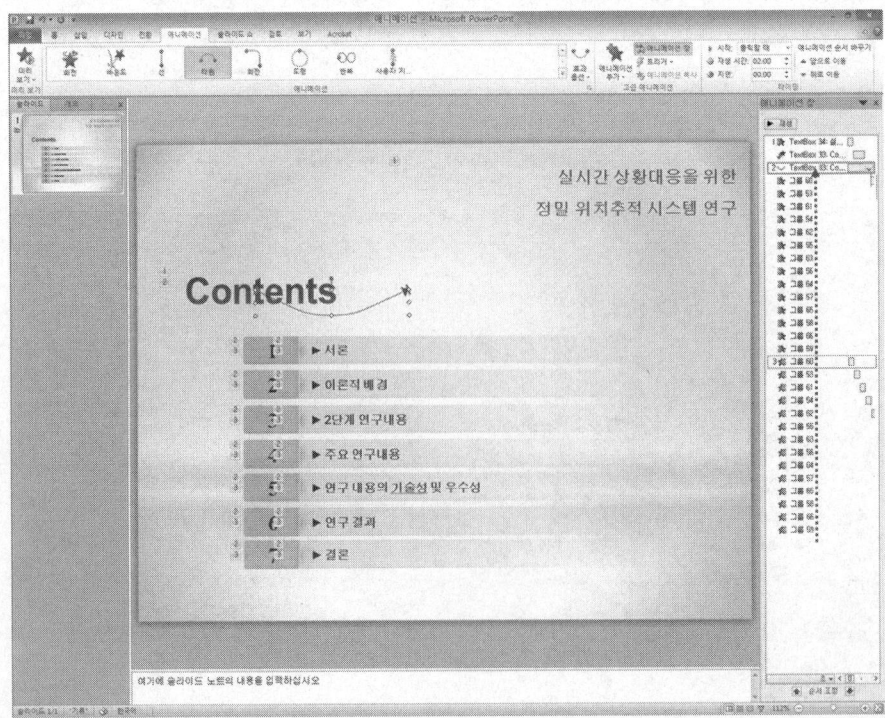

3. 이동된 애니메이션 "타이밍"을 "이전 효과 다음에"로 적용한다.

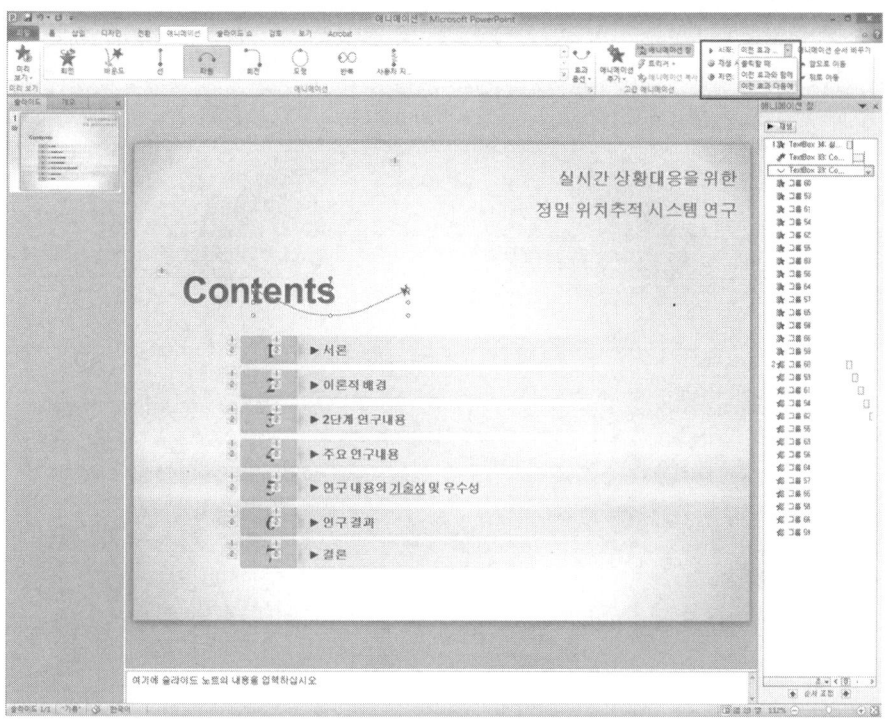

PowerPoint 2010

Part **8**

슬라이드 마스터

1. 테마 편집
2. 배경 그래픽 디자인
3. 본문 슬라이드 마스터
4. 제목 슬라이드 마스터
5. 구역 머리글 슬라이드 마스터
6. 서식파일 저장하고 적용하기

슬라이드 마스터 기능은 대부분의 슬라이드에서 공통적으로 사용되는 형식을 미리 만들어 저장하여, 자기만의 스타일로 슬라이드를 구성하는데 사용된다. 슬라이드 마스터에서 머리글, 바닥글, 날짜, 페이지 번호 등을 지정하여 사용할 수 있다.

1 테마 편집

1.1 배경 스타일 디자인

1. [보기] 탭 [마스터 보기] 그룹의 [슬라이드 마스터]를 클릭하면 메뉴의 [파일] 탭 뒤쪽에 [슬라이드 마스터]탭이 생성되고, 마스터 슬라이드 작성 화면이 나타난다.

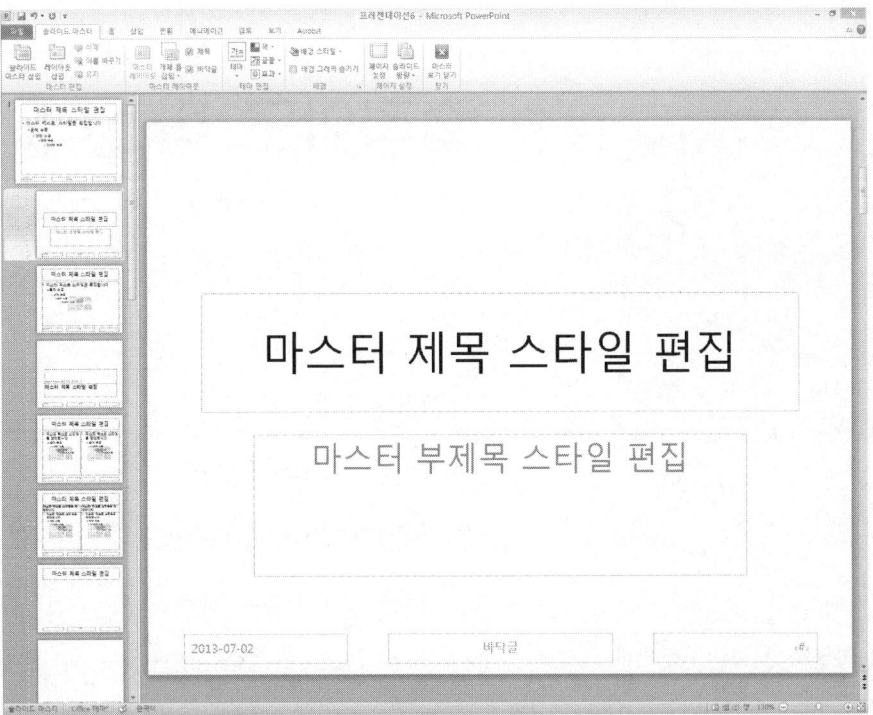

2. [슬라이드 마스터]탭의 [배경] 그룹의 [배경 스타일]을 클릭하여 "스타일 11"을 선택하면, 배경이 둥근 방사형 그라데이션 배경으로 바뀐다.

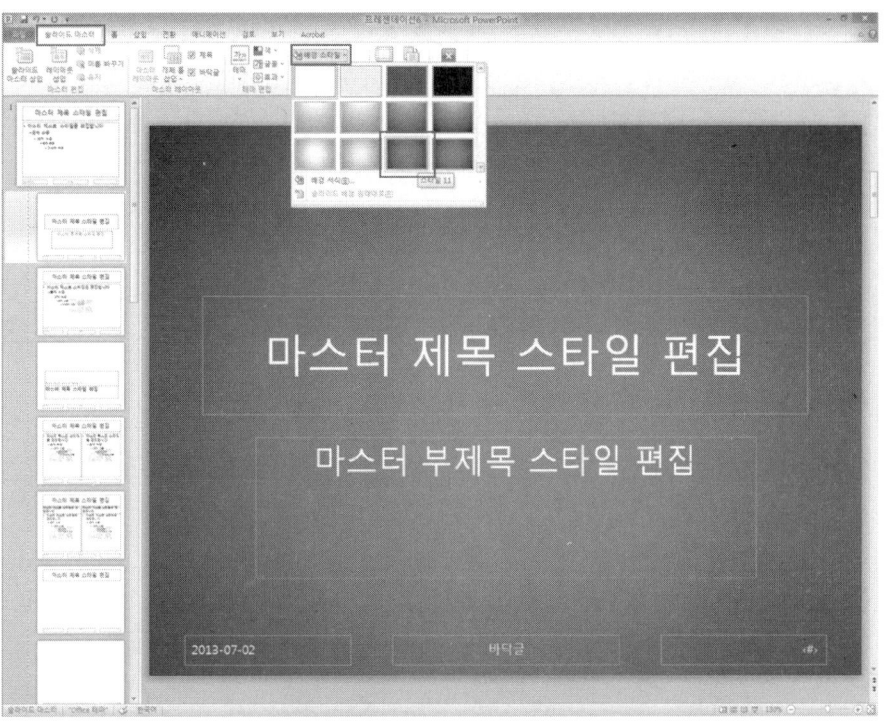

1.2 테마 색 디자인

1. 슬라이드 마스터의 테마색을 변경하기 위해 [테마편집] 그룹의 [색]을 클릭하고, "새 테마 색 만들기"를 선택한다.

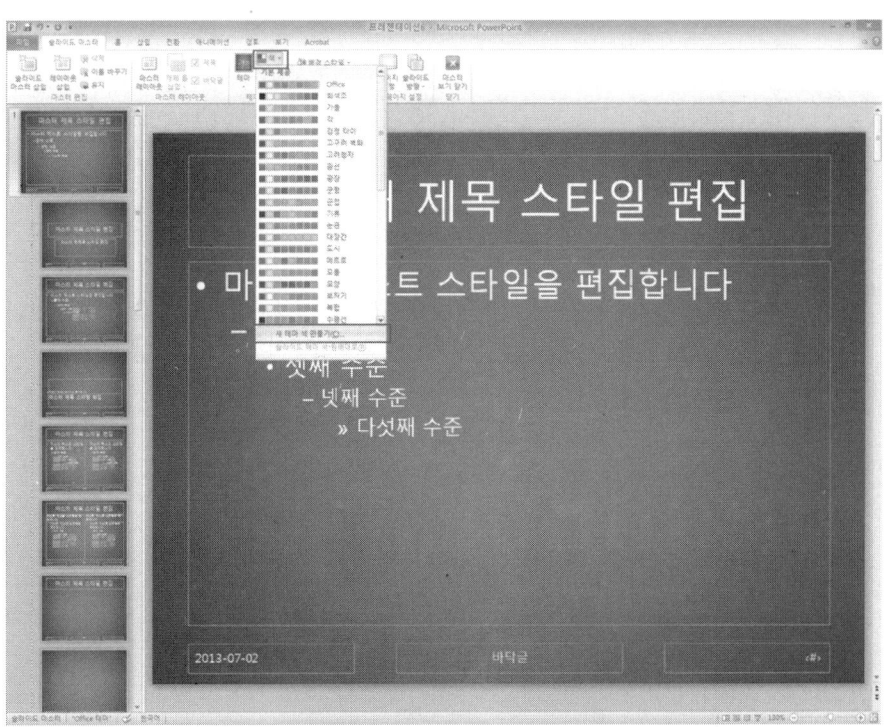

2. 새 테마 색 만들기 창에서 테마 색을 차례대로 다음과 같이 변경한다. [텍스트/배경 - 어두운 색 1] - "진한 파랑 배경 2", [하이퍼링크] - "주황 강조 6", [열어 본 하이퍼링크] - "주황 강조 6 - 25% 더 어둡게"로 선택한 다음 "이름"을 "슬라이드 마스터"로 저장한다.

3. [테마 편집] 그룹의 [색]을 클릭하면 "사용자 지정" 범주에 저장된 "슬라이드 마스터"가 생성된다.

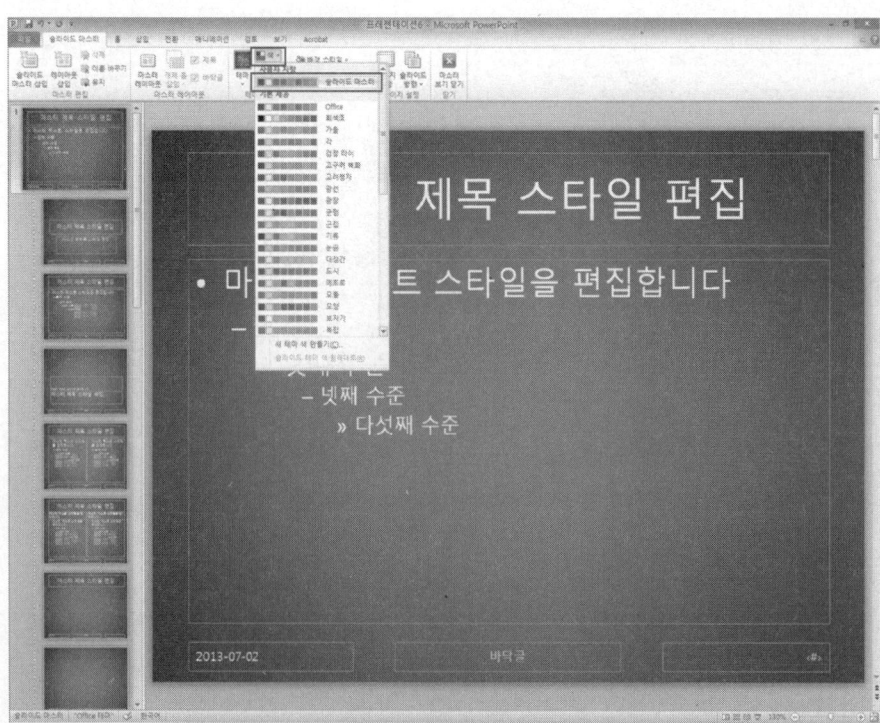

2. 배경 그래픽 디자인

1. [삽입] 탭 [이미지] 그룹의 [클립아트]를 클릭한다.

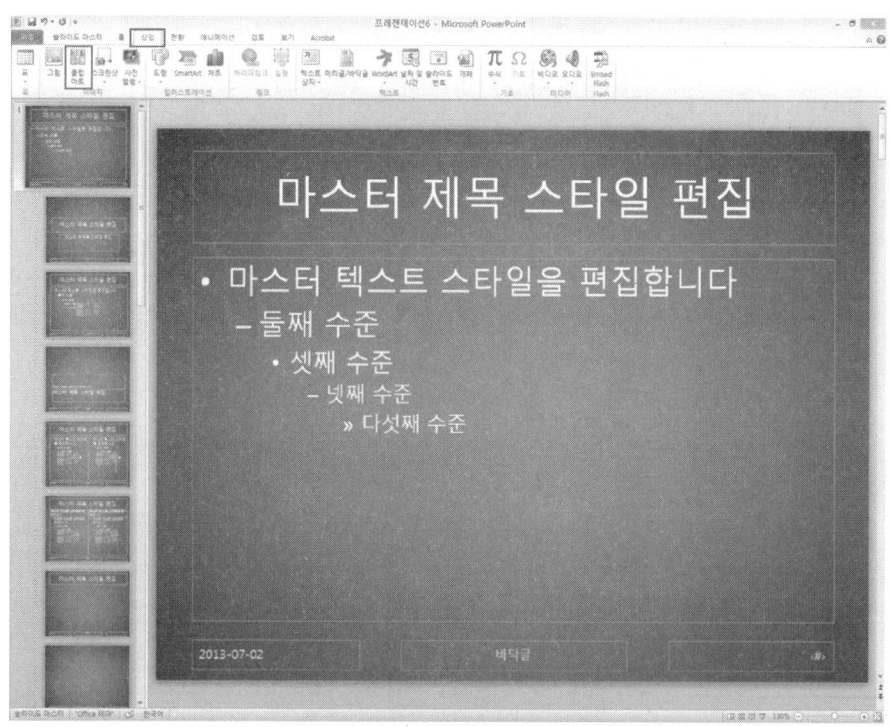

2. 클립아트 검색창에서 "디바이더"를 입력하여 검색하여 덩굴 모양을 삽입한다.

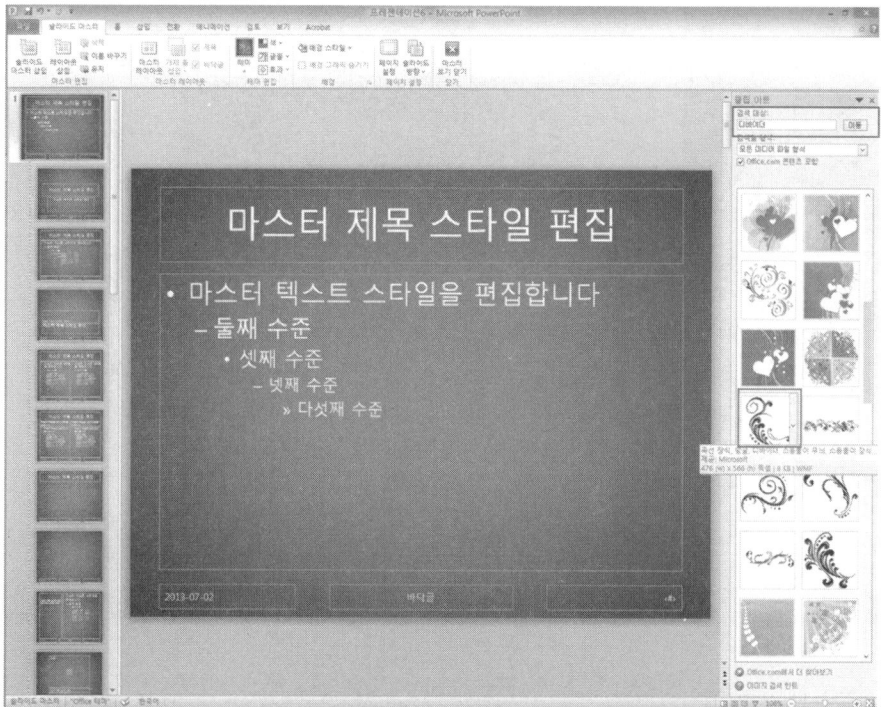

3. 왼쪽 구석에 배치하고, 크기를 적당하게 늘여 준다.

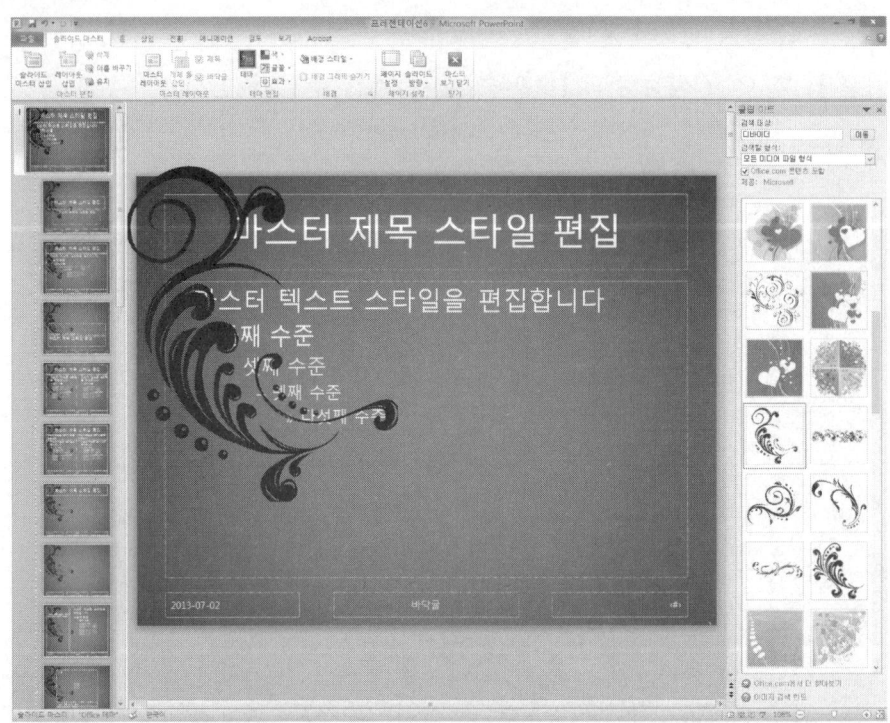

4. 클립아트를 선택하고 마우스 오른쪽 클릭하여 그룹 해제한다.

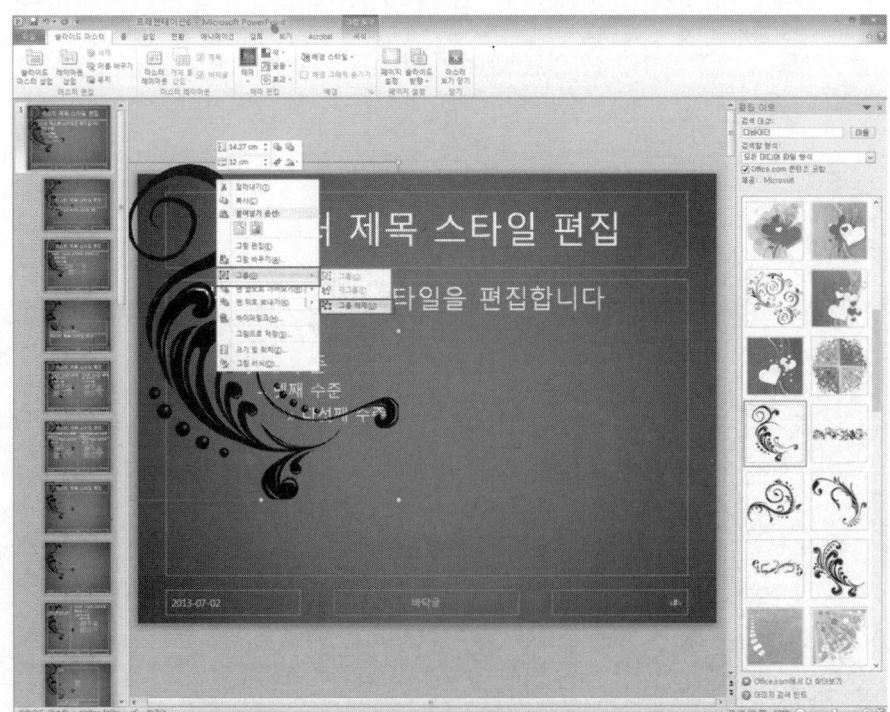

5. 그룹 해제된 도형을 선택하고, [그리기 도구] - [서식] 탭의 [도형 스타일] 그룹에서 "도형 채우기" - "다른 채우기 색"을 선택한다.

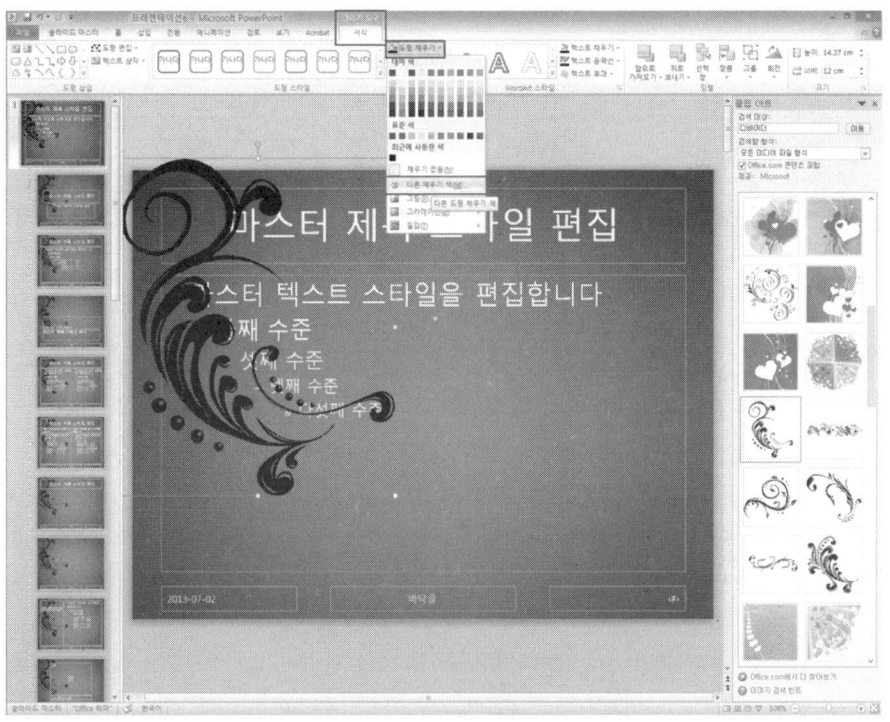

6. 색 대화상자에서 투명도를 90%, 색은 "흰색"으로 조절한다.

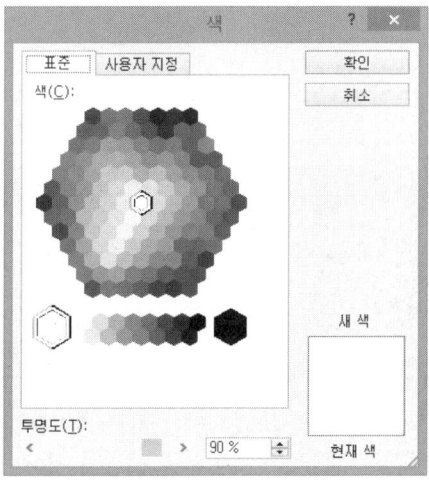

7. 수정된 클립아트를 선택하고, 마우스 오른쪽 클릭 후 "맨 뒤로 보내기"를 클릭한다.

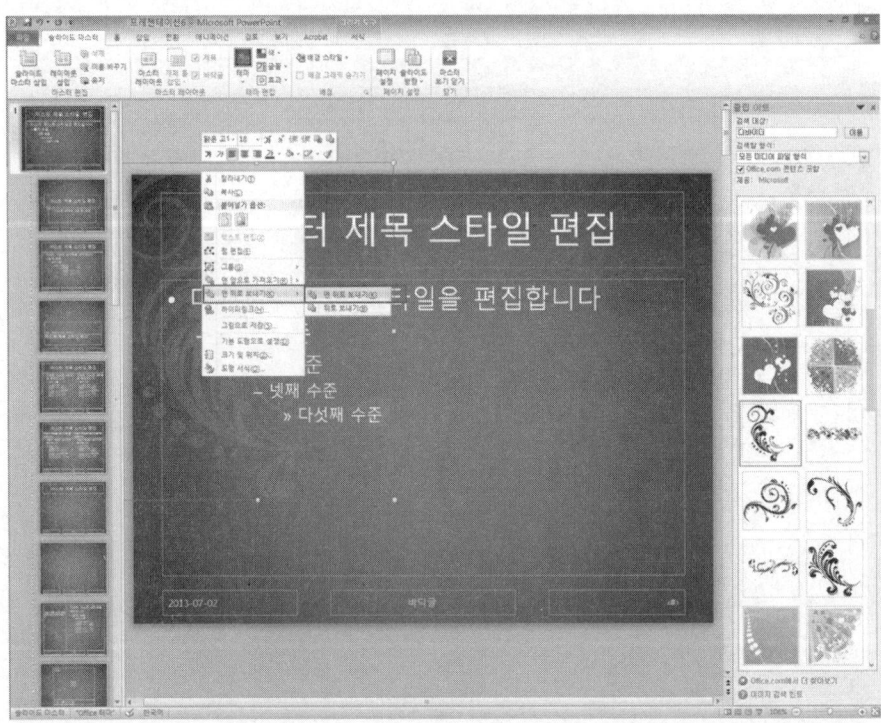

8. [홈] 탭 [그리기] 그룹에서 "자유형"을 선택하고, 슬라이드 아래쪽에 아래와 같이 그린다.

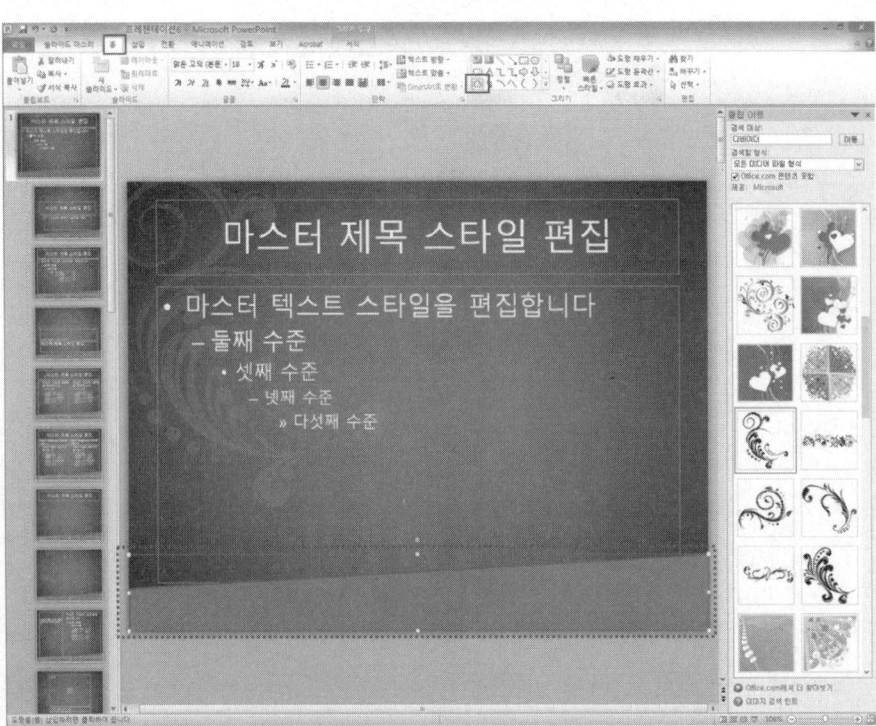

9. [그리기 도구] – [서식] 탭의 [도형 삽입]그룹에서 "도형 편집" – "점 편집"을 선택한다.

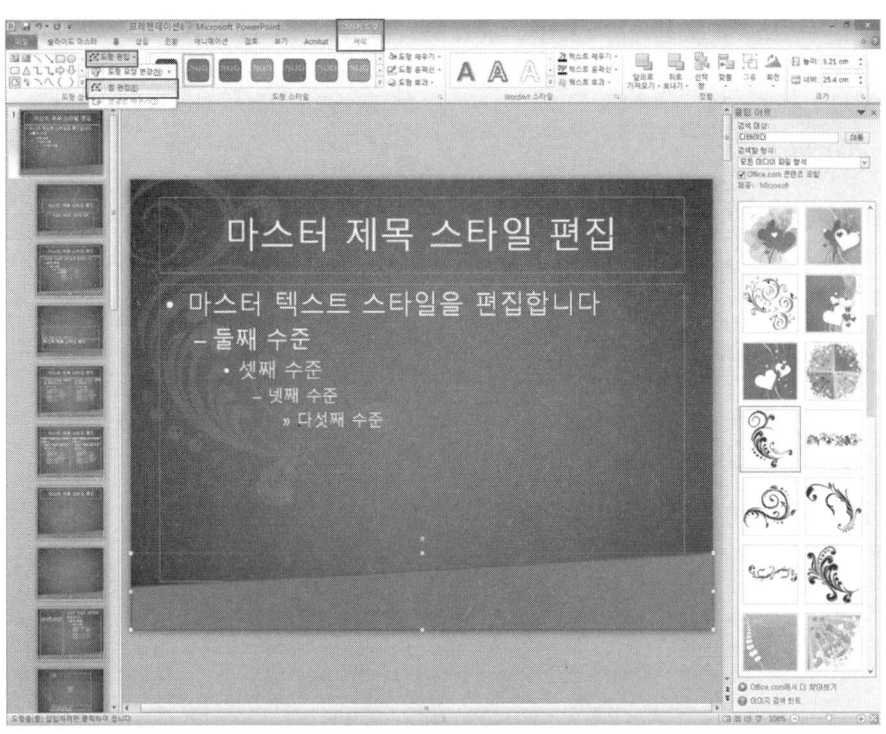

10. 점 편집이 적용된 도형의 왼쪽 상단 모서리의 점을 클릭하면 파란색의 편집 조절자가 생성된다.

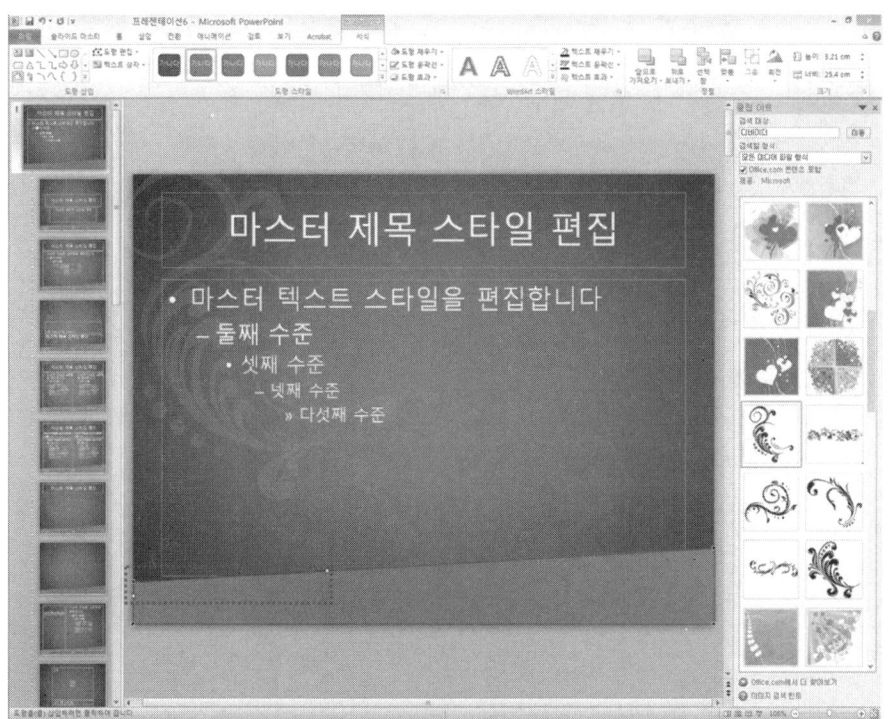

11. 편집 조절자의 오른쪽 흰색 조절자를 이용해서 원만한 곡선이 되도록 조절한다.

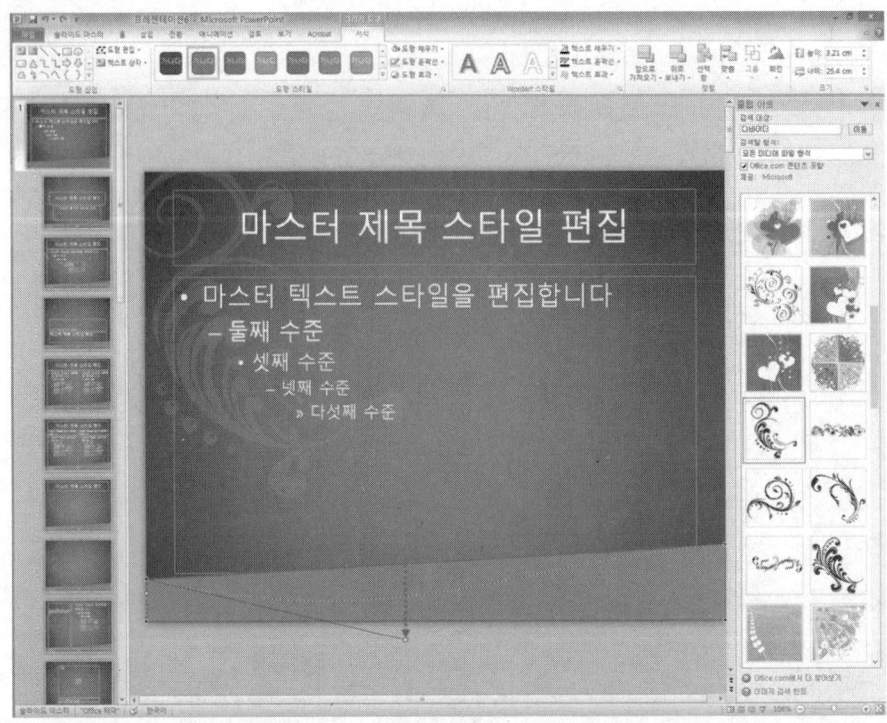

12. 편집된 도형을 맨 뒤로 보내고, 동일한 도형을 복사하여 위쪽에 붙여 넣어 다음과 같이 완성한다.

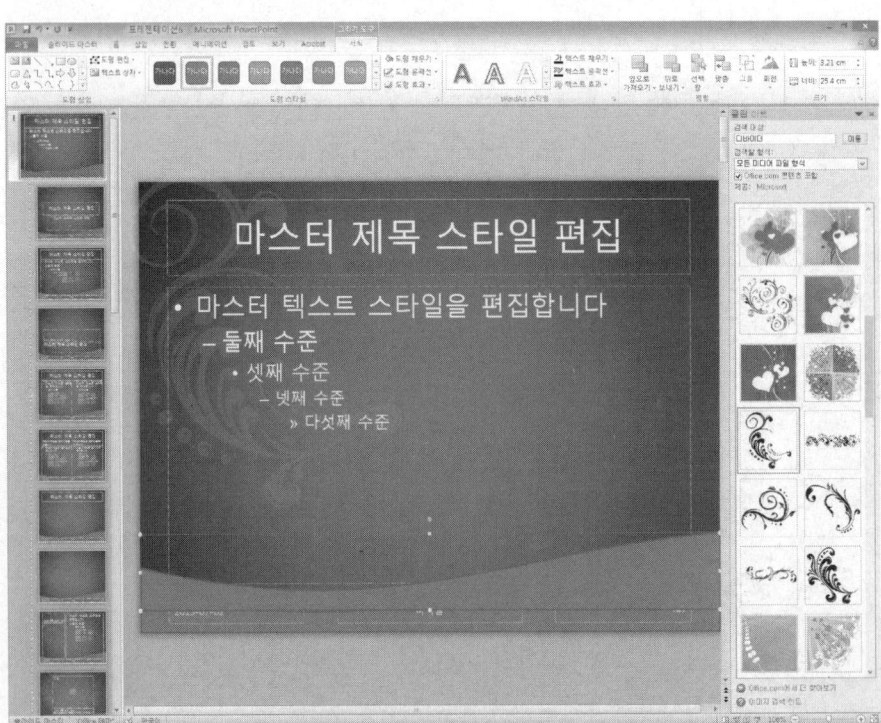

13. 복사한 도형 역시 맨 뒤로 보내기를 한다.

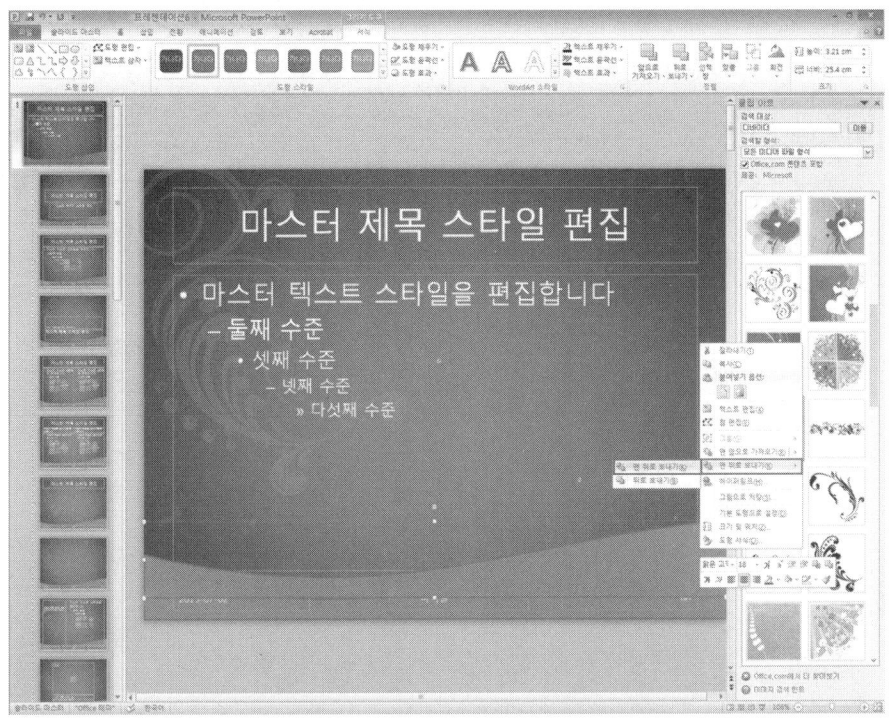

14. [도형 편집] - [점 편집]을 이용하여 왼쪽 상단을 아래로 내리고, 위치 조절자로 물결 모양이 되도록 편집한다.

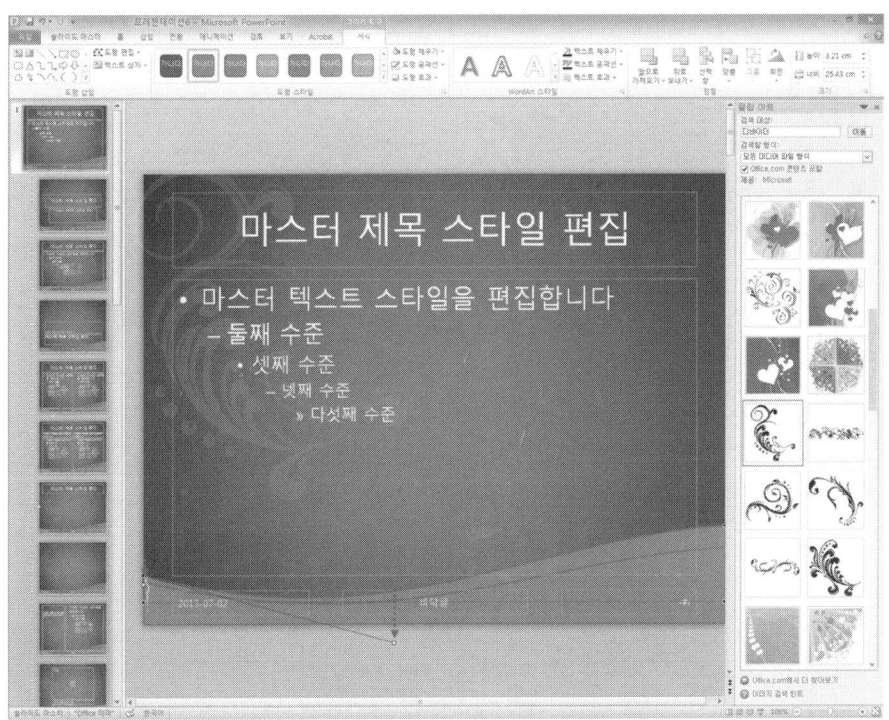

15. 두 도형을 선택하고, "윤곽선 없음"을 적용한다.

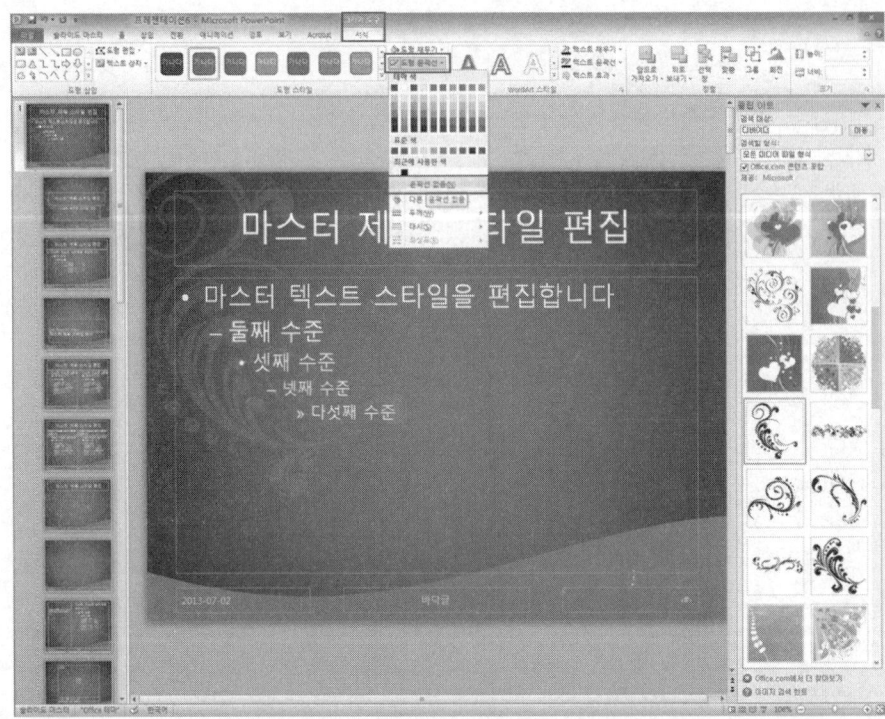

16. 뒤쪽 도형의 "도형 채우기"색은 "흰색, 텍스트 1"로 지정한다.

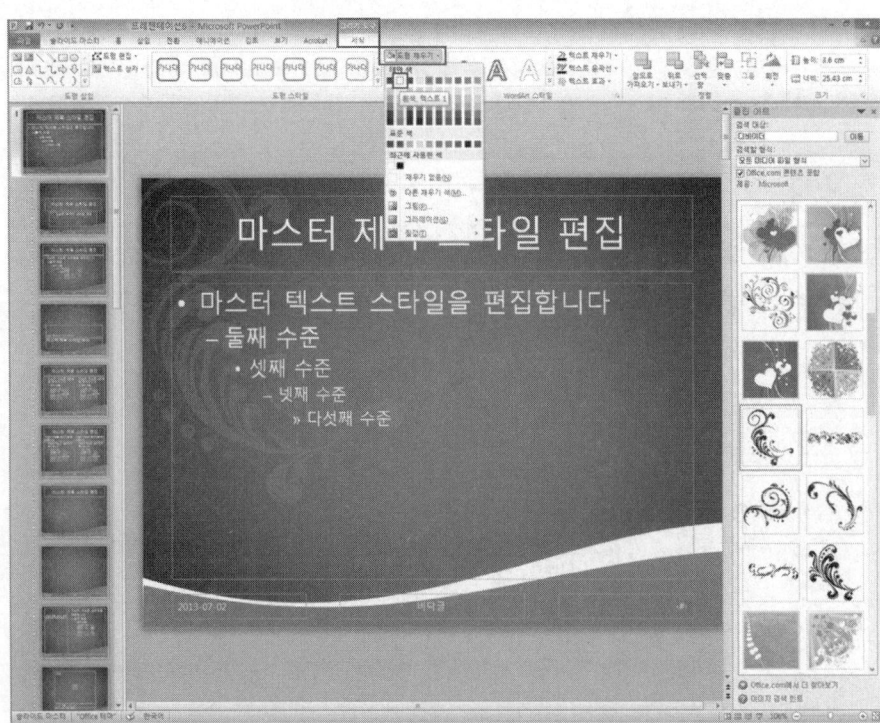

17. 앞쪽 도형을 선택 한 후 [도형 채우기] - [그라데이션] - [기타 그라데이션]을 선택하여 "그라데이션 중지점 1/3"은 "황록색, 강조 3", "그라데이션 중지점 2/3"은 삭제, "그라데이션 중지점 2/2"는 "진한 파랑, 배경 2, 40% 더 밝게"를 선택하고, 그라데이션 "방향"은 "선형 오른쪽"을 선택한다.

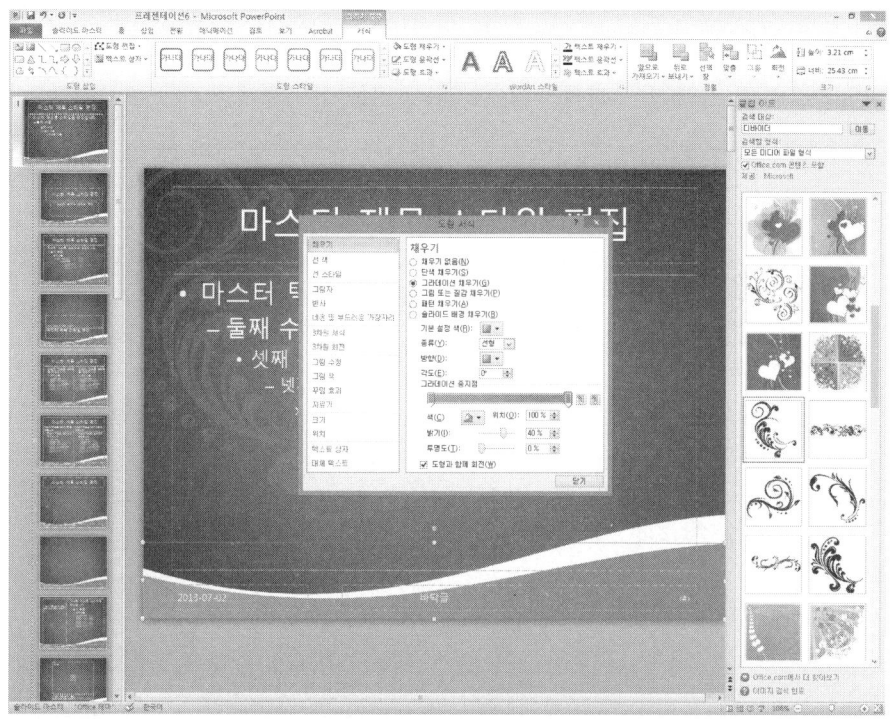

18. [닫기]를 클릭하면 다음과 같은 배경 디자인이 완성된다.

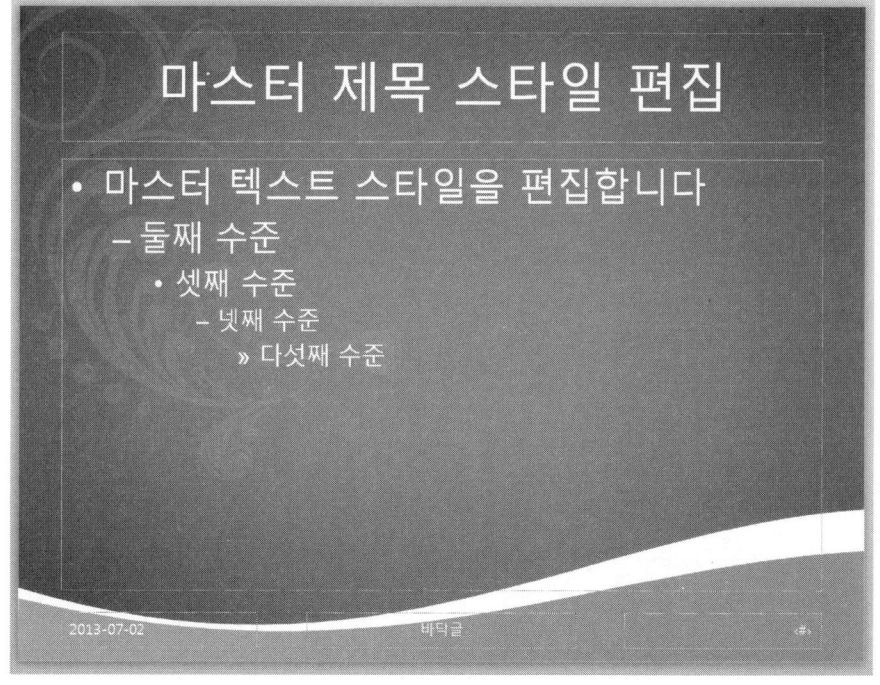

3. 본문 슬라이드 마스터

3.1 요소 마스터

1. [그리기 도구] - [서식] 탭의 [WordArt 스타일] 그룹에서 "그라데이션 채우기 - 파랑, 강조 1, 윤곽선 - 흰색, 네온 - 강조 2"를 선택한다.

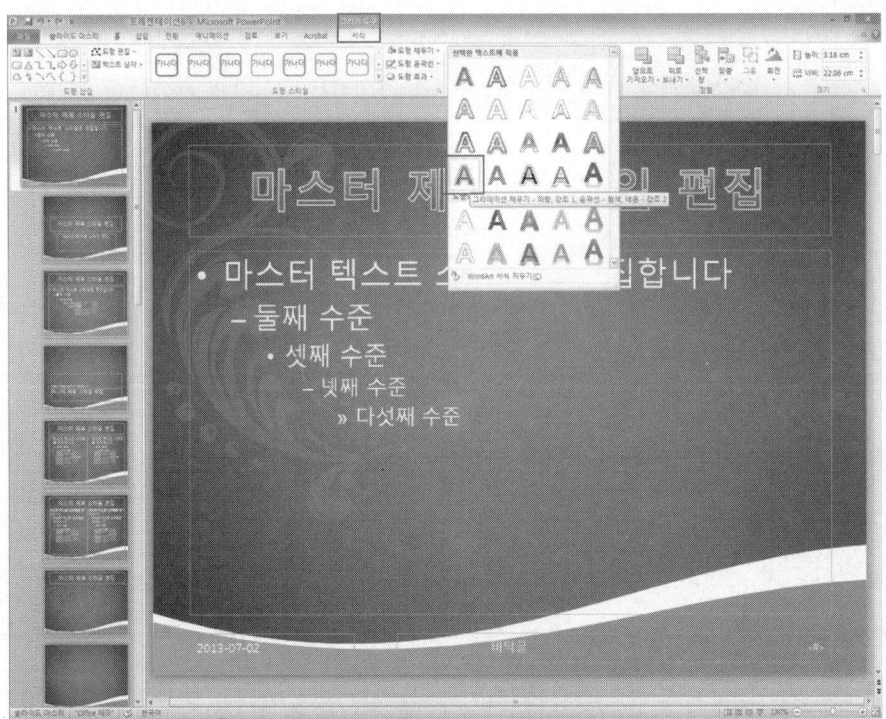

2. 텍스트 채우기 색은 "주황"을 선택하여 배경과 구분이 되게 설정한다.

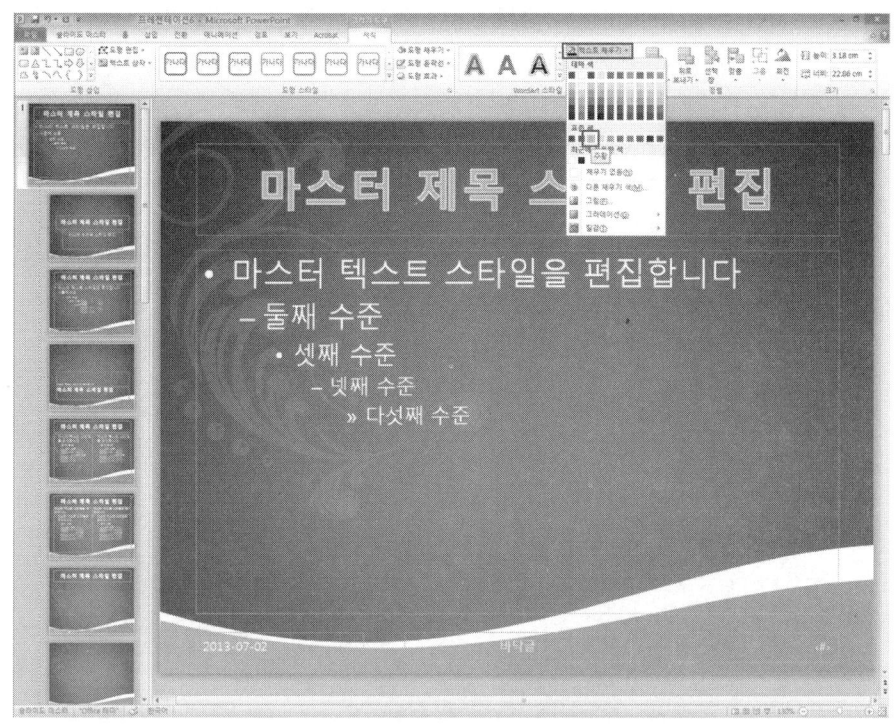

3. "마스터 제목 스타일 편집"을 선택하고, 글씨 크기를 "40pt"로 줄이고, 영역을 글씨 크기에 맞게 줄인다.

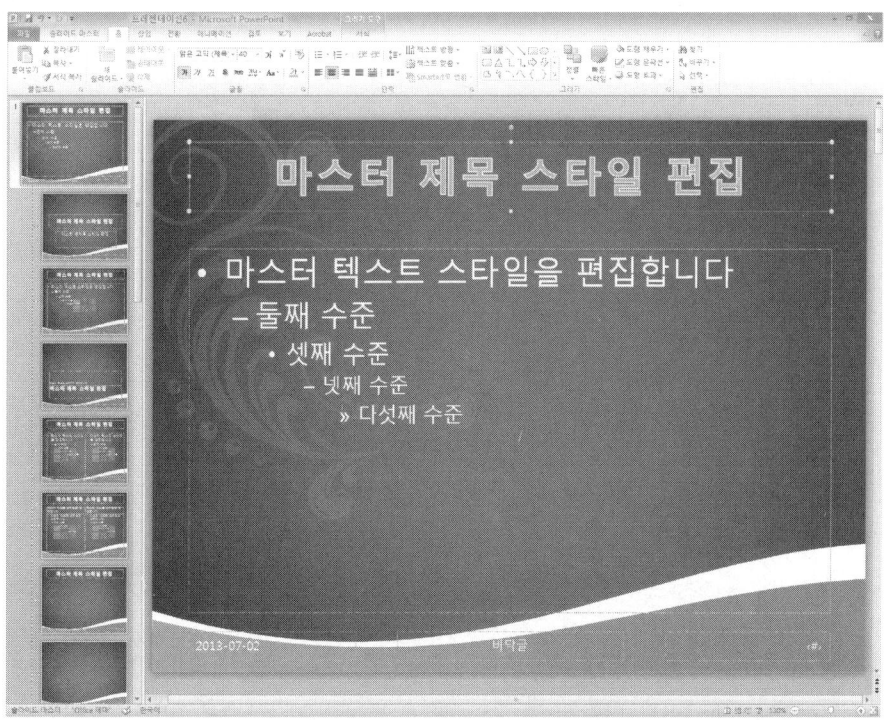

4. "마스터 제목 스타일 편집" 개체 앞에 직사각형 2개를 배치하고, [도형 윤곽선]은 "윤곽선 없음", 첫 번째 직사각형의 [도형 채우기] 색은 "연한 녹색" 두 번째 직사각형의 [도형 채우기] 색은 "진한 파랑, 배경 2, 40% 더 밝게"로 선택하여 제목 구분을 꾸며본다.

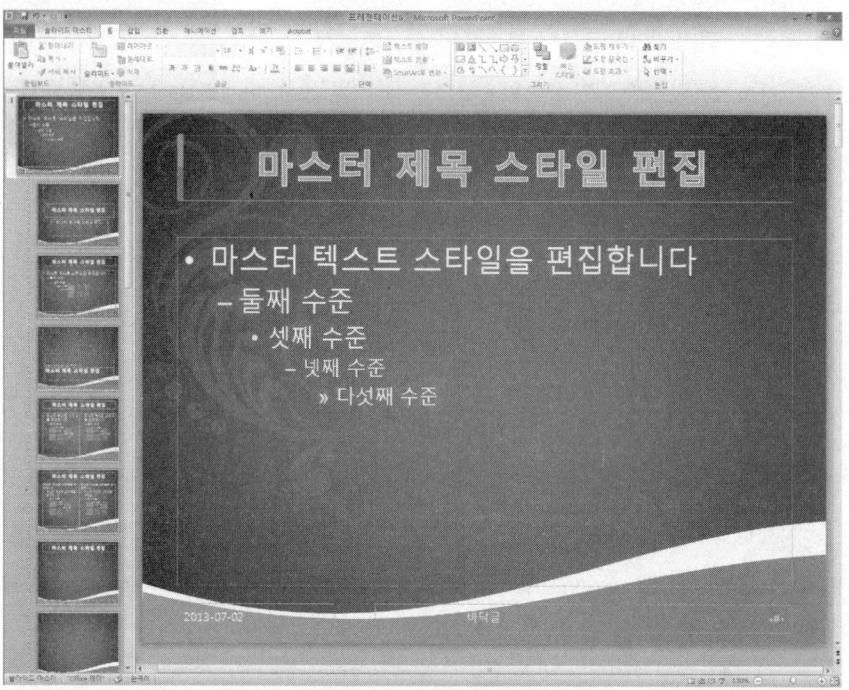

5. "마스터 제목 스타일 편집"을 선택하여 [단락] 그룹의 "텍스트 왼쪽 맞춤"을 클릭한다.

6. "마스터 제목 스타일 편집" 개체를 앞쪽 두 개의 직사각형에서 떨어지도록 크기를 조절하여 완성한다.

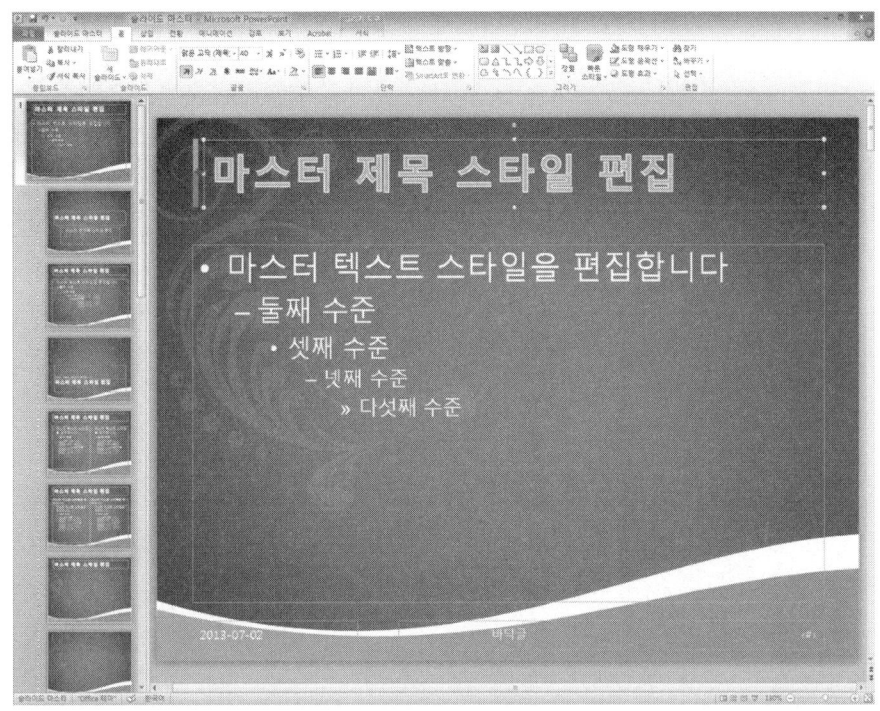

7. 내용이 삽입될 "마스터 텍스트 스타일을 편집합니다."를 선택하여 제목 바로 아래쪽에 붙이도록 크기를 조절하고, 전체 글씨 크기를 "글꼴 크기 작게" 버튼을 두 번 정도 클릭한다.

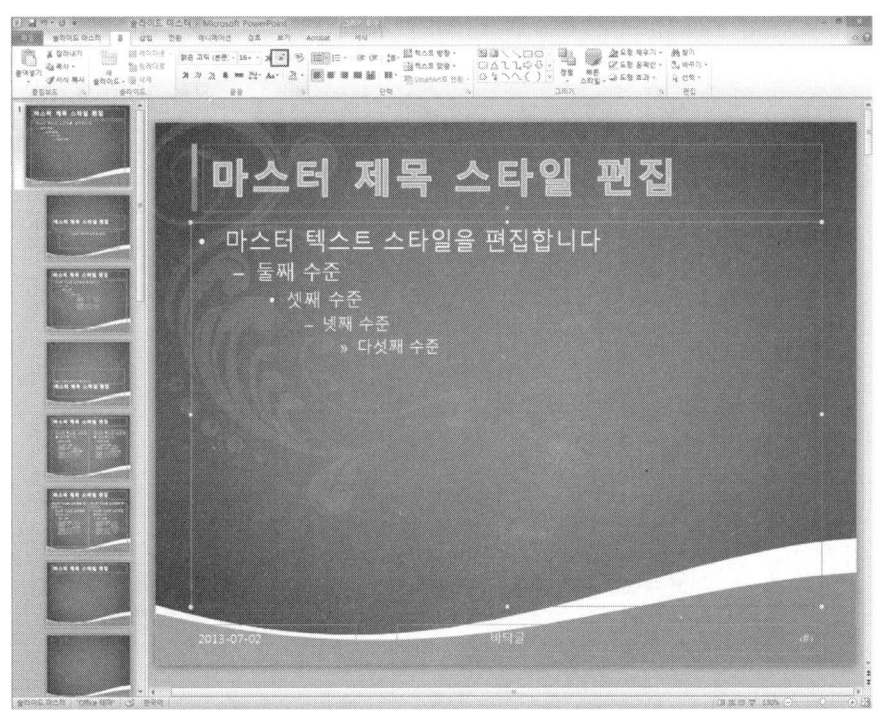

8. 본문 텍스트 상자의 글머리 기호를 변경하기 위해 [홈] 탭 [단락] 그룹의 [글머리 기호 및 번호 매기기]를 선택한다.

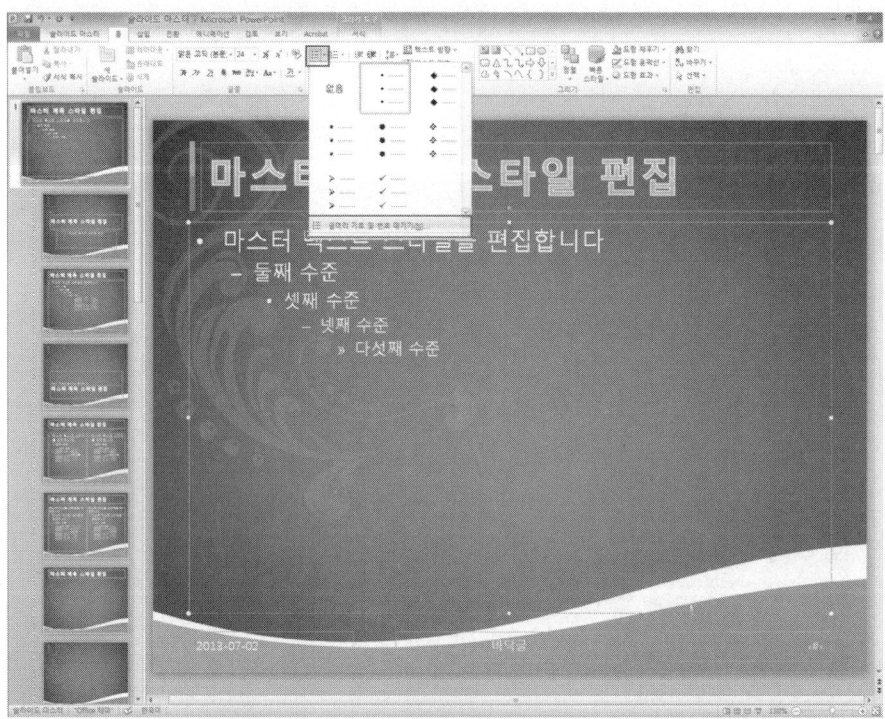

9. "글머리 기호 및 번호 매기기" 대화상자에서 "별표 글머리 기호"를 선택한다.

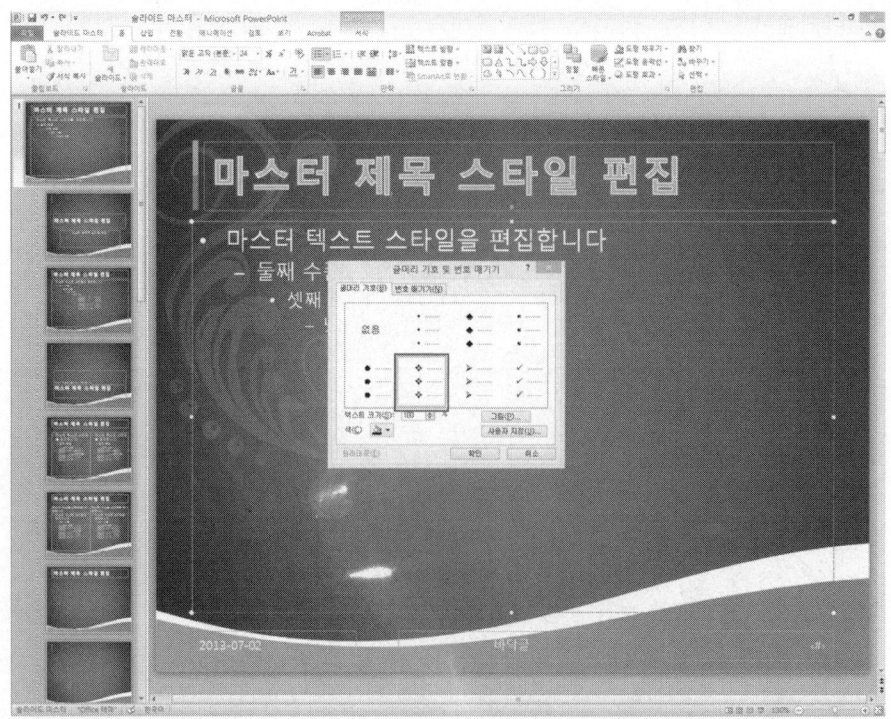

10. 나머지 수준도 동일한 방법으로 글머리 기호를 적용한다. 글머리 기호는 기호 뿐만 아니라, 그림이나 사용자 지정 기호 등을 삽입할 수 있다.

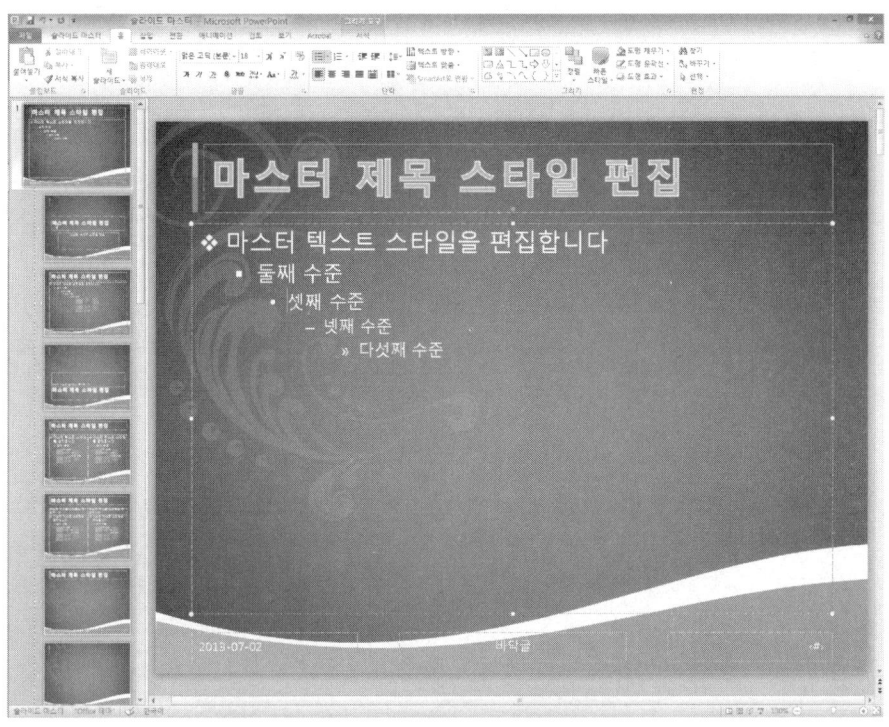

3.2 날짜, 바닥글, 페이지 번호

1. [삽입] 탭 [텍스트] 그룹에서 "머리글/바닥글"을 클릭하면, 날짜, 바닥글, 페이지 번호를 삽입할 수 있다.

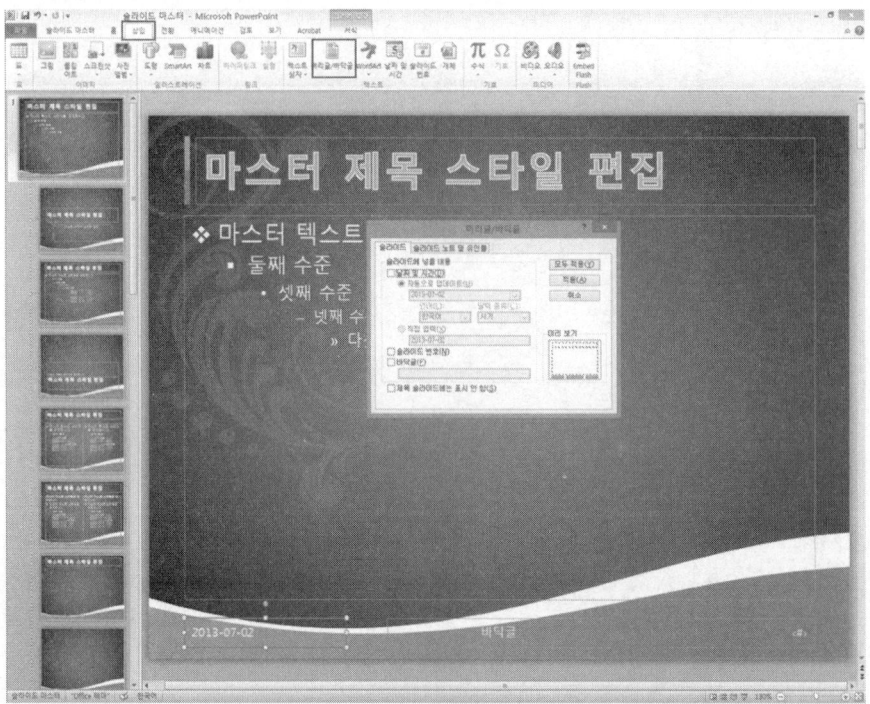

2. 삽입된 날짜, 바닥글, 페이지 번호를 디자인에 맞게 위치를 조절한다.

4 제목 슬라이드 마스터

제목 슬라이드 마스터는 앞서 작성한 마스터 형식이 모두 적용되어 있다. 따라서 필요 없는 디자인이나, 날짜, 바닥글, 페이지 번호 등은 삭제해야 한다.

1. 슬라이드 마스터 목록에서 두 번째 마스터를 선택한다.

2. 제목 슬라이드 마스터에서 필요 없는 개체인 "직사각형", "날짜", "바닥글", "페이지 번호"를 선택한 후 Delete 키를 눌러 삭제한다.

3. "마스터 제목 스타일 편집" 개체를 선택하고, [홈] 탭 [단락] 그룹의 "가운데 정렬"을 클릭하고, 글씨 크기를 "44pt"로 설정한다.

4. [홈] 탭 [그리기] 그룹의 "모서리가 둥근 직사각형"을 선택하여 "마스터 제목 스타일 편집" 개체위에 그린다.

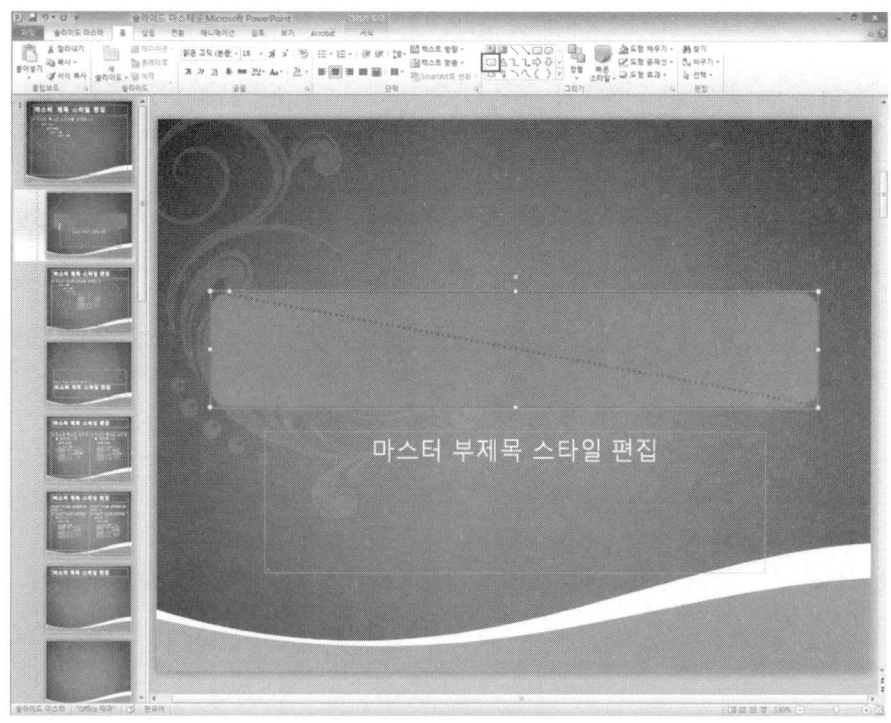

5. [도형 윤곽선]은 "윤관선 없음", [도형 채우기] - [다른색 채우기]를 선택하여, 투명도를 "80%"로 지정한다.

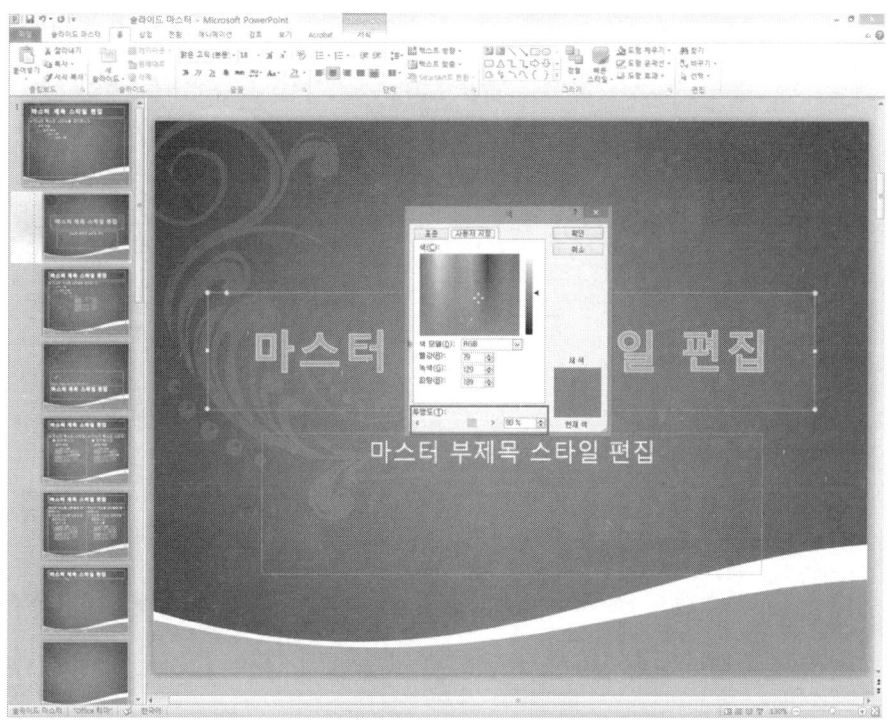

6. 모양 조절자를 이용하여 둥근 모서리의 폭을 줄여 준다.

7. 개체를 선택하고, 마우스 오른쪽 클릭 하여 "맨 뒤로 보내기"를 클릭한다.

8. 완성된 슬라이드 제목 마스터를 확인한다.

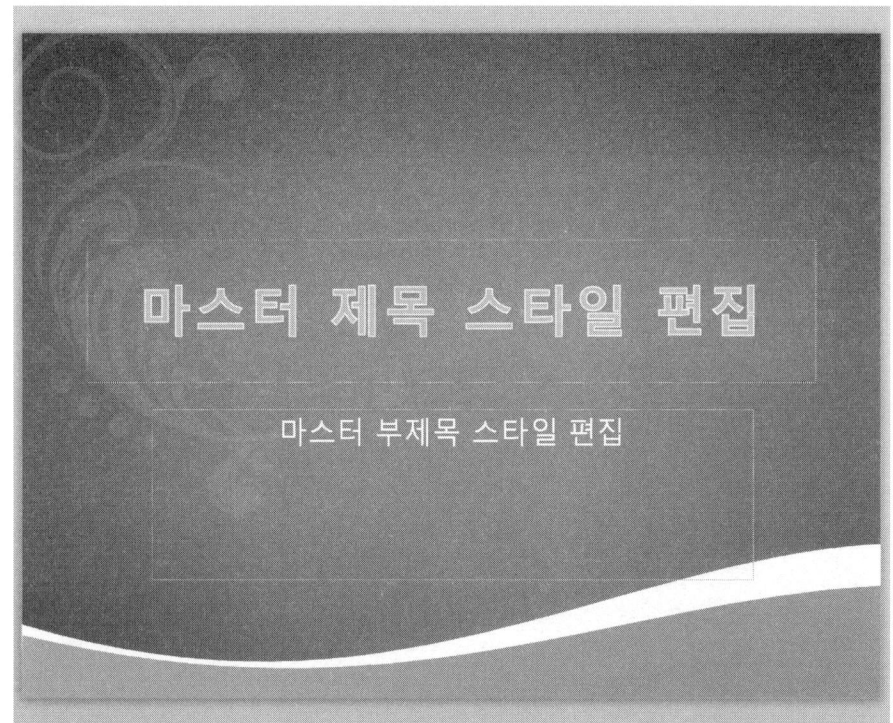

5. 구역 머리글 슬라이드 마스터

구역 머리글 슬라이드 마스터 또한 앞서 작성한 마스터 형식이 모두 적용되어 있다. 따라서 필요 없는 디자인이나, 날짜, 바닥글, 페이지 번호 등은 삭제해야 한다.

1. 슬라이드 미리보기 목록에서 4번째 슬라이드 마스터를 선택한다.

2. 날짜, 바닥글, 슬라이드 번호를 선택하여 Delete 키를 눌러 삭제한다.

3. [홈] 탭 [그리기] 그룹에서 "양쪽 모서리가 둥근 사각형"을 선택한다.

4. "마스터 텍스트 스타일을 편집합니다" 개체와 "마스터 제목 스타일 편집" 개체 위에 겹치지 않게 그려 넣는다.

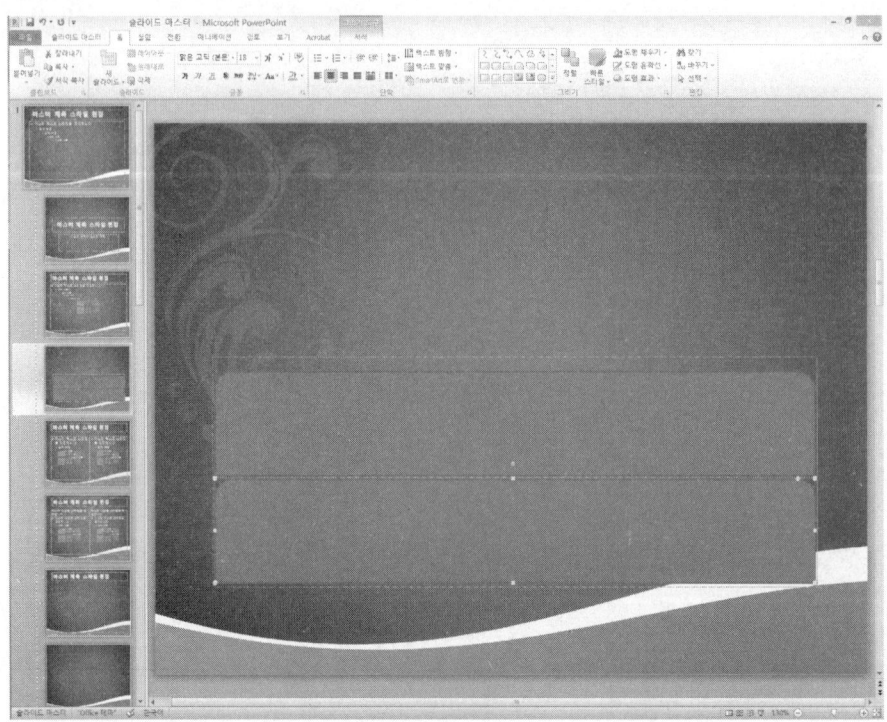

5. 아래쪽 개체를 선택하여 "회전 조절자"를 이용하여 회전시킨다.

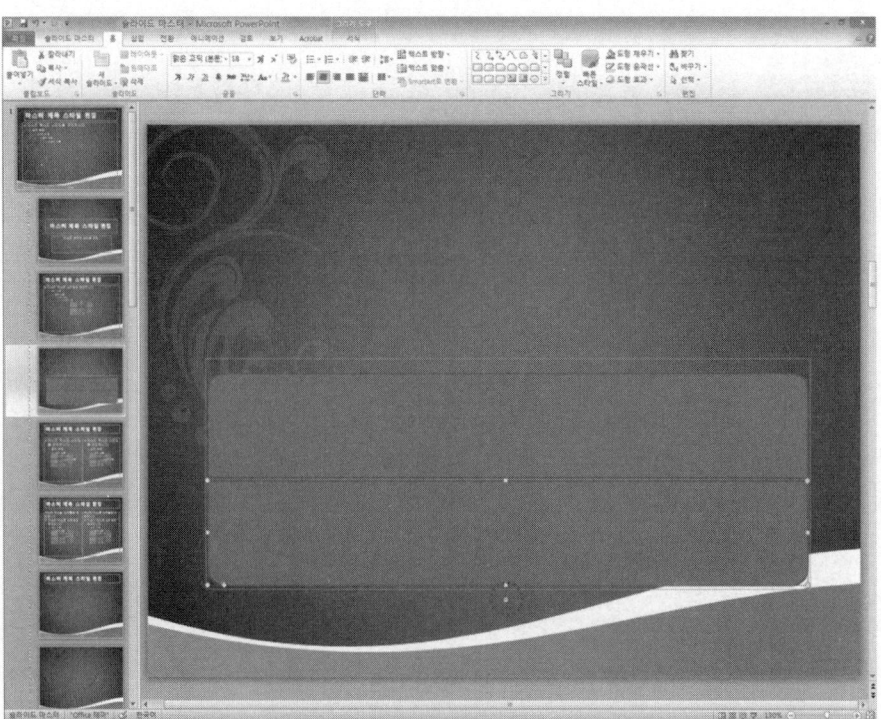

6. [도형 윤곽선]을 "윤곽선 없음", [도형 채우기] - "다른 채우기 색"에서 색은 "흰색", 투명도는 "80%"를 선택한다.

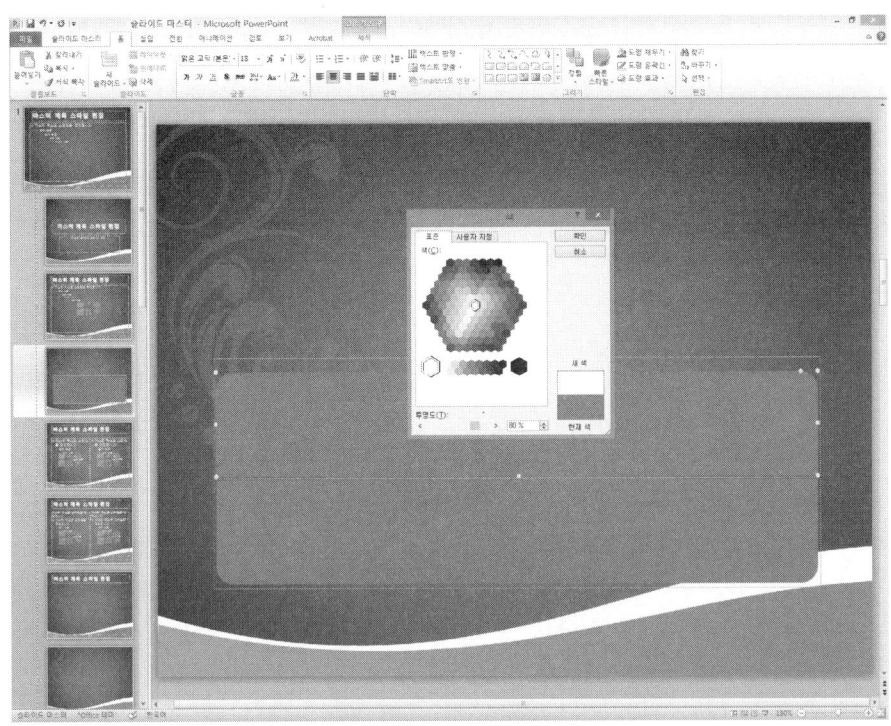

7. 두 개의 도형을 선택하고, 마우스 오른쪽 클릭 후 "맨 뒤로 보내기"를 선택한다.

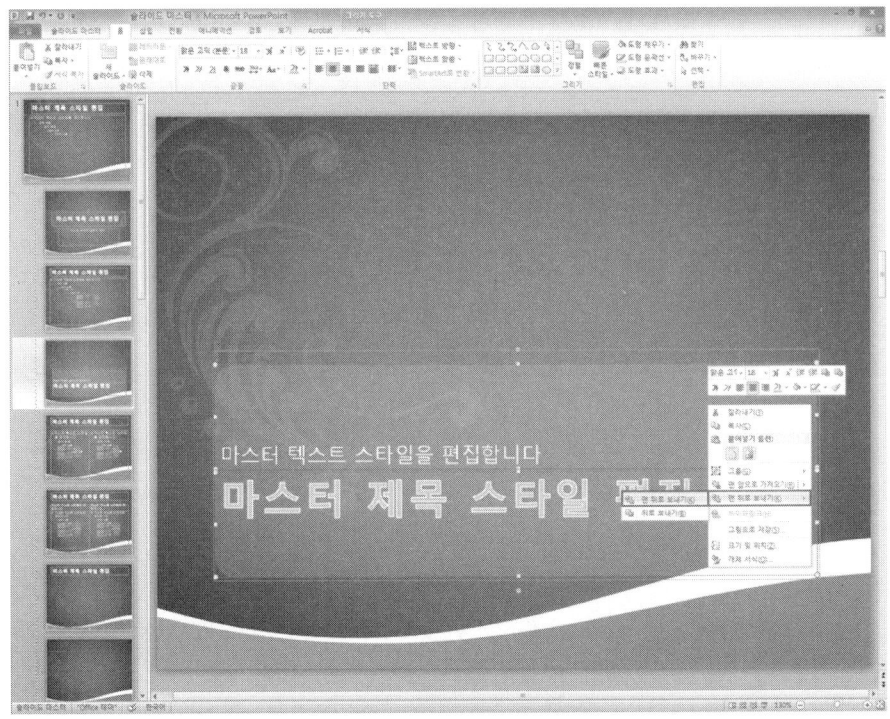

6. 서식파일 저장하고 적용하기

1. 완성된 마스터 슬라이드를 프리젠테이션 서식으로 저장해 두고 필요할 때 적용하여 사용하도록 하기 위해 [파일] 버튼을 클릭하여 [다른 이름으로 저장]을 선택한다.

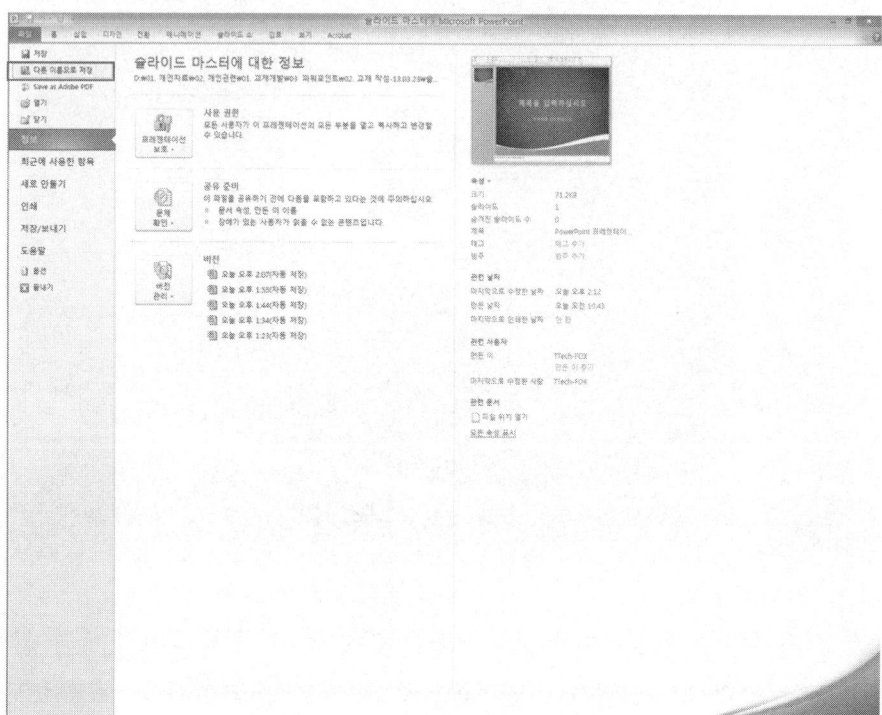

2. [파일 이름]을 입력하고, [파일 형식]을 반드시 PowerPoint 서식 파일로 설정한 후 [저장] 버튼을 클릭한다.

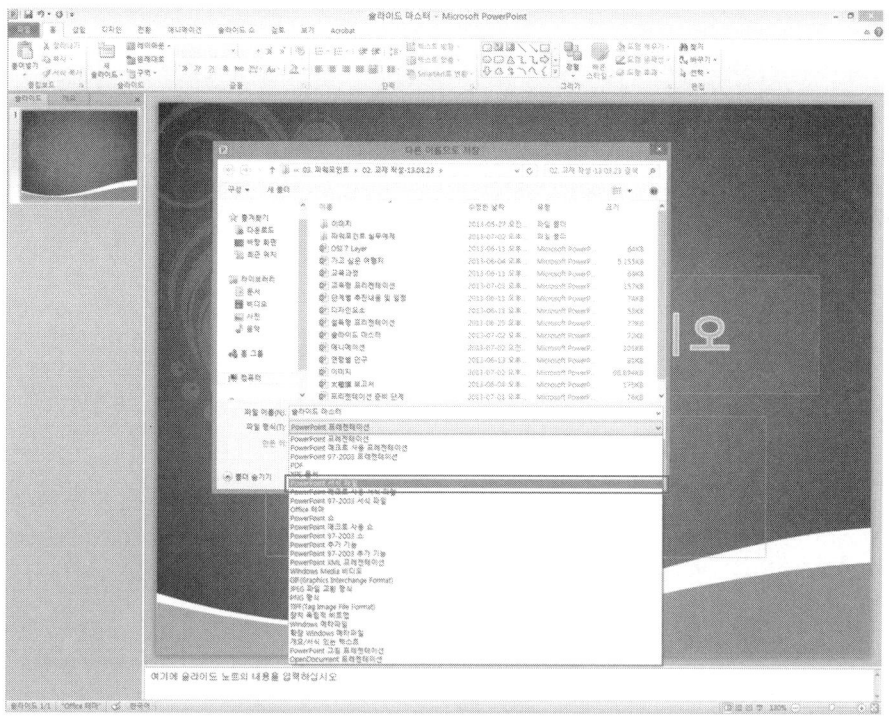

3. 새로운 프리젠테이션 문서를 열고 [디자인] 탭 [테마] 그룹의 [자세히] 버튼을 클릭하여 [테마 찾아보기]를 선택한다.

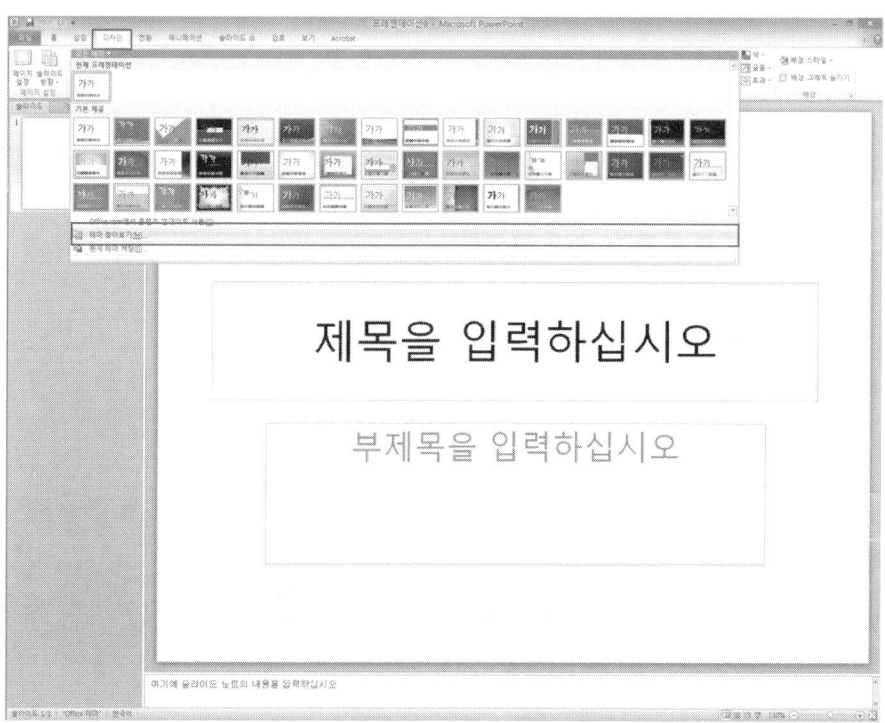

4. 만들어서 저장해 두었던 슬라이드 마스터 서식 파일을 선택한 후 [적용] 버튼을 클릭한다.

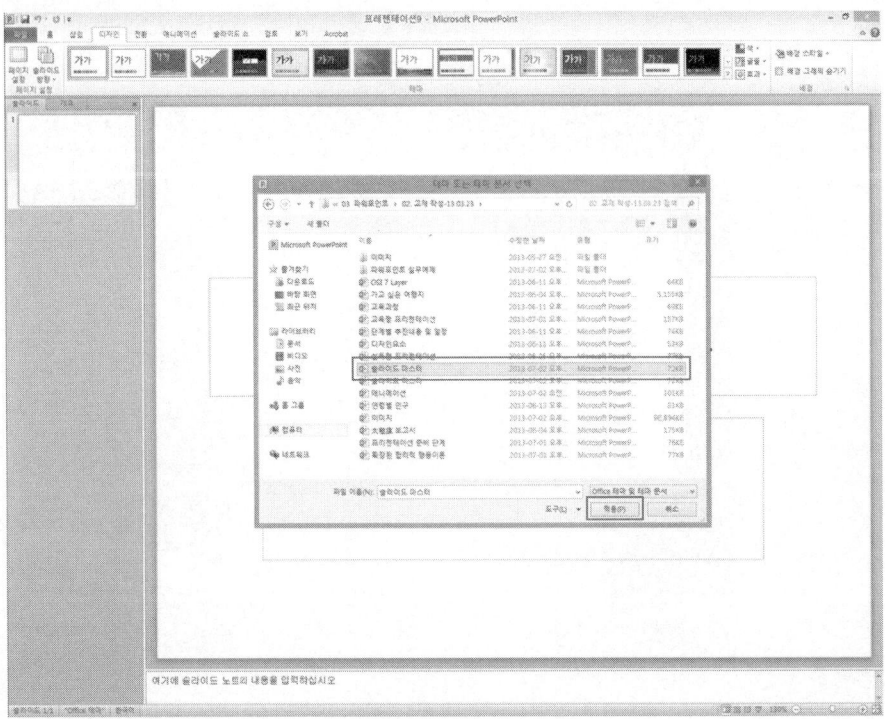

5. 슬라이드 마스터 서식이 적용된다. 처음에는 제목 슬라이드만 나타나지만 새 슬라이드를 추가하면 내용 마스터 슬라이드 서식이 적용된 슬라이드가 나타난다.

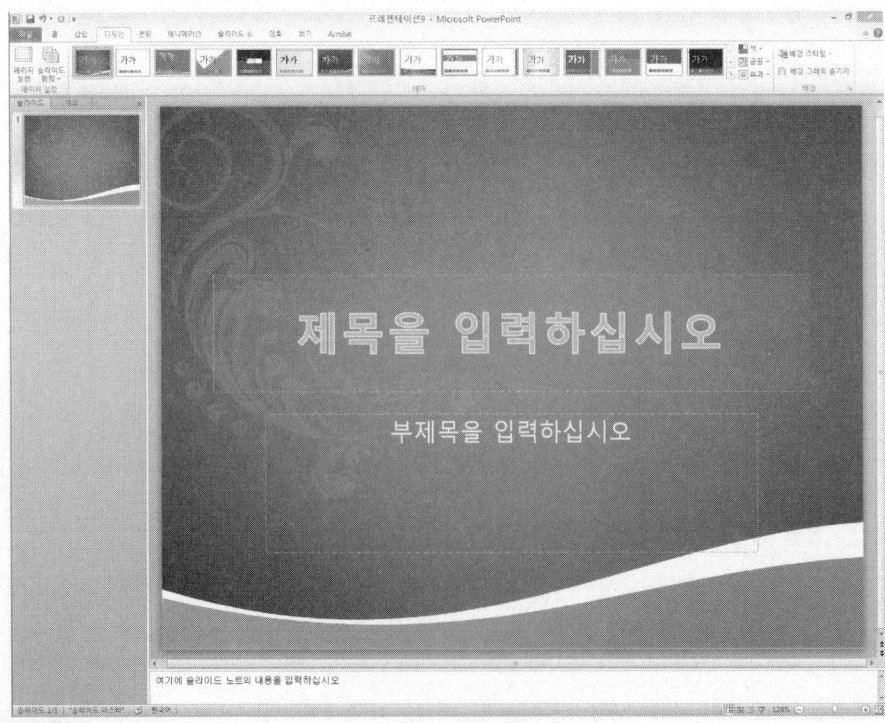

PowerPoint 2010

Part **9**

파워포인트 실무

1. 와인 소비율 차트 만들기
2. 학과별 학생 현황 차트 만들기

1. 와인 소비율 차트 만들기

프리젠테이션은 집중도와 화려함을 들 수 있다. 기존의 차트를 이용하는 방법 외에 도형 그리기 기능을 이용하면 세상에서 유일한 자기만의 차트를 만들 수 있다. 년도별 와인 소비율 차트를 도형을 이용하여 만들고 애니메이션 효과를 적용해 보자.

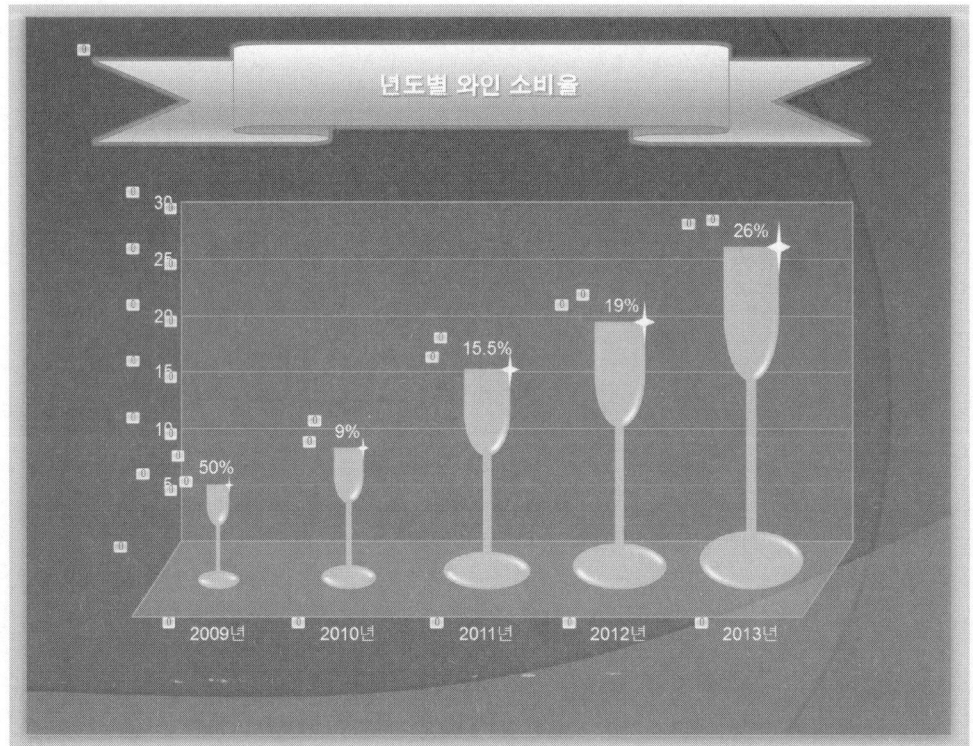

1.1 제목 만들기

1. [홈] 탭 [슬라이드] 그룹의 [레이아웃]을 클릭하여 "빈 화면" 레이아웃을 선택한다.

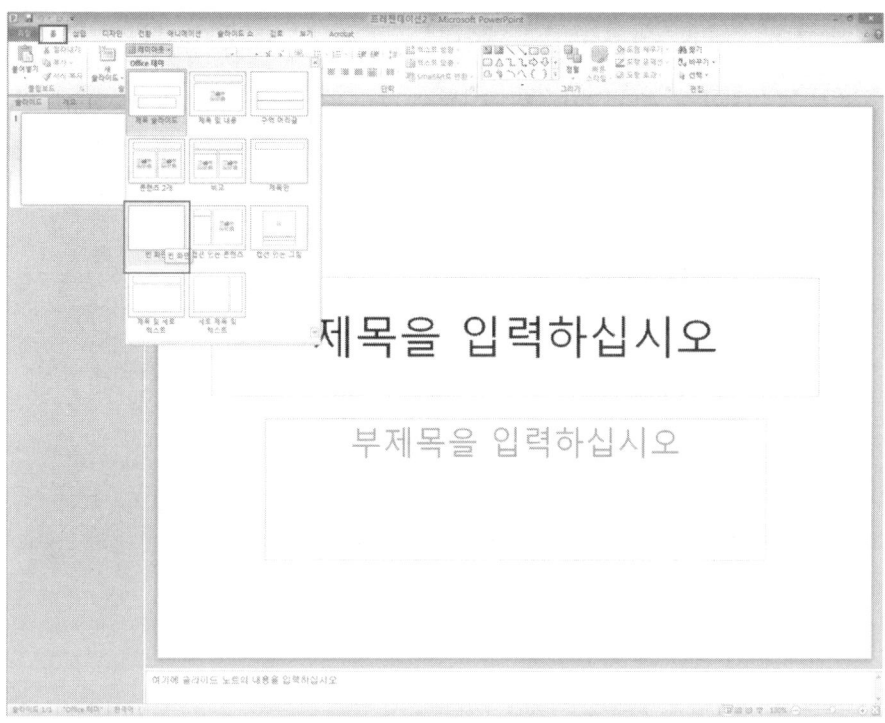

2. [디자인] 탭 "테크닉"을 클릭한다.

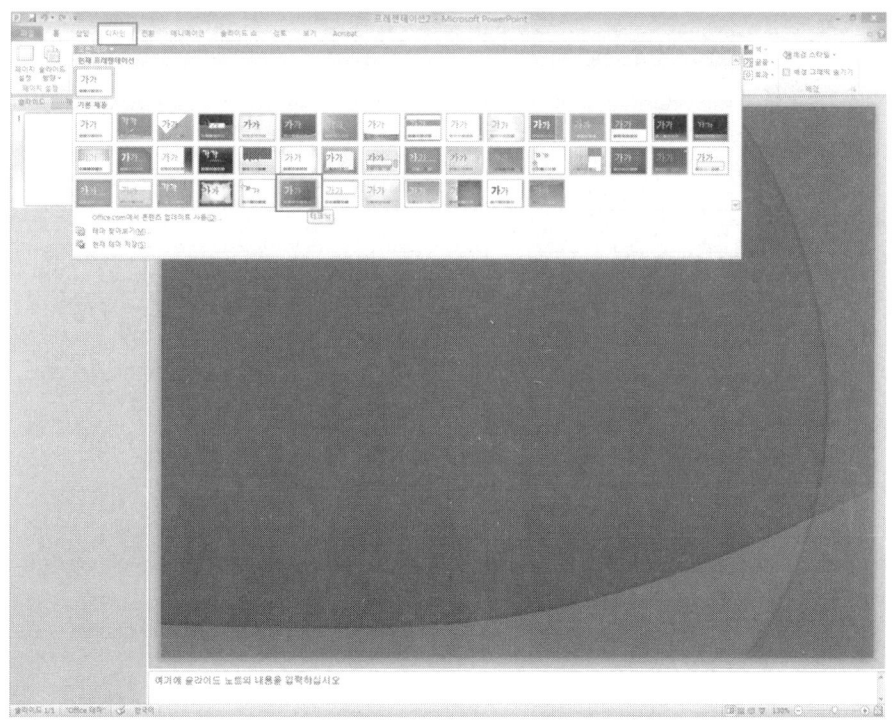

3. 제목을 위해 [홈] 탭 [그리기] 그룹에서 "위쪽 리본" 도형을 선택한다.

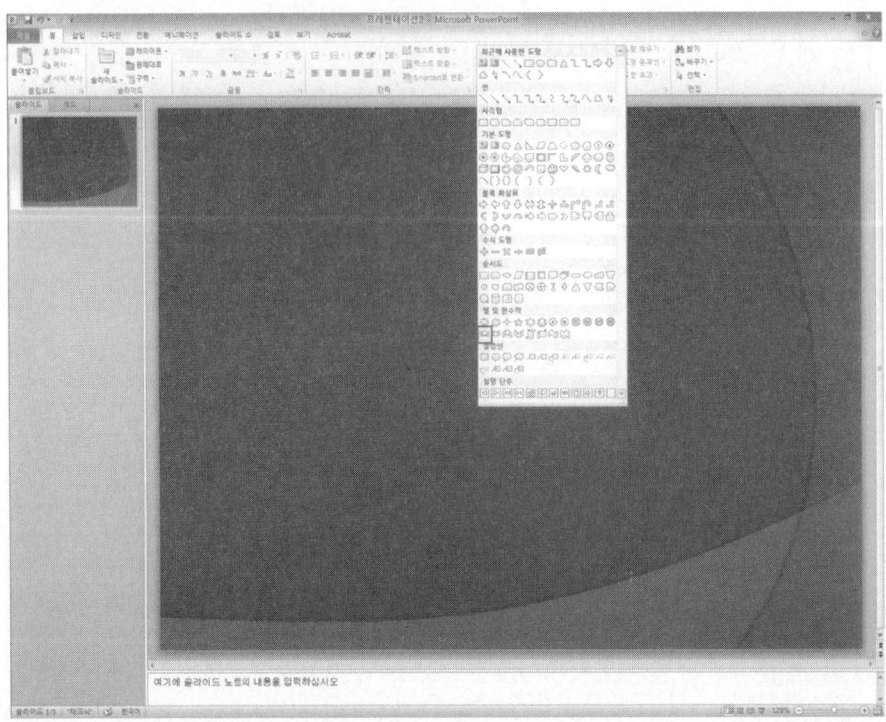

4. 마우스를 드래그하여 도형을 그린다.

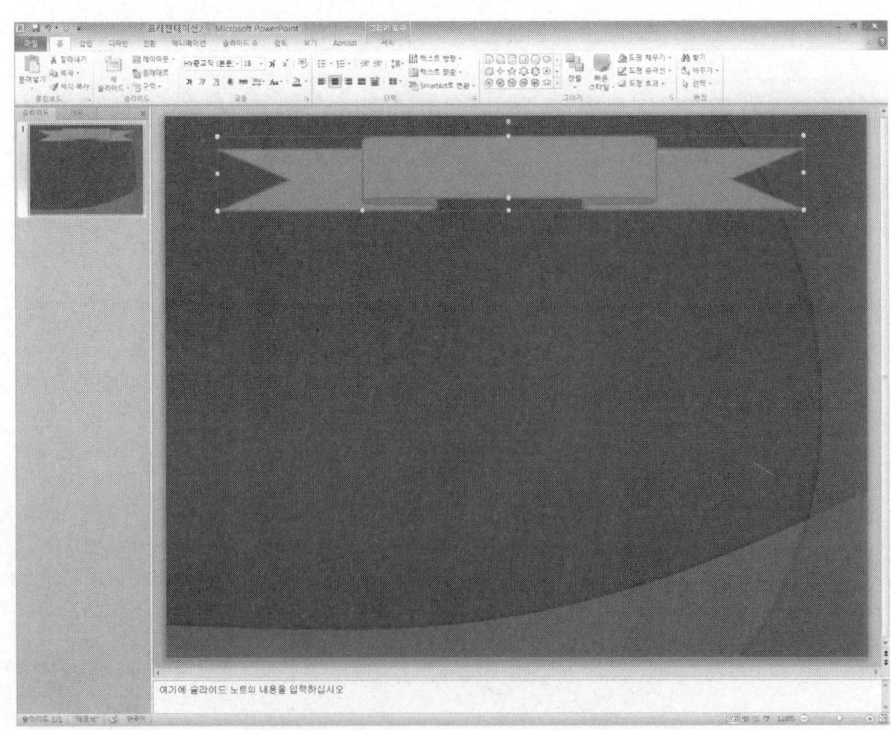

5. 도형 아래 왼쪽에 있는 노란색 조절점을 좌측으로 드래그 하여 리본의 모양을 수정한다.

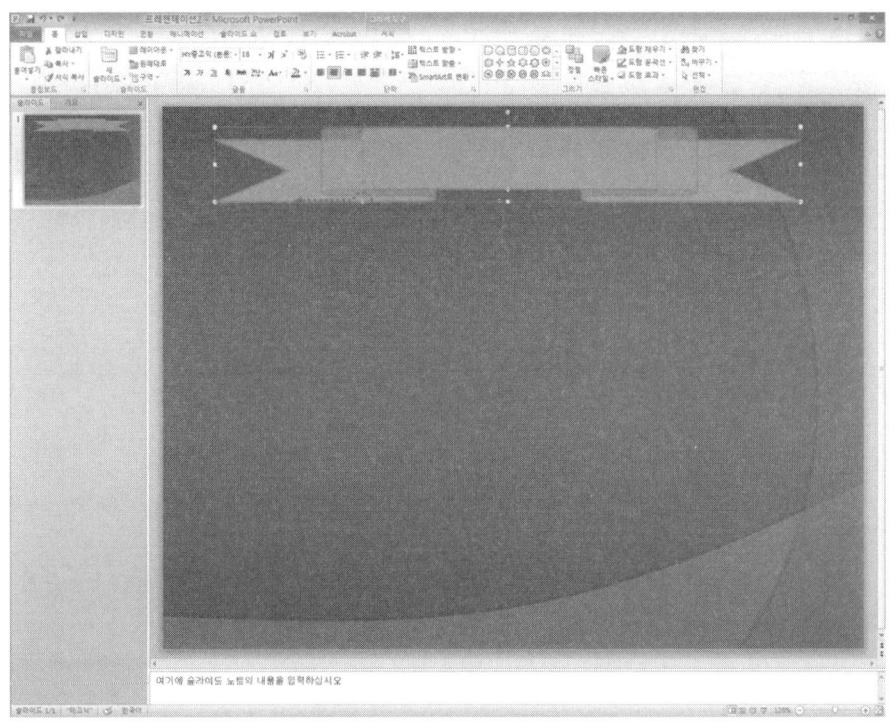

6. [그리기 도구] - [서식] 탭 [도형스타일] 그룹의 [자세히] 버튼을 클릭한다.

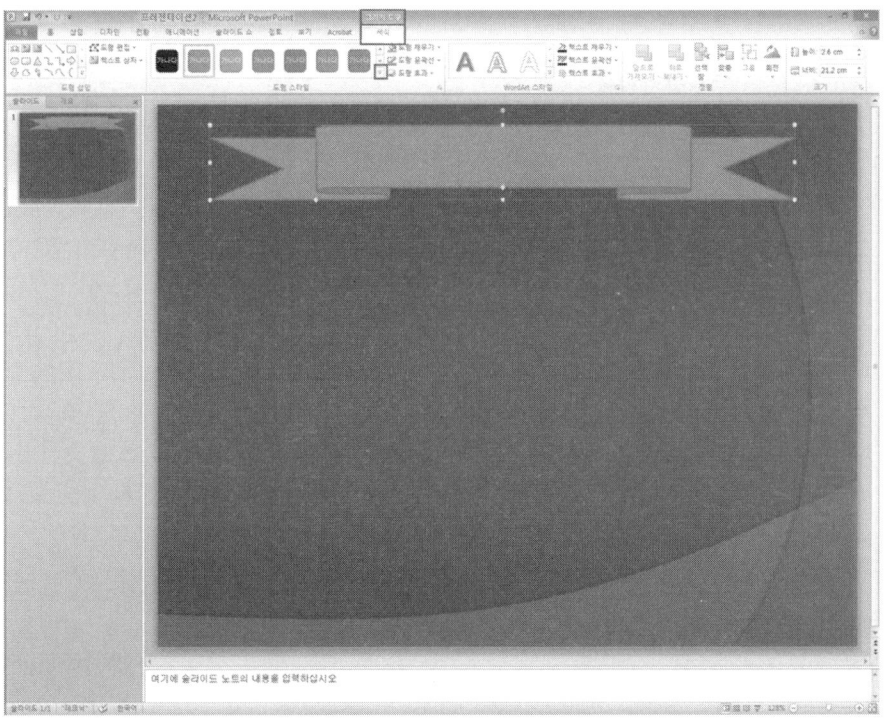

7. 빠른 스타일 중 "미세효과 – 회색, 50% 강조 6"을 선택한다.

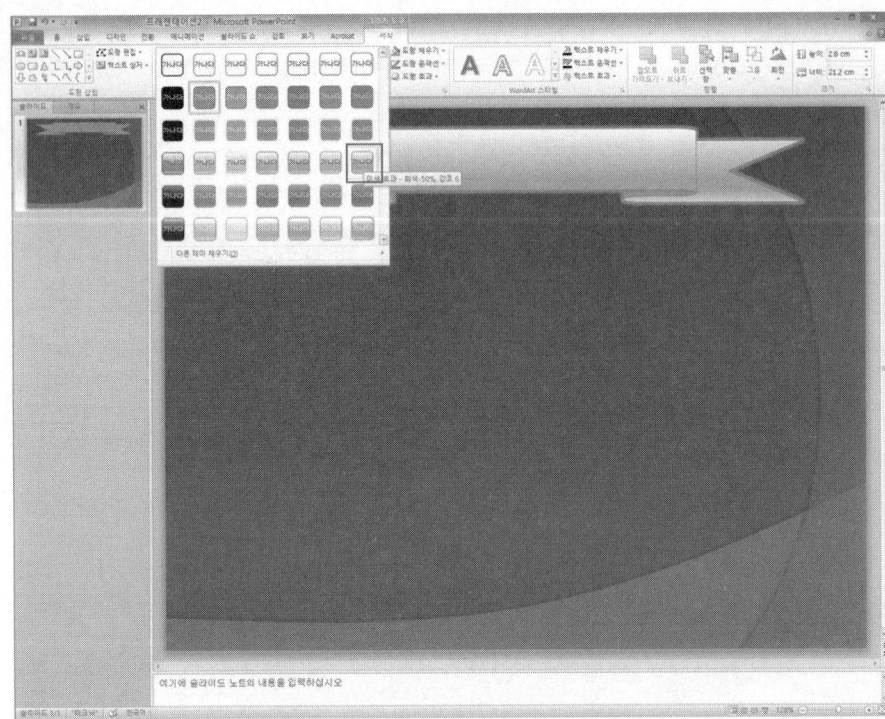

8. [도형 효과] – [그림자] 메뉴의 "오프셋 대각선 오른쪽 아래"를 선택한다.

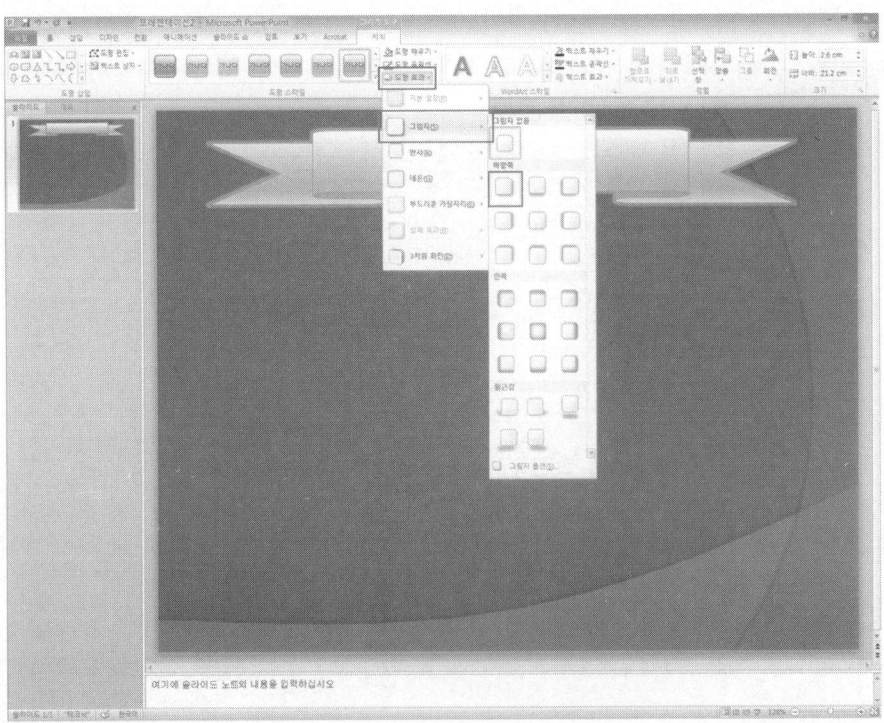

9. 도형을 선택하고 마우스 오른쪽 버튼을 클릭하여 [텍스트 편집] 메뉴를 실행한다.

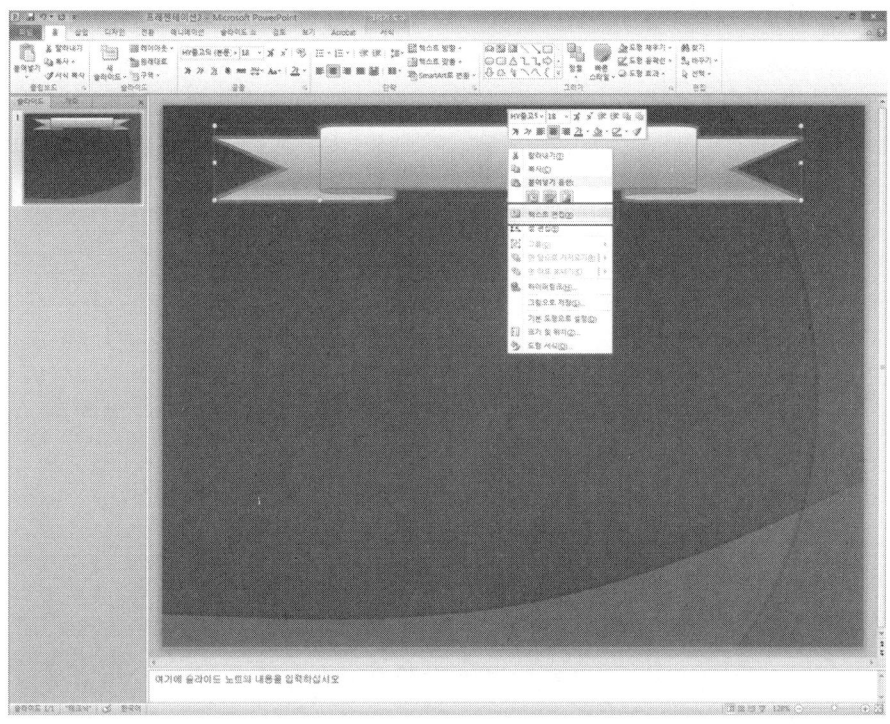

10. "년도별 와인 소비율" 제목을 입력한다.

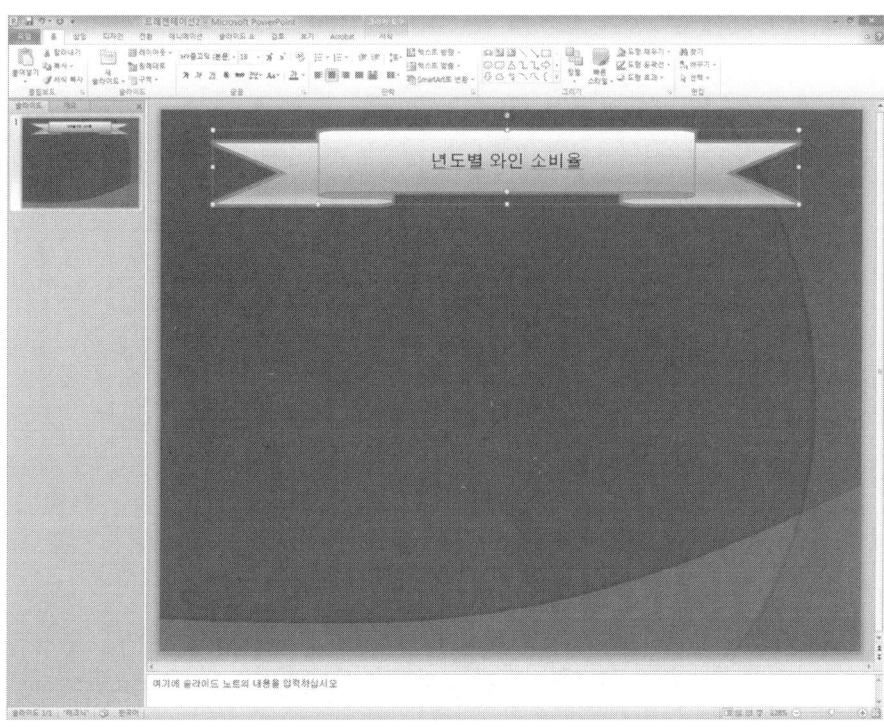

11. 제목을 드래그하면 미니바 메뉴가 나타난다. 이 메뉴는 마우스를 가져가면 활성화되므로 "글꼴크기 : 32pt"를 선택한다.

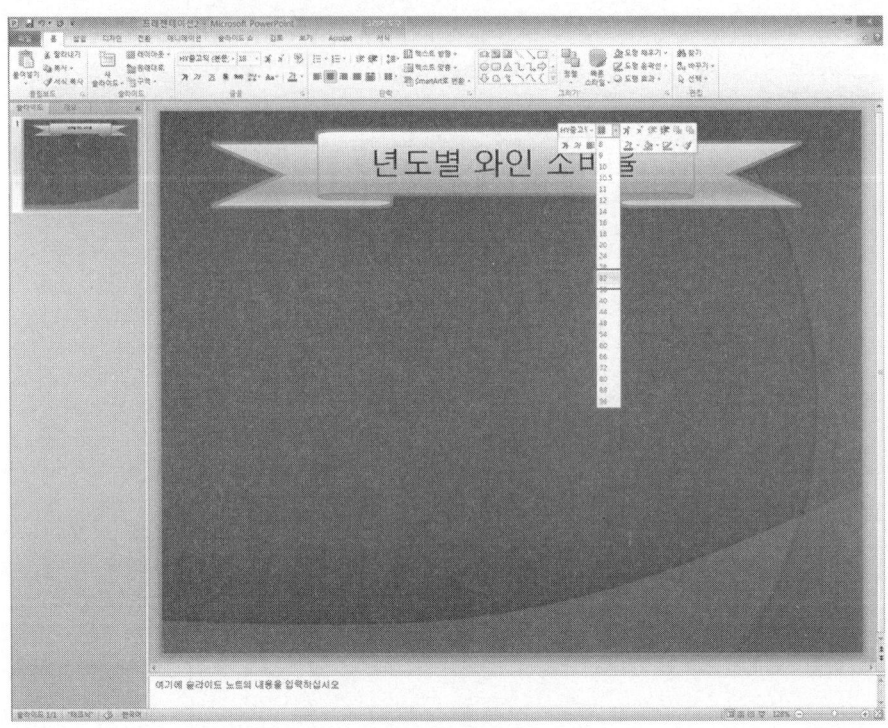

12. [WordArt 스타일] 그룹의 빠른 스타일을 적용한다.

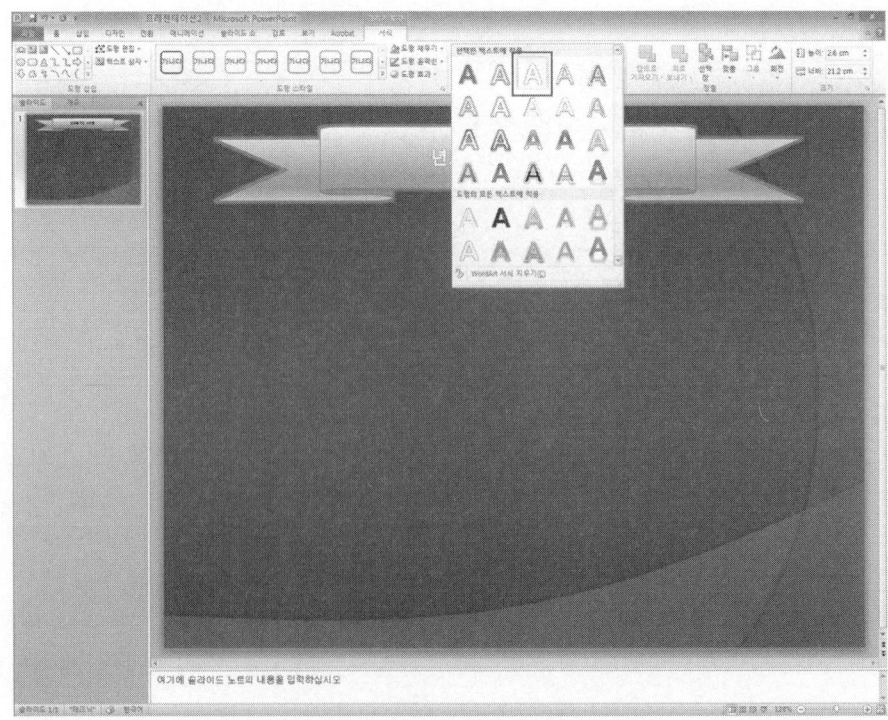

13. [텍스트 효과] - [그림자]를 적용한다.

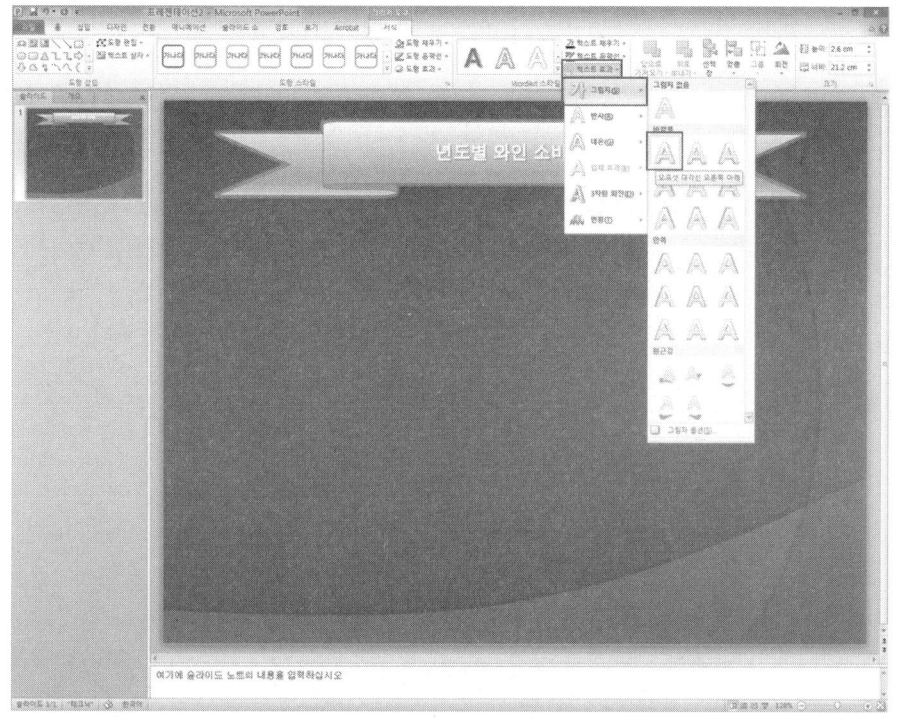

14. 디자인을 적용하여 제목을 완성하였다.

1.2 차트 영역 만들기

1. 차트 영역을 만들기 위해 [그리기] 탭에서 "직사각형" 도형을 선택한다.

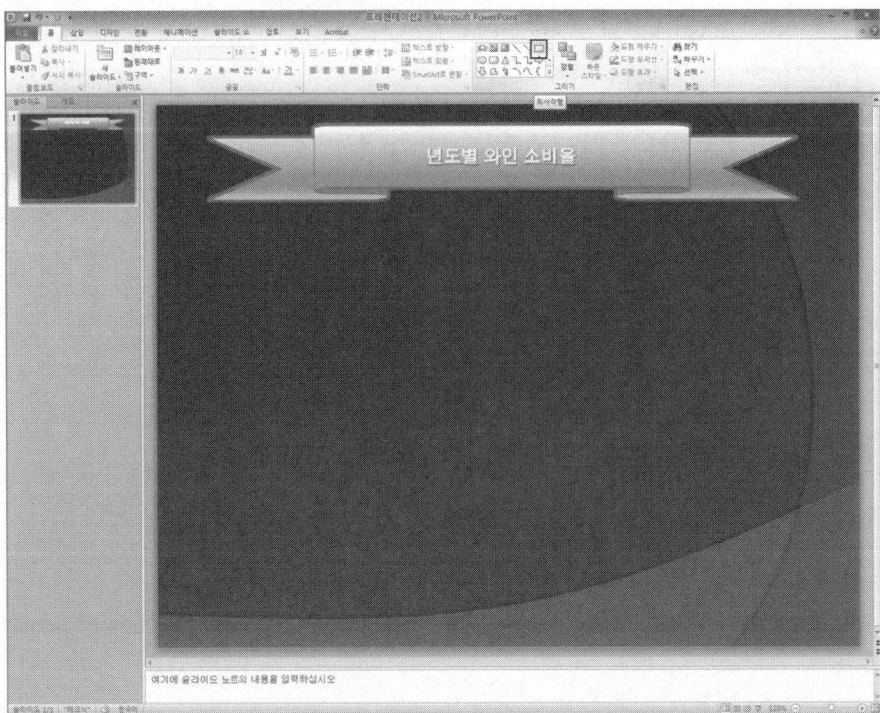

2. 마우스를 드래그하여 차트의 뒷면이 될 직사각형을 그린다.

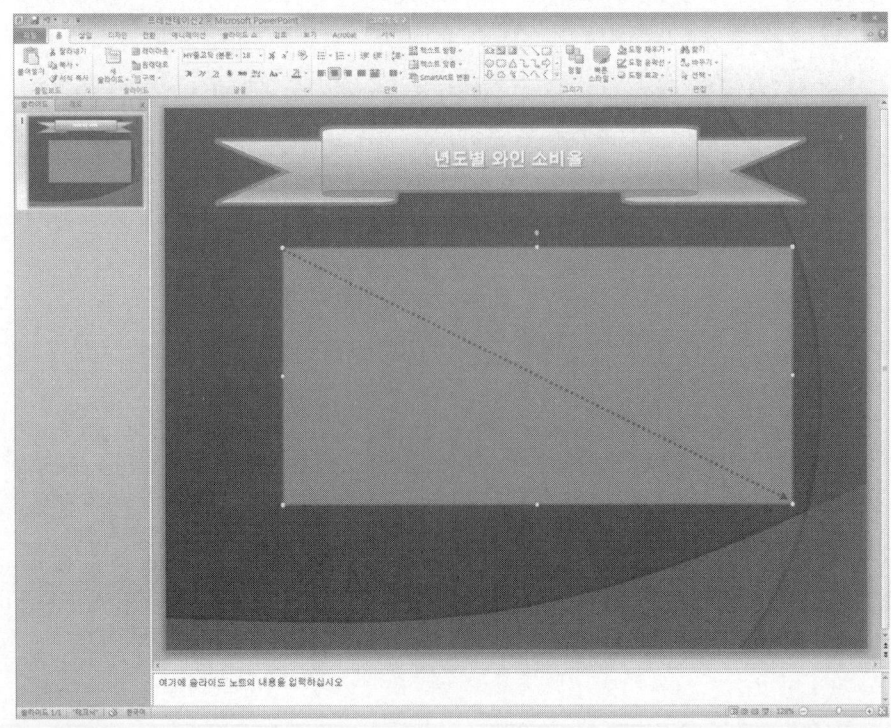

3. [그리기 도구] - [서식] 탭의 [도형 스타일] 그룹에서 [도형 채우기]를 클릭하여 "다른색 채우기"를 선택한다. "채우기 색 : 흰색", "투명도 : 90%"로 설정한다.

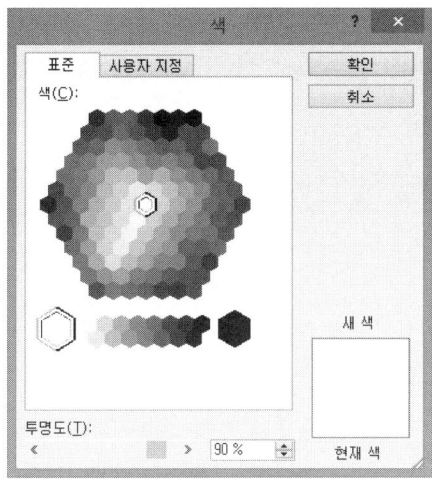

4. [도형 윤곽선] 메뉴에서 [두께]는 "1pt"를 선택한다.

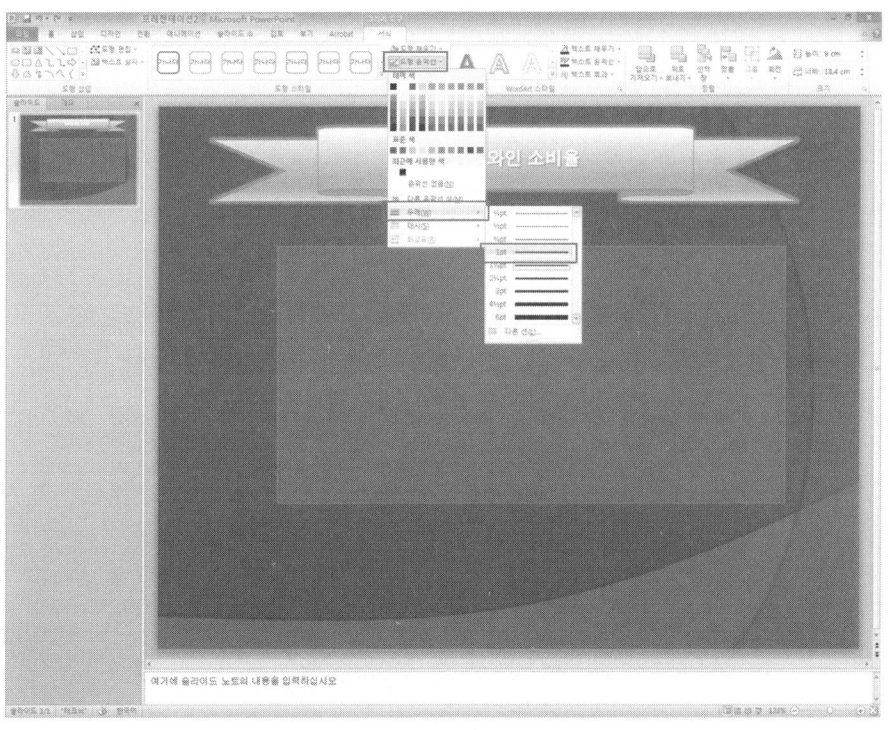

5. [도형 윤곽선] 메뉴에서 "회색 25%, 텍스트 2, 25% 더 어둡게"를 선택한다.

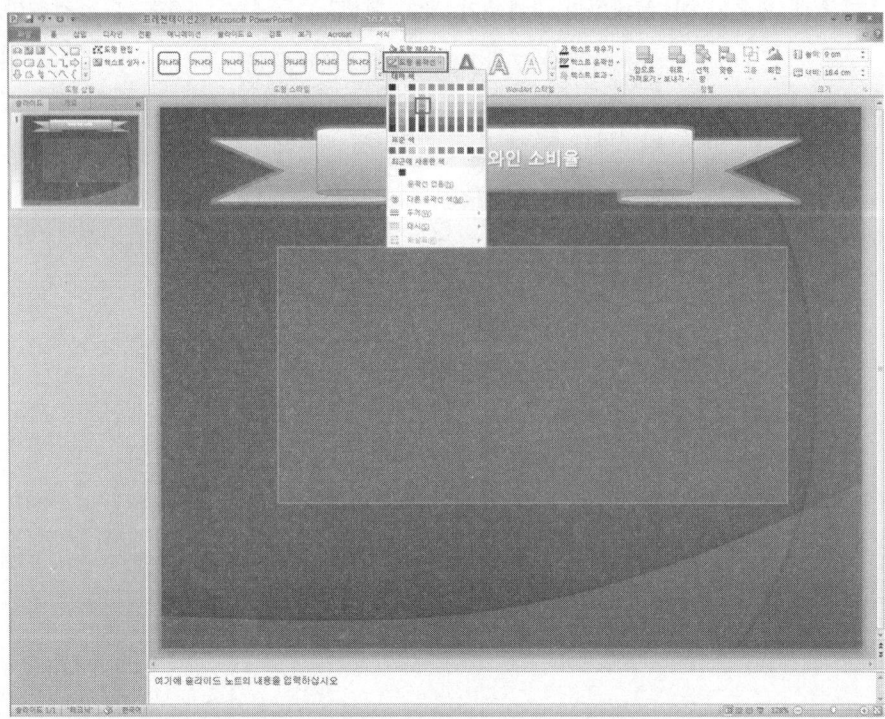

6. 직선을 선택하여 눈금선이 되도록 그려준다.

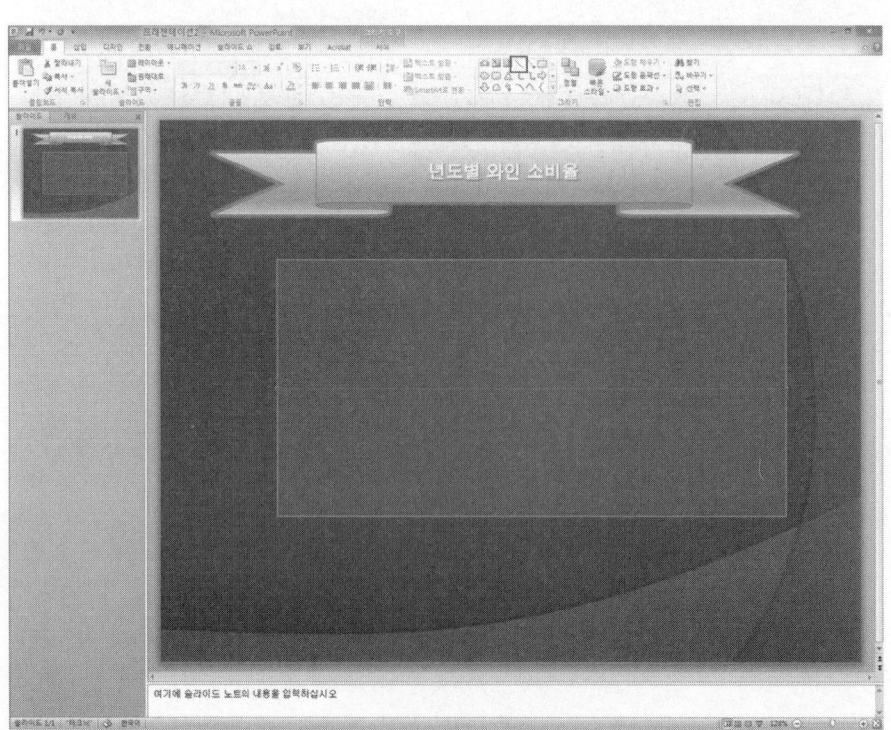

7. [그리기 도구] - [서식] 탭의 [도형 스타일] 그룹에서 도형 윤곽선은 "회색 25%, 텍스트 2, 25% 더 어둡게"를 선택한다.

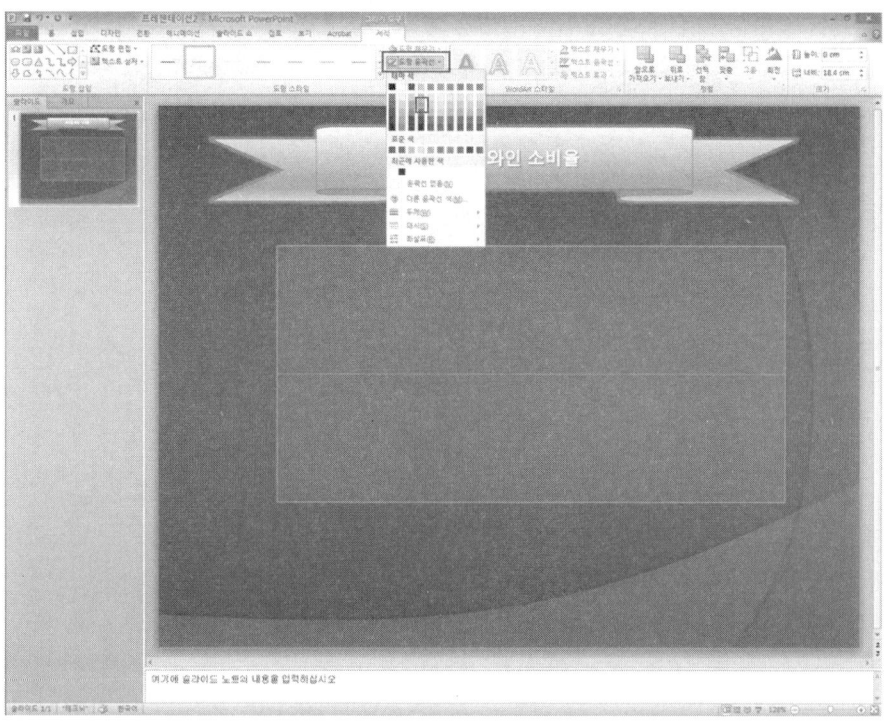

8. Ctrl + Shift 키를 누른 상태로 선을 드래그 하여 적당한 위치에 복사한다.

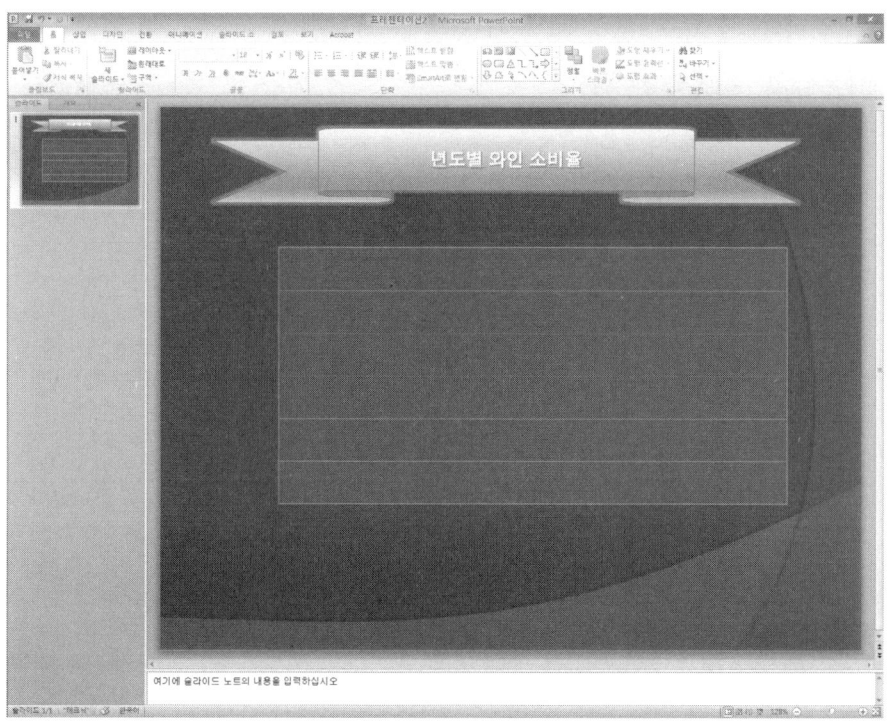

9. 차트 밑면을 만들기 위해 평행사변형을 선택한다.

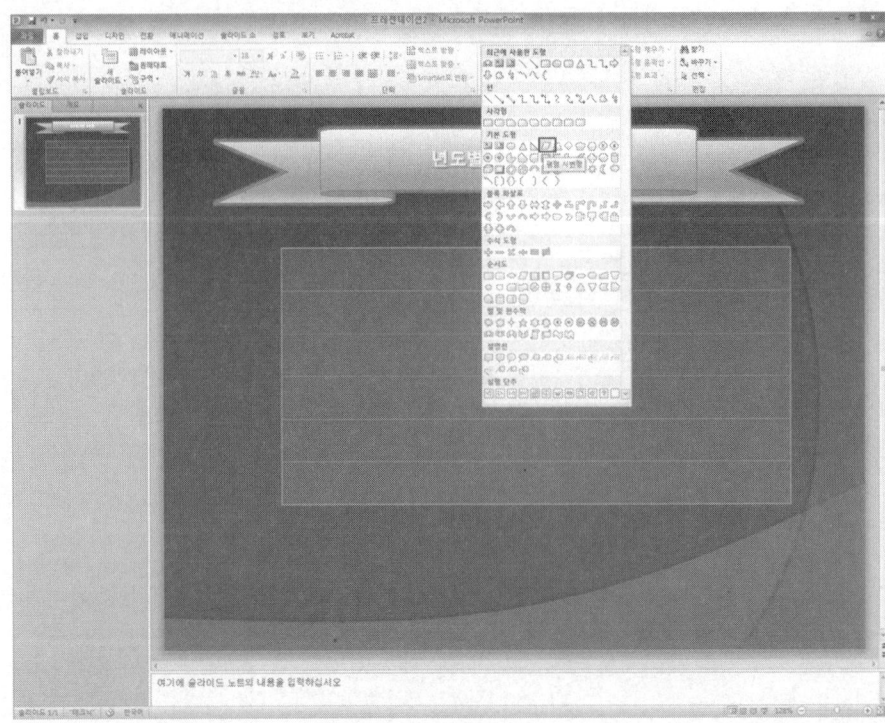

10. 마우스를 드래그하여 평행사변형을 그린다.

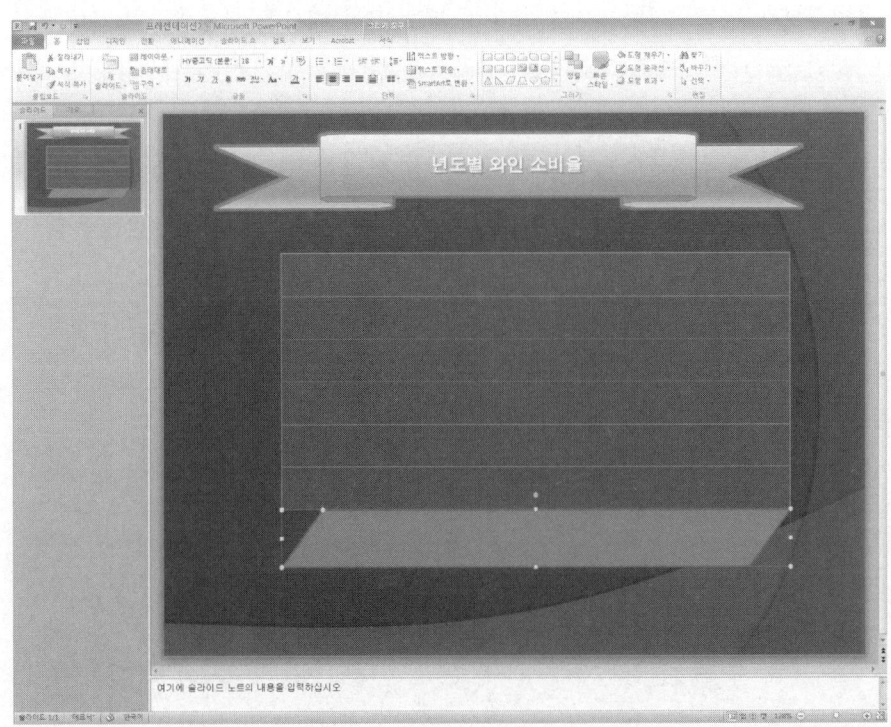

11. 조절점을 드래그하여 모양을 맞춘다.

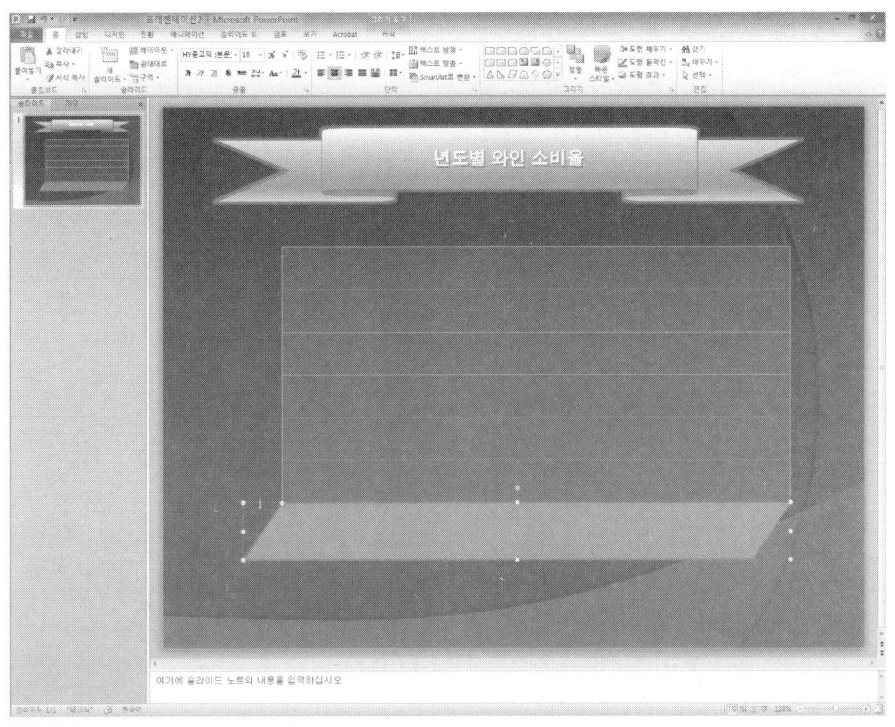

12. [그리기 도구] - [서식] 탭의 [도형 스타일] 그룹에서 [도형 채우기]를 클릭하여 "다른색 채우기"를 선택한다. "채우기 색 : 흰색", "투명도 : 80%"로 설정한다.

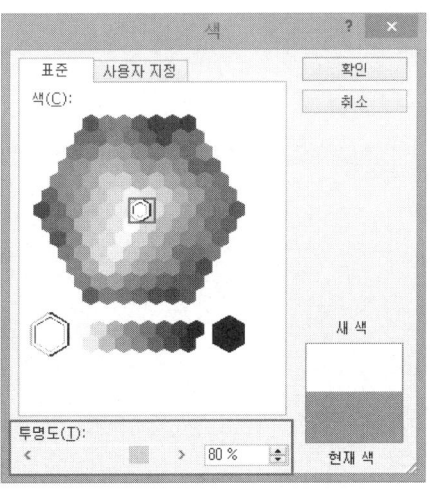

13. [도형 윤곽선] 메뉴에서 [두께]는 "1pt", [도형 윤곽선] 메뉴에서 "회색 25%, 텍스트 2, 25% 더 어둡게"를 선택한다.

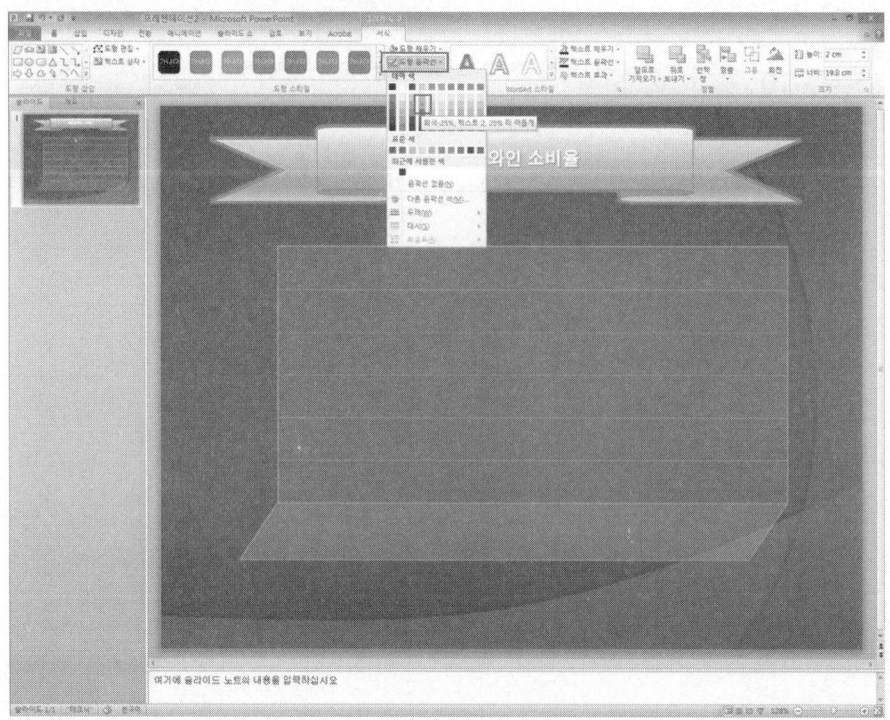

14. 축 값을 표현하기 위해 텍스트 상자를 선택하여 눈금선에 드래그하여 그린 후 값을 입력한다.

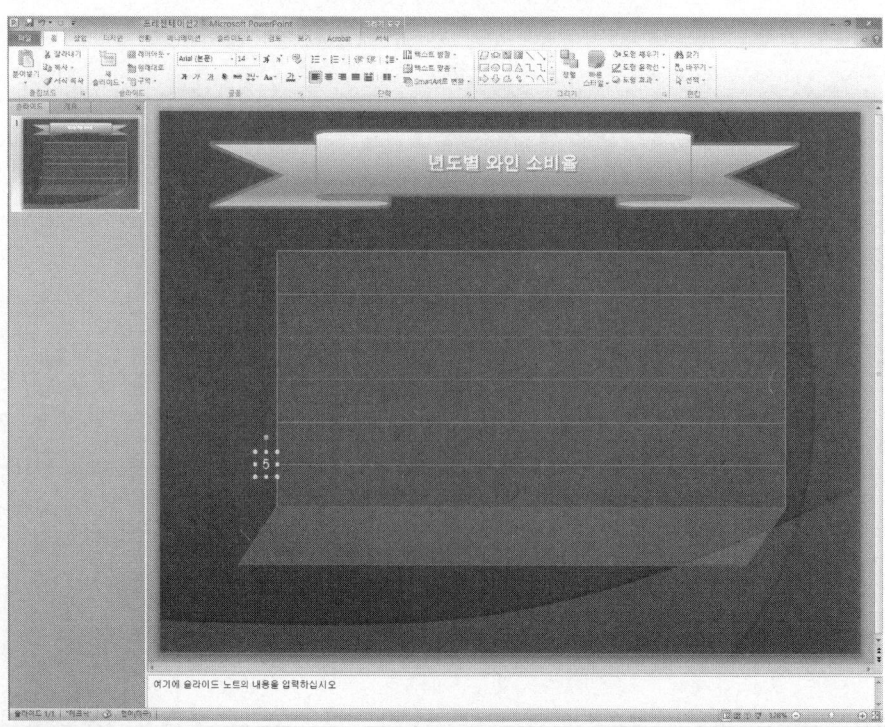

15. 값 축과 항목 축을 완성한다.

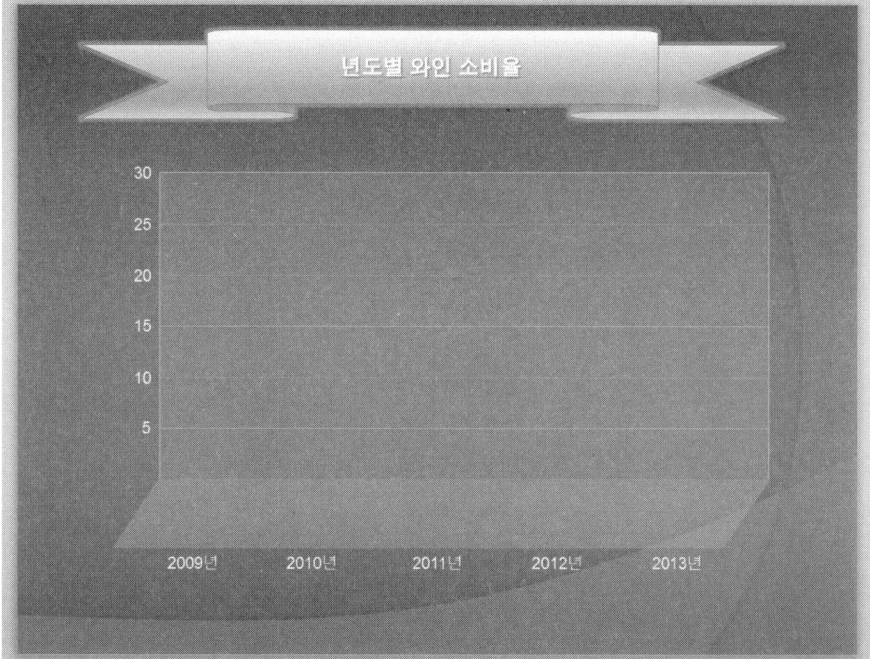

1.3 와인잔 만들기

1. 와인잔을 만들기 위해 새로운 슬라이드를 한 장 열고 [그리기] 탭의 "순서도 : 지연"을 선택한다.

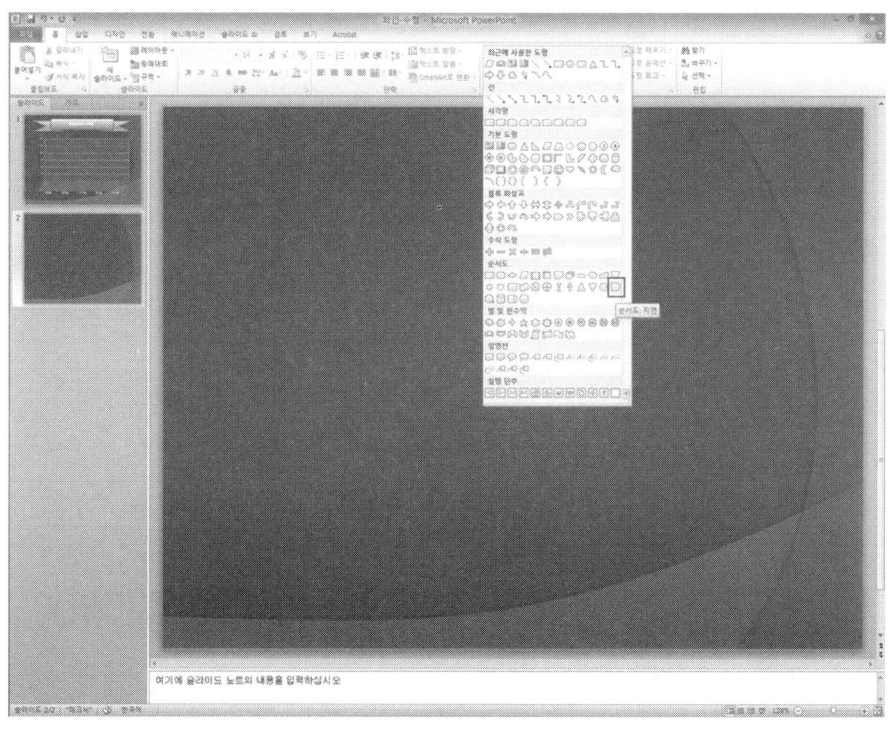

2. 도형을 그린 후 [그리기 도구] - [서식] 탭의 [정렬] 그룹에서 회전 메뉴의 "오른쪽으로 90도 회전"을 선택한다.

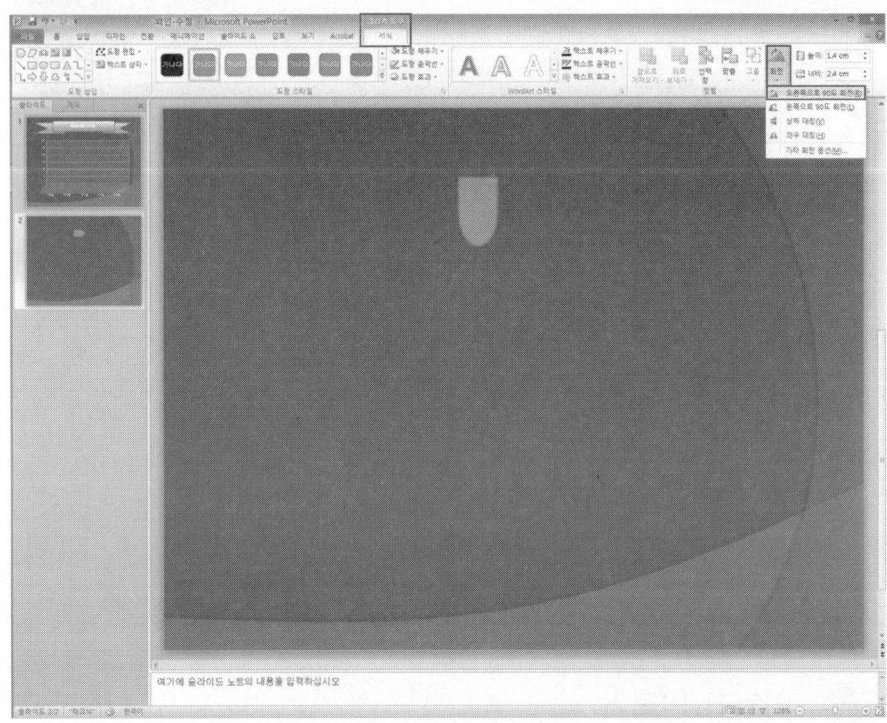

3. 직사각형과 타원 도형을 이용하여 와인잔의 기둥과 받침을 완성한다.

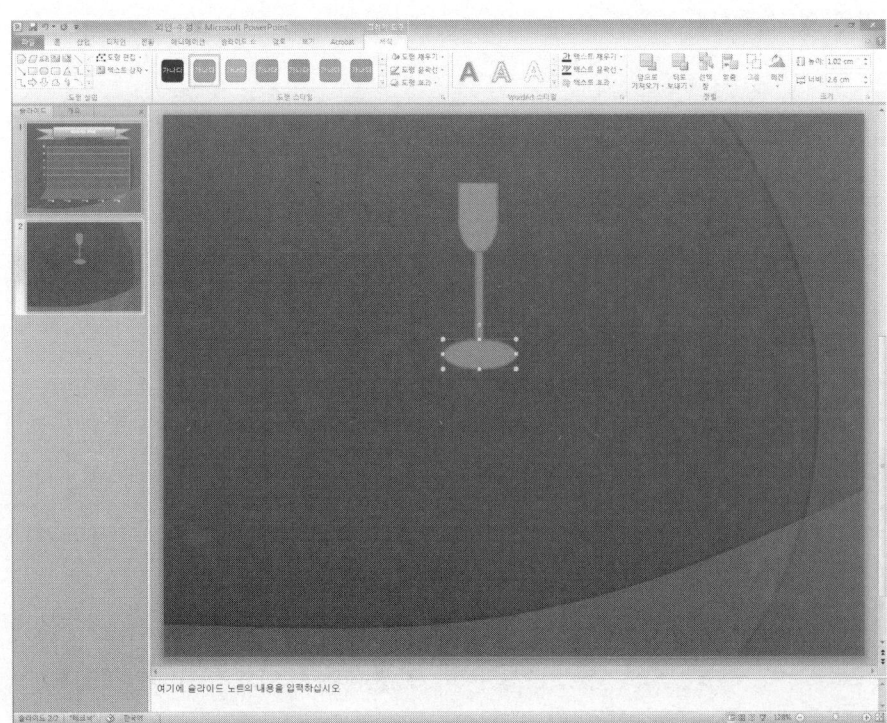

4. 세 개의 도형을 선택하여 [정렬] 그룹 [맞춤] - [가운데 맞춤]을 선택한다.

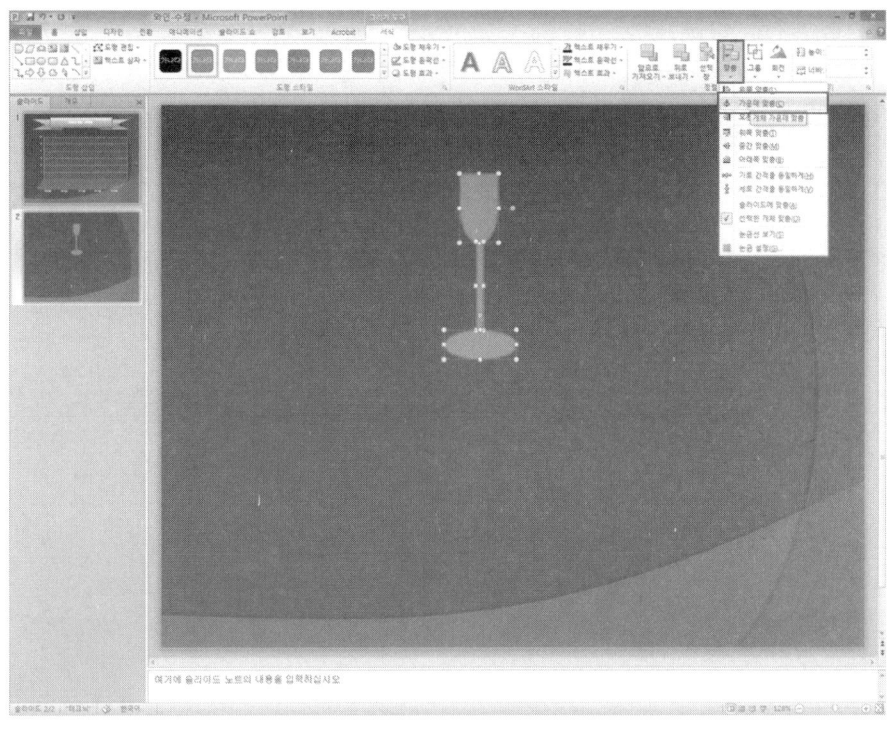

5. 기둥을 선택하고 마우스 오른쪽 클릭 - "맨 앞으로 가져오기"를 선택한다.

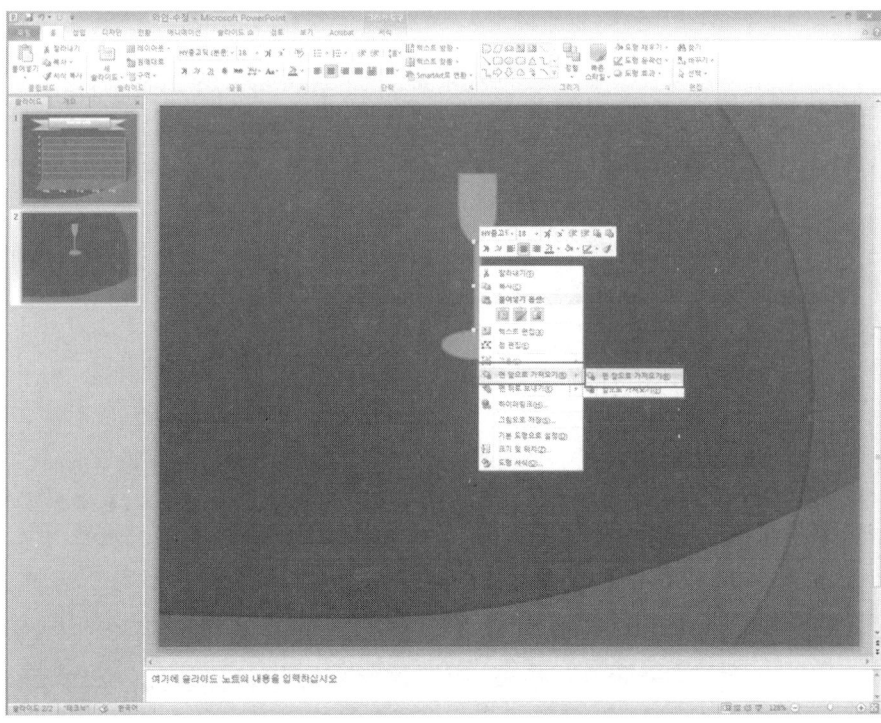

6. "와인잔"을 선택하여 마우스 오른쪽 클릭 – "맨 앞으로 가져오기"를 선택한다.

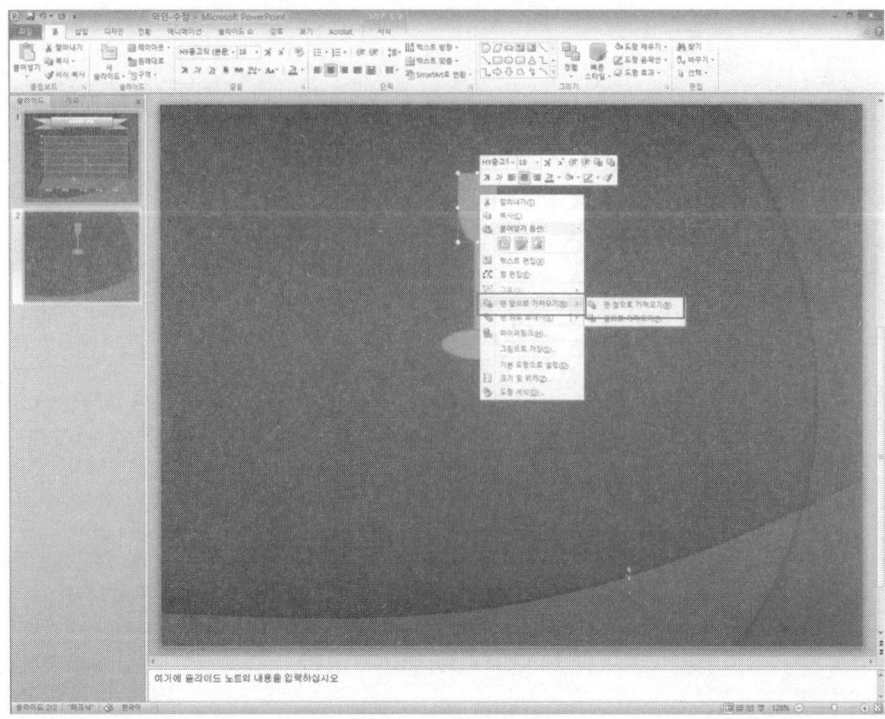

7. 도형을 모두 선택하여 [그리기 도구] - [서식] 탭에서 [도형 채우기]의 "연보라, 강조 3, 40% 더 밝게"를 선택한다.

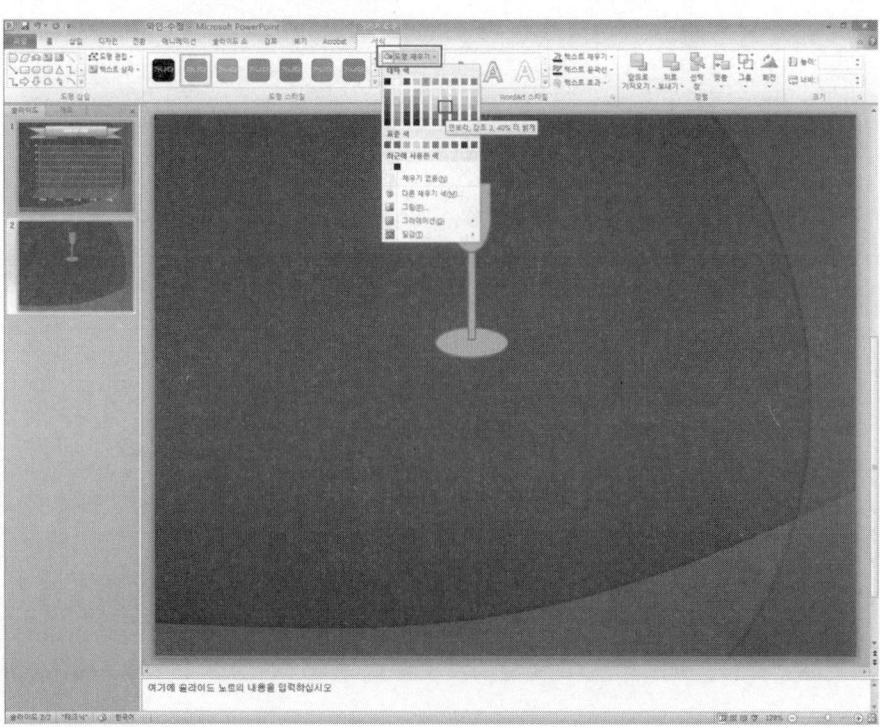

8. [도형 윤곽선]의 윤곽선 없음을 선택한다.

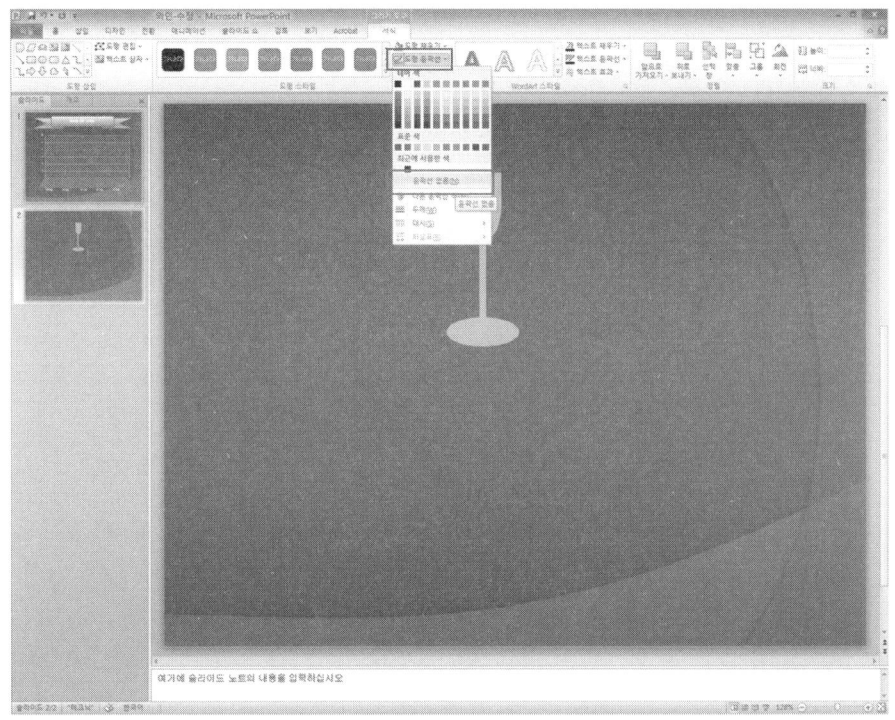

9. [도형효과] - [기본설정] - [기본설정 3]을 적용한다.

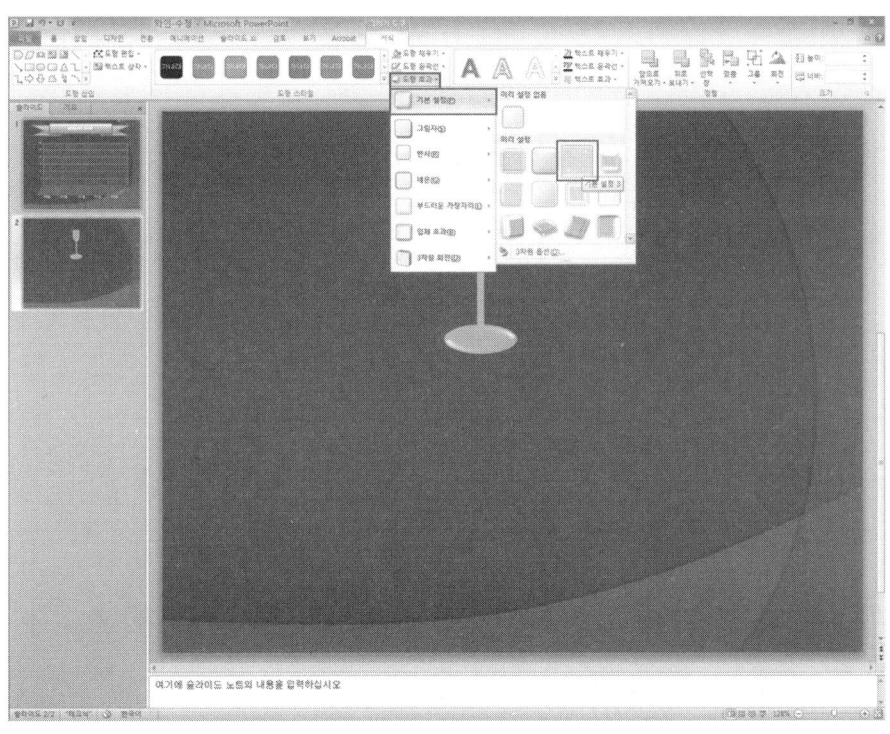

10. "포인터가 4개인 별" 도형을 선택한다.

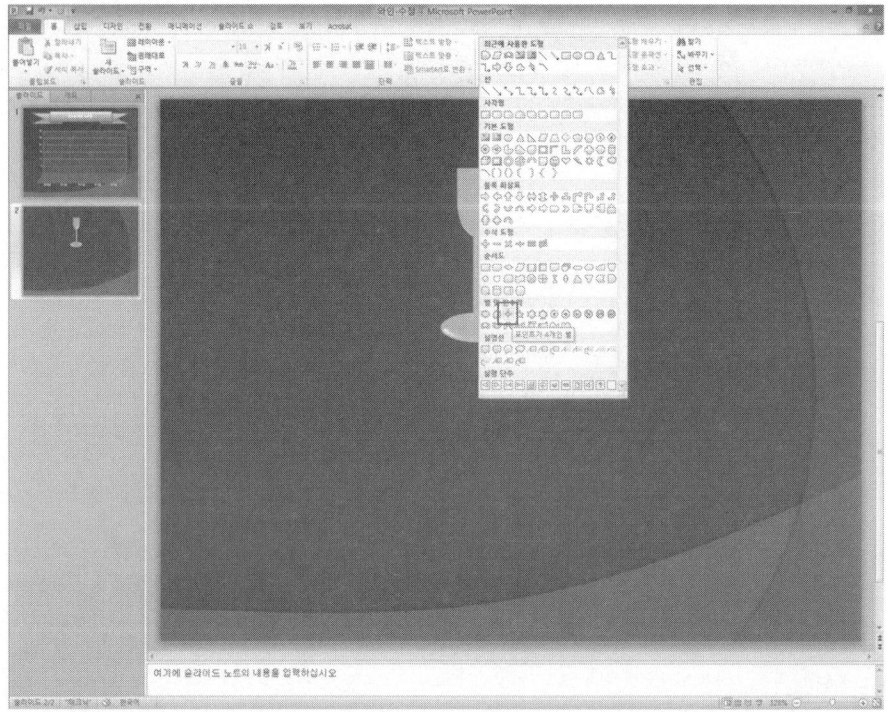

11. 와인잔의 오른쪽 위에 그린다.

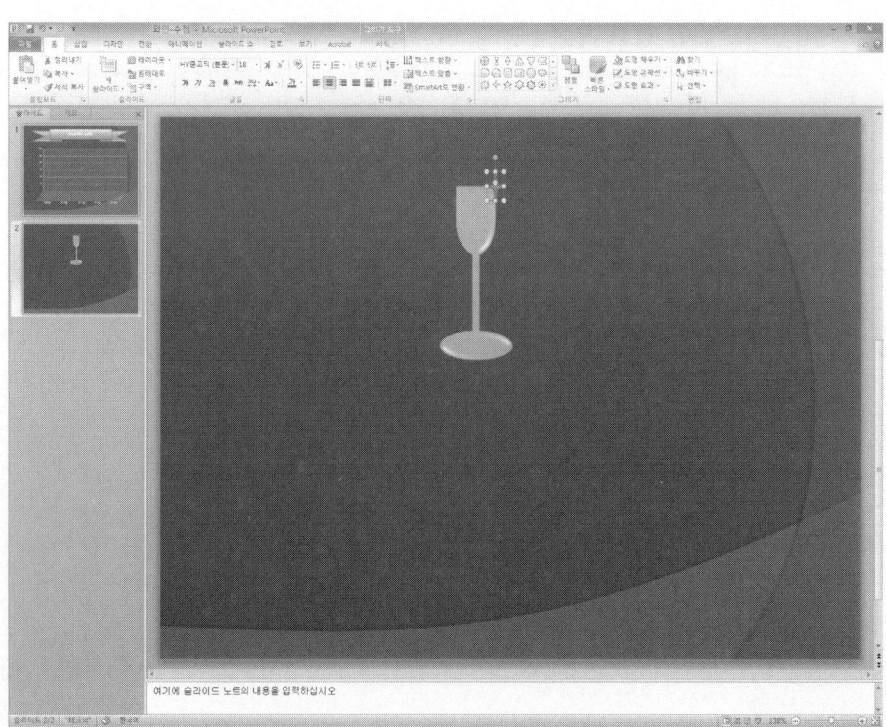

12. [도형 채우기]의 테마색을 적용하고, [도형 윤곽선]의 [윤곽선 없음]을 선택한다.

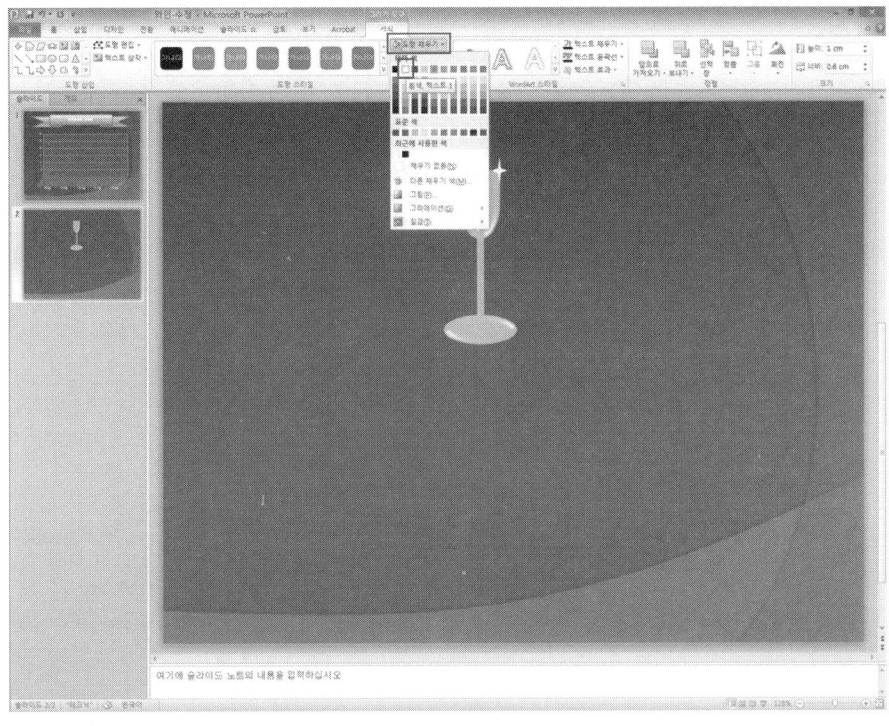

13. [도형효과] - [기본설정] - [기본설정 4]를 설정한다.

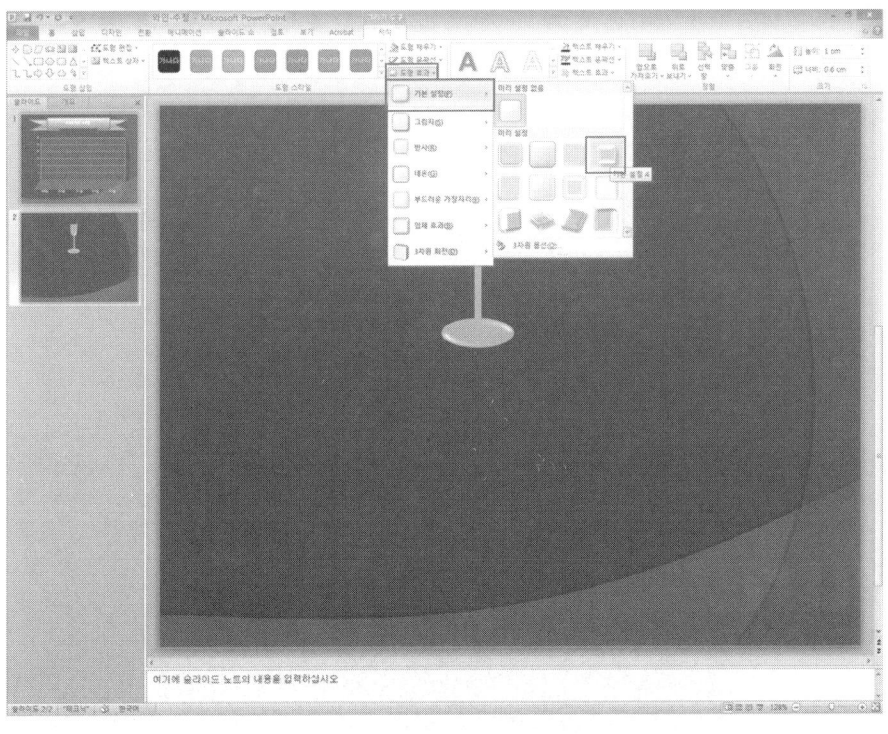

14. 도형 전체를 선택한 후 [정렬] 그룹의 [그룹]을 선택하여 묶어준다.

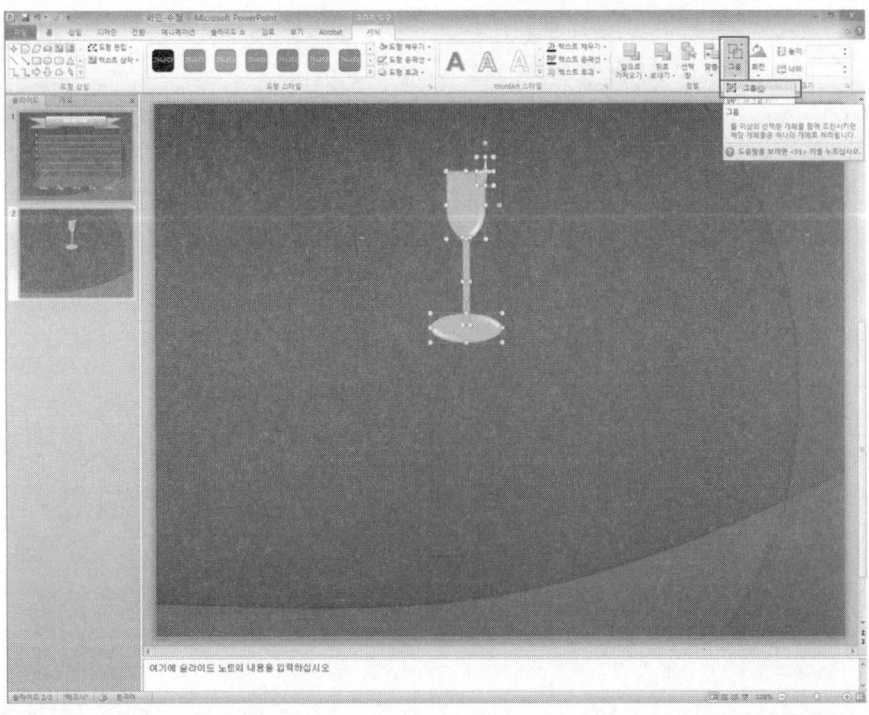

1.4 데이터 계열과 레이블 만들기

1. 완성된 와인잔을 복사하여 첫 번째 슬라이드에 붙여넣기를 한 후 크기를 줄여서 각 년도별 계열을 만든다.

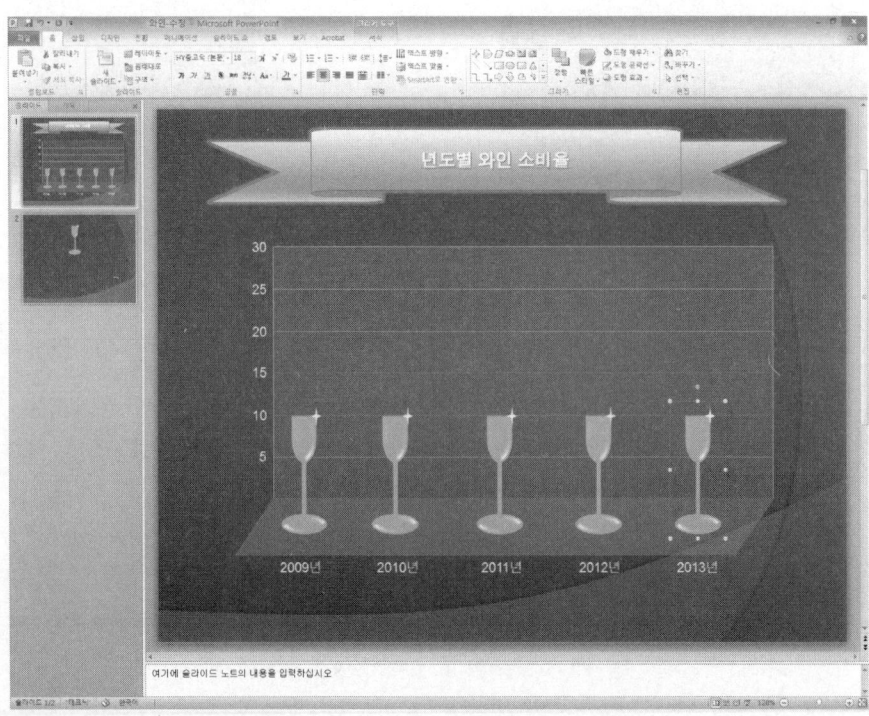

2. 도형의 크기를 알맞게 조절한다. 이때 그룹화된 항목은 한 번 클릭하면 전체가 선택되지만 그룹화된 도형을 다시한번 클릭하면 각 도형의 모양도 조절할 수 있다.

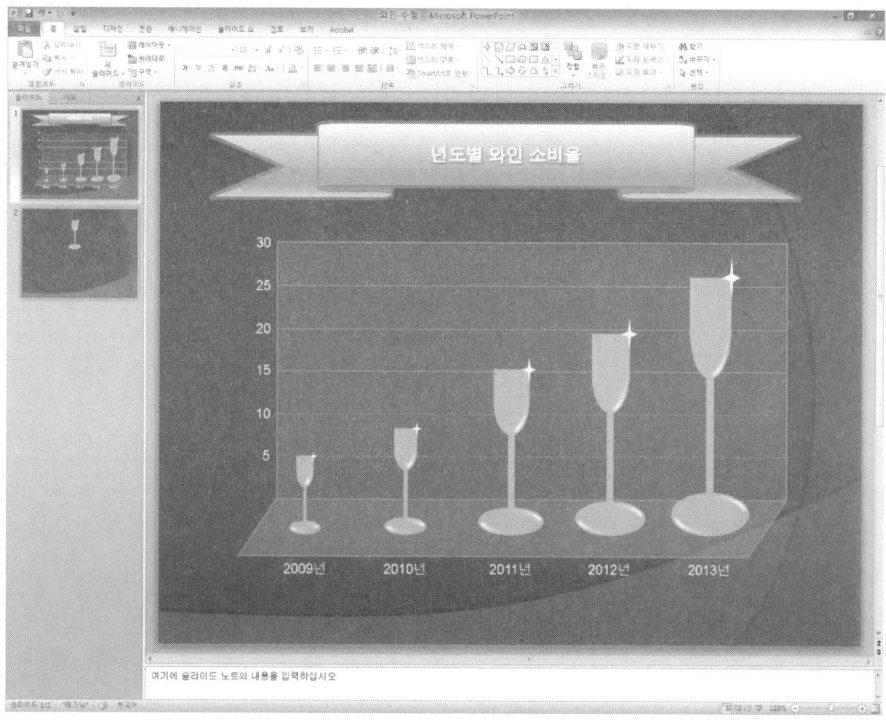

3. 텍스트 상자를 이용하여 값 레이블을 만들어 차트를 완성한다.

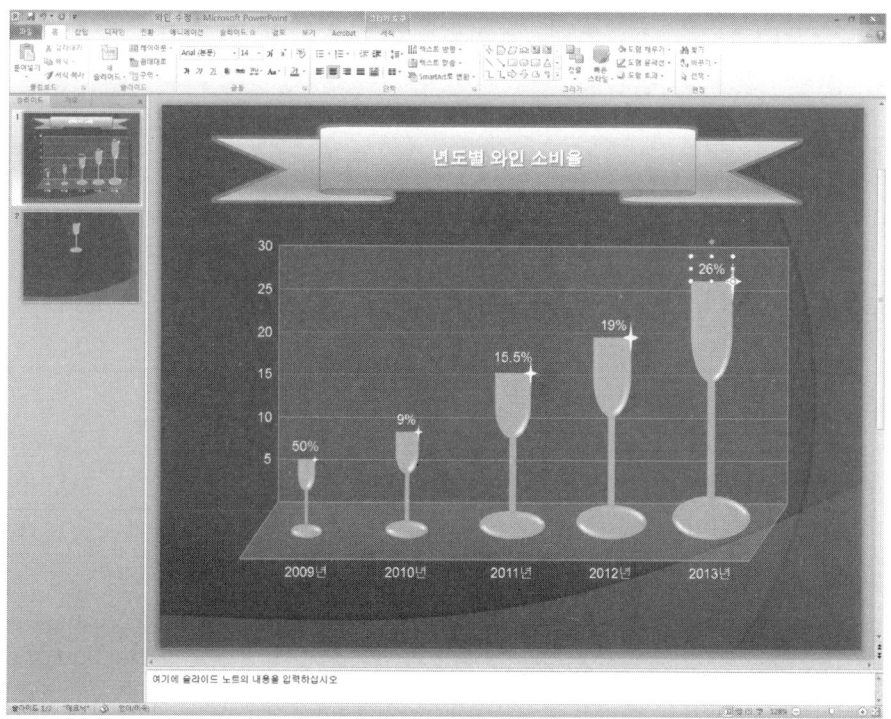

1.5 애니메이션 효과 적용

1. 제목 상자를 선택한 후 [애니메이션] 탭 [애니메이션] 그룹에서 "나타내기"를 선택한다.

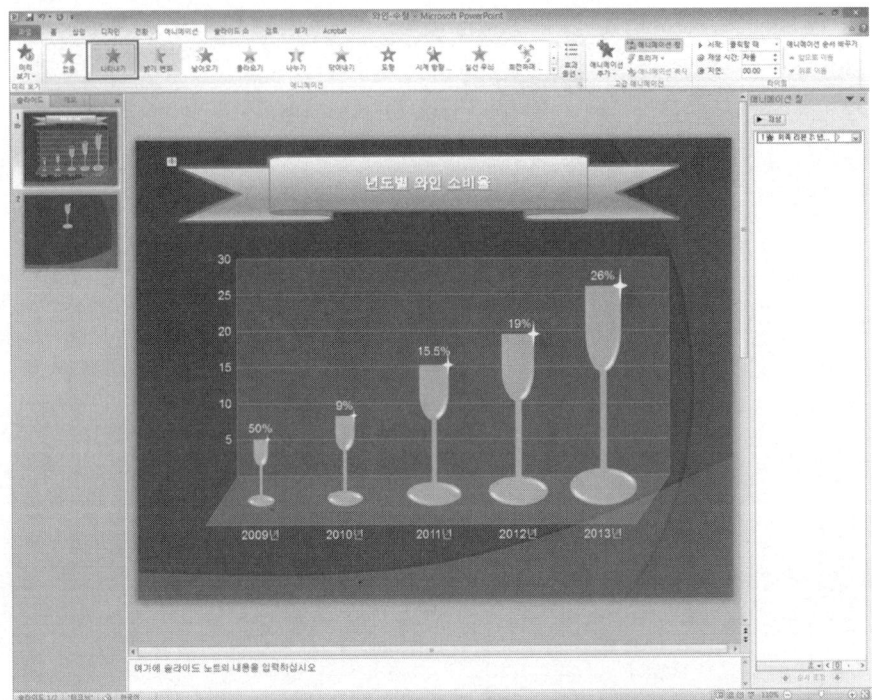

2. 차트 뒷면 영역을 선택하여 [추가 나타내기 효과]를 클릭한다.

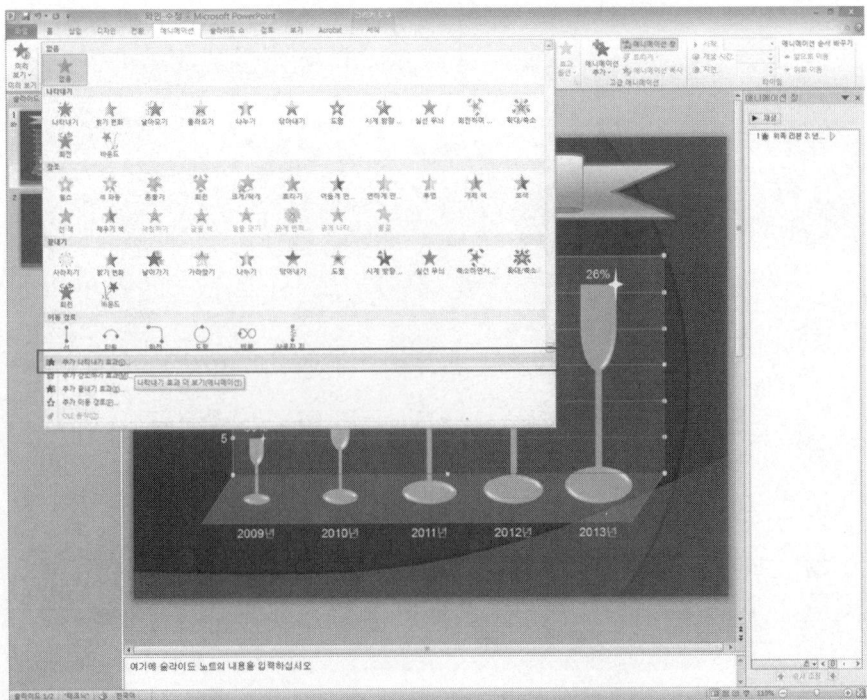

3. "나타내기 효과 변경" 창에서 "내밀기"를 선택한다.

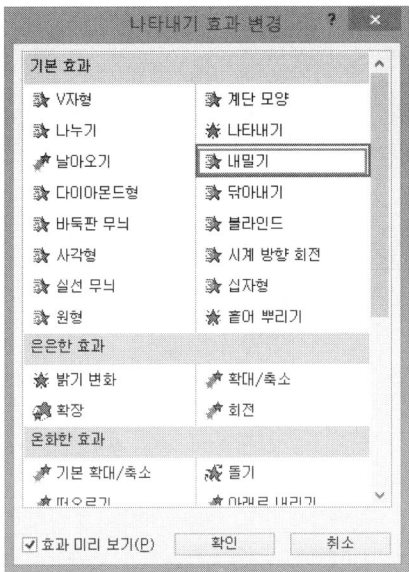

4. 값 축을 선택하여 [나타내기] - [나타내기]를 적용한다.

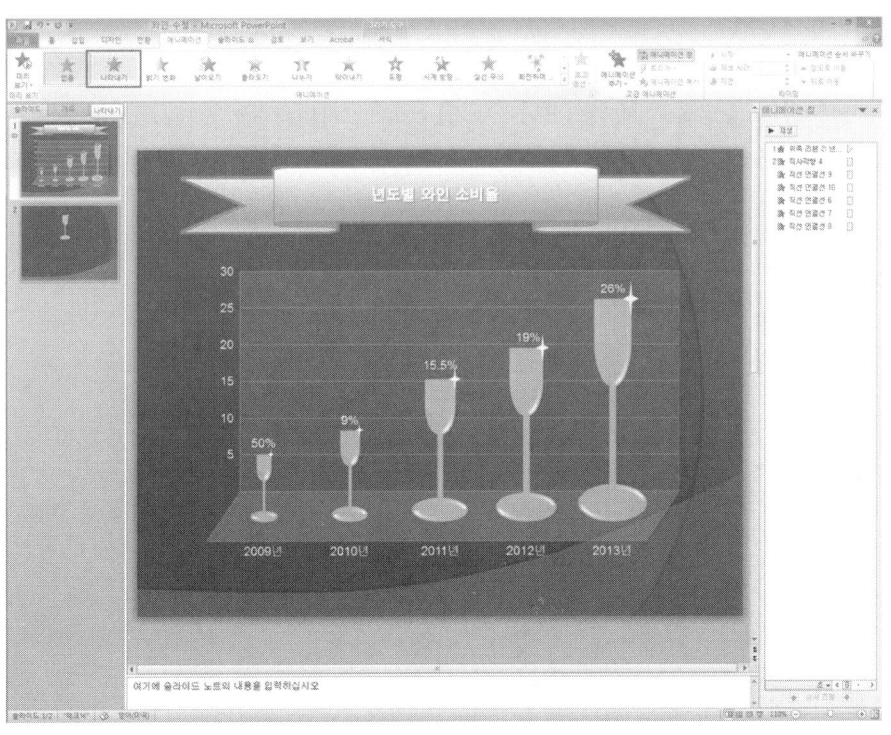

5. 오른쪽 패널 창에서 [시작] - [이전 효과 다음에]를 선택한다.

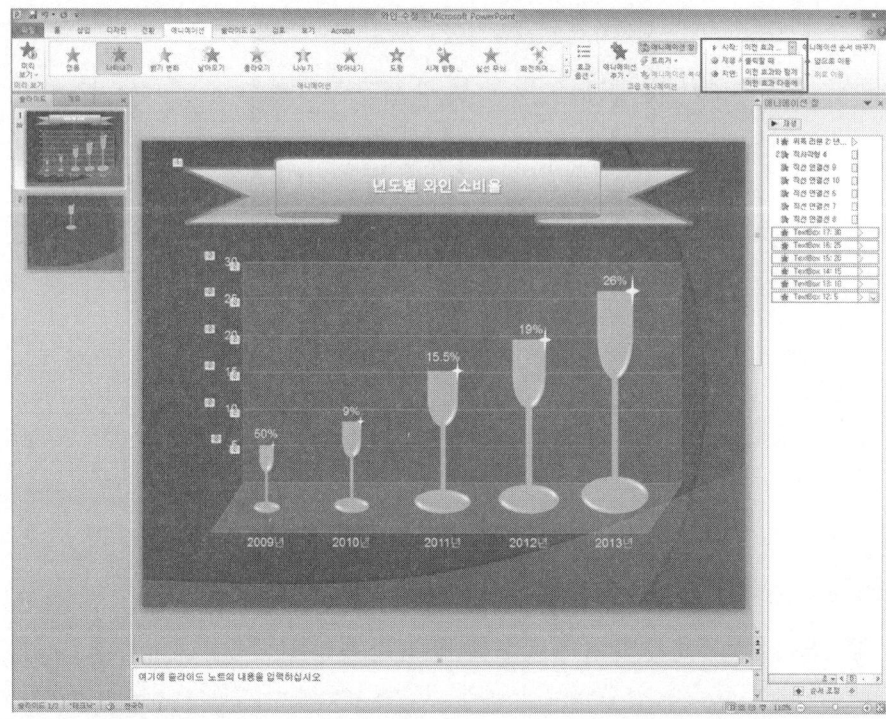

6. 차트 영역 밑면을 선택하여 [나타내기] - [내밀기]를 적용한다.

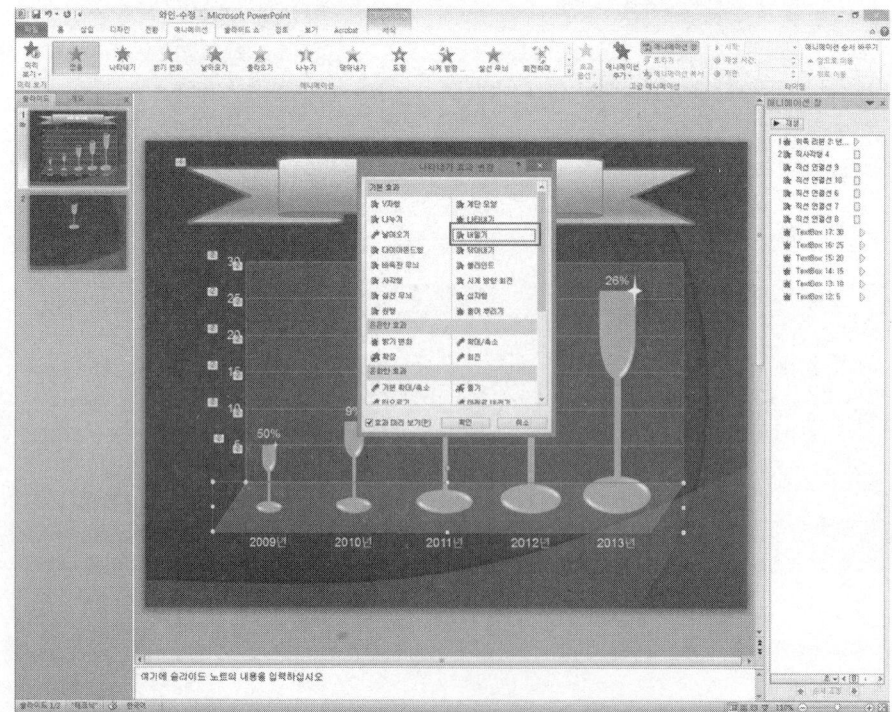

7. 패널 창에서 [효과 옵션]을 클릭한다.

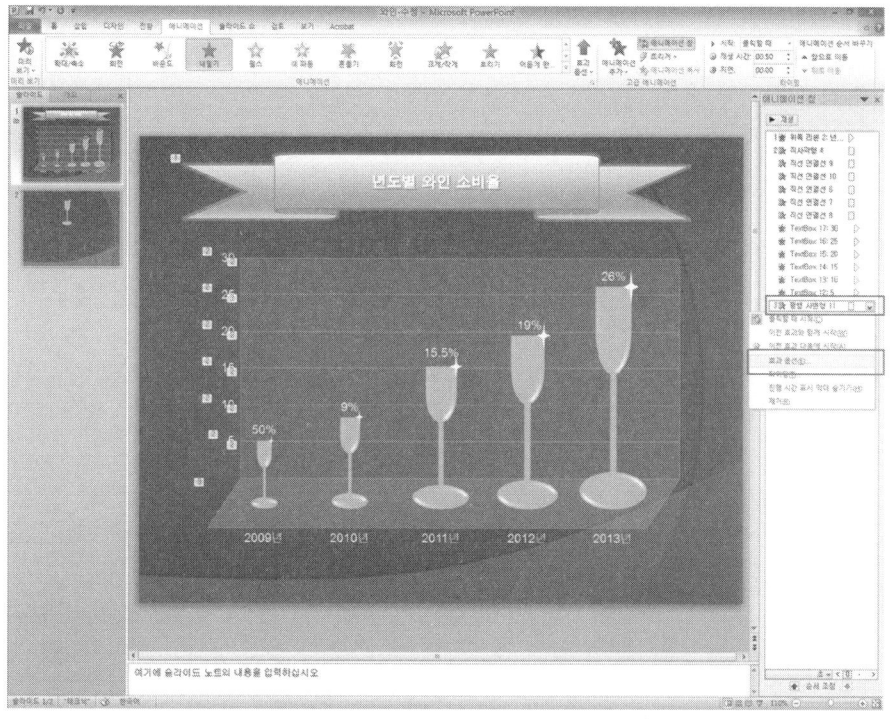

8. 내밀기 효과 옵션에서 방향을 "위에서"로 선택한 후 [확인] 버튼을 클릭한다.

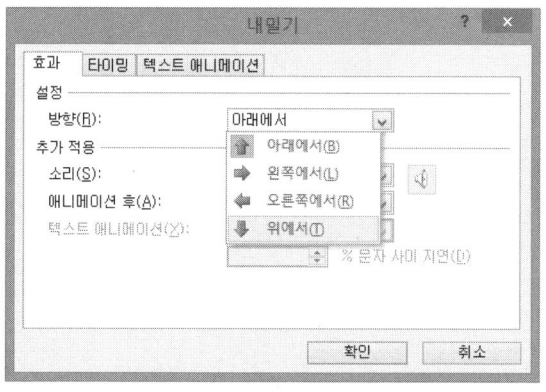

9. 항목 축 값을 선택하여 [나타내기] - [닦아내기]를 선택한다.

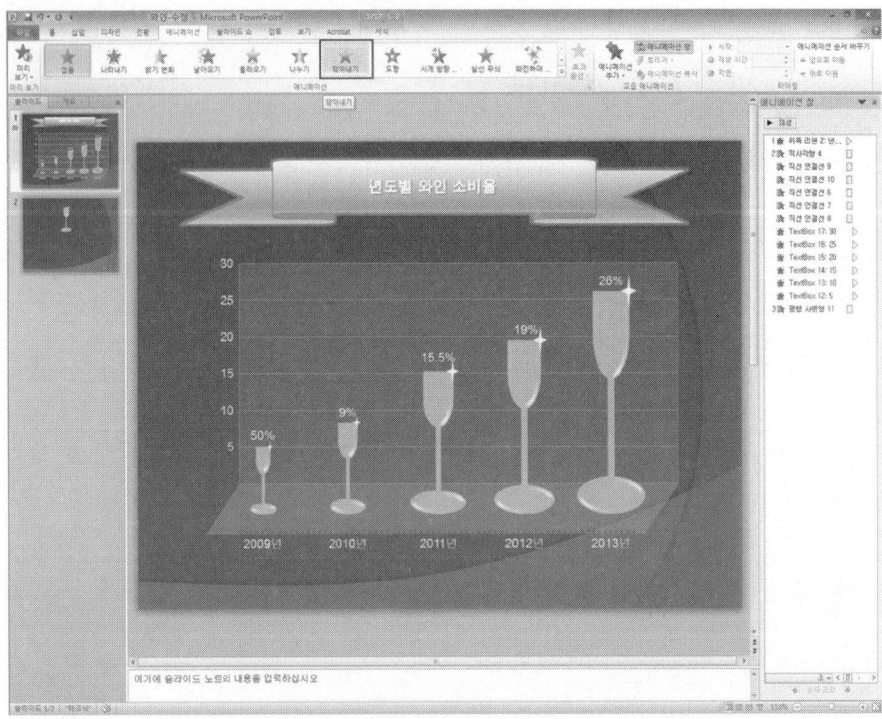

10. 패널 창에서 [시작] - [이전효과 다음에]를 클릭한다.

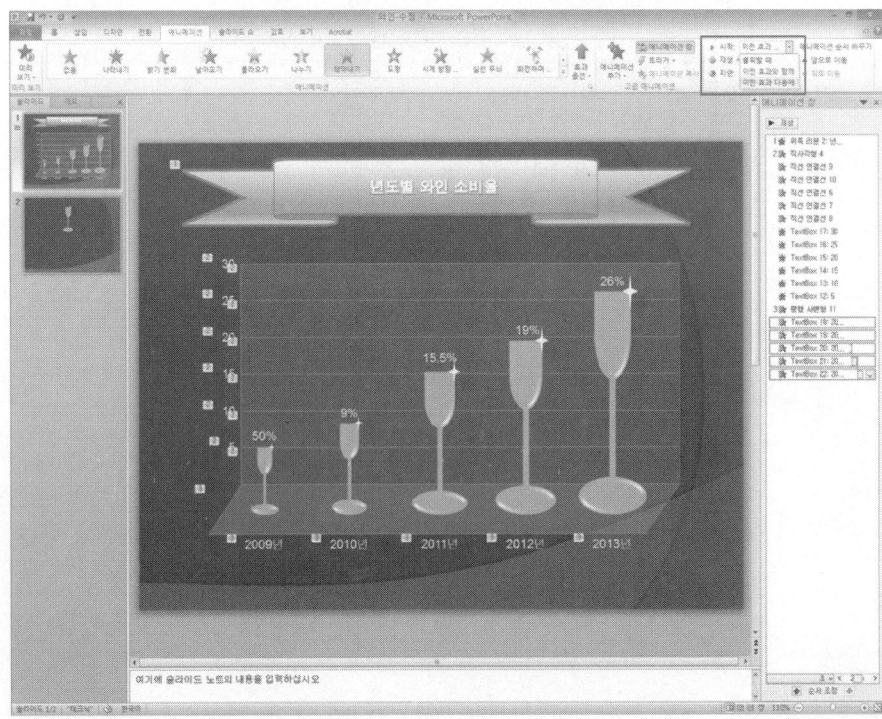

11. 와인잔 계열을 선택하여 [나타내기] - [내밀기]를 적용한다.

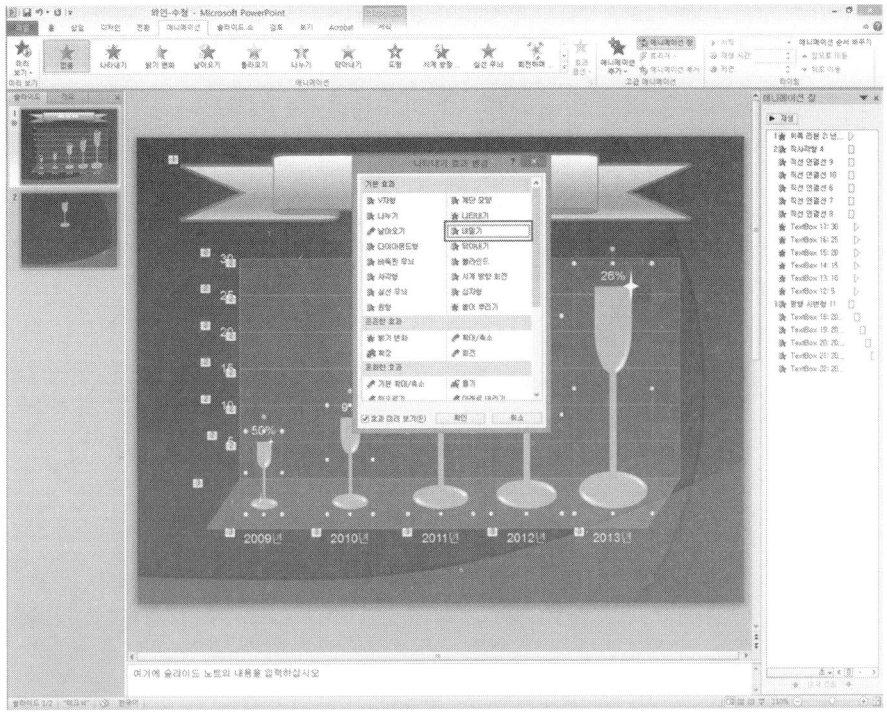

12. 패널 창에서 [시작] - [이전 효과 다음에]를 클릭한다.

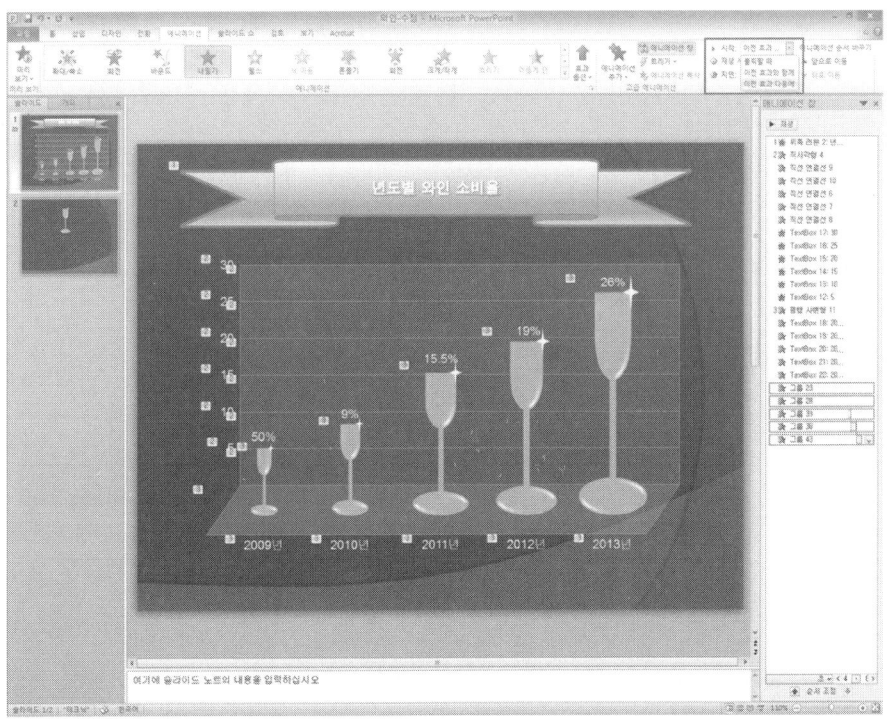

13. 값 레이블을 선택한 후 [나타내기] - [올라오기]를 선택한다.

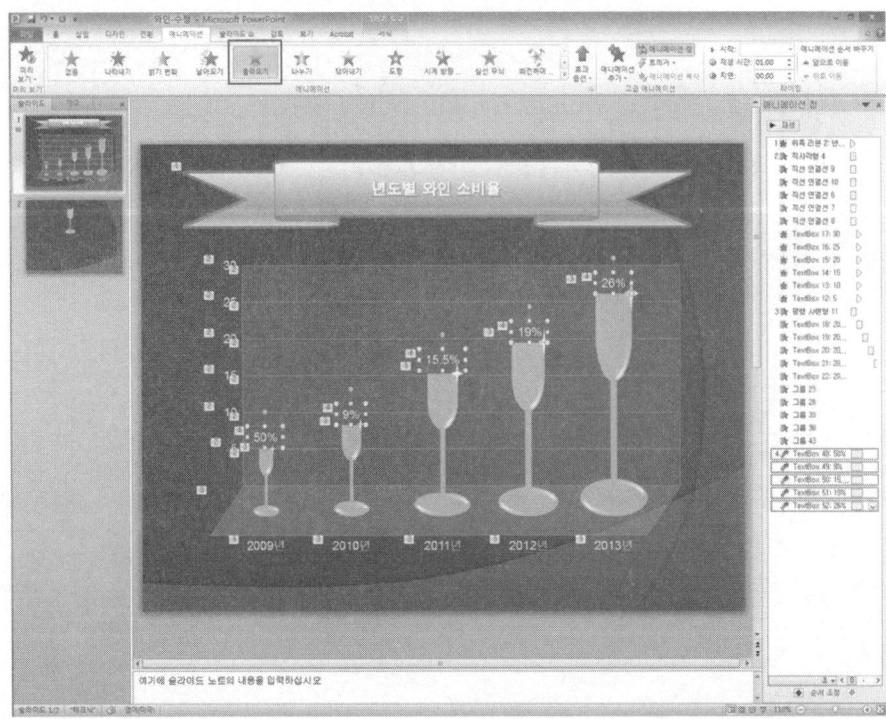

14. 패널창에서 [시작] - [이전 효과 다음에]를 선택한다.

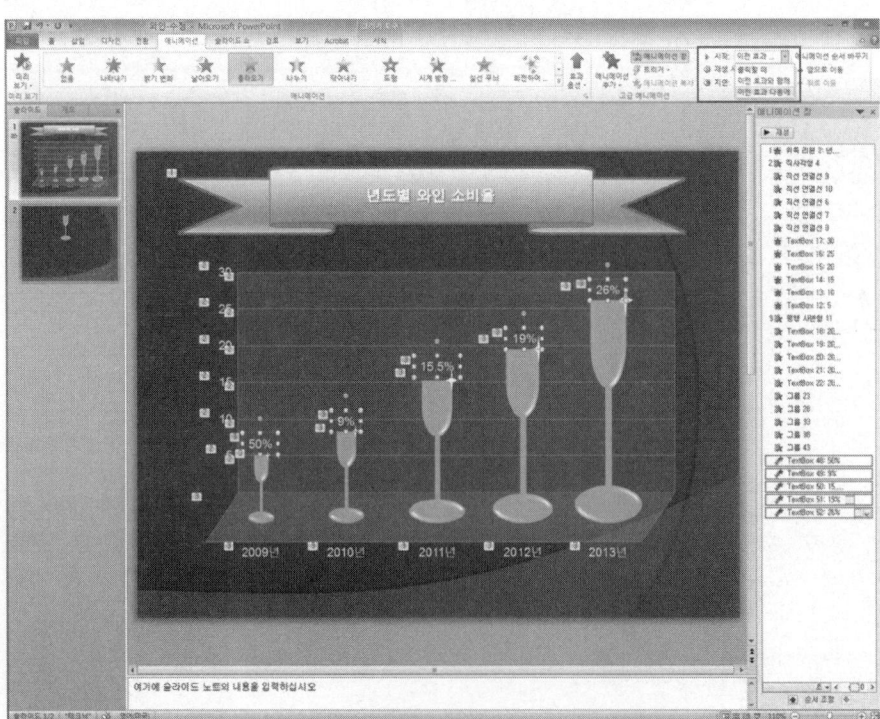

15. 패널 창에서 "시작"이 [클릭할 때]로 되어 있는 항목을 Ctrl 키를 눌러 선택하고 [이전 효과 다음에]로 변경한다.

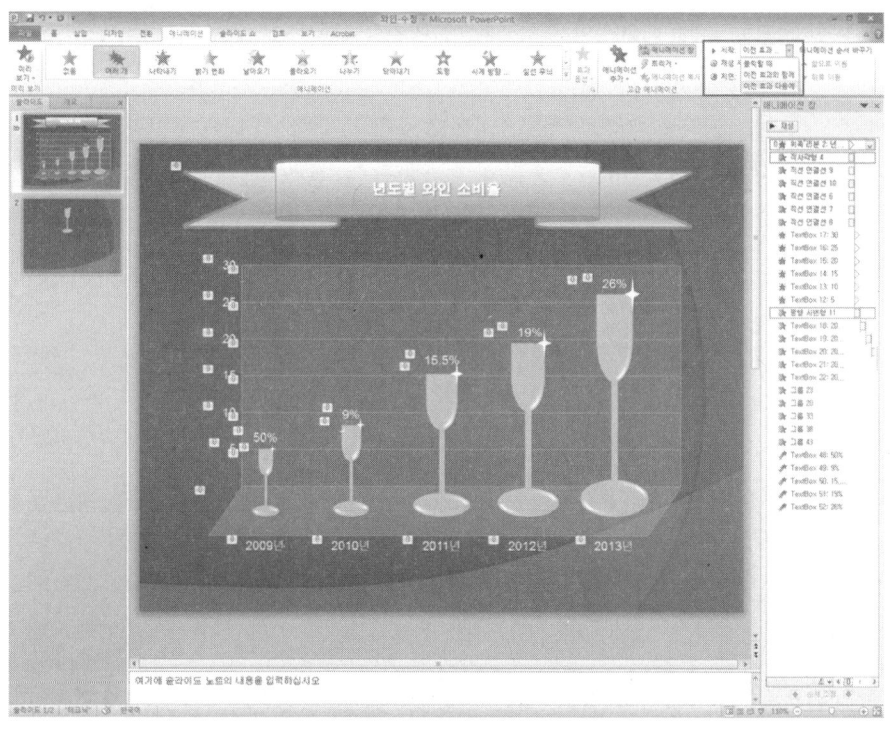

16. [슬라이드 쇼] 아이콘을 클릭하거나 [F5]키를 눌러 확인한다.

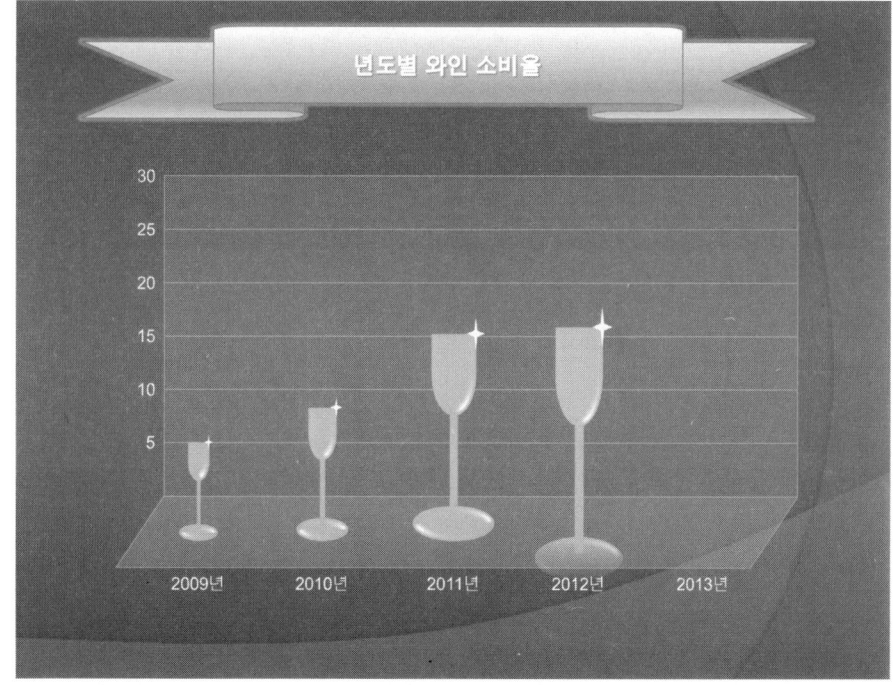

2 학과별 학생 현황 차트 만들기

이번에는 도형을 이용하여 학과별 학생현황을 나타내는 원형차트를 완성해보도록 하자.

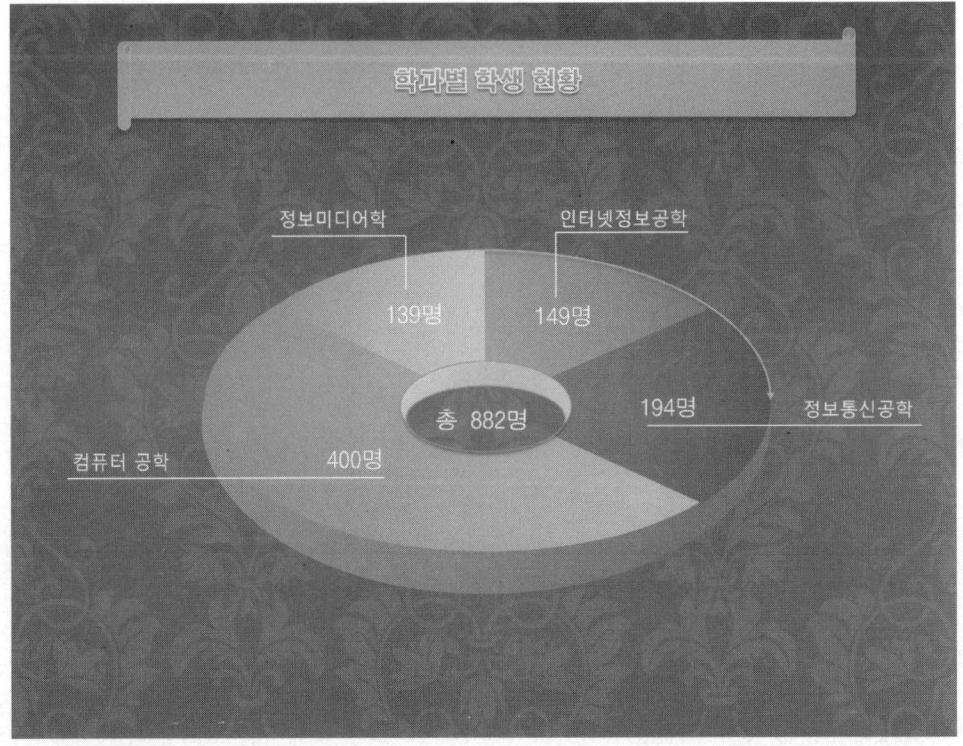

2.1 제목 만들기

1. [디자인] 탭 [테마] 그룹의 [자세히] 버튼을 클릭하여 "검정타이" 테마를 선택한다.

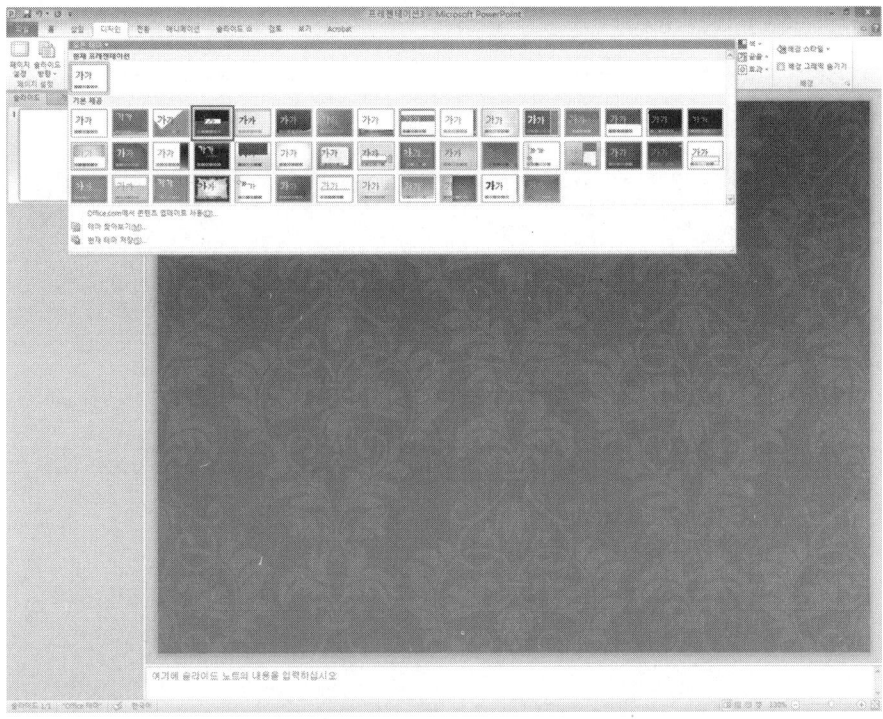

2. [그리기] 그룹의 도형 [별 및 현수막] 범주에서 "가로로 말린 두루마리 모양"을 선택한다.

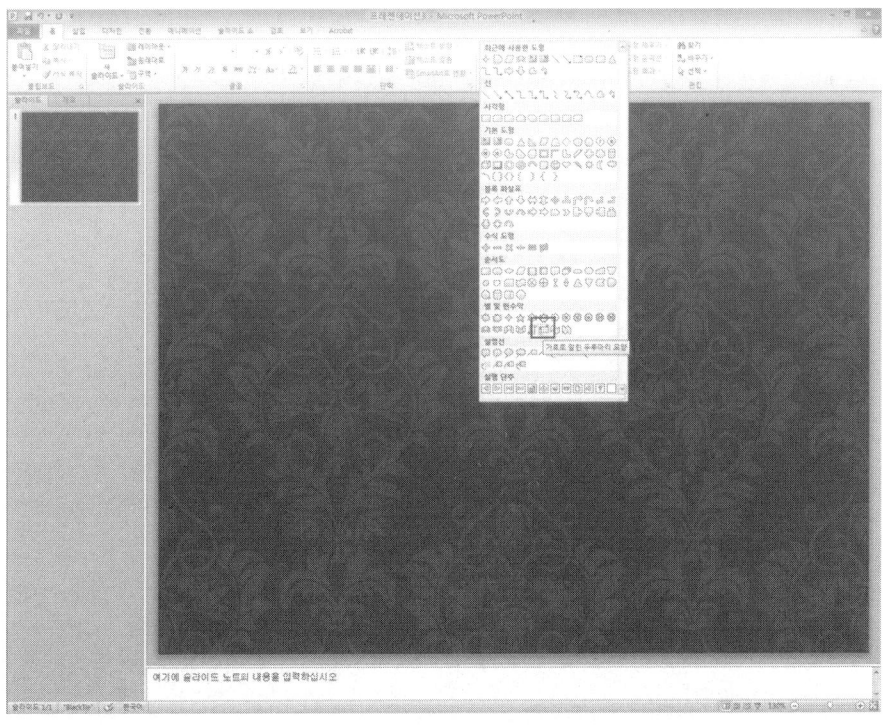

3. 마우스를 드래그 하여 도형을 그린다.

4. [그리기 도구] - [서식] 탭 [도형스타일] 그룹의 "보통 효과 - 청회색, 강조 4"를 적용한다.

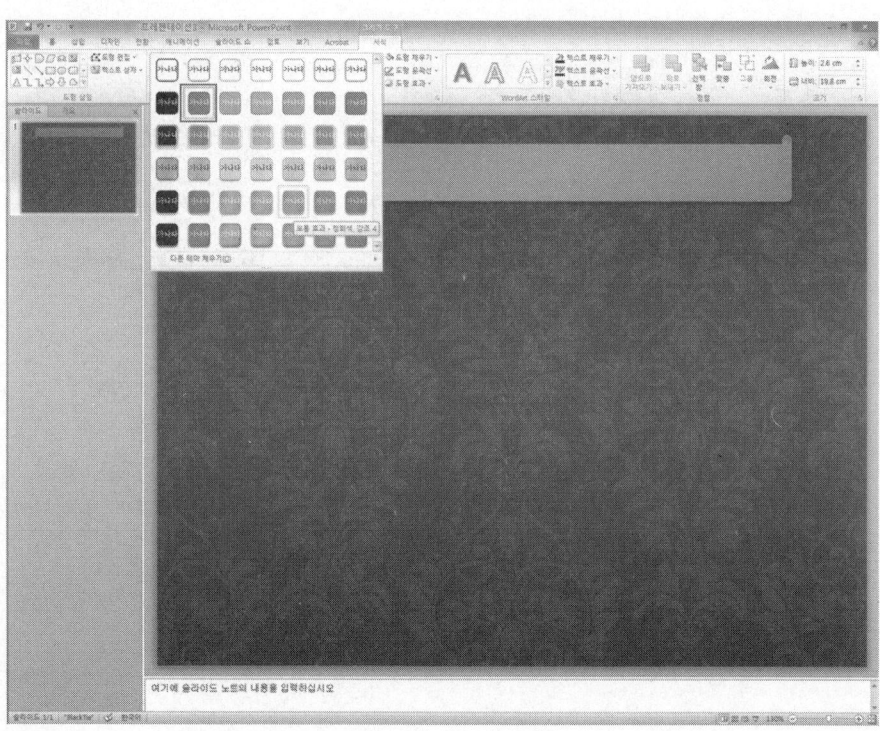

5. 도형을 선택한 후 마우스 오른쪽을 클릭하여 [텍스트 편집] 메뉴를 선택한다.

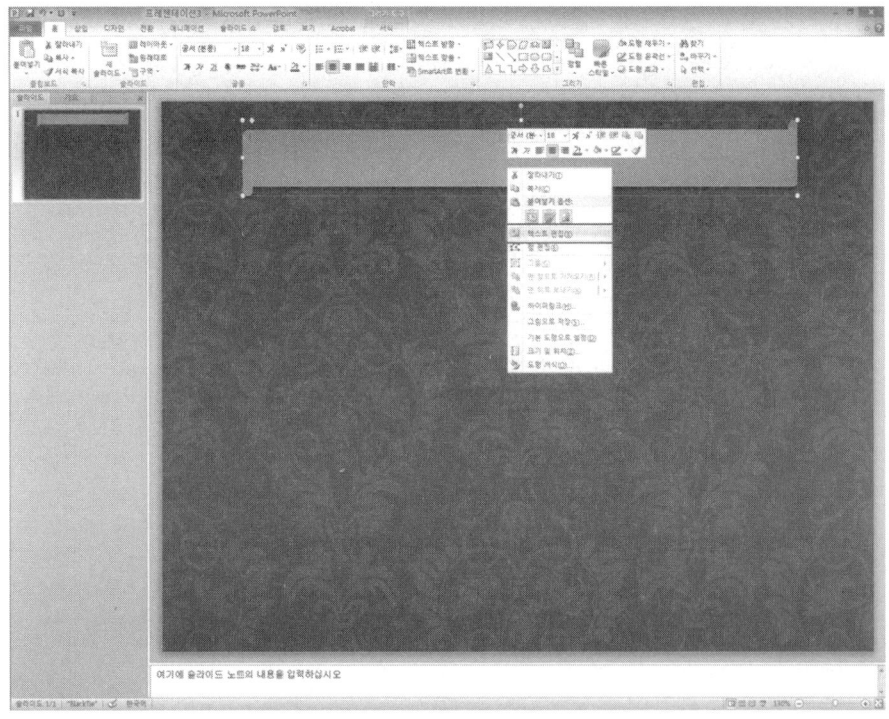

6. 제목을 입력한 후 [글꼴] 그룹에서 "글꼴 : HY 견고딕"을 선택한다.

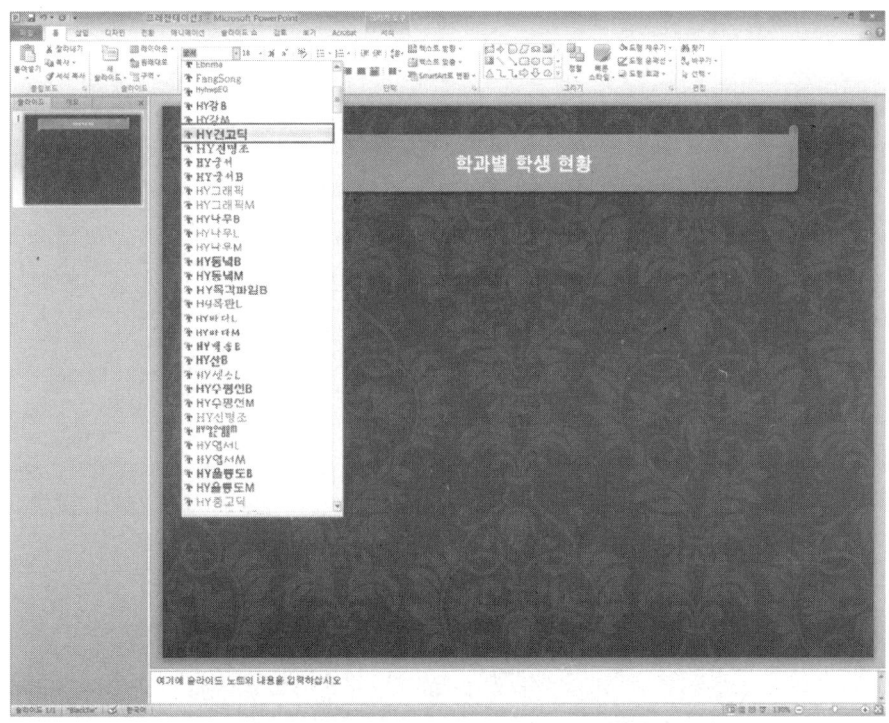

7. [그리기 도구] - [서식] 탭의 [WordArt 스타일]을 적용한다.

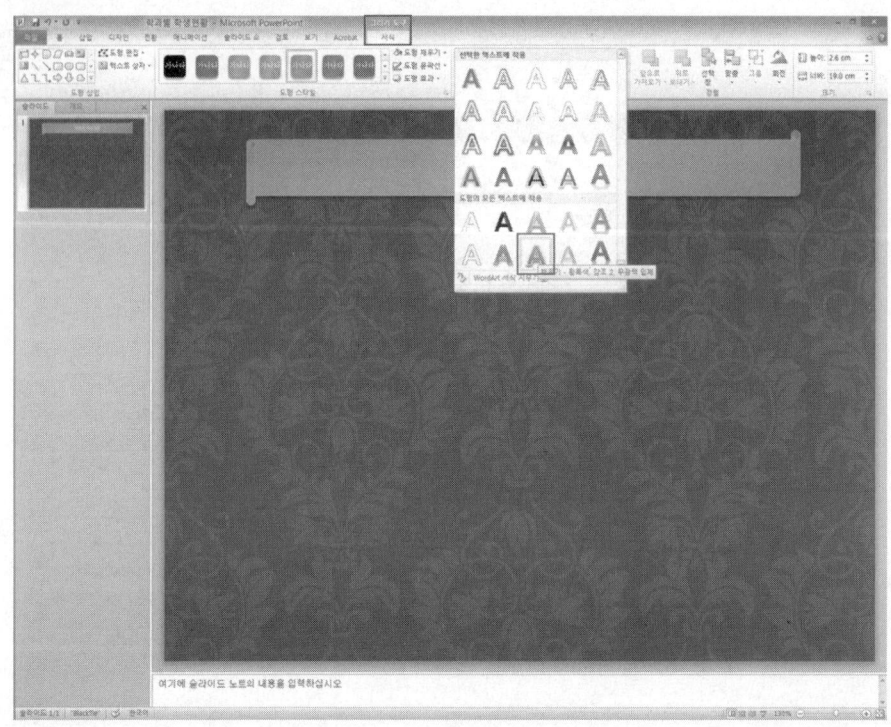

2.2 차트영역 만들기

1. [그리기] 탭에서 "타원"을 선택하여 그린다.

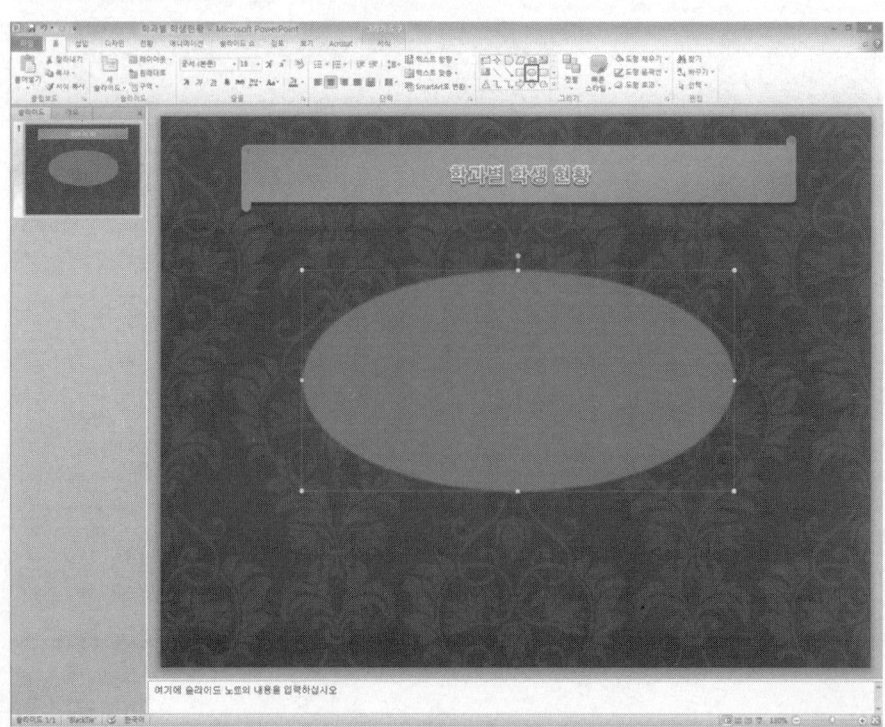

2. 도형을 복사한 후 위쪽 타원의 크기를 줄여서 아래 그림과 같이 겹치도록 한다.

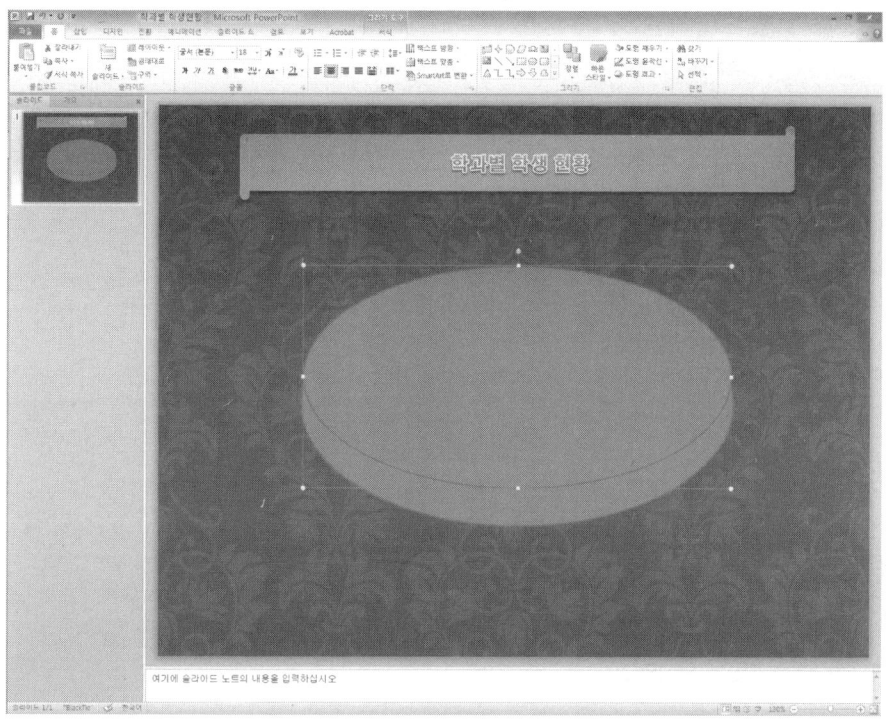

3. 아래쪽 타원을 선택한 후 [그리기 도구] - [서식] 탭 [도형 스타일] 그룹의 [도형 채우기]에서 "검정, 배경 1, 35% 더 밝게"를 선택한다.

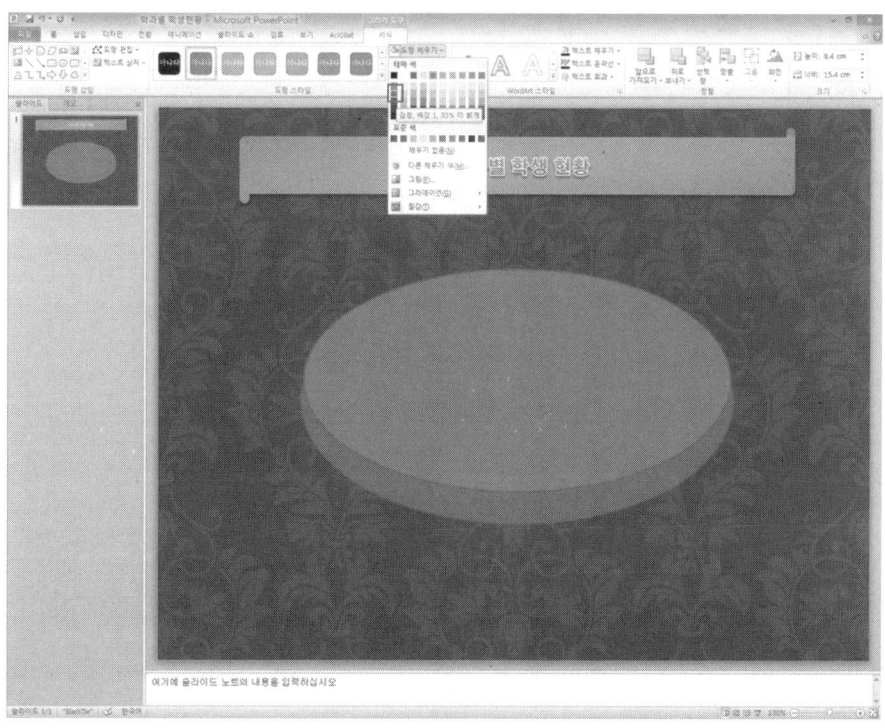

4. [도형 윤곽선]의 [윤곽선 없음]을 선택한다.

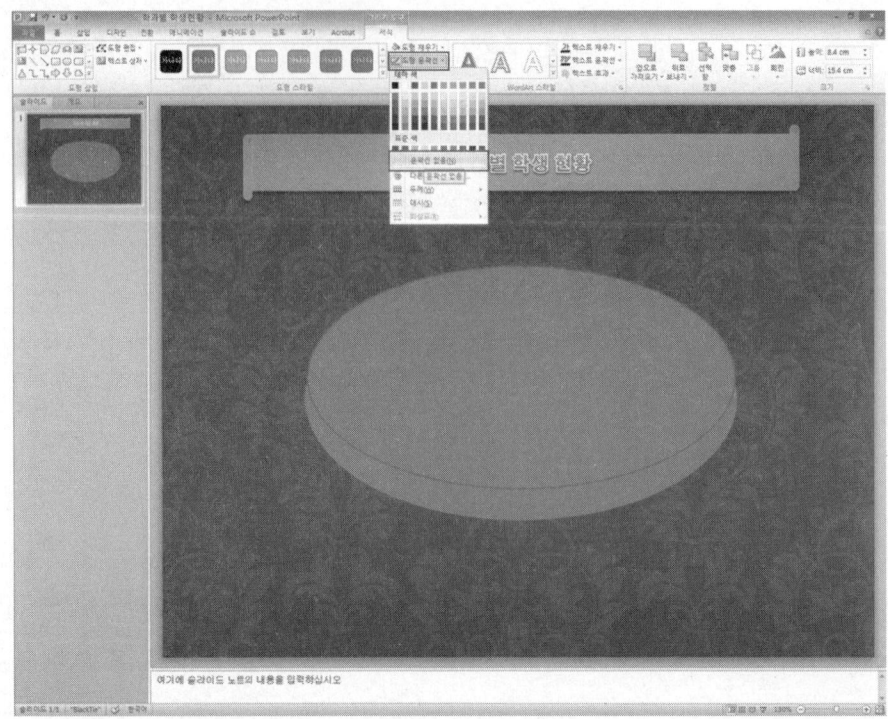

5. 위에 있는 타원을 선택한 후 [도형 윤곽선] - [윤곽선 없음]을 선택한다.

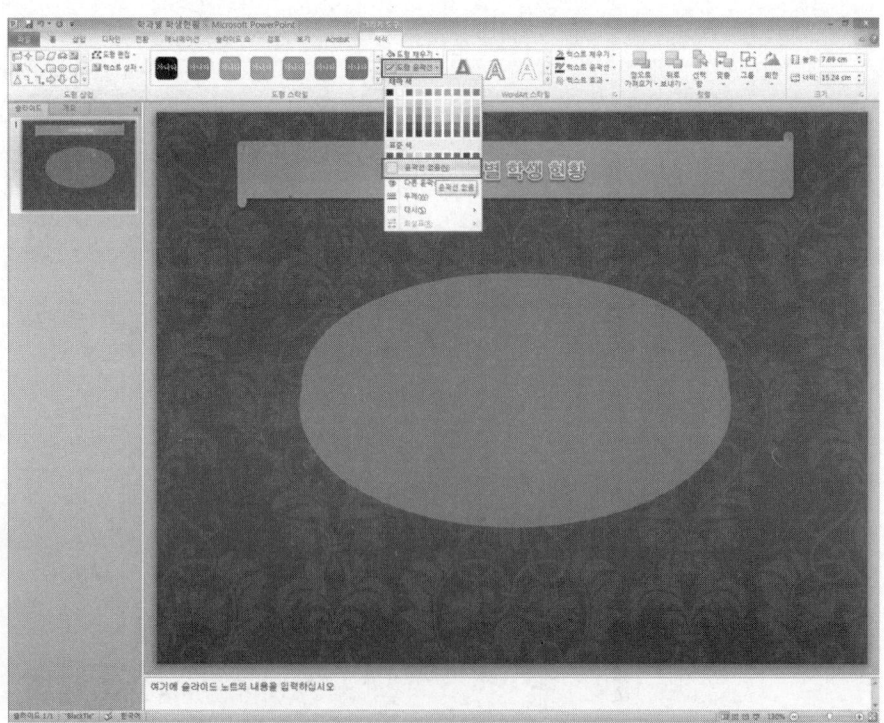

6. 아래 쪽 타원을 선택한 후 [도형 채우기] - [그라데이션]에서 "오른쪽 아래 모서리에서"를 선택한다.

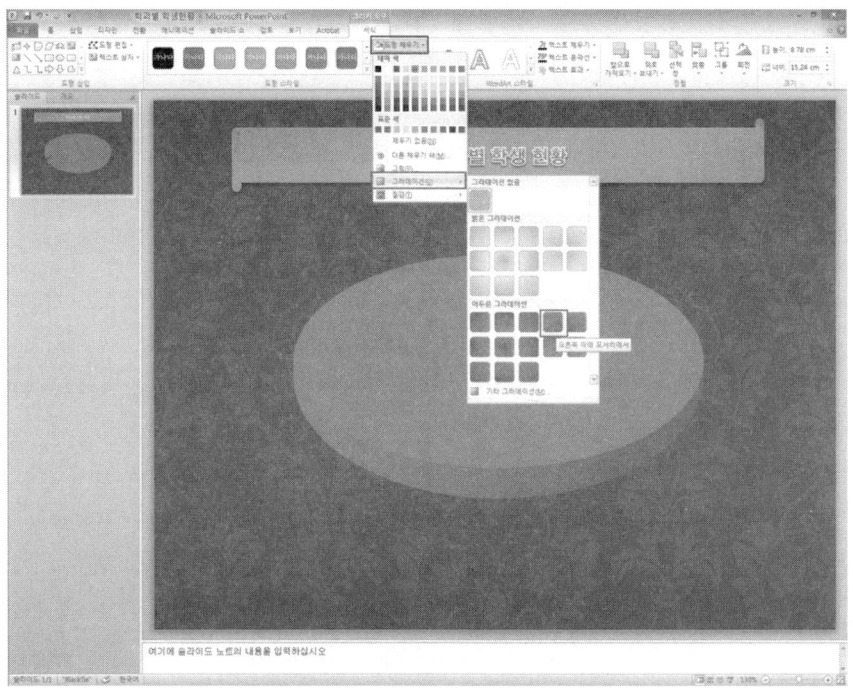

2.3 데이터 계열 만들기

1. 데이터 계열은 같은 타원을 이용하여 만들게 되므로 타원을 복사하여 새로운 슬라이드에 붙여넣기 해 둔다.

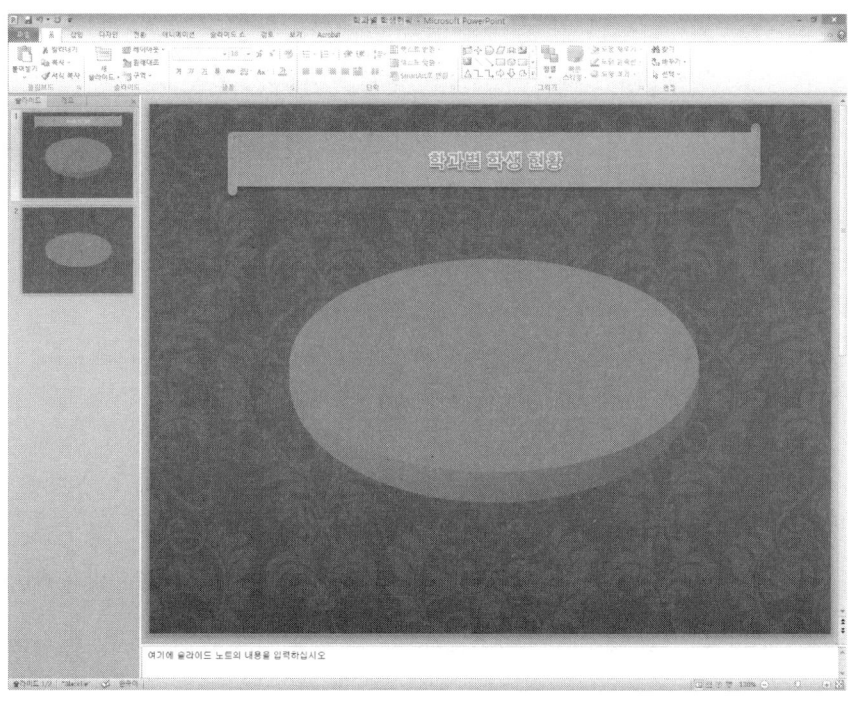

2. [그리기 도구] - [서식] 탭 [도형 삽입] 그룹의 [도형 편집] - [도형 모양 변경] 메뉴의 [기본도형] 범주에서 "원형"을 선택한다.

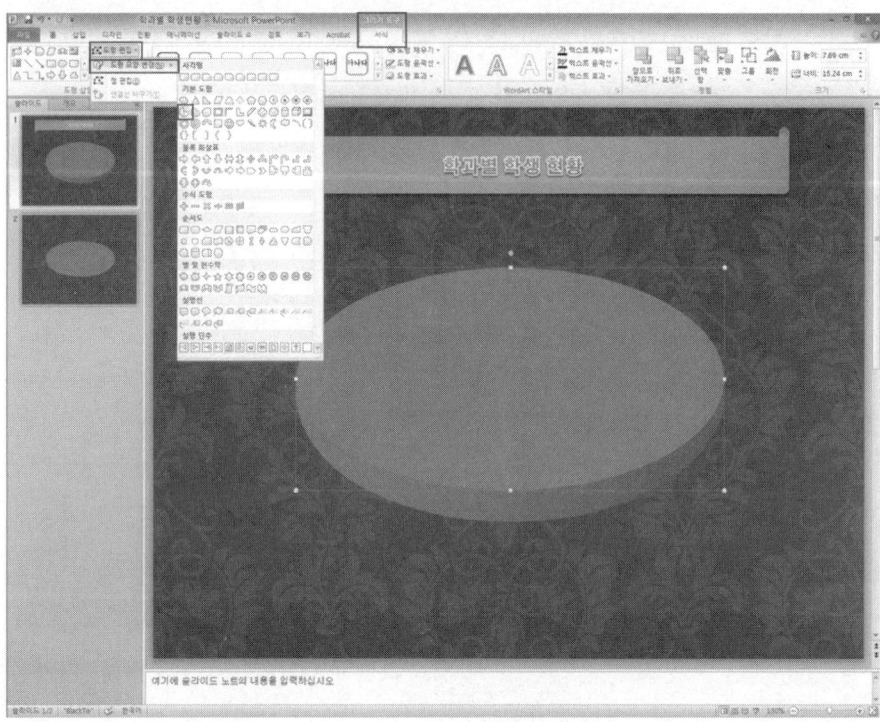

3. 첫 번째 계열로 사용할 도형을 [정렬] 그룹 [회전] - [좌우대칭]을 선택한다.

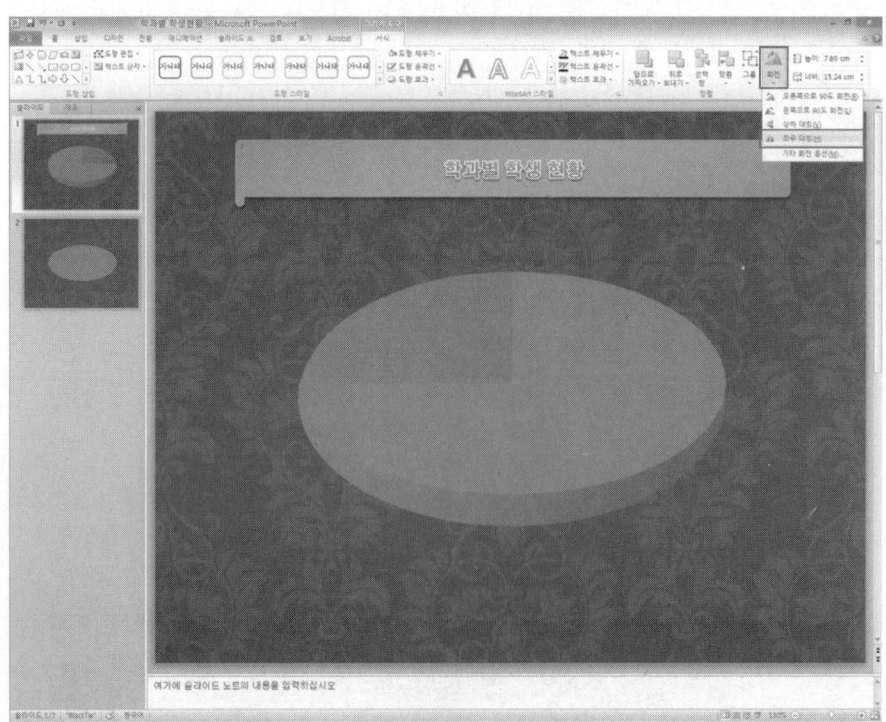

4. 노란색 조절점을 드래그 하여 영역의 크기를 조절한다.

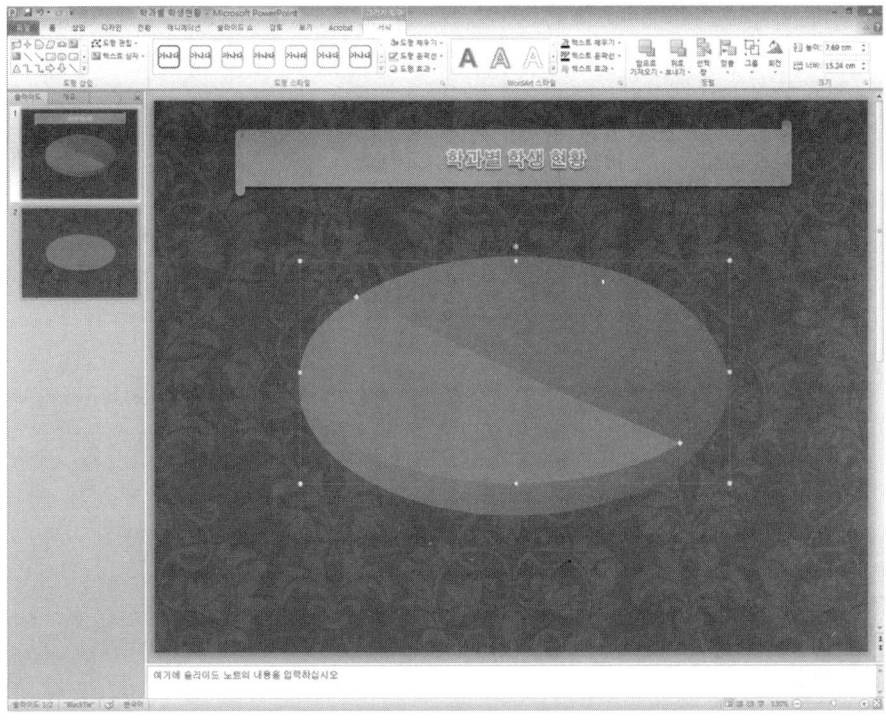

5. [도형 채우기]에서 "연한 녹색"을 선택하고, [그라데이션]은 "선형 왼쪽"을 선택한다.

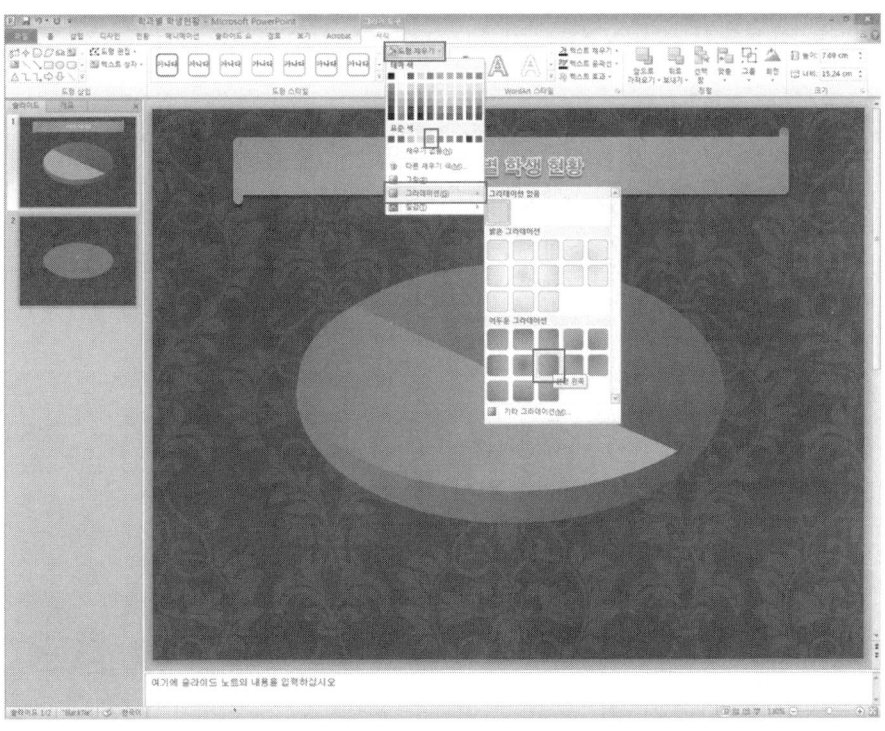

6. 두 번째 계열로 사용할 타원을 붙여넣기 한 후 도형을 "주황"색으로 채운다.

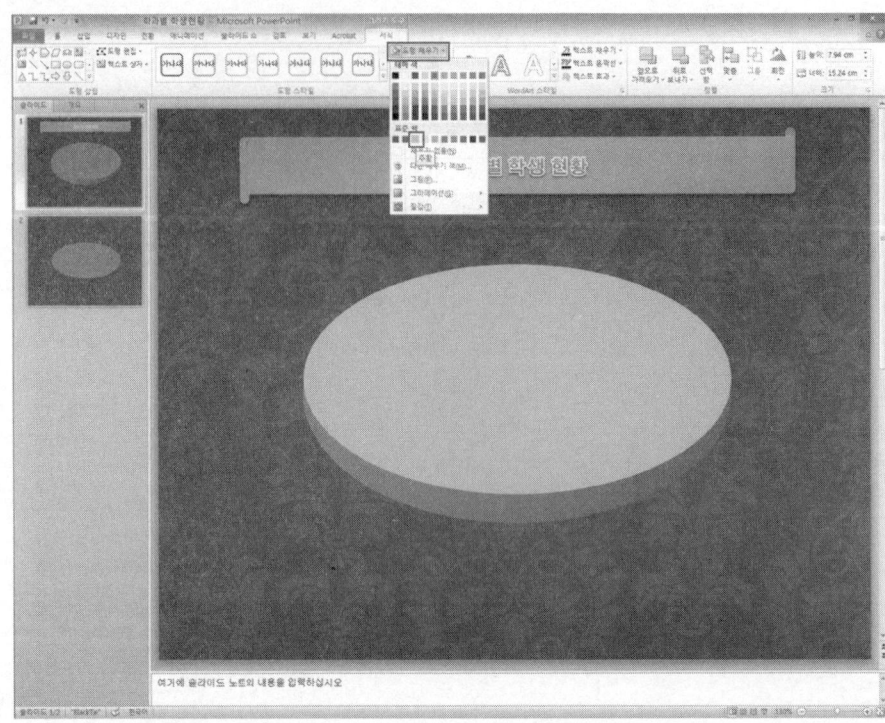

7. 첫 번째 계열과 마찬가지로 도형의 모양을 원형으로 변경한 후 조절점을 이용하여 범위를 알맞게 조절한다.

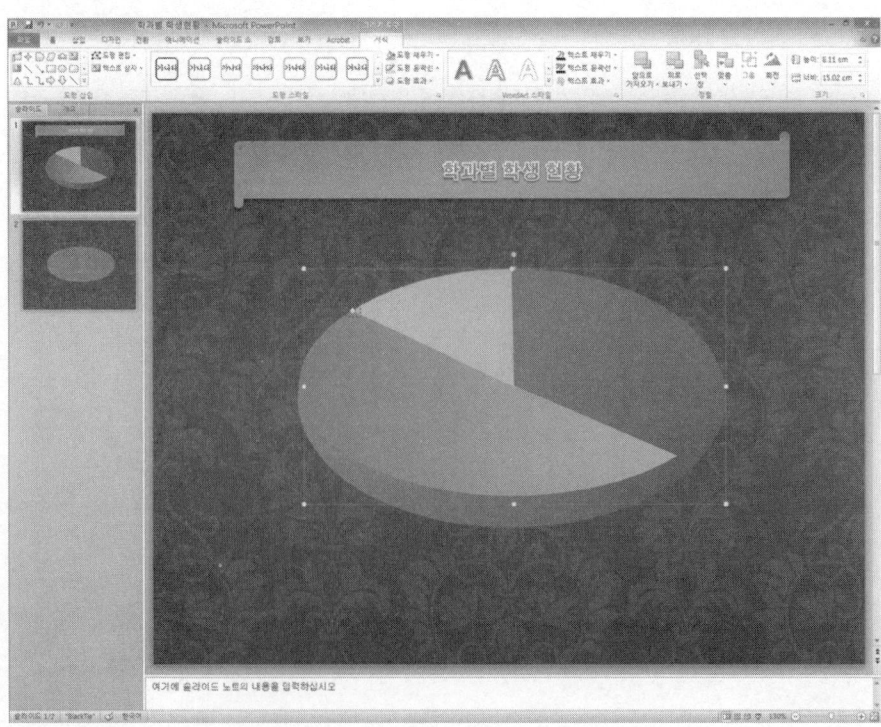

8. [도형 채우기] - [그라데이션] - [어두운 그라데이션] 범주에서 "선형 왼쪽"을 선택하여 적용한다.

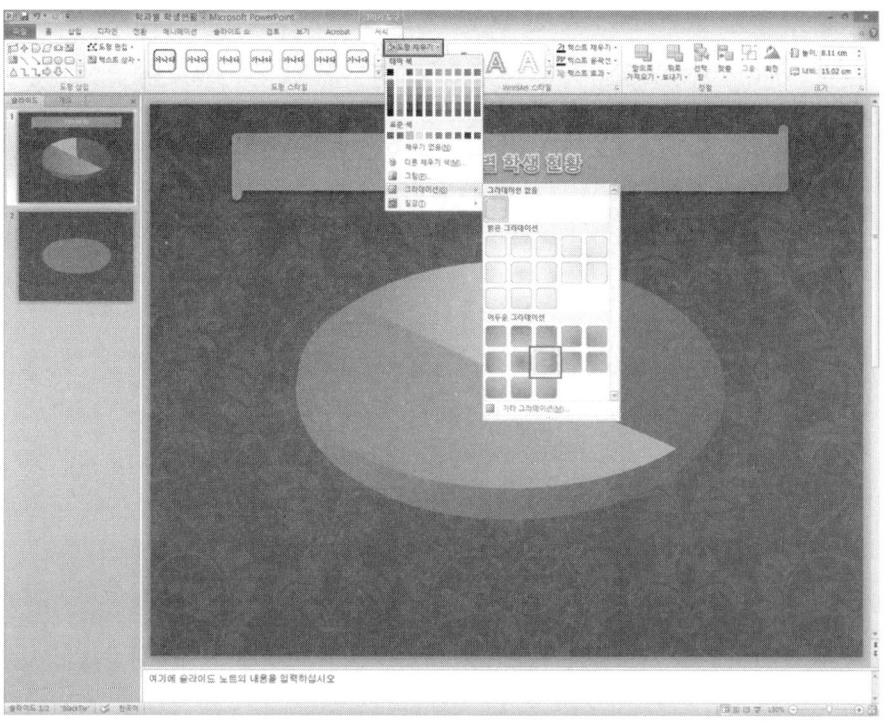

9. 세 번째 계열로 사용할 타원을 붙여넣기한 후 도형을 "연한파랑"색으로 채운다.

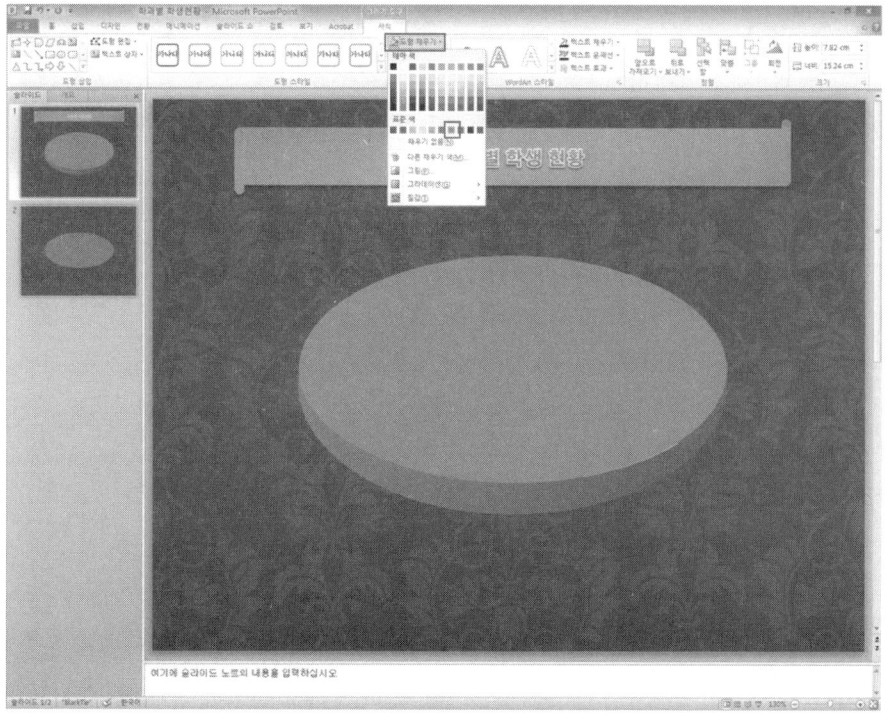

10. 도형의 모양을 원형으로 변경한 후 조절점을 이용하여 범위를 알맞게 조절한다.

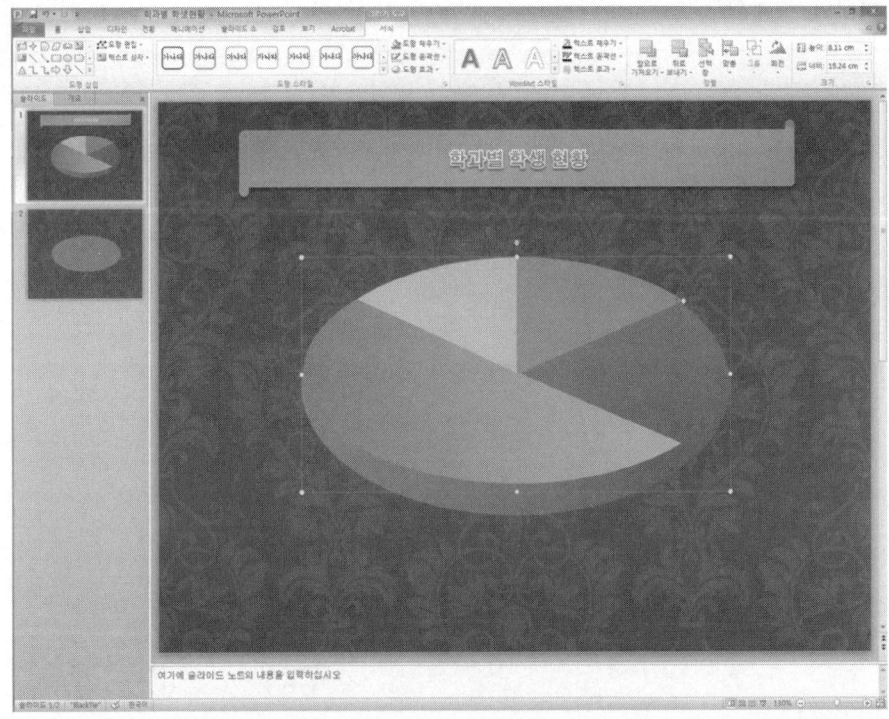

11. [도형 채우기] - [그라데이션] - [어두운 그라데이션] 범주에서 "선형 왼쪽"을 선택하여 적용한다.

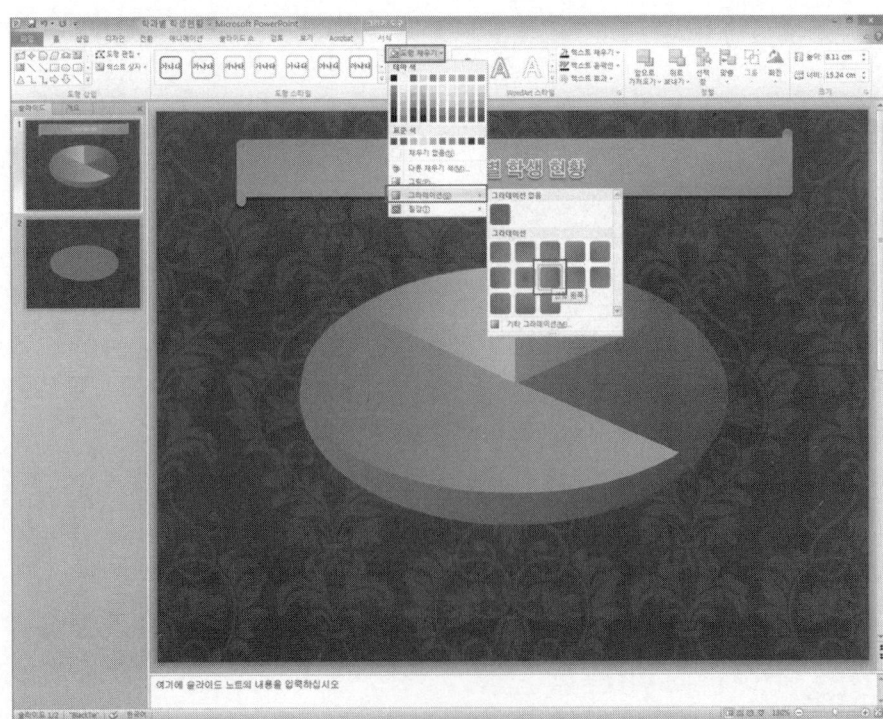

12. 네 번째 계열로 사용할 타원을 붙여넣기한 후 도형을 "자주" 색으로 채운다.

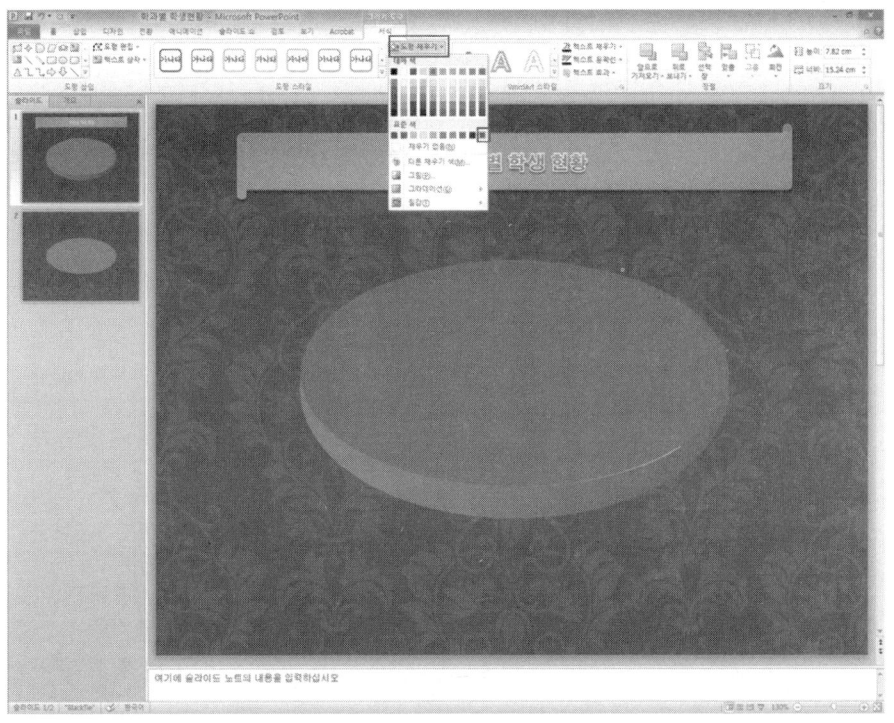

13. 도형의 모양을 원형으로 변경한 후 조절점을 이용하여 범위를 적당히 조절한다.

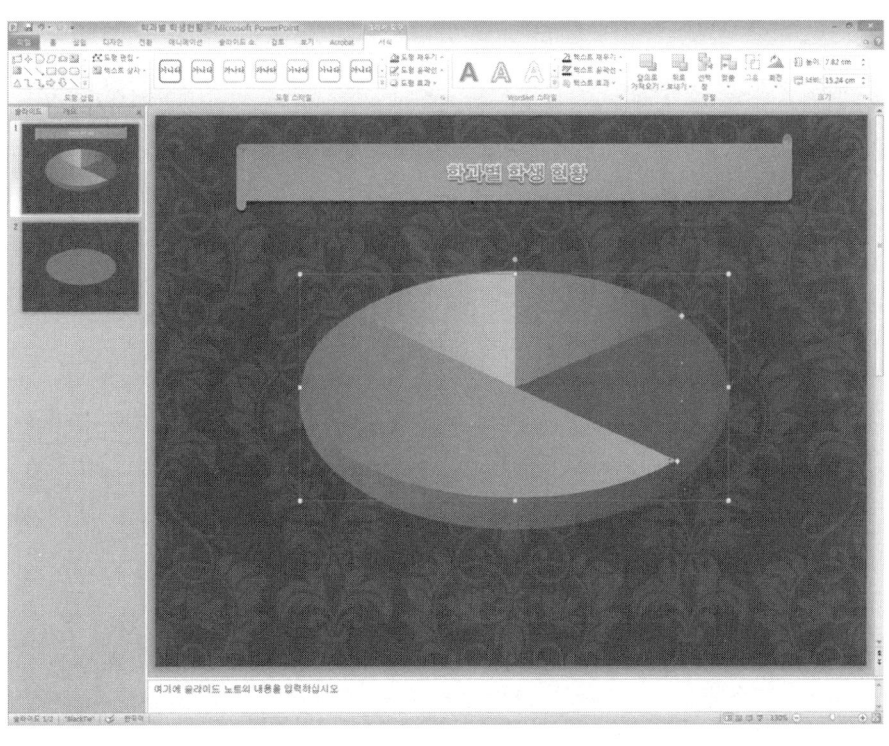

14. [도형 채우기] - [그라데이션] - [어두운 그라데이션] 범주에서 "선형 왼쪽"을 선택하여 적용한다.

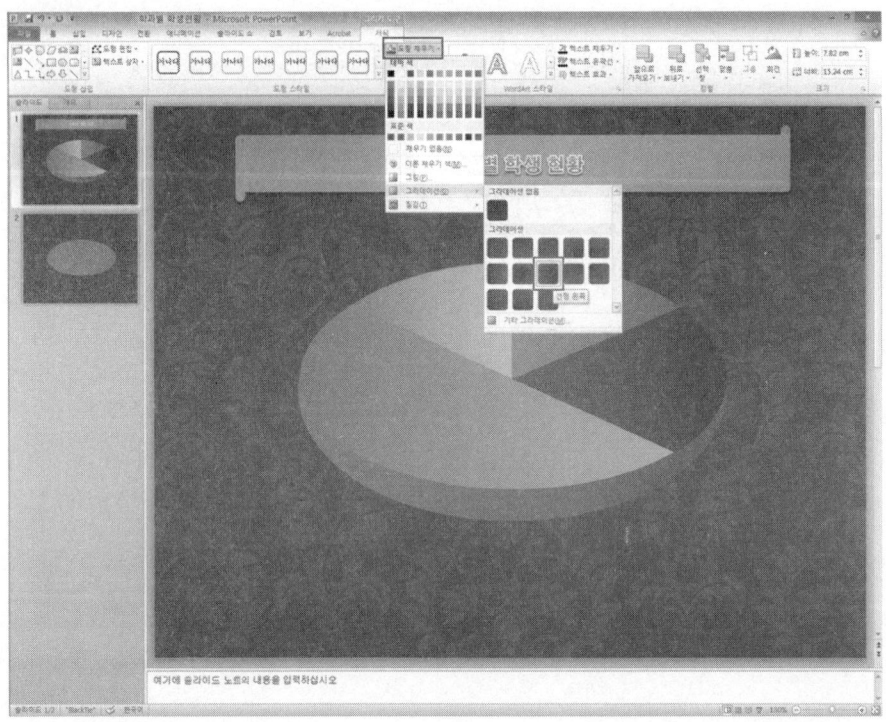

15. 차트의 계열이 완성되었다.

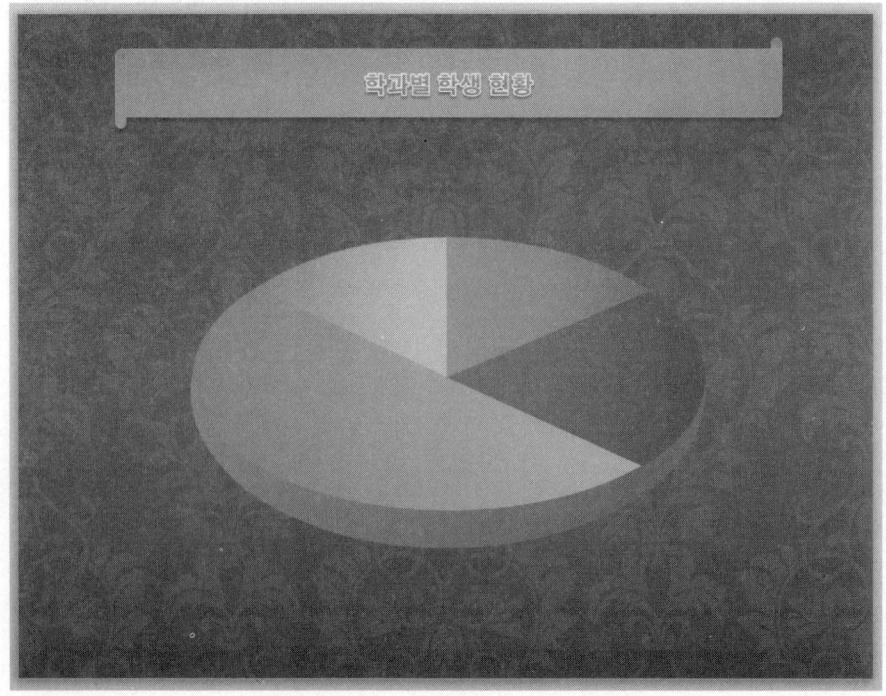

2.4 도넛형 만들기

1. 도넛형 차트를 만들기 위해 타원을 선택한 후 아래 그림과 같이 그린다.

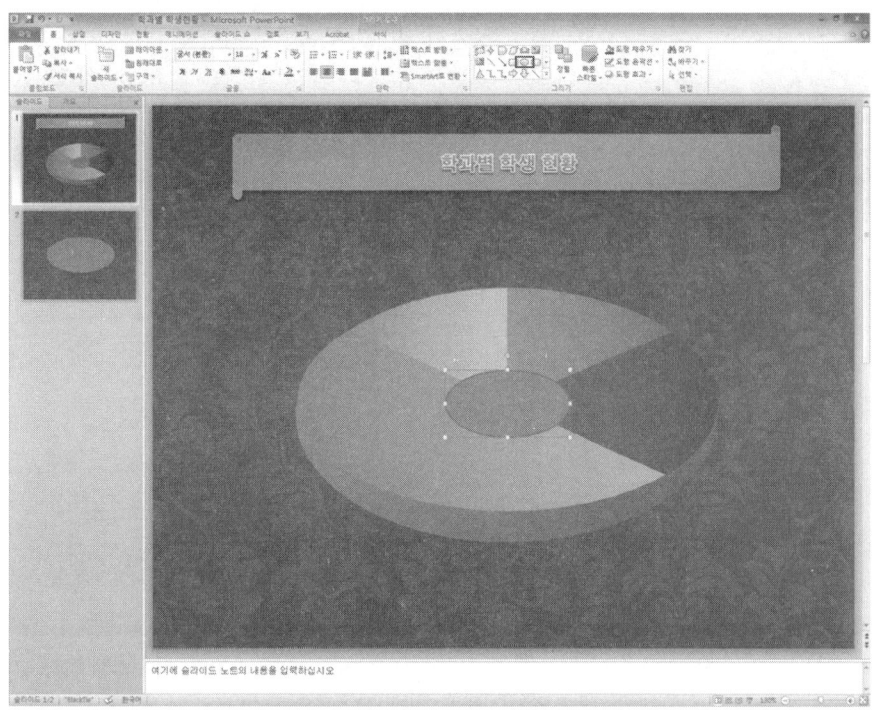

2. [그리기 도구] - [서식] 탭 [도형 스타일] 그룹의 "미세 효과 - 회색 - 50%, 강조 1"을 적용한다.

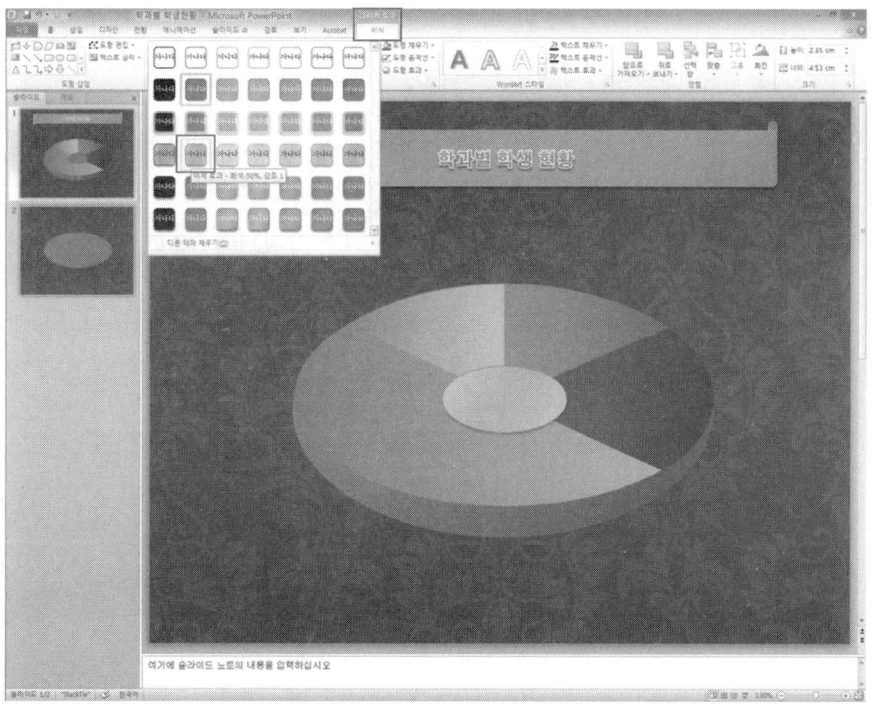

3. 가운데 타원을 복사하여 붙여넣기 한 후 크기를 줄인다.

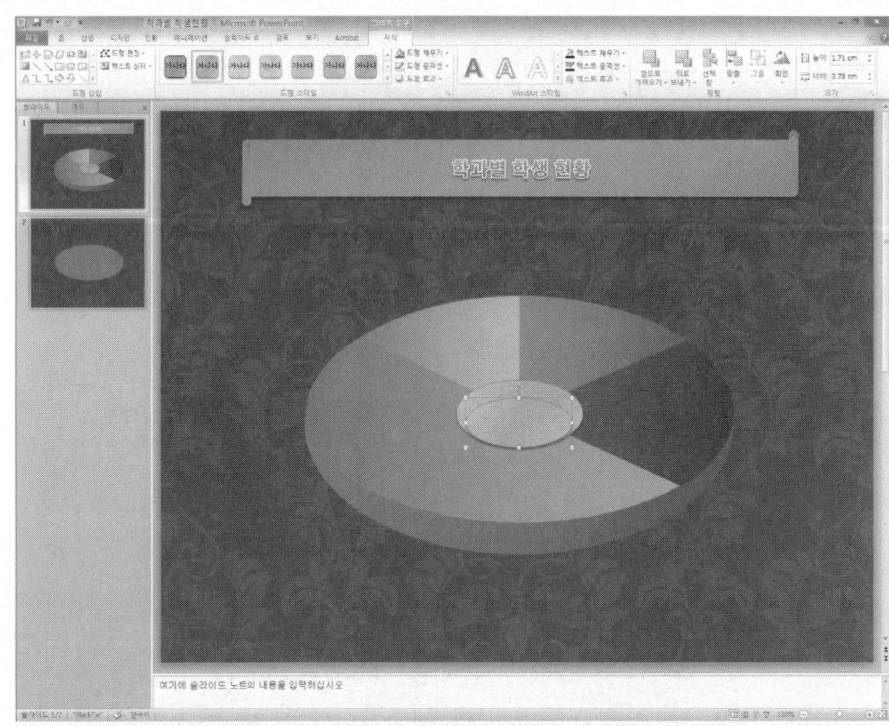

4. 작은 타원을 선택하여 마우스 오른쪽 버튼을 클릭하여 [도형서식] 메뉴를 선택한다.

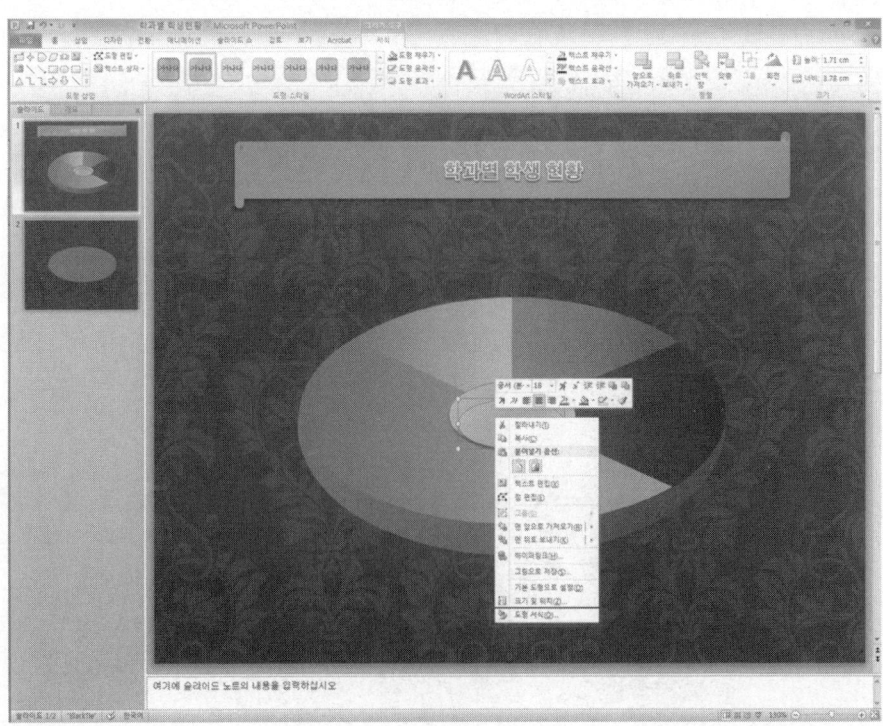

5. 도형서식 대화상자에서 [채우기] 범주의 "슬라이드 배경 채우기"를 선택한 후 [닫기]를 클릭한다.

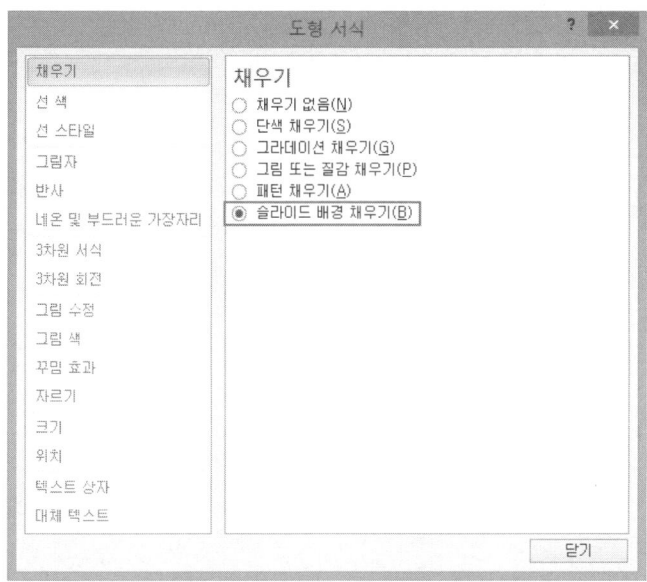

6. 도형의 가운데가 뚫린 도넛형으로 변경되었다.

2.5 화살표 호 만들기

1. 타원을 복사하여 붙여넣기 한다.

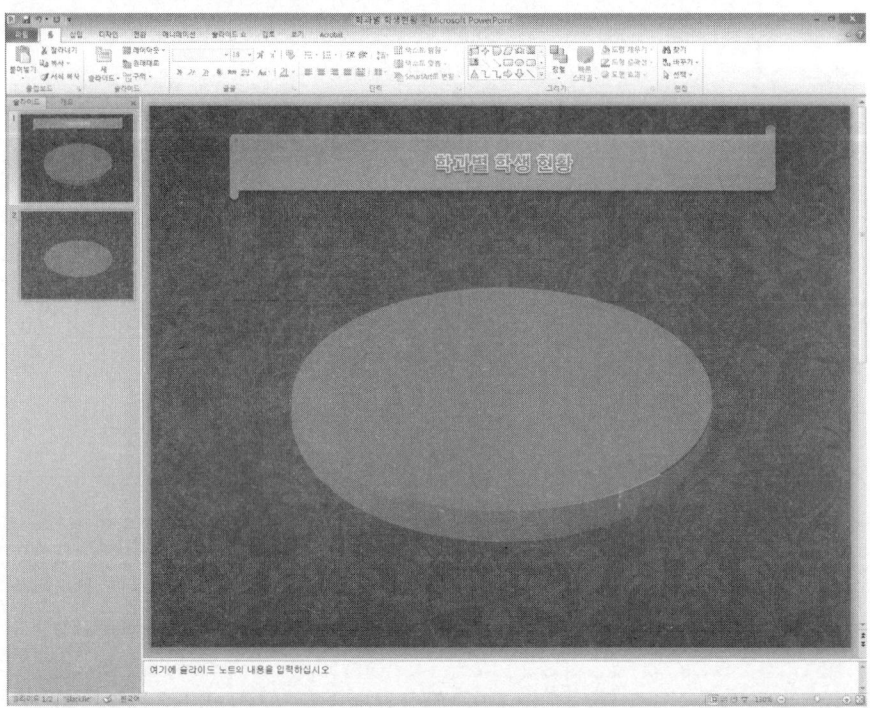

2. [그리기 도구] - [서식] 탭 [도형 채우기] - [채우기 없음]을 선택하고, [도형 윤곽선]을 파랑색으로 선택한다.

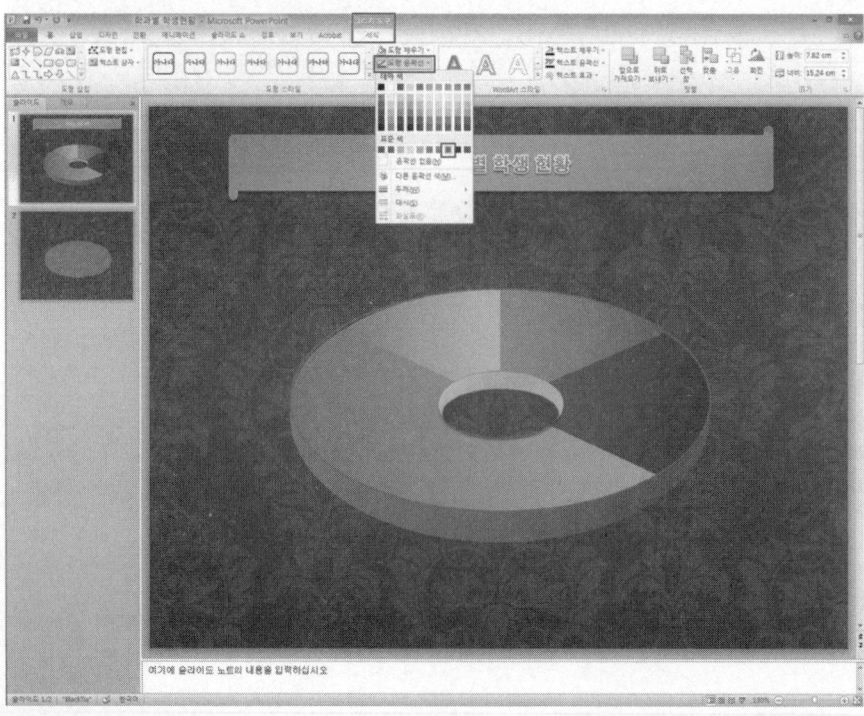

3. [도형 윤곽선] – [두께]를 "3pt"로 선택하여 굵게 한다.

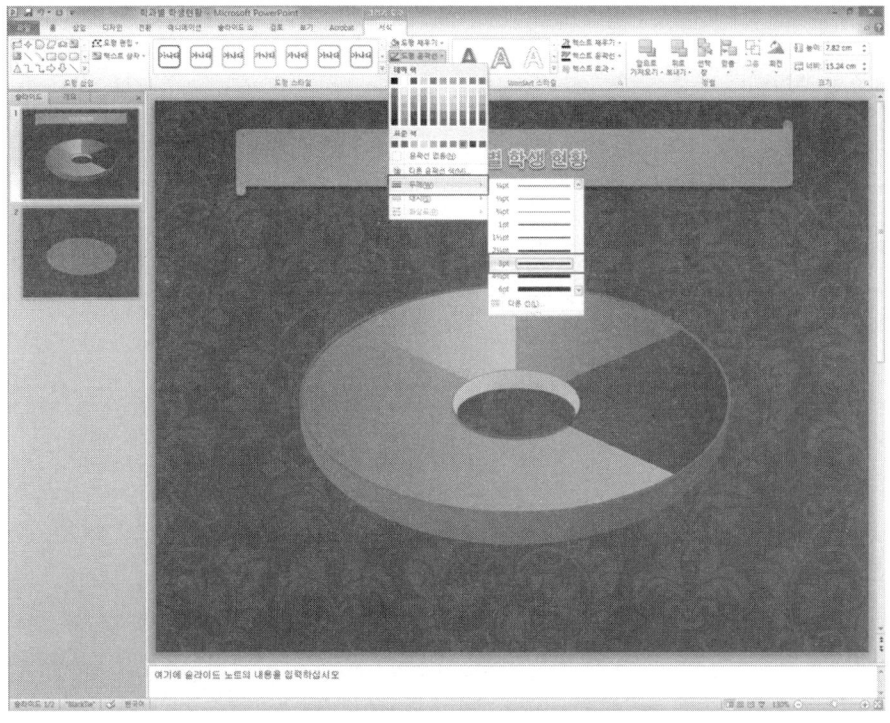

4. [도형편집] – [도형모양 변경]의 [기본 도형] 범주에서 "원호"를 선택한다.

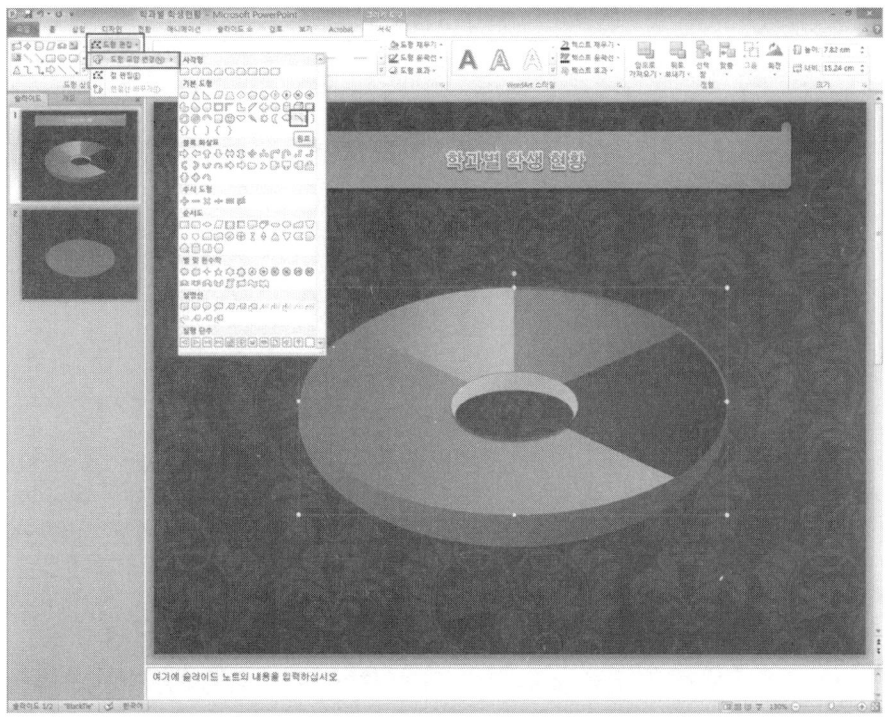

5. [그리기 도구] - [서식] 탭 [도형 스타일] 그룹의 [도형 윤곽선]에서 "화살표 스타일 5"를 선택한다.

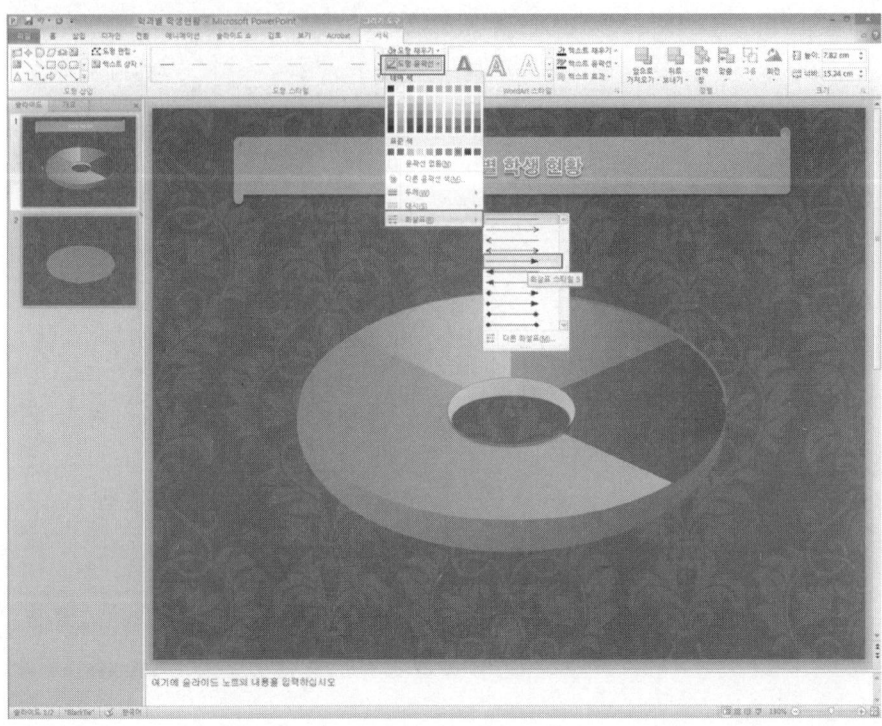

6. [서식] 탭 [도형 스타일] 그룹의 "보통선 - 강조 4"를 선택한다.

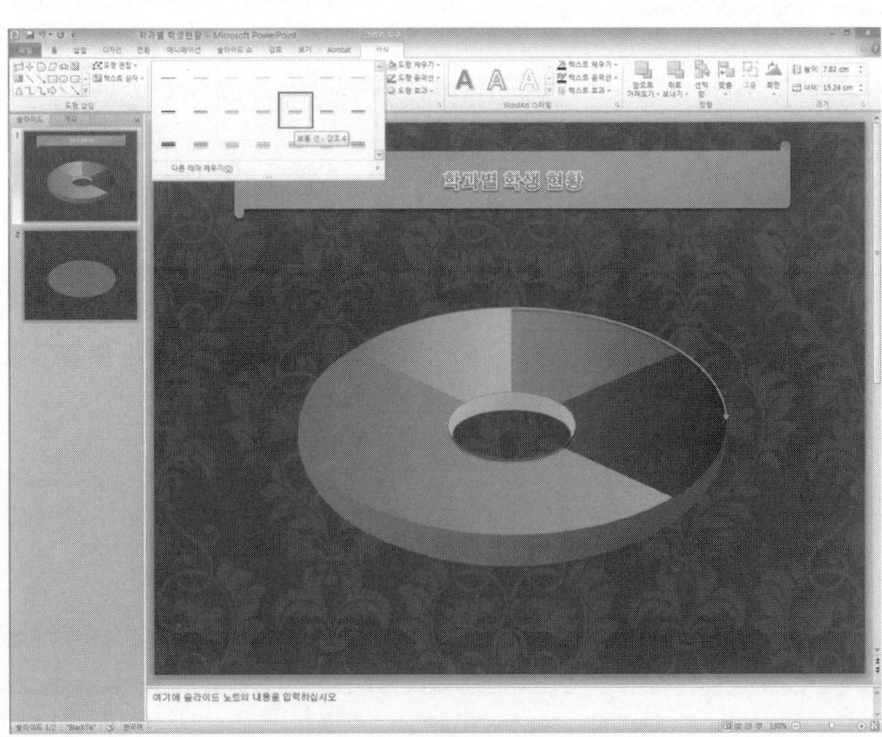

2.6 지시선과 데이터 계열 만들기

1. 텍스트 상자를 이용하여 "값 레이블"을 완성한다.

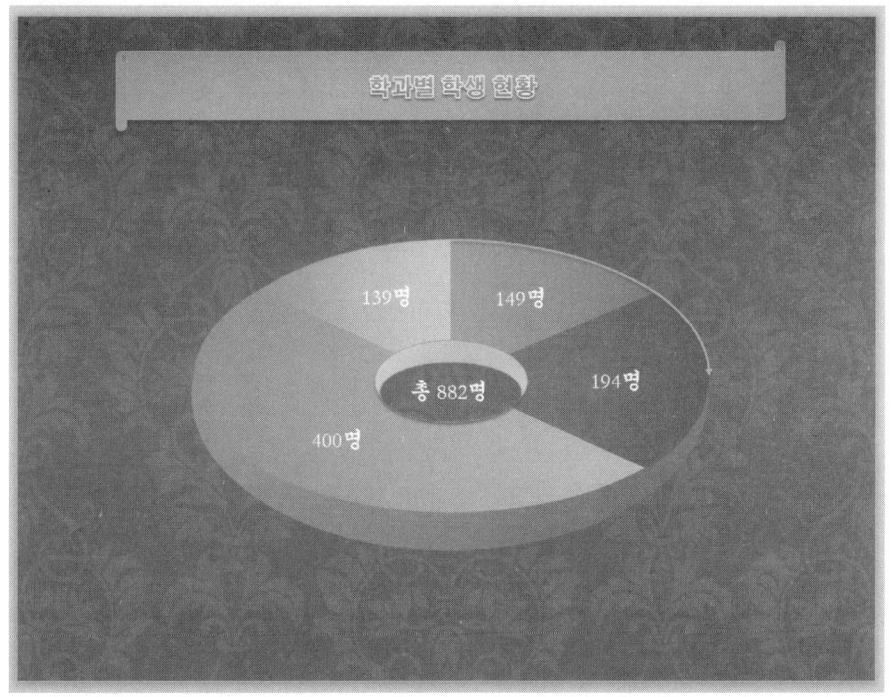

2. "값 레이블"의 글꼴색, 그림자, 글꼴크기, 글꼴 등을 적당히 적용한다.

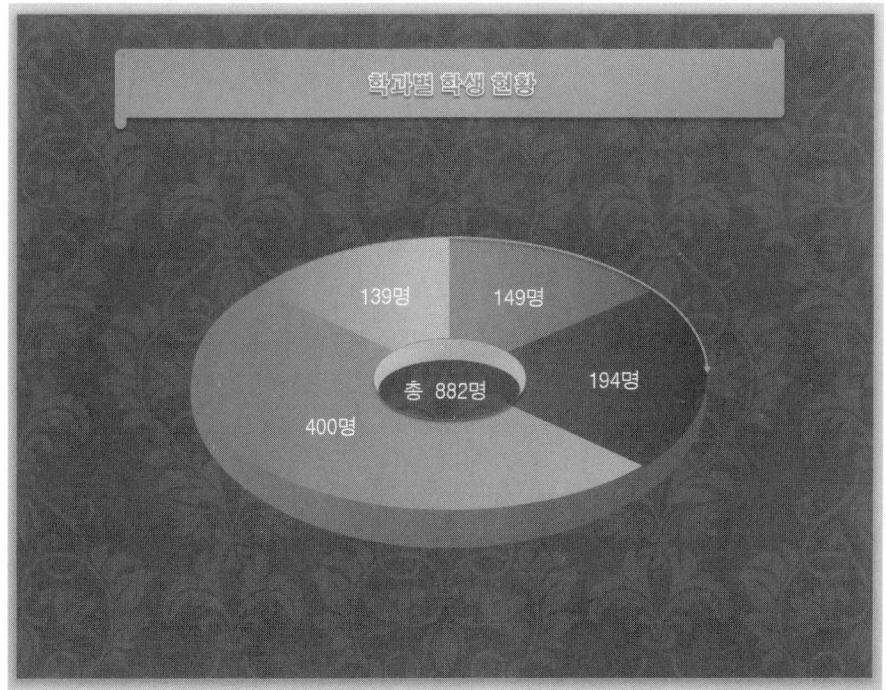

3. [그리기 그룹]에서 "선" 도형을 선택하여 아래와 같이 지시선을 그린다.

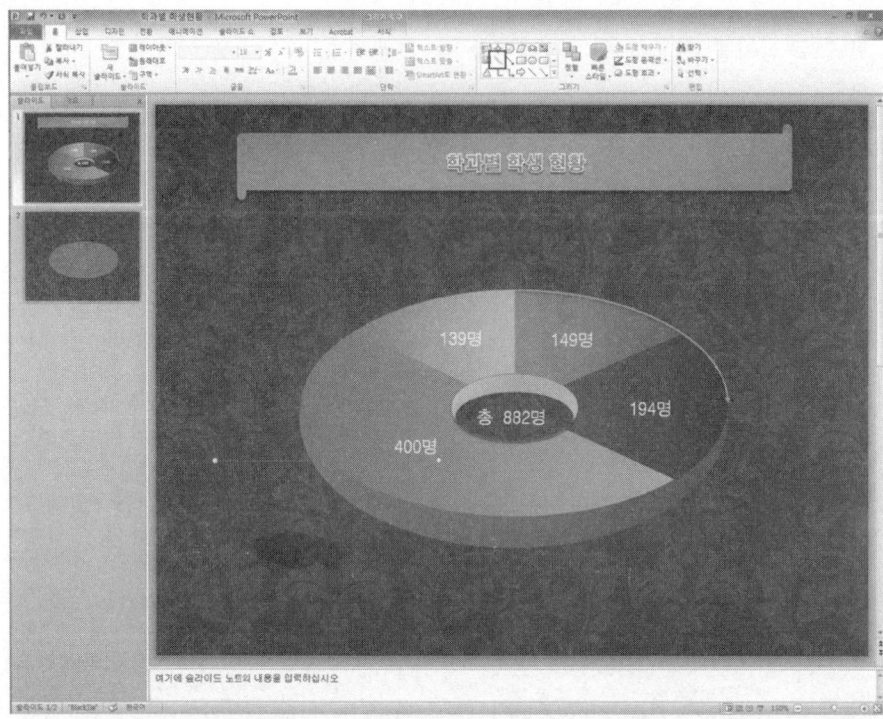

4. [그리기 도구] – [서식] 탭 [도형 스타일]의 [도형 윤곽선]을 "흰색 텍스트 1"로 설정한다.

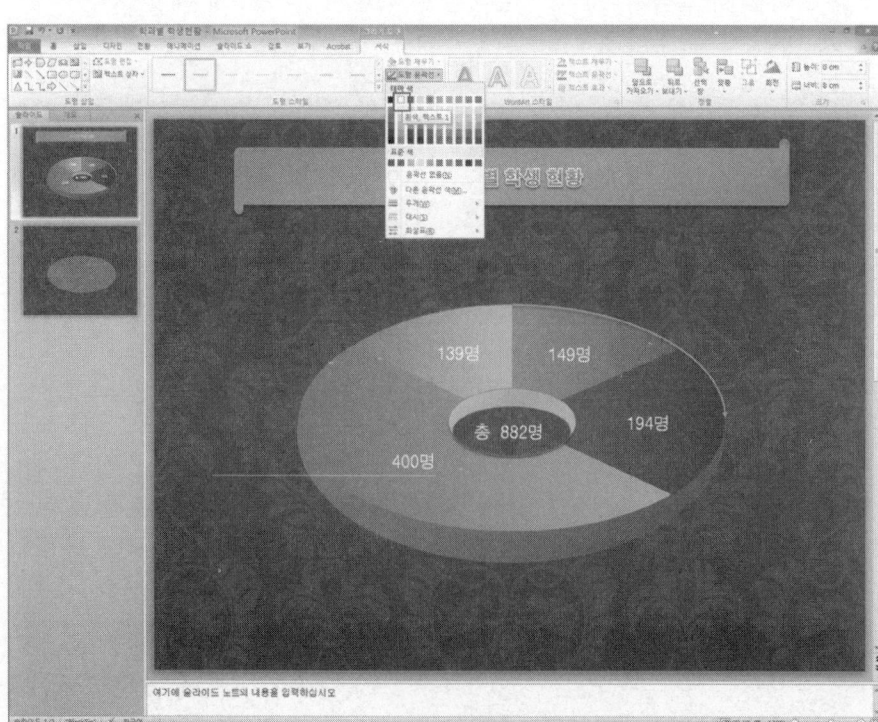

5. 두께를 "1pt"로 변경한다.

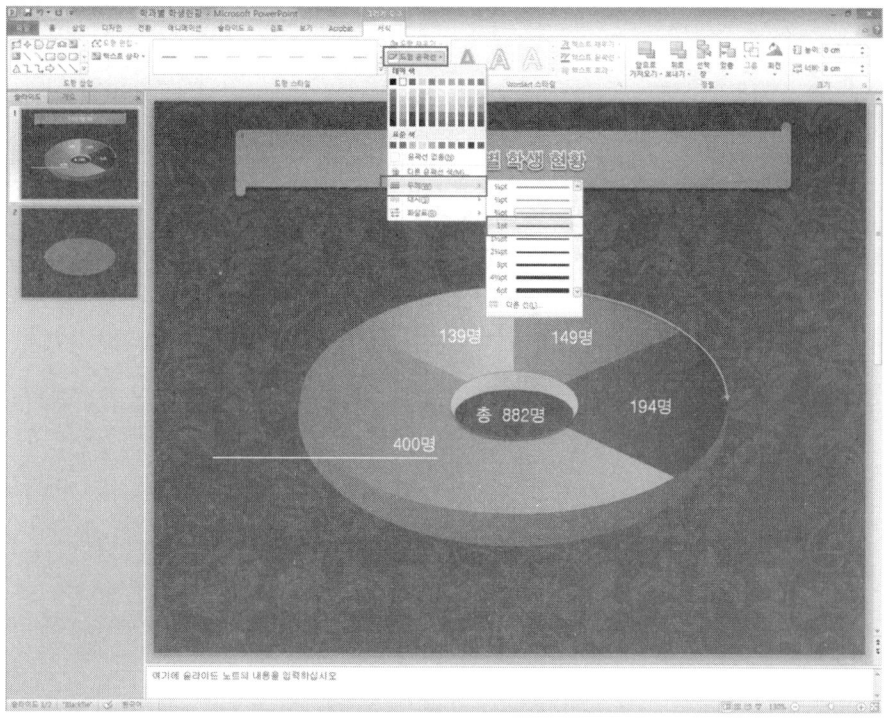

6. 텍스트 상자를 이용하여 계열이름 레이블을 만든다.

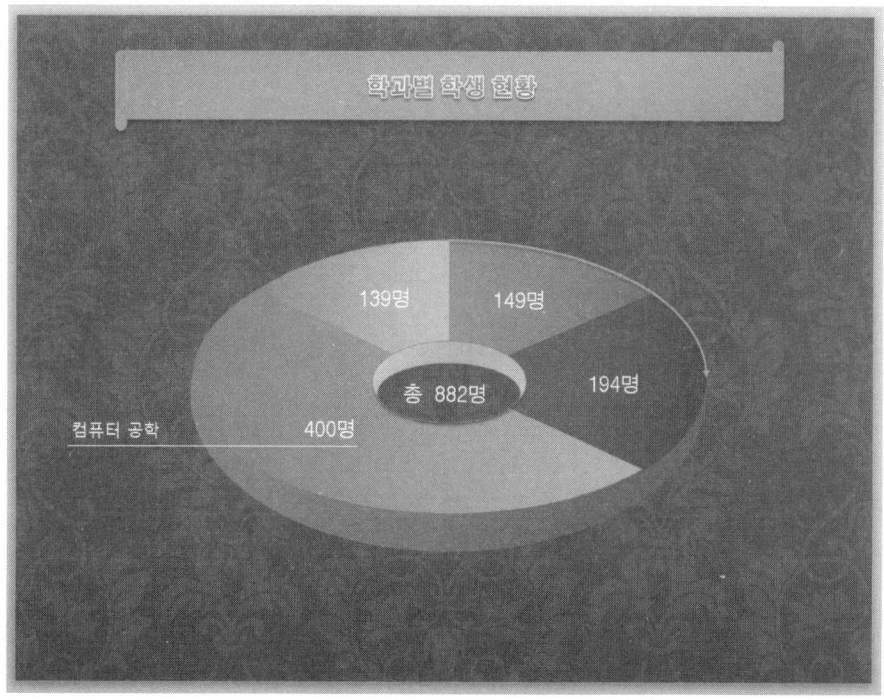

7. [홈] 탭 [그리기] 그룹에서 "자유형"을 선택한다.

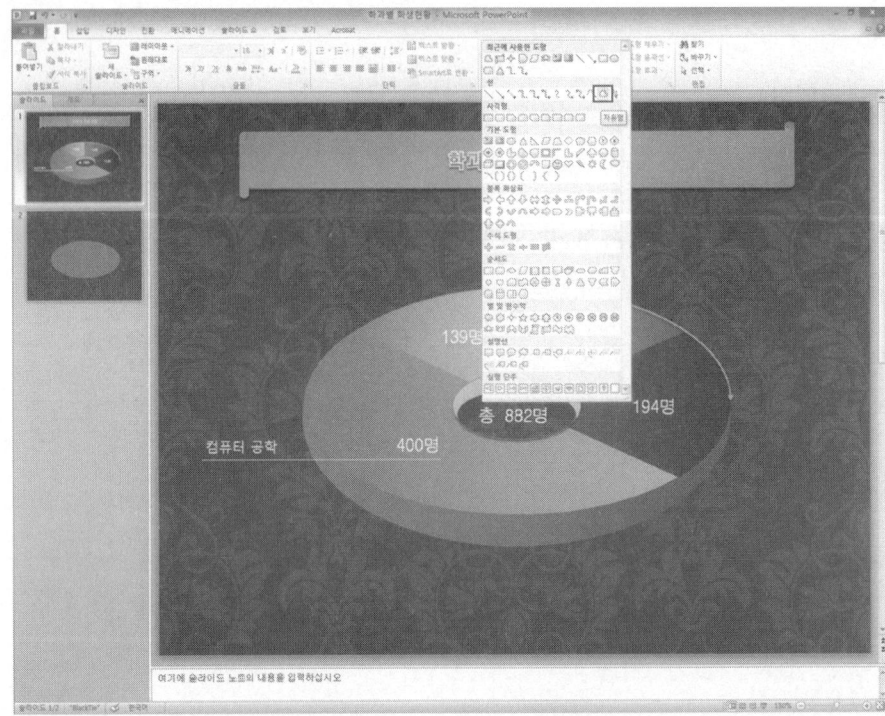

8. 두 번째 계열의 지시선을 그린 후 첫 번째 계열의 지시선과 같이 설정한다.

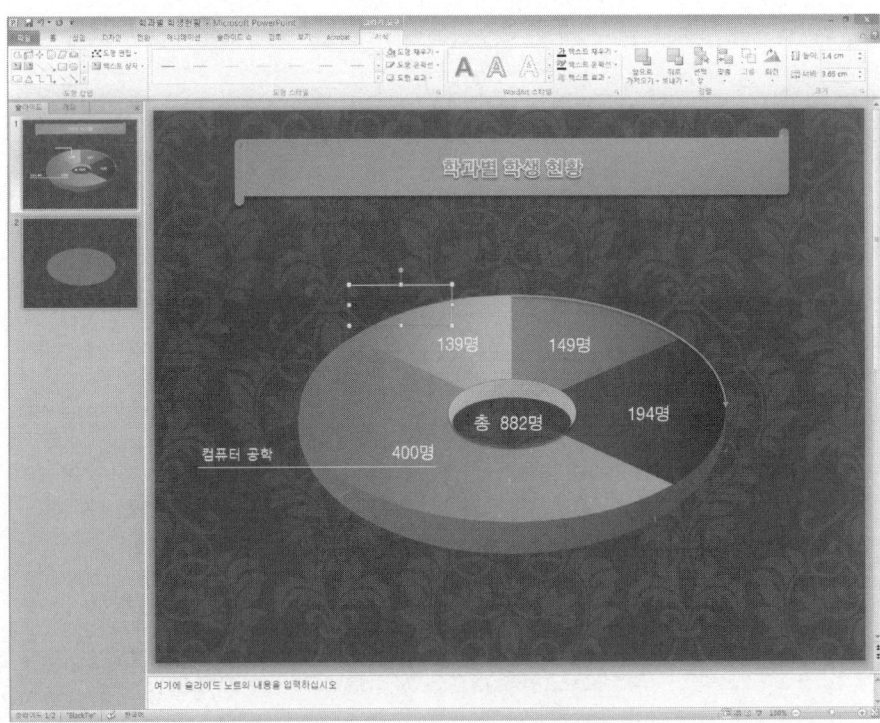

9. 텍스트 상자를 이용하여 계열이름 레이블을 만든다.

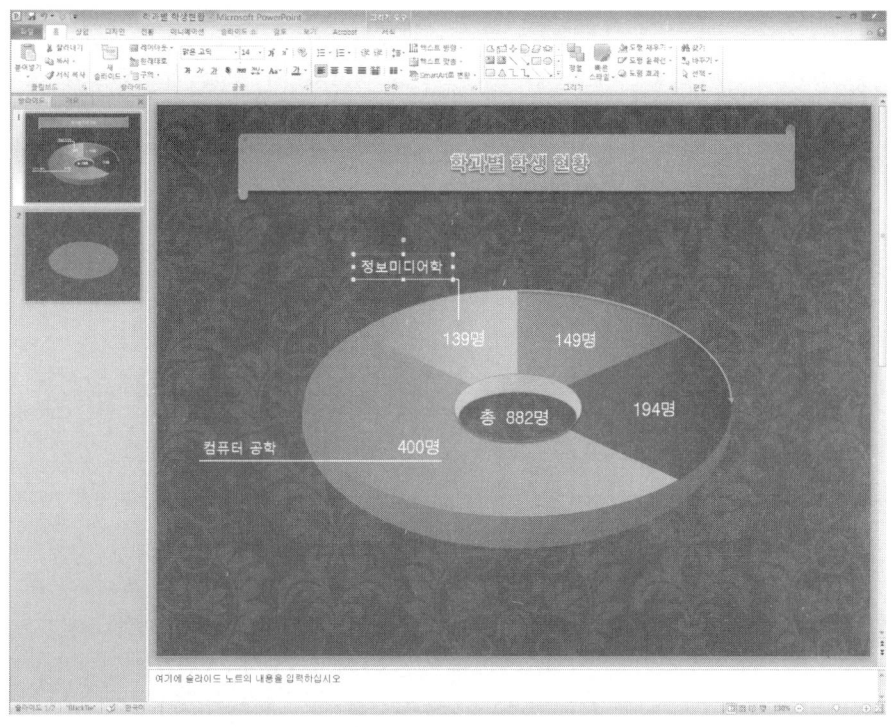

10. 나머지 계열의 지시선과 계열이름 레이블을 완성한다.

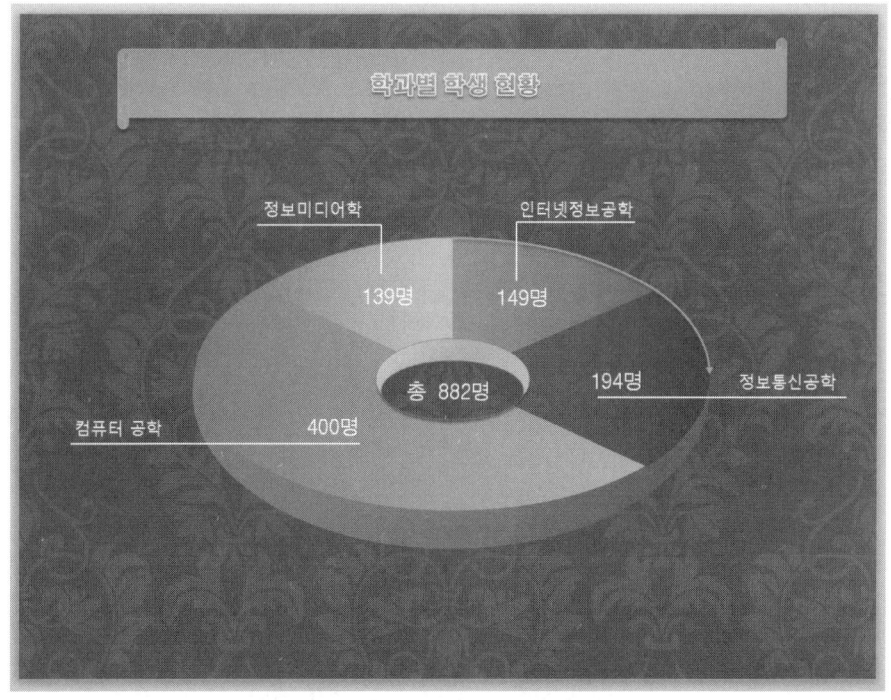

2.7 애니메이션 효과 적용

1. 제목 도형을 선택한 후 [애니메이션] 탭 [애니메이션] 그룹의 [나타내기] - [추가 나타내기 효과]를 클릭한다.

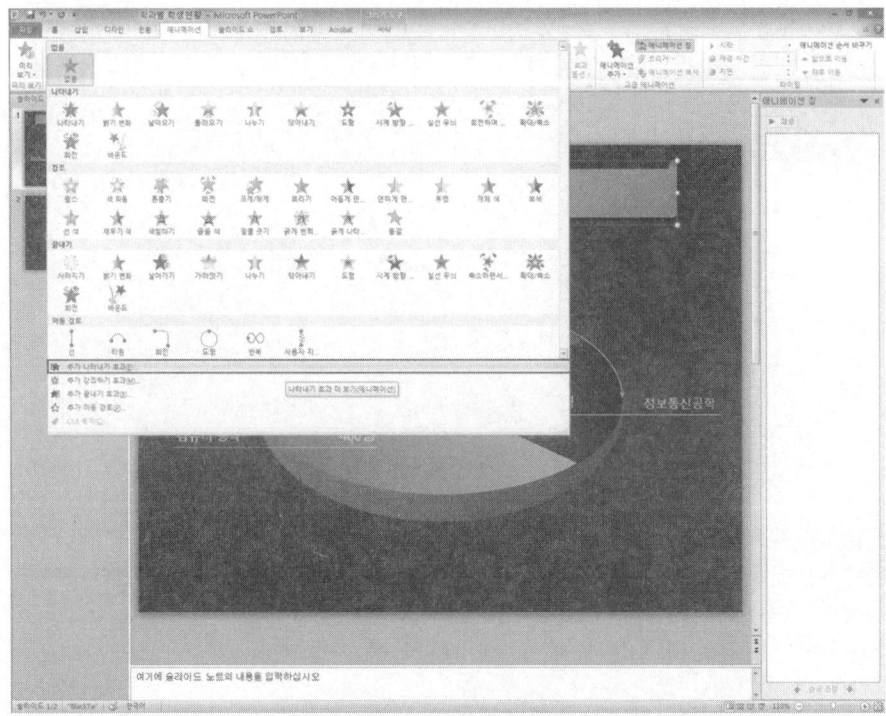

2. [온화한 효과] 범주에서 [위로 올리기]를 선택한 후 확인 버튼을 클릭한다.

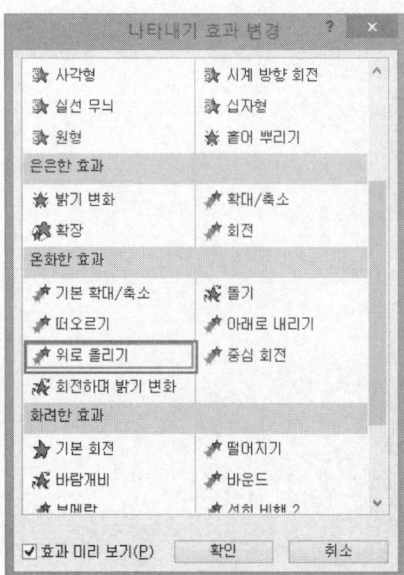

3. 차트의 가운데 원형을 선택하여 [애니메이션] 탭 [애니메이션] 그룹의 [나타내기]
   - [도형]을 선택하고, [효과 옵션]을 "바깥쪽", "원형"으로 설정한다.

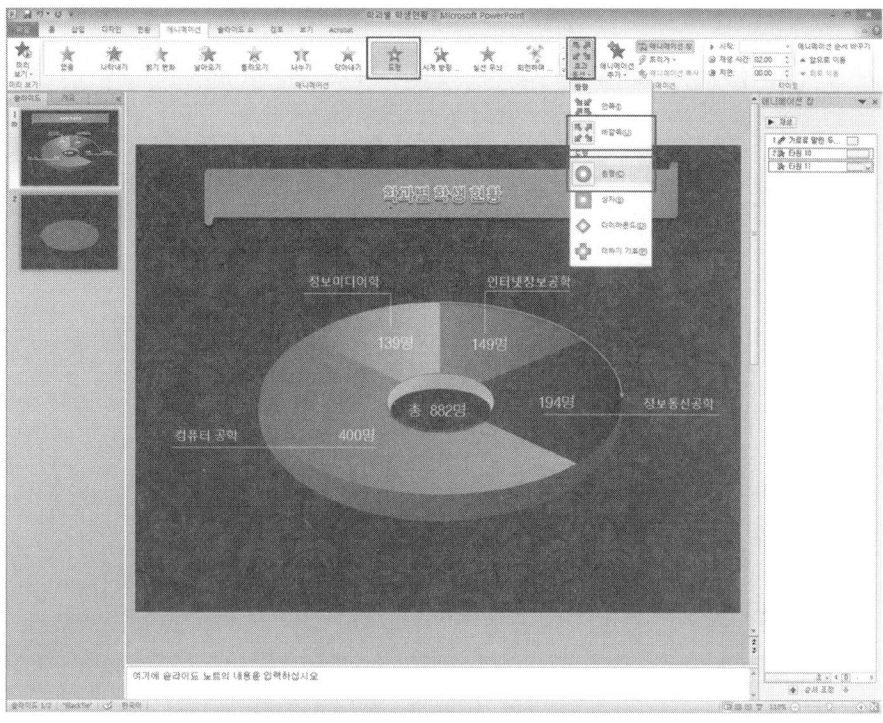

4. "총 882명" 텍스트 상자의 나타내기 효과를 "닦아내기"로 설정한다.

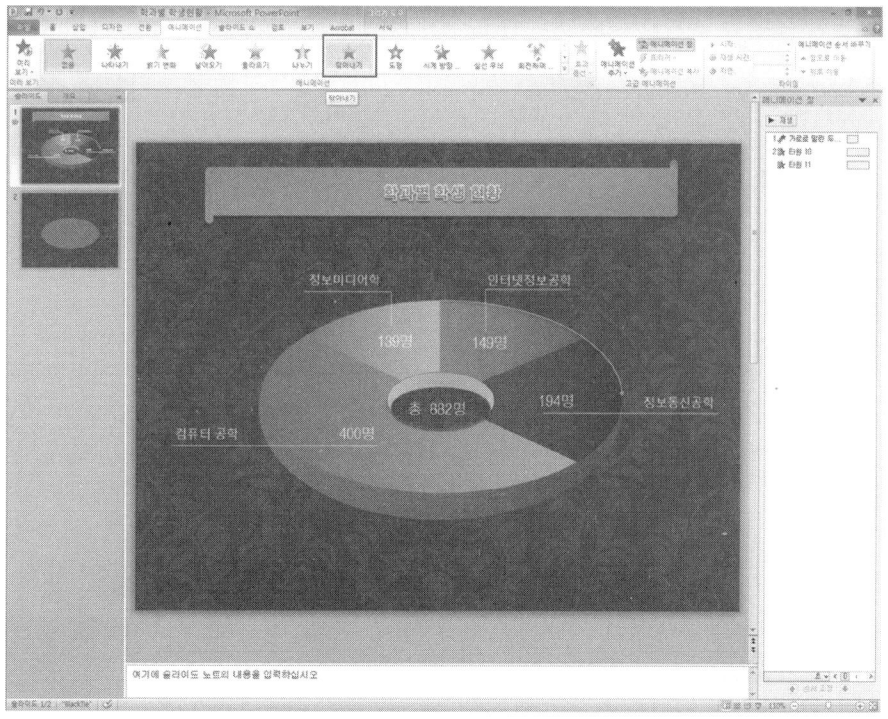

5. 패널 창에서 [이전 효과 다음에] 시작하도록 변경한다.

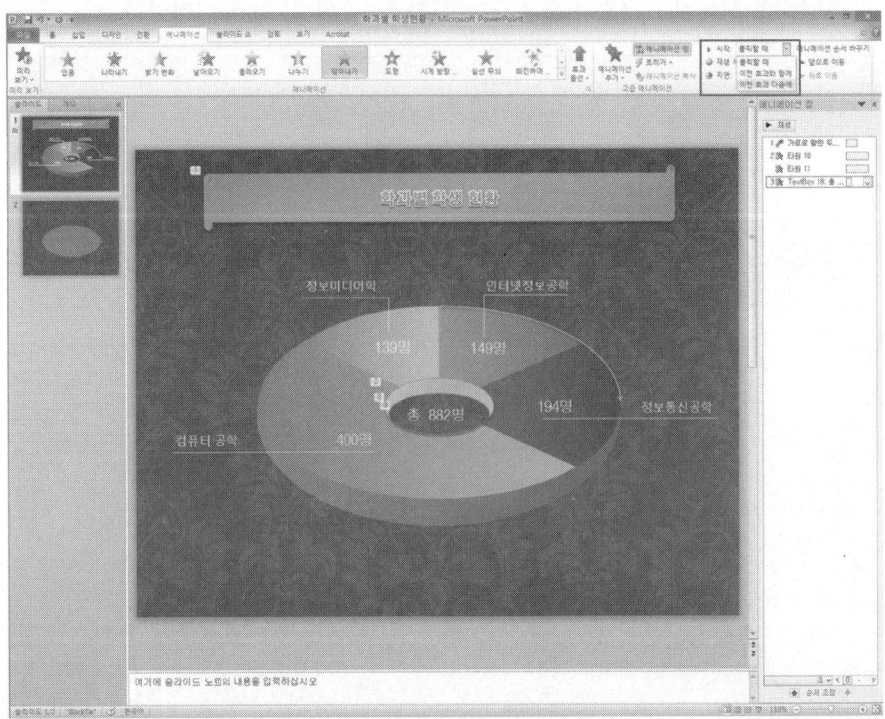

6. 각각의 계열과 차트 영역 도형을 순서대로 선택하여 [나타내기] 효과를 [닦아내기]로 적용한다.

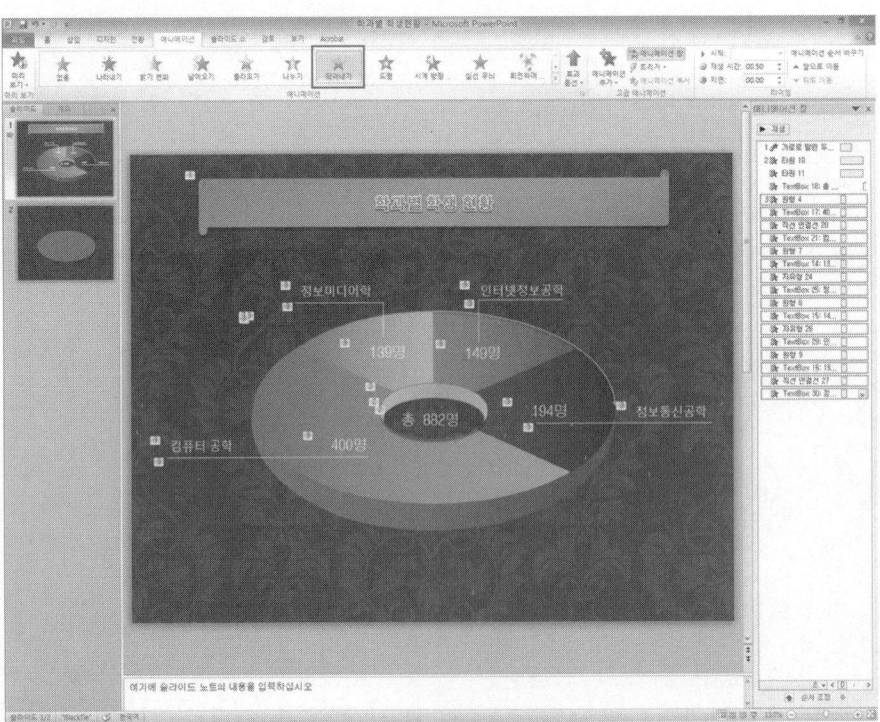

7. [애니메이션 창]에서 "원형 4", "원형 7", "원형 8", "원형 9"를 선택하고, 타이밍 옵션을 "클릭할 때"로 적용한다.

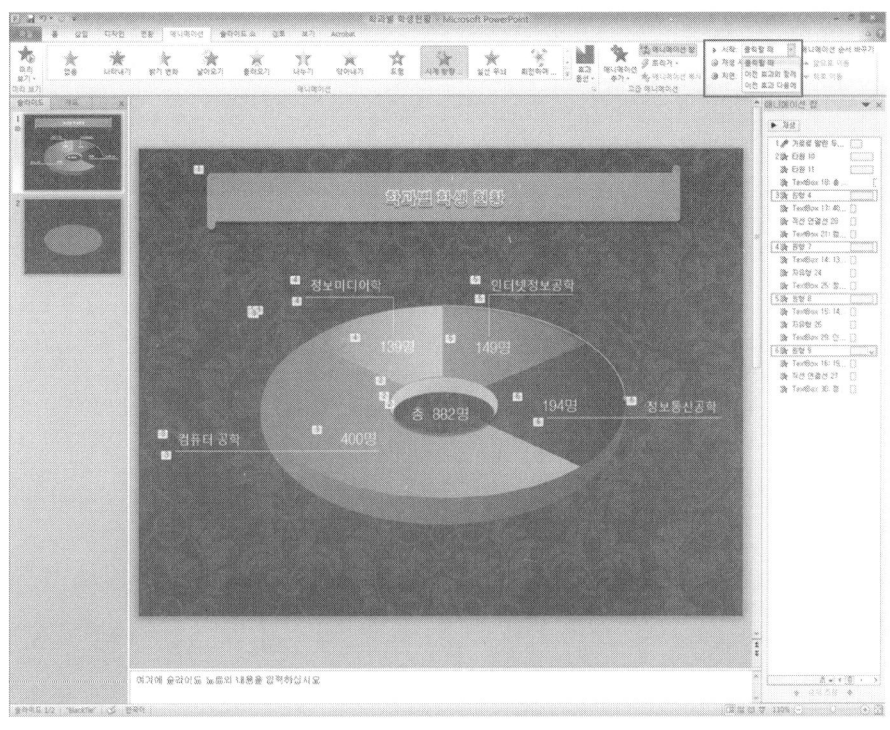

8. [슬라이드 쇼] 버튼을 클릭하거나 [F5]키를 눌러 슬라이드 쇼를 실행한다.

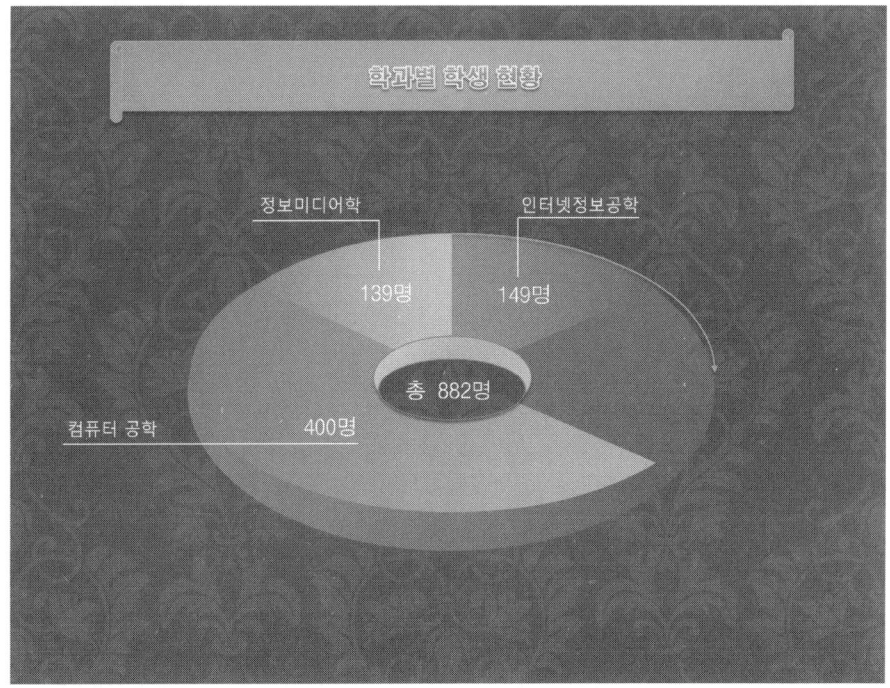

PowerPoint 2010

부 록

파워포인트 예제

부록 1 – 실무예제 1

부록 2 – 실무예제 2

부록 3 – 실무예제 3

부록 4 – 실무예제 4

부록 5 – 실무예제 5

부록 6 – 실무예제 6

부록 1 실무예제 1

01 —

정보 윤리 교육 연수

강사 : 조진숙(성균관대학교 교과교육학과 박사과정)
메일 : comatoto@naver.com

02 —

정보 윤리 교육을......

- Why?
  - 왜 배워야 하는가? & 가르쳐야 하는가?
- What?
  - 무엇을 배워야 하는가? & 가르쳐야 하는가?
- How?
  - 어떻게 배워야 하는가? & 가르쳐야 하는가?

03

차 례

- 가상세계의 도래
- 정보문화와 정보윤리교육
- 정보윤리교육 설문 분석 결과
- 정보윤리교육 모델 제안
- 정보윤리교육 실천 사례

04

가상세계의 도래

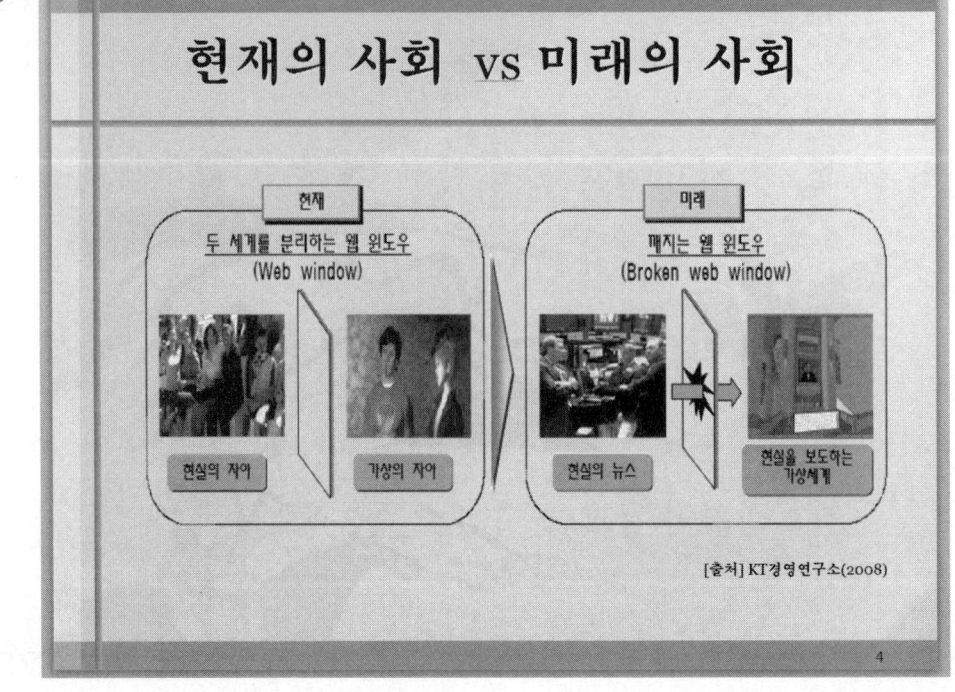

가상세계의 성장

- 경제적 측면
  - 가상 경제의 성장과 투자 확대
  ※ 2008년 누적 투자액 4억 9,300만 달러 이상

- 사회적 측면
  - 새로운 소비 트랜드를 선도하는 가상 세계
  ※ 사이버 공간에서 자아 표현을 위한 소비 지출 더욱 증가할 전망

- 기술적 측면
  - 가상세계 기술의 발전
  ※ 영국 일간지(가디언) : 머지않아 인터넷 아바타가 전 세계 인구보다 많아질 것으로 전망

가상 세계의 이슈

- 상호 운용성 확보
- 비주얼 컴퓨팅 환경 구현
- 정보보호 강화
- 국가간 사법권 관할
- 도박, 성매매, 폭력, 사기 등 불법행위
- 가상화폐의 현금화
- 가상경제에 대한 과세
- 지식재산권
- 사생활 및 인권 침해
- 가상세계 중독

[출처] 한국정보화진흥원(2009)

09

가상세계와 현실세계를 연결하는 기술...

- **Pranav Mistry: The thrilling potential of SixthSense technology**

  http://www.ted.com/talks/pranav_mistry_the_thrilling_potential_of_sixthsense_technology.html

  [출처 : TED Ideas worth spreading]

10

[1] 다음 상황에 대한 의견을 적어보세요.

- 식물인간으로 10년 넘게 인공호흡기와 유동식에 의존해 생명을 연장해온 어머니에 대해 두 자녀와 병원측이 존엄사에 대한 결정을 내리기로 하였다.
- 첫째는 어머니의 삶은 이미 죽은 사람이나 마찬가지이며, 표현은 못하지만 당신께서도 이런식으로 생명만을 연장하는 것은 원하지 않을 것이므로 어머니의 '죽을 권리'를 존중하는 것이 옳다고 얘기한다. 게다가 남은 가족의 경제적 피폐함도 간과할 수 없는 상황이라고 말한다.
- 둘째는 사람의 생명은 사람이 결정할 수 있는 문제가 아니며, 세상에는 기적이라는 것도 존재한다고 말하며, 정말 생명이 다 한 것이라면 인공호흡기와 유동식을 넣어도 돌아가시게 될 것이다. 또한 자식이 어떻게 부모를 죽게 내버려 둘 수 있느냐며 그건 존속살인이나 다름없다고 말한다.

  _____
  _____
  _____
  _____

11 –

[2] 다음 대화의 김교사가 되어 대답해 보세요.

- 김교사 : 이번 정보윤리교육 계획서는 어떻게 작성하지? 뭐 산뜻한 아이디어 없을까?

- 이교사 : 김선생님, 제가 인터넷 블로그에서 받아놓은 자료들이 있는데, 꽤 괜찮아요. 드릴까요?

- 김교사 : 음......_____.

12 –

정보문화와 정보윤리교육

정보문화의 개념

- 정보문화에 대한 정의
  - 새로운 정보기술과 매체들을 올바르게 취급하는 새로운 문화를 형성시키고자 하는 사회적 동의(고영만, 2005)
  - 디지털화 되어가는 생활환경에서 삶의 의미나 가치를 부가할 수 있는 지적.도덕적.심미적.실천적 자질이나 산물의 총체(kado, 2009)
  - 정보사회의 삶의 양식을 총칭하는 것으로, 정보화사회의 문화적 접근을 '정보문화(information culture)'라 할 수 있다(한국정보화 진흥원, 2009).

정보윤리교육의 개념

- 정보통신 윤리 교육
  - 무분별한 사이버 일탈행위에 대해 도덕적 의무와 책임을 규정하기 위한 영역

- 정보윤리교육
  - 정보화 사회의 역기능 문제를 해소하기 위해서 윤리적 영역을 넘어, 보다 포괄적인 문화영역 또는 문화현상에서 그 원인이 무엇인가에 대한 전체적인 접근

15 —

정보윤리교육의 목적

o 정보윤리교육의 목적
- 건전하고 창의적인 정보문화 조성
  * 정보 활용 능력 함양
  * 건전한 시민의식 향상

```
              정보문화시민
    ┌──────┬──────┬──────┐
 지적 자질  도덕적 자질  심미적 자질  실천적 자질
 정보 역량  정보 규범   정보 취향   정보 실행
```

16 —

청소년의 인터넷 사용실태

17 —

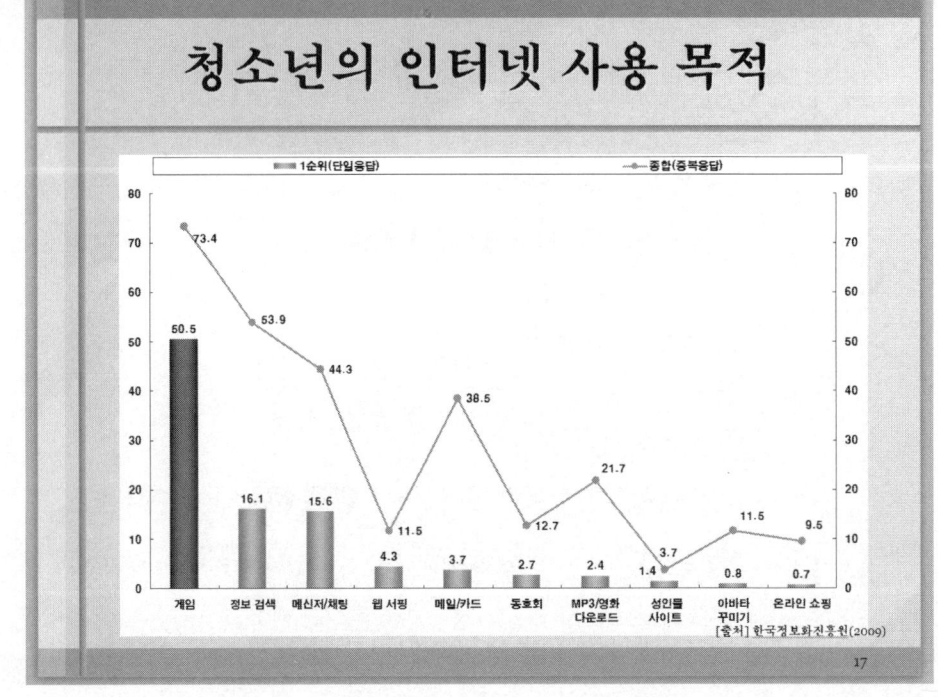

18 —

19 –

게이머 100명이 말하는 게임하는 이유

1) 화려한 그래픽, 웅장한 사운드, 눈과 귀가 즐겁다(시각적, 청각적 욕구)
2) 자신의 의지와 행동에 정직하게 반응한다(능동적인 활동 욕구)
3) 즉각적인 보상이 주어진다(성취 욕구)
4) 단계별 진행, 예측할 수 없는 상황이 전개된다(호기심 욕구)
5) 함께 집단을 형성하여 즐길 수 있다.(사회적 욕구)
6) 현실에서 금지된 것을 자유롭게 해볼 수 있다(상상력 욕구)
7) 다양한 성격의 캐릭터와 경험을 해볼 수 있다(대리만족 욕구)
8) 복잡한 전략과 해결책을 직접 수행한다(창의성 경험 욕구)
9) 고수의 반열에 오를 수 있다(승부 욕구)
10) 돈을 벌 수 있다(경제적 이익 실현 욕구)

20 –

한국청소년에 대한 국외의 시선

온라인게임 중독증에 빠진 한국

게임중독으로 10명 사망

과도한 학업부담, 사교육 스트레스

컴퓨터 게임을 장려하는 한국정부
- 게임왕 선발대회, 1억 상금

폭력적으로 변하는 아이들…

컴퓨터게임 중독의 진원지, 한국

21 —

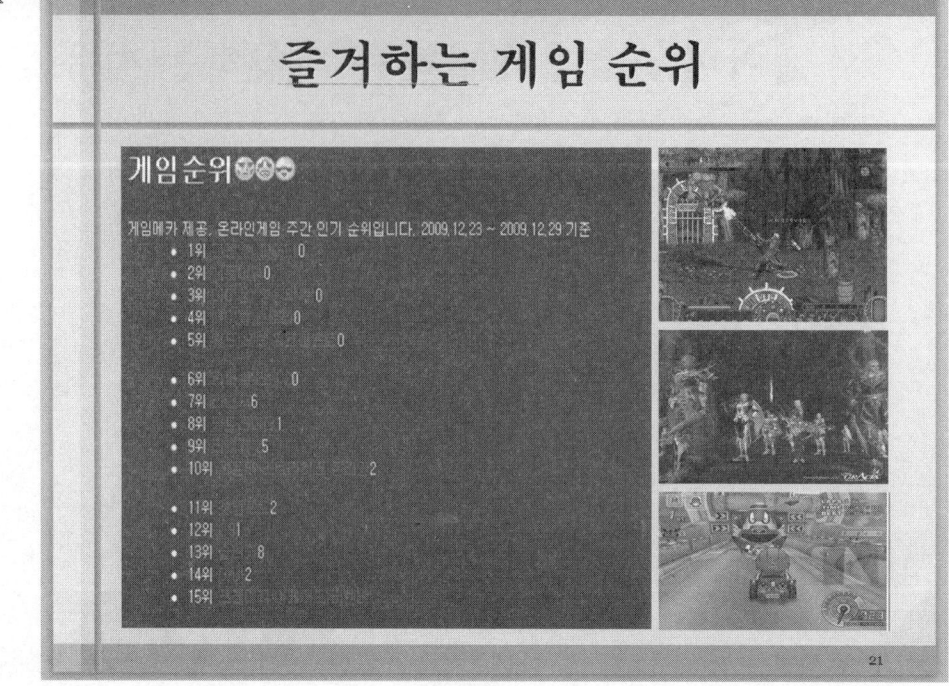

22 —

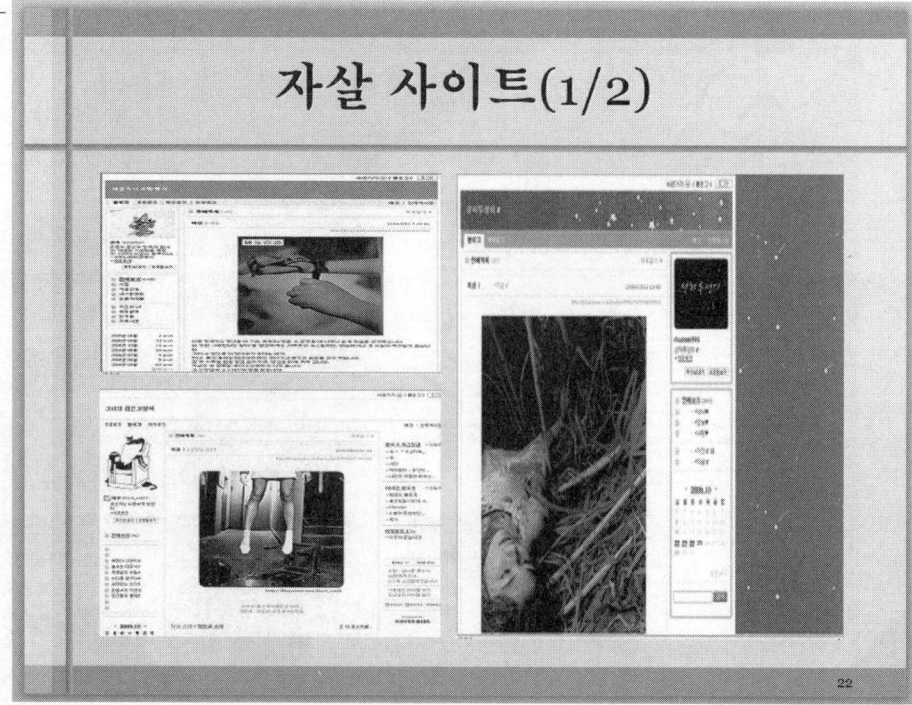

23 —

자살 사이트(2/2)

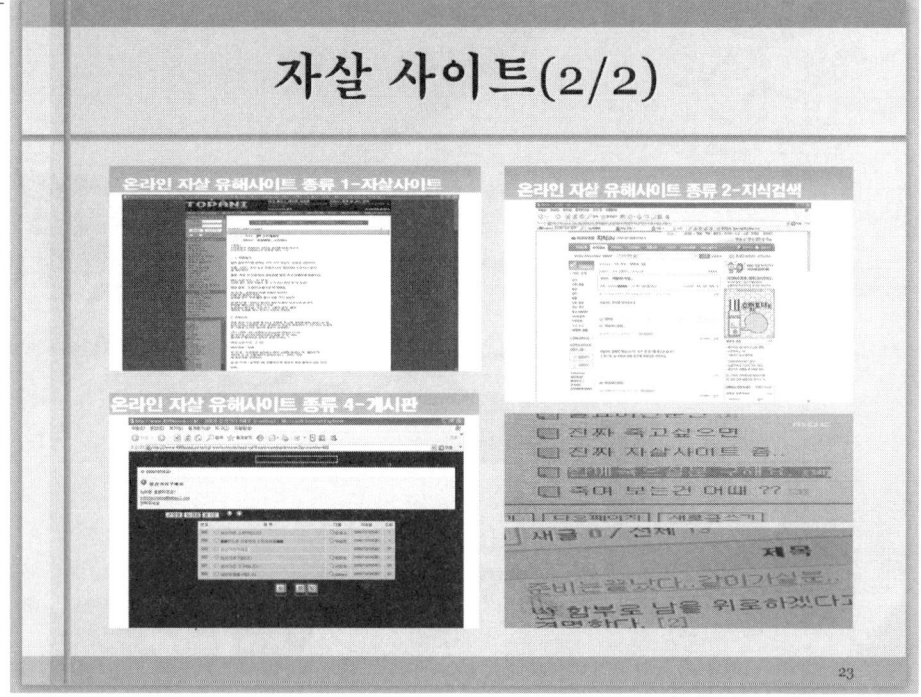

24 —

자살사이트 적발건수

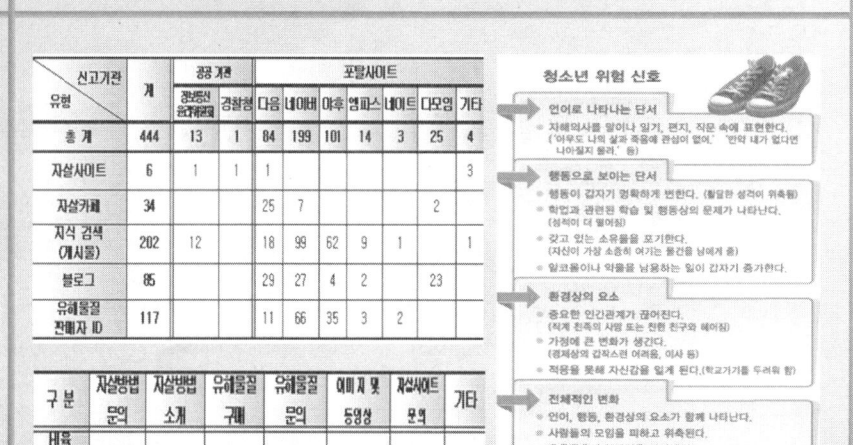

25 -
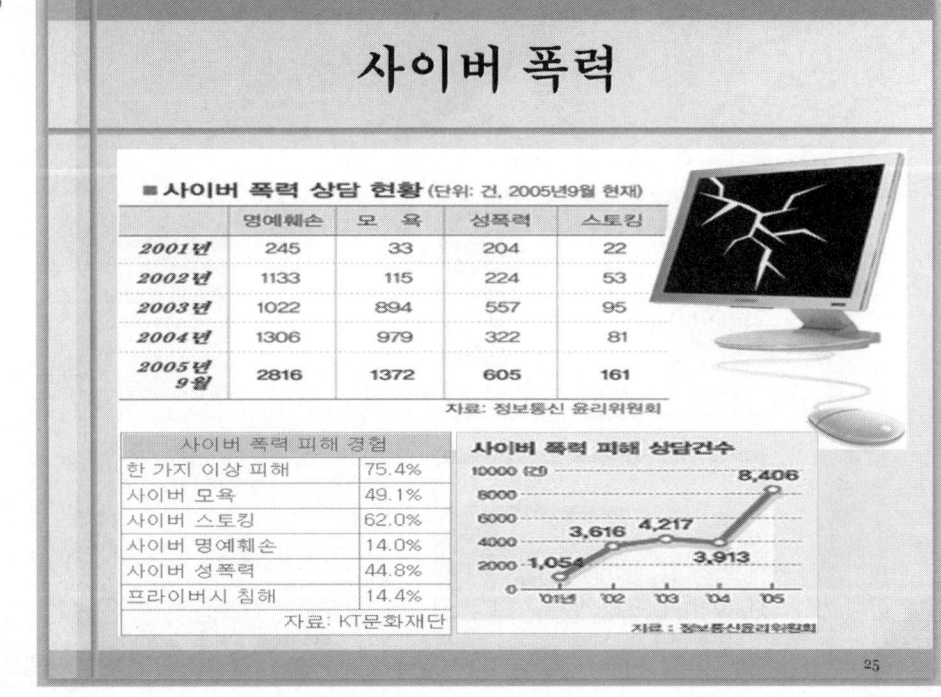

26 -

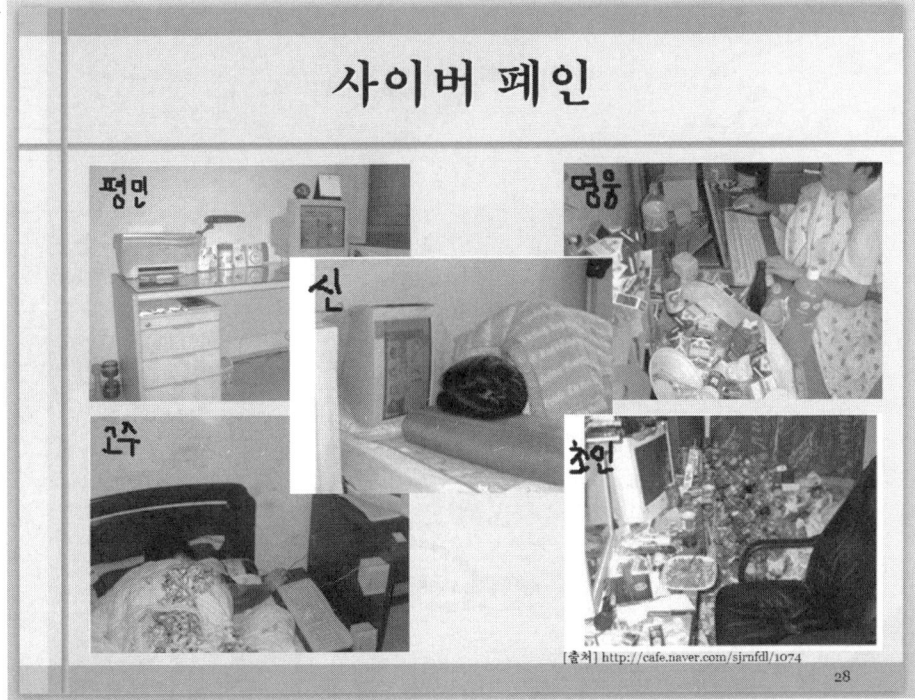

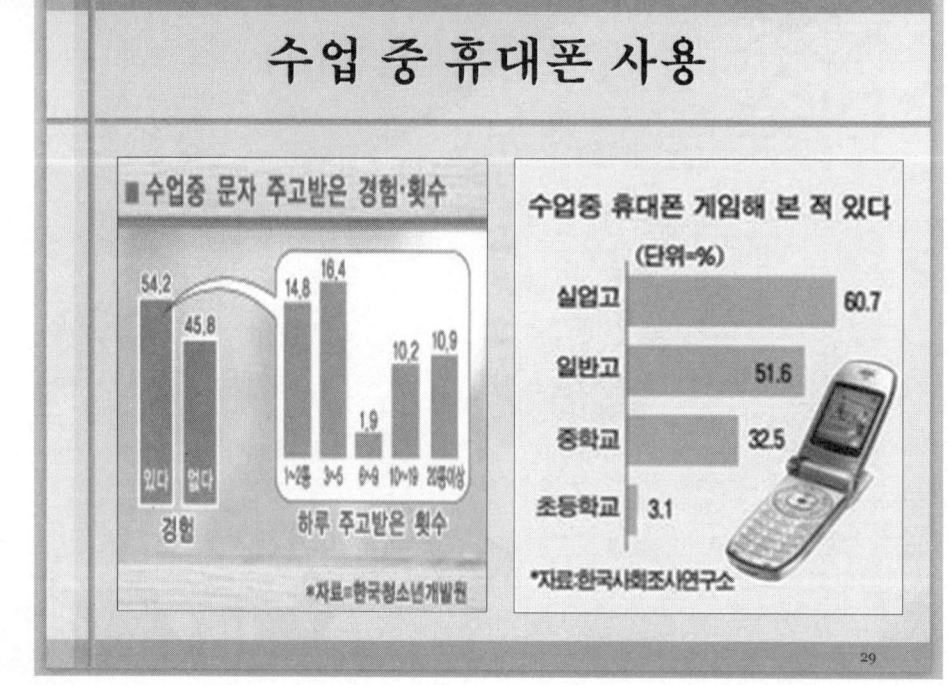

고1 김모양의 휴대전화 24시

유아의 인터넷 사용

- 3~5세 유아 47.9% 인터넷 사용
- 1주일 평균 4.8시간, 92%가 오락

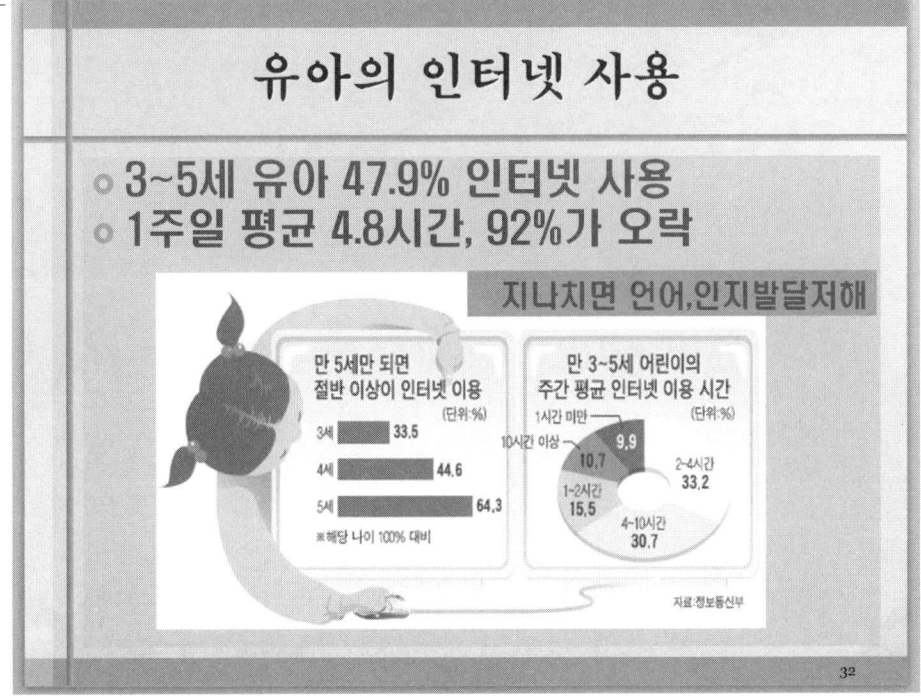

지나치면 언어, 인지발달저해

33

부록 2 / 실무예제 2

01 —

www.skku.edu

역할놀이모형을 적용한 인터넷 윤리교육
- 사이버폭력 -

성균관대학교 대학원 교과교육학과 컴퓨터교육 조진숙

02 —

목차

1. 행동, 인지, 구성주의 학습이론
2. 수업과정 모형과 수업유형
3. 교수-학습 유형과 이론
4. 역할놀이 수업모형

성균관대학교 컴퓨터교육 조진숙

03 —

행동주의 학습이론

학습 = **행동의 변화**

* 관찰 가능한 행동과 행동변화에만 관심
* 관찰 가능한 것을 연구대상으로 삼음
* 학습이 반복적인 연습과 경험에 의해 이루어진다고 주장

04 —

행동주의 이론의 예

* **Thorndike의 Trial and Error Theory**
  주어진 문제에 대해 <u>여러가지</u> 방법을 통하여 시행
  착오를 되풀이하는 과정에 우연히 해결하다 보면
  나중에는 시행착오 없이도 문제 해결이 가능
* **Pavlov의 조건반사설(고전적 조건화론)**
  학습 : 조건자극에 대하여 조건반응을 형성하는 것
* **Skinner의 조작적 조건화(작동적 조건화, R-S 이론)**
  자발적인 반응에 대하여 강화(보상)을 줌으로써
  조건화 하는 것

05

교수설계의 시사점

* 행동목표 제시
  * 바람직한 학습을 유도하기 위해 초기에 학습하기를 원하는 정확한 수행을 미리 제시
  * 학습목표는 수업이 끝났을 때 학습자가 성취해야 하는 결과를 관찰 가능한 행동목표로 진술
* 외재적 동기의 강화
  * 정반응이면 칭찬, 미소, 상 등 긍정적 결과를 주고 오반응이면 무시
  * 부정적 통제보다 긍정적 강화 사용이 효과적
  * 일관된 강화를 간헐적으로 부여
* 수업계열
  * 수업내용은 쉬운 것부터 어려운 것으로 점진적으로 제시
  * 복잡하고 어려운 문제를 단순한 것으로 세분화하여 제시
  * 오반응 최소화, 바람직한 반응 유도
* 수업평가
  * 수업목표에서 진술된 행동의 계속적 평가와 피드백 제공
  * 행동은 관찰 가능하기 때문에 정확한 평가가 가능
  * 평가를 위해 학습자에게 능동적 반응의 기회를 제공

06

인지주의 학습이론

* 인간은 세상사들의 의미를 이해하기 위해 모든 정신적인 도구를 사용
* 개개학생이 무엇을 배울 것인가 하는 것은 그 학생이 이미 알고 있는 것이 무엇이며 또 새로운 정보를 어떻게 처리하는 가에 따라 좌우됨
* 외부로부터의 정보를 받아들여서 자신의 인지 구조 속으로 포함시키는 일련의 과정이 학습의 과정이자 원리

07 —

인지주의 이론의 예

- 정보처리 이론
  - 새로운 정보가 투입되고 저장되며 기억으로부터 인출되는 방식을 연구
  - 학습자의 내부에서 학습이 발생하는 기제를 설명하려는 이론
  - 정보와 관련된 인간의 내적 처리과정을 컴퓨터의 처리과정에 비유
- Piaget의 인지발달이론
  인간이 환경(외계의 사물과 현상)과 접할 때 동화와 조절의 과정을 통해 인지구조의 평형을 이룸

08 —

인지주의 이론의 예

- Vygotsky의 인지발달이론
  학습이 발달을 주도한다.
- Bruner의 발견식 수업이론
  학생들이 스스로 기본개념과 원리를 발견하도록 유도
- Ausubel의 유의미 학습
  교사가 교육내용을 체계적으로 정리하여 학생들에게 알기 쉬운 형태로 제시

09 — 교수설계의 시사점

- 학습자에 의한 목표 설정
  - 학습자 스스로 설정
  - 교사는 학습자가 현재의 지식수준보다 높은, 도달 가능한 목표를 설정할 수 있도록 도움
- 내재적 동기 유발
  - 학습자의 내재적인 동기유발에 주력
  - 교사는 현 수준보다 높은 문제상황에 직면하게 하여 학습의욕을 촉진
  - 학습자는 성취감을 통해 내재적 동기 강화
- 교수방법
  - 내부에서 일어나는 인지 과정에 관심을 두어 사고의 과정과 탐구 기능의 교육을 강조
  - 교사는 학습자 스스로가 새로운 정보를 처리할 수 있도록 인지처리 전략을 가르쳐 주거나 그것을 개발할 수 있는 교수방법 모색
- 수업계열
  - 교사는 우선 학습자들의 인지발달 수준을 알고, 그에 따라 적절한 학습내용을 조직하여 제시
  - 교사는 지식의 구조를 이해하고 이를 바탕으로 학습내용이 유의미하게 전달될 수 있도록 조직하여 제시
- 수업평가
  - 인지과정에 관심을 두므로 평가의 대상은 기억력이 아니라 <u>탐구력</u>에 초점
  - 학습의 결과보다 과정을 중요하게 평가

10 — 구성주의 학습이론

학습 = 학습자의 능동적인 지식구성 과정

* 능동적인 학습관
* 학습자는 스스로 정보를 발견하고 변형하려고 하는 능동적 자세
* 끊임없이 새로운 정보를 점검하고 수정
* 학습자들이 문제해결이나 창의적 사고를 통하여 지식을 학습하는데에 수업의 목적을 둠

11 —

구성주의 이론의 예

* 인지적 도제 이론
  * 실제 상황에서 이루어지는 전통적인 도제교육의 장점을 최대한 수용하되, 이를 창의적, 반성적 사고와 문제해결 등과 같은 고등 정신 기능을 학습하는 데 적합하도록 재구성한 교수-학습법
* 상황학습
  * 학생들이 실제적 성격의 과제를 해결해 가는 과정에서 개인적 견해와 사고의 틀을 가지도록 하려는 교수법으로 학생 주도의 문제형성-해결학습
* 문제 기반(PBL)학습
* 인지적 융통성 이론
  * 지식의 복잡성과 비규칙성이 포함된 과제와 학습환경을 제공하여 실제 상황속에서의 적용능력 향상

12 —

교수설계의 시사점

* 수업목표 및 수업평가
  * 수업목표는 학생들이 과제를 가지고 문제를 풀어가는 과정 중에 도출되어 학생 스스로 수립
  * 수업평가는 성취도 뿐만 아니라 과제의 수행과정에서 연속적으로 이루어지도록 함
* 학습내용
  * 학생들의 수준에 맞게 정리되지 않은 복잡한 상태 그대로의 과제를 학습내용으로 하여
  * 학생들이 자신의 현 지식과 경험 수준과 관심에 따라 문제를 선택하고 설정하고, 해결하도록 하는데 초점
* 학습동기 유발
  * 협동학습을 조장하여 개인이 맡아야 할 인지적 부담의 정도를 덜어주어 적극적으로 학습에 임할 수 있도록 함
  * 학습자의 흥미, 관심 등에 비추어 학습자 스스로 학습목표를 설정하므로 학습에 대한 흥미 유발
* 수업계열
  * 학습자 스스로 능동적으로 구성
  * 교사는 학습자 개개인의 수준을 고려하여 스스로 학습내용을 선정할 수 있도록 조언

13 –

행동주의, 인지주의, 구성주의, 비교

학습이론	행동주의	인지주의	구성주의
지식의 관점	객관주의	주관주의	주관주의
패러다임	교수(Teaching)	교수 - 학습	학습(Learning)
학습의 정의	외형적 행동의 변화	인지구조의 변화	주관적 경험에 근거한 개인적 의미 창출
학습자	수동적 인간	적극적 인간	적극적 인간
교수	외형적 교수전략	학습자 내적 사고전략, 교수자의 부호화 전략, 정보처리 전략	학습환경의 조성 및 상황적 맥락과 실제과제 제공
교수설계와 관련성	•관찰/측정 가능한 행동목표 및 준거지향 평가 •학습자의 선수지식 및 출발점 행동진단을 위한 학습자 분석 •수업내용의 계열성 •강화를 통한 보상체제 및 즉각적 피드백	•학습자의 적극적 참여 •인지과제분석기법 •정보처리과정 촉진을 위한 정보의 구조화, 계열화 •학습결과의 효과적 전이를 위한 학습환경의 창출	•일반적 학습지침 제시 •학습상황 및 적용 상황의 분석 •일반적 학습내용의 영역 제시 및 학습과제의 맥락화 •다양한 관점의 제시 및 사회적 협상 •탈목표 평가관 및 학습자의 학습과정 평가

성균관대학교 컴퓨터교육 조진숙

14 –

수업과정모형

* Glaser의 수업과정 모형

수업목표 ➡ 출발점행동 ➡ 수업절차 ➡ 성취도평가

* 한국교육개발원 수업 모형

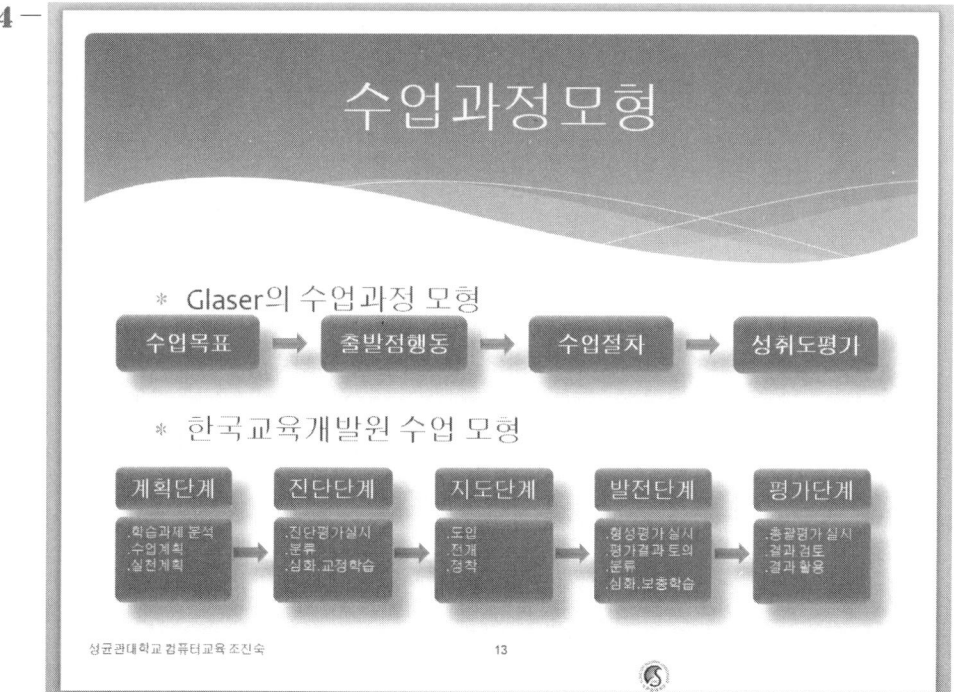

계획단계	진단단계	지도단계	발전단계	평가단계
.학습과제 분석 .수업계획 .실천계획	.진단평가실시 .분류 .심화.교정학습	.도입 .전개 .정착	.형성평가실시 .평가결과 토의 .분류 .심화.보충학습	.총괄평가 실시 .결과 검토 .결과 활용

성균관대학교 컴퓨터교육 조진숙

15 —

수업유형

* 강의법
* 토의법
* 문답법
* 프로젝트법
* 탐구수업과 발견수업
* 역할놀이 교수법
* 게임과 시뮬레이션
* 상보적 교수
* 협동학습
  * 집단탐구 모형
* 자율적 협동학습 모형
* 팀성취 분담학습
* 팀보조 개별학습
* 팀게임토너먼트 모형
* 지그소우
* 개별화교수법
* 자기주도적학습과 자기조절학습
* 무학년제와 팀티칭제
* 열린교육

16 —

교수설계

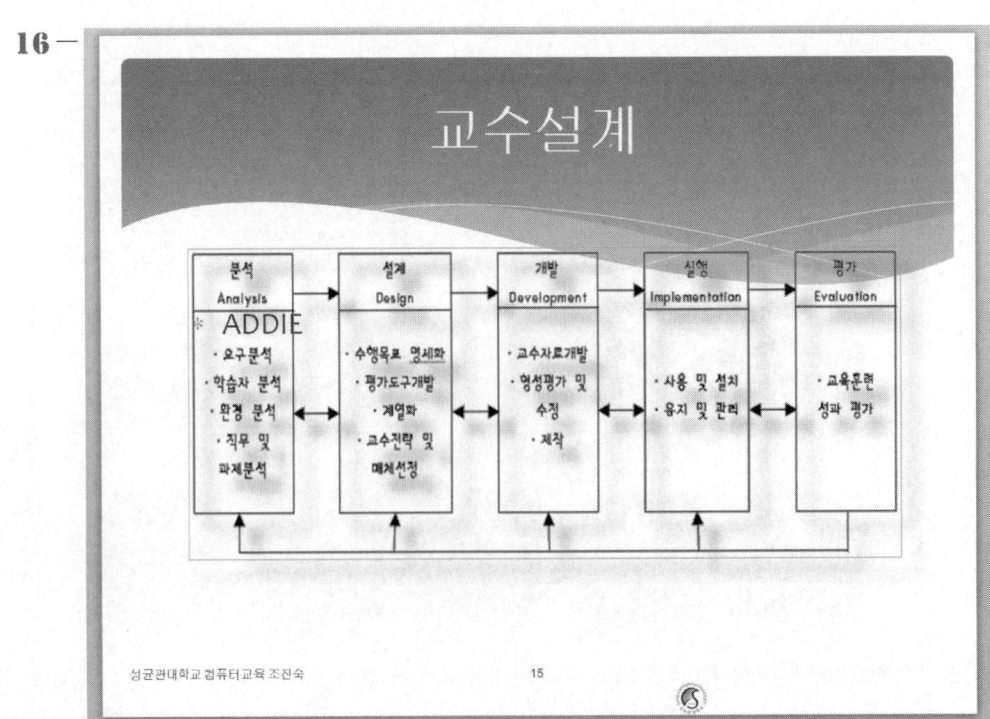

* ADDIE

17 –

교수설계

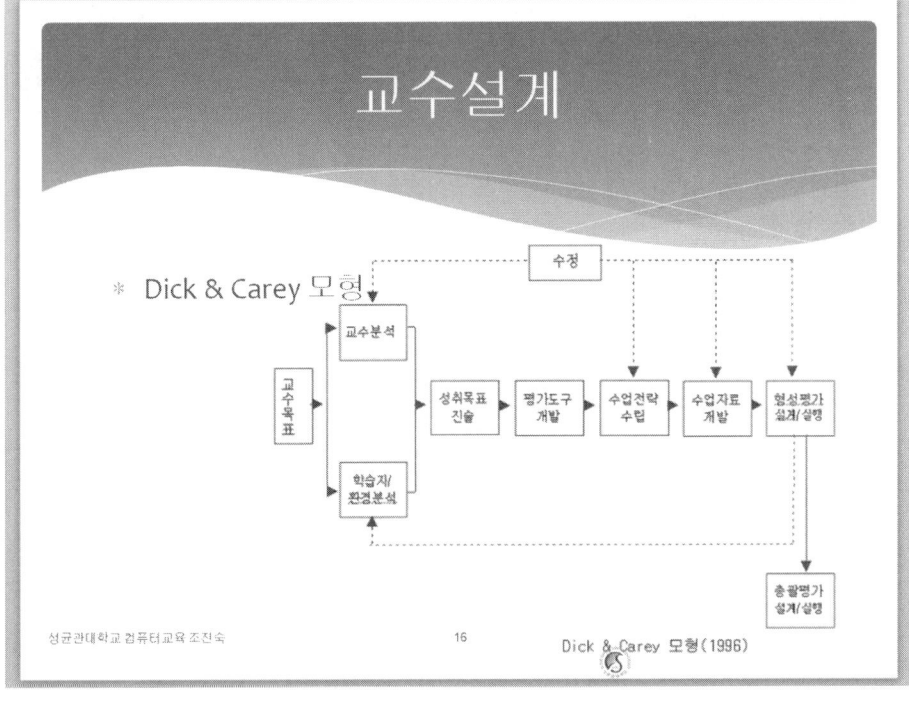

* Dick & Carey 모형

Dick & Carey 모형(1996)

18 –

교수이론

* 완전학습 모형
  * 캐롤의 학교학습 모형
  * 블룸의 완전학습 모형
* 오수벨의 유의미 학습 이론
* 브루너의 발견수업 이론
* 마씨알라스의 탐구수업 이론
* 가네의 교수설계 이론
* 스키너의 프로그램 학습 이론
* 켈러의 학습동기 유발 교수전략
* 라이글로스의 정교화 교수 이론
* 플랜더스의 언어적 상호작용 모형
* 메릴의 내용-요소 제시이론

19 —

교수-학습방법의 유형

* 교수방법의 분류의 기준
    * 교수-학습에 대한 철학이 무엇이냐?
        * 발견학습
        * 수용학습
    * 교수-학습과정을 누가 주도(통제의 중심)하느냐?
        * 교사주도
        * 혼합
        * 학습자 주도
    * 교수-학습의 목적, 내용, 방법으로 연계되는 논리적 관계가 어디에 초점을 두느냐?
        * 행동변화
        * 정보처리능력 개발
        * 사회적 관계 개발
        * 자아이해

20 —

교수-학습방법의 유형

* 교수방법 선정에 영향을 주는 요인
    * 개인적인 성향
        * 성별
        * 나이와 경험
        * 성격
    * 교육에 대한 경험
    * 학습상황
        * 학습자의 다양성
        * 학습자의 인원수와 교실공간의 크기
        * 교육자료의 사용가능성
        * 시간의 적절성
        * 학습내용의 본질
        * 좋은 교수에 대한 일반적 관점

교수-학습방법의 유형

- 교수방법의 선정 기준
  - 학습자
    - 학습자의 학습성향 : 수동성, 능동성, 논리성, 실용성
    - 학습자의 학습경험의 정도
    - 학습자의 인원 수
    - 학습자의 요구 및 흥미
  - 학습내용
    - 학습내용의 유형 : 지적 영역, 정의적 영역, 신체적 영역
    - 학습목적의 수준 : 암기, 이해, 종합, 분석, 문제해결 등
  - 교육환경
    - 활용할 수 있는 교수매체의 종류
    - 교실공간의 크기
    - 학습자간의 관계
    - 교수자와 학습자간의 심리적 관계
    - 교수자료의 개발 가능성 : 인적자원, 개발환경의 구축
  - 교수자의 교육관
    - 교육철학 : 객관주의적 입장, 구성주의적 입장
    - 교수방법에 대한 지식 : 교수자의 주도의 설명형, 학습자 중심의 발견형
    - 교수매체에 대한 선호도 : 인쇄 자료, 교육방송 자료, 컴퓨터자료

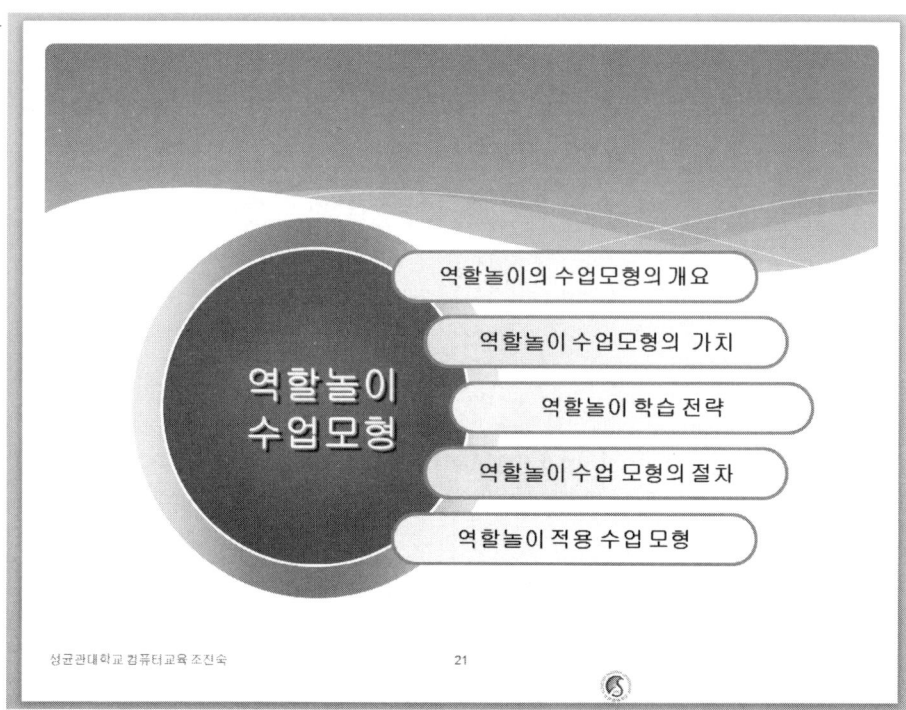

23 —

역할놀이 수업모형의 개요

* 정의
  * 심리학에서 모의 연습이라고 칭하는 것
  * 학생들이 일상 생활에서 경험하는 <u>여러가지</u> 역할을 모의로 실연
  * 이를 분석.검토하여 사회적 적응력을 개선시켜 나아가는 활동
  * 학자들은 role-playing 혹은 role-play라 칭함
* 역할극
  * 주어진 상황에서 인물의 성격을 파악하여 그 인물의 개성, 요구, 야망 등을 반영해 묘사하는 회화(신용진,1991)

성균관대학교 컴퓨터교육 조진숙   22

24 —

역할놀이 수업모형의 개요

* 실천적 교수방안
  * 학생들에게 특수한 상황이나 장면에 처해보도록 하거나 특정의 역할을 실행해보도록 함으로써
  * 자신이나 타인이 지니고 있는 가치관 혹은 신념을 깊이 있고 명확하게 이해할 수 있도록 함
* <u>파니샤프텔</u>(Fannie <u>Shaftel</u>)과 조지샤프텔(George <u>Shaftel</u>) 부부에 의해 개발
* 20<u>여년</u> 동안 학생들에게 인간의 존엄성, 정의감, 애정 등의 민주적 관념들을 일상생활에서 어떻게 실천할 수 있는가를 가르치기 위하여 이 모형을 개발하고 적용

성균관대학교 컴퓨터교육 조진숙   23

25 -

역할놀이 수업모형의 가치

- 개인적 측면
  - 각 학습자 개인으로 하여금 그들의 삶의 세계 안에서 개인적 의미를 발견하도록 도움
  - 사회집단의 도움으로 개인적 딜레마를 해결하도록 도움
- 사회적 측면
  - 타인의 입장을 이해하도록 함으로써 인간관계를 민주적인 방법으로 해결할 수 있도록 도움

성균관대학교 컴퓨터교육 조진숙   24

26 -

역할놀이 수업모형의 가치

- 문제해결의 기능
  - 역할을 수행해 보도록 함으로써 문제구명 능력, 대안창출 능력, 대안 평가능력, 대안에 대한 경험과 그것에 기초한 선택의 결정 능력 등을 습득할 수 있는 기회 제공
- 인성개발이나 가치교육에 적합
  - 타인의 역할을 경험하게 하므로 대인관계의 느낌, 태도, 기능 등이 토대가 되는 인성개발이나 가치교육에 관련된 경우 효과적인 교수방법

성균관대학교 컴퓨터교육 조진숙   25

27 —

역할놀이 수업모형의 장.단점

* 장점
    * 학습자의 적극적인 참여
        * 규칙이나 경쟁이 없는 자유로운 놀이와 토의방법이므로 학습자들의 적극적인 참여 유도
    * 교실상황에 유리
        * 경제적인 부담이 크지 않으므로 교실 내에서 쉽게 활용 가능
    * 정의적 영역의 학습에 효과
        * 강의법이나 보통의 토의법보다 정의적 영역의 학습에 효과적

28 —

역할놀이 수업모형의 장.단점

* 단점
    * 현실을 그대로 재현하기 어려움
    * 역할놀이를 통해 얻어진 태도변화의 생명이 대체로 짧음
    * 시간이 많이 소요됨
    * 학습자들의 능력수준과 참여의욕에 따라 그 성패가 좌우됨

역할놀이 학습 전략

* 교사가 고려해야 할 사항
    * 교과내용의 학습 전체 계획중에서 어떤 단원의 어떤 내용 또는 어떤 인물을 선정할 것인가를 미리 계획하여 시기까지 대강 정해서 학생들에게 안내한다.
    * 어떠한 역할 학습의 방법이 있는지 유인물을 작성하여 학생들에게 안내한다.
    * 막연하게 어떤 사건이나 인물을 선정하는 것보다 몇 가지 예를 들어 학생들에게 소개하고 선택하도록 한다.
    * 역할 학습을 준비하는 과정에서 학생들의 준비과정을 수시로 점검한다.
    * 실제로 학생들의 자료 준비를 위해 최대한 많은 자료를 준비하여 적절히 제공하도록 한다.

역할놀이 학습 전략

* 학생이 고려해야 할 사항
    * 인물 선정 또는 주제 선정에 있어 자료수집이 용이한 것, 윤리적 의미가 깊은 것 등 여러가지를 고려하여 신중하게 선택하도록 한다.
    * 발표 전까지 시간을 잘 활용하여 발표 직전에 한꺼번에 몰아서 하는 일이 없도록 계획한다.
    * 역할 학습은 개인의 학습이 아니므로 전체 모둠별 토론과 토의, 대화, 타협 등이 이루어지도록 협동한다.
    * 발표 내용뿐만 아니라 무대의 설치, 분장 등 여러가지를 준비하도록 한다.

31 —

역할놀이 수업모형에 대해 공부하며 …

* 윤리교육에 많이 활용되는 수업모형이어서 선택하였다.
* 모든 차시의 수업에 적용하기에는 무리가 있을 것 같다.
* 교육연령 및 대상에 맞는 내용으로 구성된 인터넷 윤리 교재 개발도 시급한 문제인 것 같다.
* 실제 수업에 적용해보지 못한 점이 아쉬움으로 남는다.

32 —

부록 3 — 실무예제 3

01

A New Real-Time Location Tracking Techniques using Doppler Radar and Bio-Sensors in WSN

Hong-Kyu Kim

02

Remarks

- Research a goal
    - Build an object location tracking system using the dangerous situation recognition and Doppler radar sensor through the voice signals in the sensor network environment, remedying the shortcomings of dangerous situation recognition and location identification using the existing CCTV or sound.

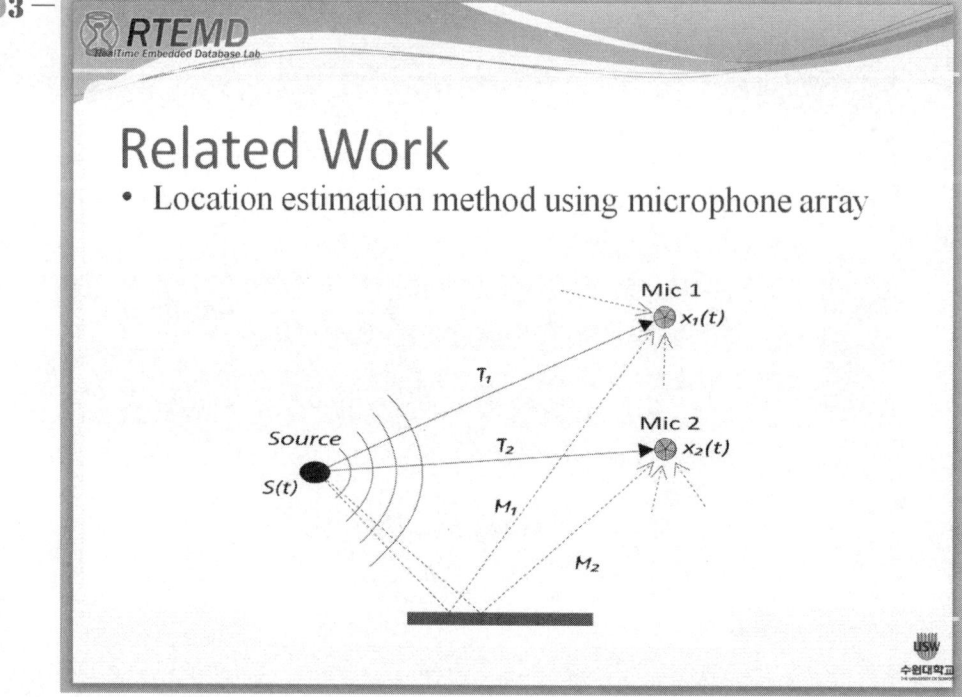

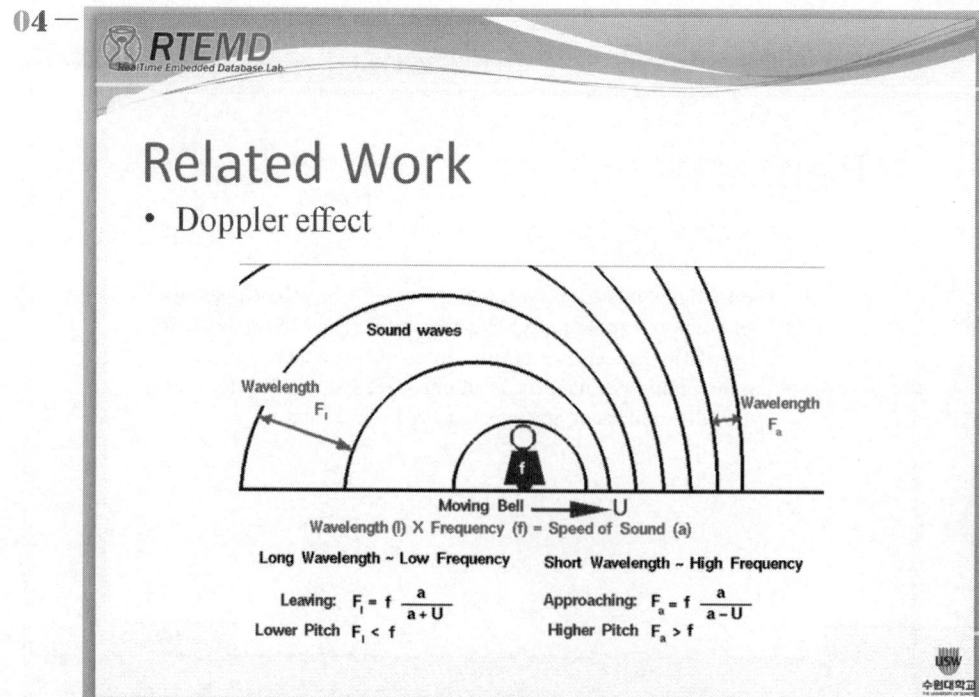

u-DSLT Design

- u-DSLT system design

Assortment	Contents
Dangerous situation awareness module	Using voice recognition dangerous situation of the target
Precise localization and communication	Precise positioning of the target in dangerous situations and dangerous situations and the distance to the base station, transmission of information
Tracking system viewer	Precise location tracking module handles the transmission of information and distance information based on a triangulation(localization).

- u-DSLT : ubiquitous Dangerous Situation Location Tracking

u-DSLT Design

- u-DSLT system design

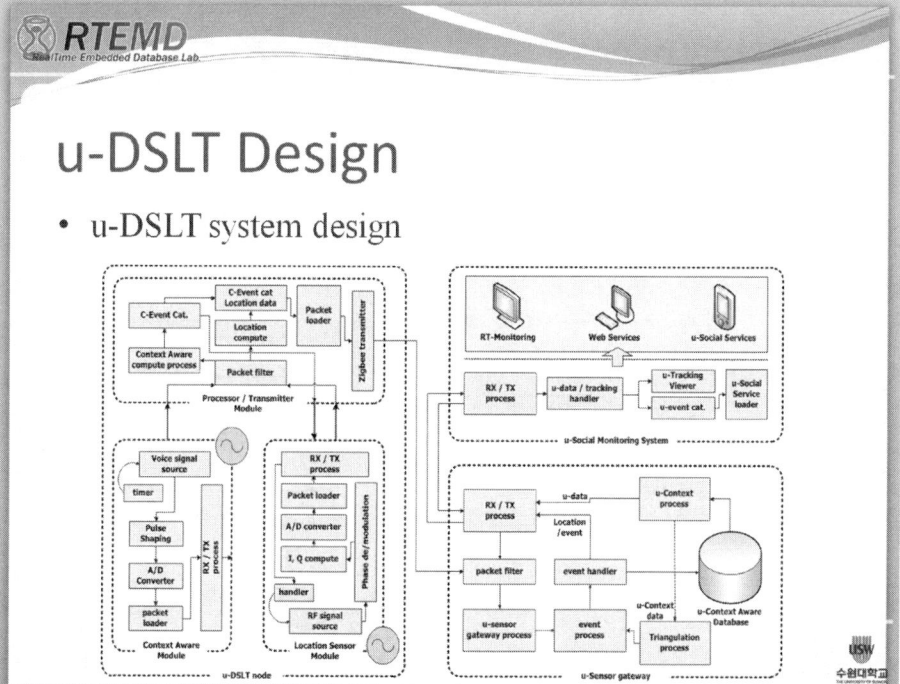

07

u-DSLT Design
- Data diagram

- Voice acquisition
- Dangerous analysis of voice data through context-aware modules
- Localization in the data transmission module
- Target distance measurements using Doppler radar
- Measuring the distance to the base station transmission
- Estimate the target location using triangulation

08

u-DSLT Design
- Frequency sampling in women, indoor/outdoor

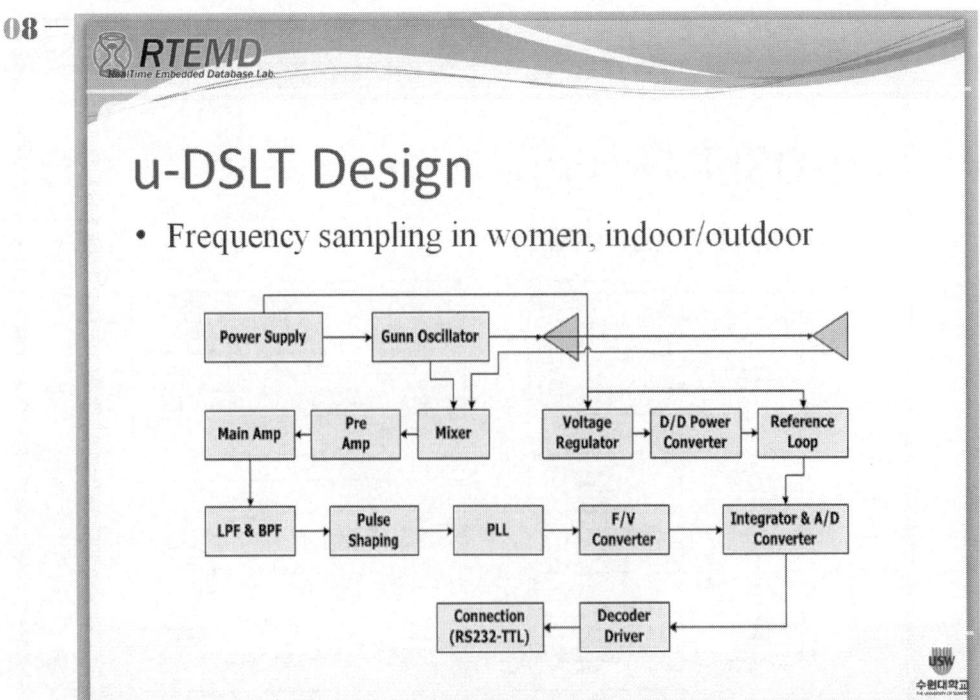

u-DSLT Design
- Recognition module of dangerous situations

No.	Location	Dangerous situation	Gender	Data
1	Indoor/Outdoor	Shrieking!	Men/Women	eme01/11
2	Indoor/Outdoor	Please save me!	Men/Women	eme02/22
3	Indoor/Outdoor	Please help me!	Men/Women	eme03/33
4	Indoor/Outdoor	Bandits!	Men/Women	eme04/44
5	Indoor/Outdoor	Thief!	Men/Women	eme05/55

u-DSLT Design
- Frequency sampling in men, indoor/outdoor

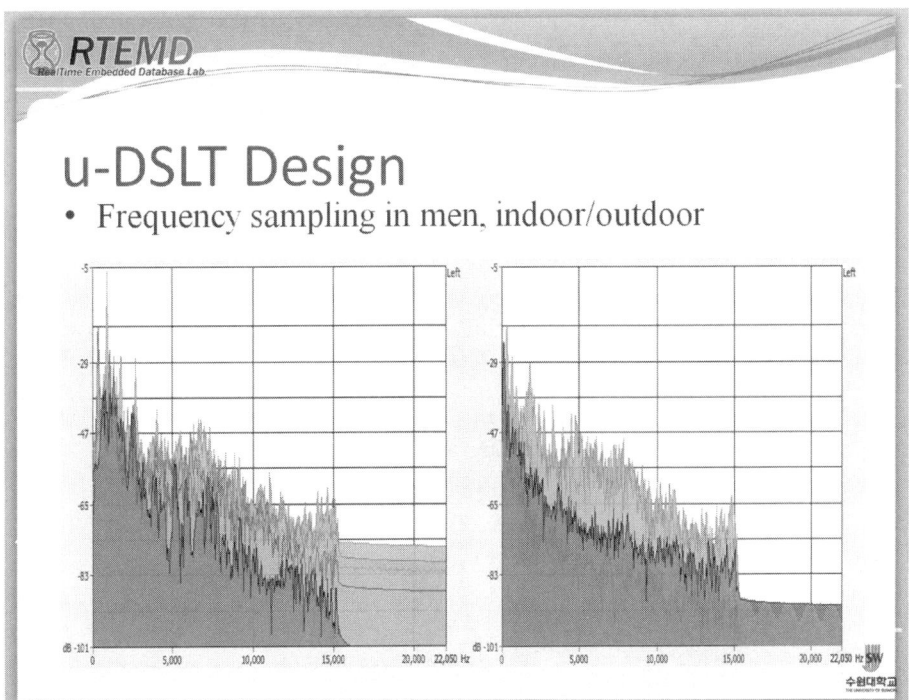

u-DSLT Design

- Frequency sampling in women, indoor/outdoor

u-DSLT Design

- Sensor module for location estimation(Doppler radar)

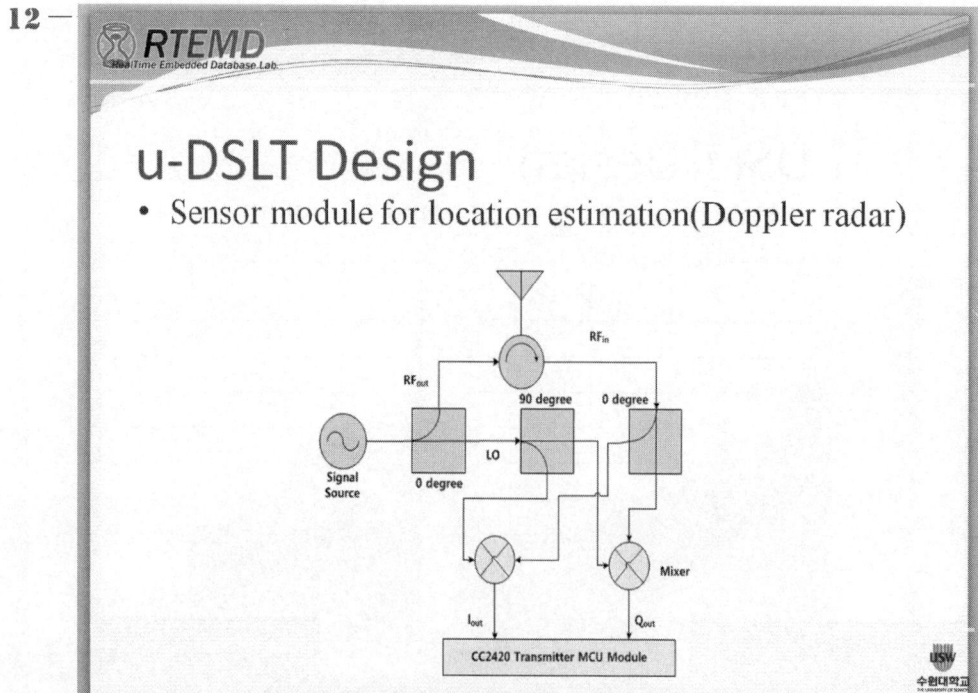

u-DSLT Design
- Processor and transmission module

> The standby state to receive data values according to the situation from the situation recognition module

> The standby state to measure the distance from the speaker when receiving the situation data values

> The standby state to transmit the distance from the speaker and the situation information to "u-Sensor Gateway"

u-DSLT Implementation
- Implementation u-DSLT node

Simulation and validity verification

- Sensor node displancement

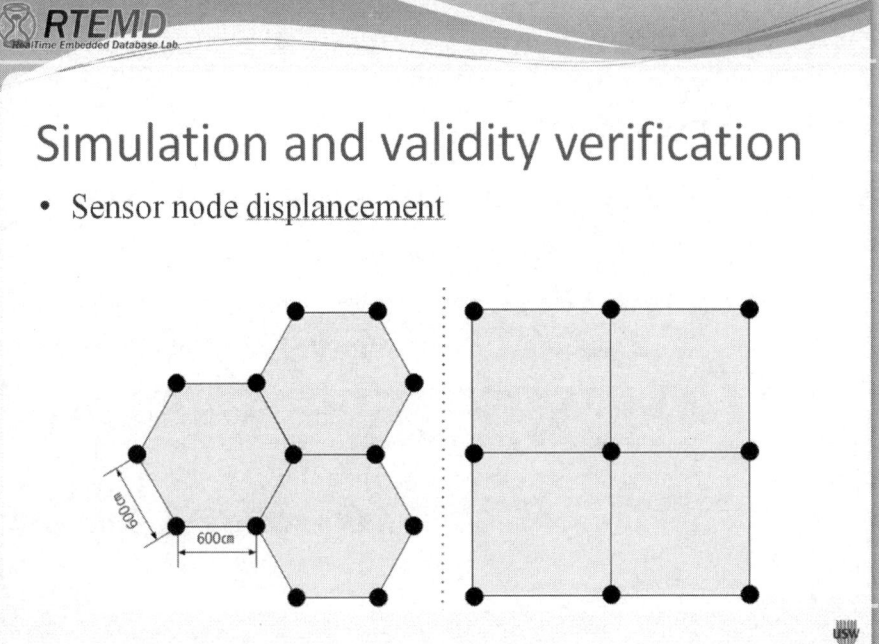

Simulation and validity verification
- Validity verification details

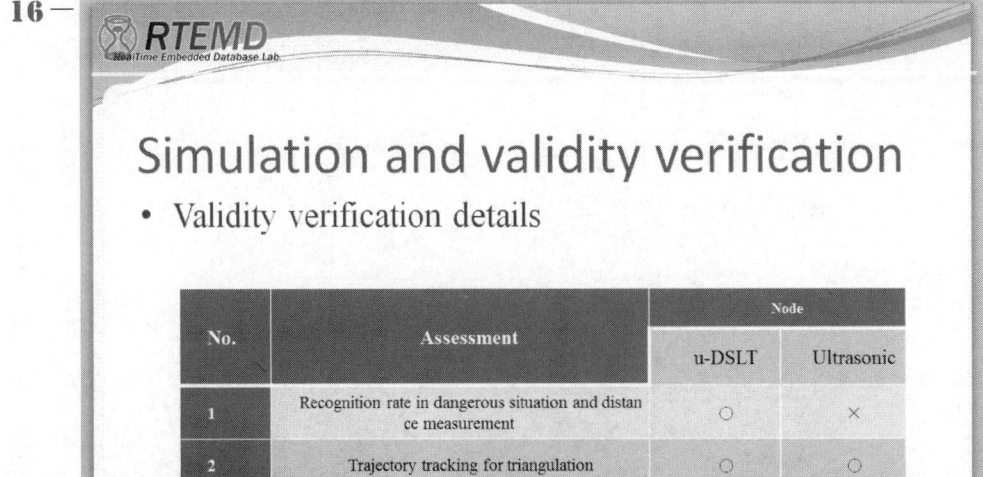

No.	Assessment	Node	
		u-DSLT	Ultrasonic
1	Recognition rate in dangerous situation and distance measurement	○	×
2	Trajectory tracking for triangulation	○	○
3	Computation time for situation and tracking data	○	×
4	Accuracy of the location tracking	○	○
5	Moving speed (walking, running)	○	○

Simulation and validity verification

- MIC error rate according to the object detection

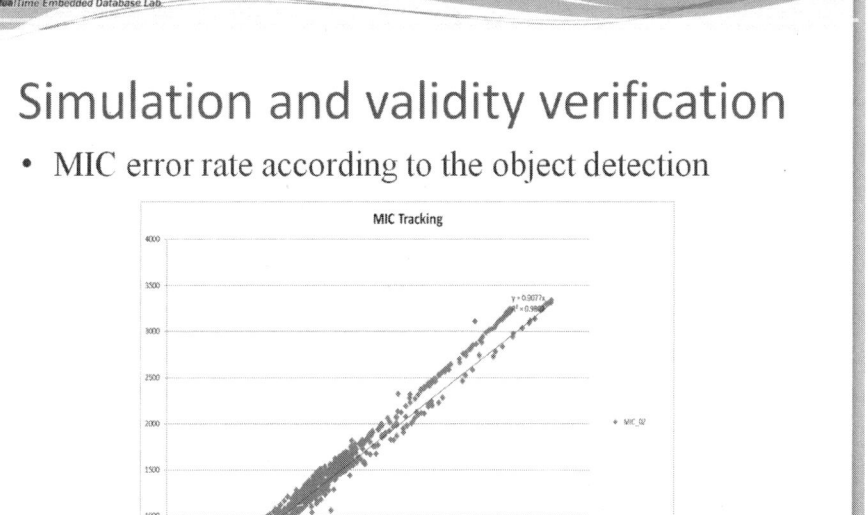

Simulation and validity verification

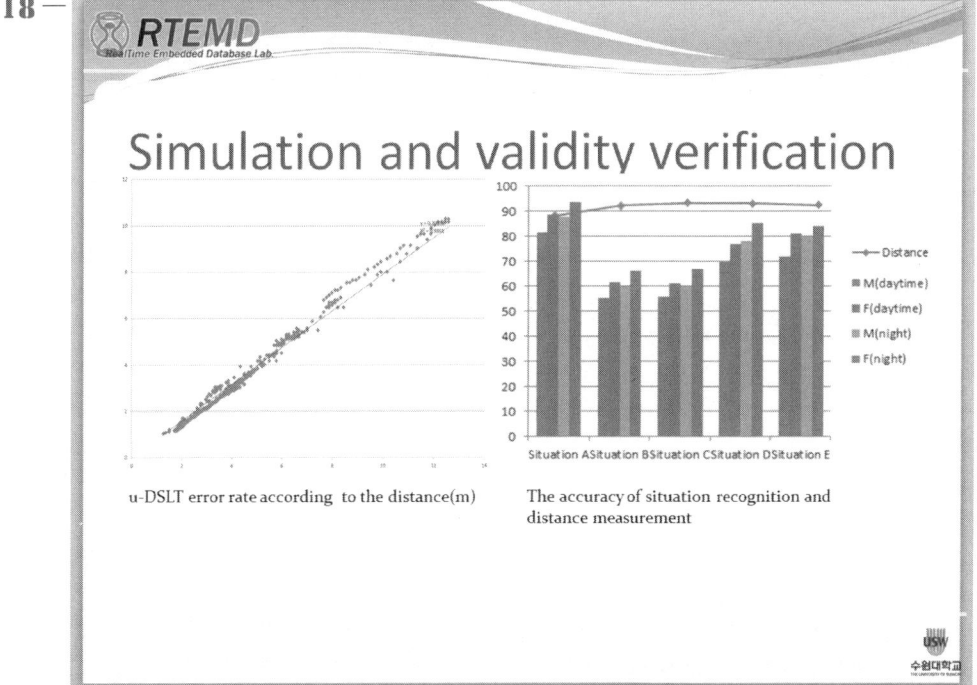

u-DSLT error rate according to the distance(m)

The accuracy of situation recognition and distance measurement

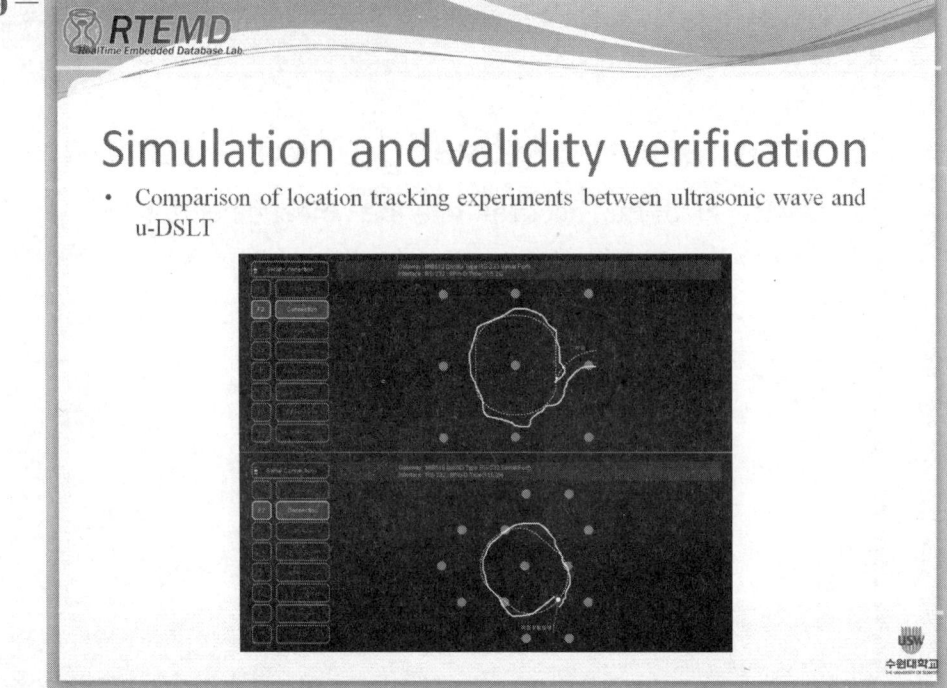

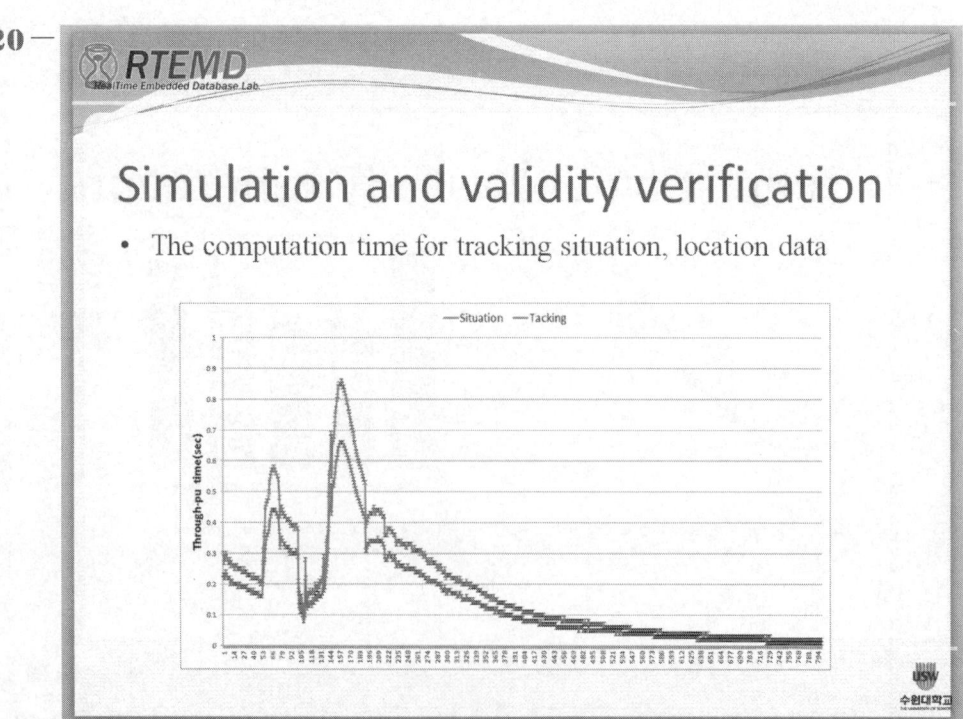

Simulation and validity verification

- Distance error rate by the number of measurement

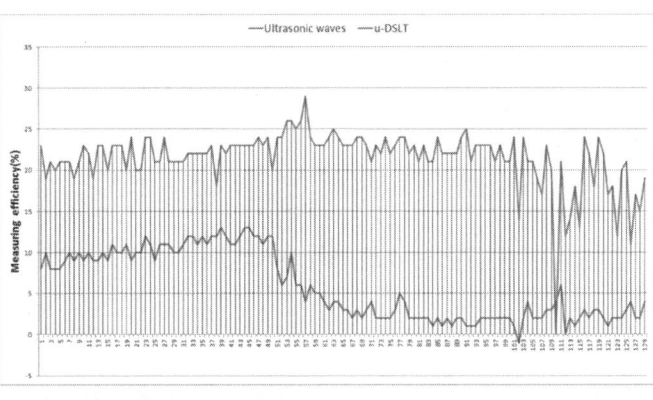

Simulation and validity verification

- Distance data error rate according to the moving speed

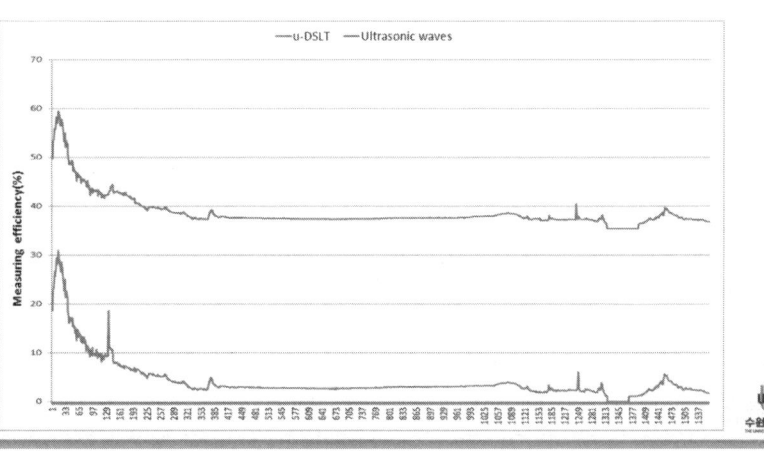

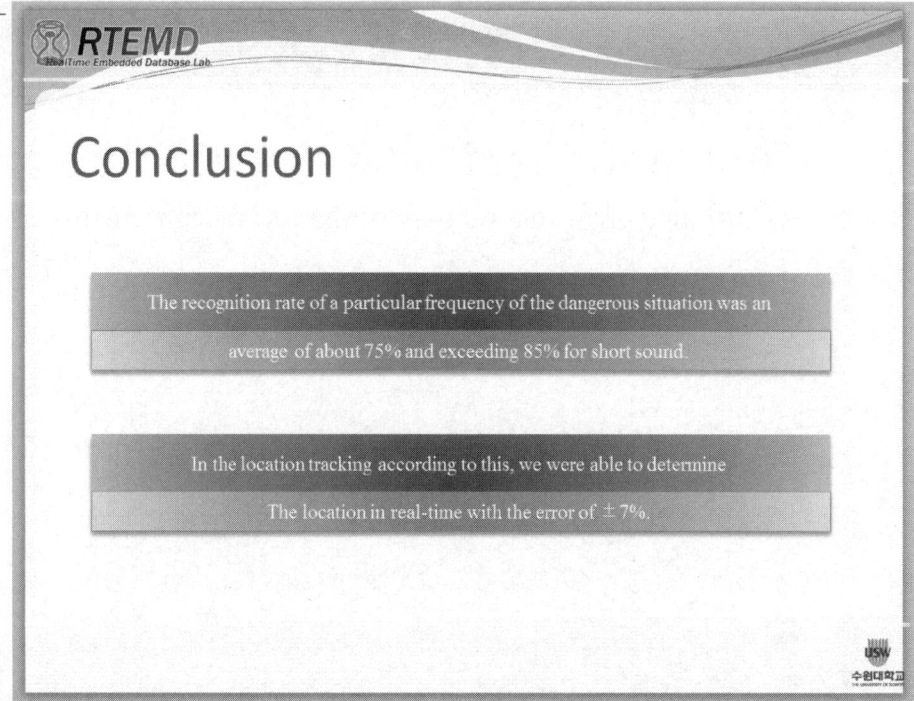

부록 4 실무예제 4

01

The Posture Correction Calibration System using Bio-Sensors on u-WBAN

Hong-Kyu Kim

02

Remarks

- The need for research
    - Incorrect posture may cause spine scoliosis, deviation of pelvis
    - Most people is not aware of incorrect postures
    - Correcting posture only can helpful in preventing disease and treatment

- Research a goal
    - This presenter by myself is diagnosed with spine disc due to unsuitable posture.
    - Only by correct sitting posture and releasing muscle by stretching mitigate pain.

03
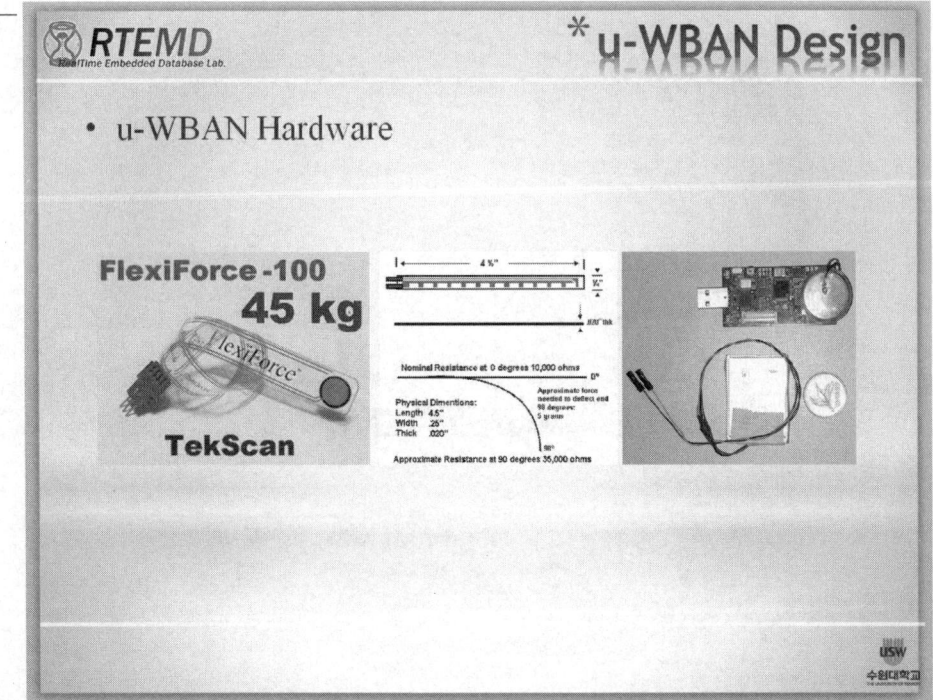

04
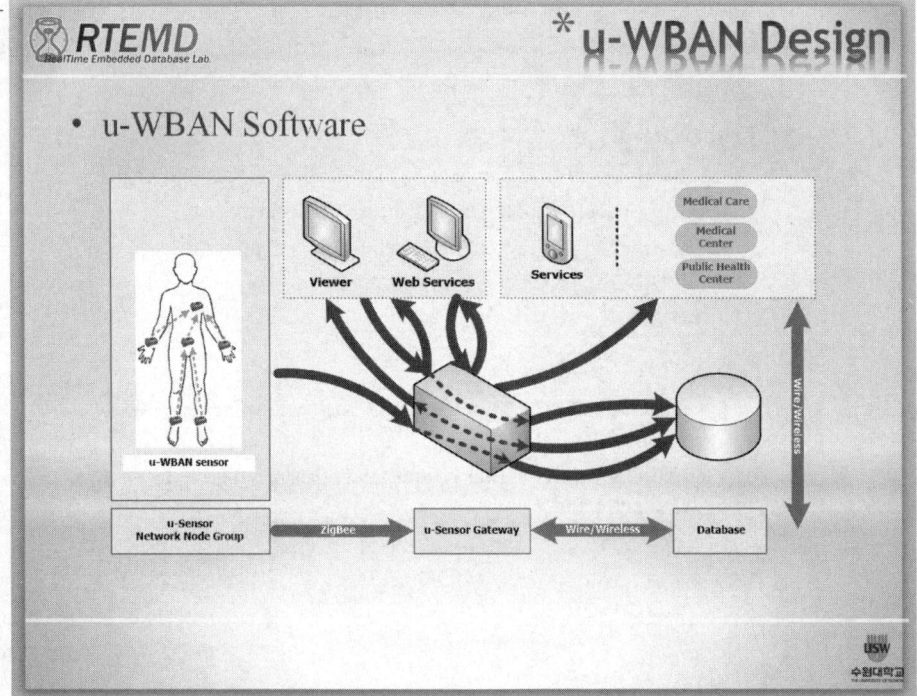

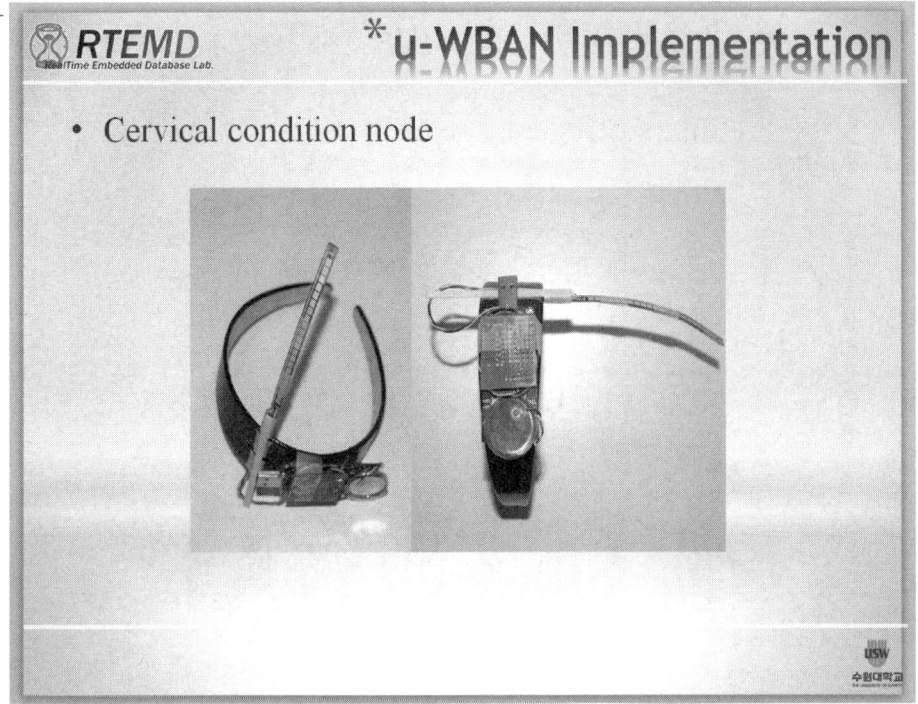

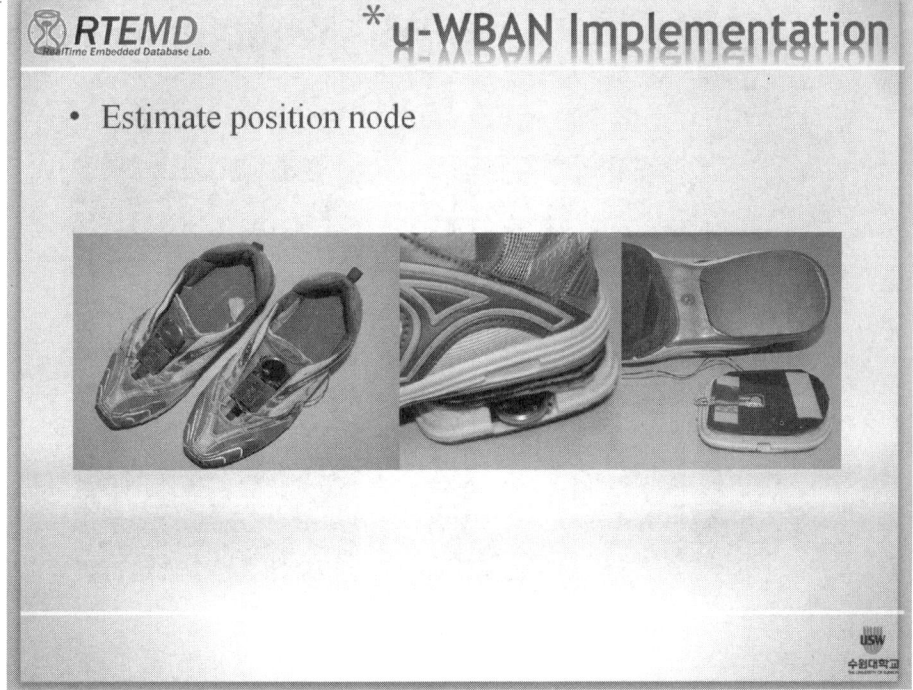

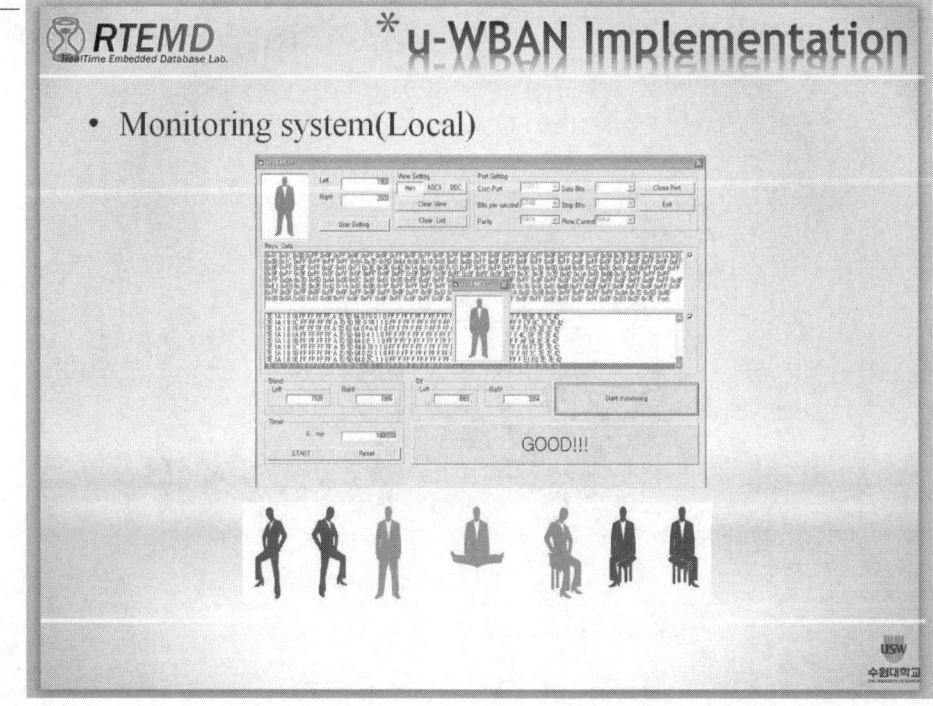

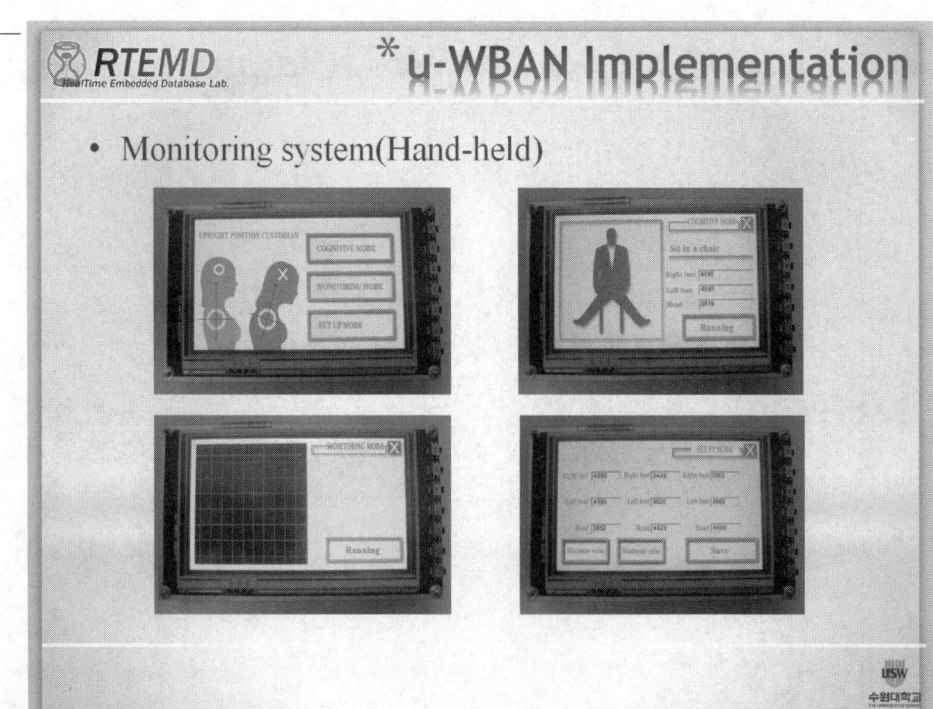

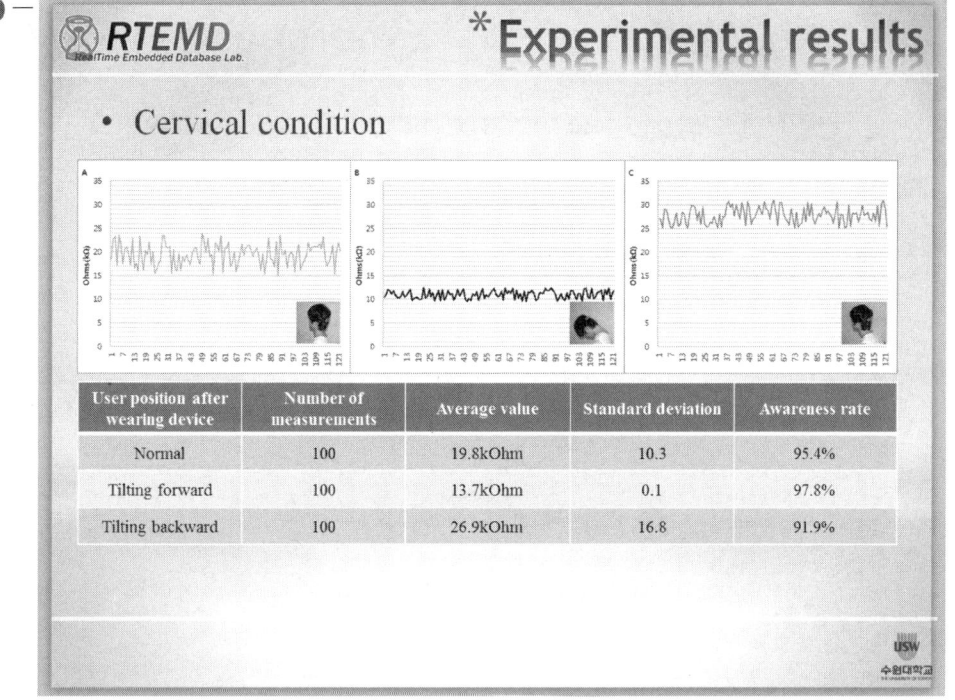
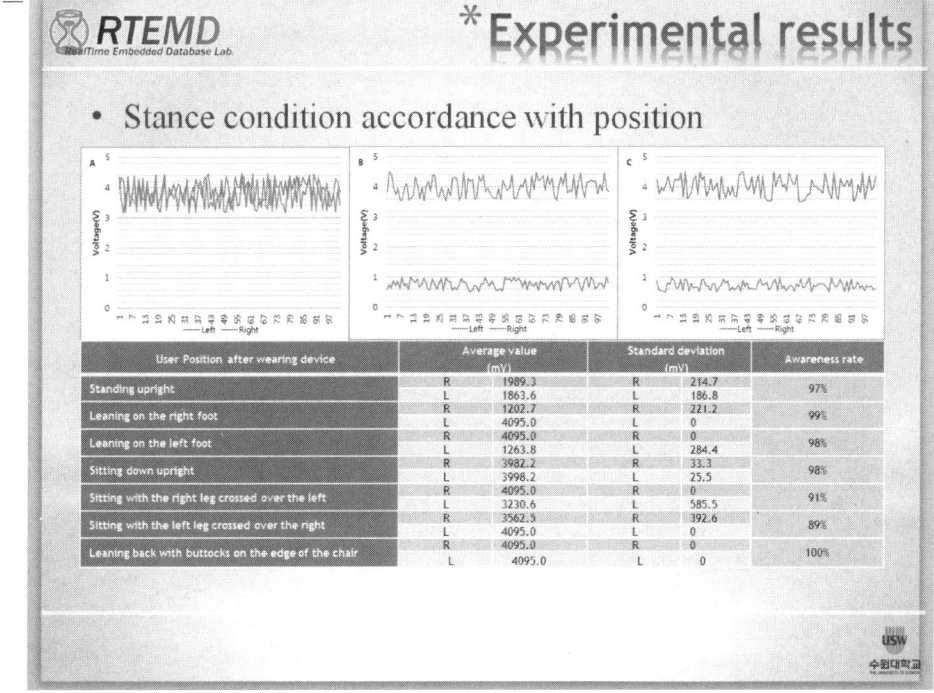

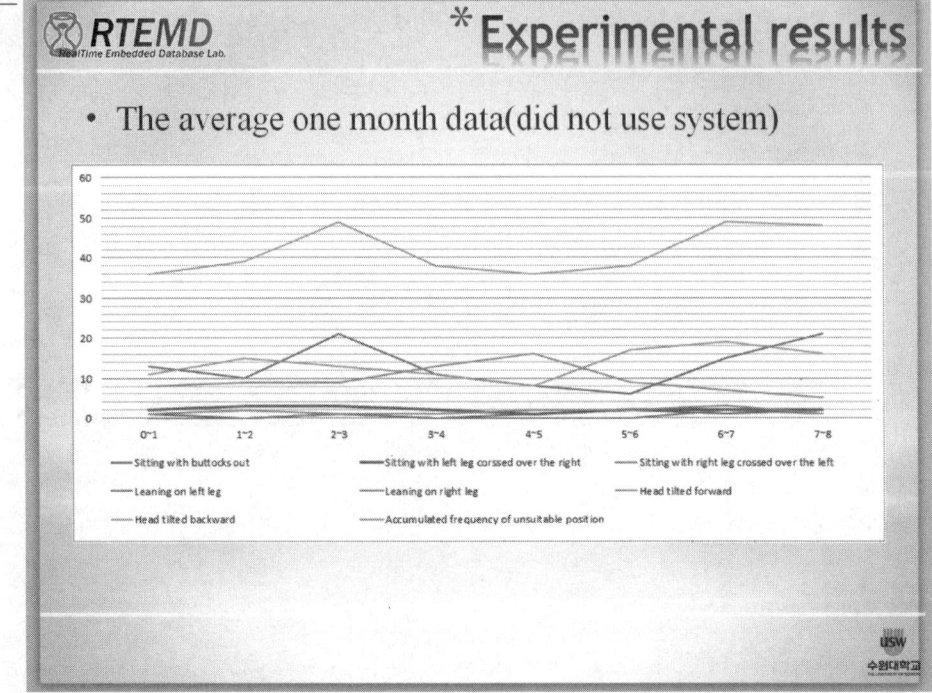

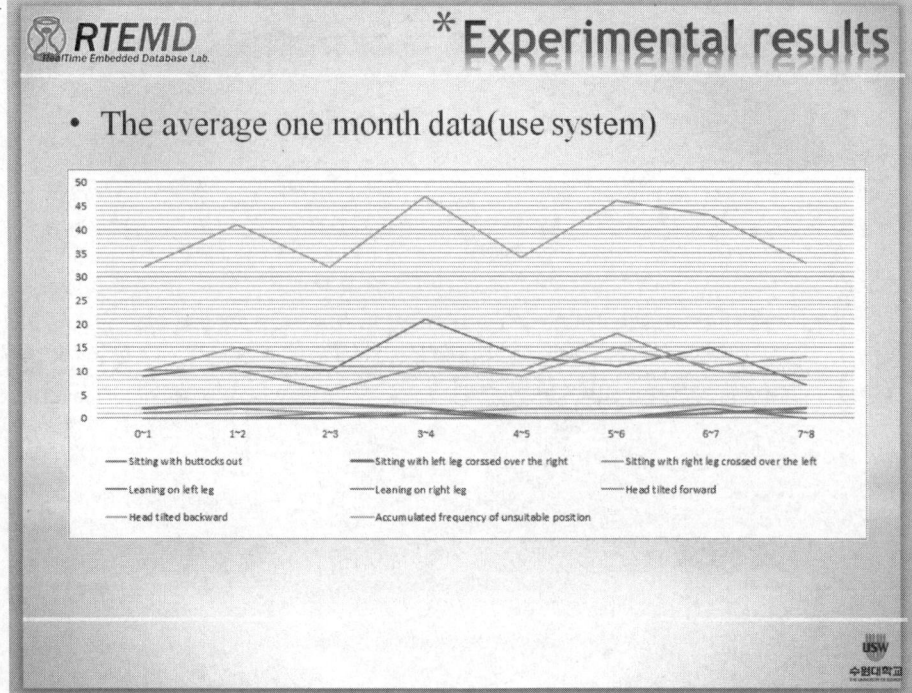

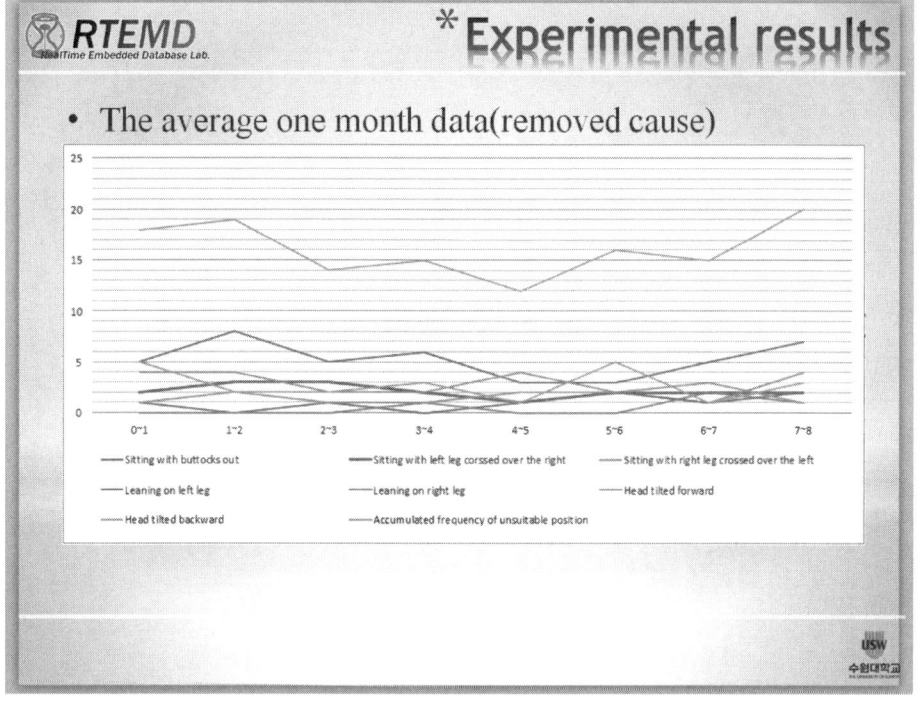

부록 5 실무예제 5

01

AA Scalable Load-Balancing Scheme for Advanced Metering Infrastructure Network

Jaesung Park, Yujin Lim, Seung-Jin Moon, Hong-Kyu Kim

University of Suwon

02

Contents

- Introduction to Advanced Metering Infrastructure
- Problem Definition
- Proposed Load Balancing Scheme
- Experimental Results and Discussions
- Conclusion

ACM RACS'2012

Advanced Metering Infrastructure

- AMI is a key building block
  - to implement the Smart grid
- Architectural reference model

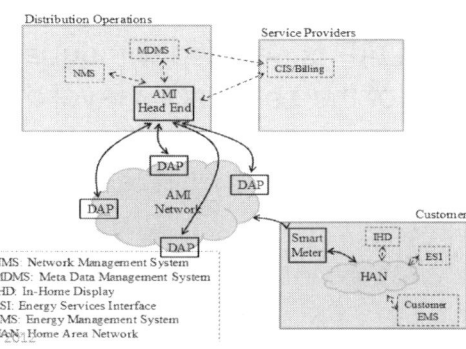

NMS: Network Management System
MDMS: Meta Data Management System
IHD: In-Home Display
ESI: Energy Services Interface
EMS: Energy Management System
HAN: Home Area Network

Advanced Metering Infrastructure cont.

- Components
  - SM (Smart Meter)
    - It measures the metering data and sends to a head end
  - Head End
    - It collects and processes all the information from SMs to efficiently operate a power system
  - DAP (Data Aggregation Point)
    - It relays metering data measured from SMs to a head end

- Communication Network
  - WAN (Wide Area Network)
    - It is between DAPs and a head end
  - AMI network
    - It is between SMs and DAPs

AMI Network

- Relay node
  - It selects one of DAPs as its serving DAP
  - It delivers metering data from SMs to the serving DAP

- If the serving DAP is decided without the consideration of the congestion level of the DAP
  - Traffic load of the DAP may be heavy
    - While the other DAPs are lightly loaded

Problem Definition

- If the serving DAP is decided without the consideration of the congestion level of the DAP
  - The overall performance becomes poor
    - Even though the total traffic load is far below the capacity of the network

- Route-flap problem
  - The frequent oscillation of the serving DAP makes the AMI network unstable and deteriorates system performance

Proposed Load Balancing Scheme

- Congestion level advertisement
  - DAP *i* maintains the average queue length($\overline{Q_i}(t)$) by the weighted moving average process
  - Congestion level (Q_i) of DAP *i* = $\overline{Q_i}(t)/Q_i^{max}$
    - Q_i^{max}: the max queue length of DAP *i*
  - DAP *i* periodically broadcasts Q_i as a congestion measure
    - using an advertisement message used by a conventional routing protocol

- Serving DAP selection
  - When a relay node detects that $Q_i > Q_{th}$(threshold)
    - It starts to select a new serving DAP

ACM RACS'2012

Serving DAP Selection

- A relay node calculates the DAP preference indexes for DAPs
  - DAP preference index for DAP i, $p_{i,k} = (1-\beta)p_{i,LBI} + \beta p_k$
    - $0 \leq \beta \leq 1$
  - $p_{i,LBI} = 1 - (Q_i / \sum_{i=1}^{n} Q_i)$
    - It represents the relative congestion levels among DAPs
  - $p_k = k/D_m$, a relay node is *k* hop away from its congested DAP
    - D_m : max hop distance from a relay node to any DAP
    - Since traffic is more aggregated as it is closer to a DAP
      - We give more switching chances to a relay node that is farther away from its congested serving DAP to avoid unnecessary route-flaps.

ACM RACS'2012

Serving DAP Selection cont.

- Given the DAP preference indexes
  - A relay node sorts $p_{i,k}/\sum_{i=1}^{n} p_{i,k}$ in an ascending order
    - $\{p_{1,k}^*, p_{2,k}^*, \ldots, p_{n,k}^*\}$

  - With probability p
    - The relay node selects DAP i as the new serving DAP
      - $\sum_{m=1}^{i-1} p_{m,k}^* \leq p \leq \sum_{m=1}^{i} p_{m,k}^*$

ACM RACS'2012

Experimental Environment

- NS-2 simulator
- 400m x 400m
- 21 relay nodes
  - 200 SMs are connected per relay node
  - Each SM generates 1024-byte CBR packets
- 4 DAPs
- PHY/MAC
  - IEEE 802.11b
- DSDV routing protocol
  - The adv. msg is sent every 0.5sec

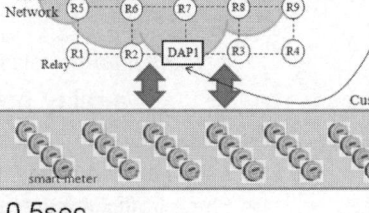

ACM RACS'2012

11 —

Experimental Results (1/3)

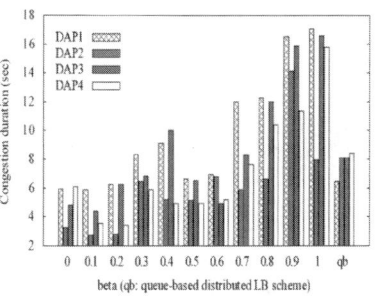

Congestion period of each DAP

Network stabilization time for β

12 —

Experimental Results (2/3)

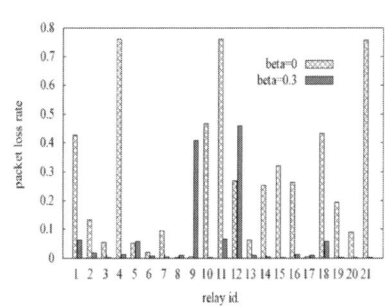

The packet loss rate per relay

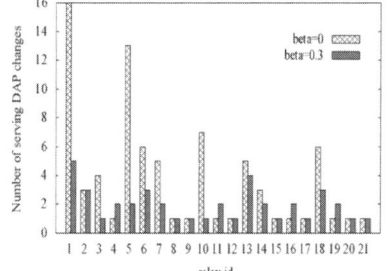

The number of the serving DAP changes per relay

Experimental Results (3/3)

- C_r - the average congestion duration
- M_c - the average number of serving DAP changes
- P_l - packet loss rate

β	Avg. C_r (sec)	M_c	P_l (%)
0.0	5.04	3.52	9.30
0.1	4.15	2.83	9.87
0.2	4.69	3.07	11.16
0.3	6.88	3.90	11.75
0.4	7.31	5.01	12.16
0.5	5.80	3.37	13.13
0.6	5.96	3.33	15.59
0.7	8.48	5.42	16.71
0.8	10.31	6.47	14.89
0.9	14.46	8.20	18.35
1.0	14.33	9.32	17.44
qb	7.78	6.39	13.55

Conclusion

- In this paper
    - We identified a load balancing problem in the AMI network
    - We proposed a solution in the AMI network that is based on wireless mesh network
        - Each relay node probabilistically selects its serving DAP
            - by explicitly considering the loads of DAPs and the hop distance from the relay node to its serving DAP

- In conclusion
    - The load of the network is distributed to multiple DAPs according to their loads
    - The unnecessary route-flaps are avoided

부록 6 실무예제 6

01

실시간 상황대응을 위한 정밀 위치추적 시스템 연구
[Research on Precision Location Tracking System for Real-Time Situation]

CUSST

02

연구내용(2단계)

2단계(11'~13')

구 분		연구목표	연구내용
2단계	1차년도 (2011)	· 무 태그 위치추적 연구 및 개발 · 사람 및 동물 구분을 위한 듀얼 PIR 기법 연구 및 개발(정밀도 향상) · USN 태그기반 위치추적 정확도 향상 기법 연구 · WSN기반 위험상황 인지 기법 연구	· 광범위 무 태그 위치추적 기법 연구 개발 · 대상체 구분 정밀도 향상
	2차년도 (2012)	· 대상체 추적 모니터링 시스템 구축 · 대상체 구분을 위한 매트릭스 PIR 시스템 연구 · 광범위한 영역에 적용 가능한 데이터 전달 시스템 개발	· 무 태그 기반 핸드오버 기술 연구 · 주파수 파형 변위 기법을 이용한 상황인지 · Hadoop Hbase기반 시스템 환경 데이터 스키마 개발 · 데이터전달 시스템 개발
	3차년도 (2013)	· 무 태그 시스템 공간 내 다중 대상추적 시스템 개발 · 대상의 신체정보를 이용한 매트릭스 PIR 시스템 개발 · 클라우드 게이트웨이 설계 및 개발 · 다중 대상추적 시스템을 위한 데이터 전송 기술 개발	· 매트릭스 PIR 시스템의 대상체 정밀 분석 · 저비용, 고효율, 고정밀 위치추적 기법 개발 · 광범위 영역 데이터 전달 시스템 구축

CUSST

03 —

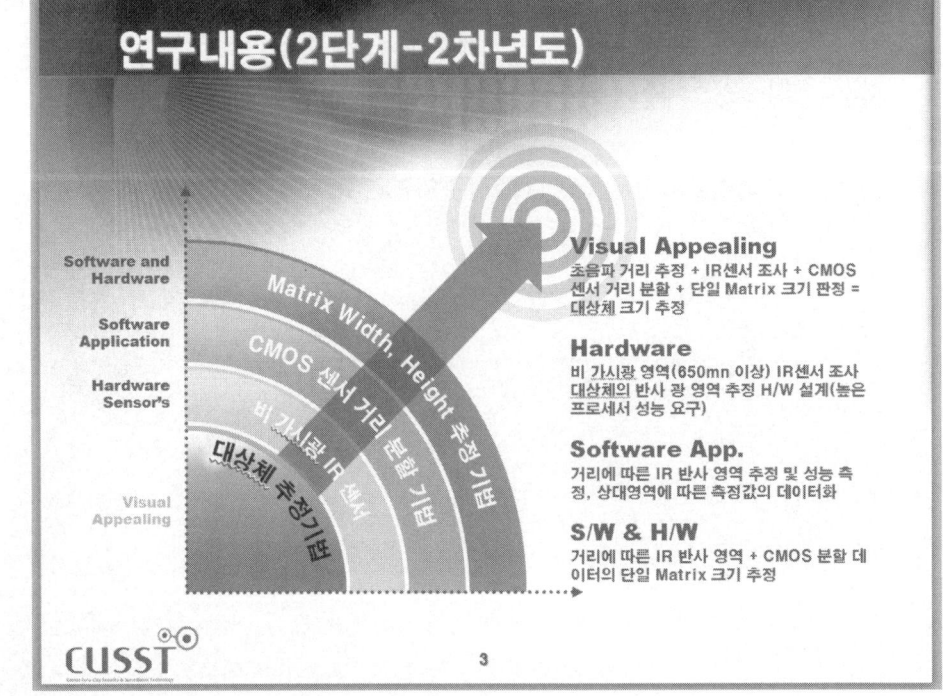

04 —

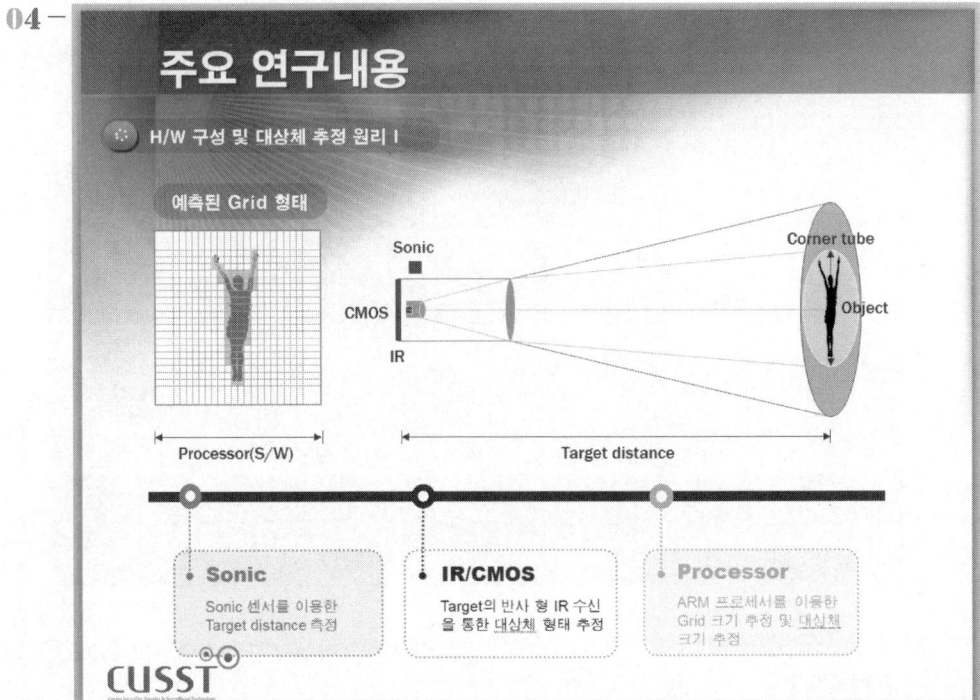

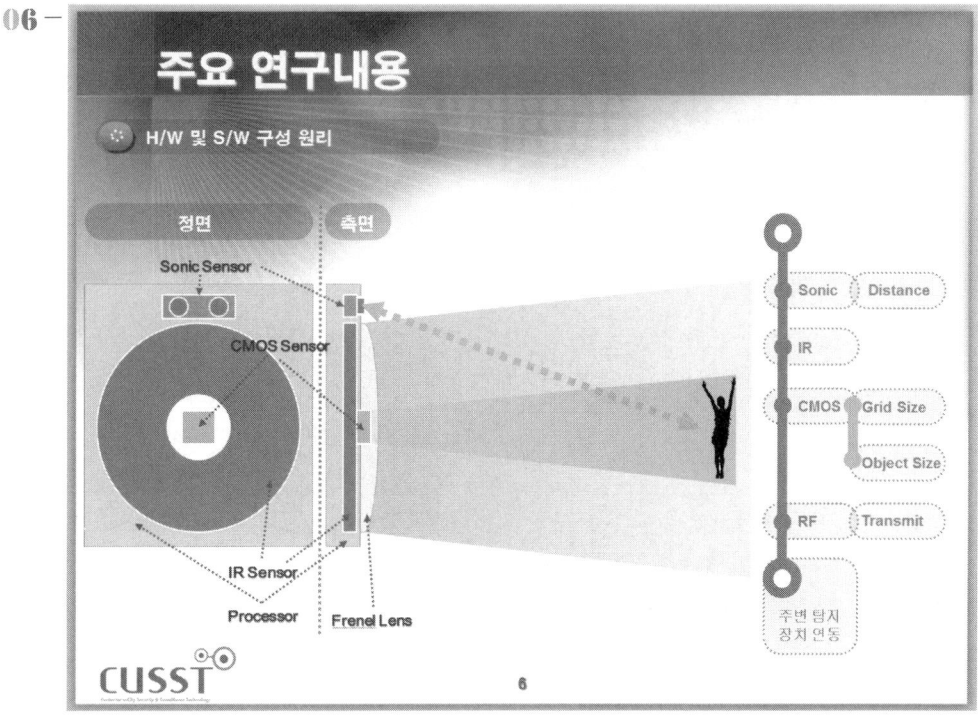

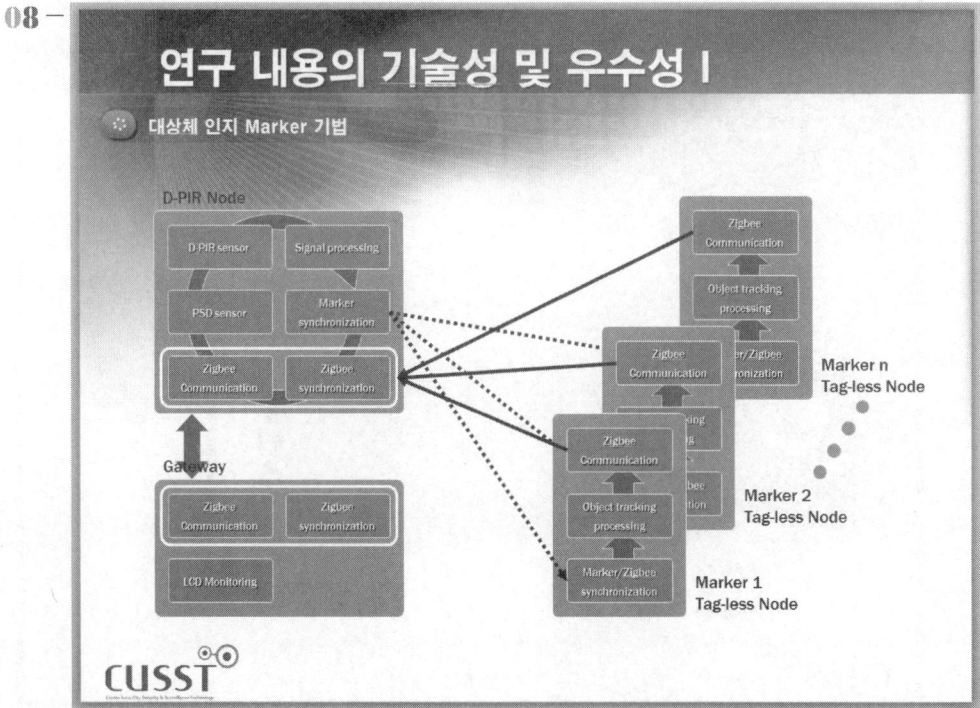

연구 내용의 기술성 및 우수성 II

- 대상체 부피 추정 기법(단일 차원)

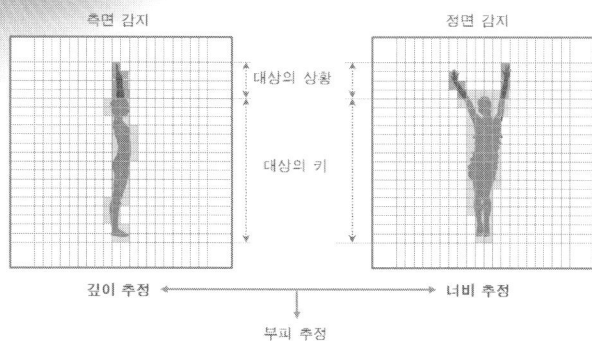

연구 내용의 기술성 및 우수성 III

- 대상체 상황 추정 기법(단일 차원)

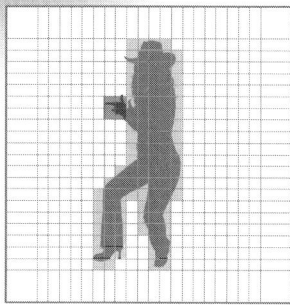
위협상황 추정

위험상황 추정

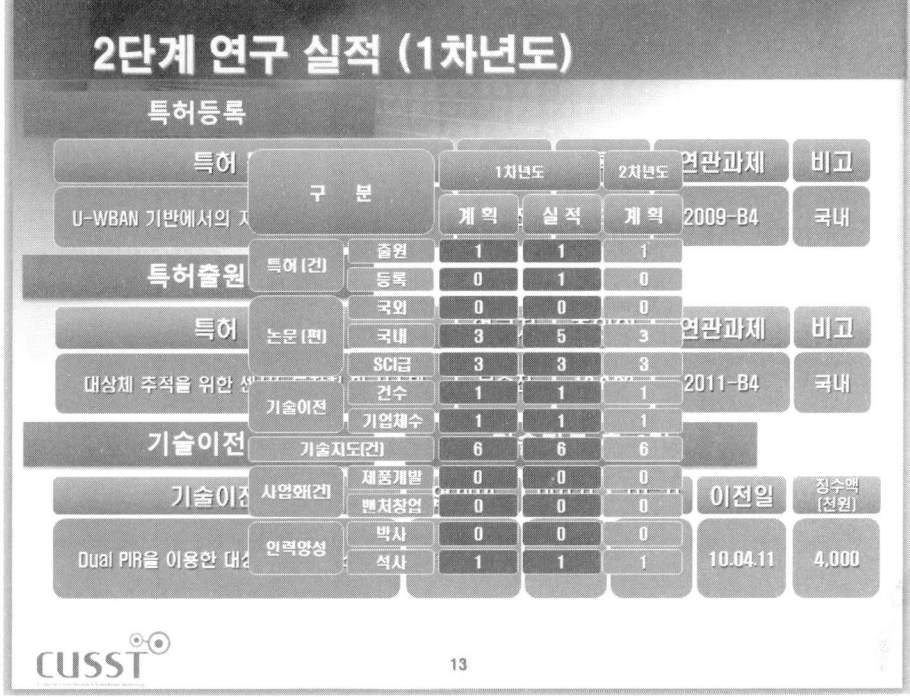

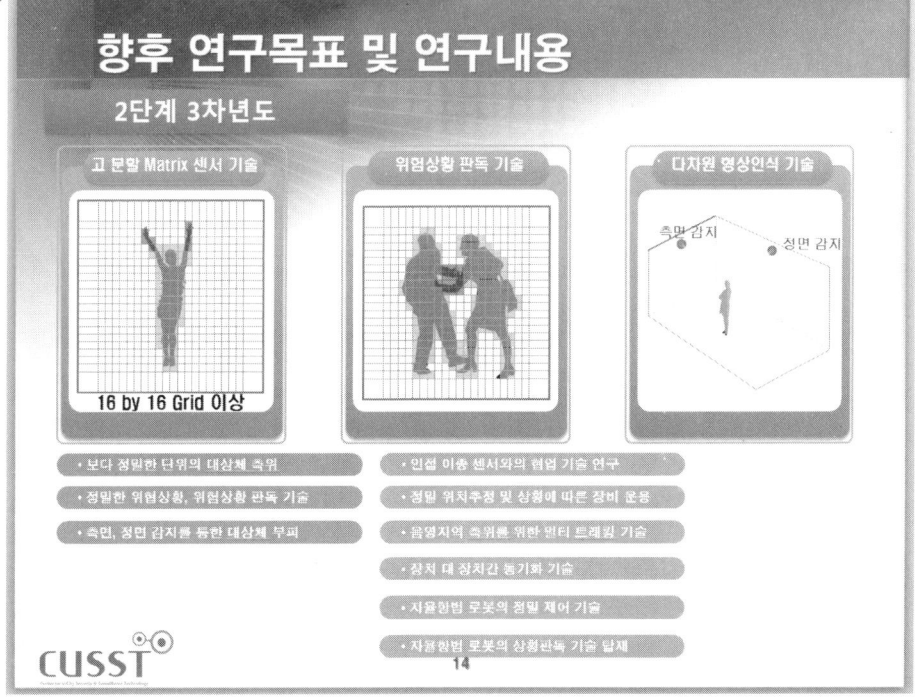

연구성과 및 기대효과

연구과제의 적정성 및 파급효과

- 무 태그 기반의 위치추적 기법으로 인한 태그 구입비용 및 태그 분실에 따른 추가 구매 비용이 발생하지 않음
- 태그를 소유하지 않은 사용자에게 위치기반 서비스를 제공
- 상황인지를 필요로 하는 적용하여 사고방지 및 대처, 유지에 빠르게 대응
- 새로운 위치추적 방법으로 기존의 태그기반 위치추적 서비스에서 제공하지 못하는 새로운 서비스를 제공
- 대상 인식 시스템을 통한 수영장등의 어린이 안전사고 방지기술에 적용
- 정밀 위치추적 및 기술융합의 전문 인력 양성
- 시스템 개발로 인한 높은 해외 기술 의존도에서 벗어나 국가 기술 경쟁력 확보

기업과의 협력관계

- 참여기업과의 산학과제 수행 및 연구결과 응용
- 다양한 응용의 개발로 향후 기업의 매출증대에 기여
- 기술지도 및 기술의 공동개발을 통한 기업과의 협력 관계 증진

기업측면에서의 기대효과

- 유비쿼터스 시대의 요구에 따른 진보된 위치추적 기술 확보로 매출 증대
- 보안 감시 분야 업체의 감시시스템 기술 향상을 위한 기술 협력 및 제품 판매
- U-Home, u-Security 등 다양한 시스템에 기본 기술로서 높은 수요 예상

실무에 딱맞는 파워포인트 2010

검 인

- 저 자 / 최원범·김홍규
- 발행인 / 한민희

- 발행처 / 학진북스 HAKJIN BOOKS
- 주소 / ⓤ 130-872 서울특별시 동대문구 회기동 60-99
- 전화 / 966-0845, 966-7188   - 팩스 / 966-6280
- E-mail : hjbooks@paran.com
   - http://www.hjbooks.co.kr
- 등록 / 1979년 8월 4일 제6-0024호

2019년 1월 5일 초판 7쇄 인쇄
2019년 1월 15일 초판 7쇄 발행

정가 35,000원

◇ 본 서의 저작권자나 발행인의 승인 문서 없이 내용과 편집 체재의 일부 혹은 전부의 무단 전재 및 복제를 불허함. 무단 전재와 복제는 법법 행위입니다.

- 무단 전재와 복제를 금합니다.
- 잘못 만들어진 책은 바꾸어 드립니다.

ISBN 978-89-6878-003-5
CIP제어번호 : CIP2013014986